惠州统计年鉴

HUIZHOU STATISTICAL YEARBOOK

2022

(总第29期)

惠 州 市 统 计 局
国家统计局惠州调查队 编

中国统计出版社
China Statistics Press

图书在版编目（CIP）数据

惠州统计年鉴. 2022 = Huizhou Statistical Yearbook 2022 / 惠州市统计局, 国家统计局惠州调查队编. -- 北京 : 中国统计出版社, 2022.10
ISBN 978-7-5037-9927-3

Ⅰ. ①惠… Ⅱ. ①惠… ②国… Ⅲ. ①统计资料－惠州－2022－年鉴 Ⅳ. ①C832.653-54

中国版本图书馆 CIP 数据核字(2022)第 157053 号

惠州统计年鉴 2022

作　　者/ 惠州市统计局　国家统计局惠州调查队
责任编辑/ 钟钰
装帧设计/ 陈国巨
出版发行/ 中国统计出版社有限公司
地　　址/ 北京市丰台区西三环南路甲 6 号
邮政编码/ 100073
电　　话/ 邮购（010）63376909　书店（010）68783171
网　　址/ http://www.zgtjcbs.com
印　　刷/ 广州星河印刷有限公司
经　　销/ 新华书店
开　　本/ 890mm×1240mm　1/16
字　　数/ 608 千字
印　　张/ 38　彩页 0.5
版　　别/ 2022 年 10 月第 1 版
版　　次/ 2022 年 10 月第 1 次印刷
定　　价/ 380.00 元

如有印装差错，由本社发行部调换。

《惠州统计年鉴 2022》编委会及编纂人员

主　编：黄育勋　林克波

副主编：吴　英　林锦来　李其芬　曾庆忠　杨永建
袁素军　陈桂花　刘仕珍　潘伟忠　黎建章

编　委：郭寒宙　廖镜彪　魏谷芳　叶建文　高贵明
张协环　刘惠锋　孔远川　曾翠凌

编纂工作人员：

邓　轩　卢小文　卢德雄　朱　建　李伟林
杨文华　余　晴　邹　丹　张玉珍　张亚飞
陈　高　陈国巨　林艳云　郑春林　钟伟红
姚俐敏　黄文彬　彭燕芬　鄢青云　黎　楠
黎淑婷

编 者 说 明

《惠州统计年鉴 2022》（下称《年鉴》），汇集了惠州市 2021 年经济和社会发展的主要指标，而且较全面地反映了中华人民共和国成立以来主要年份，特别近年来惠州国民经济和社会各方面的巨大变化，全面展示惠州经济社会所取得的辉煌成就。该书资料翔实，是社会各界人士认识和掌握惠州经济、社会发展规律的重要工具书，更是各行各业研究和制订惠州发展战略的客观依据。《年鉴》包括历史主要经济指标、综合、基本单位、人口、劳动工资、固定资产投资与建筑业、能源、财政金融和保险、价格指数、人民生活、农业、工业、运输和邮电、国内贸易、对外经济及旅游、教育科学和文化、体育卫生社会福利环保及其他等十七部分主要统计数据；最后附有全国和全省各市主要经济指标情况及主要统计指标解释。

《年鉴》统计资料来源于各级政府统计部门以及有关业务主管部门。

统计表中的符号说明：“ 空格 ”除上述情况外，表示无指标数据；“ # ”表示指标的其中项；“ … ”表示数据不足最小单位。

《年鉴》在编辑出版过程中，得到各县（区）统计局及其他有关单位的大力支持和协助，在此深表谢忱！

目　　录

第一部分　统计图

第二部分　统计表

一、历年主要经济指标

二、综合

三、基本单位

四、人口

五、劳动工资

六、固定资产投资和建筑业

七、能源

八、财政、银行和保险

九、价格指数

十、人民生活

十一、农业

十二、工业

十三、运输和邮电

十四、国内贸易

十五、对外经济及旅游

十六、教育、科技和文化

十七、体育、卫生、社会福利、环保和其他

附录

惠州统计年鉴 2022

HUIZHOU STATISTICAL YEARBOOK

第一部分

统计图

地区生产总值

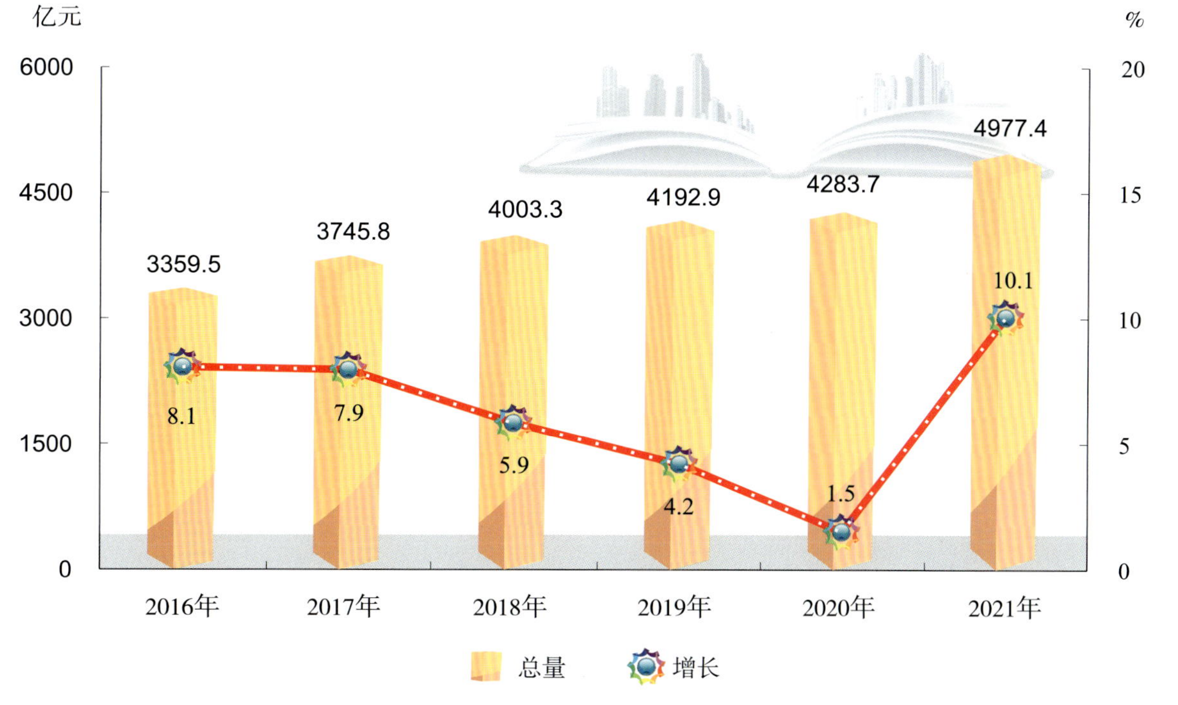

人均地区生产总值

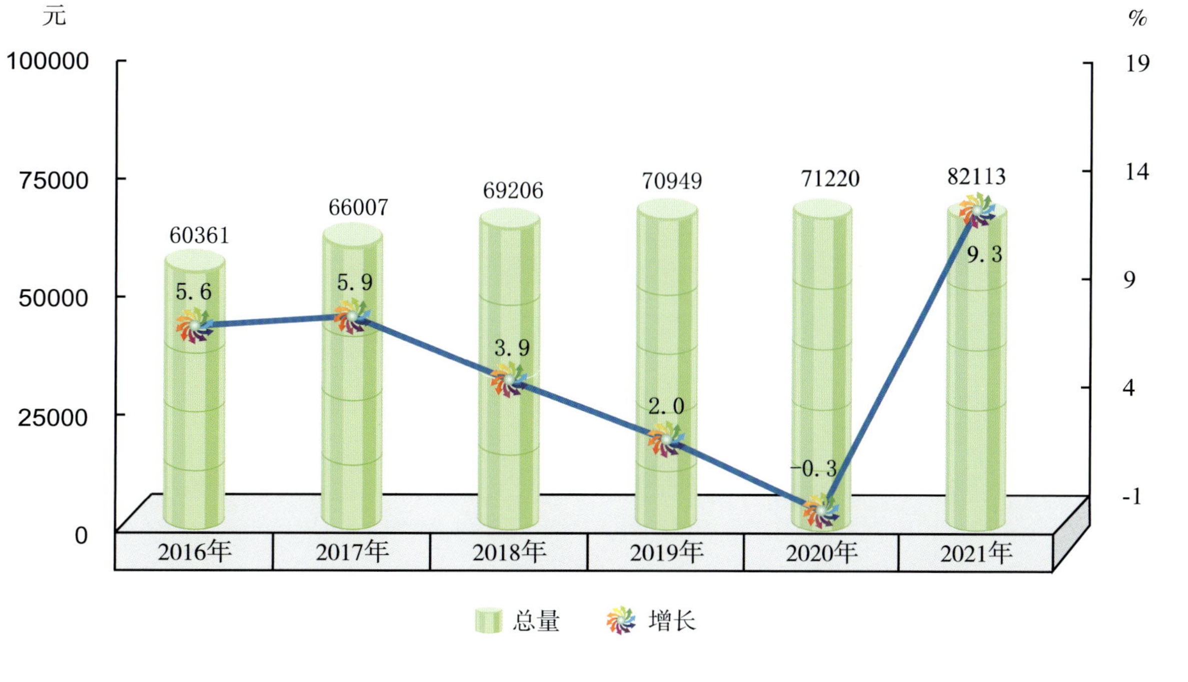

第三产业增加值

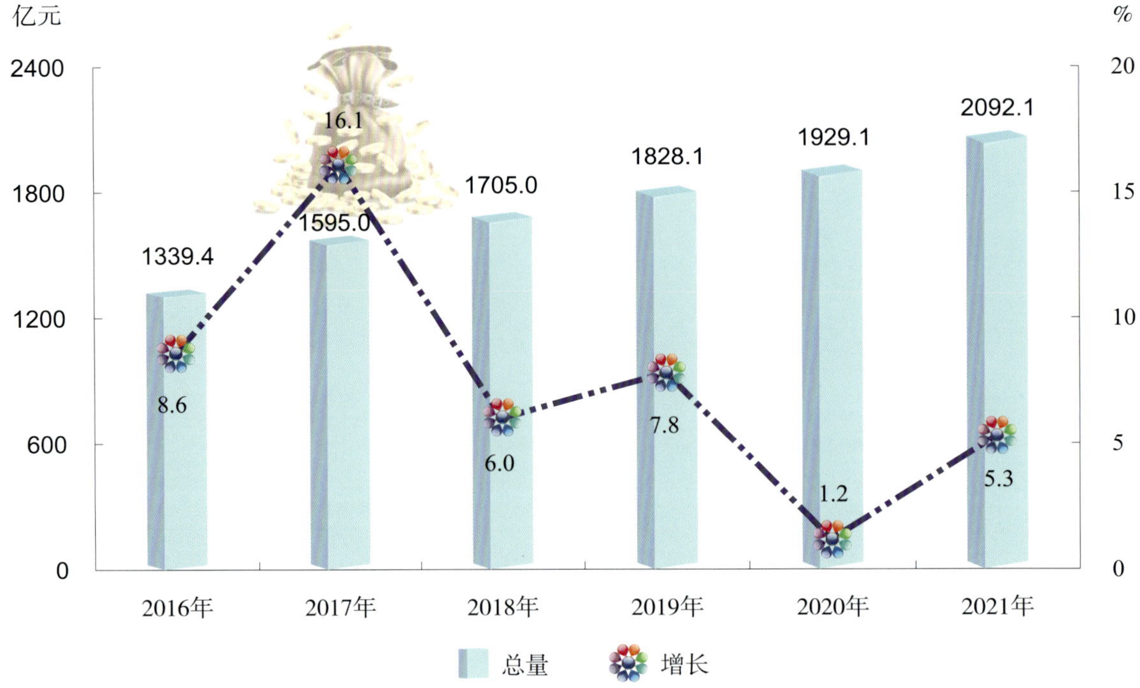

三次产业结构演变

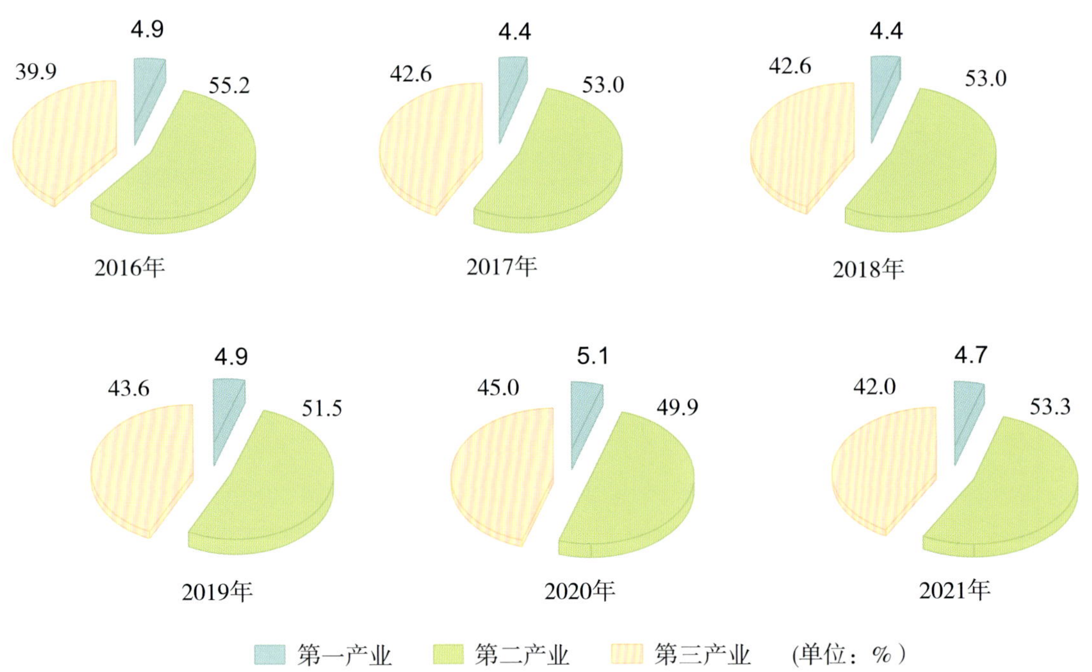

社会消费品零售总额

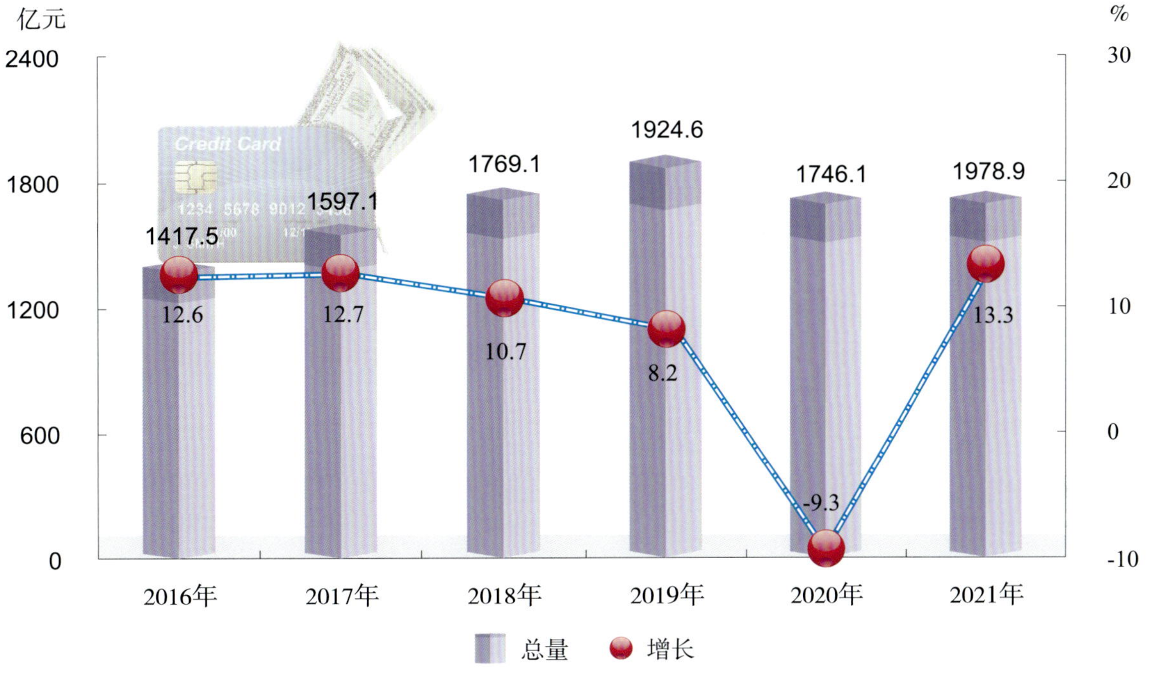

地方一般公共预算收入

居民收入

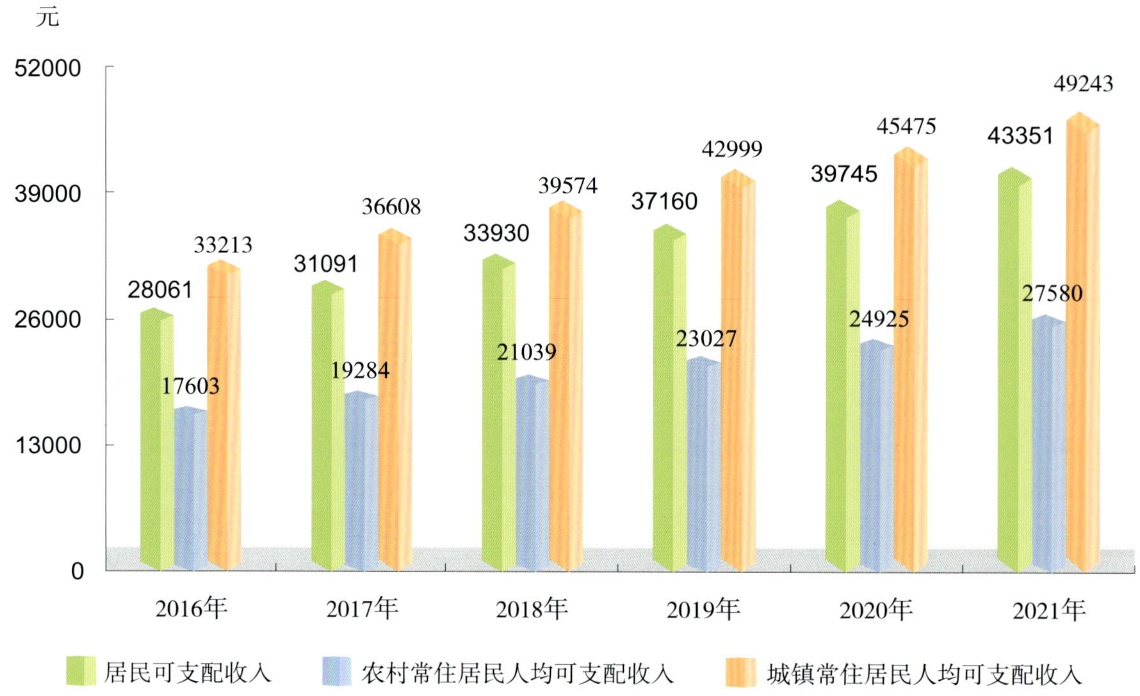
元
52000
39000
26000
13000
0
28061
17603
33213
31091
19284
36608
33930
21039
39574
37160
23027
42999
39745
24925
45475
43351
27580
49243
2016年
2017年
2018年
2019年
2020年
2021年
居民可支配收入
农村常住居民人均可支配收入
城镇常住居民人均可支配收入

居民收入增幅

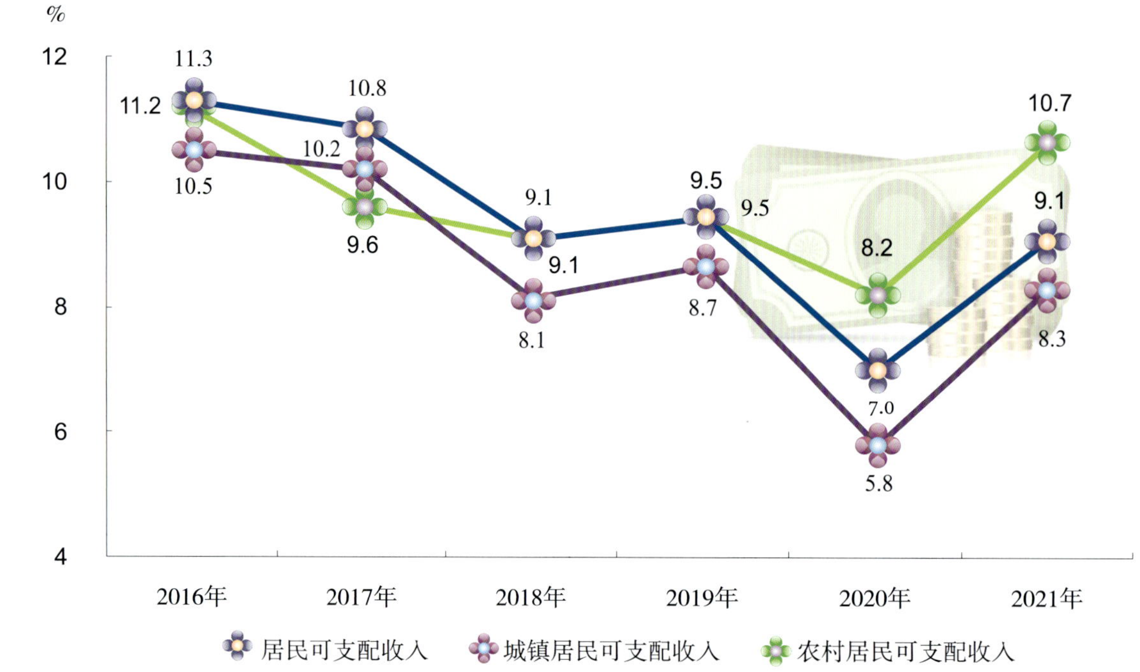
%
12
10
8
6
4
11.3
11.2
10.5
10.8
10.2
9.6
9.1
9.1
8.1
9.5
9.5
8.7
8.2
7.0
5.8
10.7
9.1
8.3
2016年
2017年
2018年
2019年
2020年
2021年
居民可支配收入
城镇居民可支配收入
农村居民可支配收入

在岗职工年平均工资

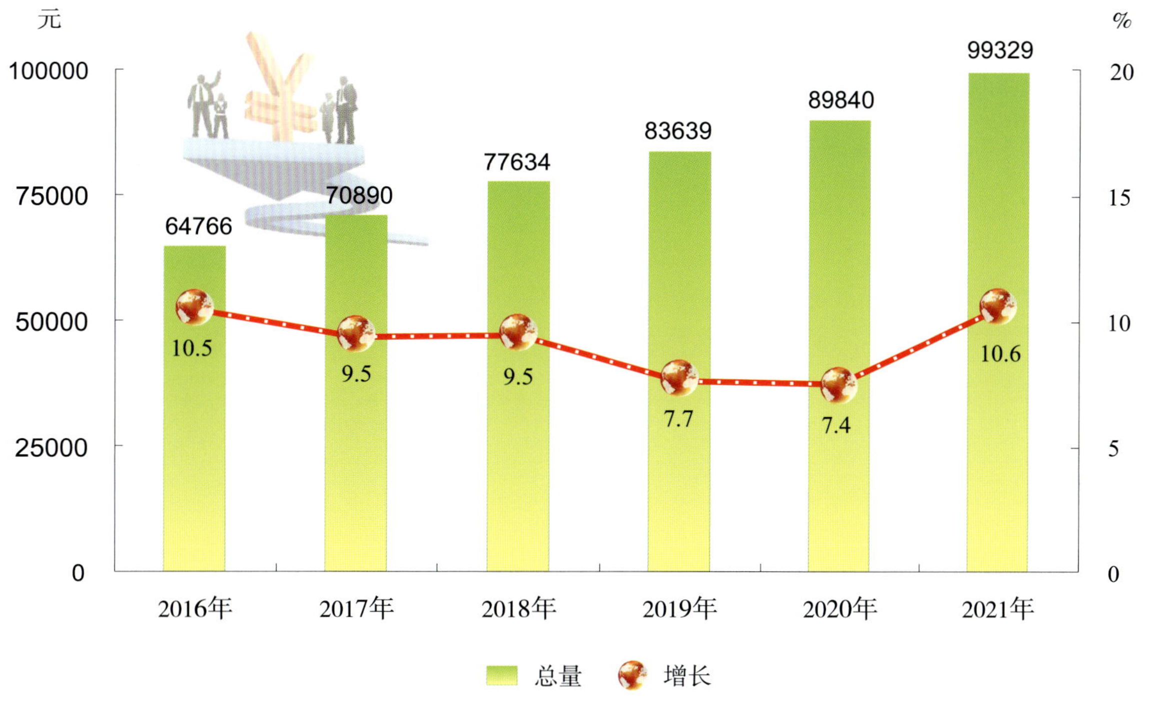

年末常住人口和密度

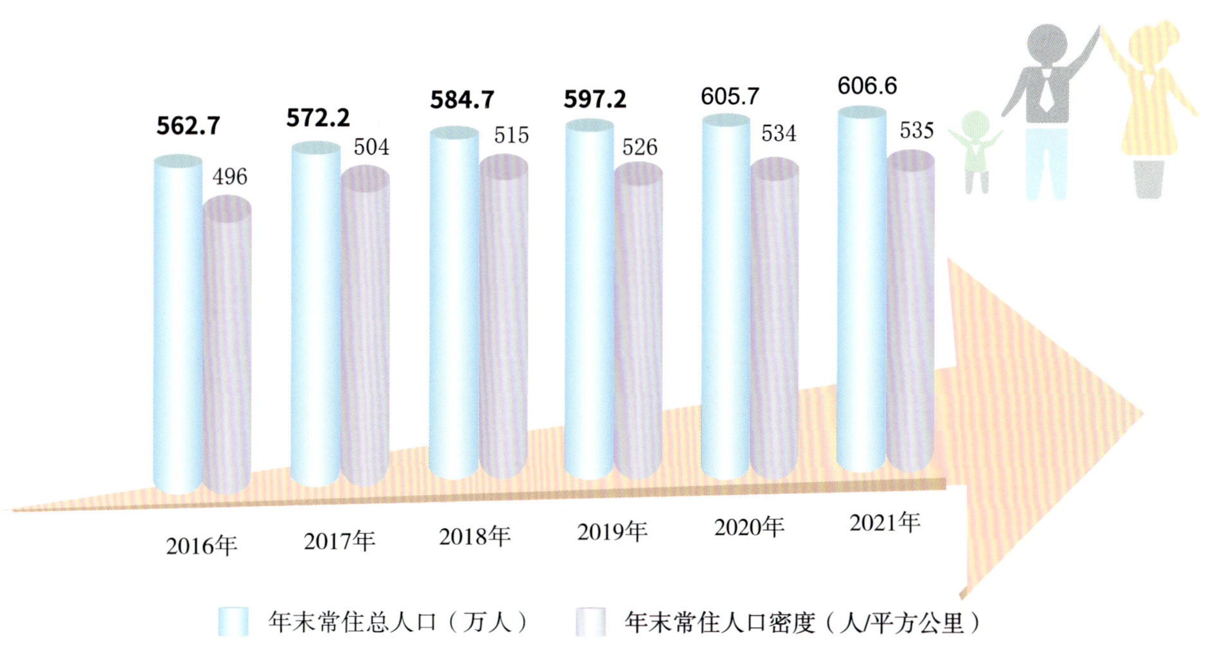

金融机构本外币存贷款余额

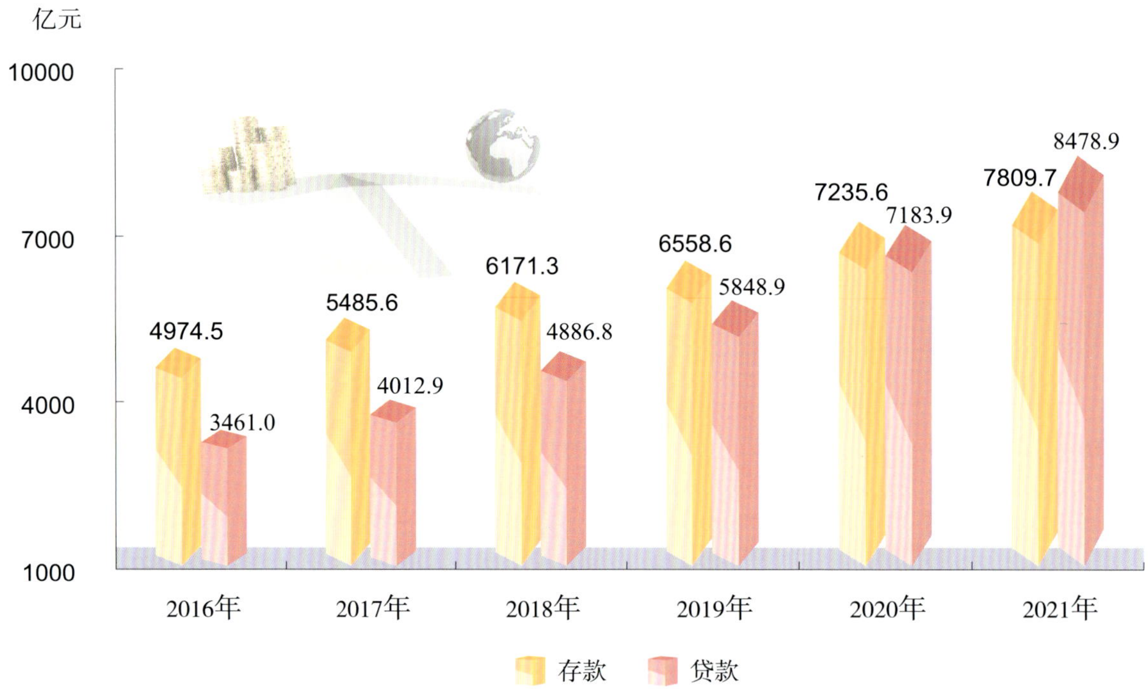

居民消费价格涨跌幅度

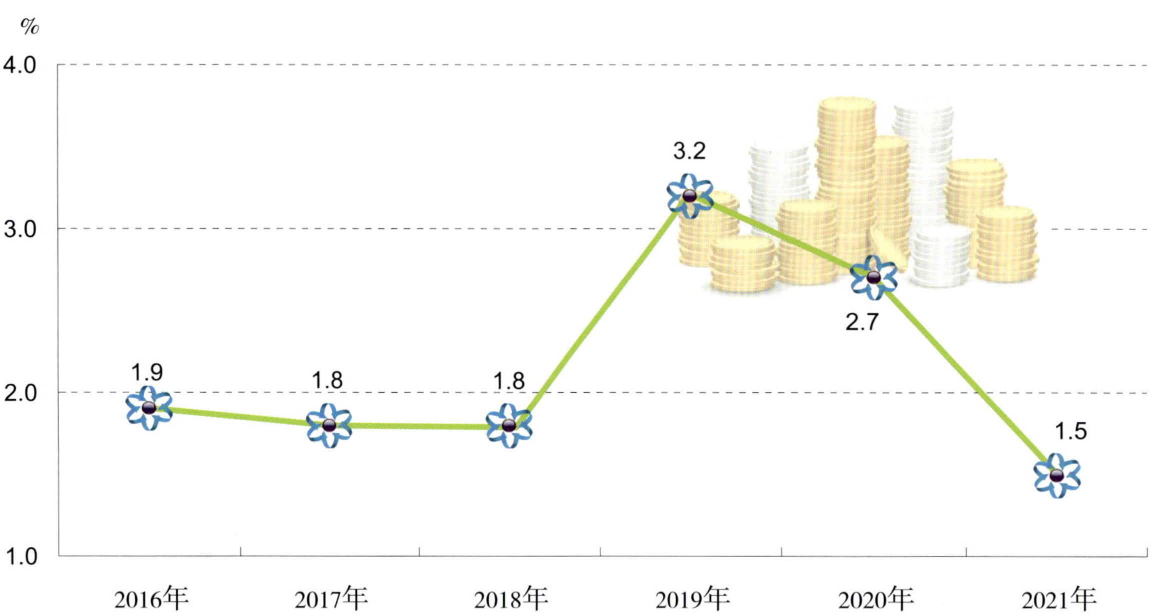

惠州统计年鉴 2022

HUIZHOU STATISTICAL YEARBOOK

第二部分

统计表

一、历年主要经济指标

1-1 历史指标数据

年份	年末户籍人口(万人)	城镇人口	女性人口	年末常住总人口(万人)	出生率(‰)	死亡率(‰)	自然增长率(‰)
1949	103.30						
1952	107.53						
1957	118.23						
1962	127.91						
1965	138.99						
1970	160.65						
1975	180.13						
1978	187.74	30.30	92.85		21.83	5.90	15.93
1979	189.73	31.88	94.21		26.68	5.87	20.81
1980	192.47	33.24	95.74		23.70	5.49	18.21
1981	195.69	34.66	97.35		22.90	5.37	17.53
1982	199.20	35.68	98.81		22.83	5.21	17.62
1983	202.27	36.59	100.27		20.22	5.84	14.38
1984	205.30	38.79	101.53		20.09	5.30	14.79
1985	208.88	44.47	103.22		17.67	5.17	12.50
1986	211.71	42.58	104.70		16.77	4.77	12.00
1987	214.90	44.92	106.18		15.34	4.35	10.99
1988	218.06	47.51	107.77		14.17	4.61	9.56
1989	221.47	50.54	109.29		14.17	4.75	9.42
1990	226.16	53.39	111.55	231.25	17.71	5.04	12.67
1991	232.86	61.31	114.89	239.01	17.36	4.77	12.59
1992	239.33	65.36	117.96	247.02	17.07	4.98	12.09
1993	245.72	71.25	120.89	255.31	16.96	4.80	12.16
1994	251.16	75.35	123.51	263.87	16.57	4.50	12.07
1995	255.90	80.61	125.78	272.72	16.30	4.85	13.93
1996	260.08	85.23	127.86	281.87	18.37	4.58	13.79
1997	266.53	89.80	131.10	291.32	16.39	4.50	11.89
1998	270.00	92.81	132.66	301.09	14.26	5.08	9.18
1999	271.82	94.18	133.35	311.19	11.76	4.60	7.16
2000	277.80	98.40	136.20	321.80	10.62	4.69	5.93
2001	280.45	100.57	137.49	334.77	9.66	4.26	5.39
2002	283.02	109.02	138.73	343.41	9.16	4.27	4.88
2003	286.36	111.86	140.22	352.27	9.48	4.40	5.08
2004	293.22	114.27	143.34	363.18	10.43	4.55	5.88
2005	297.58	166.53	145.29	370.69	9.74	4.38	5.36
2006	306.41	170.86	149.87	387.51	10.08	4.54	5.55
2007	312.89	183.35	153.31	402.86	10.24	4.67	5.58
2008	318.84	186.17	156.34	418.65	10.80	4.75	6.04
2009	324.36	187.07	159.27	435.08	10.95	4.60	6.35
2010	337.28	199.02	165.92	460.11	11.78	4.78	6.99
2011	343.03	203.51	169.05	482.21	11.43	4.66	6.77
2012	341.91	203.92	168.50	503.44	12.31	5.48	6.83
2013	343.37	204.45	169.11	521.06	11.59	4.66	6.93
2014	348.52	207.62	171.75	537.66	11.59	4.88	6.71
2015	357.07	177.87	176.10	550.41	9.79	3.71	6.08
2016	364.31	196.73	180.03	562.73	13.65	4.16	9.49
2017	369.24	206.30	182.89	572.22	15.21	4.77	10.45
2018	380.90	217.99	189.37	584.72	14.37	3.71	10.66
2019	389.74	228.15	194.03	597.23	13.58	3.49	10.09
2020	397.76	234.24	198.64	605.72	11.60	3.34	8.26
2021	405.91	232.98	203.29	606.60	9.40	3.16	6.24

注：1．2006—2009年、2011—2019年年末常住人口分别根据2010年第六次、2020年第七次全国人口普查数据进行平滑调整；
2．出生率、死亡率、自然增长率,2014年前为户籍人口口径，2014年(含)起为常住人口口径；2020年数据来源于惠州市卫生健康局；
3．1978—2014年，城镇人口数为非农业人口数。

1–1.1

年份	社会从业人员(万人)				年末在岗职工人数(万人)
		第一产业	第二产业	第三产业	
1949	38.28				
1952	40.55				
1957	48.56				2.31
1962	53.64				4.31
1965	55.58				5.55
1970	66.80				8.26
1975	75.61				11.43
1978	83.46				16.00
1979	82.49				16.11
1980	85.54				17.13
1981	87.75				17.99
1982	90.73				18.31
1983	93.31				18.27
1984	97.73				18.34
1985	99.63				19.85
1986	102.39				19.87
1987	106.94				21.20
1988	110.44				22.14
1989	113.37				23.37
1990	119.85	62.91	24.79	32.15	23.77
1991	125.85	63.65	27.26	34.94	28.03
1992	134.49	62.54	34.56	37.39	30.87
1993	145.83	62.26	40.60	42.97	34.45
1994	157.52	61.18	44.22	52.12	38.56
1995	172.85	64.54	48.80	59.51	43.44
1996	165.28	66.40	49.42	49.46	44.09
1997	180.98	67.45	50.86	62.67	44.93
1998	183.03	68.62	50.97	63.44	42.76
1999	185.05	69.33	50.79	64.93	42.15
2000	186.70	69.37	51.90	65.43	42.19
2001	196.84	69.82	53.44	73.58	42.71
2002	216.55	76.92	61.37	78.26	47.43
2003	206.67	69.56	88.38	48.73	50.24
2004	212.92	68.37	92.24	52.31	53.23
2005	222.62	69.35	99.22	54.05	64.92
2006	227.84	67.53	102.70	57.61	66.90
2007	236.47	64.79	109.13	62.55	75.70
2008	243.74	63.62	109.37	70.75	72.60
2009	252.16	62.21	115.75	69.21	76.59
2010	268.14	56.69	131.01	80.44	78.60
2011	272.47	50.88	135.71	85.88	83.35
2012	276.06	49.37	136.86	89.83	87.22
2013	286.73	48.01	141.14	97.58	83.91
2014	294.57	45.90	145.97	102.70	89.31
2015	299.29	44.13	144.33	110.83	88.33
2016	306.77	42.50	146.68	117.59	92.74
2017	314.18	40.86	146.99	126.33	94.97
2018	320.81	38.82	148.16	133.83	90.86
2019	318.30	37.31	145.10	135.89	95.95
2020	320.88	35.56	146.81	138.51	99.47
2021	337.58	36.41	152.08	149.09	101.81

注：2006—2009年社会从业人员根据第六次人口普查结果调整修订，2010—2021年社会从业人员数据依据第七次人口普查数据进行平滑调整。

1-1.2

年份	地区生产总值(万元)	第一产业	第二产业	第三产业	人均地区生产总值(元)	地区生产总值指数(%)	第一产业	第二产业	第三产业
1949	11180	8821	556	1803	109	100	100	100	100
1950	12171	9326	616	2229	117	124.6	125.4	116.4	123.2
1951	12875	9840	683	2352	123	107.2	107.7	112.4	104.5
1952	14493	10620	1064	2809	136	114.8	111.2	140.8	124.3
1953	15603	11017	1310	3276	144	107.9	105.7	137.3	109.7
1954	21220	15846	1769	3605	193	111.2	111.2	144.2	104.1
1955	23322	17396	1981	3945	210	103.6	102.4	118.4	103.1
1956	25346	18240	2671	4435	224	109.7	108.3	135.6	105.8
1957	26053	18038	3431	4584	224	99.7	97.7	119.2	98.3
1958	26287	17868	3689	4730	220	100.0	99.1	110.7	97.3
1959	25944	15818	4367	5759	214	95.5	85.5	117.0	116.8
1960	29752	19353	4360	6039	242	107.3	111.0	101.8	101.2
1961	25026	17195	2987	4844	201	85.9	94.1	64.2	76.6
1962	39841	29994	3411	6436	316	110.1	106.9	92.3	130.0
1963	31631	21271	2789	7571	244	103.9	100.1	102.0	115.0
1964	38019	25807	4125	8087	287	117.0	116.5	147.6	108.5
1965	42131	29647	5447	7037	309	111.8	119.3	116.3	90.2
1966	39525	26132	4949	8444	280	103.8	99.5	93.6	124.6
1967	42729	29095	5094	8540	295	104.8	105.7	111.0	99.6
1968	41156	28319	5018	7819	275	95.1	97.6	91.5	90.4
1969	42615	28461	5294	8860	277	103.1	100.4	100.7	112.5
1970	47834	31820	6864	9150	302	110.4	109.4	133.7	103.1
1971	50678	33628	7283	9767	311	106.1	107.8	97.4	105.8
1972	54093	34947	8444	10702	325	103.6	99.1	120.4	108.5
1973	55092	34187	9186	11719	323	100.8	96.1	108.5	109.3
1974	58900	38144	9551	11205	337	104.9	109.5	102.0	95.3
1975	59794	36742	10468	12584	335	101.3	95.6	111.0	111.2
1976	63665	37891	11533	14241	351	106.6	104.2	106.9	112.4
1977	64885	37328	12294	15263	352	105.7	106.1	104.1	105.8
1978	67596	37720	14065	15811	360	103.7	101.4	121.2	100.1
1979	67917	35496	13368	19053	358	96.7	88.0	95.7	122.3
1980	75357	41077	13525	20755	391	106.2	106.6	105.5	105.7
1981	90879	48930	16105	25844	464	113.5	112.3	113.8	115.9
1982	103536	52806	19745	30985	523	115.4	113.7	120.7	115.9
1983	102144	52101	19417	30626	505	96.8	93.8	102.6	99.5
1984	117923	58549	21204	38170	576	107.0	109.9	98.3	106.5
1985	137464	65999	32070	39395	656	110.9	103.7	149.6	104.2
1986	166334	74453	39186	52695	783	117.3	110.7	114.5	132.1
1987	224107	93760	60156	70191	1042	123.2	101.1	166.0	130.6
1988	323416	130478	84675	108263	1482	117.6	107.9	117.2	130.1
1989	390768	152609	99999	138160	1769	112.5	111.2	115.9	111.2

1-1.2 续表 1

年份	地区生产总值(万元)	第一产业	第二产业	第三产业	人均地区生产总值(元)	地区生产总值指数(%)	第一产业	第二产业	第三产业
1990	487913	175371	144398	168144	2110	123.1	120.6	130.7	119.7
1991	614253	189069	220258	204926	2612	123.9	110.6	149.3	116.0
1992	841348	225313	320550	295485	3462	132.9	118.1	145.5	133.8
1993	1324826	258176	595953	470697	5275	142.3	104.2	169.0	143.7
1994	1793884	338054	843706	612124	6910	127.8	111.9	141.1	119.2
1995	2295679	396992	1154242	744445	8557	125.4	108.1	137.3	115.8
1996	2713746	454228	1460372	799145	9786	117.9	109.8	125.9	106.1
1997	3189026	541678	1772237	875111	11127	117.2	110.3	122.3	108.5
1998	3574207	549949	2041812	982446	12067	114.8	103.1	117.3	113.6
1999	3942003	592605	2261163	1088235	12876	112.7	109.4	114.2	109.9
2000	4391944	622339	2552591	1217014	13877	111.3	106.1	113.1	108.6
2001	4789523	654378	2767390	1367754	14590	109.5	107.3	109.2	111.4
2002	5265704	673896	3065762	1526045	15529	110.7	104.7	112.1	110.8
2003	5864620	682657	3437058	1744905	16860	112.2	100.4	114.4	113.2
2004	6864489	770976	3921240	2172273	19189	115.1	104.2	114.4	121.2
2005	8051130	751011	4567923	2732196	21942	116.1	105.6	117.4	117.3
2006	9309277	687970	5408867	3212440	24556	116.8	102.4	120.6	114.5
2007	11217080	782595	6432011	4002474	28384	117.7	104.5	119.1	118.5
2008	13095122	892279	7470285	4732558	31881	111.7	103.9	111.6	113.6
2009	14130759	885670	7935994	5309096	33104	113.2	103.8	113.5	114.5
2010	17235617	998921	10229917	6006780	38507	118.2	103.8	124.2	110.3
2011	20801369	1129630	12292463	7379275	44149	115.0	103.8	115.4	116.2
2012	23524573	1203762	13814921	8505891	47734	112.6	102.9	114.4	110.9
2013	26745036	1301133	15498733	9945170	52211	113.7	103.3	115.0	113.0
2014	29591103	1365417	17133093	11092594	55900	110.0	104.6	111.7	107.7
2015	30902218	1461251	17446209	11994758	56802	109.3	104.3	109.8	108.9
2016	33595203	1642065	18558968	13394170	60361	108.1	104.7	108.0	108.6
2017	37457511	1665738	19841573	15950200	66007	107.9	104.5	102.6	116.1
2018	40033312	1761292	21222037	17049983	69206	105.9	103.3	105.9	106.0
2019	41929295	2067252	21581406	18280636	70949	104.2	102.2	101.5	107.8
2020	42837249	2169757	21376074	19291417	71220	101.5	104.4	101.6	101.2
2021	49773601	2325368	26527612	20920621	82113	110.1	110.2	114.4	105.3

注：1978—2018年地区生产总值数据，已根据第四次全国经济普查数据调整，下同；2011—2019年人均地区生产总值根据第七次全国人口普查数据平滑调整。

1–1.2　续表 2

年份	地区生产总值(%)	第一产业	第二产业	第三产业
1978	100	55.8	20.8	23.4
1979	100	52.3	19.7	28.1
1980	100	54.5	17.9	27.5
1981	100	53.8	17.7	28.4
1982	100	51.0	19.1	29.9
1983	100	51.0	19.0	30.0
1984	100	49.7	18.0	32.4
1985	100	48.0	23.3	28.7
1986	100	44.8	23.6	31.7
1987	100	41.8	26.8	31.3
1988	100	40.3	26.2	33.5
1989	100	39.1	25.6	35.4
1990	100	35.9	29.6	34.5
1991	100	30.8	35.9	33.4
1992	100	26.8	38.1	35.1
1993	100	19.5	45.0	35.5
1994	100	18.8	47.0	34.1
1995	100	17.3	50.3	32.4
1996	100	16.7	53.8	29.4
1997	100	17.0	55.6	27.4
1998	100	15.4	57.1	27.5
1999	100	15.0	57.4	27.6
2000	100	14.2	58.1	27.7
2001	100	13.7	57.8	28.6
2002	100	12.8	58.2	29.0
2003	100	11.6	58.6	29.8
2004	100	11.2	57.1	31.6
2005	100	9.3	56.7	34.0
2006	100	7.4	58.1	34.5
2007	100	7.0	57.3	35.7
2008	100	6.9	57.0	36.1
2009	100	6.3	56.2	37.6
2010	100	5.8	59.4	34.9
2011	100	5.4	59.1	35.5
2012	100	5.1	58.7	36.2
2013	100	4.9	57.9	37.2
2014	100	4.6	57.9	37.5
2015	100	4.7	56.5	38.8
2016	100	4.9	55.2	39.9
2017	100	4.4	53.0	42.6
2018	100	4.4	53.0	42.6
2019	100	4.9	51.5	43.6
2020	100	5.1	49.9	45.0
2021	100	4.7	53.3	42.0

1–1.3

年 份	固定资产投资(万元)	房地产开发	#国有经济单位投资(万元)	新增固定资产投资(万元)	商品房销售面积(万平方米)	商品房销售额(亿元)
1952	65					
1957	1125					
1962	412					
1965	2444					
1970	1753					
1975	2857					
1978	5991		5412	2281		
1979	5604		5182	1984		
1980	8623		8272	3590		
1981	18535		10324	17445		
1982	27468		14118	22575		
1983	23703		13448	17664		
1984	25799		12930	34637		
1985	40932		17565	36700		
1986	42022		20775	35429		
1987	66330		29885	60744		
1988	94932		36195	79671		
1989	107324		52909	94568		
1990	165399	8900	99271	138344		
1991	223295	19699	135097	164072		
1992	423763	43293	250270	285596		
1993	917831	209362	634949	568072	79.54	11.33
1994	756761	96102	474351	193844		
1995	616145	90969	402492	337770		
1996	631257	48139	435564	417831	17.10	2.33
1997	588301	44477	396904	677075	9.96	2.35
1998	603754	55355	388213	578269	25.07	3.80
1999	665760	66655	446537	551361	26.00	4.29
2000	774104	92069	499766	717371	48.43	8.12
2001	844273	106472	536391	729930	45.48	7.88
2002	1047340	158773	717190	778366	56.36	13.24
2003	2284704	272724	1954087	1042687	86.13	16.70
2004	2976139	295532	2598702	1030306	101.13	22.88
2005	3523708	438917	501163	1513591	149.40	37.97
2006	3087813	690302	549679	5041074	254.71	75.80
2007	4869094	1377564	1428299	1965560	390.99	156.18
2008	5887368	1868314	1662243	2249185	295.90	121.94
2009	7589682	1753332	2247850	5826042	543.81	232.01
2010	8940191	2678611	2199034	5712027	627.30	311.17
2011	10252067	3775399	2163119	6666439	796.30	440.87
2012	12086803	4821683	2238291	6830591	826.72	478.42
2013	14013040	5934706	2588028	7522838	1149.46	672.11
2014	16067089	6672975	2921882	8863910	983.94	588.81
2015	18639306	6104497	4463464	11898908	1299.78	800.38
2016	20397056	7476324	4179074	11483597	1771.91	1415.00
2017	22348768	8841949	4197996	16935218	1645.65	1628.81
2018	—	9839417	3623468	4731872	1663.37	1778.41
2019	21027821	11499441	4256170	6622693	1724.71	1876.94
2020	24396723	12531308	5790852	7744839	1838.14	2126.68
2021	29724478	13233210	6303753	9639806	1619.96	1932

1–1.4

年 份	地方公共财政预算收入(万元)	地方公共财政预算支出(万元)	金融机构存款余额(万元)	住户存款余额(万元)	金融机构贷款余额(万元)
1963	2395	1938			
1964	4629	2299			
1965	4340	2222			
1966	4544	3044			
1967	3845	2746			
1968	4729	2234			
1969	5269	2906			
1970	5159	2920			
1971	6167	3044			
1972	5908	4739			
1973	5961	4179			
1974	5439	2625			
1975	4947	5024		1747	
1976	4392	4132			
1977	4745	4247			
1978	5500	5921	11320	3167	25533
1979	3086	5735	15097	4508	29052
1980	3760	6901	21978	6106	39095
1981	5278	8378	30350	8906	48069
1982	4488	8421	32897	11548	53872
1983	4888	9259	42115	15518	58545
1984	4937	10433	68598	25711	89880
1985	5433	13321	81580	37112	106910
1986	8917	18239	116242	54669	136221
1987	13261	23701	160861	80969	183514
1988	20821	29456	164170	107628	203942
1989	23802	35697	198416	154493	247536

1-1.4 续表

年份	地方公共财政预算收入(万元)	地方公共财政预算支出(万元)	金融机构人民币存款余额(万元)	住户存款余额(万元)	金融机构人民币贷款余额(万元)
1988	20821	29456	164170	107628	203942
1989	23802	35697	198416	154493	247536
1990	28098	43934	408425	243080	387858
1991	39449	53729	447167	378205	370297
1992	57606	77309	1153953	823452	538911
1993	93622	108904	1540834	1017762	1317543
1994	74409	112167	1600774	1118399	1416385
1995	76925	118321	1933487	1434177	1968310
1996	70669	116392	2459994	1704458	2620118
1997	76086	132446	2807971	2080232	2744975
1998	94281	149709	3109384	2314576	2846817
1999	107529	168174	3499731	2515692	2439765
2000	129356	197886	3590688	2493084	2133399
2001	182792	258858	4024608	2740804	2267685
2002	197153	330094	4790091	3191087	2653794
2003	241238	387786	5719088	3795484	3138211
2004	254208	459451	6651342	4472809	3478121
2005	347218	524097	7817848	5222112	3672270
2006	444473	660323	9467087	6072335	4407589
2007	620603	860589	11338239	6476106	5632461
2008	780657	1062985	13045899	7716561	6598939
2009	1015651	1347527	17344007	8674938	9249371
2010	1312270	1854379	20411875	10317915	10976616
2011	1628309	2272099	23374233	11444613	12897517
2012	2008762	2740831	25176322	13175734	14846221
2013	2501721	3282913	30044146	15207027	18278746
2014	3007453	3729722	31845160	16111201	21768038
2015	3400183	4860668	36125234	17175953	24643503
2016	3613044	5090750	45447300	19452277	31551265
2017	3890838	5540130	50760024	21530379	38186415
2018	3930058	5442151	58396518	23611950	46508367
2019	4008593	6148574	61498065	26006998	55883102
2020	4122472	6373752	68133595	28968805	68295973
2021	4553901	6633104	72181656	32311879	80956996

注：表中金融指标均为人民币口径，2015年起，城乡居民储蓄存款余额改为住户存款余额，1963—2014年为城乡居民储蓄存款余额数据。

1–1.5

年 份	在岗职工工资总额(万元)	国有经济	在岗职工年平均工资(元)	职工平均工资指数(%)	城镇居民家庭人均可支配收入(元)	城镇居民家庭人均消费性支出(元)	农村居民可支配收入(元)	农村居民家庭人均消费性支出(元)
1957	1232	1232	532	104.1				
1962	2198	2198	510	95.9				
1965	2875	2816	518	101.6				
1970	3281	3281	546	105.4				
1975	4938	4370	607	111.2				
1978	8950	6277	599	98.7			159	
1979	8984	7044	597	99.7			165	
1980	11529	8897	705	118.1			209	
1981	13247	10481	772	109.5			327	
1982	14653	12063	849	110.0			402	
1983	15567	12377	880	103.7			392	
1984	20107	15253	1052	119.5			468	399
1985	21232	15711	1150	109.3	747	720	505	446
1986	25111	18187	1314	114.3	1027	1011	520	471
1987	29168	20630	1462	111.3	1235	1148	639	512
1988	43385	29605	2057	140.7	1512	1462	785	678
1989	54397	36625	2365	115.0	2145	1929	943	1018
1990	63016	40874	2786	117.8	2602	2349	1131	1062
1991	88474	52800	3302	118.5	3142	2712	1217	1108
1992	114028	66677	3871	117.2	3969	3768	1393	1355
1993	169932	95900	5119	132.2	5953	5387	1700	1884
1994	230994	122813	6262	122.3	7566	6225	2230	2244
1995	275711	128326	6716	107.3	7857	7156	2641	2563
1996	287574	135335	6889	102.6	8141	7554	3112	2767
1997	305664	138970	6966	101.1	8563	7262	3305	2690
1998	329725	143869	7835	112.5	8982	7362	3422	2579
1999	367555	165464	8883	113.4	9436	8194	3531	2738
2000	399339	175953	9607	108.2	9824	8555	3630	2737
2001	446319	197786	10482	109.1	10014	8574	3750	2724
2002	522965	216224	11318	108.0	10691	8603	3903	2805
2003	644073	254571	13265	117.2	12673	10303	4054	3005
2004	737530	292541	14439	108.9	13822	11929	4370	3300
2005	995961	329339	16017	110.9	14884	12931	4698	3782
2006	1168338	380252	17760	110.9	15991	14035	5090	4022
2007	1458774	444552	19644	110.6	17310	15015	5695	4320
2008	1723298	531884	22727	115.7	19481	16581	6626	4863
2009	1928867	615777	25786	113.5	21278	17914	7583	5249
2010	2307432	687101	29599	114.8	23565	19741	9077	6029
2011	2983287	867915	35719	120.7	20108	20603	10117	7187
2012	3570487	1011661	41506	116.2	22644	22279	11483	8286
2013	4000986	1092897	47126	113.5	24293	-	12976	9465
2014	4677529	1227312	53576	113.7	27300	20065	14364	11008
2015	5246337	1353653	58607	109.4	30057	21581	15830	11975
2016	5990003	1563751	64766	110.5	33213	23779	17603	13726
2017	6683244	1736539	70890	109.5	36608	26424	19284	15576
2018	7191835	1876230	77634	109.5	39574	27773	21039	16900
2019	8190033	2158724	83639	107.7	42999	30009	23027	18387
2020	8839237	2531993	89840	107.4	45475	29369	24925	18119
2021	10233728	2938606	99329	110.6	49243	32431	27580	20463

注：2011年之前城镇居民可支配收入、消费性支出样本为市区城镇常住居民；农村居民可支配收入，2011年之前为农村居民家庭人均纯收入。

1–1.6

年 份	从事农林牧渔业人员(万人)	农业机械总动力(万千瓦)	化肥施用折纯量(吨)	农 村用电量(万千瓦时)	农作物播种面积(千公顷)	粮食	油料
1949	36.88						
1952	38.72						
1957	42.71						
1962	45.30						
1965	46.27						
1970	54.59						
1975	58.85						
1978	62.55	25.50	32288	3703	343.44	285.47	24.66
1979	58.58	27.89	34845	3606	330.79	269.00	26.62
1980	59.78	28.98	40177	3837	324.66	261.53	30.71
1981	62.17	31.04	44495	4127	318.54	244.53	35.55
1982	65.51	32.08	45047	5416	316.19	239.73	35.94
1983	66.81	33.76	47086	7226	313.79	241.47	28.81
1984	66.76	34.43	46926	8304	311.89	237.07	32.18
1985	62.59	38.07	50039	8386	308.36	226.27	31.36
1986	66.76	41.05	57752	10534	305.19	223.47	30.99
1987	64.71	48.07	58590	13375	303.65	222.93	28.96
1988	65.43	52.23	61691	12421	302.82	220.11	27.98
1989	63.05	57.01	70642	13618	307.69	224.40	27.83
1990	62.44	59.17	74800	17235	310.02	223.87	28.09
1991	61.70	65.83	75000	18896	301.19	211.74	27.33
1992	61.76	77.60	78000	35300	286.77	197.19	26.59
1993	60.71	92.11	66700	35851	271.05	181.28	27.42
1994	59.46	93.45	67979	31236	270.89	190.49	27.51

1-1.6 续表

年份	农林牧渔劳动力(万人)	化肥施用折纯量(吨)	农村用电量(万千瓦时)	农作物播种面积(千公顷)	粮食	油料
1995	62.78	74221	42406	284.75	195.59	27.12
1996	64.83	77487	46371	293.97	200.72	26.14
1997	67.45	70907	44149	293.54	199.79	26.81
1998	68.62	74708	42947	298.19	200.20	26.54
1999	69.34	73500	46206	300.94	200.45	26.57
2000	69.36	79107	55479	302.83	189.27	28.27
2001	69.82	82860	70351	307.30	177.30	30.95
2002	76.92	77832	76815	292.95	154.89	31.56
2003	68.17	79000	57869	266.07	133.87	27.87
2004	65.76	78419	61243	268.14	147.93	26.71
2005	67.30	81327	73104	237.54	151.26	24.03
2006	66.68	82424	245041	225.74	112.14	19.71
2007	66.05	83521	253985	225.85	114.38	19.75
2008	66.83	84101	263257	227.57	115.64	20.37
2009	67.05	86647	260545	233.08	121.20	21.27
2010	61.79	89347	307123	241.45	120.16	21.13
2011	52.11	90512	339519	247.35	120.04	21.70
2012	51.83	93962	347807	249.78	120.92	22.32
2013	51.62	94340	354425	256.47	116.66	22.65
2014	50.54	96369	292688	263.32	116.36	23.20
2015	49.76	98430	323554	264.16	116.59	23.48
2016	49.09	98341	331145	268.31	117.61	23.30
2017	48.32	90671	351086	249.51	119.07	23.82
2018	47.25	88808	354177	248.47	111.93	18.67
2019	46.33	86119	382971	252.32	110.19	18.16
2020	45.20	82867	394202	257.37	112.79	17.85
2021	36.43	80749	386449	260.37	112.09	17.14

1-1.7

年 份	水果产量 (万吨)	粮食产量 (万吨)	油料产量 (万吨)	猪牛羊肉产量 (万吨)	水产品产量 (万吨)
1949	0.12	26.00	0.76		1.06
1952	0.17	34.10	1.04		1.28
1957	0.26	40.00	1.04		2.23
1962	0.23	42.00	0.79		1.53
1965	0.47	56.70	1.62		1.51
1970	1.29	62.30	2.08		3.20
1975	1.62	66.50	2.00		2.31
1978	1.59	68.70	2.23	2.20	1.97
1979	1.21	62.30	2.80	2.13	1.16
1980	1.38	71.60	3.67	2.21	1.79
1981	1.46	69.20	4.74	2.55	1.59
1982	1.34	77.50	5.38	2.83	2.40
1983	1.78	79.10	3.56	3.49	2.89
1984	2.28	78.40	4.23	3.30	2.57
1985	3.47	76.60	4.09	3.86	2.52
1986	5.94	70.30	4.30	4.19	3.06
1987	7.85	79.70	3.91	4.36	3.42
1988	9.26	78.65	3.96	4.68	3.99
1989	11.19	86.01	4.10	4.92	4.16
1990	14.78	89.01	4.34	5.38	4.49
1991	17.55	82.27	3.82	5.84	5.19
1992	21.86	82.20	4.54	6.74	6.01
1993	20.34	76.11	4.89	7.55	6.49
1994	21.82	84.80	5.12	7.44	7.27
1995	20.21	89.33	5.37	7.59	8.17
1996	19.90	97.54	5.24	8.31	9.02
1997	18.32	105.95	5.41	9.58	11.26
1998	17.44	111.61	5.68	5.53	12.39
1999	20.33	112.66	5.92	7.23	13.09
2000	18.50	105.31	6.19	8.24	13.28
2001	19.83	92.87	6.91	8.85	13.98
2002	27.12	81.80	7.05	9.93	15.61
2003	28.85	68.02	6.59	10.39	15.69
2004	39.15	74.44	6.38	11.66	16.26
2005	48.76	74.21	6.13	13.21	16.36
2006	41.59	51.37	4.38	13.58	12.34
2007	46.78	55.15	4.74	12.81	13.71
2008	49.96	55.73	4.86	13.93	13.63
2009	51.82	58.64	5.28	14.40	14.06
2010	54.92	58.68	5.29	15.02	14.33
2011	58.88	60.98	5.46	14.09	14.67
2012	63.41	62.66	5.62	14.17	14.94
2013	66.93	55.70	5.92	14.45	15.67
2014	68.36	59.21	6.13	14.85	16.16
2015	72.91	59.72	6.30	14.58	16.70
2016	77.37	59.99	6.38	14.18	17.15
2017	80.80	58.64	5.28	10.83	16.48
2018	87.50	56.07	5.18	10.68	15.81
2019	87.69	58.61	5.21	9.07	15.81
2020	93.40	60.44	5.18	7.56	15.72
2021	96.10	60.91	5.18	10.79	19.21

注：2017年数据根据2016年第三次农业普查作了修正。

1-1.8

年 份	规模以上工业企业单位数(个)		规模以上工业企业增加值(万元)		规模以上工业企业总产值(万元)	
		"三资"		"三资"		"三资"
1978	902				37436	
1979	922				35149	
1980	957				35659	
1981	978				37066	
1982	1005				37745	
1983	986				42961	
1984	1043				46658	
1985	1098				64202	
1986	1199				81074	
1987	1296				139596	
1988	1464				199325	
1989	1510				260814	
1990	1558				358215	
1991	1692				654909	
1992	1873		172423		941251	
1993	2106		314778		1426945	
1994	2506		502602		2212527	
1995	2616		680134		3139604	
1996	2926		880279		4125504	
1997	2909		1063139		5300732	
1998	913	502	905916		4885886	4092130
1999	710	449	1003314		5472134	4593630
2000	689	454	1321892	1070148	6578284	5618681
2001	702	483	1327701	1136088	7081192	6406301
2002	765	555	1909451	1731477	8623884	7990454
2003	808	593	2333741	1997000	10204438	9574466
2004	1257	880	2554325	2376731	11197762	10525823
2005	1244	880	3153193	2810031	14286640	12879247
2006	1279	916	4041627	3481645	18339670	16364607
2007	1387	955	5025237	4280594	22179612	19312868
2008	1875	1192	5455569	4501065	26002646	22117995
2009	1870	1139	5765886	3939289	30051367	22231185
2010	1926	1167	7863875	4916548	39051731	26214443
2011	1428	895	10135400	6456875	47650331	31552511
2012	1430	868	11739666	6853081	54772792	34537841
2013	1702	941	14232012	8571381	66052943	42093462
2014	1815	923	14750208	8881881	69013471	43867164
2015	1893	888	16173783	9401333	70447292	43271900
2016	2140	879	17636888	9959491	76173423	44334347
2017	2366	897	18504869	10597036	81669256	47272643
2018	2546	836	16304018	8672130	77003862	39854295
2019	2764	821	16541746	8204551	74314341	34840631
2020	3055	808	16898567	8524744	77144294	36201099
2021	3873	872	22158494	10072985	99492774	43797287

注：1．1998年起统计口径为规模以上工业企业；
2．2011年起口径有调整；由于2018年工业企业调查范围变化，剔除重复计算和非工业生产活动剥离，下同。

1–1.9

年 份	规模以上工业企业销售产值(万元)	国有	"三资"企业	规模以上工业企业流动资产合计(万元)	国有
1992	749986	138624			
1993	1128714	189649		530716	116059
1994	2145278	235496		859804	150311
1995	3283594	243103		1370095	164277
1996	4182675	240619		1449137	166637
1997	5104970	239978		2045366	202930
1998	4707413	205542		1942185	164314
1999	5247831	332112		2433793	252633
2000	6450572	150210	5516780	2809707	151798
2001	6893799	147526	6240656	3065358	164834
2002	8294503	147738	7682119	3808908	196790
2003	9921699	614053	4367646	4253560	179959
2004	12368170	555138	10279696	5210232	192025
2005	14151961	654178	12756086	5907824	162052
2006	17995058	981479	16044847	7413445	221978
2007	21761400	1194947	18926330	8748903	227310
2008	25481498	1305136	21633186	9305182	258453
2009	29740355	4264708	22001614	12651624	1505216
2010	38927458	8030926	21620597	14748340	1394428
2011	47059493	9669775	31070966	17643300	1526481
2012	54494076	12037625	34259979	19280519	1527992
2013	64992232	9701967	41585861	21466743	1084203
2014	67846864	8403665	43014968	24209000	1232122
2015	68956982	6688242	42207434	24951738	1006482
2016	73743502	6152766	42642672	29218152	1439637
2017	79220358	7479855	45591453	32949145	1654070
2018	74951532	11749193	38349289	37541104	1834236
2019	75585432	20941	36924313	36693324	8428
2020	73463043	18283	34039873	41826442	254387
2021	94483858	17281	41281377	51542337	65561

注：1．1998年起统计口径为规模以上工业企业；
2．2011年起口径有调整；
3．2013—2018年，该表国有包含登记注册类型为国有、国有独资、国有联营三类合计；2019年起仅包含国有企业。

1-1.10

年份	规模以上工业利税总额(万元)	国有	客运量(万人)	公路客运量	货运量(万吨)	公路货运量
1983	3434	2218	1988	1892	1441	1028
1984	3376	1692	2198	2120	1512	1121
1985	5901	2170	2797	2725	1617	1230
1986	7540	4307	2432	2381	1715	1350
1987	10969	5158	2662	2622	1876	1253
1988	17090	7742	5917	5895	2125	1785
1989	20830	6727	3531	3462	2218	1769
1990	24515	3046	3559	3509	2336	1882
1991	26154	10736	3693	3673	2269	1909
1992	49462	13591	3604	3576	2337	1900
1993	89528	28328	4482	4461	2513	2083
1994	192373	30310	4794	4616	2822	2286
1995	226361	10467	3728	3603	2610	1962
1996	239560	13442	2364	2218	2204	1624
1997	321533	21363	2276	2063	2616	1638
1998	235202	14548	3008	2808	2192	1276
1999	266826	19287	4123	3927	3837	2802
2000	294042	13683	4288	4058	4329	3099
2001	344494	24303	4772	4521	4498	3189
2002	455756	18243	4696	4486	4666	3221
2003	470188	-24067	4332	4136	4196	2785
2004	608754	47087	5217	4994	4970	2988
2005	575745	54066	5535	5149	5694	3080
2006	675321	134927	5721	5265	5615	3416
2007	1657834	162359	5889	5410	5936	3568
2008	1073509	152391	6113	5591	7487	4295
2009	2505802	876152	12162	11657	8645	4061
2010	3886371	1559771	13313	12753	11352	4307
2011	4916084	1701472	13600	12996	14477	6041
2012	5840135	2237777	16598	16013	17346	7862
2013	6415642	2022821	17301	16661	19314	9534
2014	6291061	1613021	7033	6411	21765	9595
2015	7134905	1449400	7380	6799	24839	11016
2016	7192106	1307623	7001	6422	24891	10935
2017	7517358	1239339	6829	6617	25936	11401
2018	6110456	1530119	6846	6616	27341	12070
2019	5332638	894	4686	4668	29038	12506
2020	5485089	5896	926	911	21387	7757
2021	7711235	2234295	889	874	24483	11108

注：1. 起货运量的统计口径不含管道一块；
2. 2013—2018年，该表国有包含登记注册类型为国有、国有独资、国有联营三类合计；2019年起仅包含国有企业；
3. 客运量从2014年起不包含城市公交和出租车的数据。

1–1.11

年 份	公路客运周转量(万人公里)	公路货运周转量(万吨公里)	年 份	公路客运周转量(万人公里)	公路货运周转量(万吨公里)
1950	902	68	1986	161700	64812
1951	1130	113	1987	145384	73211
1952	1401	193	1988	295478	73242
1953	1748	467	1989	186464	91776
1954	2196	1037	1990	190766	97712
1955	2776	1449	1991	202263	99005
1956	5450	5878	1992	198658	98936
1957	6480	6488	1993	236970	107872
1958	7771	6790	1994	262150	118374
1959	9485	8685	1995	288753	95314
1960	10092	9090	1996	263782	143619
1961	8744	8100	1997	147751	165964
1962	8376	8327	1998	161280	97732
1963	8427	8934	1999	186436	228598
1964	10713	10061	2000	216293	260121
1965	10718	10764	2001	236050	265687
1966	12106	13151	2002	234836	265799
1967	12692	10713	2003	196477	209944
1968	11184	9387	2004	297895	201279
1969	12171	12289	2005	359701	219710
1970	12208	14823	2006	519938	242443
1971	12900	14377	2007	563115	270819
1972	15470	15544	2008	666617	352190
1973	18099	16017	2009	387819	463098
1974	19331	15374	2010	493566	477654
1975	18787	18624	2011	728741	681623
1976	21791	19729	2012	1163294	886014
1977	23287	19456	2013	1244139	1151818
1978	42750	19456	2014	518973	1133354
1979	46892	39150	2015	574280	1420203
1980	49780	41421	2016	532620	1335360
1981	63945	43335	2017	556004	1455161
1982	77221	44505	2018	559360	1566442
1983	122980	49344	2019	407845	1670867
1984	165360	56580	2020	99927	602515
1985	196000	55000	2021	89311	895184

注：2014年起城市公交和出租车的客运量不纳入公路客运量计算；2020年客运周转量、货运周转量数据口径调整，与上年不可比。

1–1.12

年 份	公路线路长度 (公里)	等级公路	高速公路	港口货物 吞吐量 (万吨)
1978				154
1979				150
1980				139
1981				124
1982				117
1983				103
1984				91
1985				107
1986				106
1987				100
1988				105
1989				109
1990				83
1991				85
1992				88
1993				113
1994				128
1995	5963	5486	35	74
1996	5431	5198	35	83
1997	6608	6114	97	476
1998	6660	6327	97	533
1999	6862	6499	127	669
2000	6986	6632	128	787
2001	7045	6703	128	834
2002	7211	6870	128	956
2003	7372	6908	277	1098
2004	7382	6920	277	1543
2005	7538	7093	277	1512
2006	10436	8831	277	2082
2007	10436	8831	277	2324
2008	10468	9348	277	2583
2009	10682	9826	374	3613
2010	10826	10074	379	4534
2011	10893	10235	454	5014
2012	10933	10341	492	5257
2013	11234	10703	492	8045
2014	12594	12376	492	6485
2015	13476	13443	588	7013
2016	13541	13522	650	7658
2017	13823	13805	634	7214
2018	14001	13984	728	8757
2019	13216	13211	756	8956
2020	13447	13446	853	9636
2021	13516	13515	860	9644

1–1.13

年 份	邮电业务总量 (不变价，万元)	年 份	邮电业务总量 (不变价，万元)	年末城乡 固定电话 (万部)	移动电话用户 (万户)
1954	115	1988	2171	1.70	
1955	119	1989	4039	2.38	
1956	155	1990	7434	3.28	
1957	160	1991	12836	4.52	
1958	197	1992	22666	5.87	
1959	192	1993	46330	8.77	
1960	258	1994	65021	14.89	
1961	270	1995	91630	21.38	
1962	249	1996	112681	26.41	
1963	231	1997	131066	29.77	6.56
1964	276	1998	151230	33.88	10.08
1965	300	1999	193704	39.83	15.04
1966	328	2000	259727	45.71	22.93
1967	309	2001	286167	57.52	37.88
1968	284	2002	325371	66.71	86.45
1969	316	2003	326947	91.95	118.05
1970	334	2004	664935	105.70	170.55
1971	367	2005	810066	133.12	212.94
1972	419	2006	961446	160.59	260.23
1973	427	2007	1291743	185.40	332.31
1974	435	2008	1329872	202.60	410.10
1975	454	2009	1612479	167.46	410.38
1976	490	2010	548745	139.77	378.17
1977	501	2011	659200	135.16	419.86
1978	501	2012	800493	130.06	501.16
1979	530	2013	864441	131.47	597.79
1980	573	2014	1184013	120.18	697.97
1981	522	2015	1464977	108.59	669.09
1982	627	2016	2454283	106.48	537.13
1983	666	2017	2037345	100.00	611.51
1984	603	2018	3813085	100.44	722.17
1985	866	2019	6063600	113.95	736.52
1986	1060	2020	1061643	106.90	685.40
1987	1554	2021	1388378	107.90	717.70

注：1．邮电业务总量从2004年起为省里反馈数；
2．2016年起固定电话、移动电话用户为小反馈数；
3．2020年邮电业务总量数据调整为2020年不变价可比价口径。

1-1.14

年 份	社会消费品零售总额(万元)	年 份	社会消费品零售总额(万元)	批发零售贸易业	住宿和餐饮业
1950	5324	1986	92649		
1951	6406	1987	118345		
1952	6276	1988	163952		
1953	6924	1989	187659		
1954	7189	1990	208830		
1955	7655	1991	252178		
1956	8394	1992	352427		
1957	8743	1993	600307		
1958	8989	1994	728630		
1959	10216	1995	885621	741153	144468
1960	9069	1996	940329	804455	135873
1961	8586	1997	1041442	894121	147321
1962	12219	1998	1177050	1007845	169205
1963	13063	1999	1300941	1114949	185992
1964	13902	2000	1433467	1246335	187132
1965	12555	2001	1604974	1395366	209608
1966	14622	2002	1840914	1595864	245050
1967	15417	2003	2110779	1822941	287838
1968	13918	2004	2458418	2099146	359272
1969	15843	2005	2912902	2512309	400593
1970	16601	2006	3434610	2971695	462915
1971	16518	2007	4051305	3507348	543956
1972	17544	2008	4879182	4241900	637282
1973	18347	2009	5600585	4869748	730837
1974	20867	2010	6520213	5932419	587793
1975	21680	2011	7636028	6907833	728195
1976	23082	2012	8688279	7872241	816039
1977	25433	2013	9840120	8968042	872078
1978	28124	2014	11162984	10159799	1003184
1979	31135	2015	12581053	11406642	1174412
1980	36482	2016	14174677	12900325	1274352
1981	43170	2017	15971439	14577373	1394067
1982	54482	2018	17691321	16176933	1514388
1983	49733	2019	19245535	17629772	1615763
1984	62827	2020	17460803	16380878	1079924
1985	78746	2021	19789200	18187664	1601536

注：从1992年开始社会消费品零售总额使用四经普修订后的数据；从2015年(含)起，批发零售贸易业、住宿和餐饮业分别调整为商品零售、餐饮收入。

1–1.15

年 份	外贸进口总额（万美元）	外贸出口总额（万美元）	外商直接投资签订协议合同数（个）	实际利用外资（万美元）		接待旅游总人数（万人次）
					外商直接投资额	
1978		1278				
1979		1171		13		
1980		1663		60		
1981		1511		138	3	
1982		1672		198	80	
1983		1356		344	29	
1984		1759		1258	253	
1985		2931		1600	1070	
1986		5791		1802	1254	32.64
1987		11314	63	1503	1084	51.39
1988		19751	96	8178	4577	72.80
1989		21971	78	9205	7703	70.66
1990		28703	127	19136	15662	75.79
1991		42497	211	20754	15207	77.94
1992		55552	556	35376	29831	95.78
1993		78992	916	61774	58576	100.43
1994		172693	531	78877	72789	190.35
1995		233211	431	88834	79802	212.15
1996		277364	221	90990	83672	239.80
1997	228703	346591	195	96855	85273	248.23
1998	243798	335269	247	97026	83643	329.26
1999	327468	367612	182	98383	78526	443.24
2000	371384	449746	238	105016	83319	446.06
2001	391989	490928	262	118015	96015	458.42
2002	533589	588957	405	132648	108208	605.01
2003	598521	714614	388	169035	140703	521.58
2004	789613	873927	549	93134	63228	750.03
2005	836630	1065535	539	128390	104187	1000.20
2006	895372	1227718	489	129541	104518	1217.07
2007	950722	1460586	444	148801	122815	1566.91
2008	1175594	1798881	293	155848	135249	1805.00
2009	1209154	1714867	279	150528	139484	2115.00
2010	1400157	2023305	362	145887	143761	2501.03
2011	1569148	2312180	425	157307	156803	2820.94
2012	2029557	2920456	327	173267	172782	3153.00
2013	2407220	3332146	284	183895	183417	3552.00
2014	2308101	3633124	314	196582	196582	3968.30
2015	1957879	3477648	234	110499	110499	4077.00
2016	1072.26	1972.52	154	114252	114252	4713.00
2017	1182.86	2233.13	661	114354	114354	5394.00
2018	1125.82	2208.90	2006	634865	634865	5892.77
2019	888.01	1821.74	390	642549	642549	2319.31
2020	801.04	1688.08	420	556721	556721	2220.69
2021	922.82	2132.27	410	743862	743862	2811.07

注：1.本表外贸进、出口总额从1998年起改用海关统计口径，2016年起单位为亿元；
2.2018年起实际利用外资单位为万元；
3.2019年起，旅游统计口径有调整，与往年不可比。

1–1.16

年 份	普通高等学校在校学生数（人）	普通中学在校学生数（人）	中等职业技术学校在校生数（人）	小学在校学生数（人）	学龄儿童入学率（%）	小学毕业生数（人）	普通中学毕业生数（人）
1963		17359		172265			
1964		17767		204350			
1965		25494		228402			
1966		30632		224695			
1967		31458		220641			
1968		46897		215060			
1969		65707		214791			
1970		90131		196860			
1971		93926		207710			
1972		73596		244396			
1973		63640		268367			
1974		64202		288983			
1975		76527		298499			
1976		103051		295658			
1977		129119		280052			
1978	370	132051	1600	282536	95.60	47872	
1979	574	97897	1800	279458	95.53	43240	
1980	758	81940	1800	276676	95.57	36507	
1981	729	51648	1500	272207	95.65	35059	
1982	591	58350	1600	273689	96.23	39910	
1983	638	62567	1500	268576	97.63	40104	
1984	754	69623	1700	280129	98.20	38019	
1985	1258	76827	2200	279666	98.43	39360	
1986	1344	82039	2800	286976	99.10	33290	
1987	1413	81668	3300	296037	99.14	33834	
1988	1498	82197	3800	300094	99.30	40860	
1989	2351	91617	4000	305312	99.36	41572	
1990	1961	93739	4700	317220	99.57	36595	
1991	1216	95816	4700	329000	99.49	38746	
1992	1417	99400	4800	337062	99.70	41480	26243
1993	1598	105233	5600	344397	99.69	45642	25304
1994	2036	120195	6400	348451	99.82	48607	27274
1995	2419	131499	6200	346242	99.86	50328	31405
1996	2804	146165	8000	342661	99.70	52044	34739
1997	3165	158529	11000	341166	99.60	53757	40923
1998	3629	163476	9800	335053	99.74	52341	47322
1999	4562	168464	13600	337362	99.84	52439	49527
2000	6915	174526	10800	335551	99.83	55889	52931
2001	5841	182123	11000	345222	99.66	54926	53199
2002	5449	188425	13600	360649	99.82	54227	59579
2003	6586	198004	17500	391082	100.00	57435	58996
2004	8046	212095	32000	418989	99.97	59661	60248
2005	8106	232301	35700	442407	99.94	64271	62343
2006	8423	257051	48300	451551	99.96	72225	68243
2007	8079	277215	57200	445221	99.35	79066	73144
2008	9286	295346	62500	426443	100.00	80890	79839
2009	12038	305888	76596	401270	100.00	80973	87064
2010	20041	308667	89908	397983	100.00	76715	91248
2011	22007	307746	97131	403950	100.00	70940	95870
2012	24300	296561	97852	421074	100.00	64366	99934
2013	27012	287317	95812	445608	100.00	62148	98685
2014	30183	276309	82943	472152	100.00	61088	95585
2015	34174	270727	83870	504066	100.00	63240	91389
2016	37229	275031	81697	530498	100.00	70260	88864
2017	39212	287517	81250	556985	100.00	75052	85641
2018	44018	308128	80619	584251	100.00	83954	86351
2019	49160	327725	79328	609393	100.00	86235	93515
2020	64976	345972	81870	621791	100.00	85323	98269
2021	69906	368124	87010	633683	100.00	94606	107510

1-1.16 续表

年 份	高等学校教师(人)	普通中学教师(人)	中等职业技术学校教师(人)	小学教师(人)	考入大学人数(人)
1988					1622
1989					1314
1990					1095
1991					971
1992					1135
1993	206	5679	361	14028	1785
1994	230	6394	463	14694	2144
1995	159	7096	428	15193	2511
1996	182	7550	500	15863	2518
1997	270	7716	518	16023	2150
1998	305	8016	585	16477	2291
1999	375	8227	604	16371	3280
2000	281	8635	492	16675	4025
2001	296	8856	582	17319	5894
2002	364	9633	471	17777	6494
2003	460	10242	560	18861	8818
2004	496	10943	1128	18986	10470
2005	506	11969	1278	19217	11534
2006	511	13315	1600	19749	11571
2007	503	14330	1944	20188	14061
2008	522	15232	2220	20240	16823
2009	629	16735	3160	20137	19074
2010	990	17211	3429	20652	19065
2011	1290	17759	3355	20947	21846
2012	1329	18444	3366	21243	25674
2013	1497	19076	3209	22497	27845
2014	1929	19154	3042	23755	29540
2015	1893	19532	3143	24970	29401
2016	1925	20076	3342	26253	29290
2017	2055	20870	3470	27471	29582
2018	2111	21801	2971	28903	30630
2019	2350	22853	3110	30587	34838
2020	2540	23909	3172	32009	38355
2021	2722	25211	3643	33864	36767

1–1.17

年 份	医院、卫生院数(个)	医院、卫生院床位数(张)	卫生技术人员(人)	医生数(人)	护士数(人)	乡 村医生数(人)
1969	74	2330	2924	1256		
1970	73	2781	2921	1247		
1971	77	3117	3169	1218		
1972	77	2550	3359	1476		
1973	81	2807	3532	1419		
1974	79	2887	3668	1456		
1975	82	3053	3879	1457		
1976	82	3147	3996	1518		
1977	87	3203	4260	1605		
1978	95	3460	4533	1698		
1979	96	3406	4815	1831		
1980	96	3511	5203	1944		
1981	101	3618	5347	1938		
1982	101	3565	5535	2050		
1983	103	3834	5699	2069		
1984	106	3787	5812	2099		
1985	103	3697	5768	1967		
1986	103	3971	5863	1875		
1987	107	3911	5955	1944		
1988	107	4079	6139	2157		
1989	104	4018	6214	2194		
1990	105	4098	6398	2284		
1991	106	4394	6873	2530		
1992	106	4529	7262	2607		
1993	106	4763	7559	3003		
1994	106	4845	8236	3388		
1995	112	5261	8923	3744		
1996	113	5498	9460	3990	2464	
1997	113	5495	9336	3590	2684	
1998	114	5682	9893	4030	2846	
1999	115	5702	10335	4246	2923	
2000	116	5869	10552	4371	3214	
2001	116	5931	10586	4472	3335	
2002	116	6472	10310	3566	3445	
2003	121	7279	10561	3999	3498	
2004	123	7513	11289	4392	3620	1122
2005	123	7960	12043	4622	3872	1139
2006	125	8532	12703	5000	4245	1488
2007	123	9538	14964	5854	5109	1364
2008	119	10207	14765	5431	4962	1366
2009	124	10199	16728	6246	5795	1417
2010	126	10877	18218	6778	6391	1413
2011	131	11662	19978	7386	7283	1504
2012	137	14485	23787	9009	9445	1385
2013	139	16258	26911	9735	10266	1287
2014	138	17098	27068	10163	10950	1175
2015	145	18937	28115	10458	11700	1077
2016	144	19383	30124	11283	12804	968
2017	146	19277	32953	12582	14412	855
2018	146	19257	34800	13339	15454	812
2019	147	19546	36112	13992	15969	759
2020	151	20879	38771	15005	17208	700
2021	154	21627	41247	15903	18686	617

1-1.17 续表

年 份	科技专利授权量(件)	废水排放总量(万吨)	工业废水	生活废水	城镇居民恩格尔系数(%)	农村居民恩格尔系数(%)
1988	2					
1989	2					
1990	3					
1991	4					
1992	12					
1993	22				38.6	
1994	19				42.7	
1995	62	1647	1505	142	42.9	
1996	70	8612	1112	7500	43.4	50.9
1997	93	9737	1981	7756	46.0	51.8
1998	169	9253	1678	7575	42.5	52.1
1999	148	10690	1689	9001	38.1	48.7
2000	207	10046	1833	8213	37.3	49.5
2001	283	10958	1979	8979	38.6	50.5
2002	443	12983	2794	10189	39.2	49.5
2003	532	12642	3432	9210	36.4	49.1
2004	680	13585	4039	9546	34.3	49.9
2005	651	13774	4359	9415	32.1	49.8
2006	641	21616	6204	15412	31.6	47.9
2007	726	26974	8727	18247	32.5	47.9
2008	1011	28074	7189	20884	34.1	49.5
2009	985	28188	5782	22406	34.1	48.2
2010	1628	31126	6029	25097	33.9	45.0
2011	2917	30400	7462	22937	34.5	44.6
2012	4093	33789	8300	25489	35.7	44.3
2013	5976	39562	8320	31242	35.7	44.1
2014	7396	41891	8465	33394	36.5	39.2
2015	9797	43180	8595	34558	36.4	39.1
2016	9891	44348	6137	38179	35.9	38.9
2017	11706	47698	6058	41600	35.1	38.6
2018	14705	51487	6463	44977	34.5	38.3
2019	14577	50789	5958	44780	34.4	38.1
2020	19059	25919	4924	20959	35.3	39.1
2021	25624	28780	4678	24076	35.0	38.1

注：2020年废水排放总量统计口径有调整，与往年不可比。

1–1.18

年 份	旅 游 总收入 (亿元)	接待过夜 旅游者 (万人次)	文化馆 (个)	公 共 图书馆 (个)	博物馆 (个)	广播电台 (套)	电视台 (座)
1988	1.2	73				2	3
1989	2.5	71				2	3
1990	3.3	76				3	3
1991	3.4	78				4	3
1992	4.0	96				4	3
1993	5.3	100				4	3
1994	3.9	74				5	3
1995	4.3	81	7	5	5	5	3
1996	4.0	82	6	5	5	5	7
1997	18.1	85	6	5	5	5	7
1998	18.4	154	6	5	5	5	5
1999	22.9	199	6	5	5	5	5
2000	24.1	214	6	5	5	5	5
2001	27.0	247	6	5	5	5	5
2002	31.0	301	6	5	5	5	5
2003	26.2	272	6	5	5	5	6
2004	38.9	352	6	5	5	5	4
2005	49.9	460	6	5	5	5	6
2006	61.2	562	6	5	5	6	7
2007	84.3	707	6	5	5	6	7
2008	96.6	808	6	5	5	6	7
2009	115.1	943	6	5	5	5	5
2010	140.8	1074	6	5	5	6	6
2011	161.2	1189	6	5	6	6	6
2012	184.2	1313	6	5	6	6	6
2013	212.65	1502	6	5	6	7	6
2014	273.20	1656	6	5	6	7	6
2015	330.23	2077	6	5	6	5	5
2016	364.13	2033	6	5	6	5	5
2017	439.28	2239	6	5	6	5	5
2018	501.63	2441	6	5	6	5	5
2019	253.43	1317	6	6	10	5	5
2020	205.78	1151	6	6	11	5	5
2021	219.60	1162	6	6	12	5	5

注：2019年起，旅游统计口径有调整。

1–2 惠州历年各站点平均气温、相对湿度

年 份	平均气温 (℃)				相对湿度 (%)			
	惠阳站	惠东站	博罗站	龙门站	惠阳站	惠东站	博罗站	龙门站
1997	22.0	21.8	22.4	20.9	79.0	81.0	81.0	85.0
1998	22.9	22.7	23.1	21.7	78.0	80.0	80.0	84.0
1999	22.6	22.3	22.8	21.2	75.0	76.0	77.0	81.0
2000	22.5	22.1	22.7	21.2	76.0	78.0	78.0	82.0
2001	22.7	22.2	22.8	21.3	76.0	78.0	79.0	83.0
2002	23.0	22.5	23.1	21.6	76.0	79.0	78.0	83.0
2003	22.7	22.1	22.9	21.3	75.0	78.0	77.0	82.0
2004	22.6	21.9	22.7	20.8	52.0	53.0	79.0	53.0
2005	22.4	22.0	22.7	20.9	71.0	78.0	76.0	83.0
2006	22.9	22.3	22.9	21.3	75.0	81.0	78.0	83.0
2007	23.0	22.3	22.9	21.2	73.0	72.0	72.0	79.0
2008	22.3	21.6	22.2	20.5	72.0	75.0	72.0	78.0
2009	23.0	22.1	23.0	21.2	71.0	75.0	70.0	78.0
2010	22.6	21.9	22.6	20.8	74.0	78.0	73.0	82.0
2011	22.3	21.5	22.3	20.4	70.0	75.0	69.0	78.0
2012	22.0	22.0	23.0	21.0	78.0	81.0	75.0	84.0
2013	22.0	22.0	23.0	21.0	77.0	78.0	75.0	82.0
2014	22.3	22.2	22.8	21.2	76.0	77.0	74.0	83.0
2015	22.8	22.7	23.6	21.7	78.0	76.0	78.0	84.0
2016	22.3	22.6	22.3	21.5	79.8	80.3	81.9	84.9
2017	23.0	23.0	23.0	22.0	76.0	81.0	80.0	84.0
2018	22.6	21.4	22.6	22.3	77.0	85.0	80.0	79.0
2019	23.2	22.8	23.1	21.8	78.0	82.0	81.0	86.0
2020	23.1	22.8	23.0	21.8	74.9	77.9	76.1	83.0
2021	23.6	23.1	23.3	22.1	70.9	73.7	71.1	79.5

1-3 惠州历年各站点降雨量、日照时数

年 份	降雨量 (MM)				日照时数 (小时)			
	惠阳站	惠东站	博罗站	龙门站	惠阳站	惠东站	博罗站	龙门站
1997	2049.1	2474.6	2136.1	2779.7	1653.4	1945.3	1466.1	1450.2
1998	1951.4	2081.0	2141.3	2102.3	1753.8	2054.4	1764.8	1500.3
1999	1539.5	1646.4	1685.9	1787.7	1780.7	1981.2	1798.7	1683.7
2000	2315.6	2281.0	2743.1	2095.0	1880.3	1999.4	1948.4	1639.5
2001	2320.5	2248.2	2104.1	2321.5	1776.9	1999.0	1855.8	1672.5
2002	1325.3	1443.1	1280.0	1620.2	1783.6	2127.2	1825.5	1600.3
2003	1609.4	1694.8	1489.9	1522.7	2020.6	2482.8	2024.4	1808.4
2004	1174.2	1403.8	1141.2	1468.5	2076.1	2350.7	2082.4	1910.5
2005	1789.5	1720.1	2057.4	2715.1	1552.0	1888.3	1637.6	1448.7
2006	2570.9	2316.8	3111.7	2998.4	1618.5	1784.2	1618.2	1560.0
2007	1920.8	2123.8	2432.4	1705.1	1716.9	2040.5	1700.8	1723.5
2008	1942.9	2406.7	2111.9	2543.0	1595.7	1865.9	1545.7	1628.1
2009	1621.9	1714.2	1766.3	1438.3	1698.2	1958.1	1731.3	1778.9
2010	1565.7	1818.2	1883.8	2462.4	1464.0	1667.1	1638.5	1546.5
2011	1460.9	1425.5	1450.5	1451.3	1799.5	2065.7	1885.7	1910.0
2012	1273.0	1660.0	1772.0	2004.3	1521.0	1615.0	1576.0	1487.7
2013	2194.0	2129.0	2402.0	2356.0	1562.0	1611.0	1561.0	1628.0
2014	1809.5	1723.4	1929.1	2128.2	1764.4	1716.0	1634.1	1707.6
2015	1746.0	1773.0	1987.0	2742.0	1601.0	1687.0	1548.0	1474.0
2016	2451.0	2611.0	2610.0	3336.0	1415.0	1475.0	1367.0	1281.0
2017	1905.0	1780.0	1619.0	2068.0	1777.0	2073.0	1559.0	1626.0
2018	1785.9	1569.8	1606.1	2009.3	1559.4	1545.7	1606.0	1939.2
2019	2028.5	1869.8	2575.0	2621.0	1912.5	1908.6	1734.4	1722.0
2020	1493.4	1208.3	1769.9	2286.8	1886.5	2074.5	1767.6	1726.4
2021	1255.5	1266.5	982.2	1448.1	2122.6	2335.3	2069.6	2084.4

1-4 惠州历年各水文站最高水位

单位：(m)

年份	观音阁站		岭下站		惠阳站(惠州站)	
	实测值	出现日期	实测值	出现日期	实测值	出现日期
2004	21.08	9.10	15.07	9.10	6.51	8.30
2005	26.69	5.23	20.67	6.23	12.85	6.23
2006	25.19	7.28	19.26	6.10	11.51	6.10
2007	53.87	6.10	18.18	6.10	10.64	6.12
2008	25.50	7.31	18.95	7.31	11.56	6.14
2009	20.73	6.27	14.97	6.28	10.83	6.04
2010	24.33	6.27	18.13	6.17	10.90	7.09
2011	22.76	10.14	16.66	10.14	10.98	7.17
2012	22.43	4.28	16.49	4.28	10.85	6.27
2013	24.39	5.22	17.91	8.18	11.24	8.18
2014	23.22	5.23	17.05	5.23	11.14	5.23
2015	22.36	5.20	15.77	5.21	11.03	5.20
2016	23.99	1.29	17.14	1.30	11.11	1.29
2017	21.23	6.16	14.97	6.17	11.03	6.16
2018	21.34	6.09	14.81	6.09	11.03	6.09
2019	24.43	6.14	17.27	6.14	11.22	6.12
2020	22.81	6.08	16.45	6.09	10.93	6.07
2021	19.73	5.31	13.18	6.01	10.87	10.09

1-4 续表

单位：(m)

年份	博罗站		平山站		淡水站	
	实测值	出现日期	实测值	出现日期	实测值	出现日期
2004	4.74	8.30	14.13	8.31	21.62	7.30
2005	9.85	6.23	16.57	6.22	19.73	8.20
2006	9.03	7.17	20.04	8.04	18.17	7.16
2007	7.34	6.10	16.35	6.10	18.34	6.10
2008	9.06	6.14	21.39	6.14	21.79	6.14
2009	2.78	6.28	14.83	6.04	17.75	5.24
2010	6.17	6.28	16.36	10.20	18.37	9.21
2011	3.21	7.16	16.55	8.10	18.87	6.17
2012	3.40	4.28	16.54	6.22	18.51	7.25
2013	8.06	8.18	20.75	8.18	19.34	8.17
2014	5.74	5.24	17.05	5.09	20.80	5.12
2015	3.21	5.21	16.75	7.1	18.83	5.23
2016	5.68	10.22	18.14	10.22	19.44	10.22
2017	4.18	6.17	16.57	7.3	20.02	8.28
2018	5.83	9.10	20.63	8.31	21.79	9.17
2019	6.49	6.14	16.59	6.11	17.77	8.18
2020	6.53	6.08	16.62	8.19	17.55	8.19
2021	2.65	10.10	16.93	10.09	19.92	10.09

1-5　惠州历年各水文站最低水位

单位：(m)

年 份	观音阁站		岭下站		惠州站	
	实测值	出现日期	实测值	出现日期	实测值	出现日期
1998	19.66	12.03	13.51	12.30	5.76	12.31
1999	19.18	7.21	13.01	7.27	5.07	8.01
2000	19.44	3.13	13.30	3.14	5.30	3.14
2001	19.46	1.23	13.29	1.24	5.03	12.03
2002	19.27	7.13	13.07	7.14	4.23	7.15
2003	19.25	11.28	13.04	12.09	3.84	12.10
2004	18.98	10.24	12.87	10.25	3.12	12.12
2005	18.89	1.31	12.69	1.31	2.73	12.16
2006	19.46	3.16	13.30	3.17	2.90	1.03
2007	19.17	11.26	12.97	1.31	6.67	5.22
2008	18.86	12.01	13.01	3.19	9.70	6.17
2009	18.60	9.22	12.66	9.21	10.06	7.09
2010	18.75	2.03	12.88	2.03	10.32	9.03
2011	18.36	4.24	12.74	4.26	10.28	11.08
2012	18.43	10.21	12.76	10.21	10.44	6.03
2013	18.44	1.07	12.56	11.18	9.78	8.20
2014	17.99	12.14	11.81	12.16	10.30	3.30
2015	17.62	2.16	11.51	2.17	10.27	7.21
2016	17.91	9.22	11.57	9.26	10.12	8.02
2017	17.58	9.04	10.97	11.07	10.13	9.04
2018	17.12	7.17	10.77	7.27	9.71	9.18
2019	16.60	10.12	10.75	11.21	9.77	10.23
2020	16.84	1.02	10.83	1.02	9.65	6.08
2021	15.80	10.19	10.25	6.08	9.80	6.03

1-5 续表

单位：(m)

年份	博罗站		平山站		淡水站	
	实测值	出现日期	实测值	出现日期	实测值	出现日期
1998	4.40	10.20	12.63	3.27	11.97	11.24
1999	4.00	8.01	12.61	7.24	11.90	2.07
2000	4.05	10.19	11.03	12.08	12.01	1.17
2001	3.69	11.20	10.85	12.29	12.02	3.21
2002	2.97	7.15	10.29	7.05	12.01	5.05
2003	2.53	12.10	10.35	5.02	11.96	12.20
2004	1.79	12.12	10.06	6.15	11.92	1.29
2005	1.68	2.01	10.70	12.31	11.91	2.12
2006	0.68	11.20	10.58	1.04	12.06	12.10
2007	-0.14	12.07	10.60	11.14	11.99	3.10
2008	-0.40	12.22	10.47	4.05	12.02	2.16
2009	-0.43	12.25	10.62	12.08	12.12	12.28
2010	-0.41	12.30	10.59	4.10	12.10	2.13
2011	-0.60	3.16	15.79	1.02	11.95	2.11
2012	-0.53	12.22	15.66	4.15	12.08	1.23
2013	-0.50	3.21	15.09	9.22	12.81	2.15
2014	-0.71	12.16	15.81	9.16	12.85	2.04
2015	-0.60	4.07	15.33	7.09	13.00	2.22
2016	-0.55	1.04	15.59	8.03	13.03	1.02
2017	-0.38	12.25	15.82	6.13	13.05	2.01
2018	-0.50	4.07	14.55	9.02	13.16	5.29
2019	-0.38	12.02	15.76	1.04	13.19	9.27
2020	-0.41	1.17	16.01	4.28	13.10	2.01
2021	-0.72	11.30	16.19	5.31	12.90	6.11

1-6　惠州历年各水文站最大流量

单位：(m^3/s)

年 份	岭下站		博罗站	
	实测值	出现日期	实测值	出现日期
1988	3280	7.02	3960	7.21
1989	3950	5.22	4940	5.23
1990	2200	4.21	2600	9.12
1991	2690	9.08	3730	9.08
1992	3010	4.12	3460	3.28
1993	3830	6.06	4540	9.28
1994	1700	6.22	3200	8.08
1995	4890	8.14	6660	8.14
1996	3010	8.18	3730	6.26
1997	3530	8.13	4800	8.13
1998	2880	4.27	3820	6.25
1999	2680	8.25	4810	8.25
2000	2670	9.02	4920	9.03
2001	3070	7.08	4340	7.08
2002	1640	8.09	1970	8.10
2003	2640	6.15	3150	6.16
2004	1001	9.10	1430	8.30
2005	6990	6.23	7840	6.23
2006	5030	6.10	7710	7.17
2007	3780	6.10	5570	6.10
2008	4860	7.31	7070	6.14
2009	966	6.28	2440	6.28
2010	4000	6.17	5430	6.27
2011	2370	10.14	2830	10.14
2012	2320	4.28	3030	4.28
2013	3930	8.18	7900	8.18
2014	3740	5.23	5790	5.23
2015	2510	5.21	3370	5.21
2016	4280	1.30	6160	10.22
2017	2440	6.17	4360	6.17
2018	2280	6.09	7520	9.01
2019	5910	6.14	6600	6.14
2020	4390	6.09	5790	6.08
2021	1470	6.01	1950	6.01

1-7　惠州历年各水文站最小流量

单位：(m^3/s)

年份	岭下站		博罗站	
	实测值	出现日期	实测值	出现日期
1988	108.00	2.22	111.00	2.22
1989	143.00	4.03	181.00	11.13
1990	153.00	2.02	184.00	2.03
1991	84.00	7.18	106.00	11.25
1992	240.00	10.02	245.00	2.04
1993	196.00	4.12	246.00	4.13
1994	154.00	11.03	207.00	11.03
1995	300.00	12.12	283.00	12.12
1996	270.00	11.28	315.00	11.12
1997	265.00	3.01	338.00	3.11
1998	204.00	12.03	280.00	10.02
1999	104.00	7.27	207.00	8.01
2000	212.00	3.14	270.00	3.15
2001	228.00	1.24	227.00	1.25
2002	143.00	7.14	202.00	7.15
2003	121.00	12.09	152.00	12.01
2004	120.00	10.25	137.00	12.12
2005	81.60	1.31	114.00	2.01
2006	244.00	3.17	199.00	11.20
2007	277.00	1.31	126.00	3.05
2008	258.00	3.19	316.00	3.28
2009	169.00	9.21	27.00	9.20
2010	214.00	2.03	37.40	11.03
2011	200.00	4.26	59.50	10.27
2012	246.00	10.21	3.99	9.03
2013	254.00	11.18	1.93	3.17
2014	240.00	1.02	60.20	9.12
2015	189.00	2.17	1.49	4.07
2016	342.00	9.26	159.00	9.27
2017	302.00	11.07	6.45	11.06
2018	166.00	7.27	93.40	5.26
2019	171.00	1.05	33.50	2.07
2020	268.00	10.01	10.30	4.21
2021	52.60	10.22	-248.00	9.24

惠州统计年鉴 2022

HUIZHOU STATISTICAL YEARBOOK

二、综合

2-1 行政区划

(2021年)

县（区）	合计	乡镇		街道办事处		村委会	社区居委会
		个数	名称	个数	名称		
全市	**71**	**49**		**22**		**1043**	**268**
惠城区	13	5	马安镇、横沥镇、芦洲镇、汝湖镇、三栋镇	8	桥东、桥西、江南、江北、龙丰、水口、河南岸、小金口	142	74
惠阳区	9	6	沙田镇、新圩镇、镇隆镇、永湖镇、良井镇、平潭镇	3	淡水、秋长、三和	102	27
惠东县	14	12	白花镇、梁化镇、稔山镇、铁涌镇、平海镇、吉隆镇、多祝镇、安墩镇、高潭镇、宝口镇、黄埠镇、白盆珠镇	2	平山、大岭	245	53
博罗县	17	15	石坝镇、麻陂镇、公庄镇、杨村镇、泰美镇、柏塘镇、湖镇镇、龙华镇、长宁镇、福田镇、园洲镇、石湾镇、杨侨镇、横河镇、观音阁镇	2	罗阳、龙溪	331	46
龙门县	10	8	龙田镇、龙江镇、龙华镇、永汉镇、麻榨镇、龙潭镇、地派镇、蓝田乡	2	龙城 平陵	156	24
大亚湾区	3			3	霞涌、澳头、西区	29	28
仲恺区	5	3	潼湖镇、潼侨镇、沥林镇	2	陈江、惠环	38	16

2-2 自然资源

(2021年)

指　　标	单位	全 市	惠城区	惠阳区	惠东县	博罗县	龙门县	大亚湾区	仲恺区
一、土地面积和海洋									
土地面积	(平方公里)	11350.36	1157.20	917.13	3528.77	2855.10	2267.20	293.56	331.40
海域面积	(平方公里)	4520			3220			1300	
海洋滩涂面积	(公顷)								
大陆海岸线长度	(公里)	281.4			218.3			63.1	
岛屿岸线长度	(公里)	约148							
岛屿个数	(个)	162			96			66	
二、气候									
年降水量	(毫米)	1238.1		1255.5	1266.5	982.2	1448.1		
年平均气温	(摄氏度)	23.0		23.6	23.1	23.3	22.1		
年日照时数	(小时)	2153.0		2122.6	2335.3	2069.6	2084.4		
三、森林									
森林面积	(万公顷)	69.95	5.08	4.37	25.52	15.85	16.76	1.29	1.09
活立木蓄积量(森林蓄积量)	(万立方米)	4152.30	245.29	208.98	1460.42	1061.66	1067.58	62.41	45.96
当年造林面积	(公顷)	9574	427	567	5247	1135	2198		
森林覆盖率	(%)	61.66	43.86	48.41	72.34	55.51	73.92	44.38	31.69
自然保护区数	(个)	28	4	5	9	4	5	1	
自然保护区面积	(公顷)	170932	4516	13889	83123	22371	10163	36870	
四、水资源									
水资源总量	(亿立方米)	53.75	3.75	4.48	11.86	15.49	15.75	1.16	1.25

注：气候数据为所在县（区）站点的数据。

2–3 惠州市、县(区)国民经济主要指标

(2021年)

指　　标	单位	全市	惠城区	惠阳区	惠东县	博罗县	龙门县	大亚湾区	仲恺区
地区生产总值(GDP)	(亿元)	4977.36	972.61	750.41	710.87	741.46	187.87	805.71	808.43
第一产业	(亿元)	232.54	25.57	20.89	65.60	76.74	32.76	1.84	9.15
第二产业	(亿元)	2652.76	274.74	476.79	269.60	393.99	83.53	577.20	576.90
工业	(亿元)	2388.94	197.56	454.84	248.26	359.27	65.35	527.90	535.75
第三产业	(亿元)	2092.06	672.30	252.73	375.67	270.73	71.58	226.67	222.38
GDP增长速度	(%)	10.1	6.5	8.0	11.2	12.6	8.7	6.6	17.9
三次产业结构									
第一产业	(%)	4.7	2.6	2.8	9.2	10.3	17.4	0.2	1.1
第二产业	(%)	53.3	28.2	63.5	37.9	53.1	44.5	71.6	71.4
工业	(%)	48.0	20.3	60.6	34.9	48.5	34.8	65.5	66.3
第三产业	(%)	42.0	69.1	33.7	52.8	36.5	38.1	28.1	27.5
年末常住人口	(万人)	606.60	156.51	96.69	101.96	121.20	31.94	44.82	53.48
年末户籍总人口	(万人)	405.91	106.30	43.56	90.80	95.09	35.83	17.27	17.06
乡村人口	(万人)	172.93	25.14	16.67	57.89	45.61	21.20	0.65	5.79
全社会从业人员	(万人)	337.58	73.74	57.14	57.23	64.01	18.69	24.86	41.90
第一产业	(万人)	36.41	4.96	2.72	9.18	10.05	7.93	0.25	1.31
第二产业	(万人)	152.08	19.47	34.49	21.77	27.52	4.00	14.72	30.12
第三产业	(万人)	149.09	49.30	19.93	26.28	26.45	6.75	9.90	10.48
城镇单位在岗职工平均人数	(万人)	103.03	24.06	19.97	7.06	18.04	2.03	13.80	18.06
城镇单位在岗职工工资总额	(亿元)	1023.37	271.91	177.27	70.24	156.53	19.30	147.61	180.51
城镇单位在岗职工平均工资	(元)	99329	113024	88756	99460	86768	94989	106948	99940
住户存款余额(人民币)	(亿元)	3231.19	1486.12	514.49	371.61	559.63	127.06	172.28	—
全体居民人均可支配收入	(元)	43351	56020	45575	31528	34758	28184	52648	48528
城镇常住居民人均可支配收入	(元)	49243	60987	50771	34306	40380	31107	53352	52492
农村常住居民人均可支配收入	(元)	27580	28886	30470	26817	26717	25714	30223	30476
地方财政一般预算收入	(亿元)	455.39	175.82	64.28	31.47	56.12	19.45	70.52	37.74
地方财政一般预算支出	(亿元)	663.31	220.54	83.59	87.74	104.48	43.32	81.40	42.23
国内税收收入	(亿元)	1009.20	230.29	148.51	47.23	107.93	19.86	303.55	151.84

注："—"仲恺区数含在惠城区内，惠城含市直数据，下同。

2-3 续表 1

(2021年)

指　　标	单位	全市	惠城区	惠阳区	惠东县	博罗县	龙门县	大亚湾区	仲恺区
粮食产量	(万吨)	60.91	8.12	4.20	20.21	15.57	11.19	0.21	1.41
家禽肉产量	(吨)	74814	7629	1815	11799	45279	7805	234	253
猪肉产量	(吨)	105563	13041	874	43551	38012	10068		17
水果产量	(万吨)	96.64	4.79	13.66	18.66	21.08	33.73	1.04	3.69
蔬菜产量	(万吨)	339.86	42.69	49.92	90.06	106.48	33.91	0.69	16.11
水产品产量	(万吨)	19.21	2.44	0.63	6.64	5.44	0.82	1.38	1.85
农业主要特色农产品									
玉米	(万吨)	7.97	1.08	1.45	1.50	2.62	0.23		1.09
柑橘橙	(万吨)	28.27	0.18	0.10	2.06	4.56	21.36		
荔枝	(万吨)	10.60	0.86	1.32	3.66	4.29	0.21	0.05	0.19
马铃薯	(万吨)	20.54	1.06	0.20	15.77	1.48	1.56	0.46	
规模以上工业	(个)	3873	452	982	329	972	79	218	841
“三资”企业	(个)	872	112	214	54	212	12	69	199
规模以上工业总产值	(亿元)	9949.28	728.19	1713.45	342.95	1312.84	135.29	2754.99	2961.56
规模以上工业增加值(收入法)	(亿元)	2215.85	170.00	415.59	94.46	318.00	42.46	644.13	541.02
营业收入	(亿元)	10023.35	747.18	1482.97	340.63	1317.11	127.73	2895.14	3112.60
主营业务收入	(亿元)	9738.24	731.77	1456.86	331.65	1293.80	126.74	2817.94	2979.49
全社会用电量	(亿千瓦时)	510.36	81.93	107.10	45.57	93.72	21.55	95.95	59.04
工业用电量	(亿千瓦时)	344.36	31.54	82.02	20.54	64.56	14.99	80.88	44.28
万元GDP能耗	(吨标煤/万元)	0.635	0.266	0.462	0.277	0.417	1.187	2.054	0.270
社会消费品零售总额	(亿元)	1978.92	763.07	199.55	411.87	321.84	59.01	79.42	144.16
限额以上住宿餐饮、批零单位数	(个)	1030	441	77	244	92	43	63	70
批发零售	(个)	780	377	52	169	68	22	39	53
住宿餐饮	(个)	250	64	25	75	24	21	24	17
实际外商直接投资额	(亿元)	74.39	4.98	6.14	1.77	3.91	1.04	28.74	27.80

2–3 续表 2

(2021年)

指　　标	单位	全市	惠城区	惠阳区	惠东县	博罗县	龙门县	大亚湾区	仲恺区
固定资产投资	(亿元)	2972.45	614.10	432.12	401.42	439.11	118.91	446.79	520.00
工业	(亿元)	983.05	101.73	141.77	160.20	142.00	50.09	169.93	217.32
房地产开发	(亿元)	1323.32	350.56	219.72	143.83	177.04	27.39	209.17	195.61
住宅	(亿元)	1040.21	260.26	165.01	128.11	143.94	24.22	165.16	153.52
商品房施工面积	(万平方米)	9291.55	1985.77	1616.89	855.89	1758.91	247.89	1559.63	1266.56
商品房竣工面积	(万平方米)	767.33	89.33	199.65	68.17	234.01	5.83	135.61	34.73
商品房屋销售面积	(万平方米)	1619.96	350.18	225.72	202.05	239.83	30.39	264.38	307.41
商品房屋销售额	(亿元)	1932.48	452.06	323.23	227.83	210.52	23.21	374.16	321.48
公路线路长度	(公里)	13516	2252	1844	3421	3949	2051		
等级公路	(公里)	13515	2252	1844	3419	3949	2051		
高速公路	(公里)	860	197	164	138	219	141		
等级公路密度	(公里/百平方公里)	119.1	194.6	201.3	97.0	138.3	90.5		
金融机构本外币存款余额	(亿元)	7809.67	4623.41	942.16	529.52	928.34	191.62	594.63	—
人民币	(亿元)	7218.17	4132.18	920.44	526.85	901.19	186.84	550.66	—
金融机构本外币贷款余额	(亿元)	8478.86	5044.55	1135.80	478.19	843.95	171.90	804.48	—
人民币	(亿元)	8095.70	4694.35	1130.03	477.66	839.66	171.90	782.10	—
小学学校数	(所)	576	111	104	163	113	24	22	39
小学在校学生数	(万人)	63.37	16.52	10.26	11.39	12.78	3.20	3.83	5.38
普通中学学校数	(所)	300	67	51	64	61	21	11	25
普通中学在校学生数	(万人)	36.81	9.78	6.51	6.65	8.23	2.01	1.51	2.12
大学录取人数	(人)	36767	14158	6285	5779	6756	1661	632	1496
卫生机构数	(个)	3547	979	483	686	717	228	200	254
医院	(个)	84	32	19	15	7	4	2	5
卫生院	(个)	70	8	6	20	19	14		3
医生(执业医师＋执业助理医师)	(人)	15903	6535	2385	2108	2314	781	720	1060
注册护师、护士	(人)	18686	7973	3071	2658	2272	801	725	1186
卫生机构床位数	(张)	23844	10386	2872	3669	3841	1111	854	1111
医院	(张)	18286	9243	2415	2540	2075	541	634	838
卫生院	(张)	3341	176	267	893	1438	363		204

注：公路长度，惠城区含仲恺数据，惠阳含大亚湾数据。

2-4 主要经济指标占全省比重

(2021年)

指　　标	单位	惠州市	广东省	惠州市占全省比重(%)
人口				
年末常住人口数	(万人)	606.60	12684.00	4.8
土地面积	(平方公里)	11347.39	179611.60	6.3
地区生产总值	(亿元)	4977.36	124369.67	4.0
#第一产业	(亿元)	232.54	5003.66	4.6
第二产业	(亿元)	2652.76	50219.19	5.3
第三产业	(亿元)	2092.06	69146.82	3.0
工业增加值				
规模以上工业增加值	(%)	14.1	9.0	
#轻工业	(%)	14.9	9.5	
重工业	(%)	13.9	8.8	
#电子行业	(%)	13.9	5.0	
石化行业	(%)	8.4	8.0	
#国有企业	(%)	-7.8	13.0	
集体企业	(%)	4.8	4.8	
“三资”企业	(%)	11.1	9.2	
主要工农业产品产量				
#粮食	(万吨)	60.91	1279.87	4.8
蔬菜	(万吨)	339.86	3855.73	8.8
水果	(万吨)	96.10	1826.73	5.3
水产品	(万吨)	19.21	921.67	2.1
猪牛羊禽肉	(万吨)	18.27	451.75	4.0
水泥	(万吨)	1925.69	17005.20	11.3
彩电电视机	(万台)	2914.96	9810.91	29.7
微型计算机	(万台)	567.17	5935.41	9.6
移动电话机	(万部)	4834.25	66965.36	7.2
固定资产投资				
固定资产投资额	(%)	21.8	6.3	
#第一产业	(%)	49.2	31.8	
第二产业	(%)	50.5	19.4	
第三产业	(%)	11.2	2.2	
房地产	(%)	5.6	3.9	
#工业	(%)	50.5	19.5	

注：广东省数据为快报数。

2-4 续表

(2021年)

指　　标	单位	惠州市	广东省	惠州市占全省比重(%)
商品房				
#商品房销售面积	(万平方米)	1619.96	14011.26	11.6
商品房销售额	(亿元)	1932.48	22320.27	8.7
房屋施工面积	(万平方米)	9291.55	94247.53	9.9
房屋新开工面积	(万平方米)	2295.61	16097.26	14.3
房屋竣工面积	(万平方米)	767.33	8043.47	9.5
商品房待售面积	(万平方米)	611.92	6696.98	9.1
国内贸易和物价				
#社会消费品零售总额	(亿元)	1978.92	44187.71	4.5
#城镇	(亿元)	1585.11	38923.93	4.1
农村	(亿元)	393.81	5263.78	7.5
#工业生产者出厂价格指数	(%)	107.1	103.4	
居民消费价格指数	(%)	101.5	100.8	
财政税收金融				
#地方财政一般预算收入	(亿元)	455.39	14103.43	3.2
地方财政一般预算支出	(亿元)	663.31	18222.73	3.6
#国内税收收入	(亿元)	1009.20	22652.60	4.5
#金融本外币存款余额	(亿元)	7809.67	293169.22	2.7
金融本外币贷款余额	(亿元)	8478.86	222234.29	3.8
外经旅游				
#进出口总额	(亿元)	3055.09	82680.28	3.7
出口总额	(亿元)	2132.27	50528.72	4.2
进口总额	(亿元)	922.82	32151.57	2.9
#实际利用外商直接投资	(亿元)	55.67	1620.29	3.4
人民生活				
城镇常住居民人均可支配收入	(元)	49243	54854	89.8
农村常住居民人均可支配收入	(元)	27580	22306	123.6

注：此表数据为快报数。

2-5 国民经济主要经济指标

指　　标	单位	2007年	2008年	2009年	2010年	2011年	2012年	2013年	2014年
综　合									
建成区面积	(平方公里)	155.01	180.49	210.77	266.34	280.39	292.21	302.80	309.60
地区生产总值(GDP)	(亿元)	1121.71	1309.51	1413.08	1723.56	2080.14	2352.46	2674.50	2959.11
#第一产业	(亿元)	78.26	89.23	88.57	99.89	112.96	120.38	130.11	136.54
第二产业	(亿元)	643.20	747.03	793.60	1022.99	1229.25	1381.49	1549.87	1713.31
第三产业	(亿元)	400.25	473.26	530.91	600.68	737.93	850.59	994.52	1109.26
人均GDP(按常住人口计算)	(元)	28384	31881	33104	38507	44149	47734	52211	55900
人均GDP(按常住人口计算)	(美元)	3733	4590	4846	5688	6836	7562	8430	9100
地区生产总值结构	(%)	100.0	100.0	100.0	100.0	100.0	100.0	100.0	100.0
第一产业	(%)	7.0	6.9	6.3	5.8	5.4	5.1	4.9	4.6
第二产业	(%)	57.3	57.0	56.2	59.4	59.1	58.7	57.9	57.9
第三产业	(%)	35.7	36.1	37.6	34.9	35.5	36.2	37.2	37.5
农　业									
粮　食	(万吨)	55.15	55.73	58.64	58.68	60.98	62.66	55.70	59.21
蔬　菜	(万吨)	174.89	181.40	190.19	201.68	214.55	223.63	243.10	261.27
水　果	(万吨)	46.78	50.00	51.82	54.92	58.88	63.41	66.93	68.36
玉　米	(万吨)	9.50	10.20	11.10	10.96	11.11	11.60	11.90	11.27
年　桔	(万吨)	15.60	19.60	20.30	22.40	24.21	17.20	15.00	12.95
荔　枝	(万吨)	6.75	6.70	7.37	7.36	8.00	7.40	7.66	7.94
梅　菜	(万吨)	8.00	8.20	8.70	9.60	4.80	10.10	9.80	10.76
马铃薯	(万吨)	1.40	2.00	3.30	3.50	3.52	3.70	3.40	3.44
农业龙头企业单位数	(个)	144	162	181	198	210	220	236	257
销售收入	(亿元)	34.35	48.58	62.80	65.50	71.50	75.00	80.50	117.18
带动农户数	万户	16.32	19.61	22.15	25.20	23.70	23.50	24.20	37.32
肉类总产量	(万吨)	17.89	18.60	19.31	19.95	18.94	19.16	19.12	19.29
猪　肉	(万吨)	12.61	13.70	14.19	14.80	13.86	13.94	14.22	14.62
牛羊肉	(万吨)	0.20	0.20	0.20	0.20	0.23	0.23	0.23	0.23
禽　肉	(万吨)	4.92	4.60	4.78	4.80	4.75	4.90	4.56	4.30
禽　蛋	(万吨)	1.05	1.10	1.12	1.10	0.96	0.88	0.89	0.93
奶类产量	(万吨)	0.43	0.40	0.58	0.60	0.67	0.68	0.80	0.86
水产品产量	(万吨)	13.71	13.63	14.06	14.33	14.67	14.94	15.67	16.16
淡　水	(万吨)	6.16	6.40	6.73	6.96	7.22	7.43	7.73	8.06
海　水	(万吨)	7.55	7.20	7.33	7.37	7.45	7.51	7.95	8.10

2-5 续表 1

指 标	单位	2015年	2016年	2017年	2018年	2019年	2020年	2021年	2021年比2020年增长(%)
综 合									
建成区面积	(平方公里)	279.12	342.74	355.70	365.50	375.78	391.61	409.53	4.6
地区生产总值(GDP)	(亿元)	3090.22	3359.52	3745.75	4003.33	4192.93	4283.72	4977.36	10.1
第一产业	(亿元)	146.13	164.21	166.57	176.13	206.73	216.98	232.54	10.2
第二产业	(亿元)	1744.62	1855.90	1984.16	2122.20	2158.14	2137.61	2652.76	14.4
第三产业	(亿元)	1199.48	1339.42	1595.02	1705.00	1828.06	1929.14	2092.06	5.3
人均GDP (按常住人口计算)	(元)	56802	60361	66007	69206	70949	71220	82113	9.3
人均GDP (按常住人口计算)	(美元)	9120	9087	9776	10458	10285	10326	12728	
地区生产总值结构	(%)	100.0	100.0	100.0	100.0	100.0	100.0	100.0	
第一产业	(%)	4.7	4.9	4.4	4.4	4.9	5.1	4.7	
第二产业	(%)	56.5	55.2	53.0	53.0	51.5	49.9	53.3	
第三产业	(%)	38.8	39.9	42.6	42.6	43.6	45.0	42.0	
农 业									
粮 食	(万吨)	59.72	59.99	58.64	56.07	58.61	60.44	60.91	0.8
蔬 菜	(万吨)	277.38	298.31	288.51	300.94	315.95	327.10	339.86	3.9
水 果	(万吨)	72.91	77.37	81.80	87.50	87.69	93.40	96.10	2.9
玉 米	(万吨)	11.31	11.56	7.52	6.81	7.26	7.65	7.97	4.2
年 桔	(万吨)	10.92	9.96	8.29	10.83	12.11	12.73	—	
荔 枝	(万吨)	8.91	8.77	9.05	11.49	6.98	10.65	10.60	-0.5
梅 菜	(万吨)	10.85	7.98	7.49	5.08	5.21	4.73	—	
马铃薯	(万吨)	3.68	15.61	19.65	21.61	21.96	22.43	20.54	-8.4
农业龙头企业单位数	(个)	268	282	299	313	324	344	370	7.6
销售收入	(亿元)	125.82	129.48	116.44	121.04	—	132.21	153.69	16.2
带动农户数	万户	38.01	31.31	33.41	34.46	—	45.43	45.28	-0.3
肉类总产量	(万吨)	19.15	18.75	18.47	18.04	16.33	15.02	18.39	22.5
猪 肉	(万吨)	14.35	13.94	10.63	10.46	8.85	7.33	10.56	43.9
牛羊肉	(万吨)	0.23	0.22	0.20	0.21	0.22	0.23	0.23	1.2
禽 肉	(万吨)	4.42	4.43	7.49	7.21	7.12	7.31	7.48	2.3
禽蛋	(万吨)	0.97	0.96	1.57	1.57	1.35	1.56	2.10	34.6
奶类产量	(万吨)	1.15	1.21	3.14	1.53	1.52	1.96	2.51	28.2
水产品产量	(万吨)	16.70	17.15	16.48	15.81	15.81	15.72	19.21	22.2
淡 水	(万吨)	8.43	8.71	8.24	8.53	8.93	8.96	12.37	38.2
海 水	(万吨)	8.27	8.44	8.24	7.28	6.88	6.76	6.84	1.1

注：2017年数据根据2016年第三次农业普查作了修正。

2-5 续表 2

指　　标	单位	2007年	2008年	2009年	2010年	2011年	2012年	2013年	2014年
工　业									
规模以上工业单位数	(个)	1387	1875	1870	1926	1428	1430	1702	1805
三资企业	(个)	955	1192	1139	1167	895	868	941	923
规模以上工业增加值	(亿元)	502.52	545.56	576.59	786.39	1013.54	1173.97	1423.20	1475.02
#轻工业	(亿元)	186.93	165.59	163.64	196.34	242.02	261.49	323.64	364.06
重工业	(亿元)	315.59	379.96	412.95	590.04	771.52	912.48	1099.56	1110.96
#电子工业	(亿元)	231.90	243.83	227.23	239.61	358.33	445.07	572.73	584.03
石化工业	(亿元)	122.60	126.40	173.77	238.58	268.77	296.07	309.72	243.65
纺织业	(亿元)	9.50	11.15	10.50	13.32	11.63	10.04	10.62	15.09
纺织服装、服饰业	(亿元)	7.30	8.44	7.73	9.52	13.76	16.84	25.67	29.39
非金属矿物制品业	(亿元)	10.10	12.76	12.12	18.94	23.63	27.68	40.20	48.34
制鞋业	(亿元)	10.00	12.40	14.50	24.00	19.10	25.57	38.30	35.83
汽车制造业	(亿元)	19.40	19.50	19.60	23.22	23.06	35.07	38.60	48.29
#国有企业	(亿元)	31.90	34.40	114.90	190.57	243.39	280.45	255.10	219.80
集体企业	(亿元)	1.70	3.40	3.70	2.96	3.25	3.17	3.20	2.95
三资企业	(亿元)	427.10	503.60	482.90	491.65	645.69	685.31	857.13	942.00
电话机	(万部)	3064.00	2844.00	2744.00	2295.39	2492.69	2172.71	2228.70	1634.57
彩色电视机	(万台)	981.00	940.00	941.00	938.40	1140.41	1067.79	1403.80	1285.46
激光视盘机	(万台)	2590.00	2321.00	2702.00	2955.00	2802.98	15652.28	13464.00	11443.71
微型计算机	(万台)	45.00	19.00	95.00	108.70	197.57	93.00	84.90	62.68
移动电话机	(万部)	1651	5670	8471	12078	15074	18397	28727	26301
组合音响	(万台)	839.00	1363.00	624.00	603.00	735.62	866.03	905.80	960.37
塑料制品	(万吨)	26.00	14.90	15.00	17.90	11.41	8.37	15.10	21.69
皮革鞋靴	(万双)	8699	9720	10645	14283	11555	12065	12096	14088
水泥	(万吨)	1033.00	1121.00	1342.00	1468.00	1577.51	1517.86	1787.60	2034.72
服装	(万件)	14800	15072	15298	14637	10853	11170	11534	14690
灯饰	(万套)	6005	9117	8188	10565	7247	5662	5324	13579
家具	(万件)	176.00	290.00	319.50	471.10	544.27	444.13	526.70	1041.26
实现利润总额	(亿元)	99.20	37.68	115.30	196.32	220.16	219.32	279.90	263.73
投资和房地产									
固定资产投资额	(亿元)	486.91	588.74	758.97	894.02	1025.21	1208.68	1401.30	1606.71
第一产业	(亿元)	1.56	2.00	3.34	1.30	2.86	8.21	9.66	15.68
第二产业	(亿元)	236.83	263.10	265.61	301.22	316.41	351.09	423.70	512.47
第三产业	(亿元)	248.52	323.60	490.02	591.50	705.94	849.38	967.90	1078.57
房地产开发	(亿元)	137.76	186.83	175.33	267.86	377.54	482.17	593.50	667.30
住宅	(亿元)	94.29	131.80	133.20	198.47	291.45	364.02	469.80	512.84

2-5 续表 3

指　　标	单位	2015年	2016年	2017年	2018年	2019年	2020年	2021年	2021年比2020年增长(%)
工　业									
规模以上工业单位数	(个)	1893	2140	2366	2546	2764	3055	3873	26.8
三资企业	(个)	888	879	897	836	821	808	872	7.9
规模以上工业增加值	(亿元)	1617.38	1763.69	1850.49	1630.40	1654.17	1689.86	2215.85	14.1
#轻工业	(亿元)	420.72	475.65	464.17	355.61	391.30	398.48	520.19	14.9
重工业	(亿元)	1196.66	1288.04	1386.32	1274.79	1262.87	1291.37	1695.66	13.9
#电子工业	(亿元)	607.60	652.62	730.46	617.13	637.46	658.69	768.59	13.9
石化工业	(亿元)	268.25	266.81	293.96	338.63	266.43	242.74	455.07	8.4
纺织业	(亿元)	15.97	18.43	15.64	7.26	6.22	5.86	7.19	8.1
纺织服装、服饰业	(亿元)	33.63	35.93	38.65	22.50	23.49	17.06	19.50	2.1
非金属矿物制品业	(亿元)	50.35	54.54	44.96	54.12	67.36	76.90	88.43	10.0
制鞋业	(亿元)	45.37	62.40	53.06	24.42	29.00	19.26	23.54	16.0
汽车制造业	(亿元)	51.62	61.58	54.40	46.81	46.20	49.43	49.30	11.8
#国有企业	(亿元)	209.43	183.60	186.85	225.75	0.57	4.92	0.62	-7.8
集体企业	(亿元)	3.26	2.09	2.58	0.53	0.76	0.78	0.83	4.8
三资企业	(亿元)	940.13	995.95	1059.70	867.21	820.46	852.47	1007.3	11.1
电话机	(万部)	1738.14	2328.68	549.30	348.22	253.25	105.26	279.23	165.3
彩色电视机	(万台)	1363.02	1946.40	2236.53	2922.34	2986.87	3102.90	2914.96	-6.1
数字激光音、视盘机	(万台)	8622.74	9111.54	7229.97	1105.68	576.70	458.37	168.41	-63.3
微型计算机	(万台)	361.63	294.14	428.80	377.55	411.52	460.47	567.17	23.2
移动电话机	(万部)	20706	18837	11893	9661	6439	3452	4834	40.0
组合音响	(万台)	941.82	900.78	2512.46	5504.52	5664.91	5674.53	6462.31	13.3
塑料制品	(万吨)	21.07	19.77	19.03	26.51	27.90	28.29	42.54	12.7
皮革鞋靴	(万双)	14631	17483	22650	10264	9968	7267	9940	25.0
水泥	(万吨)	2222.54	2234.71	2625.22	1955.86	1851.50	1955.99	1925.69	-2.4
服装	(万件)	14375	14482	13343	8082	6724	4684	4829	1.7
灯具及照明装置	(万套)	9068	9939	11649	12555	8100	7975	46418	482.0
家具	(万件)	704.16	952.15	993.81	1620.89	3729.41	3486.14	4051.76	2.0
实现利润总额	(亿元)	313.37	483.72	499.59	337.40	298.40	308.46	446.87	44.9
投资和房地产									
固定资产投资额	(亿元)	1863.93	2039.71	2234.88	—	2102.78	2439.67	2972.45	21.8
第一产业	(亿元)	24.33	18.19	23.57	—	1.81	8.95	13.36	49.2
第二产业	(亿元)	716.79	813.55	783.80	—	528.96	653.29	983.05	50.5
第三产业	(亿元)	1122.80	1207.97	1427.51	—	1572.01	1777.43	1976.03	11.2
房地产开发	(亿元)	610.45	747.63	884.19	983.94	1149.94	1253.13	1323.32	5.6
住宅	(亿元)	482.91	597.34	725.21	809.81	959.76	1012.89	1040.21	2.7

注：2020年工业总量数据为年报数，增长为快报数据增长。

2-5 续表4

指　　标	单位	2007年	2008年	2009年	2010年	2011年	2012年	2013年	2014年
#工业	(亿元)	234.10	260.80	265.20	301.22	316.33	350.80	423.70	512.47
石化工业	(亿元)	108.90	107.80	45.20	30.24	38.76	54.30	55.90	82.60
电子工业	(亿元)	38.50	66.20	66.20	58.90	78.72	89.10	117.60	129.77
商品房施工面积	(万平方米)	1347.77	2059.25	2248.34	3073.04	3905.12	4579.87	5810.67	6100.00
商品房竣工面积	(万平方米)	213.11	242.80	553.87	564.59	502.66	509.01	634.77	757.01
商品房销售面积	(万平方米)	390.99	295.90	543.81	627.30	796.30	826.72	1149.46	983.94
住宅	(万平方米)	363.57	270.76	516.43	593.72	752.44	787.30	1092.76	918.36
商品房待售面积	(万平方米)	59.96	69.16	170.46	227.47	221.00	228.96	324.72	474.64
商品房销售额	(亿元)	156.18	121.94	232.01	311.17	440.87	478.42	672.11	588.81
住宅	(亿元)	137.02	106.43	212.28	285.97	414.66	445.80	613.90	535.30
交通、邮电、电力									
公路路线长度	(公里)	10436	10468	10682	10826	10893	10933	11234	12594
等级公路	(公里)	8831	9348	9826	10074	10235	10341	10703	12376
高速公路	(公里)	277	277	374	379	454	492	492	492
公路密度	(公里/百平方公里)	94	94	96	95	96	96	99	111
年末民用汽车保用量	(万辆)	15.51	17.91	21.09	25.64	30.64	35.77	41.40	47.09
私人汽车保有量	(万辆)	11.18	13.42	16.57	20.84	25.59	30.51	36.09	41.98
沿海港口吞吐量	(万吨)	2192	2459	3613	4534	5014	5257	8045	6485
邮政业务收入	(亿元)	2.10	2.00	2.20	1.90	2.18	2.33	2.38	2.64
电信业务收入	(亿元)	41.70	45.80	46.10	51.10	55.80	60.04	61.66	59.61
移动电话用户 (含卡)	(万户)	410.10	410.40	466.10	378.17	419.86	501.20	597.79	697.97
固定电话用户数 (含小灵通)	(万户)	202.60	221.50	189.70	139.77	135.17	130.06	131.47	118.96
互联网用户数	(万户)	92.10	46.10	56.30	68.29	81.80	104.18	110.04	122.55
全年用电量	(亿千瓦时)	145.60	153.60	165.80	192.50	209.66	227.36	248.44	276.41
工业用电	(亿千瓦时)	99.60	104.40	113.20	132.00	145.36	160.18	176.93	190.60
城乡居民生活用电	(亿千瓦时)	15.50	17.80	20.50	23.87	27.42	31.48	32.57	40.20
城镇居民	(亿千瓦时)								26.45
农村居民	(亿千瓦时)								13.75
220千伏以上变电站	(座)	2	2	2	2	4	4	4	4
220千伏以下变电站 (含220千伏)	(座)	76	81	96	122	115	116	125	128
国内贸易、旅游									
社会消费品零售总额	(亿元)	405.13	487.92	560.06	652.02	763.60	868.83	984.01	1116.30
批发零售贸易业	(亿元)	348.32	420.32	500.59	593.25	690.78	787.23	896.80	1015.98
住宿餐饮业	(亿元)	56.81	67.60	59.47	58.77	72.82	81.60	87.21	100.32
限上商贸企业数	(个)	262	262	337	404	423	482	626	689
批发业	(个)	50	50	62	74	106	135	220	245
零售业	(个)	82	82	122	144	167	181	223	246
住宿业	(个)	63	63	67	75	86	81	93	105
餐饮业	(个)	67	67	86	111	71	85	93	93

注：批发零售贸易业、住宿餐饮业，2015年起调整为商品零售、 餐饮收入。

2-5 续表 5

指　　标	单位	2015年	2016年	2017年	2018年	2019年	2020年	2021年	2021年比2020年增长(%)
#工业	(亿元)	716.79	813.55	784.45	—	528.56	653.29	983.05	50.5
石化工业	(亿元)	189.31	214.16	125.61	—	61.00	68.72	137.83	100.6
电子工业	(亿元)	183.48	186.35	111.79	—	115.94	160.99	232.86	44.6
商品房施工面积	(万平方米)	5883.41	6839.15	7604.45	7789.36	9105.16	9953.04	9291.55	-6.6
商品房竣工面积	(万平方米)	449.48	555.50	1039.86	500.92	704.76	637.82	767.33	20.3
商品房销售面积	(万平方米)	1299.78	1771.91	1645.65	1663.37	1724.71	1838.14	1619.96	-11.9
住宅	(万平方米)	1246.44	1700.22	1543.40	1575.72	1643.14	1745.55	1502.77	-13.9
商品房待售面积	(万平方米)	505.34	426.30	381.58	372.33	395.68	499.21	611.92	22.6
商品房销售额	(亿元)	800.38	1415.00	1628.81	1778.41	1876.94	2126.68	1932.48	-9.1
住宅	(亿元)	758.34	1337.17	1537.12	1688.66	1801.37	2056.17	1827.25	-9.4
交通、邮电、电力									
公路路线长度	(公里)	13476	13541	13823	14001	13216	13447	13516	0.5
等级公路	(公里)	13443	13522	13805	13984	13211	13446	13515	0.5
高速公路	(公里)	588	650	634	728	756	853	860	0.8
公路密度	(公里/百平方公里)	119	119.3	122	123	116	119	119	0.5
年末民用汽车保用量	(万辆)	64.34	87.62	104.09	118.39	130.87	141.77	156.83	10.6
私人汽车保有量	(万辆)	59.24	82.01	96.48	106.48	115.39	124.44	136.94	10.0
沿海港口吞吐量	(万吨)	7013	7658	7214	8757	8956	9636	9644	0.1
邮政业务收入	(亿元)	2.91	20.49	26.23	33.49	43.01	48.49	57.41	18.4
电信业务收入	(亿元)	57.96	61.42	64.86	66.49	64.81	67.10	73.60	9.7
移动电话用户 (含卡)	(万户)	669.09	537.13	611.51	722.17	736.52	685.40	717.70	4.7
固定电话用户数 (含小灵通)	(万户)	108.59	106.48	100.00	100.44	113.95	106.90	107.90	0.9
互联网用户数	(万户)	133.36	150.57	176.54	199.33	220.00	235.50	255.20	8.4
全年用电量	(亿千瓦时)	290.62	323.41	368.35	408.38	425.88	447.84	510.36	14.0
工业用电	(亿千瓦时)	202.81	225.74	261.96	286.45	292.84	304.43	344.36	13.1
城乡居民生活用电	(亿千瓦时)	42.83	48.04	50.20	56.61	60.73	67.07	76.65	14.3
城镇居民	(亿千瓦时)	28.42	32.51	33.38	37.35	40.07	43.86	49.78	13.5
农村居民	(亿千瓦时)	14.42	15.53	16.82	19.26	20.66	23.21	26.87	15.8
220千伏以上变电站	(座)	4	5	5	5	6	6	6	—
220千伏以下变电站 (含220千伏)	(座)	134	136	137	141	144	157	168	7.0
国内贸易、旅游									
社会消费品零售总额	(亿元)	1258.11	1417.47	1597.14	1769.13	1924.55	1746.08	1978.92	13.3
商品零售	(亿元)	1141.25	1290.48	1461.01	1620.10	1765.07	1639.59	1818.77	10.9
餐饮收入	(亿元)	116.85	126.99	136.13	149.04	159.49	106.49	160.15	50.4
限上商贸企业数	(个)	723	852	923	932	955	1030	1207	17.2
批发业	(个)	246	294	318	326	356	391	498	27.4
零售业	(个)	278	336	377	373	358	389	417	7.2
住宿业	(个)	110	125	120	124	125	130	154	18.5
餐饮业	(个)	89	97	108	109	116	120	138	15.0

注：本表中邮政业务收入，2016年（含）起快递业务收入。

2-5 续表 6

指标	单位	2007年	2008年	2009年	2010年	2011年	2012年	2013年	2014年
旅游总人数	(万人次)	1566.91	1805.00	2115.00	2501.03	2820.94	3152.99	3551.42	3968.30
接待过夜旅游者	(万人次)	707.00	808.00	943.00	1073.56	1188.63	1312.84	1502.00	1655.54
国际旅游者	(万人次)	121.00	133.00	144.00	160.16	174.68	190.59	207.00	214.85
港澳台同胞	(万人次)	91.00	100.00	110.00	122.11	133.51	145.97	162.28	169.45
旅游总收入	(亿元)	84.30	96.60	115.10	140.82	161.19	184.16	212.70	273.20
旅游外汇收入	(万美元)	28665	33091	40107	50168	57652	67785	77039	85652
对外经济									
外贸进出口总额(海关数)	(亿美元)	241.13	297.44	292.40	342.35	388.13	495.00	573.94	594.12
出口总额	(亿美元)	146.06	179.89	171.49	202.33	231.22	292.05	333.21	363.31
中国香港	(亿美元)	54.51	53.46	47.73	61.36	69.54	78.29	87.00	98.75
日本	(亿美元)	7.32	8.49	6.68	8.12	8.03	8.00	8.43	8.76
美国	(亿美元)	25.26	25.83	27.67	32.42	34.83	39.11	39.13	46.79
欧盟	(亿美元)	20.38	24.59	21.46	23.07	25.95	24.59	23.77	27.10
中国台湾	(亿美元)	3.50	3.98	2.72	3.26	3.87	3.53	4.78	4.16
东盟	(亿美元)	4.68	5.84	5.91	6.39	8.69	8.89	10.04	12.18
韩国	(亿美元)	10.94	32.77	36.09	36.39	42.31	95.41	128.97	133.30
进口总额	(亿美元)	95.07	117.56	120.92	140.02	156.91	202.96	240.72	230.81
韩国	(亿美元)	12.31	27.78	31.85	24.94	31.54	54.69	64.15	47.38
日本	(亿美元)	21.11	22.45	20.07	23.62	23.28	21.45	18.62	20.49
中国台湾	(亿美元)	15.72	15.43	15.27	20.88	22.90	24.35	36.94	42.52
外商直接投资合同宗数	(宗)	444	293	279	362	425	327	284	314
外商直接投资合同金额	(亿美元)	15.71	15.85	14.04	14.80	21.68	26.55	28.92	30.55
实际利用外商直接投资	(亿美元)	12.28	13.52	13.94	14.38	15.68	17.28	18.34	19.66
中国香港	(亿美元)	6.53	8.09	9.38	9.62	11.61	10.87	9.74	11.07
日本	(亿美元)	1.00	0.84	0.14	0.65	0.02	0.07	1.03	0.68
中国台湾	(亿美元)	0.45	0.28	0.21	0.12	0.22	0.08	0.05	0.12
美国	(亿美元)	0.22	0.61	0.09	0.32	0.08	0.14	0.05	0.07
荷兰	(亿美元)	0.10					2.05	3.06	3.00
英属维尔京群岛	(亿美元)	2.44	3.19	2.92	1.67	1.73	2.35	1.97	1.82
财税、金融和保险业									
来源于惠州的财政总收入	(亿元)	307.00	324.00	391.90	573.10	672.70	771.02	805.37	793.24
地方一般公共预算收入	(亿元)	62.06	78.07	101.57	131.23	162.83	200.88	250.17	300.75
税收收入	(亿元)	—	—	—	105.05	130.29	154.20	186.08	204.15
国内增值税	(亿元)	14.60	16.03	24.95	29.22	36.04	40.85	47.03	54.58
企业所得税	(亿元)	4.01	5.95	6.62	9.71	11.70	11.37	16.34	19.09

2-5 续表7

指　　标	单位	2015年	2016年	2017年	2018年	2019年	2020年	2021年	2021年比2020年增长(%)
旅游总人数	(万人次)	4076.80	4713.47	5393.58	5892.77	2319.31	2220.69	2811.07	26.6
接待过夜旅游者	(万人次)	2076.84	2032.92	2238.94	2441.00	1316.88	1151.14	1162.29	1.0
国际旅游者	(万人次)	222.59	227.52	238.93	253.00	45.69	9.37	7.74	-17.4
港澳台同胞	(万人次)	175.78	179.70	183.97	202.00	38.93	7.79	6.65	-14.6
旅游总收入	(亿元)	330.23	364.13	439.28	501.63	253.43	205.78	219.60	6.7
旅游外汇收入	(万美元)	88494	93637	96975	104529	14443	3177	2651	-16.6
对外经济									
外贸进出口总额(海关数)	(亿美元)	543.55	3044.78	3415.99	3334.71	2709.74	2489.13	3055.09	22.7
出口总额	(亿美元)	347.76	1972.52	2233.13	2208.90	1821.74	1688.08	2132.27	26.3
中国香港	(亿美元)	107.56	639.87	663.04	610.41	508.82	461.78	547.78	18.6
日本	(亿美元)	8.70	56.80	55.17	57.13	61.99	61.01	71.05	16.5
美国	(亿美元)	46.94	313.70	377.53	418.91	373.98	364.27	431.02	18.3
欧盟	(亿美元)	25.83	153.13	165.83	188.50	215.59	191.88	266.84	39.1
中国台湾	(亿美元)	6.08	33.64	44.10	52.37	49.19	34.29	33.96	-1.0
东盟	(亿美元)	11.19	75.45	97.70	134.58	159.70	225.82	275.26	21.9
韩国	(亿美元)	112.91	521.94	626.06	528.14	193.33	40.09	70.78	76.5
进口总额	(亿美元)	195.79	1072.26	1182.86	1125.82	888.01	801.04	922.82	15.2
韩国	(亿美元)	48.90	219.59	263.39	234.39	142.07	99.33	122.02	22.8
日本	(亿美元)	18.00	133.74	120.63	119.30	94.43	86.81	91.22	5.1
中国台湾	(亿美元)	31.10	171.11	185.15	199.67	163.81	164.33	206.36	25.6
外商直接投资合同宗数	(宗)	234	154	661	2006	390	420	410	-2.4
外商直接投资合同金额	(亿美元)	20.45	21.34	16.78	181.08	165.76	163.95	165.47	0.9
实际利用外商直接投资	(亿美元)	11.05	11.43	11.44	63.49	64.25	55.67	74.39	33.6
中国香港	(亿美元)	7.60	6.82	5.30	43.82	42.30	22.38	20.58	-8.1
日本	(亿美元)	1.52	0.67	0.58	6.06	5.23	0.22	0.09	-58.5
中国台湾	(亿美元)	0.03	0.00	0.09	0.22	1.14	0.18	0.47	168.2
美国	(亿美元)	0.00	0.02	0.01	0.01	0.28	0.22	0.07	-70.0
荷兰	(亿美元)		1.17	3.63	5.66	2.5	1.78	—	—
英属维尔京群岛	(亿美元)	0.63	0.38	0.24	2.76	1.16	12.98	4.20	-67.6
财税、金融和保险业									
来源于惠州的财政总收入	(亿元)	724.74	821.89	1000.85	1188.12	1233.33	1417.32	1561.16	10.1
地方一般公共预算收入	(亿元)	340.02	361.30	389.08	393.01	400.86	412.25	455.39	10.5
税收收入	(亿元)	211.57	219.71	243.37	280.68	292.71	297.47	335.02	12.6
国内增值税	(亿元)	56.24	67.83	88.00	94.83	86.00	88.64	100.87	13.8
企业所得税	(亿元)	17.86	25.97	32.13	34.30	39.26	32.77	42.53	29.8

注：2016年起进出口总额单位改为“亿元”；2018年外商直接合同投资、外商直接投资单位为“亿元”；2019年、2020年旅游数据按照新修订的制度进行核算调整。

2-5 续表 8

指　　标	单位	2007年	2008年	2009年	2010年	2011年	2012年	2013年	2014年
个人所得税	(亿元)	2.87	3.26	3.32	4.20	4.35	3.13	3.70	4.44
房产税	(亿元)	2.45	2.65	3.14	3.85	4.93	5.20	7.80	9.03
契税	(亿元)	5.22	6.23	7.76	10.50	14.03	26.62	23.30	23.54
行政性收费收入	(亿元)	3.87	5.21	6.87	11.00	13.19	15.97	23.20	28.30
罚没收入	(亿元)	4.59	3.73	3.66	4.88	4.94	6.14	7.30	7.10
地方公共财政预算支出	(亿元)	86.05	106.29	134.75	185.43	227.21	274.08	328.30	373.00
公共安全	(亿元)			12.67	16.37	19.27	21.05	25.60	27.29
农林水	(亿元)			13.26	14.61	19.18	26.06	26.50	27.70
教育	(亿元)	15.63	19.76	25.89	32.39	45.03	62.60	72.80	85.00
科学技术	(亿元)	1.03	1.63	2.38	3.57	5.29	5.10	5.60	19.76
卫生健康	(亿元)	5.06	7.11	8.18	10.73	18.09	21.82	26.30	32.62
社会保障和就业	(亿元)			13.73	18.48	18.94	21.96	26.80	34.00
节能环保	(亿元)			3.30	6.50	6.77	7.50	28.60	6.69
税收总收入	(亿元)	231.77	290.24	348.42	466.79	574.31	704.26	728.69	763.15
本外币存款余额	(亿元)	1169.48	1336.93	1778.95	2090.14	2401.05	2696.97	3138.79	3394.60
人民币存款余额	(亿元)	1133.82	1304.59	1734.72	2041.19	2326.05	2507.55	2984.94	3149.55
住户存款	(亿元)	647.61	771.66	867.49	1031.79	1174.34	1351.44	1533.96	1640.17
本外币贷款余额	(亿元)	679.74	752.10	1134.26	1225.71	1439.09	1735.12	2036.92	2436.97
人民币贷款余额	(亿元)	563.25	659.89	924.94	1097.66	1295.48	1501.02	1826.62	2176.80
短期贷款	(亿元)	156.60	201.00	233.20	146.50	194.32	248.00	335.40	418.99
中长期贷款	(亿元)	396.40	444.50	675.00	944.90	1070.07	1200.10	1441.50	1682.27
个人贷款及透支	(亿元)	166.73	189.12	292.91	435.58	515.18	620.80	786.90	966.41
农、林、牧、渔业	(亿元)	22.66	25.40	21.53	6.45	7.77	9.50	10.70	14.17
房地产业	(亿元)	67.09	80.99	110.13	132.09	154.25	147.50	172.00	193.65
教育	(亿元)	2.18	1.86	4.34	6.85	7.32	8.80	10.40	12.08
卫生和社会工作	(亿元)	3.65	4.47	5.98	7.87	9.38	12.70	14.40	14.24
文化、体育和娱乐业	(亿元)	2.01	2.30	3.79	2.97	4.04	6.30	6.70	5.34
个人消费贷款	(亿元)	126.62	145.97	238.95	343.74	415.73	500.68	618.02	768.76
住房贷款	(亿元)	121.20	141.69	224.40	315.16	372.93	457.07	566.74	712.80
汽车贷款	(亿元)	2.58	2.16	2.44	2.66	1.92	0.68	0.39	1.10
各类保险保费收入	(亿元)	22.88	35.32	36.39	48.71	50.54	56.54	64.56	78.78
保险支付各类赔款	(亿元)	3.97	5.67	5.67	15.90	6.85	8.33	8.99	10.33

2–5 续表 9

指　　标	单位	2015年	2016年	2017年	2018年	2019年	2020年	2021年	2021年比2020年增长(%)
个人所得税	(亿元)	5.81	6.63	9.79	12.51	8.45	9.60	8.93	-6.9
房产税	(亿元)	9.69	9.44	12.31	12.21	16.99	14.73	17.02	15.6
契税	(亿元)	22.78	23.77	29.48	34.71	43.35	51.72	62.67	21.2
行政性收费收入	(亿元)	26.76	15.06	13.79	9.73	11.24	8.32	10.57	27.0
罚没收入	(亿元)	8.69	12.07	15.18	23.11	16.75	10.99	18.74	70.5
地方公共财政预算支出	(亿元)	486.07	509.08	554.01	544.22	614.86	637.37	663.31	4.1
公共安全	(亿元)	34.64	39.40	40.71	41.61	45.91	49.46	50.61	2.3
农林水	(亿元)	41.28	37.19	34.49	38.73	45.15	47.03	49.42	5.1
教育	(亿元)	94.94	101.91	106.86	106.92	119.41	129.10	137.57	6.6
科学技术	(亿元)	19.79	21.82	25.85	22.17	25.19	24.56	23.62	-3.8
卫生健康	(亿元)	57.81	80.21	96.21	70.25	69.08	65.75	62.94	-4.3
社会保障和就业	(亿元)	40.10	48.83	55.80	55.19	65.28	75.33	81.27	7.9
节能环保	(亿元)	14.78	8.40	20.84	31.54	29.88	18.24	13.70	-24.9
税收总收入	(亿元)	754.43	834.17	941.81	1137.65	1125.11	1068.64	1233.18	15.4
本外币存款余额	(亿元)	3836.10	4974.48	5485.55	6171.35	6558.61	7235.61	7809.67	7.9
人民币存款余额	(亿元)	3612.52	4544.73	5076.00	5839.65	6149.81	6813.36	7218.17	5.9
住户存款	(亿元)	1717.60	1945.23	2153.04	2361.19	2600.70	2896.88	3231.19	11.5
本外币贷款余额	(亿元)	2701.60	3460.97	4012.86	4886.82	5848.89	7183.93	8478.86	18.0
人民币贷款余额	(亿元)	2464.35	3155.13	3818.64	4650.84	5588.31	6829.60	8095.70	18.5
短期贷款	(亿元)	460.50	461.77	473.51	504.91	635.76	717.27	801.58	11.8
中长期贷款	(亿元)	1880.01	2562.46	3220.86	4023.62	4776.48	5953.45	7094.62	19.2
个人贷款及透支	(亿元)	1199.31	1814.81	2409.79	3067.71	3642.29	4401.98	5015.62	13.9
农、林、牧、渔业	(亿元)	14.08	12.71	13.90	13.45	14.48	16.24	17.82	9.7
房地产业	(亿元)	157.42	134.46	218.16	366.33	497.91	533.73	660.82	23.8
教育	(亿元)	10.26	10.69	8.28	13.07	16.53	22.49	27.11	20.6
卫生和社会工作	(亿元)	15.38	14.96	13.27	14.99	19.53	23.20	17.48	-24.6
文化、体育和娱乐业	(亿元)	5.41	5.55	4.30	3.71	4.69	5.65	6.14	8.7
个人消费贷款	(亿元)	1001.65	1623.52	2152.95	2749.23	3236.27	4043.57	4403.17	8.9
住房贷款	(亿元)	940.04	1555.22	2056.74	2629.02	3071.87	3638.18	4073.09	12.0
汽车贷款	(亿元)	0.96	1.25	1.88	2.61	2.15	1.55	1.10	-29.1
各类保险保费收入	(亿元)	99.30	116.00	141.50	157.93	175.80	178.15	181.12	1.7
保险支付各类赔款	(亿元)	31.74	32.15	37.00	48.14	45.40	50.29	52.63	4.7

2–5 续表 10

指　　标	单位	2007年	2008年	2009年	2010年	2011年	2012年	2013年	2014年
人口、就业、人民生活									
年末常住人口	(万人)	402.86	418.65	435.08	460.11	482.21	503.44	521.06	537.66
年末户籍人口	(万人)	312.89	318.84	324.36	337.28	343.03	341.91	343.37	348.52
人口自然增长率	(‰)	5.58	6.04	6.35	6.99	6.77	6.83	6.94	6.71
全社会从业人员	(万人)	236.47	243.74	252.16	260.14	267.97	270.04	277.27	280.62
在岗职工年末人数	(万人)	75.70	72.60	76.59	78.60	83.35	87.22	83.91	89.31
企业	(万人)	63.75	60.31	63.91	65.77	69.44	72.85	69.45	74.76
事业	(万人)	7.90	8.09	8.15	8.16	8.67	9.14	9.05	9.07
机关	(万人)	4.05	4.20	4.51	4.62	5.06	5.07	5.16	5.16
在岗职工年平均工资	(元)	19644	22727	25786	29599	35719	41506	47126	53576
企业	(元)	17935	20517	23143	26934	32885	38770	43928	50396
事业	(元)	26489	32255	37201	42406	50748	55452	63296	70825
机关	(元)	32874	38300	42114	44675	49400	55256	63726	68878
年末城镇登记失业人数	(人)	14140	16528	15737	14996	15467	16869	17317	18772
年末城镇登记失业率	(%)	2.20	2.60	2.50	2.30	2.32	2.35	2.25	2.35
城镇居民人均可支配收入	(元)	17310	19481	21278	17808	20108	22644	24293	27300
名义增长	(%)	8.2	12.5	9.2	10.7	12.9	12.6	10.1	9.5
实际增长	(%)	4.1	7.9	10.9	7.3	7.6	9.5	7.8	7.2
城镇居民人均消费性支出	(元)	15015	16581	17914	19741	20603	22279	-	20065
食品烟酒	(元)	4873	5654	6101	6695	7114	7943	-	7324
衣着	(元)	817	928	993	1104	1284	1503	-	1043
生活用品及服务	(元)	650	1026	1018	1163	1225	2347	-	4505
医疗保健	(元)	884	851	973	1011	1005	1304	-	1124
交通和通讯	(元)	2795	3177	3425	4041	4049	4540	-	2754
教育文化娱乐	(元)	1766	1728	1866	2015	2357	2787	-	2092
居住	(元)	2809	2631	2897	3061	2882	1098	-	823
农村常住居民人均可支配收入	(元)	5695	6626	7583	8396	10117	11483	12976	14364
名义增长	(%)	11.9	16.3	14.4	19.7	20.5	13.5	13.0	10.7
实际增长	(%)	7.7	11.5	16.1	16.0	14.9	10.4	10.7	8.4
农村居民人均生活费支出	(元)	4320	4863	5249	6029	7187	8286	9465	11008
城镇恩格尔系数	(%)	32.5	34.1	34.1	33.9	34.5	35.7	-	36.5
农村恩格尔系数	(%)	47.9	49.5	48.2	45	44.6	44.3	44.1	39.2
城镇居民人均住房建筑面积	(平方米)	23.28	31.37	32.78	33.93	32.70	35.34	-	35.40
农村居民人均住房建筑面积	(平方米)	27.45	28.17	29.98	28.59	31.24	32.80	35.57	34.73
居民消费价格指数	(%)	103.9	104.3	98.5	103.2	104.9	102.8	102.1	102.1

注：2011—2019年常住人口数据根据第七次全国人口普查数据调整。

2-5 续表11

指　　标	单位	2015年	2016年	2017年	2018年	2019年	2020年	2021年	2021年比2020年增长(%)
人口、就业、人民生活									
年末常住人口	(万人)	550.41	562.73	572.22	584.72	597.23	605.72	606.60	0.1
年末户籍人口	(万人)	357.07	364.31	369.24	380.90	389.74	397.76	405.91	2.0
人口自然增长率	(‰)	6.08	9.49	10.45	10.66	10.09	8.26	6.24	
全社会从业人员	(万人)	281.51	285.57	289.10	290.33	318.29	320.88	337.58	5.2
在岗职工年末人数	(万人)	88.33	92.74	94.97	90.86	95.95	99.47	101.81	2.4
企业(国有经济2020年起)	(万人)	74.90	77.26	79.26	74.83	78.45	17.84	19.37	8.6
事业(城镇集体经济2020年起)	(万人)	8.93	9.40	9.38	9.38	9.20	0.75	0.68	-8.2
机关(其他经济2020年起)	(万人)	5.24	5.62	5.88	6.29	6.80	80.88	81.75	1.1
在岗职工年平均工资	(元)	58607	64766	70890	77634	83639	89840	99329	10.6
企业(国有经济2020年起)	(元)	54161	59765	65025	71346	74653	143242	153283	7.0
事业(城镇集体经济2020年起)	(元)	83486	94005	107055	115335	134169	71293	65004	-8.8
机关(其他经济2020年起)	(元)	81011	86533	93062	98251	127292	78209	87178	11.5
年末城镇登记失业人数	(人)	19705	21468	23125	22798	24068	43514	35807	-17.7
年末城镇登记失业率	(%)	2.37	2.38	2.36	2.30	2.30	2.34	2.34	
城镇居民人均可支配收入	(元)	30057	33213	36608	39574	42999	45475	49243	8.3
名义增长	(%)	10.1	10.5	10.2	8.1	8.7	5.8	8.3	
实际增长	(%)	8	8.4	8.3	6.2	5.3	3.0	6.7	
城镇居民人均消费性支出	(元)	21581	23779	26424	27773	30009	29369	32431	10.4
食品烟酒	(元)	7858	8539	9281	9569	10310	10381	11361	9.4
衣着	(元)	1128	1267	1379	1426	1505	1408	1522	8.1
居住	(元)	4743	5001	5576	6011	6547	6705	7188	7.2
生活用品及服务	(元)	1195	1344	1596	1636	1783	1853	1883	1.6
交通和通讯	(元)	3053	3504	3917	4215	4543	4176	4848	16.1
教育文化娱乐	(元)	2275	2605	2962	3083	3326	3000	3631	21.0
医疗保健	(元)	887	992	1096	1185	1286	1206	1291	7.0
农村常住居民人均可支配收入	(元)	15830	17603	19284	21039	23027	24925	27580	10.7
名义增长	(%)	10.2	11.2	9.6	9.1	9.5	8.2	10.7	
实际增长	(%)	8.1	9.1	7.7	7.2	6.1	5.4	9.1	
农村居民人均生活费支出	(元)	11975	13726	15576	16900	18387	18119	20463	12.9
城镇恩格尔系数	(%)	36.4	35.9	35.1	34.5	34.4	35.3	35.0	-0.3
农村恩格尔系数	(%)	39.1	38.9	38.6	38.3	38.1	39.1	38.1	-1.0
城镇居民人均住房建筑面积	(平方米)	35.50	38.50	41.00	39.10	41.00	41.40	38.80	-6.3
农村居民人均住房建筑面积	(平方米)	34.10	38.20	42.00	46.20	46.90	46.70	48.40	3.6
居民消费价格指数	(%)	101.9	101.9	101.8	101.8	103.2	102.7	101.5	1.5

注：2020年起职工分类按统计制度调整。

2-5 续表 12

指　　标	单位	2007年	2008年	2009年	2010年	2011年	2012年	2013年	2014年
科学、教育									
专利授权量	(项)	726	1011	985	1628	2917	4093	5976	7396
认定高新技术企业	(家)	192	44	73	73	122	132	163	183
高新技术产品产值	(亿元)	1147	1246	1318	1798	2219	2927	3200	3521
考入大学人数	(人)	14061	16823	19074	19065	21846	25674	27845	29540
高等学校									
学校数	(所)	1	1	1	2	2	3	3	3
毕业生数	(人)	2706	2244	1479	4005	4358	5631	6070	5859
招生数	(人)	2386	3467	4265	6199	6373	8032	8942	10202
在校学生数	(人)	8079	9286	12038	20041	22007	24300	27012	30183
教职工数	(人)	753	773	881	1490	1545	1907	2095	2737
专任教师	(人)	503	522	629	990	1049	1329	1497	1929
中等职业技术学校									
学校数	(所)	40	45	40	43	39	39	33	33
毕业生数	(人)	13006	14380	16745	19503	22032	24441	27156	25879
招生数	(人)	23176	27818	31308	37893	37203	34167	31607	30708
在校学生数	(人)	57180	65460	76596	89908	97131	97852	95812	82943
教职工数	(人)	2869	3230	3886	4160	4295	4473	4268	4043
专任教师	(人)	1944	2220	3160	3429	3355	3366	3209	3042
普通中学									
学校数	(所)	203	209	210	209	211	214	221	234
毕业生数	(人)	73144	79839	87064	91248	95870	99934	98685	95585
招生数	(人)	102373	108741	109635	107112	102649	98045	95644	90971
在校学生数	(人)	277215	295346	305888	308667	307746	296561	287317	276309
专任教师	(人)	14330	15232	16735	17211	17759	18444	19076	19154
小学									
学校数	(所)	982	945	785	689	518	472	460	453
毕业生数	(人)	79066	80890	80973	76715	70940	64366	62148	61088
招生数	(人)	63353	61952	62344	72570	78119	87160	89068	87966
在校学生数	(人)	445221	426443	401270	397983	403950	421074	445608	472152
专任教师	(人)	20188	20240	20137	20652	20947	21243	22497	23755

2–5　续表 13

指　　标	单位	2015年	2016年	2017年	2018年	2019年	2020年	2021年	2021年比2020年增长(%)
科学、教育									
专利授权量	(项)	9797	9891	11706	14705	14577	19059	25624	34.4
认定高新技术企业	(家)	255	466	794	1102	1305	1628	2094	28.6
高新技术产品产值	(亿元)	3885	4568	4782	4179	3955	4010	4890	22.0
考入大学人数	(人)	30132	29290	29582	30630	34838	38355	36767	-4.1
高等学校									
学校数	(所)	4	4	5	5	5	5	5	
毕业生数	(人)	8128	8206	9963	10813	11629	12490	14738	18.0
招生数	(人)	11683	11693	12808	15302	17011	28529	21282	-25.4
在校学生数	(人)	34174	37229	39212	44018	49160	64976	69906	7.6
教职工数	(人)	3169	3086	3277	3289	3645	3735	3967	6.2
专任教师	(人)	1893	1925	2055	2111	2350	2540	2722	7.2
中等职业技术学校									
学校数	(所)	35	35	36	36	34	34	33	-2.9
毕业生数	(人)	24987	26322	24700	23919	23820	23468	23167	-1.3
招生数	(人)	29823	30137	29556	27670	27534	30273	33043	9.2
在校学生数	(人)	83870	81697	81250	80619	79328	81870	87010	6.3
教职工数	(人)	4261	4513	4621	4054	4175	4421	4718	6.7
专任教师	(人)	3143	3342	3470	2971	3110	3172	3643	14.8
普通中学									
学校数	(所)	241	252	263	271	277	286	300	4.9
毕业生数	(人)	91389	88864	85641	86351	93515	98269	107510	9.4
招生数	(人)	91585	99679	103325	112151	118346	120668	133542	10.7
在校学生数	(人)	270727	275031	287517	308128	327725	345972	368124	5.6
专任教师	(人)	19532	20076	20870	21801	22853	23909	25211	4.6
小学									
学校数	(所)	454	456	463	468	554	571	576	0.9
毕业生数	(人)	63240	70260	75052	83954	86235	85323	94606	10.9
招生数	(人)	96841	100177	102481	112594	113801	102331	105655	3.2
在校学生数	(人)	504066	530498	556985	584251	609393	621791	633683	1.9
专任教师	(人)	24970	26253	27471	28903	30587	32009	33864	5.8

2-5 续表 14

指 标		2007年	2008年	2009年	2010年	2011年	2012年	2013年	2014年
学龄儿童									
学龄儿童总数	(人)	442082	423240	397204	392431	399720	409732	441726	469995
学龄儿童入学率	(%)	100	100	100	100	100	100	100	100
小学毕业生升学率	(%)	100	100	100	100	100	100	100	100
幼儿园									
幼儿园数	(所)	278	300	326	351	384	436	480	513
在园幼儿数	(人)	79722	87378	100617	114440	128324	144664	163139	175808
教职工数	(人)	6467	7442	8398	10448	12061	14593	17341	18899
专任教师	(人)	3907	4453	5043	6044	6819	8216	9507	10153
文化、卫生、体育									
文化馆、艺术馆	(个)	6	6	6	6	6	6	6	6
公共图书馆	(个)	5	5	5	5	5	5	5	5
博物馆	(个)	5	5	5	6	6	6	6	6
广播电台节目	(套)	6	6	6	6	6	6	7	7
广播人口覆盖率	(%)	99.5	99.67	99.95	99.95	99.99	100	100	100
电视台	(套)	6	6	6	6	6	6	6	6
电视发射台和转播台	(座)	7	7	5	6	6	6	6	5
电视人口覆盖率	(%)	97.80	98.50	98.95	99.56	99.98	100.00	100.00	100.00
有线电视用户	(万户)	34.40	39.90	47.20	48.00	69.60	74.20	74.20	83.69
影剧院(含电影院)	(个)	6	5	15	12	18	18	14	12
歌舞厅	(个)	297	133	200	168	168	226	299	309
网吧	(个)	569	587	577	584	584	584	589	581
卫生机构数	(个)	270	285	2214	2258	2366	2558	2604	2658
医院、卫生院	(个)	123	119	124	128	131	137	139	138
卫生防疫防治机构	(个)	16	17	17	17	17	18	18	18
妇幼卫生机构	(个)	5	5	5	5	6	6	6	6
卫生技术人员	(人)	14964	14818	16728	18218	19978	23787	26991	27068
医生、助理医生	(人)	5854	5431	6246	6778	7386	9009	9735	10163
护师、护士	(人)	5109	4962	5795	6391	7283	9445	10266	10973
卫生机构床位数	(张)	9538	10207	11122	12206	13092	17231	19155	20135
医院、卫生院	(张)	9015	9477	10199	10877	11662	14485	16258	17098
村级卫生机构数	(个)	1512	1539	1534	1539	1557	1574	1508	1490
村级执业(助理)医师	(人)	435	513	394	555	562	604	581	557

注：2009年起卫生机构数为全市各类机构数。

2-5 续表15

指　　标	单位	2015年	2016年	2017年	2018年	2019年	2020年	2021年	2021年比2020年增长(%)
学龄儿童									
学龄儿童总数	(人)	502921	528535	556046	582320	606649	615852	628938	2.1
学龄儿童入学率	(%)	100	100	100	100	100	100	100	
小学毕业生升学率	(%)	100	100	100	100	100	100	100	
幼儿园									
幼儿园数	(所)	578	637	695	728	780	804	850	5.7
在园幼儿数	(人)	193674	207214	224848	224216	229843	226274	242747	7.3
教职工数	(人)	21207	23242	25628	26949	28589	28231	30483	8.0
专任教师	(人)	11357	12382	13517	13938	14632	14551	15311	5.2
文化、卫生、体育									
文化馆、艺术馆	(个)	6	6	6	6	6	6	6	
公共图书馆	(个)	5	5	5	6	6	6	6	
博物馆	(个)	6	6	6	10	10	11	12	9.1
广播电台节目	(套)	7	7	7	7	7	7	7	
广播人口覆盖率	(%)	100	99.73	100	100	100	100	100	
电视台	(套)	5	5	5	5	5	5	5	
电视发射台和转播台	(座)	6	6	6	6	6	6	6	
电视人口覆盖率	(%)	100.00	100.00	100.00	100.00	100.00	100.00	100.00	
有线电视用户	(万户)	83.78	80.85	74.88	75.81	67.24	65.29	61.19	-6.3
影剧院(含电影院)	(个)	12	42	49	61	70	73	78	6.8
歌舞厅	(个)	297	313	319	349	355	327	293	-10.4
网吧	(个)	619	643	669	632	476	456	420	-7.9
卫生机构数	(个)	2654	2668	2725	2764	3013	3230	3547	9.8
医院、卫生院	(个)	145	144	146	146	147	151	154	2.0
卫生防疫防治机构	(个)	18	19	17	16	16	16	15	-6.3
妇幼卫生机构	(个)	6	7	7	7	7	7	6	-14.3
卫生技术人员	(人)	28115	30124	32953	34800	36112	38771	41247	6.4
医生、助理医生	(人)	10458	11283	12582	13339	13992	15005	15903	6.0
护师、护士	(人)	11700	12804	14412	15454	15969	17208	18686	8.6
卫生机构床位数	(张)	21879	22460	22589	21452	21852	23143	23844	3.0
医院、卫生院	(张)	18937	19383	19277	19257	19546	20879	21627	3.6
村级卫生机构数	(个)	1455	1423	1303	1292	1295	1300	1298	-0.2
村级执业(助理)医师	(人)	540	587	553	575	600	656	732	11.6

注：2009年起卫生机构数为全市各类机构数。

2-5 续表 16

指　　标	单位	2007年	2008年	2009年	2010年	2011年	2012年	2013年	2014年
乡村医生和卫生员	(人)	1437	1444	1539	1545	1629	1528	1391	1313
乡村医生数	(人)	1364	1366	1417	1413	1504	1385	1287	1175
卫生员	(人)	73	78	122	132	125	143	104	138
村卫生室诊疗人次	(万人次)	485.21	520.29	493.83	506.99	547.42	767.64	958.27	958.59
社保、环保、公用事业									
城镇职工 养老保险参保人数	(万人)	88.64	105.17	120.03	148.90	189.98	202.20	197.61	203.26
失业保险参保人数	(万人)	50.44	44.93	32.77	30.00	91.01	92.50	127.38	130.74
城镇职工基本医疗保险参保人数	(万人)	61.32	71.73	77.12	81.80	134.89	139.50	159.30	166.68
社会保险基金收入	(亿元)	21.48	28.50	32.72	38.87	46.40	56.10	73.10	96.36
年末城镇最低生活保障人数	(人)	8693	9465	10433	9875	9799	9327	9028	11577
年末乡村最低生活保障人数	(人)	55149	58943	66248	69694	71386	80019	79153	72314
自然保护区	(个)	26	26	26	26	26	26	26	25
自然保护区面积	(公顷)	88016	88285	88285	88285	88285	88285	88015	77318
森林覆盖率	(%)	58.6	59.2	59.4	59.6	60.44	60.87	61.28	61.60
废水排放总量	(万吨)	26974	28074	28188	31126	30400	33789	39562	41891
生活污水	(万吨)	18247	20884	22406	25097	22937	25489	31207	33394
工业废水	(万吨)	8727	7189	5782	6029	7462	8300	8320	8465
工业废水中COD排放量	(吨)	45000	5600	4900	6100	8500	9000	8763	9037
生活污水中COD排放量	(吨)								
工业废气量	(亿立方米)	1024.41	965.36	1319.13	1163.31	1197.11	1487.80	1509.51	1606.39
二氧化硫排放总量	(万吨)	1.65	3.27	3.57	3.31	3.9	3.61	3.03	2.92
工业二氧化硫	(万吨)	1.64	3.26	3.56	3.31	3.89	3.55	3.00	2.89
工业烟尘排放量	(万吨)	0.32	0.26	0.32	0.32	2.19	2.13	2.30	2.45
一般工业固体废物产生量	(万吨)	33.97	29.94	27.27	40.60	76.40	123.23	119.62	94.13

2-5 续表 17

指　　标	单位	2015年	2016年	2017年	2018年	2019年	2020年	2021年	2021年比2020年增长(%)
乡村医生和卫生员	(人)	1088	979	864	819	767	709	643	-9.3
乡村医生数	(人)	1077	968	855	812	759	700	617	-11.9
卫生员	(人)	11	11	9	7	8	9	26	188.9
村卫生室诊疗人次	(万人次)	946.91	889.65	923.09	868.69	843.04	568.90	498.66	-12.3
社保、环保、公用事业									
城镇职工养老保险参保人数	(万人)	201.89	214.70	204.92	194.52	170.47	182.40	189.32	3.8
失业保险参保人数	(万人)	127.39	124.64	125.20	127.62	137.32	150.09	157.37	4.9
城镇职工基本医疗保险参保人数	(万人)	161.83	156.20	155.08	156.58	172.04	183.17	224.69	22.7
社会保险基金收入	(亿元)	129.20	128.03	198.81	255.55	332.41	263.13	347.68	32.1
年末城镇最低生活保障人数	(人)	10721	9681	6875	5262	5090	5568	6029	8.3
年末乡村最低生活保障人数	(人)	66124	60811	52212	44630	44283	47753	48386	1.3
自然保护区	(个)	25	25	28	28	28	28	28	
自然保护区面积	(公顷)	77318	77318	185298	185298	185298	184496	170932	-7.4
森林覆盖率	(%)	62.34	62.42	61.59	61.59	61.71	61.61	61.66	0.1
废水排放总量	(万吨)	43180	44348	47698	51487	50789	25919	28780	11.0
生活污水	(万吨)	34558	38179	41600	44977	44780	20959	24076	14.9
工业废水	(万吨)	8595	6137	6058	6463	5958	4924	4678	-5.0
工业废水中COD排放量	(吨)	9142	4873	4600	4479	4049	1382	1225	-11.4
生活污水中COD排放量	(吨)				27698	26970	30144	31400	4.2
工业废气量	(亿立方米)	1611.47	1792.71	2844.48	2901.07	3198.68	12554.90	7180.00	-42.8
二氧化硫排放总量	(万吨)	2.90	1.77	1.48	1.50	1.19	0.77	0.60	-21.7
工业二氧化硫	(万吨)	2.87	1.73	1.44	1.46	1.16	0.76	0.60	-21.5
工业烟尘排放量	(万吨)	1.57	1.46	1.41	1.38	1.26	0.80	0.51	-36.2
一般工业固体废物产生量	(万吨)	74.21	94.19	148.20	146.77	159.25	185.57	230.10	24.0

注：1. 2014—2016年，“自然保护区”不包括广东象头山国家自然保护区；2. 2020年环保数据与往年不可比。

2–5 续表 18

指　　标	单位	2007年	2008年	2009年	2010年	2011年	2012年	2013年	2014年
全市水资源总量	(亿立方米)	119.79	159.40	96.45	115.60	84.76	115.38	148.67	123.36
全市总用水量	(亿立方米)	21.67	21.99	21.68	21.82	21.81	21.75	21.51	21.04
生活用水比重	(%)	11.4	11.4	11.7	16.3	11.8	17.7	16.7	17.7
工业用水比重	(%)	20.8	24.4	24.6	26.4	25.8	26.5	24.0	22.8
农业用水比重	(%)	62.4	57.9	59.3	56.5	57.0	55.8	58.9	59.2
城市市政公用设施建设固定资产投资	(万元)								
年末实有铺装道路面积	(万平方米)	1558	1798	1891	2320	2408	2510	2623	3341
排水管道长度	公里)	765	1168	1567	1816	2332	2527	2663	2928
供水综合生产能力	(万立方米/日)	97.2	129.2	133.5	134.0	136.5	138.0	146.0	166.0
供水总量	(万吨)	22485	23506	25309	28889	28976.8	30522	32531	31231
居民家庭用水量	(万吨)	7119	8193	9522	9223	10536.2	11509	12486	13280
液化石油气供气总量	吨)	196507	178073	117430	90496	103506	99148	104647	81752
年末实有营运公共汽车	(辆)	917	1056	1062	1178	1498	1558	1916	2119
年末实有出租小汽车数	(辆)	983	1149	1229	1650	1651	1663	1732	2017
建成区绿化覆盖面积	(公顷)	5130	5555	7586	8049	8908	9748	10384	10897
园林绿地面积	(公顷)	4675	5107	6961	7411	8313	9076	9685	10091
公园绿地面积	(公顷)	1190	1634	2040	2047	2477	3021	3333	3327
工商登记情况									
个体户期末实有户数	(万户)	16.26	17.78	15.78	16.25	17.44	19.19	21.33	23.85
个体户期末注册资本	(亿元)	53.17	55.56	51.31	49.59	55.26	64.18	76.69	91.82
个体户本期新增户数	(万户)	6.50	3.36	2.92	3.24	2.94	3.16	3.33	3.62
个体户本期新增注册资本	(亿元)	9.33	8.67	9.80	10.96	11.60	13.69	17.50	20.92
私营企业期末实有户数	(万户)	2.13	2.67	3.06	3.67	4.05	4.66	5.53	6.85
私营企业期末注册资本	(亿元)	401.28	487.88	566.00	705.64	879.78	1009.05	1247.47	1726.61
私营企业本期新增户数	(万户)	0.45	0.41	0.48	0.66	0.72	0.69	0.98	1.45
私营企业本期新增注册资本	(亿元)	71.01	52.48	52.10	110.98	125.47	93.12	162.67	397.28

2-5 续表 19

指标	单位	2015年	2016年	2017年	2018年	2019年	2020年	2021年	2021年比2020年增长(%)
全市水资源总量	(亿立方米)	125.68	181.13	119.60	125.53	145.51	106.94	53.75	-49.7
全市总用水量	(亿立方米)	20.82	20.57	20.23	19.91	19.74	19.92	20.44	2.6
生活用水比重	(%)	12.4	17.8	13.3	19.2	19.5	21.7	24.5	2.8
工业用水比重	(%)	23.7	23.7	21.7	20.2	20.7	16.8	17.3	0.5
农业用水比重	(%)	58.6	58.1	59.3	60.2	59.2	60.9	57.1	-3.8
城市市政公用设施建设固定资产投资	(万元)		145822	341605	382177	609260	331352	677087	104.3
年末实有铺装道路面积	(万平方米)	3538	3336	3465	4728	6823	6402	6390	-0.2
排水管道长度	(公里)	2886	2826	3125	4155	3876	3907	4661	19.3
供水综合生产能力	(万立方米/日)	164.0	164.0	168.0	168.0	207.6	207.5	239.5	15.4
城市供水总量	(万吨)	34693	36322	34141	36349	39687	41204	47303	14.8
居民家庭用水量	(万吨)	13310	13868	15068	17044	18941	20063	22498	12.1
液化石油气供气总量	(吨)	93419	89820	103398	97072	100214	106977	138030	29.0
年末实有营运公共汽车	(辆)	2372	2955	2746	3200	3140	3073	2961	-3.6
年末实有出租小汽车数	(辆)	1970	2026	1899	1866	1860	1825	1751	-4.1
建成区绿化覆盖面积	(公顷)	11285	13387	14609	14261	15526	16532	16873	2.1
园林绿地面积	(公顷)	10325.6	12299.6	13499	13233	14489	15353	15836	3.1
公园绿地面积	(公顷)	3546	4116	4731	4689	5158	5254	5358	2.0
工商登记情况									
个体户期末实有户数	(万户)	26.79	29.25	33.27	39.28	44.25	47.51	51.65	8.7
个体户期末注册资本	(亿元)	107.85	127.09	155.55	189.96	224.42	359.43	432.11	20.2
个体户本期新增户数	(万户)	4.33	4.52	6.28	8.36	7.98	7.34	8.64	17.7
个体户本期新增注册资本	(亿元)	26.41	29.83	40.90	48.32	50.93	157.89	108.30	-31.4
私营企业期末实有户数	(万户)	8.29	10.26	12.62	14.42	16.84	19.33	23.15	19.8
私营企业期末注册资本	(亿元)	2241.61	3187.83	4379.66	6574.98	7924.07	9419.01	11460.20	21.7
私营企业本期新增户数	(万户)	1.66	2.26	2.92	3.22	4.12	4.35	5.51	26.5
私营企业本期新增注册资本	(亿元)	433.31	786.46	1178.75	1301.35	1787.99	1535.46	2162.33	40.8

2-6 各行业增加值及发展指数

单位：亿元

指　　标	2011年	2012年	2013年	2014年	2015年	2016年	2017年	2018年	2019年	2020年	2021年
地区生产总值	2080.14	2352.46	2674.50	2959.11	3090.22	3359.52	3745.75	4003.33	4192.93	4283.72	4977.36
工业	1149.01	1293.85	1453.20	1606.40	1627.72	1734.09	1841.67	1965.88	1977.65	1944.73	2388.94
建筑业	80.24	87.64	96.85	107.13	117.65	122.61	143.44	158.04	182.26	194.47	265.29
交通运输、仓储和邮政业	60.20	68.06	69.85	75.93	76.80	77.74	80.51	83.50	81.12	67.74	88.72
批发和零售业	194.51	236.10	278.20	296.46	266.45	273.42	296.41	302.99	307.53	280.17	325.69
住宿和餐饮业	55.44	64.82	62.27	64.58	66.36	71.53	72.69	73.60	76.52	58.67	65.71
金融业	63.65	71.79	89.45	102.61	120.61	152.30	187.39	215.09	237.14	256.15	286.19
房地产业	115.77	129.73	177.20	205.15	219.36	273.04	379.09	429.08	477.64	574.02	566.32
其他服务业	248.36	280.09	317.54	364.51	449.90	491.38	578.93	600.73	644.43	652.58	755.61
第一产业	112.96	120.38	130.11	136.54	146.13	164.21	166.57	176.13	206.73	216.98	232.54
第二产业	1229.25	1381.49	1549.87	1713.31	1744.62	1855.90	1984.16	2122.20	2158.14	2137.61	2652.76
第三产业	737.93	850.59	994.52	1109.26	1199.48	1339.42	1595.02	1705.00	1828.06	1929.14	2092.06

注：数据已含R&D支出。

2-6 续表

单位：%

指　　标	2011年	2012年	2013年	2014年	2015年	2016年	2017年	2018年	2019年	2020年	2021年
地区生产总值	115.0	112.6	113.7	110.0	109.3	108.1	107.9	105.9	104.2	101.5	110.1
工业	115.1	115.0	115.6	111.9	109.8	108.4	102.3	106.4	101.9	100.8	113.3
建筑业	119.9	105.4	104.2	106.8	109.3	102.2	106.5	100.1	107.8	112.4	125.2
交通运输、仓储和邮政业	110.9	112.4	110.5	108.8	115.4	96.4	108.0	105.2	106.1	95.6	122.7
批发和零售业	131.9	111.1	119.3	104.8	94.2	103.5	108.5	103.6	100.3	93.1	111.7
住宿和餐饮业	109.2	114.5	95.9	102.2	104.9	109.2	102.2	101.7	99.4	74.4	108.4
金融业	112.6	108.9	122.0	113.3	120.7	124.7	118.0	109.9	111.6	108.6	104.9
房地产业	106.9	110.6	125.2	111.1	106.2	116.1	137.5	106.0	109.3	104.0	96.6
其他服务业	113.2	110.3	104.7	107.8	119.7	105.6	111.8	106.8	105.9	105.0	108.1
第一产业	103.8	102.9	103.3	104.6	104.3	104.7	104.5	103.3	102.2	104.4	110.2
第二产业	115.4	114.4	115.0	111.7	109.8	108.0	102.6	105.9	101.5	101.6	114.4
第三产业	116.2	110.9	113.0	107.7	108.9	108.6	116.1	106.0	107.8	101.2	105.3

注：数据已含R&D支出。

2-7　民营经济主要统计指标

项　　目	单位	2011年	2012年	2013年	2014年	2015年	2016年
单位个数	(万个)	22.25	24.68	26.8628	31.39	35.88	39.80
私营	(万个)	4.05	4.66	5.5332	6.8473	8.29	10.26
个体	(万个)	17.44	19.19	21.33	23.85	26.79	29.25
从业人数	(万人)	121.18	122.62	124.04	129.13	134.46	138.16
私营	(万人)	41.88	42.39	42.94	42.72	43.73	44.40
个体	(万人)	73.70	74.13	74.65	73.21	74.92	76.30
私营企业出口	(亿美元)	24.15	24.39	21.98	24.50	24.78	196.41

注：单位个数数据来源于市场监督管理局（原工商行政管理局），2011年起统计口径有调整。

2-7　续表

指　　标	单位	2017年	2018年	2019年	2020年	2021年	2021年比2020年增长(%)
单位个数	(万个)	47.28	53.96	61.34	67.11	—	—
私营	(万个)	12.62	14.42	16.84	19.33	23.15	19.8
个体	(万个)	33.27	39.28	44.25	47.51	51.65	8.7
从业人数	(万人)	143.37	150.28	176.86	179.09	190.51	6.4
私营	(万人)	45.15	46.68	73.81	73.00	77.48	6.1
个体	(万人)	77.20	78.39	78.76	76.48	80.48	5.2
私营企业出口	(亿美元)	208.01	237.01	292.41	356.05	536.80	50.8
个体工商户出口	(亿元)				7.11	10.83	52.3

注：2016年起私营企业出口数据单位为亿元；本表数据为初步统计数。

2–8 城市社会经济基本情况表

指　　　　标	单位	2021年全市	市辖区	2020年全市	市辖区
一、人口、劳动力及土地面积					
常住人口	(万人)	606.60	351.50	605.72	350.91
常住人口城镇化率	(%)	72.90	83.03	72.80	82.94
年末户籍总人口	(万人)	405.91	184.19	397.76	177.80
城镇人口	(万人)	232.98	135.95	234.24	134.66
户籍平均人口	(万人)	401.83	181.00	393.75	174.57
年出生人口	(人)	48116	23849	63377	30050
年死亡人口	(人)	14556	4777	30365	10560
年末总户数	(万户)	116.30	58.55	111.49	55.25
年末单位从业人员数 (城镇)	(人)	1054069	772208	1030180	190962
第一产业 (农、林、牧、渔业)	(人)	780		719	
第二产业	(人)	667254		673458	
采矿业	(人)	380		278	
制造业	(人)	625137		638333	
电力、燃气及水的生产和供应业	(人)	16008		16103	
建筑业	(人)	25729		18744	
第三产业	(人)	386035		356003	
交通运输、仓储及邮政业	(人)	24085		26636	
信息传输、计算机服务和软件业	(人)	7086		21448	
批发和零售业	(人)	34002		11010	
住宿、餐饮业	(人)	12241		7683	
金融业	(人)	22092		24636	
房地产业	(人)	27903		33289	
租赁和商业服务业	(人)	24242		18251	
科学研究、技术服务和地质勘查业	(人)	8633		9286	
水利、环境和公共设施管理业	(人)	4676		5777	
居民服务和其他服务业	(人)	3127		3120	
教育	(人)	78851		69753	
卫生、社会保障和社会福利业	(人)	40335		36171	
文化、体育和娱乐业	(人)	5069		4637	
公共管理和社会组织	(人)	93693		84306	

2-8 续表 1

指 标	单位	2021年全市	市辖区	2020年全市	市辖区
年末城镇登记失业人员数	(人)	35807		43514	
行政区域土地面积	(平方公里)	11350	2699	11347	2697
建成区面积	(平方公里)	409.53	309.57	391.61	299.94
城市建设用地面积	(平方公里)	382.20	297.65	384.61	292.99
其中：居住用地	(平方公里)	141.72	103.86	133.02	95.86
绿化覆盖面积	(公顷)	16872.81	12759.00	16532.00	12657.10
建成区绿化覆盖率	(%)	41.20	41.22	42.22	
绿地面积	(公顷)	15836.32	11856.34	15353.00	11695.80
建成区绿地率	(%)	38.67	38.30	39.21	38.99
公园绿地面积	(公顷)	5358.09	4383.39	5254.22	4217.28
公园面积	(公顷)	5097.00	4057.06	5022.31	4030.46
森林覆盖率	(%)	61.66		61.61	
公用设施用地面积	(平方公里)	7.30	6.54	10.46	8.72
工业用地面积	(平方公里)	77.92	58.59	96.95	71.36
二、综合经济					
(一) 地区生产总值(当年价格)	(亿元)	4977.36	3337.16	4283.72	2829.33
第一产业增加值	(亿元)	232.54	57.44	216.98	55.82
第二产业增加值	(亿元)	2652.76	1905.64	2137.61	1545.29
第三产业增加值	(亿元)	2092.06	1374.08	1929.14	1228.22
地区生产总值(2020年价格)	(亿元)	4716.57	3149.09	4035.99	2717.96
人均地区生产总值	(元)	82113	95022	70191	81380
地区生产总值增长率	(%)	10.10	9.40	1.50	1.20
(二) 财政、金融、保险					
地方公共财政预算收入	(万元)	4553901	3483596	4122472	3161695
税收收入	(万元)	3350238	2679463	2974699	2331316
企业所得税	(万元)	425317	347619	327677	261736
个人所得税	(万元)	89336	71285	95997	78442
地方公共财政预算支出	(万元)	6633104	4277591	6373746	3926990
科学技术	(万元)	236203	183240	245604	189626
教育	(万元)	1375662	793812	1291035	733300
卫生健康	(万元)	629355	358829	657497	355866
人民币金融机构存款余额	(万元)	72181656	56032818	68133595	53177209
住户存款年末余额	(万元)	32311879	21728865	28968805	19435095
人民币年末金融机构贷款余额	(万元)	80956996	66064784	68295973	55569196

注：地区生产总值(2020年价格)，2020年数据为2015年价。

2-8　续表 2

指　　标	单位	2021年全市		2020年全市	
			市辖区		市辖区
保费收入	(万元)	1811222	1144458	1781505	1116375
财产险	(万元)	508642	340563	484501	323060
人身险	(万元)	1302580	803895	1297004	793315
各类赔款	(万元)	526285	339213	502935	322599
财产险	(万元)	288072	193051	272062	181377
人身险	(万元)	238213	146162	230873	141222
三、农业					
蔬菜及食用菌合计	(万吨)	339.86	109.41	327.10	106.83
水果产量	(万吨)	96.10	9.34	93.40	9.89
肉类总产量	(万吨)	18.39	2.45	15.02	2.26
奶类产量	(吨)	25089	1840	19567	2150
水产品产量	(万吨)	19.21	6.31	15.72	5.52
四、工业					
工业企业数	(个)	3873	2493	3055	1959
内资企业	(个)	3001	1899	2247	1408
国有企业	(个)	3	1	6	2
私营企业	(个)	2176	1476	1623	1063
港、澳、台商投资企业	(个)	655	440	598	401
外商投资企业	(个)	217	154	210	150
工业总产值　(当年价)	(万元)	99492774	81581948	77144294	63251298
内资企业	(万元)	55695487	43122531	40943195	31610757
国有企业	(万元)	17177	2369	237157	218812
私营企业	(万元)	23437240	17336590	15930221	11552384
港、澳、台商投资企业	(万元)	24238781	20173644	19499871	15893689
外商投资企业	(万元)	19558506	18285773	16701228	15746852
资产总计	(万元)	85695650	69381780	72897371	59381257
流动资产合计	(万元)	51542337	42061399	41829223	34211094
营业收入	(万元)	100233537	82378818	78368437	64485539
营业成本	(万元)	87190332	71828908	68500202	56599349
利润总额	(万元)	4468674	3656972	3084649	2423753

2-8 续表 3

指　　标	单位	2021年全市	市辖区	2020年全市	市辖区
民用汽车拥有量	(辆)	1568279		1417692	
私人汽车拥有量	(辆)	1369357		1244448	
年末实有公共汽(电)车营运车辆数	(辆)	2961	2137	3073	2109
公共汽(电)车客运总量	(万人次)	13013	11911	10608	9157
年末实有出租汽车数	(辆)	1751	1729	1825	1729
公路客运量	(万人)	873.59		910.74	
公路货运量	(万吨)	11108.00		7757.39	
水运货运量	(万吨)	13375		13629	
民用航空客运量	(万人)	201			
境内等级公路里程	(公里)	13516		13446	4043
境内高速公路里程	(公里)	860		853	361
沿海港口货物吞吐量	(万吨)	8983		8834	
内河港口货物吞吐量	(万吨)	661		803	
年末邮政局所数	(处)	164		164	97
邮政业务收入	(亿元)	57.41		48.49	
其中：快递业务收入	(亿元)	51.56	45.62	42.85	36.99
电信业务收入	(亿元)	73.60		67.10	
年末移动电话用户数	(万户)	717.70		685.40	
国际互联网用户数	(万户)	255.20		235.50	
全年用电量	(亿千瓦时)	510.36		447.84	306.66
工业用电	(亿千瓦时)	344.36		304.43	215.49
居民生活用电	(亿千瓦时)	76.65		67.07	41.03
其中：城镇居民生活用电	(亿千瓦时)	49.78		43.86	
五、内外贸易、外经、旅游					
社会消费品零售总额	(万元)	19789200	11862052	17460803	10449650
限额以上批发和零售企业数(法人数)	(个)	915	635	780	521
零售业	(个)	417	300	389	271
限额以上批发零售业商品销售额	(万元)	15508530	12340385	11958651	
限额以上住宿餐饮业法人企业数	(个)	292	162		
货物进口额(海关数)	(亿元)	922.82		801.04	
货物出口额(海关数)	(亿元)	2132.27		1688.08	
外商直接投资项目(企业)个数	(个)	410	288	420	290
实际利用外商直接投资金额	(万元)	743862	676652	556721	448188
国际旅游者	(万人)	7.74		9.37	

2-8 续表 4

项　　目	单位	2021年全市	市辖区	2020年全市	市辖区
外国人	(万人)	1.10		1.58	
旅游(外汇)收入	(万美元)	2651		3177	
国内游客	(万人次)	1359		1287	
国内旅游收入	(亿元)	219.60		205.78	
六、固定资产投资					
固定资产投资总额	(万元)	29724478	20130087	24396723	16673138
房地产开发投资额	(万元)	13233210	9750535	12531308	9242175
住宅	(万元)	10402121	7439383	10128939	7219632
全年新增固定资产	(万元)	9639806	6550185	7744839	5327759
商品房屋销售面积	(万平方米)	1619.96	1147.69	1838.14	1301.24
住宅	(万平方米)	1502.77	1049.75	1745.55	1229.19
商品房屋销售额	(万元)	19324801	14709294	21266781	16404717
住宅	(万元)	18272491	13801523	20561711	15856172
商品房屋待售面积	(万平方米)	611.92	433.01	499.21	384.62
七、教育、科技、文化、卫生					
学校数					
普通高等学校	(所)	5		5	
中等职业教育学校	(所)	24	18	34	
普通中学	(所)	300	154	286	146
小　学	(所)	576	276	571	272
幼儿园	(所)	850	543	804	510
专任教师数					
普通高等学校	(人)	2722		2540	
中等职业教育学校	(人)	2472	1798	3172	
普通中学	(人)	25211	13680	23909	12939
小　学	(人)	33864	18811	32009	17716
幼儿园	(人)	15311	9448	14551	9023
在校学生数					
普通高等学校	(人)	69906		64976	
中等职业教育学校	(人)	87010		81870	

2-8 续表 5

项　　目	单位	2021年全市	市辖区	2020年全市	市辖区
普通中学	(万人)	36.81	19.93	34.60	18.82
小学	(万人)	63.37	36.00	62.18	34.80
幼儿园	(万人)	24.27	14.57	22.63	13.42
公共图书馆数	(个)	6	3	6	3
公共图书馆图书总藏量	(千册、件)	280	171	2604	1582
博物馆数	(个)	12	7	11	6
体育场地数	(个)	36	10	36	10
专利授权量	(项)	25624	20410	19059	14976
其中：发明	(项)	2158	1952	1706	1596
医院、卫生院数	(个)	154	75	151	70
其中：医院数	(个)	84	58	81	
医院、卫生院床位数	(张)	21627	13777	20879	12943
其中：医院床位数	(张)	18286	13130	17438	
卫生技术人员数	(人)	41247	27931	38771	
其中：执业(助理)医师数	(人)	15903	10700	15005	10086
注册护士数	(人)	18686	12955	17208	11988
八、人民生活、社会保障					
在岗职工平均人数	(万人)	103.03	75.89	98.39	
在岗职工工资总额	(万元)	10233728	7773026	8839237	6727532
在岗职工平均工资	(元)	99329		89840	
城镇居民可支配收入	(元)	49243		45475	
居民消费价格指数 (上年为100)	(%)	101.5		102.7	
城镇职工养老保险参保人数	(万人)	189.32	140.34	182.40	135.81
城乡居民基本养老保险参保人数	(万人)	111.28	35.70	108.37	35.21
城镇职工基本医疗保险参保人数	(万人)	224.69	165.80	183.17	134.23
城乡居民基本医疗保险参保人数	(万人)	252.72	92.70	252.62	92.86
失业保险参保人数	(万人)	157.37	120.00	150.09	115.48
工伤保险参保人数	人	1686755	1265495	1595291	1205895
提供住宿的社会工作机构数	个	93	44	90	42
其中：养老机构数	个	84	40	82	38
提供住宿的社会工作机构床位数	张	7187	4850	8183	4885
其中：养老机构床位数	张	6540	4425	7296	4460
不提供住宿的社会工作机构和设施总数	个	1893	618	1896	635
其中：社区服务机构和设施数	个	1406	532	1393	533
城乡居民最低生活保障人数	(人)	54415	10996	53321	10097
城镇		6029	2301	5568	1904
九、社会治安					
交通事故死亡人数	(人)	113	67	133	75
道路交通事故直接财产损失	(万元)	349.59	292.97	861.49	
火灾事故死亡人数	(人)			6	6
火灾事故直接经济损失	(万元)	2151.17	1919.08	2110.60	726.76
刑事案件立案数	(件)	30621	19010	30287	18995

2–8　续表 6

项　　　目	单位	2021年全市		2020年全市	
			市辖区		市辖区
犯罪人数	(人)	11278	6397	9875	5887
青少年人数 (年龄25周岁及以下)	(人)	2393	1545	1634	1025
十、市政公用事业					
城市市政公用设施建设固定资产投资	(万元)	677087		331352	
年末实有城市道路面积	(万平方米)	6389.87	4756.34	6401.92	4874.54
排水管道长度	(公里)	4660.83	3635.03	3906.72	3075.59
年末公共供水管道长度	(公里)	6184.21	4746.80	5872.71	4155.00
供水综合生产能力 (包括自备水源)	(万立方米/日)	239.50	194.00	207.50	170.00
供水总量	(万吨)	47303	37179	41204	31697
居民家庭用水量	(万吨)	22498	17702	20063	15266
液化石油气供气总量	(吨)	138030	94408	1067977	75739
居民家庭用量	(吨)	112136	69120	82779	52200
天然气供气总量	(万立方米)	31876	22412	29999	25783
居民家庭用量	(万立方米)	9450	8808	11747	7767
十一、环境保护					
工业废水排放量	(万吨)	4678		4924	
工业二氧化硫排放量	(吨)	6046		7721	
工业烟尘排放量	(吨)	5136		8045	
自然保护区数	(个)	28	10	28	10
自然保护区面积	(万公顷)	17.09	5.53	18.45	11.69
区域环境噪声等效声级	dB(A)	54.50		54.80	
二氧化氮平均值	(μg/m^3)	20		18	
城市污水处理率	(%)		94.68		98.59
生活垃圾无害化处理率	(%)	100.00	100.00	100.00	100.00
空气质量优良天数比例	(%)	94.52		98.08	
可吸入细颗粒物(PM2.5)年平均浓度	(μg/m3)	19		20	

注：2020年环境保护数据口径有调整，与2019年不可比。

2-9 总户数(户籍)

单位：万户

县（区）	2007年	2008年	2009年	2010年	2011年	2012年	2013年	2014年
全　市	84.36	87.06	90.19	94.57	95.60	97.86	96.56	98.51
惠城区	23.41	24.47	21.97	22.66	22.39	24.40	24.84	25.72
惠阳区	12.22	12.70	13.35	15.10	14.92	14.49	12.94	12.82
惠东县	18.38	18.85	19.33	19.75	20.02	19.86	19.71	19.77
博罗县	18.75	19.15	19.92	20.73	21.73	21.84	22.49	23.20
龙门县	9.21	9.43	9.59	10.01	10.37	11.15	10.50	10.74
大亚湾区	2.39	2.46	2.54	2.73	2.84	2.64	2.65	2.67
仲恺区	—	—	3.48	3.59	3.32	3.47	3.45	3.59

注：2011年惠城区、仲恺区区域人口进行调整，不可比；表中“—”表示仲恺区数据包含在惠城区内，下同。

2-9 续表

单位：万户

县（区）	2015年	2016年	2017年	2018年	2019年	2020年	2021年	2021年比2020年增长(%)
全　市	98.82	100.78	101.80	105.74	108.85	111.49	116.30	4.3
惠城区	26.36	27.26	28.02	29.50	30.56	31.48	32.81	4.2
惠阳区	12.60	12.70	12.63	13.00	13.20	13.40	14.08	5.1
惠东县	19.53	19.70	19.49	19.58	19.72	19.63	19.96	1.7
博罗县	23.48	23.93	24.38	24.90	25.56	26.28	27.30	3.9
龙门县	10.47	10.53	10.42	10.45	10.40	10.33	10.49	1.6
大亚湾区	2.72	2.84	2.97	3.92	4.75	5.37	5.97	11.1
仲恺区	3.65	3.82	3.91	4.39	4.66	5.00	5.69	13.8

2-10 年末户籍总人口

单位：万人

县（区）	2007年	2008年	2009年	2010年	2011年	2012年	2013年	2014年
全　市	312.89	318.84	324.36	337.28	343.03	341.91	343.37	348.52
惠城区	79.68	82.91	73.66	76.25	79.98	80.78	82.19	84.41
惠阳区	35.33	35.72	36.19	37.46	37.85	37.17	36.61	36.81
惠东县	78.35	79.41	80.42	83.91	85.18	84.48	83.91	85.16
博罗县	79.31	80.35	81.37	84.77	85.18	84.33	85.36	86.10
龙门县	32.95	33.13	33.55	34.72	35.15	35.03	35.29	35.58
大亚湾区	7.27	7.32	7.41	8.07	8.31	8.12	8.26	8.37
仲恺区	—	—	11.76	12.10	11.38	12.01	11.76	12.08

2-10　续表

单位：万人

县（区）	2015年	2016年	2017年	2018年	2019年	2020年	2021年	2021年比2020年增长(%)
全　市	357.07	364.31	369.24	380.90	389.74	397.76	405.91	2.0
惠城区	86.99	90.46	93.49	97.91	100.85	103.50	106.30	2.7
惠阳区	37.26	38.02	38.41	39.94	41.20	42.35	43.56	2.9
惠东县	87.05	87.98	88.35	89.14	89.78	90.44	90.80	0.4
博罗县	88.38	89.92	90.36	91.67	92.69	93.69	95.09	1.5
龙门县	36.21	35.95	35.81	36.04	35.94	35.83	35.83	0.0
大亚湾区	8.69	9.12	9.56	11.81	13.99	15.83	17.27	9.1
仲恺区	12.49	12.87	13.26	14.40	15.28	16.12	17.06	5.8

2–11 年末常住人口

单位：万人

县（区）	2007年	2008年	2009年	2010年	2011年	2012年	2013年	2014年
全　市	402.86	418.65	435.08	460.11	482.21	503.44	521.06	537.66
惠城区	89.47	97.22	105.79	116.58	125.04	132.75	138.46	143.53
惠阳区	55.55	56.09	56.35	57.28	62.61	68.03	72.35	76.49
惠东县	84.97	86.28	87.31	90.78	92.00	93.43	94.61	95.66
博罗县	95.10	97.36	99.45	103.91	105.94	107.93	109.69	111.60
龙门县	31.90	31.71	31.38	30.73	30.94	31.22	31.51	31.64
大亚湾区	15.63	16.65	17.64	19.27	21.47	23.55	25.80	28.20
仲恺区	30.23	33.35	37.16	41.56	44.21	46.53	48.64	50.54

注：2011—2019年数据已根据第七次全国人口普查数据进行修订。

2–11 续表

单位：万人

县（区）	2015年	2016年	2017年	2018年	2019年	2020年	2021年	2021年比2020年增长(‰)
全　市	550.41	562.73	572.22	584.72	597.23	605.72	606.60	1.5
惠城区	147.13	149.91	152.01	153.56	155.61	156.26	156.51	0.2
惠阳区	79.96	83.43	86.48	90.40	93.95	96.55	96.69	0.1
惠东县	96.71	97.90	98.42	99.48	100.97	101.81	101.96	0.1
博罗县	113.47	115.34	116.48	118.24	119.92	121.09	121.20	0.1
龙门县	31.67	31.75	31.77	31.79	31.91	31.92	31.94	0.1
大亚湾区	30.04	32.09	34.25	38.31	41.51	44.71	44.82	0.3
仲恺区	51.43	52.31	52.81	52.94	53.36	53.38	53.48	0.2

2-12 人口自然增长率

单位：‰

县（区）	2006年	2007年	2008年	2009年	2010年	2011年	2012年	2013年
全　市	5.55	5.58	6.04	6.35	6.99	6.77	6.83	6.94
惠城区	5.98	6.48	6.62	6.84	7.56	7.44	7.67	7.13
惠阳区	5.56	5.15	5.86	6.51	7.35	6.88	6.63	6.88
惠东县	4.40	4.57	4.97	5.34	5.84	5.58	5.66	6.04
博罗县	6.29	6.05	6.65	6.77	7.41	7.12	7.63	7.89
龙门县	5.29	5.02	5.82	6.31	6.82	6.41	5.36	5.69
大亚湾区	6.05	6.07	6.37	6.44	7.62	7.85	8.01	8.47
仲恺区	—	—	—	—	7.24	8.02	8.12	8.07

注：2014年之前，为户籍人口自然增长；2014年（含）起，为常住人口自然增长。2020年数据来源于惠州市卫生健康局。

2-12　续表

单位：‰

县（区）	2014年	2015年	2016年	2017年	2018年	2019年	2020年	2021年
全　市	6.71	6.08	9.49	10.45	10.66	10.09	8.26	6.24
惠城区	7.73	7.05	10.03	12.39	11.88	11.29	9.52	7.04
惠阳区	7.18	6.28	10.75	11.87	11.54	10.44	8.51	6.60
惠东县	5.84	5.06	8.53	8.57	10.30	10.27	8.54	6.64
博罗县	6.03	5.60	8.63	8.68	8.33	7.95	5.93	4.14
龙门县	5.02	3.54	7.56	7.72	6.48	4.89	3.36	1.45
大亚湾区	6.95	7.70	12.31	14.04	17.39	16.56	14.66	10.86
仲恺区	8.28	7.81	10.84	11.50	12.11	11.38	9.56	8.14

2–13 地区生产总值

单位：亿元

县（区）	2006年	2007年	2008年	2009年	2010年	2011年	2012年	2013年
全　市	930.93	1121.71	1309.51	1413.08	1723.56	2080.14	2352.46	2674.50
惠城区	393.47	452.02	293.31	295.88	341.32	401.42	433.79	496.85
惠阳区	96.08	116.82	139.19	154.27	185.36	222.55	255.09	292.79
惠东县	152.11	178.58	201.17	216.32	246.02	292.49	315.96	364.33
博罗县	165.08	198.34	229.23	250.68	285.39	330.68	372.06	406.94
龙门县	36.79	44.42	52.67	57.19	66.84	81.96	95.66	107.89
大亚湾区	102.50	156.33	168.89	212.78	345.50	408.49	446.35	466.65
仲恺区	—	—	221.34	232.48	253.37	342.54	433.55	539.05

2–13　续表

单位：亿元

县（区）	2014年	2015年	2016年	2017年	2018年	2019年	2020年	2021年
全　市	2959.11	3090.22	3359.52	3745.75	4003.33	4192.93	4283.72	4977.36
惠城区	565.31	598.42	641.69	713.37	771.73	853.72	878.77	972.61
惠阳区	357.40	395.60	432.60	534.94	589.40	627.82	649.95	750.41
惠东县	412.67	428.80	497.03	566.38	580.14	599.22	612.84	710.87
博罗县	453.19	468.38	509.97	540.20	546.34	606.05	625.11	741.46
龙门县	123.31	136.50	146.32	153.25	159.64	163.11	167.45	187.87
大亚湾区	481.68	506.25	530.44	611.62	716.72	697.40	709.03	805.71
仲恺区	569.82	575.90	597.90	626.00	636.49	645.60	640.59	808.43

注：地区生产总值已根据第四次全国经济普查数据调整修订，下同。

2-14　地区生产总值增速

单位：%

县（区）	2006年	2007年	2008年	2009年	2010年	2011年	2012年	2013年
全　市	16.8	17.7	11.7	13.2	18.2	15.0	12.6	13.7
惠城区	16.4	16.3	12.0	13.4	17.9	13.9	11.9	10.3
惠阳区	18.0	17.5	12.3	13.5	15.4	16.6	14.1	15.1
惠东县	14.2	15.3	12.5	12.8	14.8	18.9	13.8	13.8
博罗县	15.7	16.3	13.5	14.7	14.9	15.9	13.2	11.5
龙门县	14.8	17.0	15.3	13.1	14.6	16.5	15.6	14.0
大亚湾区	98.1	44.7	10.2	23.0	29.6	11.3	10.8	11.1
仲恺区	—	—	—	9.7	14.5	22.2	17.3	22.7

2-14　续表

单位：%

县（区）	2014年	2015年	2016年	2017年	2018年	2019年	2020年	2021年
全　市	10.0	9.3	8.1	7.9	5.9	4.2	1.5	10.1
惠城区	10.0	9.0	8.6	6.5	4.5	5.3	0.5	6.5
惠阳区	13.8	13.9	8.7	15.5	6.2	6.8	2.0	8.0
惠东县	13.9	14.8	13.6	8.6	4.7	4.5	1.5	11.2
博罗县	13.6	13.2	5.2	3.8	4.5	5.4	2.2	12.6
龙门县	14.6	15.2	2.6	2.4	3.0	3.0	2.1	8.7
大亚湾区	1.1	1.1	6.2	7.4	16.4	2.0	2.4	6.6
仲恺区	6.5	3.3	2.0	3.0	2.2	2.1	0.1	17.9

2–15 第一产业增速

单位：%

县（区）	2005年	2006年	2007年	2008年	2009年	2010年	2011年	2012年
全　市	5.6	2.4	4.5	3.9	3.8	3.8	3.8	2.9
惠城区	4.4	6.8	-0.7	5.1	5.4	24.3	4.3	2.6
惠阳区	14.8	5.6	-0.2	3.8	3.5	2.1	2.7	3.7
惠东县	3.2	3.3	1.1	2.8	3.9	6.4	4.8	3.0
博罗县	1.6	6.7	5.5	5.6	3.8	4.7	5.9	3.3
龙门县	9.6	1.7	7.4	4.5	5.0	6.0	7.0	6.7
大亚湾区	-3.9	-9.0	-4.4	-8.0	2.3	-6.0	-13.0	0.0
仲恺区	—	—	—	—	4.8	6.4	-1.6	-2.7

2–15　续表

单位：%

县（区）	2013年	2014年	2015年	2016年	2017年	2018年	2019年	2020年	2021年
全　市	3.3	4.6	4.3	4.7	4.5	3.3	2.2	4.4	10.2
惠城区	3.0	4.5	3.9	5.1	5.4	2.7	1.3	-5.3	4.3
惠阳区	4.6	4.1	6.0	3.0	5.7	3.8	-8.4	12.4	2.4
惠东县	4.7	5.7	5.5	6.1	5.6	3.8	4.8	5.7	13.5
博罗县	2.9	4.5	3.1	4.9	-4.0	2.4	0.9	3.9	12.7
龙门县	4.8	5.0	5.0	5.8	7.8	5.6	3.5	1.2	6.9
大亚湾区	0.2	-4.6	-5.7	0.1	-18.6	4.5	-19.3	10.7	24.3
仲恺区	-6.6	2.3	-4.2	2.0	1.3	19.4	8.6	2.2	14.4

2-16　第二产业增速

单位：%

县（区）	2006年	2007年	2008年	2009年	2010年	2011年	2012年	2013年
全　市	20.6	19.1	11.6	13.5	24.2	15.4	14.4	15.0
惠城区	16.2	14.8	11.1	3.9	17.6	12.9	11.8	11.8
惠阳区	19.0	17.4	12.4	14.8	16.6	19.3	18.2	18.0
惠东县	15.4	17.2	13.3	11.8	16.1	22.1	15.7	16.2
博罗县	17.9	16.6	12.8	17.3	24.8	16.8	17.4	12.0
龙门县	22.6	27.0	18.1	17.1	15.7	20.1	21.4	21.9
大亚湾区	165.3	53.2	10.2	29.1	34.6	11.6	11.6	10.3
仲恺区	—	—	—	9.5	13.2	24.5	21.8	27.9

2-16　续表

单位：%

县（区）	2014年	2015年	2016年	2017年	2018年	2019年	2020年	2020年	2021年
全　市	11.7	9.8	8.0	2.6	5.9	1.5	1.6	1.6	14.4
惠城区	13.0	10.4	2.9	-1.0	3.0	12.6	2.1	2.1	10.5
惠阳区	15.9	16.2	10.6	19.5	7.0	7.2	0.9	0.9	13.2
惠东县	14.8	18.3	15.0	5.1	3.8	6.4	1.9	1.9	15.9
博罗县	21.0	16.5	-1.7	1.0	2.8	7.8	1.3	1.3	17.4
龙门县	21.1	20.5	0.5	-11.8	-8.7	2.7	1.9	1.9	14.1
大亚湾区	0.2	-0.3	4.9	5.8	22.0	-5.2	0.7	0.7	11.7
仲恺区	3.4	2.2	0.1	0.1	0.6	-0.6	-2.2	-2.2	17.7

2-17　第三产业增速

单位：%

县（区）	2005年	2006年	2007年	2008年	2009年	2010年	2011年	2012年
全　市	17.3	14.5	18.5	13.6	14.5	10.3	16.2	10.9
惠城区	19.1	18.3	20.5	14.4	20.1	17.7	15.1	12.5
惠阳区	22.3	18.4	19.7	13.0	12.8	15.1	14.8	9.7
惠东县	16.1	19.1	19.9	15.7	18.1	15.9	18.7	14.1
博罗县	23.9	16.6	20.2	17.2	14.8	5.2	17.4	10.0
龙门县	22.4	18.5	14.8	19.3	13.6	17.7	17.2	13.2
大亚湾区	9.8	13.2	20.4	11.4	-1.6	3.6	10.2	5.4
仲恺区	—	—	—	—	10.9	20.7	17.0	2.9

2-17　续表

单位：%

县（区）	2013年	2014年	2015年	2016年	2017年	2018年	2019年	2020年	2021年
全　市	13.0	7.7	8.9	8.6	16.1	6.0	7.8	1.2	5.3
惠城区	9.8	8.6	8.5	11.4	9.8	5.2	2.7	0.0	5.1
惠阳区	11.9	11.7	10.9	6.1	10.0	5.2	7.4	3.0	0.2
惠东县	12.8	14.3	11.8	14.0	11.3	5.4	3.4	0.5	7.8
博罗县	12.8	4.6	10.0	16.3	9.5	6.9	3.5	3.0	6.6
龙门县	8.8	10.1	11.6	4.9	24.5	16.3	3.1	2.7	4.1
大亚湾区	17.4	8.3	11.2	10.5	12.9	-0.3	28.7	6.9	-4.1
仲恺区	3.1	23.2	8.3	9.6	14.2	6.5	10.3	6.2	18.4

2-18 第二产业增加值比重

单位：%

县（区）	2005年	2006年	2007年	2008年	2009年	2010年	2011年	2012年
全　市	56.7	58.1	57.3	57.0	56.2	59.4	59.1	58.7
惠城区	65.5	61.4	60.0	33.7	33.2	35.2	35.3	35.1
惠阳区	52.8	53.0	52.3	51.2	50.5	52.9	53.2	55.1
惠东县	51.1	52.7	53.2	54.1	51.8	49.9	49.6	46.4
博罗县	47.8	49.3	49.1	48.4	48.3	52.1	52.1	52.4
龙门县	32.0	33.0	33.7	36.8	37.5	41.2	41.1	44.4
大亚湾区	56.4	75.9	79.1	77.9	81.6	87.9	88.0	87.7
仲恺区	—	—	—	74.8	74.1	75.1	76.2	76.7

2-18 续表

单位：%

县（区）	2013年	2014年	2015年	2016年	2017年	2018年	2019年	2020年	2021年
全　市	57.9	57.9	56.5	55.2	53.0	53.0	51.5	49.9	53.3
惠城区	32.8	32.6	30.6	30.6	30.3	26.6	27.5	26.7	28.2
惠阳区	56.8	57.0	58.6	58.8	58.7	61.3	61.7	59.1	63.5
惠东县	43.5	44.0	34.6	35.3	38.0	32.9	35.2	34.7	37.9
博罗县	52.5	51.5	55.3	54.9	55.4	50.0	51.3	49.6	53.1
龙门县	47.7	48.8	55.1	53.8	52.6	42.6	40.6	41.2	44.5
大亚湾区	87.4	85.3	76.9	77.0	75.5	76.0	68.4	67.4	71.6
仲恺区	79.0	81.7	79.6	79.6	77.3	75.3	72.9	70.1	71.4

2-19　第三产业增加值比重

单位：%

县（区）	2005年	2006年	2007年	2008年	2009年	2010年	2011年	2012年
全　市	34.0	34.5	35.7	36.1	37.6	34.9	35.5	36.2
惠城区	30.9	35.3	36.8	62.3	62.7	60.9	61.0	61.2
惠阳区	41.5	41.7	42.7	43.0	44.2	42.2	42.4	40.7
惠东县	30.0	30.7	32.1	34.1	37.0	38.8	39.7	42.9
博罗县	36.7	36.7	37.8	39.3	40.6	37.0	37.0	37.2
龙门县	38.5	40.6	39.7	41.1	43.0	40.1	40.0	38.5
大亚湾区	39.3	22.3	19.6	21.1	17.6	11.6	11.6	11.9
仲恺区	—	—	—	22.8	23.5	22.6	22.0	21.9

2-19　续表

单位：%

县（区）	2013年	2014年	2015年	2016年	2017年	2018年	2019年	2020年	2021年
全　市	37.2	37.5	38.8	39.9	42.6	42.6	43.6	45.0	42.0
惠城区	63.7	64.2	66.1	66.0	66.8	70.6	69.5	70.4	69.1
惠阳区	39.0	39.5	37.9	38.0	38.2	35.8	35.3	37.7	33.7
惠东县	46.3	46.4	55.4	56.4	54.2	59.3	55.3	55.4	52.8
博罗县	37.3	38.9	34.9	34.6	35.0	40.3	38.0	39.4	36.5
龙门县	35.7	35.3	30.4	29.7	31.1	40.3	40.4	40.1	38.1
大亚湾区	12.2	14.4	22.7	22.8	24.3	23.8	31.4	32.3	28.1
仲恺区	19.9	17.2	19.3	19.4	21.7	23.7	25.9	28.7	27.5

2-20　人均地区生产总值

单位：元

县（区）	2005年	2006年	2007年	2008年	2009年	2010年	2011年	2012年
全　市	21942	24556	28384	31881	33104	38507	44149	47734
惠城区	34447	37064	39311	31422	29149	30698	33228	33655
惠阳区	14954	17720	21198	24936	27440	32624	37125	39052
惠东县	17120	18627	21161	23494	24923	27629	32005	34079
博罗县	16234	18050	21145	23821	25474	28067	31516	34793
龙门县	10436	11664	13968	16560	18129	21521	26580	30778
大亚湾区	41011	72901	103563	104642	124106	187212	200536	198290
仲恺区	—	—	—	69624	65944	64373	79874	95558

2-20　续表

单位：元

县（区）	2013年	2014年	2015年	2016年	2017年	2018年	2019年	2020年	2021年
全　市	52211	55900	56802	60361	66007	69206	70949	71220	82113
惠城区	36639	40094	41177	43206	47256	50511	55226	56355	62193
惠阳区	41714	48025	50572	52953	62967	66644	68112	68236	77666
惠东县	38750	43377	44581	51079	57699	58630	59787	60444	69772
博罗县	37399	40959	41621	44576	46605	46552	50895	51874	61205
龙门县	34397	39052	43120	46142	48253	50232	51213	52467	58837
大亚湾区	189119	178401	173850	170753	184390	197552	174744	164470	179987
仲恺区	113282	114905	112956	115268	119102	120376	121467	120026	151307

2-21　人均地区生产总值增速

单位：%

县（区）	2005年	2006年	2007年	2008年	2009年	2010年	2011年	2012年
全　市	13.2	13.1	12.9	7.5	8.9	12.7	9.3	7.7
惠城区	14.2	11.3	7.4	2.9	4.3	7.6	4.8	4.9
惠阳区	13.9	16.0	15.6	10.9	12.7	14.2	10.5	4.7
惠东县	8.3	10.5	11.6	10.9	11.3	11.9	15.8	12.2
博罗县	11.9	12.9	13.4	10.7	12.1	11.2	12.3	11.1
龙门县	14.3	13.0	16.1	15.3	14.0	16.4	17.3	14.7
大亚湾区	6.6	80.1	34.8	3.1	15.8	20.4	0.9	0.3
仲恺区	—	—	—	—	-1.1	2.5	12.2	10.9

2-21　续表

单位：%

县（区）	2013年	2014年	2015年	2016年	2017年	2018年	2019年	2020年	2021年
全　市	9.4	6.4	6.3	5.6	5.9	3.9	2.0	-0.3	9.3
惠城区	4.8	5.8	5.8	6.2	4.8	3.3	4.1	-0.4	6.2
惠阳区	7.1	7.4	8.3	4.0	11.1	2.1	2.5	-1.3	6.4
惠东县	12.3	12.5	13.5	12.3	7.6	3.9	3.2	0.3	10.6
博罗县	9.6	11.7	11.3	3.5	2.5	3.2	3.9	1.0	12.0
龙门县	13.0	13.8	14.9	2.4	2.3	2.9	2.8	1.9	8.7
大亚湾区	1.3	-7.6	-6.3	-0.5	0.6	6.4	-7.3	-5.2	2.7
仲恺区	17.0	2.2	0.4	0.3	1.6	1.5	1.6	-0.3	17.7

2-22 规模以上工业增加值

单位：亿元

县（区）	2007年	2008年	2009年	2010年	2011年	2012年	2013年	2014年
全　市	502.52	545.56	576.59	786.38	1013.54	1173.97	1423.20	1475.02
惠城区	246.50	267.73	65.08	85.28	99.02	77.36	97.67	100.36
惠阳区	43.61	41.51	54.62	64.76	86.52	103.69	132.59	156.37
惠东县	17.39	19.43	23.62	32.67	57.87	89.75	112.19	135.20
博罗县	62.39	72.64	82.73	113.32	148.55	163.41	196.65	243.30
龙门县	6.83	10.66	11.19	15.43	21.60	29.35	39.43	54.55
大亚湾区	125.80	134.19	192.97	302.23	343.09	373.78	399.14	360.02
仲恺区	—	—	146.37	172.71	256.89	336.61	445.53	425.22

2-22　续表

单位：亿元

项　目	2015年	2016年	2017年	2018年	2019年	2020年	2021年	2021年比2020年增长(%)
全　市	1617.38	1763.69	1850.49	1630.40	1654.17	1689.86	2215.85	14.1
惠城区	98.15	106.32	106.26	119.26	136.47	140.53	170.00	10.5
惠阳区	182.29	216.10	269.32	302.06	330.83	334.32	415.59	16.2
惠东县	175.47	206.53	162.47	65.14	66.36	76.40	94.46	19.9
博罗县	292.98	338.28	344.30	192.00	223.27	241.03	318.00	16.3
龙门县	65.59	71.44	44.17	38.64	38.15	40.56	42.46	4.8
大亚湾区	375.56	390.68	419.44	508.83	438.95	432.31	644.13	10.2
仲恺区	427.34	434.33	504.54	410.14	426.39	426.56	541.02	16.1

2-23 固定资产投资

单位：亿元

县（区）	2007年	2008年	2009年	2010年	2011年	2012年	2013年	2014年
全　市	486.91	588.74	758.97	894.02	1025.21	1208.68	1401.30	1606.71
惠城区	170.49	219.73	307.94	324.53	363.46	403.63	404.52	398.06
惠阳区	62.09	83.41	100.90	126.91	141.28	167.16	210.07	253.76
惠东县	40.54	54.87	80.69	116.04	143.42	163.69	193.23	222.05
博罗县	55.23	70.07	91.35	118.37	131.43	154.94	194.18	230.40
龙门县	13.05	13.84	21.97	30.97	52.13	75.33	95.17	130.76
大亚湾区	145.49	146.83	156.11	120.10	120.47	146.49	179.28	212.68
仲恺区	—	—	—	57.11	73.00	97.44	124.85	159.00

2-23 续表

单位：亿元

县（区）	2015年	2016年	2017年	2018年	2019年	2020年	2021年	2021年比2020年增长(%)
全　市	1863.93	2039.71	2234.88	—	2102.78	2439.67	2972.45	21.8
惠城区	355.35	266.49	298.07	—	435.45	535.10	614.10	14.8
惠阳区	208.28	248.28	293.51	—	324.68	372.30	432.12	16.1
惠东县	292.38	382.54	459.11	—	318.63	331.66	401.42	21.0
博罗县	285.29	342.66	408.00	—	279.52	326.47	439.11	34.5
龙门县	169.27	201.89	190.17	—	96.81	114.22	118.91	4.1
大亚湾区	361.38	396.12	365.20	—	340.78	376.49	446.79	18.7
仲恺区	191.98	201.73	220.82	—	306.90	383.43	520.00	35.6

2-24 社会消费品零售总额

单位：亿元

县（区）	2007年	2008年	2009年	2010年	2011年	2012年	2013年	2014年
全　市	405.13	487.92	560.06	652.02	763.60	868.83	984.01	1116.30
惠城区	171.48	205.78	208.24	247.34	293.36	344.76	397.26	451.37
惠阳区	47.35	57.62	64.00	75.03	89.14	92.79	104.42	114.82
惠东县	80.20	97.46	103.78	122.31	145.65	165.97	187.56	217.10
博罗县	73.51	88.64	98.01	114.13	130.49	152.00	169.97	188.14
龙门县	13.95	16.84	19.20	21.69	24.03	25.15	27.24	32.13
大亚湾区	18.64	21.57	21.80	24.10	25.90	26.72	28.22	34.24
仲恺区			45.03	47.42	55.04	61.44	69.36	78.50

注：各县区社会消费品零售总额使用四经普修订后的数据。

2-24 续表

单位：亿元

县（区）	2015年	2016年	2017年	2018年	2019年	2020年	2021年	2021年比2020年增长(%)
全　市	1258.11	1417.47	1597.14	1769.13	1924.55	1746.08	1978.92	13.3
惠城区	506.16	573.33	637.18	685.87	745.57	673.76	763.07	13.3
惠阳区	126.95	144.71	161.55	179.41	194.87	178.21	199.55	12.0
惠东县	251.76	284.07	326.21	366.66	398.96	363.34	411.87	13.4
博罗县	208.24	231.39	258.29	288.93	314.39	285.15	321.84	12.9
龙门县	36.61	41.60	48.05	53.76	58.36	52.62	59.01	12.1
大亚湾区	39.39	43.22	53.88	67.51	73.95	66.09	79.42	20.2
仲恺区	88.98	99.14	111.99	126.99	138.45	126.90	144.16	13.6

注：此表数据使用四经普修订后的数据。

2–25 外贸出口额

单位：亿美元

县（区）	2005年	2006年	2007年	2008年	2009年	2010年	2011年	2012年
全 市	106.55	122.77	146.06	179.89	171.49	202.33	231.22	292.05
惠城区	77.51	86.12	96.72	125.28	117.91	11.56	13.22	15.42
惠阳区	11.44	13.69	17.22	17.62	16.78	20.68	24.85	28.94
惠东县	5.81	6.74	9.23	11.19	9.83	7.91	8.80	10.25
博罗县	7.48	9.20	10.44	11.86	13.02	16.40	21.71	27.00
龙门县	0.37	0.34	0.38	0.39	0.42	0.48	0.57	0.71
大亚湾区	3.95	6.68	12.07	13.54	13.53	18.42	20.28	22.10
仲恺区	—	—	—	—	—	57.15	63.13	68.82

注：2010—2015年数据不含市直部分，2016年（含）起为人民币口径，单位为亿元。

2–25 续表

单位：亿美元

县（区）	2013年	2014年	2015年	2016年	2017年	2018年	2019年	2019年比2018年增长(%)
全 市	333.21	363.31	347.76	1972.52	2233.13	2208.90	1821.74	-17.5
惠城区	18.28	20.84	21.89	186.95	189.65	160.81	169.30	5.3
惠阳区	32.55	36.71	43.95	262.97	334.68	331.50	317.69	-4.2
惠东县	11.69	13.15	13.41	67.96	78.21	80.30	86.47	7.7
博罗县	29.73	22.42	23.89	154.49	174.41	193.77	198.87	2.6
龙门县	0.85	1.07	1.24	6.28	7.38	14.38	12.13	-15.7
大亚湾区	24.36	25.59	25.84	107.81	135.91	170.45	165.48	-2.9
仲恺区	71.63	221.99	209.96	1186.07	1312.30	1243.61	868.40	-30.2

注：2020年起，部门未能提供相关数据。

2-26 外贸进口额

单位：亿美元

县（区）	2005年	2006年	2007年	2008年	2009年	2010年	2011年	2012年
全　市	83.66	89.54	95.07	117.56	120.92	140.02	156.91	202.96
惠城区	60.40	59.81	63.94	82.22	90.12	8.31	9.03	10.57
惠阳区	8.03	8.49	9.61	8.67	7.22	9.77	11.93	14.37
惠东县	3.52	2.85	3.91	5.26	4.00	2.56	2.92	3.39
博罗县	6.83	7.67	8.24	8.13	8.18	11.02	11.96	13.22
龙门县	0.25	0.29	0.22	0.23	0.29	0.22	0.26	0.29
大亚湾区	4.63	10.43	9.15	13.04	11.10	13.12	14.24	15.70
仲恺区	-	-	-	-	-	38.34	43.24	48.00

注：2010—2015年数据不含市直部分，2016年（含）起为人民币口径，单位为亿元。

2-26 续表

单位：亿美元

县（区）	2013年	2014年	2015年	2016年	2017年	2018年	2019年	2019年比2018年增长(%)
全　市	240.72	230.81	195.79	1072.26	1182.86	1125.82	888.01	-21.1
惠城区	11.49	12.03	12.09	80.55	80.63	68.92	64.45	-6.5
惠阳区	18.73	22.35	21.52	101.63	131.00	135.87	135.28	-0.4
惠东县	4.00	4.11	3.86	22.30	22.35	28.46	65.75	131.1
博罗县	13.83	8.98	9.07	57.36	77.13	83.92	78.65	-6.3
龙门县	0.31	0.41	0.41	1.90	2.11	2.18	2.90	32.8
大亚湾区	16.64	17.07	12.77	63.10	76.93	87.54	100.07	14.3
仲恺区	44.12	148.15	133.76	745.40	792.71	716.32	437.69	-38.9

注：2020年，部门未能提供相关数据。

2–27　实际利用外商直接投资

单位：亿美元

县（区）	2007年	2008年	2009年	2010年	2011年	2012年	2013年	2014年
全　市	12.28	13.52	13.95	14.38	15.68	17.28	18.34	19.66
惠城区	5.61	5.93	5.95	1.74	1.92	2.24	2.43	2.59
惠阳区	1.63	1.99	2.10	2.48	2.80	3.30	3.69	4.22
惠东县	0.79	0.98	1.09	1.17	1.31	1.52	1.67	1.77
博罗县	1.59	1.74	1.81	2.26	2.50	2.92	3.16	3.33
龙门县	0.23	0.32	0.33	0.34	0.39	0.43	0.46	0.49
大亚湾区	2.43	2.57	2.66	2.74	2.99	3.29	3.50	3.68
仲恺区	—	—	—	2.17	2.38	2.62	2.78	2.96

注：2010—2015年县（区）数据不含市直部分。

2–27　续表

单位：亿美元

县（区）	2015年	2016年	2017年	2018年	2019年	2020年	2021年	2021年比2020年增长(%)
全　市	11.05	11.43	11.44	63.49	64.25	55.67	74.39	33.6
惠城区	1.48	1.68	1.73	6.84	6.25	13.17	4.98	-62.2
惠阳区	4.38	4.94	2.45	23.69	15.14	4.06	6.14	51.4
惠东县	0.78	0.27	0.27	3.44	2.31	1.97	1.77	-9.9
博罗县	1.20	0.81	1.16	9.91	15.38	7.01	3.91	-44.3
龙门县	0.22	0.28	0.30	0.18	0.27	1.87	1.04	-44.5
大亚湾区	1.00	2.00	3.93	10.99	12.59	18.03	28.74	59.4
仲恺区	1.43	1.44	1.59	8.34	12.31	9.56	27.80	190.9

注：2018年起单位为“亿元”。

2–28 金融机构本外币存款余额

单位：亿元

县（区）	2007年	2008年	2009年	2010年	2011年	2012年	2013年	2014年
全　市	1169.48	1336.93	1778.95	2090.14	2401.05	2696.97	3138.79	3394.60
惠城区	624.98	704.09	921.29	1107.03	1297.01	1455.45	1739.04	1982.69
惠阳区	158.34	182.35	218.96	275.94	303.70	320.78	372.50	375.82
惠东县	122.65	130.76	152.89	189.35	223.54	240.12	271.63	293.04
博罗县	167.31	188.81	218.60	254.15	294.58	342.30	393.32	443.62
龙门县	34.94	42.27	51.05	55.05	62.31	71.14	81.18	93.59
大亚湾区	61.25	88.66	216.15	208.63	219.91	267.18	281.13	205.85

2–28　续表

单位：亿元

县（区）	2015年	2016年	2017年	2018年	2019年	2020年	2021年	2021年比2020年增长(%)
全　市	3836.10	4974.48	5485.55	6171.35	6558.61	7235.61	7809.67	7.9
惠城区	2331.05	2993.55	3183.79	3555.97	3812.92	4283.39	4623.41	7.9
惠阳区	426.56	575.87	714.26	821.33	846.53	910.12	942.16	3.5
惠东县	318.55	385.03	430.96	460.29	480.18	503.45	529.52	5.2
博罗县	430.97	513.88	581.81	668.18	717.41	837.36	928.34	10.9
龙门县	109.64	121.23	142.80	164.75	171.05	180.58	191.62	6.1
大亚湾区	219.33	384.92	431.94	500.84	530.52	520.71	594.63	14.2

2–29　金融机构本外币贷款余额

单位：亿元

县（区）	2007年	2008年	2009年	2010年	2011年	2012年	2013年	2014年
全　市	679.74	752.10	1134.26	1225.71	1439.09	1735.12	2036.92	2436.97
惠城区	456.48	489.69	694.55	769.60	949.93	1104.63	1308.54	1587.70
惠阳区	42.51	52.68	86.39	113.36	127.12	144.73	176.87	213.84
惠东县	44.45	55.58	76.15	89.72	107.64	121.90	144.78	166.98
博罗县	50.57	59.54	75.66	86.29	102.52	130.32	163.43	205.61
龙门县	7.94	10.24	16.06	18.40	19.28	23.31	29.56	38.63
大亚湾区	77.79	84.38	185.46	148.34	132.61	210.23	213.74	224.20

2–29　续表

单位：亿元

县（区）	2015年	2016年	2017年	2018年	2019年	2020年	2021年	2021年比2020年增长(%)
全　市	2701.60	3460.97	4012.86	4886.82	5848.89	7183.93	8478.86	18.0
惠城区	1724.21	2089.23	2330.11	2843.39	3441.37	4224.73	5044.55	19.4
惠阳区	266.65	383.56	492.03	643.44	767.23	952.09	1135.80	19.3
惠东县	172.72	227.31	282.77	305.08	338.87	410.96	478.19	16.4
博罗县	228.64	300.36	362.67	468.64	594.93	728.17	843.95	15.9
龙门县	43.26	52.56	65.97	84.34	112.35	141.68	171.90	21.3
大亚湾区	266.12	407.95	479.30	541.92	594.15	726.31	804.48	10.8

2-30 金融机构人民币存款余额

单位：亿元

县（区）	2007年	2008年	2009年	2010年	2011年	2012年	2013年	2014年
全　市	1133.82	1304.59	1734.72	2041.19	2326.05	2507.55	2984.94	3149.55
惠城区	601.84	684.12	891.17	1072.49	1254.08	1347.21	1648.19	1804.06
惠阳区	153.14	177.27	213.32	270.67	297.63	314.91	365.18	369.10
惠东县	120.48	128.81	151.03	187.03	221.76	238.09	269.70	291.37
博罗县	164.65	185.96	215.64	250.98	291.97	336.25	386.05	405.74
龙门县	34.88	42.17	50.96	54.86	62.18	70.84	80.95	93.49
大亚湾区	58.83	86.26	212.60	205.16	198.42	200.25	234.87	185.78

2-30 续表

单位：亿元

县（区）	2015年	2016年	2017年	2018年	2019年	2020年	2021年	2021年比2020年增长(%)
全　市	3612.52	4544.73	5076.00	5839.65	6149.81	6813.36	7218.17	5.9
惠城区	2132.39	2630.15	2830.40	3268.64	3477.01	3930.07	4132.18	5.1
惠阳区	419.27	563.82	704.90	809.91	836.77	901.33	920.44	2.1
惠东县	316.72	381.99	428.30	457.24	477.21	500.93	526.85	5.2
博罗县	424.43	505.09	575.03	657.84	703.29	815.01	901.19	10.6
龙门县	109.39	121.11	142.61	164.44	170.07	179.70	186.84	4.0
大亚湾区	210.33	342.58	394.76	481.58	485.46	486.33	550.66	13.2

2-31 城乡居民储蓄存款余额(人民币)

单位：亿元

县（区）	2007年	2008年	2009年	2010年	2011年	2012年	2013年	2014年
全　市	647.61	771.66	867.49	1031.79	1174.34	1351.44	1533.96	1640.17
惠城区	292.48	358.06	403.67	471.23	531.29	610.12	692.05	743.70
惠阳区	99.81	119.02	134.22	164.78	188.02	208.34	236.32	252.63
惠东县	91.47	105.27	118.98	143.71	163.52	183.17	206.93	216.74
博罗县	117.96	135.61	148.69	177.50	206.40	237.31	271.18	290.33
龙门县	24.61	29.06	33.90	39.06	43.54	50.10	58.32	63.91
大亚湾区	21.29	24.64	28.03	35.51	41.57	62.42	69.15	72.86

注：2015年起为住户存款余额，与2014年不可比。

2-31 续表

单位：亿元

县（区）	2015年	2016年	2017年	2018年	2019年	2020年	2021年	2021年比2020年增长(%)
全　市	1717.60	1945.23	2153.04	2361.19	2600.70	2896.88	3231.19	11.5
惠城区	783.33	869.91	943.57	1039.58	1164.48	1324.05	1486.12	12.2
惠阳区	263.24	316.84	365.47	395.85	424.32	467.47	514.49	10.1
惠东县	228.27	254.05	283.09	304.55	322.86	338.28	371.61	9.9
博罗县	299.87	337.14	375.31	415.36	458.22	501.80	559.63	11.5
龙门县	67.19	74.68	83.03	90.60	101.38	113.29	127.06	12.2
大亚湾区	75.69	92.60	102.57	115.26	129.44	152.00	172.28	13.3

2-32 金融机构人民币贷款余额

单位：亿元

县（区）	2007年	2008年	2009年	2010年	2011年	2012年	2013年	2014年
全　市	563.25	659.89	924.94	1097.66	1295.48	1501.02	1826.62	2176.80
惠城区	370.38	423.42	587.33	688.11	831.19	960.18	1151.44	1363.87
惠阳区	40.88	51.13	84.36	110.31	125.05	143.26	175.56	212.37
惠东县	44.45	55.58	75.89	89.26	107.31	121.76	144.64	166.75
博罗县	49.92	59.08	74.26	85.73	102.15	123.73	162.99	203.91
龙门县	7.94	10.24	16.06	18.40	19.28	23.31	29.56	38.63
大亚湾区	49.67	60.45	87.05	105.84	110.49	128.79	162.44	191.28

2-32　续表

单位：亿元

县（区）	2015年	2016年	2017年	2018年	2019年	2020年	2021年	2021年比2020年增长(%)
全　市	2464.35	3155.13	3818.64	4650.84	5588.31	6829.60	8095.70	18.5
惠城区	1520.61	1822.91	2160.71	2635.02	3196.95	3920.06	4694.35	19.8
惠阳区	265.92	382.77	491.07	642.68	767.10	950.09	1130.03	18.9
惠东县	172.63	227.23	282.57	305.07	338.68	410.86	477.66	16.3
博罗县	227.10	299.82	362.04	467.55	594.44	720.54	839.66	16.5
龙门县	43.26	52.56	65.97	84.34	112.35	141.28	171.90	21.7
大亚湾区	234.82	369.84	456.27	516.17	578.78	686.77	782.10	13.9

2-33 地方一般公共财政预算收入

单位：亿元

县（区）	2007年	2008年	2009年	2010年	2011年	2012年	2013年	2014年
全　市	62.06	78.06	101.56	131.22	162.83	200.88	250.17	300.75
惠城区	33.95	41.12	56.08	67.93	83.77	102.21	121.09	137.72
惠阳区	7.66	9.49	11.71	14.79	18.10	21.75	27.91	34.92
惠东县	4.61	6.11	7.60	10.26	13.43	17.20	23.26	30.23
博罗县	7.53	10.01	12.37	15.01	18.36	22.03	27.33	33.92
龙门县	1.71	2.37	2.93	4.12	5.14	6.06	7.72	10.01
大亚湾区	6.57	8.93	10.83	14.09	17.45	22.40	29.81	36.97
仲恺区	—	—	—	4.97	6.59	9.23	13.06	16.98

2-33　续表

单位：亿元

县（区）	2015年	2016年	2017年	2018年	2019年	2020年	2021年	2021年比2020年增长(%)
全　市	340.02	361.29	389.08	393.01	400.86	412.25	455.39	10.5
惠城区	153.85	154.65	164.21	157.20	158.25	161.36	175.82	9.0
惠阳区	40.07	44.84	48.33	51.63	55.00	57.78	64.28	11.2
惠东县	34.72	36.78	37.94	34.74	31.76	29.31	31.47	7.4
博罗县	37.36	40.63	44.11	44.77	46.72	50.39	56.12	11.4
龙门县	10.98	8.09	9.34	10.83	12.60	16.37	19.45	18.8
大亚湾区	42.57	47.04	53.06	61.05	63.67	66.54	70.52	6.0
仲恺区	20.47	29.25	32.09	32.78	32.84	30.50	37.74	23.7

2-34 地方一般公共财政预算支出

单位：亿元

县（区）	2007年	2008年	2009年	2010年	2011年	2012年	2013年	2014年
全　市	86.05	106.29	134.75	185.43	227.21	274.08	328.29	372.97
惠城区	39.12	48.29	62.65	89.33	97.69	113.31	140.53	146.60
惠阳区	10.82	12.86	15.01	19.37	23.89	27.28	34.58	39.52
惠东县	11.47	14.72	17.87	21.93	28.07	34.33	41.40	52.82
博罗县	12.16	15.35	20.65	24.38	30.05	35.83	42.35	51.64
龙门县	5.59	6.63	7.64	10.21	16.83	16.33	18.07	21.34
大亚湾区	6.87	8.45	10.89	16.88	23.79	36.81	37.36	41.85
仲恺区	—	—	—	3.30	6.88	10.20	14.00	19.21

2-34 续表

单位：亿元

项　目	2015年	2016年	2017年	2018年	2019年	2020年	2021年	2021年比2020年增长(%)
全　市	486.07	509.08	554.01	544.22	614.86	637.37	663.31	4.1
惠城区	182.60	192.23	219.01	202.20	209.11	206.98	220.54	6.5
惠阳区	51.60	57.59	60.79	62.61	68.26	74.12	83.59	12.8
惠东县	65.44	70.49	73.10	72.05	93.14	97.31	87.74	-9.8
博罗县	73.98	76.98	80.07	85.04	94.55	98.55	104.48	6.0
龙门县	30.35	29.19	30.29	35.03	42.64	48.82	43.32	-11.3
大亚湾区	49.86	52.51	57.33	52.34	69.61	71.18	81.40	14.4
仲恺区	32.25	30.09	33.43	34.94	37.56	40.41	42.23	4.5

2–35 税收总收入

单位：亿元

县（区）	2007年	2008年	2009年	2010年	2011年	2012年	2013年	2014年
全　市	231.77	290.24	348.42	466.79	574.31	704.26	728.69	763.15
惠城区	79.60	96.58	113.69	138.85	169.43	213.91	162.64	159.65
惠阳区	14.72	17.54	19.39	24.12	30.71	37.15	45.38	51.19
惠东县	10.50	13.21	13.06	18.09	26.68	34.33	38.48	47.81
博罗县	16.85	19.98	20.42	24.85	30.92	37.29	45.60	50.45
龙门县	3.28	4.37	4.73	6.71	8.33	7.75	9.36	14.74
大亚湾区	106.80	138.53	173.97	249.00	301.51	366.78	326.31	320.20
仲恺区	—	—	—	—	—	70.02	92.29	109.89

2–35　续表

单位：亿元

县（区）	2015年	2016年	2017年	2018年	2019年	2020年	2021年	2021年比2020年增长(%)
全　市	754.43	834.17	941.81	1137.65	1125.11	1068.64	1009.20	15.3
惠城区	161.34	181.80	205.16	217.63	236.00	239.91	230.29	6.2
惠阳区	60.72	78.19	98.59	120.06	122.24	127.39	148.51	16.6
惠东县	48.77	50.62	53.23	60.60	56.98	46.93	47.23	1.1
博罗县	54.30	61.74	74.14	90.92	93.31	100.29	107.93	7.6
龙门县	12.59	10.05	16.20	22.27	23.13	24.95	19.86	-20.4
大亚湾区	274.91	286.94	329.31	465.18	457.75	410.84	303.55	26.0
仲恺区	126.37	147.91	149.82	143.85	135.70	118.33	151.84	28.3

注：2021年数据为国内税收收入。

2-36 在岗职工年平均工资收入

单位：元

县（区）	2007年	2008年	2009年	2010年	2011年	2012年	2013年	2014年
全　市	19644	22727	25786	29599	35719	41506	47126	53576
惠城区	21580	24623	30756	34563	40766	47545	53966	60553
惠阳区	16825	20404	23837	26946	33038	39810	43718	50064
惠东县	17433	19858	22678	26238	30591	35201	40946	46483
博罗县	17893	20615	23538	26902	31162	35723	41978	48002
龙门县	17163	19518	21601	24508	28581	31850	36001	40982
大亚湾区	23894	25863	29231	32972	41629	48822	50972	58225
仲恺区	—	—	23700	28477	35524	40208	47474	54554

2-36　续表

单位：元

县（区）	2015年	2016年	2017年	2018年	2019年	2020年	2021年	2021年比2020年增长(%)
全　市	58607	64766	70890	77634	83639	89840	99329	10.6
惠城区	70409	76206	82723	92912	99807	106580	113024	6.0
惠阳区	52848	60274	66430	70587	75908	81820	88756	8.5
惠东县	52103	57611	67590	73673	81536	86636	99460	14.8
博罗县	54259	60931	65801	68072	74909	81013	86768	7.1
龙门县	46931	54476	59493	72326	75069	88005	94989	7.9
大亚湾区	62414	70653	77893	85497	87024	94154	106948	13.6
仲恺区	57562	61245	66770	74341	81240	86683	99940	15.3

2-37 农村居民可支配收入

单位：元

项　目	2007年	2008年	2009年	2010年	2011年	2012年	2013年	2014年
全　市	5695	6626	7583	9077	10938	12415	14029	14364
惠城区	6307	7425	8541	9976	12056	13636	15464	14890
惠阳区	6365	7250	8323	10914	13001	14886	16747	15302
惠东县	5383	6332	7231	9005	10907	12151	13791	14527
博罗县	5755	6721	7682	8929	10671	12269	13864	14284
龙门县	4381	5118	5805	7034	8596	9911	11220	12380
大亚湾区	6255	6816	7791	9319	11257	13035	14635	15013
仲恺区	—	—	—	10961	13208	14980	16793	15581

2-37　续表

单位：元

项　目	2015年	2016年	2017年	2018年	2019年	2020年	2021年	2021年比2020年增长(%)
全　市	15830	17603	19284	21039	23027	24925	27580	10.7
惠城区	16379	18324	20009	21900	23652	26094	28886	10.7
惠阳区	16863	18931	20805	23269	25410	27600	30470	10.4
惠东县	15994	17707	19389	20900	22761	24357	26817	10.1
博罗县	15741	17355	19073	20650	22571	24244	26717	10.2
龙门县	13853	15685	17348	19151	21124	23228	25714	10.7
大亚湾区	16515	18595	20473	22505	24801	27277	30223	10.8
仲恺区	17201	19057	20792	22791	24956	27481	30476	10.9

注：2013年（含)前为农民人均纯收入。

2–38 全体居民、城镇居民人均可支配收入

单位：元

项　目	全体居民								
	2014年	2015年	2016年	2017年	2018年	2019年	2020年	2021年	2021年比2020年增长(%)
全　市	22902	25220	28061	31091	33930	37160	39745	43351	9.1
惠城区	29611	32530	36377	40035	43442	48069	52320	56020	7.1
惠阳区	25240	27757	31020	34246	36794	40093	42839	45575	6.4
惠东县	17042	18817	20851	23120	25260	27528	29185	31528	8.0
博罗县	18113	20021	22206	24648	27475	30223	32290	34758	7.6
龙门县	13113	14901	16971	18997	21189	23661	25821	28184	9.1
大亚湾区	26653	29383	33203	36779	40936	45360	49431	52648	6.5
仲恺区	25401	27991	30853	34169	37903	42018	45652	48528	6.3

2–38　续表

单位：元

项　目	城镇居民								
	2014年	2015年	2016年	2017年	2018年	2019年	2020年	2021年	2021年比2020年增长(%)
全　市	27300	30057	33213	36608	39574	42999	45475	49243	8.3
惠城区	34329	37679	41442	45504	47917	52853	57051	60987	6.9
惠阳区	29243	32108	35426	38933	41161	44783	47317	50771	7.3
惠东县	19368	21402	23559	26033	28330	30738	32303	34306	6.2
博罗县	22802	25241	27858	30643	33201	35857	37668	40380	7.2
龙门县	14880	17037	19192	21437	23731	26674	28697	31107	8.4
大亚湾区	28035	30895	34382	38061	41990	46315	50002	53352	6.7
仲恺区	27571	30356	33350	36919	40671	44942	48291	52492	8.7

惠州统计年鉴 2022

HUIZHOU STATISTICAL YEARBOOK

三、基本单位

3-1 法人和产业活动单位数

单位：个

名　　称	2017年		2018年		2019年	
	法人单位数	产业单位数	法人单位数	产业单位数	法人单位数	产业单位数
总　计	**95075**	**108191**	**114963**	**127975**	**130028**	**142090**
一、按地区分						
惠城区	30609	35961	37633	41708	42973	46804
惠阳区	16458	17735	18178	20337	21226	24128
惠东县	17090	19114	16569	18087	18011	19456
博罗县	15516	17658	17208	19516	18785	20869
龙门县	3511	4677	5605	6580	6309	7263
大亚湾区	4938	5619	7994	9080	9627	9759
仲恺区	6953	7427	11776	12667	13097	13811
二、按注册类型分						
内资企业	90799	103358	110853	123473	125373	137032
国有企业	3476	6809	3230	5322	3336	5400
集体企业	1497	2884	7933	8639	7960	8609
股份合作企业	154	281	59	88	72	106
联营企业	161	262	102	157	112	164
有限责任公司	13899	15357	15859	18519	17143	19573
股份有限公司	657	1561	1348	2563	1220	2381
私营企业	57401	61500	75764	81397	87677	92707
其他企业	13554	14704	6558	6788	7853	8092
港、澳、台商投资企业	3442	3609	3514	3630	3976	4105
合资经营企业(港或澳、台资)	312	350	240	263	277	302
合作经营企业(港或澳、台资)	137	148	70	78	81	89
港、澳、台商独资经营企业	2900	3011	3098	3173	3504	3591
港、澳、台商投资股份有限公司	63	68	56	60	65	69
其他港、澳、台商投资	30	32	50	56	49	54

注：本表惠城区数据不包含仲恺区数据。

3-1 续表1

单位：个

名　　称	2017年		2018年		2019年	
	法人单位数	产业单位数	法人单位数	产业单位数	法人单位数	产业单位数
外商投资企业	834	1224	596	873	679	953
中外合资经营企业	129	173	90	156	109	167
中外合作经营企业	35	38	18	19	22	22
外资企业	583	902	425	598	477	661
外商投资股份有限公司	63	79	21	44	27	47
其他外商投资	24	32	42	56	44	56
三、按行业分						
农、林、牧、渔业	2756	2838	281	303	2532	2573
采矿业	211	223	143	152	171	179
制造业	20165	20438	22523	22814	24131	24349
电力、燃气及水的生产和供应业	476	648	506	642	539	672
建筑业	7139	7907	10432	11059	12156	12709
批发和零售业	22288	26027	22091	26105	26039	29618
交通运输、仓储和邮政业	1649	2146	2031	2519	2251	2719
住宿和餐饮业	1629	1888	2452	2853	2599	2966
信息传输、软件和信息技术服务业	2071	2538	3892	4403	4298	4775
金融业	430	1541	315	1478	367	1506
房地产业	8315	9156	10807	12207	12656	13933
租赁和商务服务业	16388	17329	22408	23512	24333	25405
科学研究和技术服务业	1912	2377	4309	4897	4658	5200
水利、环境和公共设施管理业	631	796	667	783	802	912
居民服务、修理和其他服务业	1480	1601	2550	2705	2710	2846
教育	2176	2589	2886	3214	2969	3269
卫生和社会工作	495	1707	697	1228	701	1228
文化、体育和娱乐业	1196	1348	2105	2242	2192	2321
公共管理、社会保障和社会组织	3668	5094	3868	4859	3924	4910

3-1　续表2

单位：个

名　　称	2020年		2021年	
	法人单位数	产业单位数	法人单位数	产业单位数
总　计	**145687**	**158515**	**185855**	**199090**
一、按地区分				
惠城区	46355	50292	59354	63725
惠阳区	23890	25957	32204	34234
惠东县	21357	22850	26923	28575
博罗县	21994	24278	26860	28645
龙门县	6627	7562	7396	8351
大亚湾区	11250	12455	18434	20010
仲恺区	14214	15121	14684	15550
二、按注册类型分				
内资企业	140917	153313	181109	193890
国有企业	3403	5499	3300	4856
集体企业	7968	8625	9419	9979
股份合作企业	114	150	126	158
联营企业	127	176	128	165
有限责任公司	19284	21852	30776	33748
股份有限公司	1584	2762	1637	2808
私营企业	99918	105455	128527	134798
其他企业	8519	8794	7196	7378
港、澳、台商投资企业	4070	4206	4038	4185
合资经营企业(港或澳、台资)	284	312	292	320
合作经营企业(港或澳、台资)	84	91	81	89
港、澳、台商独资经营企业	3576	3670	3524	3627
港、澳、台商投资股份有限公司	72	75	78	82
其他港、澳、台商投资	54	58	63	67

3-1 续表3

单位：个

名　　称	2020年		2021年	
	法人单位数	产业单位数	法人单位数	产业单位数
外商投资企业	700	996	708	1015
中外合资经营企业	114	178	122	184
中外合作经营企业	17	17	14	14
外资企业	494	694	494	700
外商投资股份有限公司	31	54	31	59
其他外商投资	44	53	47	58
三、按行业分				
农、林、牧、渔业	2700	2742	3137	3179
采矿业	192	201	221	232
制造业	27478	27789	33037	33401
电力、燃气及水的生产和供应业	566	705	622	736
建筑业	13984	14694	18631	19532
批发和零售业	30277	34068	43733	47805
交通运输、仓储和邮政业	2575	3035	3395	3837
住宿和餐饮业	3052	3457	4131	4618
信息传输、软件和信息技术服务业	4652	5135	6145	6662
金融业	364	1494	400	1535
房地产业	13705	15065	16183	17691
租赁和商务服务业	25913	27078	29279	30494
科学研究和技术服务业	5624	6228	9889	10583
水利、环境和公共设施管理业	987	1099	1410	1518
居民服务、修理和其他服务业	2990	3122	3779	3938
教育	3294	3603	3615	3899
卫生和社会工作	791	1333	881	1269
文化、体育和娱乐业	2378	2509	3459	3596
公共管理、社会保障和社会组织	4165	5158	3908	4565

3-2 全市法人单位及从业人数

单位：个、人

名称	2017年		2018年		2019年	
	单位数	从业人员	单位数	从业人员	单位数	从业人员
总　计	**95075**	**2257608**	**114963**	**2003493**	**130028**	**2139021**
一、按地区分						
惠城区	30609	739756	37633	582269	42973	504066
惠阳区	16458	556627	18178	422171	21226	394534
惠东县	17090	280686	16569	238131	18011	251895
博罗县	15516	460864	17208	309855	18785	348753
龙门县	3511	57184	5605	52403	6309	56503
大亚湾区	4938	52603	7994	139885	9627	204591
仲恺区	6953	109888	11776	258779	13097	378679
二、按行业分						
农、林、牧、渔业	2756	28059	281	1076	2532	21122
采矿业	211	4409	143	2147	171	2639
制造业	20165	1384180	22523	1121557	24131	1211617
电力、燃气及水的生产和供应业	476	14574	506	20825	539	13529
建筑业	7139	76438	10432	90988	12156	100840
批发和零售业	22288	173902	22091	132338	26039	156576
交通运输、仓储和邮政业	1649	36549	2031	38059	2251	40086
住宿和餐饮业	1629	41951	2452	35234	2599	37410
信息传输、软件和信息技术服务业	2071	19029	3892	23017	4298	25067
金融业	430	26996	315	55785	367	21445
房地产业	8315	97166	10807	94058	12656	109336
租赁和商务服务业	16388	98568	22408	96201	24333	113980
科学研究和技术服务业	1912	22057	4309	28910	4658	31661
水利、环境和公共设施管理业	631	10924	667	11202	802	11593
居民服务、修理和其他服务业	1480	14688	2550	16185	2710	18028
教育	2176	80201	2886	96301	2969	98639
卫生和社会工作	495	28719	697	37028	701	34675
文化、体育和娱乐业	1196	14729	2105	13183	2192	15110
公共管理、社会保障和社会组织	3668	84469	3868	89399	3924	75668

注：本表惠城区数据不包含仲恺区数据。

3-2 续表

单位：个、人

名　　称	2020年		2021年	
	单位数	从业人员	单位数	从业人员
总　计	**145687**	**2279650**	**185855**	**2505135**
一、按地区分				
惠城区	46355	531869	59354	585092
惠阳区	23890	432841	32204	457634
惠东县	21357	269342	26923	295447
博罗县	21994	381264	26860	425576
龙门县	6627	54742	7396	61255
大亚湾区	11250	213563	18434	235039
仲恺区	14214	396029	14684	445092
二、按行业分				
农、林、牧、渔业	2700	21288	3137	22600
采矿业	192	2919	221	2826
制造业	27478	1285350	33037	1359523
电力、燃气及水的生产和供应业	566	13978	622	14512
建筑业	13984	112832	18631	148979
批发和零售业	30277	175695	43733	214104
交通运输、仓储和邮政业	2575	42320	3395	48803
住宿和餐饮业	3052	39145	4131	46953
信息传输、软件和信息技术服务业	4652	27115	6145	30712
金融业	364	23255	400	23456
房地产业	13705	111675	16183	124120
租赁和商务服务业	25913	140063	29279	159114
科学研究和技术服务业	5624	35864	9889	49004
水利、环境和公共设施管理业	987	14968	1410	15389
居民服务、修理和其他服务业	2990	19229	3779	23958
教育	3294	98729	3615	105376
卫生和社会工作	791	33176	881	33566
文化、体育和娱乐业	2378	15614	3459	18429
公共管理、社会保障和社会组织	4165	66435	3908	63711

3-3 全市企业法人单位及从业人数

单位：个、人

名　　称	2017年		2018年		2019年	
	单位数	从业人员	单位数	从业人员	单位数	从业人员
总　计	**79676**	**2007313**	**97107**	**1743914**	**111147**	**1880667**
一、按地区分						
惠城区	26756	659354	34171	484754	39339	425704
惠阳区	14382	523523	16060	377706	18996	362500
惠东县	13041	235870	12173	186504	13364	197530
博罗县	12297	406771	13550	265710	14883	303519
龙门县	2699	40738	2698	30576	3188	33330
大亚湾区	4394	42801	7570	139885	9188	194517
仲恺区	6107	98256	10885	258779	12189	363567
二、按行业分						
农、林、牧、渔业	1720	17607	149	687	1420	11400
采矿业	211	4409	143	2147	171	2639
制造业	20156	1384092	22507	1121433	24115	1211472
电力、燃气及水的生产和供应业	471	14366	498	20728	534	13441
建筑业	7139	76438	10432	90988	12156	100840
批发和零售业	22159	172048	21503	125492	25457	149671
交通运输、仓储和邮政业	1616	35144	1999	36991	2221	39069
住宿和餐饮业	1620	41481	2447	35203	2594	37379
信息传输、软件和信息技术服务业	2061	18397	3870	22569	4275	24687
金融业	428	26671	314	55511	366	21171
房地产业	8280	96493	10783	93207	12633	108692
租赁和商务服务业	8535	61024	12232	66964	14181	82818
科学研究和技术服务业	1645	17298	4037	25397	4381	27702
水利、环境和公共设施管理业	516	7331	550	8520	678	8041
居民服务、修理和其他服务业	1455	13970	2507	15745	2671	17497
教育	472	4362	947	5662	1012	6231
卫生和社会工作	123	4413	235	4962	243	4981
文化、体育和娱乐业	1069	11769	1954	11708	2039	12936

注：本表惠城区数据不包含仲恺区数据。

3-3 续表

单位：个、人

名　　称	2020年		2021年	
	单位数	从业人员	单位数	从业人员
总　计	**126235**	**2035925**	**167431**	**2267042**
一、按地区分				
惠城区	42478	457932	55505	511617
惠阳区	21599	405512	30157	431508
惠东县	16663	215464	22223	242918
博罗县	18002	340747	23169	386162
龙门县	3488	32146	4177	38156
大亚湾区	10784	203496	18022	225172
仲恺区	13221	380628	14178	431509
二、按行业分				
农、林、牧、渔业	1586	11730	1884	12668
采矿业	192	2919	221	2826
制造业	27460	1285159	33007	1359250
电力、燃气及水的生产和供应业	561	13890	618	14425
建筑业	13984	112832	18631	148979
批发和零售业	29711	169317	43154	207773
交通运输、仓储和邮政业	2545	41783	3368	48305
住宿和餐饮业	3047	39114	4127	46921
信息传输、软件和信息技术服务业	4629	26735	6123	30331
金融业	363	22981	399	23182
房地产业	13682	111371	16164	123830
租赁和商务服务业	15732	108829	19941	130618
科学研究和技术服务业	5339	32008	9604	44757
水利、环境和公共设施管理业	864	11659	1290	12176
居民服务、修理和其他服务业	2950	18709	3743	23462
教育	1111	7660	1454	14300
卫生和社会工作	284	6030	422	7245
文化、体育和娱乐业	2195	13199	3281	15994

3-4 全市机关和事业单位及从业人数

单位：个、人

名　称	2017年		2018年		2019年	
	单位数	从业人员	单位数	从业人员	单位数	从业人员
总　计	**2870**	**141093**	**2967**	**162412**	**2975**	**150156**
一、按地区分						
惠城区	841	47379	711	51421	731	49599
惠阳区	276	18371	298	19861	292	17115
惠东县	672	23632	858	31016	859	30774
博罗县	412	26496	413	26978	419	24562
龙门县	321	11875	370	13140	357	12445
大亚湾区	207	7147	161	8244	162	7140
仲恺区	141	6193	156	11752	155	8521
二、按行业分						
农、林、牧、渔业	42	761	21	81	31	749
电力、燃气及水的生产和供应业	2	162	9	99	5	88
交通运输、仓储和邮政业	32	1402	31	1066	28	1012
住宿和餐饮业	2	299				
信息传输、软件和信息技术服务业	10	632	18	439	18	351
金融业	1	263			1	274
房地产业	29	632	15	821	15	614
租赁和商务服务业	79	1778	117	1005	117	1622
科学研究和技术服务业	215	4190	220	3282	220	3675
水利、环境和公共设施管理业	112	3549	115	2674	122	3544
居民服务、修理和其他服务业	11	351	12	270	12	314
教育	781	43388	745	45815	747	47622
卫生和社会工作	216	21994	256	29044	251	26785
文化、体育和娱乐业	76	2099	88	1164	86	1837
公共管理、社会保障和社会组织	1262	59593	1320	76652	1322	61669

注：本表惠城区数据不包含仲恺区数据。

3-4 续表

单位：个、人

名　　称	2020年		2021年	
	单位数	从业人员	单位数	从业人员
总　计	**2991**	**131405**	**2836**	**128358**
一、按地区分				
惠城区	721	43646	707	42987
惠阳区	302	12390	282	11933
惠东县	871	29779	843	28495
博罗县	423	19299	348	18942
龙门县	356	11679	355	11679
大亚湾区	163	6764	158	6702
仲恺区	155	7848	143	7620
二、按行业分				
农、林、牧、渔业	32	760	29	754
电力、燃气及水的生产和供应业	5	88	4	87
交通运输、仓储和邮政业	28	532	24	493
住宿和餐饮业				
信息传输、软件和信息技术服务业	18	351	16	348
金融业	1	274	1	274
房地产业	13	269	11	252
租赁和商务服务业	119	1508	109	1257
科学研究和技术服务业	220	3512	215	3842
水利、环境和公共设施管理业	120	3291	115	3192
居民服务、修理和其他服务业	11	297	11	297
教育	746	44255	740	44244
卫生和社会工作	252	23881	234	23095
文化、体育和娱乐业	87	1834	81	1833
公共管理、社会保障和社会组织	1339	50553	1246	48390

3-5　各县区法人单位综合情况

(2021年)　　单位：个

指标名称	全市	惠城区	惠阳区	惠东县	博罗县	龙门县	大亚湾区	仲恺区
合　计	**185855**	**59354**	**32204**	**26923**	**26860**	**7396**	**18434**	**14684**
一、按注册类型分								
内资	181109	58474	31372	25848	26137	7088	18207	13983
国有	3300	888	354	892	401	404	208	153
集体	9419	1488	1039	2542	2078	2180	62	30
股份合作	126	65	13	10	20	4	9	5
联营	128	42	18	16	25	10	11	6
有限责任公司	30776	15485	2624	2336	5295	679	2395	1962
股份有限公司	1637	667	149	117	357	26	219	102
私营	128527	37958	26262	18319	16420	3038	15126	11404
其他内资	7196	1881	913	1616	1541	747	177	321
港澳台商投资	4038	693	709	1047	583	295	156	555
与港澳台商合资经营	292	67	55	35	47	12	19	57
与港澳台商合作经营	81	21	11	18	9	12	3	7
港澳台商独资	3524	582	615	973	499	262	127	466
港澳台商投资股份有限公司	78	8	20	16	18	2	5	9
其他港、澳、台商投资	63	15	8	5	10	7	2	16
外商投资	708	187	123	28	140	13	71	146
中外合资经营	122	32	17		23	1	25	24
中外合作经营	14	5		1	1	2	2	3
外资企业	494	125	94	23	101	7	41	103
外商投资股份有限公司	31	8	7	2	6		3	5
其他外商投资	47	17	5	2	9	3		11
二、按机构类型分								
企业	167431	55505	30157	22223	23169	4177	18022	14178
事业单位	2254	548	220	706	273	289	103	115
机关	582	159	62	137	75	66	55	28
社会团体	1259	522	108	193	160	127	62	87

3-5 续表

(2021年) 单位：个

指标名称	全市	惠城区	惠阳区	惠东县	博罗县	龙门县	大亚湾区	仲恺区
民办非企业单位	1842	913	235	167	240	52	60	175
基金会	14	7	1		2	3		1
居委会	229	68	27	44	45	24	7	14
村委会	1041	134	110	247	328	156	32	34
农民专业合作社	2155	125	289	684	578	395	42	42
农村集体经济组织	8770	1267	973	2442	1956	2089	39	4
其他组织机构	278	106	22	80	34	18	12	6
三、按行业分								
农、林、牧、渔业	3137	412	312	747	933	555	60	118
采矿业	221	34	22	46	36	71	6	6
制造业	33037	5255	9216	2884	8953	624	844	5261
电力、热力、燃气及水生产和供应业	622	104	41	187	100	120	32	38
建筑业	18631	6963	3193	1770	2123	487	2941	1154
批发和零售业	43733	15877	6519	9062	4486	833	4089	2867
交通运输、仓储和邮政业	3395	1199	446	248	496	150	467	389
住宿和餐饮业	4131	1227	538	1160	429	203	361	213
信息传输、软件和信息技术服务业	6145	3302	701	629	283	112	595	523
金融业	400	242	28	28	34	6	18	44
房地产业	16183	4750	3303	1665	1949	356	3122	1038
租赁和商务服务业	29279	10486	3677	4524	3712	2769	2656	1455
科学研究和技术服务业	9889	3091	1795	1148	1010	188	1977	680
水利、环境和公共设施管理业	1410	533	198	180	235	65	137	62
居民服务、修理和其他服务业	3779	1658	566	514	414	90	353	184
教育	3615	1500	556	571	448	122	171	247
卫生和社会工作	881	338	108	161	136	53	53	32
文化、体育和娱乐业	3459	1327	645	453	382	112	360	180
公共管理、社会保障和社会组织	3908	1056	340	946	701	480	192	193

四、人口

4-1 人口主要指标

(2021年)

指标名称	单位	全市	惠城区	惠阳区	惠东县	博罗县	龙门县	大亚湾区	仲恺区
常住人口	(万人)	606.60	156.51	96.69	101.96	121.20	31.94	44.82	53.48
城镇人口比例	(%)	72.90	84.66	74.50	63.03	58.95	45.82	97.00	82.00
人口密度	(人/平方公里)	535	1353	1056	289	425	141	1530	1616
户籍人口情况									
年末总户数	(万户)	116.30	32.81	14.08	19.96	27.30	10.49	5.97	5.69
年末总人口	(万人)	405.91	106.30	43.56	90.80	95.09	35.83	17.27	17.06
男	(万人)	202.62	52.14	21.42	46.62	47.86	18.39	7.99	8.20
女	(万人)	203.29	54.16	22.14	44.19	47.22	17.44	9.28	8.85
城镇人口	(万人)	232.98	81.16	26.89	32.92	49.47	14.64	16.62	11.27
乡村人口	(万人)	172.93	25.14	16.67	57.89	45.61	21.20	0.65	5.79
人口变动情况									
年内出生人数	(万人)	4.81	1.30	0.56	1.10	1.04	0.29	0.26	0.27
年内死亡人数	(万人)	1.46	0.28	0.11	0.41	0.40	0.16	0.03	0.05
年内迁入人数	(万人)	10.79	4.02	1.15	0.81	1.86	0.15	1.63	1.18
年内迁出人数	(万人)	5.76	2.23	0.35	1.13	1.10	0.28	0.22	0.46
2021年平均人口	(万人)	401.83	104.90	42.95	90.62	94.39	35.83	16.55	16.59
出生率	(‰)	9.40	9.29	9.51	10.13	8.64	7.83	12.34	9.31
死亡率	(‰)	3.16	2.25	2.91	3.49	4.50	6.38	1.48	1.17
自然增长率	(‰)	6.24	7.04	6.60	6.64	4.14	1.45	10.86	8.14

注：本表数据由公安、卫计等部门协助提供。

4-2 历年户籍总人口

单位：万人

年 份	总人口	按性别分		按城镇、乡村分		人口密度
		男	女	城镇人口	乡村人口	(人/平方公里)
1996	260.08	132.22	127.86	85.23	174.85	244
1997	266.53	135.43	131.10	89.80	176.73	253
1998	270.00	137.34	132.66	92.81	177.19	261
1999	271.82	138.47	133.35	94.18	177.64	270
2000	277.80	141.60	136.20	98.40	179.40	279
2001	280.45	142.96	137.49	100.57	179.88	289
2002	283.02	144.29	138.73	109.02	174.00	299
2003	286.36	146.14	140.22	111.86	174.50	307
2004	293.22	149.88	143.34	114.27	178.95	315
2005	297.58	152.29	145.29	166.53	131.05	323
2006	306.41	156.54	149.87	170.86	135.55	334
2007	312.89	195.98	153.31	183.35	129.54	348
2008	318.83	162.49	156.34	186.17	132.67	362
2009	324.36	165.09	159.27	187.07	137.29	376
2010	337.28	171.36	165.92	199.02	138.26	395
2011	343.03	173.98	169.05	203.50	139.53	408
2012	341.91	173.41	168.50	203.91	138.00	412
2013	343.37	174.26	169.11	204.45	138.92	414
2014	348.52	176.77	171.75	207.62	140.90	417
2015	357.07	180.97	176.10	177.87	179.21	419
2016	364.31	184.28	180.03	196.73	167.58	421
2017	369.24	186.35	182.89	206.30	162.93	421
2018	380.90	191.54	189.37	217.99	162.91	426
2019	389.74	195.71	194.03	228.15	161.59	430
2020	397.76	199.12	198.64	234.24	163.52	534
2021	405.91	202.62	203.29	232.98	172.93	535

注：1．本表数据按公安年报整理，人口密度为常住人口密度；
2．2015年(含)起，“按农业、非农业分”改为“按城镇、乡村分”。

4-3 暂住人口及分类情况

(2021年) 单位：人

指标名称	全市	惠城区	惠阳区	惠东县	博罗县	龙门县	大亚湾区	仲恺区
暂住人口	2121939	513803	444172	122665	323834	9620	422123	285722
#男	1322731	317331	277214	75860	206609	6649	250560	188508
女	799208	196472	166958	46805	117225	2971	171563	97214
#省内	662188	216822	114094	56341	86557	4360	89213	94801
#乡村	335786	126683	62648	33380	40914	2754	27668	41739
城镇	326402	90139	51446	22961	45643	1606	61545	53062
#省外	1459751	296981	330078	66324	237277	5260	332910	190921
#乡村	734685	189402	195653	37378	138789	3631	68837	100995
城镇	725066	107579	134425	28946	98488	1629	264073	89926
#务　工	1640373	383227	353391	68512	212890	6727	376024	239602
录(聘)用	16905	3486	5255	280	1008	137	1595	5144
投资经商	47447	11457	21847	2078	3921	580	2239	5325
务　农	13100	2526	3907	1575	2858	475	746	1013
服　务	13316	1862	8970	147	330	127	1428	452
就　读	231903	59749	22519	42985	83422	165	7088	15975
随迁学龄前子女	10866	2077	6320	144	825	60	894	546
治病疗养	952	334	221	40	26	253	37	41
投靠亲属	44845	17925	9515	1013	2434	230	3295	10433
探亲访友	5740	2003	402	1475	102	59	181	1518
其　他	96492	29157	11825	4416	16018	807	28596	5673

注：本表数据按公安年报整理。

4-4 分县区户籍人口迁移状况

(2021年) 单位：万人、‰

县（区）	迁入		迁出		总迁移		净迁移	
	迁入人数	迁入率	迁出人数	迁出率	总迁移人数	总迁移率	净迁移人数	净迁移率
全市	10.79	26.85	5.76	14.32	16.54	41.17	5.03	12.53
惠城区	4.02	38.29	2.23	21.27	6.25	59.56	1.78	17.01
惠阳区	1.15	26.78	0.35	8.09	1.50	34.87	0.80	18.69
惠东县	0.81	8.97	1.13	12.44	1.94	21.41	-0.31	-3.46
博罗县	1.86	19.66	1.10	11.61	2.95	31.27	0.76	8.05
龙门县	0.15	4.07	0.28	7.69	0.42	11.76	-0.13	-3.63
大亚湾区	1.63	98.32	0.22	13.06	1.84	111.39	1.41	85.26
仲恺区	1.18	71.13	0.46	27.82	1.64	98.95	0.72	43.32

注：本表数据按公安年报整理。

4–5　历年户籍人口迁移状况

单位：人、‰

年 份	迁 入		迁 出		总 迁 移		净 迁 移	
	迁入人数	迁入率	迁出人数	迁出率	总迁移人数	总迁移率	净迁移人数	净迁移率
1992	45349	19.20	25564	10.83	70913	30.03	19785	8.37
1993	70576	29.10	37589	15.50	108165	44.60	32987	13.60
1994	77142	31.05	52754	21.23	129896	52.28	24388	9.82
1995	63156	24.91	44926	17.72	108082	42.63	18230	7.19
1996	50509	19.58	39017	15.12	89526	34.70	11492	4.46
1997	74632	28.34	40192	15.26	114824	43.60	34440	13.08
1998	54263	20.23	43523	16.22	97786	36.45	10740	4.00
1999	38644	14.26	38877	14.35	77521	28.61	-233	-0.09
2000	73196	26.60	46168	16.80	119364	43.40	27028	9.80
2001	47139	16.90	37468	13.40	84787	30.20	9851	3.50
2002	45066	16.00	33480	11.88	78546	27.88	1390	0.49
2003	59182	20.97	41189	14.60	100371	35.57	17993	6.38
2004	61825	21.33	35503	12.25	97328	33.59	26322	9.08
2005	82839	28.04	56816	19.23	2033	47.28	1977	8.81
2006	136490	45.20	74329	24.61	210819	69.81	62161	20.58
2007	91349	29.50	45573	14.72	136922	44.22	45776	14.78
2008	86255	27.30	47227	14.95	133482	42.26	39028	12.35
2009	74641	23.21	45844	14.26	120485	37.46	28797	8.95
2010	70238	21.23	34799	10.52	105037	31.75	35439	10.71
2011	78544	23.09	47037	13.83	125581	36.92	31507	9.26
2012	57072	16.66	63809	18.63	120881	35.30	-6737	-1.97
2013	59128	17.26	80501	23.49	139629	40.75	-21373	-6.24
2014	61612	17.81	38854	11.23	100466	29.04	22758	6.58
2015	44176	12.52	36654	10.39	80830	22.91	7522	2.13
2016	63426	17.58	42466	11.78	105892	29.36	20960	5.80
2017	72481	19.77	51843	14.12	124324	33.89	20638	5.65
2018	118698	31.65	51799	13.81	170497	45.46	66899	17.84
2019	93758	24.33	50847	13.19	144605	37.52	42911	11.14
2020	100331	25.48	52715	13.39	153046	38.87	47616	12.09
2021	107883	26.85	57553	14.32	165436	41.17	50330	12.53

注：本表数据按公安年报整理。

4-6 历年常住人口

单位：万人

年 份	全市	惠城区	惠阳区	惠东县	博罗县	龙门县	大亚湾区	仲恺区
1992	247.02	32.44	56.53	61.61	68.35	28.09		
1993	255.31	35.05	55.43	62.83	69.74	27.70	4.56	
1994	263.87	37.85	58.45	64.16	71.00	27.78	4.63	
1995	272.72	40.84	61.58	65.41	72.45	27.47	4.97	
1996	281.87	44.04	64.84	66.64	73.48	27.53	5.34	
1997	291.32	47.46	68.23	67.84	74.67	27.37	5.75	
1998	301.09	51.12	71.76	69.03	75.83	27.19	6.16	
1999	311.19	55.01	75.41	70.19	76.96	27.01	6.61	
2000	321.80	59.31	79.24	71.31	78.05	26.80	7.09	
2001	334.77	60.95	82.28	73.71	81.66	28.00	8.17	
2002	343.41	61.18	86.55	74.98	83.29	28.15	9.26	
2003	352.27	99.06	51.30	76.64	85.08	29.66	10.53	
2004	363.18	101.09	52.79	78.47	88.16	30.66	12.01	
2005	370.69	76.49	53.77	79.51	90.42	31.38	13.56	25.56
2006	387.51	82.48	54.67	83.81	92.50	31.70	14.56	27.79
2007	402.86	89.47	55.55	84.97	95.10	31.90	15.63	30.23
2008	418.65	97.22	56.09	86.28	97.36	31.71	16.65	33.35
2009	435.08	105.79	56.35	87.31	99.45	31.38	17.64	37.16
2010	460.11	116.58	57.28	90.78	103.91	30.73	19.27	41.56
2011	482.11	125.04	62.61	92.00	105.94	30.94	21.47	44.21
2012	503.44	132.75	68.03	93.43	107.93	31.22	23.55	46.53
2013	521.06	138.46	72.35	94.61	109.69	31.51	25.80	48.64
2014	537.66	143.53	76.49	95.66	111.60	31.64	28.20	50.54
2015	550.41	147.13	79.96	96.71	113.47	31.67	30.04	51.43
2016	562.73	149.91	83.43	97.90	115.34	31.75	32.09	52.31
2017	572.22	152.01	86.48	98.42	116.48	31.77	34.25	52.81
2018	584.72	153.56	90.40	99.48	118.24	31.79	38.31	52.94
2019	597.23	155.61	93.95	100.97	119.92	31.91	41.51	53.36
2020	605.72	156.26	96.55	101.81	121.09	31.92	44.71	53.38
2021	606.60	156.51	96.69	101.96	121.20	31.94	44.82	53.48

注：本表常住人口数为统计部门推算数，2006—2009年数据根据第六次全国人口普查结果进行平滑修正，2011—2019年数据根据第七次全国人口普查结果进行平滑修正。

4-7 历年暂住人口

单位：万人

年 份	全市	惠城区	惠阳区	惠东县	博罗县	龙门县	大亚湾区	仲恺区
1999	37.24	12.28	14.60	4.75	3.89	0.32	1.39	—
2000	46.72	13.10	19.85	5.53	6.20	0.47	1.57	—
2001	53.28	14.69	22.01	7.21	7.10	0.58	1.68	—
2002	50.71	12.26	22.75	7.03	7.22	0.49	0.97	—
2003	54.47	12.61	23.34	6.22	8.97	0.57	2.77	—
2004	68.35	28.18	15.85	7.39	10.74	0.62	5.57	—
2005	71.76	25.24	17.74	7.35	17.08	0.61	3.75	—
2006	72.61	22.90	17.45	15.11	11.73	0.51	4.91	—
2007	79.62	23.06	19.07	16.44	14.62	0.34	6.10	—
2008	76.03	24.24	12.12	17.02	14.18	0.39	8.07	—
2009	53.87	16.09	10.66	12.21	8.49	0.24	6.18	—
2010	49.22	16.49	9.56	10.07	6.52	0.39	6.19	—
2011	48.74	13.72	16.26	6.74	5.19	0.37	6.46	—
2012	82.92	30.38	11.60	13.34	12.03	0.39	6.53	8.66
2013	94.77	37.96	11.80	11.34	13.27	0.33	11.41	8.66
2014	89.92	33.85	12.07	9.30	13.59	0.38	11.71	9.03
2015	89.95	30.01	11.89	12.84	14.02	0.37	13.45	7.37
2016	157.06	37.96	30.03	17.31	28.10	0.52	25.38	17.76
2017	200.74	39.20	43.48	21.29	34.44	0.60	29.98	31.76
2018	204.58	37.97	48.98	19.78	30.60	0.72	33.77	32.77
2019	221.98	43.74	47.71	22.70	36.80	0.86	35.44	34.72
2020	203.17	46.61	47.60	11.17	28.50	1.22	39.50	28.56
2021	212.19	51.38	44.42	12.27	32.38	0.96	42.21	28.57

注：本表数据按公安年报整理。

4-8 历年总户数(户籍)

单位：万户

年　份	全市	惠城区	惠阳区	惠东县	博罗县	龙门县	大亚湾区	仲恺区
2001	70.58	11.32	15.76	14.89	17.93	8.67	2.00	—
2002	71.80	11.81	16.22	14.96	18.13	8.66	2.04	—
2003	73.83	18.96	10.87	15.27	17.82	8.84	2.07	—
2004	76.86	19.81	11.78	16.63	18.03	8.98	1.64	—
2005	79.04	20.98	11.43	17.12	18.26	8.94	2.31	—
2006	81.44	21.96	11.63	17.96	18.42	9.11	2.36	—
2007	84.36	23.41	12.22	18.38	18.75	9.21	2.39	—
2008	87.06	24.47	12.70	18.85	19.15	9.43	2.46	—
2009	90.19	21.97	13.35	19.33	19.92	9.59	2.54	3.48
2010	94.57	22.66	15.10	19.75	20.73	10.01	2.73	3.59
2011	95.60	22.40	14.90	20.00	21.70	10.40	2.80	3.30
2012	97.80	24.50	14.49	19.86	21.84	11.15	2.60	3.37
2013	96.56	24.84	12.94	19.70	22.49	10.50	2.65	3.44
2014	98.51	25.72	12.82	19.77	23.20	10.74	2.67	3.59
2015	98.82	26.36	12.60	19.53	23.48	10.47	2.72	3.65
2016	100.78	27.26	12.70	19.70	23.93	10.53	2.84	3.82
2017	101.80	28.02	12.63	19.49	24.38	10.42	2.97	3.91
2018	105.74	29.50	13.00	19.58	24.90	10.45	3.92	4.39
2019	108.85	30.56	13.20	19.72	25.56	10.40	4.75	4.66
2020	111.49	31.48	13.40	19.63	26.28	10.33	5.37	5.00
2021	116.30	32.81	14.08	19.96	27.30	10.49	5.97	5.69

注：2011年惠城区、仲恺区区域人口进行调整，不可比；表中“—”表示仲恺区数据包含在惠城区内，下同。

4-9 历年人口自然增长

单位：‰

年 份	全市	惠城区	惠阳区	惠东县	博罗县	龙门县	大亚湾区	仲恺区
2001	5.39	7.60	3.77	5.68	5.70	4.13	5.76	—
2002	4.89	6.24	3.46	4.92	5.46	4.19	4.98	—
2003	5.08	5.30	4.69	4.66	5.71	4.39	5.14	—
2004	5.88	5.33	3.96	6.92	6.89	4.65	4.81	—
2005	5.36	6.08	4.97	4.43	6.17	4.38	4.94	—
2006	5.55	5.98	5.56	4.40	6.29	5.29	6.05	—
2007	5.58	6.48	5.15	4.57	6.05	5.02	6.07	—
2008	6.04	6.62	5.86	4.97	6.65	5.82	6.37	—
2009	6.35	6.84	6.51	5.34	6.77	6.31	6.44	—
2010	6.99	7.56	7.35	5.84	7.41	6.82	7.62	7.24
2011	6.77	7.44	6.88	5.58	7.12	6.41	7.85	8.02
2012	6.83	7.67	6.63	5.66	7.63	5.36	8.01	8.12
2013	6.93	7.13	6.88	6.04	7.89	5.69	8.47	8.08
2014	6.71	7.73	7.18	5.84	6.03	5.02	6.95	8.28
2015	6.08	7.05	6.28	5.06	5.60	3.54	7.70	7.81
2016	9.49	10.03	10.75	8.53	8.63	7.56	12.31	10.84
2017	10.45	12.39	11.87	8.57	8.68	7.72	14.04	11.50
2018	10.66	11.88	11.54	10.30	8.33	6.48	17.39	12.11
2019	10.09	11.29	10.44	10.27	7.95	4.89	16.56	11.38
2020								
2021	6.24	7.04	6.60	6.64	4.14	1.45	10.86	8.14

注：1．本表数据按卫计年报整理；
2．2014年之前，本表数据为“户籍人口自然增长”；2014年(含)起，为“常住人口自然增长”。

4-10 分县区城镇人口占常住人口的比例

单位：%

年 份	全市	惠城区	惠阳区	惠东县	博罗县	龙门县	大亚湾区	仲恺区
2011	62.24	77.09	71.39	52.10	45.46	29.61	89.89	79.37
2012	62.39	77.10	71.41	52.11	45.47	29.66	89.94	79.39
2013	62.81	77.11	71.42	52.12	45.48	29.67	89.96	79.40
2014	63.23	77.12	71.43	52.13	45.57	29.68	90.00	79.42
2015	64.41	77.65	72.36	53.05	46.76	30.47	90.28	80.23
2016	65.08	78.12	72.59	53.53	47.69	31.40	90.37	80.58
2017	65.67	78.30	72.86	54.14	48.48	31.92	90.74	81.03
2018	67.61	80.28	73.65	55.93	51.17	33.97	92.72	81.26
2019	69.61	81.31	73.86	58.69	54.26	39.58	94.89	81.45
2020	72.80	84.62	74.41	62.90	58.85	45.80	96.95	82.00
2021	72.90	84.66	74.50	63.03	58.95	45.82	97.00	82.00

注：本表为统计部门推算数，2010—2019年数据根据第七次全国人口普查结果进行平滑修正。

惠州统计年鉴 2022

HUIZHOU STATISTICAL YEARBOOK

五、劳动工资

5-1 分县区单位从业人员及劳动报酬

(2021年)

项　目	单位	全市	惠城区	惠阳区	惠东县	博罗县	龙门县	大亚湾	仲恺区
单位从业人员	**（人）**	**1054069**	**256120**	**189624**	**75163**	**183749**	**22950**	**143332**	**183132**
#女性	(人)	453731	125518	74261	32302	81501	10072	58192	71885
#在岗职工	(人)	1018050	241177	187999	69571	178606	19700	139407	181591
其他从业人员	(人)	36019	14943	1625	5592	5143	3250	3925	1541
单位从业人员平均人数	**（人）**	**1066739**	**256993**	**201413**	**76275**	**184573**	**23517**	**141808**	**182159**
#在岗职工平均人数	(人)	1030286	240578	199721	70621	180401	20319	138022	180623
其他从业人员平均人数	(人)	36453	16415	1692	5654	4172	3198	3786	1536
单位从业人员工资总额	**（万元）**	**10447093**	**2809483**	**1787044**	**732540**	**1583226**	**203763**	**1506920**	**1824117**
#在岗职工工资总额		10233728	2719114	1772653	702395	1565297	193010	1476116	1805143
其他从业人员工资总额		213365	90369	14391	30146	17929	10753	30804	18974
单位从业人员平均工资	**（元）**	**97935**	**109321**	**88725**	**96039**	**85778**	**86644**	**106265**	**100139**
#在岗职工平均工资		99329	113024	88756	99460	86768	94989	106948	99940
其他从业人员平均工资		58531	55052	85054	53317	42972	33622	81362	123528

5-2 分县区单位从业人员及劳动报酬复合分组

(2021年) 单位：人

项　目	全市	惠城区	惠阳区	惠东县	博罗县	龙门县	大亚湾	仲恺区
单位从业人员人数	**1054069**	**256120**	**189624**	**75163**	**183749**	**22950**	**143332**	**183132**
按经济类型分组								
#国有经济	203281	74367	26128	41210	32502	14039	10432	4604
城镇集体经济	6979	2286	542	1226	1949	512		465
其他经济	843809	179466	162955	32727	149298	8399	132900	178063
在岗职工人数	**1018050**	**241177**	**187999**	**69571**	**178606**	**19700**	**139407**	**181591**
按经济类型分组								
#国有经济	193750	73341	25536	36551	32483	11304	9972	4563
城镇集体经济	6849	2257	439	1230	1976	475		471
其他经济	817451	165579	162024	31789	144147	7920	129435	176557
其他从业人员人数	**36019**	**14943**	**1625**	**5592**	**5143**	**3250**	**3925**	**1541**
按经济类型分组								
#国有经济	9531	1076	604	4604	49	2693	460	45
城镇集体经济	131	35	63	7		25		
其他经济	26357	13832	957	981	5094	532	3465	1496
单位从业人员平均人数	**1066739**	**256993**	**201413**	**76275**	**184573**	**23517**	**141808**	**182159**
按经济类型分组								
#国有经济	201086	73337	26232	41269	32141	13555	9961	4591
城镇集体经济	7055	2280	539	1418	1889	466		463
其他经济	858598	181375	174643	33588	150543	9497	131847	177106
在岗职工平均人数	**1030286**	**240578**	**199721**	**70621**	**180401**	**20319**	**138022**	**180623**
按经济类型分组								
#国有经济	191711	72319	25655	36634	32141	10905	9504	4552
城镇集体经济	6944	2251	437	1423	1912	453		468
其他经济	831631	166008	173630	32564	146348	8962	128518	175603
其他从业人员平均人数	**36453**	**16415**	**1692**	**5654**	**4172**	**3198**	**3786**	**1536**
按经济类型分组								
#国有经济	9375	1094	597	4549	47	2587	457	44
城镇集体经济	111	32	61	7		11		
其他经济	26967	15289	1033	1098	4126	600	3329	1492

5-2 续表

(2021年)　　单位：万元、元

项　目	全市	惠城区	惠阳区	惠东县	博罗县	龙门县	大亚湾	仲恺区
单位从业人员工资总额	**10447093**	**2809483**	**1787044**	**732540**	**1583226**	**203763**	**1506920**	**1824117**
按经济类型分组								
#国有经济	2980710	1270202	361737	508719	434540	144335	201693	59484
城镇集体经济	45689	15995	5510	7176	9170	2279		5559
其他经济	7420695	1523286	1419796	216646	1139516	57149	1305227	1759074
在岗职工工资总额	**10233728**	**2719114**	**1772653**	**702395**	**1565297**	**193010**	**1476116**	**1805143**
按经济类型分组								
#国有经济	2938606	1264660	357182	489670	434370	134716	198661	59347
城镇集体经济	45138	15959	4668	7259	9320	2281		5650
其他经济	7249984	1438495	1410802	205466	1121607	56013	1277455	1740146
其他从业人员工资总额	**213365**	**90369**	**14391**	**30146**	**17929**	**10753**	**30804**	**18974**
按经济类型分组								
#国有经济	42104	5909	4572	18698	346	9395	3026	158
城镇集体经济	551	126	395	15		15		
其他经济	170711	84334	9424	11433	17582	1343	27778	18816
单位从业人员平均工资	**97935**	**109321**	**88725**	**96039**	**85778**	**86644**	**106265**	**100139**
按经济类型分组								
#国有经济	148231	173200	137899	123270	135198	106483	202474	129569
城镇集体经济	64761	70139	102256	50600	48541	48919		120181
其他经济	86428	83985	81297	64500	75694	60178	98996	99324
在岗职工平均工资	**99329**	**113024**	**88756**	**99460**	**86768**	**94989**	**106948**	**99940**
按经济类型分组								
#国有经济	153283	174873	139226	133664	135145	123536	209022	130371
城镇集体经济	65004	70889	106916	51015	48739	50408		120671
其他经济	87178	86652	81253	63096	76640	62503	99399	99096
其他从业人员平均工资	**58531**	**55052**	**85054**	**53317**	**42972**	**33622**	**81362**	**123528**
按经济类型分组								
#国有经济	44909	54032	76529	41099	74358	36318	66172	35666
城镇集体经济	49574	39297	64570	20509		13913		
其他经济	63304	55158	91195	104173	42618	22360	83449	126132

5-3 分行业单位从业人员年末人数

(2021年) 单位：人

分 行 业	从业人员期末人数	在岗职工	其他从业人员
合 计	**1054069**	**1018050**	**36019**
农、林、牧、渔业	780	780	
采矿业	380	380	
制造业	625137	621629	3508
电力、热力、燃气及水生产和供应业	16008	15903	105
建筑业	25729	23607	2122
批发和零售业	34002	33340	662
交通运输、仓储和邮政业	24085	22926	1159
住宿和餐饮业	12241	10924	1316
信息传输、软件和信息技术服务业	7086	7086	
金融业	22092	12262	9830
房地产业	27903	27388	515
租赁和商务服务业	24242	20973	3269
科学研究和技术服务业	8633	8488	145
水利、环境和公共设施管理业	4676	4293	383
居民服务、修理和其他服务业	3127	2634	493
教育	78851	72429	6422
卫生和社会工作	40335	40124	212
文化、体育和娱乐业	5069	4700	369
公共管理、社会保障和社会	93693	88184	5510

注：2020年国家劳动工资统计方法制度改革，2020年开始分行业数据不再分县(区)。

5-4 分行业单位从业人员平均人数

(2021年) 单位：人

分 行 业	从业人员平均人数	在岗职工	其他从业人员
合 计	**1066739**	**1030286**	**36453**
农、林、牧、渔业	807	807	
采矿业	377	377	
制造业	640847	637112	3735
电力、热力、燃气及水生产和供应业	16179	16081	99
建筑业	25697	23601	2096
批发和零售业	33011	32331	680
交通运输、仓储和邮政业	24326	23169	1158
住宿和餐饮业	12137	10754	1383
信息传输、软件和信息技术服务业	7677	7677	
金融业	23381	12325	11055
房地产业	28490	27993	497
租赁和商务服务业	23606	20415	3191
科学研究和技术服务业	8470	8333	137
水利、环境和公共设施管理业	4781	4392	389
居民服务、修理和其他服务业	3198	2517	681
教育	76871	71410	5461
卫生和社会工作	39418	39215	203
文化、体育和娱乐业	4932	4566	366
公共管理、社会保障和社会	92535	87211	5323

注：2020年国家劳动工资统计方法制度改革，2020年开始分行业数据不再分县(区)。

5-5 分行业单位从业人员工资总额

(2021年) 单位：万元

分 行 业	从业人员工资总额	在岗职工	其他从业人员
合 计	**10447093**	**10233728**	**213365**
农、林、牧、渔业	9759	9759	
采矿业	4081	4081	
制造业	5431004	5391835	39170
电力、热力、燃气及水生产和供应业	182032	180639	1394
建筑业	187110	174467	12643
批发和零售业	267884	264038	3846
交通运输、仓储和邮政业	211043	202420	8623
住宿和餐饮业	58505	56808	1697
信息传输、软件和信息技术服务业	95000	95000	
金融业	345976	267668	78308
房地产业	335739	332755	2984
租赁和商务服务业	216449	201929	14520
科学研究和技术服务业	84862	84366	496
水利、环境和公共设施管理业	53978	52080	1899
居民服务、修理和其他服务业	20582	17323	3259
教育	892530	875554	16976
卫生和社会工作	563717	561452	2265
文化、体育和娱乐业	48685	46932	1753
公共管理、社会保障和社会	1438156	1414623	23533

注：2020年国家劳动工资统计方法制度改革，2020年开始分行业数据不再分县(区)。

5-6 分行业单位就业人员平均工资

(2021年) 单位：元

分 行 业	从业人员平均工资	在岗职工	其他从业人员
合 计	**97935**	**99329**	**58531**
农、林、牧、渔业	120944	120944	
采矿业	108392	108392	
制造业	84747	84629	104876
电力、热力、燃气及水生产和供应业	112510	112333	141332
建筑业	72814	73924	60310
批发和零售业	81150	81667	56565
交通运输、仓储和邮政业	86756	87368	74495
住宿和餐饮业	48203	52823	12275
信息传输、软件和信息技术服务业	123753	123753	
金融业	147976	217168	70834
房地产业	117845	118870	60097
租赁和商务服务业	91693	98913	45502
科学研究和技术服务业	100195	101246	36241
水利、环境和公共设施管理业	112897	118573	48809
居民服务、修理和其他服务业	64356	68815	47867
教育	116107	122609	31085
卫生和社会工作	143008	143172	111393
文化、体育和娱乐业	98715	102789	47891
公共管理、社会保障和社会	155418	162207	44207

注：2020年国家劳动工资统计方法制度改革，2020年开始分行业数据不再分县(区)。

5-7 分县区分行业社会从业人员年末人数

(2021年) 单位：人

分 行 业	全 市	惠城区	惠阳区	惠东县	博罗县	龙门县	大亚湾区	仲恺区
合 计	**3375800**	**737350**	**571426**	**572328**	**640132**	**186879**	**248647**	**419037**
农、林、牧、渔业	364332	49679	27227	91863	100622	79336	2501	13104
采矿业	2425	323	379	514	393	780	36	
制造业	1382535	138642	326645	206201	259222	33059	127748	291018
电力、热力、燃气及水生产和供应业	27659	15242	2766	2425	3130	1775	1761	560
建筑业	108934	40547	15086	8538	12679	4390	18100	9595
批发和零售业	470301	96988	60327	102784	132945	14697	20990	41570
交通运输、仓储和邮政业	84333	25440	8807	14415	11592	2003	15037	7039
住宿和餐饮业	168884	48216	29529	44760	19801	13462	7759	5355
信息传输、软件和信息技术服务业	42267	31721	1891	1900	940	2678	655	2482
金融业	52932	45567	115	4255	2921	28	46	
房地产业	108303	31060	17565	13550	13685	2530	21765	8147
租赁和商务服务业	137037	67620	15056	10733	14622	8303	7513	13189
科学研究和技术服务业	28660	15263	2455	1424	4480	1119	2078	1841
水利、环境和公共设施管理业	13429	4094	3650	1788	1666	840	923	468
居民服务、修理和其他服务业	88796	25660	17335	13333	14384	4858	5222	8004
教育	113511	42264	16350	15382	20102	5185	7149	7079
卫生和社会工作	52171	24021	9117	6574	6288	2171	1437	2562
文化、体育和娱乐业	17486	5413	3175	3155	3633	707	557	846
公共管理、社会保障和社会	111806	29589	13949	28737	17026	8958	7370	6178

5-8 分县区按三次产业分社会从业人员年末人数

单位：万人

县（区）	2020年				2021年			
	合计	第一产业	第二产业	第三产业	合计	第一产业	第二产业	第三产业
全　市	**320.88**	**35.56**	**146.81**	**138.51**	**337.58**	**36.41**	**152.08**	**149.09**
惠城区	70.97	4.82	19.02	47.12	73.74	4.96	19.47	49.30
惠阳区	55.30	2.63	33.07	19.61	57.14	2.72	34.49	19.93
惠东县	53.75	9.53	20.51	23.71	57.23	9.18	21.77	26.28
博罗县	60.04	10.14	27.62	22.27	64.01	10.05	27.52	26.45
龙门县	16.24	6.94	3.55	5.75	18.69	7.93	4.00	6.75
大亚湾区	24.23	0.24	14.22	9.77	24.86	0.25	14.72	9.90
仲恺区	40.35	1.26	28.81	10.28	41.90	1.31	30.12	10.48

5-9 历年主要指标数据

年 份	社会从业人员(万人)	第一产业	第二产业	第三产业	年末在岗职工人数(万人)	在岗职工年平均工资(元)	职工平均工资指数(%)
1949	38.28						
1952	40.55						
1957	48.56				2.31	532	104.1
1962	53.64				4.31	510	117.2
1965	55.58				5.55	518	98.7
1970	66.80				8.26	546	98.0
1975	75.61				11.43	607	102.5
1978	83.46				16.00	599	95.7
1979	82.49				16.11	597	99.7
1980	85.54				17.13	705	118.1
1981	87.75				17.99	772	109.5
1982	90.73				18.31	849	110.0
1983	93.31				18.27	880	119.6
1984	97.73				18.34	1052	109.3
1985	99.63				19.85	1150	109.3
1986	102.39				19.87	1314	113.8
1987	106.94				21.20	1462	111.4
1988	110.44				22.14	2057	140.7
1989	113.37				23.37	2365	115.0
1990	119.85	62.91	24.79	32.15	23.77	2786	117.8
1991	125.85	63.65	27.26	34.94	28.03	3302	118.5
1992	134.49	62.54	34.56	37.39	30.87	3871	117.4
1993	145.83	62.26	40.60	42.97	34.45	5119	132.0
1994	157.52	61.18	44.22	52.12	38.56	6262	122.3
1995	172.85	64.54	48.80	59.51	43.44	6716	107.3
1996	165.28	66.40	49.42	49.46	44.09	6889	102.6
1997	180.98	67.45	50.86	62.67	44.93	6966	101.1
1998	183.03	68.62	50.97	63.44	42.76	7835	112.5
1999	185.05	69.33	50.79	64.93	42.15	8883	113.4
2000	186.70	69.37	51.90	65.43	42.19	9607	108.2
2001	196.84	69.82	53.44	73.58	42.71	10482	109.1
2002	216.55	76.92	61.37	78.26	47.43	11318	108.0
2003	206.67	69.56	88.38	48.73	50.24	13265	117.2
2004	212.92	68.37	92.24	52.31	53.23	14439	108.8
2005	222.62	69.35	99.22	54.05	64.92	16017	110.9
2006	227.84	67.53	102.70	57.61	66.90	17760	110.9
2007	236.47	64.79	109.13	62.55	75.70	19644	110.6
2008	243.74	63.62	109.37	70.75	72.60	22727	115.7
2009	252.16	62.21	115.75	69.21	76.59	25786	113.5
2010	268.14	56.69	131.01	80.44	78.60	29599	114.8
2011	272.47	50.88	135.71	85.88	83.35	35719	120.7
2012	276.06	49.37	136.86	89.83	87.22	41506	116.2
2013	286.73	48.01	141.14	97.58	83.91	47126	113.5
2014	294.57	45.90	145.97	102.70	89.31	53576	113.7
2015	299.29	44.13	144.33	110.83	88.33	58607	109.4
2016	306.77	42.50	146.68	117.59	92.74	64766	110.5
2017	314.18	40.86	146.99	126.33	94.97	70890	109.5
2018	320.81	38.82	148.16	133.83	90.86	77634	109.5
2019	318.30	37.31	145.10	135.89	95.95	83639	107.7
2020	320.88	35.56	146.81	138.51	99.47	89840	107.4
2021	337.58	36.41	152.08	149.09	101.81	99329	110.6

注：2010—2021年社会从业人员数据依据第七次人口普查数据进行平滑调整。

六、固定资产投资和建筑业

6–1 固定资产投资及商品房销售

年 份	固定资产投资（万元）	工业	房地产开发	基础设施	商品房销售面积（万平方米）	商品房销售额（亿元）
1952	65					
1957	1125					
1962	412					
1965	2444					
1970	1753					
1975	2857					
1978	5991					
1979	5604					
1980	8623					
1981	18535					
1982	27468					
1983	23703					
1984	25799					
1985	40932					
1986	42022					
1987	66330					
1988	94932					
1989	107324					
1990	165399		8900			
1991	223295		19699			
1992	423763		43293			
1993	917831		209362		79.54	11.33
1994	756761		96102			
1995	616145		90969			
1996	631257		48139		17.10	2.33
1997	588301		44477		9.96	2.35
1998	603754		55355		25.07	3.80
1999	665760		66655		26.00	4.29
2000	774104		92069		48.00	8.12
2001	844273		106472		45.48	7.88
2002	1047340		158773		56.36	13.24
2003	2284704		272724		86.13	16.70
2004	2976139		295532		101.13	22.88
2005	3523708		438917		149.40	37.97
2006	3087813	1543100	690302		254.71	75.80
2007	4869094	2341064	1377564		383.18	153.33
2008	5887368	2608217	1868314		295.90	121.94
2009	7589682	2652000	1753332		543.81	232.01
2010	8940191	3012219	2678611		627.30	311.17
2011	10252067	3163274	3775399	2190249	798.23	441.77
2012	12086803	3508102	4821683	2098692	826.72	478.42
2013	14013040	4237182	5934706	2664742	1149.46	672.11
2014	16067089	5124661	6672975	2844147	983.94	588.81
2015	18639306	7167904	6104497	3587580	1299.78	800.38
2016	20397056	8135470	7476324	3149506	1771.91	1415.00
2017	22348768	7844462	8841949	4355488	1645.65	1628.81
2018	-	4365512	9839417	3748406	1663.37	1778.41
2019	21027821	5285550	11499441	4566593	1724.71	1876.94
2020	24396723	6532855	12531308	6057232	1838.14	2126.68
2021	29724478	9830540	13233210	6819301	1619.96	1932.48

注：尾数不等为四舍五入取数。

6-2 固定资产投资主要指标

(2021年) 单位：万元、平方米

指标名称	本年完成	
	投资	房地产
投资总额	29724478	13233210
建安工程	20473166	9230013
设备工器具购置	2603856	227832
其他费用	6647456	3775365
本年新增固定资产	9639806	4902751
本年资金来源合计	46389193	31371363
上年末结余资金	10081256	9544741
本年资金来源小计	36307937	21826622
(1)国家预算内资金	1850733	
(2)国内贷款	7346659	4464209
(3)债券	10829	
(4)利用外资	455730	900
(5)自筹资金	13896641	5366168
(6)其他资金来源	12747345	11995345
各项应付款合计	8981530	6557531
本年施工房屋面积	92915467	92915467
其中：住宅	72226654	72226654
本年竣工房屋面积	7673283	7673283
其中：住宅	6039293	6039293

6-3 固定资产投资分行业情况

(2021年)　　单位：万元

指标名称	本年完成投资	房地产
合　计	**29724478**	**13233210**
(一)农、林、牧、渔业	140889	
(二)采矿业	460524	
(三)制造业	7350481	
(四)电力、燃气及水的生产和供应业	2019535	
(五)建筑业		
(六)批发和零售业	22837	
(七)交通运输、仓储和邮政业	2329074	
(八)住宿和餐饮业	43789	
(九) 信息传输、软件和信息技术服务业	149485	
(十)金融业		
(十一)房地产业	13407330	13233210
(十二)租赁和商务服务业	341893	
(十三)科学研究和技术服务业	112799	
(十四)水利、环境和公共设施管理业	2461379	
(十五)居民服务、修理和其他服务业	1500	
(十六)教育	427376	
(十七)卫生和社会工作	163060	
(十八)文化、体育和娱乐业	225463	
(十九)公共管理、社会保障和社会组织	67064	
(二十)国际组织		

6-4　分县(区)固定资产主要指标

(2021年)　　　　单位：万元

指标名称	惠州市	惠城区	惠阳区	惠东县	博罗县	龙门县	大亚湾区	仲恺区
本年完成投资	29724478	6140966	4321215	4014212	4391124	1189055	4467899	5200008
房地产开发投资	13233210	3505553	2197197	1438345	1770398	273932	2091716	1956070
其中：住宅	10402121	2602565	1650086	1281140	1439433	242165	1651551	1535182
本年新增固定资产	9639806	1861948	1952850	1014024	1712777	362820	1885518	849869
资金来源								
本年实际到位资金	36307937	8531352	5398667	3829128	5433000	931429	6182504	6001857
#国家预算资金	1850733	367316	231507	250804	335121	94449	436312	135224
国内贷款	7346659	1625636	1084097	1131012	1219398	69996	1033849	1182671
利用外资	455730	1599	51351	11700	4640	3366	310452	72622
自筹资金	13896641	2302118	1908807	1806367	2174295	616917	2472611	2615526
其他资金来源	12747345	4234683	2122905	619245	1699546	146701	1928451	1995814
登记注册类型								
内资企业	27055191	5846313	3840122	3854410	4030249	1142727	3658433	4682938
国有经济	6207315	1702289	579797	784831	1152929	428534	935254	623681
集体经济	57513	1572	14228	1800	21817	18096		
私营个体经济	3741936	331132	847916	509284	542531	168160	186997	1155916
港澳台商投资	1597384	209952	418233	125935	236485	46328	164591	395860
外商投资	1071903	84701	62860	33867	124390		644875	121210
民间投资	18309136	3228872	3115271	2425782	2677396	557699	2660129	3643988
建设性质(不含房地产投资)								
新建	12651027	2163560	1445476	1943202	2154242	770582	1641607	2532358
扩建	1844904	110666	305421	538235	128747	20051	519865	221919
改建和技术改造	1697349	241932	214888	92273	266704	114610	204484	562458
投资构成								
建筑安装工程	20473166	3874996	2919899	2942723	3159712	831600	3262552	3481685
设备工器具购置	2603856	292955	486553	419614	299210	95529	349579	660416
其他费用	6647456	1973015	914763	651875	932202	261926	855768	1057907
产业								
第一产业	133624	20308	1997	71110	28770	11439		
第二产业	9830540	1017330	1417731	1602012	1420044	500905	1699269	2173249
第三产业	19760314	5103328	2901487	2341090	2942310	676711	2768630	3026759
本年施工房屋面积	92915467	19857698	16168861	8558944	17589059	2478929	15596332	12665644
其中：住宅	72226654	14235944	12435188	7281055	14788590	2132155	12390755	8962967
本年竣工房屋面积	7673283	893251	1996537	681693	2340097	58271	1356096	347338
其中：住宅	6039293	763208	1333647	583421	1961724	58271	1092936	246086

注：尾数不等为四舍五入取数。

6–5 房地产开发主要指标

指　标	单位	2012年	2013年	2014年	2015年	2016年
土地开发及购置	(平方米)					
本年土地购置面积		2370372	2222765	1134584	595884	1395921
本年完成投资额	(万元)	4821683	5934706	6672975	6104497	7476324
#住宅		3640151	4697816	5128362	4882416	5973431
资金来源小计	(万元)	6488226	7913529	8223804	9102328	12233548
#国内贷款		952497	1401819	1361967	1098235	720899
利用外资			27508			66661
自筹资金		2237537	2345431	2929302	2512774	3263783
房屋建筑面积						
施工面积	(平方米)	45798658	58106715	61000016	58834102	68391537
#住宅		35153731	44123712	46401032	44901426	51937544
竣工面积	(平方米)	5090084	6347747	7570090	4494822	5555010
#住宅		4037488	5061002	5948940	3462677	4494836
商品房屋销售额	(万元)	4784238	6721088	5888121	8003806	14149978
#住宅		4457970	6138971	5352985	7583422	13371739
商品房屋销售面积	(平方米)	8267214	11494568	9839357	12997809	17719061
#住宅		7872877	10927626	9183615	12464390	17002218

6-5 续表

指　标	单位	2017年	2018年	2019年	2020年	2021年
土地开发及购置	(平方米)					
本年土地购置面积		1227793	1203530	789626	730345	1352427
本年完成投资额	(万元)	8841949	9839417	11499441	12531308	13233210
#住宅		7252062	8098066	9597596	10128939	10402121
资金来源小计	(万元)	14546554	19451846	18774280	21679829	21826622
#国内贷款		1836642	3103102	3398341	3889310	4464209
利用外资		103059	20010	16151	3690	900
自筹资金		3356738	3667392	3715183	4263589	5366168
房屋建筑面积						
施工面积	(平方米)	76044451	77893631	91051571	99530365	92915467
#住宅		58846074	61002051	72059153	78883918	72226654
竣工面积	(平方米)	10398558	5009241	7047628	6378218	7673283
#住宅		8246359	3932506	5207583	5221021	6039293
商品房屋销售额	(万元)	16288085	17784074	18769433	21266781	19324801
#住宅		15371154	16886557	18013654	20561711	18272491
商品房屋销售面积	(平方米)	16456529	16633673	17247062	18381398	16199563
#住宅		15434025	15757232	16431388	17455548	15027675

6-6 房地产开发投资情况

(2021年) 单位: 万元

按登记注册类型分组	完成投资额	按登记注册类型分组	完成投资额
内资企业	12587747	私营有限责任公司	4877003
国有企业	246024	私营股份有限公司	28507
股份合作企业	42136	其他企业	55476
联营企业	58683	港、澳、台商投资企业	390543
国有联营企业	58683	与港澳台商合资经营企业	107930
有限责任公司	7137870	港澳台商独资经营企业	244455
国有独资公司	37755	其他港澳台投资企业	38158
其他有限责任公司	7100115	外商投资企业	254920
股份有限公司	131050	中外合资经营企业	148215
私营企业	4916508	外资企业	56659
私营独资企业	10998	外商投资股份有限公司	50046

6-7 商品房施工与销售

(2021年)

指标名称	单位	合计	住宅	户型结构		办公楼	商业营业用房	其他房屋
				其中：90平方米及以下	其中：144平方米以上			
房屋施工面积	(平方米)	92915467	72226654	18377349	7317862	2200468	4492293	13996052
其中：新开工面积		22956074	17369655	4342176	1258015	342216	1096105	4148098
房屋竣工面积	(平方米)	7673283	6039293	1121899	651159	68636	298950	1266404
竣工房屋价值	(万元)	3905929	3359132	650298	473642	25094	130972	390731
出租房屋面积	(平方米)	47867	10500	10500			37367	
商品房销售面积	(平方米)	16199563	15027675	3137444	1607612	138350	499668	533870
其中：现房销售面积		1840846	1349052	372202	263749	31683	165304	294807
期房销售面积		14358717	13678623	2765242	1343863	106667	334364	239063
商品房销售额	(万元)	19324801	18272491	3694392	2270793	116885	721602	213823
其中：现房销售额		1730169	1384982	348267	291914	43385	199215	102587
期房销售额		17594632	16887509	3346125	1978879	73500	522387	111236
待售面积	(平方米)	6119175	2712299	571133	558170	241824	1115655	2049397
其中：待售1-3年面积(含1年)		3083486	1452796	398945	195703	100127	555914	974649
待售3年以上面积(含3年)		881413	285277	64078	68497	32492	231281	332363

6-8 分县区商品房销售与待售

(2021年)

指标名称	单位	惠州市	惠城区	惠阳区	惠东县	博罗县	龙门县	大亚湾区	仲恺区
房屋施工与竣工									
施工房屋面积	(平方米)	92915467	19857698	16168861	8558944	17589059	2478929	15596332	12665644
其中：住宅		72226654	14235944	12435188	7281055	14788590	2132155	12390755	8962967
本年新开工面积	(平方米)	22956074	5948903	2806174	2049037	4701019	754276	3536343	3160322
其中：住宅		17369655	4191133	2124854	1791210	3694347	580023	2838128	2149960
竣工房屋面积	(平方米)	7673283	893251	1996537	681693	2340097	58271	1356096	347338
其中：住宅		6039293	763208	1333647	583421	1961724	58271	1092936	246086
竣工房屋价值	(万元)	3905929	813900	1038474	349548	866377	17475	671398	148757
其中：住宅		3359132	758755	824916	330863	738625	17475	566823	121675
房屋销售与待售									
商品房销售面积	(平方米)	16199563	3501784	2257193	2020541	2398294	303853	2643810	3074088
其中：住宅		15027675	2982913	2148144	2001768	2236286	292120	2570665	2795779
商品房销售额	(万元)	19324801	4520649	3232268	2278282	2105169	232056	3741588	3214789
其中：住宅		18272491	4063756	3123544	2252357	1997837	220774	3665511	2948712
商品房待售面积	(平方米)	6119175	2436982	591667	129689	1499574	159850	971573	329840
其中：住宅		2712299	828944	240826	116042	675478	123052	541087	186870

6-9 建筑业企业生产情况主要指标

(2021年)　　单位：千元

项　　目	代码	建筑业总产值	签订合同额	上年结转合同额	本年新签合同额
总 计		42497952	96172708	43475092	52697616
按行业分组					
建筑业	E	42497952	96172708	43475092	52697616
房屋建筑业	47	24065901	60040497	29691634	30348863
住宅房屋建筑	471	19607489	48128341	26895531	21232810
住宅房屋建筑	4710	19607489	48128341	26895531	21232810
其他房屋建筑业	479	4458412	11912156	2796103	9116053
其他房屋建筑业	4790	4458412	11912156	2796103	9116053
土木工程建筑业	48	10111685	22098659	9286864	12811795
铁路、道路、隧道和桥梁工程建筑	481	5662686	12478244	6650109	5828135
公路工程建筑	4812	1821389	3861311	3548246	313065
市政道路工程建筑	4813	3793645	8567071	3093851	5473220
其他道路、隧道和桥梁工程建筑	4819	47652	49862	8012	41850
水利和水运工程建筑	482	2686537	4413241	1046552	3366689
水源及供水设施工程建筑	4821	2556288	4118004	875620	3242384
河湖治理及防洪设施工程建筑	4822	130249	295237	170932	124305
海洋工程建筑	483	38002	50022		50022
海洋油气资源开发利用工程建筑	4831	38002	50022		50022
工矿工程建筑	484	17442	25870		25870
工矿工程建筑	4840	17442	25870		25870
架线和管道工程建筑	485	176895	273774	74847	198927
架线及设备工程建筑	4851	173753	268991	73047	195944
管道工程建筑	4852	3142	4783	1800	2983
节能环保工程施工	486	23856	328156	10470	317686
环保工程施工	4862	23856	328156	10470	317686
电力工程施工	487	94920	115579	20693	94886
其他电力工程施工	4879	94920	115579	20693	94886
其他土木工程建筑	489	1411347	4413773	1484193	2929580
园林绿化工程施工	4891	245972	1037960	739761	298199
体育场地设施工程施工	4892	65223	156665	215	156450
其他土木工程建筑施工	4899	1100152	3219148	744217	2474931
建筑安装业	49	4177442	6601799	1555511	5046288
电气安装	491	2809519	4363403	939616	3423787
电气安装	4910	2809519	4363403	939616	3423787
管道和设备安装	492	732840	1223608	280752	942856
管道和设备安装	4920	732840	1223608	280752	942856
其他建筑安装业	499	635083	1014788	335143	679645
体育场地设施安装	4991	3396	4792	2244	2548
其他建筑安装	4999	631687	1009996	332899	677097
建筑装饰、装修和其他建筑业	50	4142924	7431753	2941083	4490670
建筑装饰和装修业	501	3464472	6413632	2618946	3794686
公共建筑装饰和装修	5011	676442	1001772	591838	409934
住宅装饰和装修	5012	2046541	3872360	1339771	2532589
建筑幕墙装饰和装修	5013	741489	1539500	687337	852163
建筑物拆除和场地准备活动	502	440287	635103	213654	421449
建筑物拆除活动	5021	328942	418840	53549	365291
场地准备活动	5022	111345	216263	160105	56158
其他未列明建筑业	509	238165	383018	108483	274535
其他未列明建筑业	5090	238165	383018	108483	274535

6-9 续表1

(2021年) 单位：千元

项　　目	代码	建筑业总产值	签订合同额	上年结转合同额	本年新签合同额
按单位规模分组					
大型	1	8334512	17496184	9987833	7508351
中型	2	17481490	38920781	19267616	19653165
小型	3	11553521	26313915	11142207	15171708
微型	4	5128429	13441828	3077436	10364392
按登记注册类型分组					
内资企业	100	42273833	95693855	43358963	52334892
国有企业	110	1264648	2914335	2083562	830773
集体企业	120	2094509	3692797	1504106	2188691
股份合作企业	130	32114	41216	577	40639
联营企业	140	12975	13000		13000
集体联营企业	142	12975	13000		13000
有限责任公司	150	14592731	33144878	15048242	18096636
国有独资公司	151	3904448	9318108	5175213	4142895
其他有限责任公司	159	10688283	23826770	9873029	13953741
股份有限公司	160	1342192	2419087	1071316	1347771
私营企业	170	22915016	53036842	23645369	29391473
私营独资企业	171	177766	320555	187231	133324
私营合伙企业	172	51630	87965	87150	815
私营有限责任公司	173	22410535	52218174	23241744	28976430
私营股份有限公司	174	275085	410148	129244	280904
其他企业	190	19648	431700	5791	425909
港、澳、台商投资企业	200	49400	108631	58517	50114
港澳台商独资经营企业	230	49400	108631	58517	50114
外商投资企业	300	174719	370222	57612	312610
中外合资经营企业	310	174719	370222	57612	312610
按企业控股情况分组					
国有控股	1	11452821	22678554	12988284	9690270
集体控股	2	3019189	5828943	2238178	3590765
私人控股	3	26275395	63506148	27534869	35971279
港澳台商控股	4	49400	108631	58517	50114
外商控股	5	174719	370222	57612	312610
其他	9	1526428	3680210	597632	3082578
按隶属关系分组					
中央	10	39120	90330	18428	71902
地方	11	7271365	14552433	8039705	6512728
其他	90	35187467	81529945	35416959	46112986

6-9 续表2

(2021年) 单位：千元

项 目	代码	建筑业总产值	签订合同额	上年结转合同额	本年新签合同额
按建筑业企业资质等级分组					
施工总承包序列	A	33628551	79489160	37708348	41780812
施工总承包序列一级工程	A1	12426118	27986800	12648468	15338332
施工总承包序列一级房屋建筑工程	A101	7682465	18057067	8105516	9951551
施工总承包序列一级公路工程	A102	1639287	3500893	3500893	
施工总承包序列一级水利水电工程	A105	2255011	3634651	715000	2919651
施工总承包序列一级市政公用工程	A110	849355	2794189	327059	2467130
施工总承包序列二级工程	A2	12437187	33288447	17237044	16051403
施工总承包序列二级房屋建筑工程	A201	8769300	24210254	13263206	10947048
施工总承包序列二级化工石油工程	A209	169096	364599	57612	306987
施工总承包序列二级市政公用工程	A210	3498791	8713594	3916226	4797368
施工总承包序列三级工程	A3	8765246	18213913	7822836	10391077
施工总承包序列三级房屋建筑工程	A301	4669155	10972552	4909112	6063440
施工总承包序列三级公路工程	A302	17790	33067	8672	24395
施工总承包序列三级水利水电工程	A305	229455	406982	140939	266043
施工总承包序列三级电力工程	A306	889808	1074986	173130	901856
施工总承包序列三级矿山工程	A307	130395	168874		168874
施工总承包序列三级化工石油工程	A309	138540	150560		150560
施工总承包序列三级市政公用工程	A310	2404174	4877287	2486180	2391107
施工总承包序列三级通信工程	A311	22289	66387	57519	8868
施工总承包序列三级机电安装工程	A312	263640	395971	25801	370170
施工总承包序列三级其他	A390		67247	21483	45764
专业承包序列	B	8869401	16683548	5766744	10916804
专业承包序列一级工程	B1	1024855	2039539	1009396	1030143
专业承包序列一级建筑装修装饰工程	B103	624825	1362289	627915	734374
专业承包序列一级消防设施工程	B111	154057	169462	47496	121966
专业承包序列一级机电设备安装工程	B118	245973	507788	333985	173803
专业承包序列二级工程	B2	4082339	7230251	2411455	4818796
专业承包序列二级地基与基础工程	B201	152513	176039	57088	118951
专业承包序列二级建筑装修装饰工程	B203	1999442	3701696	808622	2893074
专业承包序列二级建筑幕墙工程	B204	212611	677392	555699	121693
专业承包序列二级钢结构工程	B208	190463	264003	234413	29590
专业承包序列二级消防设施工程	B211	1173516	1825315	626699	1198616
专业承包序列二级建筑防水工程	B212	141077	271064	58741	212323
专业承包序列二级起重设备安装工程	B217	25084	25959	6415	19544
专业承包序列二级建筑智能化工程	B220	40521	61138	25407	35731
专业承包序列二级电子工程	B223	17051	20695	200	20495
专业承包序列二级公路交通工程	B228	3295	4124	500	3624
专业承包序列二级送变电工程	B249	124290	200350	36149	164201
专业承包序列二级城市及道路照明工程	B258	2476	2476	1522	954
专业承包序列三级工程	B3	3582604	7166770	2313943	4852827
专业承包序列三级地基与基础工程	B301	1197100	3106524	1026192	2080332
专业承包序列三级建筑装修装饰工程	B303	4087	10242	4171	6071
专业承包序列三级园林古建筑工程	B307	58883	66515	1365	65150
专业承包序列三级钢结构工程	B308	481194	1234229	645693	588536
专业承包序列三级起重设备安装工程	B317				
专业承包序列三级机电设备安装工程	B318	198258	333724	65101	268623
专业承包序列三级建筑智能化工程	B320	4900	7674	2370	5304
专业承包序列三级环保工程	B321	223082	572136	92681	479455
专业承包序列三级电子工程	B323	71213	131565	16347	115218
专业承包序列三级公路路面工程	B326	199156	182083	114250	67833
专业承包序列三级送变电工程	B349	390553	474888	100479	374409
专业承包序列三级城市及道路照明工程	B358	754178	1047190	245294	801896
专业承包序列不分等级工程	B9	179603	246988	31950	215038
专业分包序列其他附着升降脚手架	B914	109249	141705	29300	112405
专业承包序列特种专业工程	B960	70354	105283	2650	102633
按管理机构分组					
惠城区统计局		25503196	55425642	26461983	28963659
惠阳区统计局		3848274	7639880	5072895	2566985
惠东县统计局		2177616	3727112	1317441	2409671
博罗县统计局		3057844	6660956	2672600	3988356
龙门县统计局		838080	1431770	597575	834195
大亚湾统计局		5410775	15933268	6207517	9725751
仲恺高新区科技创新局		1662167	5354080	1145081	4208999

6-9 续表3

(2021年)　　　　单位：千元

项　　目	直接从建设单位承揽工程完成的产值	自行完成施工产值	分包出去工程的产值	从建设单位以外承揽工程完成的产值	装配式建筑工程产值
总　计	**42153082**	**40558293**	**1594789**	**1939659**	**263709**
按行业分组					
建筑业	42153082	40558293	1594789	1939659	263709
房屋建筑业	24024563	23258312	766251	807589	138029
住宅房屋建筑	19802317	19197629	604688	409860	138029
住宅房屋建筑	19802317	19197629	604688	409860	138029
其他房屋建筑业	4222246	4060683	161563	397729	
其他房屋建筑业	4222246	4060683	161563	397729	
土木工程建筑业	9844459	9601558	242901	510127	3805
铁路、道路、隧道和桥梁工程建筑	5583650	5478129	105521	184557	
公路工程建筑	1805700	1802932	2768	18457	
市政道路工程建筑	3752455	3650626	101829	143019	
其他道路、隧道和桥梁工程建筑	25495	24571	924	23081	
水利和水运工程建筑	2681548	2654048	27500	32489	
水源及供水设施工程建筑	2552203	2532788	19415	23500	
河湖治理及防洪设施工程建筑	129345	121260	8085	8989	
海洋工程建筑	41844	38002	3842		
海洋油气资源开发利用工程建筑	41844	38002	3842		
工矿工程建筑	20442	17442	3000		
工矿工程建筑	20442	17442	3000		
架线和管道工程建筑	177256	172456	4800	4439	
架线及设备工程建筑	174114	169314	4800	4439	
管道工程建筑	3142	3142			
节能环保工程施工	26816	22676	4140	1180	
环保工程施工	26816	22676	4140	1180	
电力工程施工	92175	92175		2745	
其他电力工程施工	92175	92175		2745	
其他土木工程建筑	1220728	1126630	94098	284717	3805
园林绿化工程施工	241928	223357	18571	22615	
体育场地设施工程施工	51393	37321	14072	27902	255
其他土木工程建筑施工	927407	865952	61455	234200	3550
建筑安装业	4164480	3890098	274382	287344	
电气安装	2763025	2702779	60246	106740	
电气安装	2763025	2702779	60246	106740	
管道和设备安装	791429	589474	201955	143366	
管道和设备安装	791429	589474	201955	143366	
其他建筑安装业	610026	597845	12181	37238	
体育场地设施安装	3396	3396			
其他建筑安装	606630	594449	12181	37238	
建筑装饰、装修和其他建筑业	4119580	3808325	311255	334599	121875
建筑装饰和装修业	3450535	3145284	305251	319188	121049
公共建筑装饰和装修	656194	650756	5438	25686	1962
住宅装饰和装修	2036469	2004246	32223	42295	119087
建筑幕墙装饰和装修	757872	490282	267590	251207	
建筑物拆除和场地准备活动	426179	426179		14108	
建筑物拆除活动	328942	328942			
场地准备活动	97237	97237		14108	
其他未列明建筑业	242866	236862	6004	1303	826
其他未列明建筑业	242866	236862	6004	1303	826

6-9 续表4

(2021年) 单位：千元

项 目	直接从建设单位承揽工程完成的产值	自行完成施工产值	分包出去工程的产值	从建设单位以外承揽工程完成的产值	装配式建筑工程产值
按单位规模分组					
大型	4884055	4884055			
中型	15380198	14962063	418135	327649	401203
小型	5168250	4712082	456168	237353	69489
微型	2288364	2093116	195248	56867	115771
按登记注册类型分组					
内资企业	27646693	26632057	1014636	621869	590343
国有企业	1364921	1364120	801		3688
集体企业	1255996	1255996			
联营企业	18882	18882			
集体联营企业	18882	18882			
有限责任公司	8820379	8689049	131330	201957	468546
国有独资公司	2411741	2411741			
其他有限责任公司	6408638	6277308	131330	201957	468546
股份有限公司	2132189	2123019	9170		
私营企业	14032548	13165831	866717	419912	118109
私营独资企业	7667	7667		2655	
私营合伙企业	42900	20074	22826		
私营有限责任公司	13768760	12924869	843891	417257	118109
私营股份有限公司	213221	213221			
其他企业	21778	15160	6618		
港、澳、台商投资企业	52423	52423			
港澳台商独资经营企业	52423	52423			
外商投资企业	177134	116819	60315		
中外合资经营企业	177134	116819	60315		
按企业控股情况分组					
国有控股	7826918	7826117	801		3688
集体控股	3718912	3718912		9234	
私人控股	15916277	14964442	951835	605277	579334
港澳台商控股	53521	52423	1098		
外商控股	177134	116819	60315		
其他	183488	122586	60902	7358	7321
按隶属关系分组					
地方	6095343	6089142	6201	14377	7568
其他	21780907	20712157	1068750	607492	582775
按运营状态分组					
正常运营	27764904	26690973	1073931	621869	590343
停业(歇业)	7626	7626			
筹建	2231	1211	1020		
其他	101489	101489			

6-9 续表5

(2021年) 单位：千元

项目	直接从建设单位承揽工程完成的产值	自行完成施工产值	分包出去工程的产值	从建设单位以外承揽工程完成的产值	装配式建筑工程产值
按建筑业企业资质等级分组					
施工总承包序列	33599565	32535485	1064080	1093066	179040
施工总承包序列一级工程	12644637	12347260	297377	78858	
施工总承包序列一级房屋建筑工程	7900984	7603607	297377	78858	
施工总承包序列一级公路工程	1639287	1639287			
施工总承包序列一级水利水电工程	2255011	2255011			
施工总承包序列一级市政公用工程	849355	849355			
施工总承包序列二级工程	12319470	11993498	325972	443689	1318
施工总承包序列二级房屋建筑工程	8521747	8352240	169507	417060	1318
施工总承包序列二级化工石油工程	297909	160018	137891	9078	
施工总承包序列二级市政公用工程	3499814	3481240	18574	17551	
施工总承包序列三级工程	8635458	8194727	440731	570519	177722
施工总承包序列三级房屋建筑工程	4725463	4522010	203453	147145	66946
施工总承包序列三级公路工程	17790	17790			
施工总承包序列三级水利水电工程	224466	208414	16052	21041	
施工总承包序列三级电力工程	875099	835066	40033	54742	
施工总承包序列三级矿山工程	130395	130395			
施工总承包序列三级化工石油工程	41844	38002	3842	100538	
施工总承包序列三级市政公用工程	2262090	2179601	82489	224573	110776
施工总承包序列三级通信工程	60068	22289	37779		
施工总承包序列三级机电安装工程	259775	241160	18615	22480	
施工总承包序列三级其他	38468		38468		
专业承包序列	8553517	8022808	530709	846593	84669
专业承包序列一级工程	1037419	784299	253120	240556	
专业承包序列一级建筑装修装饰工程	637389	384269	253120	240556	
专业承包序列一级消防设施工程	154057	154057			
专业承包序列一级机电设备安装工程	245973	245973			
专业承包序列二级工程	3895718	3732693	163025	349646	76482
专业承包序列二级地基与基础工程	145595	145595		6918	
专业承包序列二级建筑装修装饰工程	1879814	1743493	136321	255949	73432
专业承包序列二级建筑幕墙工程	201241	201041	200	11570	
专业承包序列二级钢结构工程	190463	190463			
专业承包序列二级消防设施工程	1173281	1148848	24433	24668	
专业承包序列二级建筑防水工程	132879	132149	730	8928	3050
专业承包序列二级起重设备安装工程	23944	23944		1140	
专业承包序列二级建筑智能化工程	40521	40521			
专业承包序列二级电子工程	16556	16556		495	
专业承包序列二级公路交通工程	2318	977	1341	2318	
专业承包序列二级送变电工程	86630	86630		37660	
专业承包序列二级城市及道路照明工程	2476	2476			
专业承包序列三级工程	3434873	3327309	107564	255295	8187
专业承包序列三级地基与基础工程	1201696	1188459	13237	8641	
专业承包序列三级建筑装修装饰工程	4087	4087			
专业承包序列三级园林古建筑工程	58883	49173	9710	9710	
专业承包序列三级钢结构工程	475257	469257	6000	11937	8187
专业承包序列三级起重设备安装工程					
专业承包序列三级机电设备安装工程	200803	186143	14660	12115	
专业承包序列三级建筑智能化工程	4900	4900			
专业承包序列三级环保工程	225700	190156	35544	32926	
专业承包序列三级电子工程	71213	71213			
专业承包序列三级公路路面工程	39463	36695	2768	162461	
专业承包序列三级送变电工程	391019	384103	6916	6450	
专业承包序列三级城市及道路照明工程	761852	743123	18729	11055	
专业承包序列不分等级工程	185507	178507	7000	1096	
专业分包序列其他附着升降脚手架	108559	108559		690	
专业承包序列特种专业工程	76948	69948	7000	406	
按管理机构分组					
惠城区统计局	25215110	24660731	554379	842465	133867
惠阳区统计局	3828015	3700311	127704	147963	121146
惠东县统计局	2173536	2149531	24005	28085	
博罗县统计局	3248138	2807253	440885	250591	
龙门县统计局	833589	817427	16162	20653	
大亚湾统计局	5333312	5049704	283608	361071	1318
仲恺高新区科技创新局	1521382	1373336	148046	288831	7378

6-9 续表6

(2021年) 单位：千元

项　　目	装饰装修产值	在外省完成的产值	建筑工程产值	安装工程产值	其他产值
总　计	**1836320**	**633995**	**36520297**	**3487562**	**2490093**
按行业分组					
建筑业	1836320	633995	36520297	3487562	2490093
房屋建筑业	930715	226292	22800590	499667	765644
住宅房屋建筑	859855	101433	18492271	448041	667177
住宅房屋建筑	859855	101433	18492271	448041	667177
其他房屋建筑业	70860	124859	4308319	51626	98467
其他房屋建筑业	70860	124859	4308319	51626	98467
土木工程建筑业	43998	95149	8973706	374655	763324
铁路、道路、隧道和桥梁工程建筑	27942	88390	5172586	110173	379927
公路工程建筑			1796102		25287
市政道路工程建筑	27942	88390	3328832	110173	354640
其他道路、隧道和桥梁工程建筑			47652		
水利和水运工程建筑			2505080	13992	167465
水源及供水设施工程建筑			2374831	13992	167465
河湖治理及防洪设施工程建筑			130249		
海洋工程建筑			8020		29982
海洋油气资源开发利用工程建筑			8020		29982
工矿工程建筑			9420	8022	
工矿工程建筑			9420	8022	
架线和管道工程建筑		272	104307	72588	
架线及设备工程建筑		272	103234	70519	
管道工程建筑			1073	2069	
节能环保工程施工		824	16622	824	6410
环保工程施工		824	16622	824	6410
电力工程施工			9328	82375	3217
其他电力工程施工			9328	82375	3217
其他土木工程建筑	16056	5663	1148343	86681	176323
园林绿化工程施工	1952	4583	169294	7552	69126
体育场地设施工程施工			21153	44070	
其他土木工程建筑施工	14104	1080	957896	35059	107197
建筑安装业	9656	169986	1694253	2139617	343572
电气安装		71022	978777	1555606	275136
电气安装		71022	978777	1555606	275136
管道和设备安装	8777	43845	448441	281399	3000
管道和设备安装	8777	43845	448441	281399	3000
其他建筑安装业	879	55119	267035	302612	65436
体育场地设施安装			3396		
其他建筑安装	879	55119	263639	302612	65436
建筑装饰、装修和其他建筑业	851951	142568	3051748	473623	617553
建筑装饰和装修业	806723	60720	2844636	458000	161836
公共建筑装饰和装修	10784		637995	1962	36485
住宅装饰和装修	758637	55276	1534336	386854	125351
建筑幕墙装饰和装修	37302	5444	672305	69184	
建筑物拆除和场地准备活动	36540	19231	61563		378724
建筑物拆除活动		19231	866		328076
场地准备活动	36540		60697		50648
其他未列明建筑业	8688	62617	145549	15623	76993
其他未列明建筑业	8688	62617	145549	15623	76993

6-9 续表7

(2021年)　　单位：千元

项　　目	装饰装修产值	在外省完成的产值	建筑工程产值	安装工程产值	其他产值
按单位规模分组					
大型	738902	52920	8093306	41644	199562
中型	286814	103256	15803839	709535	968116
小型	488251	407902	8844259	2024935	684327
微型	322353	69917	3778893	711448	638088
按登记注册类型分组					
内资企业	1836320	593535	36301801	3481939	2490093
国有企业		25780	1259407		5241
集体企业			1821673	189473	83363
股份合作企业			32114		
联营企业			12975		
集体联营企业			12975		
有限责任公司	938592	210808	12961329	658357	973045
国有独资公司	738902	52920	3663242	41644	199562
其他有限责任公司	199690	157888	9298087	616713	773483
股份有限公司	245973	19231	1073606	68667	199919
私营企业	651755	337716	19121049	2565442	1228525
私营独资企业		824	142041	29315	6410
私营合伙企业			51630		
私营有限责任公司	609085	317396	18879088	2385293	1146154
私营股份有限公司	42670	19496	48290	150834	75961
其他企业			19648		
港、澳、台商投资企业			49400		
港澳台商独资经营企业			49400		
外商投资企业		40460	169096	5623	
中外合资经营企业		40460	169096	5623	
按企业控股情况分组					
国有控股	742674	83960	11010259	237706	204856
集体控股	1755		2465012	197943	356234
私人控股	999685	409600	21760422	2875782	1639191
港澳台商控股			49400		
外商控股		40460	169096	5623	
其他	92206	99975	1066108	170508	289812
按隶属关系分组					
中央			1000		38120
地方	16279	24314	6870323	270240	130802
其他	1820041	609681	29648974	3217322	2321171

6-9 续表8

(2021年) 单位：千元

项　　目	装饰装修产值	在外省完成的产值	建筑工程产值	安装工程产值	其他产值
按建筑业企业资质等级分组					
施工总承包序列	945711	452782	30295894	1621022	1711635
施工总承包序列一级工程	738902	53600	12088853	41644	295621
施工总承包序列一级房屋建筑工程	738902	52920	7441259	41644	199562
施工总承包序列一级公路工程			1639287		
施工总承包序列一级水利水电工程			2255011		
施工总承包序列一级市政公用工程		680	753296		96059
施工总承包序列二级工程	40987	148364	11958026	206395	272766
施工总承包序列二级房屋建筑工程	40987	107904	8290139	206395	272766
施工总承包序列二级化工石油工程		40460	169096		
施工总承包序列二级市政公用工程			3498791		
施工总承包序列三级工程	165822	250818	6249015	1372983	1143248
施工总承包序列三级房屋建筑工程	128865	72796	4258235	178002	232918
施工总承包序列三级公路工程	350		16700	800	290
施工总承包序列三级水利水电工程			60465	1525	167465
施工总承包序列三级电力工程		64592	239493	647064	3251
施工总承包序列三级矿山工程					130395
施工总承包序列三级化工石油工程			8020	100538	29982
施工总承包序列三级市政公用工程	36607	81573	1583232	242186	578756
施工总承包序列三级通信工程			15987	6302	
施工总承包序列三级机电安装工程		31857	66883	196566	191
施工总承包序列三级其他					
专业承包序列	890609	181213	6224403	1866540	778458
专业承包序列一级工程	358975	747	882407	140103	2345
专业承包序列一级建筑装修装饰工程	113002	747	599234	25591	
专业承包序列一级消防设施工程			37200	114512	2345
专业承包序列一级机电设备安装工程	245973		245973		
专业承包序列二级工程	332078	84303	2830059	946577	305703
专业承包序列二级地基与基础工程			152513		
专业承包序列二级建筑装修装饰工程	316013	32892	1351516	454915	193011
专业承包序列二级建筑幕墙工程	12829	20171	156807	38234	17570
专业承包序列二级钢结构工程			190463		
专业承包序列二级消防设施工程	879	6144	824921	322605	25990
专业承包序列二级建筑防水工程	2357	23388	71670	275	69132
专业承包序列二级起重设备安装工程			23944	1140	
专业承包序列二级建筑智能化工程		272	39351	1170	
专业承包序列二级电子工程			16556	495	
专业承包序列二级公路交通工程			2318	977	
专业承包序列二级送变电工程		1436		124290	
专业承包序列二级城市及道路照明工程				2476	
专业承包序列三级工程	166236	82141	2392996	764391	425217
专业承包序列三级地基与基础工程	12690	231	1165072	9609	22419
专业承包序列三级建筑装修装饰工程		988	4087		
专业承包序列三级园林古建筑工程			51703	7180	
专业承包序列三级钢结构工程	102033	7172	404060	40594	36540
专业承包序列三级起重设备安装工程					
专业承包序列三级机电设备安装工程	48752	18060	80163	57321	60774
专业承包序列三级建筑智能化工程				4900	
专业承包序列三级环保工程	2761	31576	173582	37144	12356
专业承包序列三级电子工程			63883	7330	
专业承包序列三级公路路面工程			172869		26287
专业承包序列三级送变电工程			84677	39035	266841
专业承包序列三级城市及道路照明工程		24114	192900	561278	
专业承包序列不分等级工程	33320	14022	118941	15469	45193
专业分包序列其他附着升降脚手架	500	14022	94727	14522	
专业承包序列特种专业工程	32820		24214	947	45193
按管理机构分组					
惠城区统计局	1632012	308921	22002521	2013575	1487100
惠阳区统计局	81576	79727	3344085	334831	169358
惠东县统计局	500	27660	1959768	201038	16810
博罗县统计局	12617	118726	2521047	361435	175362
龙门县统计局	2931	400	489165	38494	310421
大亚湾统计局	82407	98119	4652098	511052	247625
仲恺高新区科技创新局	24277	442	1551613	27137	83417

6-9 续表9

(2021年)

项　　目	竣工产值 (千元)	房屋施工面积 (平方米)	房屋新开工面积 (平方米)	钢材 (吨)
总　计	**20109079**	**35388235**	**10210864**	**1702020**
按行业分组				
建筑业	20109079	35388235	10210864	1702020
房屋建筑业	14703516	29285261	8556261	679089
住宅房屋建筑	13964872	24614080	5810313	497090
住宅房屋建筑	13964872	24614080	5810313	497090
其他房屋建筑业	738644	4671181	2745948	181999
其他房屋建筑业	738644	4671181	2745948	181999
土木工程建筑业	3011143	2054168	1027815	880480
铁路、道路、隧道和桥梁工程建筑	2040458	753110	389545	30705
公路工程建筑	131640			4733
市政道路工程建筑	1906594	753110	389545	25860
其他道路、隧道和桥梁工程建筑	2224			112
水利和水运工程建筑	316099	889614	336040	47657
水源及供水设施工程建筑	312275	889614	336040	46763
河湖治理及防洪设施工程建筑	3824			894
海洋工程建筑				230
海洋油气资源开发利用工程建筑				230
工矿工程建筑	20442			470
工矿工程建筑	20442			470
架线和管道工程建筑	87674			
架线及设备工程建筑	87674			
管道工程建筑				
节能环保工程施工	23158			420
环保工程施工	23158			420
电力工程施工	5329			4
其他电力工程施工	5329			4
其他土木工程建筑	517983	411444	302230	800994
园林绿化工程施工	123487	69361	62800	781017
体育场地设施工程施工				
其他土木工程建筑施工	394496	342083	239430	19977
建筑安装业	883445	3356546	346758	96868
电气安装	510265	922031	109856	53531
电气安装	510265	922031	109856	53531
管道和设备安装	275501	879	879	30873
管道和设备安装	275501	879	879	30873
其他建筑安装业	97679	2433636	236023	12464
体育场地设施安装	3396			
其他建筑安装	94283	2433636	236023	12464
建筑装饰、装修和其他建筑业	1510975	692260	280030	45583
建筑装饰和装修业	1434217	538020	192742	43662
公共建筑装饰和装修	589237	499520	155242	20093
住宅装饰和装修	676128	38500	37500	5651
建筑幕墙装饰和装修	168852			17918
建筑物拆除和场地准备活动	122			
建筑物拆除活动				
场地准备活动	122			
其他未列明建筑业	76636	154240	87288	1921
其他未列明建筑业	76636	154240	87288	1921

6-9 续表10

(2021年)

项　　目	竣工产值(千元)	房屋施工面积(平方米)	房屋新开工面积(平方米)	钢材(吨)
按单位规模分组				
大型	5278021	5583683	1939473	109831
中型	10294980	16778102	2818249	444145
小型	3438319	8110316	3377811	1040151
微型	1097759	4916134	2075331	107893
按登记注册类型分组				
内资企业	19934360	35388235	10210864	1681158
国有企业	1237767	1603800	213735	70038
集体企业	625246	1814143	744642	42645
股份合作企业	12703	23562		10443
联营企业	12970	3300		102
集体联营企业	12970	3300		102
有限责任公司	6992316	9251473	4016414	975335
国有独资公司	3526361	3732183	1383744	46453
其他有限责任公司	3465955	5519290	2632670	928882
股份有限公司	1911432	1046875	219689	22108
私营企业	9122162	21632277	5013384	560126
私营独资企业	90518	18613	18113	970
私营合伙企业	51630			
私营有限责任公司	8878561	21603864	4995271	558554
私营股份有限公司	101453	9800		602
其他企业	19764	12805	3000	361
港、澳、台商投资企业				
港澳台商独资经营企业				
外商投资企业	174719			20862
中外合资经营企业	174719			20862
按企业控股情况分组				
国有控股	6408582	6528970	2135255	185575
集体控股	2356760	3012749	1135585	72034
私人控股	10702111	23358230	5494446	1396257
港澳台商控股				
外商控股	174719			20862
其他	466907	2488286	1445578	27292
按隶属关系分组				
中央				10
地方	3458392	4278841	1344731	160051
其他	16650687	31109394	8866133	1541959

6-9 续表11

(2021年)

项　　目	竣工产值(千元)	房屋施工面积(平方米)	房屋新开工面积(平方米)	钢材(吨)
按建筑业企业资质等级分组				
施工总承包序列	17389579	29822220	8502214	1598116
施工总承包序列一级工程	7626121	8009462	2984500	277855
施工总承包序列一级房屋建筑工程	7374087	7119848	2648460	223958
施工总承包序列一级公路工程				2250
施工总承包序列一级水利水电工程	249134	889614	336040	44698
施工总承包序列一级市政公用工程	2900			6949
施工总承包序列二级工程	7143599	16979703	4075963	345920
施工总承包序列二级房屋建筑工程	5147517	16004277	3543752	271664
施工总承包序列二级化工石油工程	169096			20862
施工总承包序列二级市政公用工程	1826986	975426	532211	53394
施工总承包序列三级工程	2619859	4833055	1441751	974341
施工总承包序列三级房屋建筑工程	1596678	4277442	1299912	158409
施工总承包序列三级公路工程	3971	50		309
施工总承包序列三级水利水电工程	12690	12000		2261
施工总承包序列三级电力工程	177053	2934	2934	605
施工总承包序列三级矿山工程				
施工总承包序列三级化工石油工程				230
施工总承包序列三级市政公用工程	744299	540629	138905	806186
施工总承包序列三级通信工程				
施工总承包序列三级机电安装工程	85168			6341
施工总承包序列三级其他				
专业承包序列	2719500	5566015	1708650	103904
专业承包序列一级工程	338179			12803
专业承包序列一级建筑装修装饰工程	92206			12803
专业承包序列一级消防设施工程				
专业承包序列一级机电设备安装工程	245973			
专业承包序列二级工程	940770	4342107	1061793	51225
专业承包序列二级地基与基础工程	35538	1	1	2912
专业承包序列二级建筑装修装饰工程	446357	588419	260038	7379
专业承包序列二级建筑幕墙工程	51630	300		6879
专业承包序列二级钢结构工程	190463	393828	96793	11416
专业承包序列二级消防设施工程	190936	2972959	323361	22587
专业承包序列二级建筑防水工程	25846	386600	381600	
专业承包序列二级起重设备安装工程				
专业承包序列二级建筑智能化工程				
专业承包序列二级电子工程				
专业承包序列二级公路交通工程				52
专业承包序列二级送变电工程				
专业承包序列二级城市及道路照明工程				
专业承包序列三级工程	1432500	1223131	646857	39146
专业承包序列三级地基与基础工程	679833	911627	523990	21358
专业承包序列三级建筑装修装饰工程				
专业承包序列三级园林古建筑工程	23930	7900	6150	13
专业承包序列三级钢结构工程	42645	53780	10000	4752
专业承包序列三级起重设备安装工程				
专业承包序列三级机电设备安装工程	128372	140200	15900	8704
专业承包序列三级建筑智能化工程				
专业承包序列三级环保工程	199083	100667	90817	1114
专业承包序列三级电子工程	71213			
专业承包序列三级公路路面工程				2231
专业承包序列三级送变电工程	130761			
专业承包序列三级城市及道路照明工程	156663	8957		974
专业承包序列不分等级工程	8051	777		730
专业分包序列其他附着升降脚手架		777		730
专业承包序列特种专业工程	8051			
管理机构				
惠城区统计局	11456936	19909548	4402905	1221054
惠阳区统计局	1954622	3321960	870891	114773
惠东县统计局	652897	546712	150819	62181
博罗县统计局	2247244	4409506	2238362	86707
龙门县统计局	658456	388507	1600	17102
大亚湾统计局	2869893	4753927	1055329	157518
仲恺高新区科技创新局	269031	2058075	1490958	42685

6-9 续表12

(2021年)

项　　目	木材(立方米)	水泥(吨)	平板玻璃(重量箱)	平板玻璃(平方米)	铝材(吨)
总　计	**1065604**	**3266993**	**154410**	**769154**	**93745**
按行业分组					
建筑业	1065604	3266993	154410	769154	93745
房屋建筑业	597192	1855891	138035	614992	70212
住宅房屋建筑	457948	1513987	122786	565614	58490
住宅房屋建筑	457948	1513987	122786	565614	58490
其他房屋建筑业	139244	341904	15249	49378	11722
其他房屋建筑业	139244	341904	15249	49378	11722
土木工程建筑业	199729	1006303	1131	22098	4187
铁路、道路、隧道和桥梁工程建筑	28274	729146	171	2813	2814
公路工程建筑	1400	28991			5
市政道路工程建筑	26871	677038	171	2813	2809
其他道路、隧道和桥梁工程建筑	3	23117			
水利和水运工程建筑	29238	104652	560	12848	1064
水源及供水设施工程建筑	5988	90752	560	12848	1064
河湖治理及防洪设施工程建筑	23250	13900			
海洋工程建筑	20	5			
海洋油气资源开发利用工程建筑	20	5			
工矿工程建筑	12	12			
工矿工程建筑	12	12			
架线和管道工程建筑					
架线及设备工程建筑					
管道工程建筑					
节能环保工程施工	90	50			
环保工程施工	90	50			
电力工程施工		20			
其他电力工程施工		20			
其他土木工程建筑	142095	172418	400	6437	309
园林绿化工程施工	123207	116916			6
体育场地设施工程施工					
其他土木工程建筑施工	18888	55502	400	6437	303
建筑安装业	23450	219391	4843	43832	3006
电气安装	22683	213304			2450
电气安装	22683	213304			2450
管道和设备安装	463	5266			237
管道和设备安装	463	5266			237
其他建筑安装业	304	821	4843	43832	319
体育场地设施安装					
其他建筑安装	304	821	4843	43832	319
建筑装饰、装修和其他建筑业	245233	185408	10401	88232	16340
建筑装饰和装修业	211708	177153	10401	88232	16339
公共建筑装饰和装修	45763	13328	22	21602	237
住宅装饰和装修	155637	48775	5652	43560	432
建筑幕墙装饰和装修	10308	115050	4727	23070	15670
建筑物拆除和场地准备活动		140			
建筑物拆除活动					
场地准备活动		140			
其他未列明建筑业	33525	8115			1
其他未列明建筑业	33525	8115			1

6-9 续表13

(2021年)

项　　目	木材(立方米)	水泥(吨)	平板玻璃(重量箱)	平板玻璃(平方米)	铝材(吨)
按单位规模分组					
大型	194169	168420	14780	86966	38304
中型	351676	1917035	74208	338039	30652
小型	344309	1021250	36646	244754	23423
微型	175450	160288	28776	99395	1366
按登记注册类型分组					
内资企业	1065604	3266993	154410	769154	93738
国有企业	32355	252123	39063	155867	4582
集体企业	45192	294153	25764	152117	1934
股份合作企业	9937	21293	221	2100	8
联营企业	505	323	379	2240	130
集体联营企业	505	323	379	2240	130
有限责任公司	354545	864288	7746	70453	9286
国有独资公司	182307	48914	2872	28724	184
其他有限责任公司	172238	815374	4874	41729	9102
股份有限公司	41695	73323	11410	46824	37848
私营企业	581375	1761490	69827	339553	39950
私营独资企业	84	3206			2
私营合伙企业					
私营有限责任公司	575485	1755132	66465	331962	39747
私营股份有限公司	5806	3152	3362	7591	201
其他企业					
港、澳、台商投资企业					
港澳台商独资经营企业					
外商投资企业					7
中外合资经营企业					7
按企业控股情况分组					
国有控股	233401	787471	62146	237939	5820
集体控股	52287	382912	37862	197851	39924
私人控股	777043	2072548	54293	331168	47794
港澳台商控股					
外商控股					7
其他	2873	24062	109	2196	200
按隶属关系分组					
中央		287			4
地方	78612	583318	52597	227468	43866
其他	986992	2683388	101813	541686	49875

6-9 续表14

(2021年)

项　　目	木材(立方米)	水泥(吨)	平板玻璃(重量箱)	平板玻璃(平方米)	铝材(吨)
按建筑业企业资质等级分组					
施工总承包序列	807611	2872721	136551	664956	73386
施工总承包序列一级工程	302645	735339	64120	264583	42184
施工总承包序列一级房屋建筑工程	285887	594681	63560	251735	41872
施工总承包序列一级公路工程		10056			
施工总承包序列一级水利水电工程	5697	56511	560	12848	297
施工总承包序列一级市政公用工程	11061	74091			15
施工总承包序列二级工程	181663	1382086	57111	291569	19496
施工总承包序列二级房屋建筑工程	175642	768527	57111	291569	18781
施工总承包序列二级化工石油工程					7
施工总承包序列二级市政公用工程	6021	613559			708
施工总承包序列三级工程	323303	755296	15320	108804	11706
施工总承包序列三级房屋建筑工程	170678	292663	12716	81904	7943
施工总承包序列三级公路工程	4	1189			
施工总承包序列三级水利水电工程	293	34523			767
施工总承包序列三级电力工程	50	1718			19
施工总承包序列三级矿山工程					
施工总承包序列三级化工石油工程	20	5			
施工总承包序列三级市政公用工程	152181	420494	2604	26900	2747
施工总承包序列三级通信工程					
施工总承包序列三级机电安装工程	77	4704			230
施工总承包序列三级其他					
专业承包序列	257993	394272	17859	104198	20359
专业承包序列一级工程	5616	97809	2811	5085	14499
专业承包序列一级建筑装修装饰工程	5616	97809	2811	5085	14499
专业承包序列一级消防设施工程					
专业承包序列一级机电设备安装工程					
专业承包序列二级工程	67617	192079	12840	92914	4365
专业承包序列二级地基与基础工程		1487			
专业承包序列二级建筑装修装饰工程	18376	69009	12458	86472	1787
专业承包序列二级建筑幕墙工程	2485	13720			1
专业承包序列二级钢结构工程	143	3460	300	3100	66
专业承包序列二级消防设施工程	46608	103397	82	3342	2501
专业承包序列二级建筑防水工程		975			
专业承包序列二级起重设备安装工程					
专业承包序列二级建筑智能化工程					
专业承包序列二级电子工程					
专业承包序列二级公路交通工程	5	31			10
专业承包序列二级送变电工程					
专业承包序列二级城市及道路照明工程					
专业承包序列三级工程	184660	104381	2206	6149	1493
专业承包序列三级地基与基础工程	13134	36446	30	1500	1286
专业承包序列三级建筑装修装饰工程					
专业承包序列三级园林古建筑工程	35	855			1
专业承包序列三级钢结构工程	161355	16095	76	449	33
专业承包序列三级起重设备安装工程					
专业承包序列三级机电设备安装工程	872	22896	2100	4200	155
专业承包序列三级建筑智能化工程					
专业承包序列三级环保工程	743	7086			16
专业承包序列三级电子工程					
专业承包序列三级公路路面工程		14072			
专业承包序列三级送变电工程					
专业承包序列三级城市及道路照明工程	8521	6931			2
专业承包序列不分等级工程	100	3	2	50	2
专业分包序列其他附着升降脚手架	100	3	2	50	2
专业承包序列特种专业工程					
按管理机构分组					
惠城区统计局	726896	1777450	51499	255747	31321
惠阳区统计局	100044	370322	58113	252937	6749
惠东县统计局	50666	289534	4357	14211	606
博罗县统计局	56128	228933	2856	23056	808
龙门县统计局	10489	131102	23053	144526	1910
大亚湾统计局	114869	450136	14077	74823	51356
仲恺高新区科技创新局	6512	19516	455	3854	995

6-9 续表15

(2021年) 单位：人

项 目	从事生产经营活动的平均人数	建筑业从业人员期末人数	工程技术人员	现场施工人员
总 计	**70934**	**71706**	**12320**	**32144**
按行业分组				
建筑业	70934	71706	12320	32144
房屋建筑业	39767	40618	6681	20117
住宅房屋建筑	31661	31649	5347	13972
住宅房屋建筑	31661	31649	5347	13972
其他房屋建筑业	8106	8969	1334	6145
其他房屋建筑业	8106	8969	1334	6145
土木工程建筑业	13832	13518	2176	6009
铁路、道路、隧道和桥梁工程建筑	5391	4995	978	2229
公路工程建筑	1093	430	70	120
市政道路工程建筑	4278	4539	895	2086
其他道路、隧道和桥梁工程建筑	20	26	13	23
水利和水运工程建筑	3754	3913	513	2547
水源及供水设施工程建筑	3608	3761	465	2522
河湖治理及防洪设施工程建筑	146	152	48	25
海洋工程建筑	57	58		
海洋油气资源开发利用工程建筑	57	58		
工矿工程建筑	326	319	12	
工矿工程建筑	326	319	12	
架线和管道工程建筑	622	608	160	77
架线及设备工程建筑	593	576	153	58
管道工程建筑	29	32	7	19
节能环保工程施工	137	140	27	94
环保工程施工	137	140	27	94
电力工程施工	144	147	24	80
其他电力工程施工	144	147	24	80
其他土木工程建筑	3401	3338	462	982
园林绿化工程施工	737	869	142	362
体育场地设施工程施工	230	56	8	
其他土木工程建筑施工	2434	2413	312	620
建筑安装业	9079	10360	2334	4216
电气安装	5765	6680	1921	2982
电气安装	5765	6680	1921	2982
管道和设备安装	1811	1716	189	542
管道和设备安装	1811	1716	189	542
其他建筑安装业	1503	1964	224	692
体育场地设施安装	7	8	2	6
其他建筑安装	1496	1956	222	686
建筑装饰、装修和其他建筑业	8256	7210	1129	1802
建筑装饰和装修业	6782	5822	903	1426
公共建筑装饰和装修	1136	797	40	25
住宅装饰和装修	5133	4516	835	1376
建筑幕墙装饰和装修	513	509	28	25
建筑物拆除和场地准备活动	643	642	117	208
建筑物拆除活动	577	568	105	168
场地准备活动	66	74	12	40
其他未列明建筑业	831	746	109	168
其他未列明建筑业	831	746	109	168

6-9 续表16

(2021年)　　单位：人

项　　目	从事生产经营活动的平均人数	建筑业从业人员期末人数	工程技术人员	现场施工人员
按单位规模分组				
大型	9007	8653	874	7572
中型	24477	24500	4107	9458
小型	25092	26224	5178	10378
微型	12358	12329	2161	4736
按登记注册类型分组				
内资企业	70316	71060	12226	31688
国有企业	4068	3762	395	2332
集体企业	3315	3141	466	1350
股份合作企业	312	304	74	229
联营企业	19	16	3	5
集体联营企业	19	16	3	5
有限责任公司	18931	19610	3909	11395
国有独资公司	3430	3801	282	3512
其他有限责任公司	15501	15809	3627	7883
股份有限公司	2940	2901	490	1902
私营企业	40660	41283	6874	14447
私营独资企业	722	431	84	167
私营合伙企业	83	49	7	
私营有限责任公司	39505	40497	6742	14225
私营股份有限公司	350	306	41	55
其他企业	71	43	15	28
港、澳、台商投资企业	50	76	5	55
港澳台商独资经营企业	50	76	5	55
外商投资企业	568	570	89	401
中外合资经营企业	568	570	89	401
按企业控股情况分组				
国有控股	13443	13196	1564	10314
集体控股	8492	9424	2335	5071
私人控股	45890	46341	8042	15448
港澳台商控股	50	76	5	55
外商控股	568	570	89	401
其他	2491	2099	285	855
按隶属关系分组				
中央	35	38	11	
地方	12597	11278	1407	7970
其他	58302	60390	10902	24174

6-9 续表17

(2021年) 单位：人

项　　目	从事生产经营活动的平均人数	建筑业从业人员期末人数	工程技术人员	现场施工人员
按建筑业企业资质等级分组				
施工总承包序列	51652	51710	7316	26602
施工总承包序列一级工程	14132	13480	1534	11394
施工总承包序列一级房屋建筑工程	9623	9752	1053	8597
施工总承包序列一级公路工程	900	207		
施工总承包序列一级水利水电工程	2850	2830	350	2480
施工总承包序列一级市政公用工程	759	691	131	317
施工总承包序列二级工程	17082	18958	2623	9585
施工总承包序列二级房屋建筑工程	12865	14001	1935	6133
施工总承包序列二级化工石油工程	566	567	89	401
施工总承包序列二级市政公用工程	3651	4390	599	3051
施工总承包序列三级工程	20438	19272	3159	5623
施工总承包序列三级房屋建筑工程	11995	11529	1865	3646
施工总承包序列三级公路工程	60	86	7	
施工总承包序列三级水利水电工程	630	836	108	44
施工总承包序列三级电力工程	1436	1275	260	564
施工总承包序列三级矿山工程	188	195		
施工总承包序列三级化工石油工程	332	343		
施工总承包序列三级市政公用工程	5280	4562	875	1314
施工总承包序列三级通信工程	210	200		
施工总承包序列三级机电安装工程	292	232	44	55
施工总承包序列三级其他	15	14		
专业承包序列	19282	19996	5004	5542
专业承包序列一级工程	669	658	72	61
专业承包序列一级建筑装修装饰工程	402	424	72	61
专业承包序列一级消防设施工程	135	144		
专业承包序列一级机电设备安装工程	132	90		
专业承包序列二级工程	9103	8332	1340	2259
专业承包序列二级地基与基础工程	349	194	65	118
专业承包序列二级建筑装修装饰工程	4865	3818	769	950
专业承包序列二级建筑幕墙工程	584	575	76	19
专业承包序列二级钢结构工程	262	278		
专业承包序列二级消防设施工程	2044	2492	213	959
专业承包序列二级建筑防水工程	423	415	141	124
专业承包序列二级起重设备安装工程	178	181	9	
专业承包序列二级建筑智能化工程	226	217	39	26
专业承包序列二级电子工程	30	24	5	19
专业承包序列二级公路交通工程	15	16		15
专业承包序列二级送变电工程	117	115	23	29
专业承包序列二级城市及道路照明工程	10	7		
专业承包序列三级工程	8894	10360	3559	3124
专业承包序列三级地基与基础工程	1412	1740	799	414
专业承包序列三级建筑装修装饰工程	10	11	4	
专业承包序列三级园林古建筑工程	248	197	19	
专业承包序列三级钢结构工程	1166	1168	151	65
专业承包序列三级起重设备安装工程	28	25		
专业承包序列三级机电设备安装工程	791	1135	630	192
专业承包序列三级建筑智能化工程	20	22		
专业承包序列三级环保工程	722	725	102	239
专业承包序列三级电子工程	143	145	84	
专业承包序列三级公路路面工程	242	164	73	18
专业承包序列三级送变电工程	2757	3660	1415	2092
专业承包序列三级城市及道路照明工程	1355	1368	282	104
专业承包序列不分等级工程	616	646	33	98
专业分包序列其他附着升降脚手架	523	571	18	78
专业承包序列特种专业工程	93	75	15	20
按管理机构分组				
惠城区统计局	39616	41794	7966	19573
惠阳区统计局	7781	7732	755	3519
惠东县统计局	4063	3382	577	788
博罗县统计局	6729	6127	969	2902
龙门县统计局	1250	1048	332	120
大亚湾统计局	7824	7439	1310	4154
仲恺高新区科技创新局	3671	4184	411	1088

6-9　续表18

(2021年)

项　　目	年末自有施工机械设备净值(千元)	年末自有施工机械设备总台数(台)	年末自有施工机械设备总功率(千瓦)	企业总产值(千元)	在外省完成的建筑业总产值(千元)
总　计	**455710**	**8127**	**323791**	**42992054**	**633995**
按行业分组					
建筑业	455710	8127	323791	42992054	633995
房屋建筑业	256902	4877	192355	24342653	226292
住宅房屋建筑	235219	4703	176484	19711231	101433
住宅房屋建筑	235219	4703	176484	19711231	101433
其他房屋建筑业	21683	174	15871	4631422	124859
其他房屋建筑业	21683	174	15871	4631422	124859
土木工程建筑业	133675	2015	68497	10135523	95149
铁路、道路、隧道和桥梁工程建筑	22118	333	17608	5677124	88390
公路工程建筑	8445	58	3354	1823137	
市政道路工程建筑	12984	272	13997	3802388	88390
其他道路、隧道和桥梁工程建筑	689	3	257	51599	
水利和水运工程建筑	28706	1149	32729	2688983	
水源及供水设施工程建筑	25861	1063	27116	2556288	
河湖治理及防洪设施工程建筑	2845	86	5613	132695	
海洋工程建筑	538	136	1470	41844	
海洋油气资源开发利用工程建筑	538	136	1470	41844	
工矿工程建筑	640	170	2860	22544	
工矿工程建筑	640	170	2860	22544	
架线和管道工程建筑				147486	272
架线及设备工程建筑				144344	272
管道工程建筑				3142	
节能环保工程施工				28487	824
环保工程施工				28487	824
电力工程施工		1	57	94920	
其他电力工程施工		1	57	94920	
其他土木工程建筑	81673	226	13773	1434135	5663
园林绿化工程施工				258641	4583
体育场地设施工程施工				65223	
其他土木工程建筑施工	81673	226	13773	1110271	1080
建筑安装业	50150	1047	42302	4286087	169986
电气安装	2209	307	25702	2871995	71022
电气安装	2209	307	25702	2871995	71022
管道和设备安装	37757	586	13434	767700	43845
管道和设备安装	37757	586	13434	767700	43845
其他建筑安装业	10184	154	3166	646392	55119
体育场地设施安装				3396	
其他建筑安装	10184	154	3166	642996	55119
建筑装饰、装修和其他建筑业	14983	188	20637	4227791	142568
建筑装饰和装修业	1906	65	670	3528399	60720
公共建筑装饰和装修				677794	
住宅装饰和装修	1906	65	670	2070899	55276
建筑幕墙装饰和装修				779706	5444
建筑物拆除和场地准备活动	12812	81	19201	447993	19231
建筑物拆除活动	12812	81	19201	336648	19231
场地准备活动				111345	
其他未列明建筑业	265	42	766	251399	62617
其他未列明建筑业	265	42	766	251399	62617

6-9　续表19

(2021年)

项　　目	年末自有施工机械设备净值(千元)	年末自有施工机械设备总台数(台)	年末自有施工机械设备总功率(千瓦)	企业总产值(千元)	在外省完成的建筑业总产值(千元)
按单位规模分组					
大型	92826	2671	128317	8334512	52920
中型	181483	3149	154826	17552147	103256
小型	99944	1713	28184	11790328	407902
微型	81457	594	12464	5315067	69917
按登记注册类型分组					
内资企业	418474	7593	310412	42767935	593535
国有企业	10130	1153	32965	1264941	25780
集体企业	6685	553	6462	2111523	
股份合作企业	356	102	2120	32114	
联营企业	160	10	20	12975	
集体联营企业	160	10	20	12975	
有限责任公司	131394	2623	126989	14798819	210808
国有独资公司	60203	1265	72591	3888111	52920
其他有限责任公司	71191	1358	54398	10910708	157888
股份有限公司	13830	616	45291	1380285	19231
私营企业	255919	2536	96565	23147630	337716
私营独资企业				182397	824
私营合伙企业				51630	
私营有限责任公司	251638	2308	69900	22641061	317396
私营股份有限公司	4281	228	26665	272542	19496
其他企业				19648	
港、澳、台商投资企业				49400	
港澳台商独资经营企业				49400	
外商投资企业	37236	534	13379	174719	40460
中外合资经营企业	37236	534	13379	174719	40460
按企业控股情况分组					
国有控股	107671	3537	144292	11436777	83960
集体控股	15159	1203	35000	3036315	
私人控股	277552	2833	129530	26615029	409600
港澳台商控股				49400	
外商控股	37236	534	13379	174719	40460
其他	18092	20	1590	1679814	99975
按隶属关系分组					
中央				38120	
地方	41531	2477	86702	7321305	24314
其他	414179	5650	237089	35632629	609681

6-9　续表20

(2021年)

项　　目	年末自有施工机械设备净值(千元)	年末自有施工机械设备总台数(台)	年末自有施工机械设备总功率(千瓦)	企业总产值(千元)	在外省完成的建筑业总产值(千元)
按建筑业企业资质等级分组					
施工总承包序列	301549	7270	281556	33969688	452782
施工总承包序列一级工程	110616	3640	168482	12436007	53600
施工总承包序列一级房屋建筑工程	64596	2489	127222	7692348	52920
施工总承包序列一级公路工程	7430	32	3200	1639287	
施工总承包序列一级水利水电工程	25500	985	27100	2255011	
施工总承包序列一级市政公用工程	13090	134	10960	849361	680
施工总承包序列二级工程	127156	2067	65022	12614378	148364
施工总承包序列二级房屋建筑工程	76194	1358	44461	8944743	107904
施工总承包序列二级化工石油工程	37236	534	13379	169096	40460
施工总承包序列二级市政公用工程	13726	175	7182	3500539	
施工总承包序列三级工程	63777	1563	48052	8919303	250818
施工总承包序列三级房屋建筑工程	34173	910	14691	4745535	72796
施工总承包序列三级公路工程				17790	
施工总承包序列三级水利水电工程	361	78	16	234642	
施工总承包序列三级电力工程	838	154	962	889808	64592
施工总承包序列三级矿山工程				130395	
施工总承包序列三级化工石油工程	1059	188	1525	142382	
施工总承包序列三级市政公用工程	27346	233	30858	2447863	81573
施工总承包序列三级通信工程				22289	
施工总承包序列三级机电安装工程				288599	31857
施工总承包序列三级其他					
专业承包序列	154161	857	42235	9022366	181213
专业承包序列一级工程				1081403	747
专业承包序列一级建筑装修装饰工程				656891	747
专业承包序列一级消防设施工程				154057	
专业承包序列一级机电设备安装工程				270455	
专业承包序列二级工程	44316	318	28012	4083186	84303
专业承包序列二级地基与基础工程	35039	26	840	152513	
专业承包序列二级建筑装修装饰工程	2590	69	1106	2010247	32892
专业承包序列二级建筑幕墙工程				212611	20171
专业承包序列二级钢结构工程				190463	
专业承包序列二级消防设施工程	223	83	1198	1182793	6144
专业承包序列二级建筑防水工程	91	20	70	140469	23388
专业承包序列二级起重设备安装工程	5650	33	68	29508	
专业承包序列二级建筑智能化工程				13826	272
专业承包序列二级电子工程				20695	
专业承包序列二级公路交通工程	50	5	80	3295	
专业承包序列二级送变电工程	673	82	24650	124290	1436
专业承包序列二级城市及道路照明工程				2476	
专业承包序列三级工程	109845	539	14223	3671174	82141
专业承包序列三级地基与基础工程	42276	80	5158	1202757	231
专业承包序列三级建筑装修装饰工程				4087	988
专业承包序列三级园林古建筑工程				58883	
专业承包序列三级钢结构工程	15566	127	5621	485341	7172
专业承包序列三级起重设备安装工程					
专业承包序列三级机电设备安装工程	1318	238	2991	213102	18060
专业承包序列三级建筑智能化工程				4900	
专业承包序列三级环保工程	1300	25	450	236616	31576
专业承包序列三级电子工程				71213	
专业承包序列三级公路路面工程	49385	69	3	199156	
专业承包序列三级送变电工程				397581	
专业承包序列三级城市及道路照明工程				797538	24114
专业承包序列不分等级工程				186603	14022
专业分包序列其他附着升降脚手架				109249	14022
专业承包序列特种专业工程				77354	
按管理机构分组					
惠城区统计局	295267	3982	189259	25695346	308921
惠阳区统计局	13282	1480	39069	3865128	79727
惠东县统计局	9186	354	7077	2194664	27660
博罗县统计局	34018	586	13984	3093433	118726
龙门县统计局	28116	119	2203	837473	400
大亚湾统计局	61770	1460	67993	5525695	98119
仲恺高新区科技创新局	14071	146	4206	1780315	442

6-10 建筑业企业房屋竣工面积及价值

(2021年) 单位：平方米、千元

项　　目	代码	房屋竣工面积	房屋竣工价值	房屋竣工面积_住宅房屋	房屋竣工价值_住宅房屋
总　计		**6959789**	**14269324**	**3611444**	**8906464**
按行业代码分组					
建筑业	E	6959789	14269324	3611444	8906464
房屋建筑业	47	6189006	13302283	3438357	8751958
住宅房屋建筑	471	5329042	12770617	2846287	8363056
住宅房屋建筑	4710	5329042	12770617	2846287	8363056
其他房屋建筑业	479	859964	531666	592070	388902
其他房屋建筑业	4790	859964	531666	592070	388902
土木工程建筑业	48	183785	262323	54287	105458
铁路、道路、隧道和桥梁工程建筑	481	33200	49856		
公路工程建筑	4812				
市政道路工程建筑	4813	33200	49856		
其他道路、隧道和桥梁工程建筑	4819				
水利和水运工程建筑	482	50040	100080	50040	100080
水源及供水设施工程建筑	4821	50040	100080	50040	100080
河湖治理及防洪设施工程建筑	4822				
海洋工程建筑	483				
海洋油气资源开发利用工程建筑	4831				
工矿工程建筑	484				
工矿工程建筑	4840				
架线和管道工程建筑	485				
架线及设备工程建筑	4851				
管道工程建筑	4852				
节能环保工程施工	486				
环保工程施工	4862				
电力工程施工	487				
其他电力工程施工	4879				
其他土木工程建筑	489	100545	112387	4247	5378
园林绿化工程施工	4891	46757	43301	432	1500
体育场地设施工程施工	4892				
其他土木工程建筑施工	4899	53788	69086	3815	3878
建筑安装业	49	131285	99033	22000	45290
电气安装	491	51285	92598	19000	45000
电气安装	4910	51285	92598	19000	45000
管道和设备安装	492				
管道和设备安装	4920				
其他建筑安装业	499	80000	6435	3000	290
体育场地设施安装	4991				
其他建筑安装	4999	80000	6435	3000	290
建筑装饰、装修和其他建筑业	50	455713	605685	96800	3758
建筑装饰和装修业	501	349536	599944		
公共建筑装饰和装修	5011	335236	576573		
住宅装饰和装修	5012	14300	23371		
建筑幕墙装饰和装修	5013				
建筑物拆除和场地准备活动	502				
建筑物拆除活动	5021				
场地准备活动	5022				
其他未列明建筑业	509	106177	5741	96800	3758
其他未列明建筑业	5090	106177	5741	96800	3758

6-10 续表1

(2021年)　　单位：平方米、千元

项　　目	代码	房屋竣工面积	房屋竣工价值	房屋竣工面积_住宅房屋	房屋竣工价值_住宅房屋
按单位规模分组					
大型	1	1413202	4967981	1053585	4243759
中型	2	3587378	7361829	1719079	3945518
小型	3	1335241	1702228	375249	681848
微型	4	623968	237286	463531	35339
按登记注册类型分组					
内资企业	100	6959789	14269324	3611444	8906464
国有企业	110	598788	999107	89243	130037
集体企业	120	478809	622549	228818	324120
股份合作企业	130	12364	12500	3186	3221
联营企业	140	3243	12970	2998	11990
集体联营企业	142	3243	12970	2998	11990
有限责任公司	150	1573450	4484177	816967	3259123
国有独资公司	151	858782	3233735	623197	2727109
其他有限责任公司	159	714668	1250442	193770	532014
股份有限公司	160	524888	1663166	380348	1416570
私营企业	170	3757396	6455091	2089884	3761403
私营独资企业	171	500	916	500	916
私营合伙企业	172				
私营有限责任公司	173	3747096	6426728	2079584	3733040
私营股份有限公司	174	9800	27447	9800	27447
其他企业	190	10851	19764		
港、澳、台商投资企业	200				
港澳台商独资经营企业	230				
外商投资企业	300				
中外合资经营企业	310				
按企业控股情况分组					
国有控股	1	1514847	4347396	769717	2971700
集体控股	2	998796	2282185	615350	1755901
私人控股	3	4352240	7567570	2224047	4176463
港澳台商控股	4				
外商控股	5				
其他	9	93906	72173	2330	2400
按隶属关系分组					
中央	10				
地方	11	1283974	2785609	551453	1701367
其他	90	5675815	11483715	3059991	7205097

6-10 续表2

(2021年) 单位：平方米、千元

项目	代码	房屋竣工面积	房屋竣工价值	房屋竣工面积_住宅房屋	房屋竣工价值_住宅房屋
按建筑业企业资质等级分组					
施工总承包序列	A	312	5873257	13464223	3129115
施工总承包序列一级工程	A1	12	2452545	7296176	1709141
施工总承包序列一级房屋建筑工程	A101	7	2402505	7196096	1659101
施工总承包序列一级公路工程	A102	1			
施工总承包序列一级水利水电工程	A105	1	50040	100080	50040
施工总承包序列一级市政公用工程	A110	3			
施工总承包序列二级工程	A2	53	2473908	4860101	1254433
施工总承包序列二级房屋建筑工程	A201	40	2367426	4618339	1167851
施工总承包序列二级化工石油工程	A209	1			
施工总承包序列二级市政公用工程	A210	12	106482	241762	86582
施工总承包序列三级工程	A3	247	946804	1307946	165541
施工总承包序列三级房屋建筑工程	A301	123	863536	1141795	131336
施工总承包序列三级公路工程	A302	1			
施工总承包序列三级水利水电工程	A305	5	12000	11606	
施工总承包序列三级电力工程	A306	22	1405	147	
施工总承包序列三级矿山工程	A307	1			
施工总承包序列三级化工石油工程	A309	2			
施工总承包序列三级市政公用工程	A310	86	69863	154398	34205
施工总承包序列三级通信工程	A311	1			
施工总承包序列三级机电安装工程	A312	5			
施工总承包序列三级其他	A390	1			
专业承包序列	B	294	1086532	805101	482329
专业承包序列一级工程	B1	5			
专业承包序列一级建筑装修装饰工程	B103	3			
专业承包序列一级消防设施工程	B111	1			
专业承包序列一级机电设备安装工程	B118	1			
专业承包序列二级工程	B2	175	698288	313897	460996
专业承包序列二级地基与基础工程	B201	4			
专业承包序列二级建筑装修装饰工程	B203	98	167215	59684	103196
专业承包序列二级建筑幕墙工程	B204	10			
专业承包序列二级钢结构工程	B208	1	62173	190463	
专业承包序列二级消防设施工程	B211	32	109100	52996	3000
专业承包序列二级建筑防水工程	B212	20	359800	10754	354800
专业承包序列二级起重设备安装工程	B217	3			
专业承包序列二级建筑智能化工程	B220	3			
专业承包序列二级电子工程	B223	1			
专业承包序列二级公路交通工程	B228	1			
专业承包序列二级送变电工程	B249	1			
专业承包序列二级城市及道路照明工程	B258	1			
专业承包序列三级工程	B3	105	388244	491204	21333
专业承包序列三级地基与基础工程	B301	21	241429	404662	15624
专业承包序列三级建筑装修装饰工程	B303	1			
专业承包序列三级园林古建筑工程	B307	2	7900	6930	2330
专业承包序列三级钢结构工程	B308	15	550	2200	550
专业承包序列三级起重设备安装工程	B317	1			
专业承包序列三级机电设备安装工程	B318	12	34720	49601	
专业承包序列三级建筑智能化工程	B320	1			
专业承包序列三级环保工程	B321	20	95198	18921	2829
专业承包序列三级电子工程	B323	1			
专业承包序列三级公路路面工程	B326	2			
专业承包序列三级送变电工程	B349	4			
专业承包序列三级城市及道路照明工程	B358	25	8447	8890	
专业承包序列不分等级工程	B9	9			
专业分包序列其他附着升降脚手架	B914	6			
专业承包序列特种专业工程	B960	3			
按管理机构分组					
惠城区统计局		317	3304886	7535155	1866758
惠阳区统计局		44	982837	1572588	27949
惠东县统计局		40	200017	270955	73013
博罗县统计局		67	885113	1850138	476595
龙门县统计局		21	228481	433147	164027
大亚湾统计局		86	823035	2369089	614900
仲恺高新区科技创新局		31	535420	238252	388202

6-10 续表3

(2021年)　　单位：平方米、千元

项　　目	房屋竣工面积_商业及服务用房屋	房屋竣工价值_商业及服务用房屋	房屋竣工面积_商厦房屋(批发和零售用房)	房屋竣工价值_商厦房屋(批发和零售用房)
总　计	**254933**	**758298**	**44903**	**79454**
按行业代码分组				
建筑业	254933	758298	44903	79454
房屋建筑业	220308	647950	44603	79204
住宅房屋建筑	208308	636344	44603	79204
住宅房屋建筑	208308	636344	44603	79204
其他房屋建筑业	12000	11606		
其他房屋建筑业	12000	11606		
土木工程建筑业	1310	1565	100	150
铁路、道路、隧道和桥梁工程建筑				
公路工程建筑				
市政道路工程建筑				
其他道路、隧道和桥梁工程建筑				
水利和水运工程建筑				
水源及供水设施工程建筑				
河湖治理及防洪设施工程建筑				
海洋工程建筑				
海洋油气资源开发利用工程建筑				
工矿工程建筑				
工矿工程建筑				
架线和管道工程建筑				
架线及设备工程建筑				
管道工程建筑				
节能环保工程施工				
环保工程施工				
电力工程施工				
其他电力工程施工				
其他土木工程建筑	1310	1565	100	150
园林绿化工程施工				
体育场地设施工程施工				
其他土木工程建筑施工	1310	1565	100	150
建筑安装业	800	400	200	100
电气安装	800	400	200	100
电气安装	800	400	200	100
管道和设备安装				
管道和设备安装				
其他建筑安装业				
体育场地设施安装				
其他建筑安装				
建筑装饰、装修和其他建筑业	32515	108383		
建筑装饰和装修业	28138	108000		
公共建筑装饰和装修	28138	108000		
住宅装饰和装修				
建筑幕墙装饰和装修				
建筑物拆除和场地准备活动				
建筑物拆除活动				
场地准备活动				
其他未列明建筑业	4377	383		
其他未列明建筑业	4377	383		

6-10 续表4

(2021年) 单位：平方米、千元

项　　目	房屋竣工面积_商业及服务用房屋	房屋竣工价值_商业及服务用房屋	房屋竣工面积_商厦房屋(批发和零售用房)	房屋竣工价值_商厦房屋(批发和零售用房)
按单位规模分组				
大型	57534	248920		
中型	176036	488743	44346	78714
小型	15650	18037	200	100
微型	5713	2598	357	640
按登记注册类型分组				
内资企业	254933	758298	44903	79454
国有企业				
集体企业	44346	78714	44346	78714
股份合作企业				
联营企业				
集体联营企业				
有限责任公司	57030	244215	100	150
国有独资公司	56220	243000		
其他有限责任公司	810	1215	100	150
股份有限公司	1314	5920		
私营企业	152243	429449	457	590
私营独资企业				
私营合伙企业				
私营有限责任公司	152243	429449	457	590
私营股份有限公司				
其他企业				
港、澳、台商投资企业				
港澳台商独资经营企业				
外商投资企业				
中外合资经营企业				
按企业控股情况分组				
国有控股	56220	243000		
集体控股	45660	84634	44346	78714
私人控股	153053	430664	557	740
港澳台商控股				
外商控股				
其他				
按隶属关系分组				
中央				
地方	1314	5920		
其他	253619	752378	44903	79454

6-10 续表5

(2021年) 单位：平方米、千元

项目	房屋竣工面积_商业及服务用房屋	房屋竣工价值_商业及服务用房屋	房屋竣工面积_商厦房屋(批发和零售用房)	房屋竣工价值_商厦房屋(批发和零售用房)
按建筑业企业资质等级分组				
施工总承包序列	245070	748919	44346	78714
施工总承包序列一级工程	57534	248920		
施工总承包序列一级房屋建筑工程	57534	248920		
施工总承包序列一级公路工程				
施工总承包序列一级水利水电工程				
施工总承包序列一级市政公用工程				
施工总承包序列二级工程	131190	409679		
施工总承包序列二级房屋建筑工程	131190	409679		
施工总承包序列二级化工石油工程				
施工总承包序列二级市政公用工程				
施工总承包序列三级工程	56346	90320	44346	78714
施工总承包序列三级房屋建筑工程	44346	78714	44346	78714
施工总承包序列三级公路工程				
施工总承包序列三级水利水电工程	12000	11606		
施工总承包序列三级电力工程				
施工总承包序列三级矿山工程				
施工总承包序列三级化工石油工程				
施工总承包序列三级市政公用工程				
施工总承包序列三级通信工程				
施工总承包序列三级机电安装工程				
施工总承包序列三级其他				
专业承包序列	9863	9379	557	740
专业承包序列一级工程				
专业承包序列一级建筑装修装饰工程				
专业承包序列一级消防设施工程				
专业承包序列一级机电设备安装工程				
专业承包序列二级工程	8037	7629	100	150
专业承包序列二级地基与基础工程				
专业承包序列二级建筑装修装饰工程	8037	7629	100	150
专业承包序列二级建筑幕墙工程				
专业承包序列二级钢结构工程				
专业承包序列二级消防设施工程				
专业承包序列二级建筑防水工程				
专业承包序列二级起重设备安装工程				
专业承包序列二级建筑智能化工程				
专业承包序列二级电子工程				
专业承包序列二级公路交通工程				
专业承包序列二级送变电工程				
专业承包序列二级城市及道路照明工程				
专业承包序列三级工程	1826	1750	457	590
专业承包序列三级地基与基础工程				
专业承包序列三级建筑装修装饰工程				
专业承包序列三级园林古建筑工程				
专业承包序列三级钢结构工程				
专业承包序列三级起重设备安装工程				
专业承包序列三级机电设备安装工程				
专业承包序列三级建筑智能化工程				
专业承包序列三级环保工程	1026	1350	257	490
专业承包序列三级电子工程				
专业承包序列三级公路路面工程				
专业承包序列三级送变电工程				
专业承包序列三级城市及道路照明工程	800	400	200	100
专业承包序列不分等级工程				
专业分包序列其他附着升降脚手架				
专业承包序列特种专业工程				
按管理机构分组				
惠城区统计局	201261	604632	44603	79204
惠阳区统计局	28948	109215	100	150
惠东县统计局	800	400	200	100
博罗县统计局				
龙门县统计局	10610	26525		
大亚湾统计局	13314	17526		
仲恺高新区科技创新局				

6-10　续表6

(2021年)　　单位：平方米、千元

项　　目	房屋竣工面积_宾馆用房屋(住宿用房)	房屋竣工价值_宾馆用房屋(住宿用房)	房屋竣工面积_餐饮用房屋(餐饮用房)	房屋竣工价值_餐饮用房屋(餐饮用房)
总　计	**3010**	**306**	**247**	**190**
按行业代码分组				
建筑业	3010	306	247	190
房屋建筑业	10	20	47	90
住宅房屋建筑	10	20	47	90
住宅房屋建筑	10	20	47	90
其他房屋建筑业				
其他房屋建筑业				
土木工程建筑业				
铁路、道路、隧道和桥梁工程建筑				
公路工程建筑				
市政道路工程建筑				
其他道路、隧道和桥梁工程建筑				
水利和水运工程建筑				
水源及供水设施工程建筑				
河湖治理及防洪设施工程建筑				
海洋工程建筑				
海洋油气资源开发利用工程建筑				
工矿工程建筑				
工矿工程建筑				
架线和管道工程建筑				
架线及设备工程建筑				
管道工程建筑				
节能环保工程施工				
环保工程施工				
电力工程施工				
其他电力工程施工				
其他土木工程建筑				
园林绿化工程施工				
体育场地设施工程施工				
其他土木工程建筑施工				
建筑安装业	200	100	200	100
电气安装	200	100	200	100
电气安装	200	100	200	100
管道和设备安装				
管道和设备安装				
其他建筑安装业				
体育场地设施安装				
其他建筑安装				
建筑装饰、装修和其他建筑业	2800	186		
建筑装饰和装修业				
公共建筑装饰和装修				
住宅装饰和装修				
建筑幕墙装饰和装修				
建筑物拆除和场地准备活动				
建筑物拆除活动				
场地准备活动				
其他未列明建筑业	2800	186		
其他未列明建筑业	2800	186		

6-10 续表7

(2021年)　　单位：平方米、千元

项　　目	房屋竣工面积_宾馆用房屋(住宿用房)	房屋竣工价值_宾馆用房屋(住宿用房)	房屋竣工面积_餐饮用房屋(餐饮用房)	房屋竣工价值_餐饮用房屋(餐饮用房)
按单位规模分组				
大型				
中型				
小型	200	100	200	100
微型	2810	206	47	90
按登记注册类型分组				
内资企业	3010	306	247	190
国有企业				
集体企业				
股份合作企业				
联营企业				
集体联营企业				
有限责任公司				
国有独资公司				
其他有限责任公司				
股份有限公司				
私营企业	3010	306	247	190
私营独资企业				
私营合伙企业				
私营有限责任公司	3010	306	247	190
私营股份有限公司				
其他企业				
港、澳、台商投资企业				
港澳台商独资经营企业				
外商投资企业				
中外合资经营企业				
按企业控股情况分组				
国有控股				
集体控股				
私人控股	3010	306	247	190
港澳台商控股				
外商控股				
其他				
按隶属关系分组				
中央				
地方				
其他	3010	306	247	190

6-10 续表8

(2021年)　　单位：平方米、千元

项目	房屋竣工面积_宾馆用房屋(住宿用房)	房屋竣工价值_宾馆用房屋(住宿用房)	房屋竣工面积_餐饮用房屋(餐饮用房)	房屋竣工价值_餐饮用房屋(餐饮用房)
按建筑业企业资质等级分组				
施工总承包序列				
施工总承包序列一级工程				
施工总承包序列一级房屋建筑工程				
施工总承包序列一级公路工程				
施工总承包序列一级水利水电工程				
施工总承包序列一级市政公用工程				
施工总承包序列二级工程				
施工总承包序列二级房屋建筑工程				
施工总承包序列二级化工石油工程				
施工总承包序列二级市政公用工程				
施工总承包序列三级工程				
施工总承包序列三级房屋建筑工程				
施工总承包序列三级公路工程				
施工总承包序列三级水利水电工程				
施工总承包序列三级电力工程				
施工总承包序列三级矿山工程				
施工总承包序列三级化工石油工程				
施工总承包序列三级市政公用工程				
施工总承包序列三级通信工程				
施工总承包序列三级机电安装工程				
施工总承包序列三级其他				
专业承包序列	3010	306	247	190
专业承包序列一级工程				
专业承包序列一级建筑装修装饰工程				
专业承包序列一级消防设施工程				
专业承包序列一级机电设备安装工程				
专业承包序列二级工程	2800	186		
专业承包序列二级地基与基础工程				
专业承包序列二级建筑装修装饰工程	2800	186		
专业承包序列二级建筑幕墙工程				
专业承包序列二级钢结构工程				
专业承包序列二级消防设施工程				
专业承包序列二级建筑防水工程				
专业承包序列二级起重设备安装工程				
专业承包序列二级建筑智能化工程				
专业承包序列二级电子工程				
专业承包序列二级公路交通工程				
专业承包序列二级送变电工程				
专业承包序列二级城市及道路照明工程				
专业承包序列三级工程	210	120	247	190
专业承包序列三级地基与基础工程				
专业承包序列三级建筑装修装饰工程				
专业承包序列三级园林古建筑工程				
专业承包序列三级钢结构工程				
专业承包序列三级起重设备安装工程				
专业承包序列三级机电设备安装工程				
专业承包序列三级建筑智能化工程				
专业承包序列三级环保工程	10	20	47	90
专业承包序列三级电子工程				
专业承包序列三级公路路面工程				
专业承包序列三级送变电工程				
专业承包序列三级城市及道路照明工程	200	100	200	100
专业承包序列不分等级工程				
专业分包序列其他附着升降脚手架				
专业承包序列特种专业工程				
按管理机构分组				
惠城区统计局	2810	206	47	90
惠阳区统计局				
惠东县统计局	200	100	200	100
博罗县统计局				
龙门县统计局				
大亚湾统计局				
仲恺高新区科技创新局				

6-10 续表9

(2021年) 单位：平方米、千元

项　目	房屋竣工面积_商务会展用房屋	房屋竣工价值_商务会展用房屋	房屋竣工面积_其他商业及服务用房屋(居民服务业用房)	房屋竣工价值_其他商业及服务用房屋(居民服务业用房)
总　计	**10841**	**26685**	**195932**	**651663**
按行业代码分组				
建筑业	10841	26685	195932	651663
房屋建筑业	10641	26585	165007	542051
住宅房屋建筑	10641	26585	153007	530445
住宅房屋建筑	10641	26585	153007	530445
其他房屋建筑业			12000	11606
其他房屋建筑业			12000	11606
土木工程建筑业			1210	1415
铁路、道路、隧道和桥梁工程建筑				
公路工程建筑				
市政道路工程建筑				
其他道路、隧道和桥梁工程建筑				
水利和水运工程建筑				
水源及供水设施工程建筑				
河湖治理及防洪设施工程建筑				
海洋工程建筑				
海洋油气资源开发利用工程建筑				
工矿工程建筑				
工矿工程建筑				
架线和管道工程建筑				
架线及设备工程建筑				
管道工程建筑				
节能环保工程施工				
环保工程施工				
电力工程施工				
其他电力工程施工				
其他土木工程建筑			1210	1415
园林绿化工程施工				
体育场地设施工程施工				
其他土木工程建筑施工			1210	1415
建筑安装业	200	100		
电气安装	200	100		
电气安装	200	100		
管道和设备安装				
管道和设备安装				
其他建筑安装业				
体育场地设施安装				
其他建筑安装				
建筑装饰、装修和其他建筑业			29715	108197
建筑装饰和装修业			28138	108000
公共建筑装饰和装修			28138	108000
住宅装饰和装修				
建筑幕墙装饰和装修				
建筑物拆除和场地准备活动				
建筑物拆除活动				
场地准备活动				
其他未列明建筑业			1577	197
其他未列明建筑业			1577	197

6-10 续表10

(2021年)　　单位：平方米、千元

项目	房屋竣工面积_商务会展用房屋	房屋竣工价值_商务会展用房屋	房屋竣工面积_其他商业及服务用房屋(居民服务业用房)	房屋竣工价值_其他商业及服务用房屋(居民服务业用房)
按单位规模分组				
大型			57534	248920
中型	10610	26525	121080	383504
小型	200	100	14850	17637
微型	31	60	2468	1602
按登记注册类型分组				
内资企业	10841	26685	195932	651663
国有企业				
集体企业				
股份合作企业				
联营企业				
集体联营企业				
有限责任公司			56930	244065
国有独资公司			56220	243000
其他有限责任公司			710	1065
股份有限公司			1314	5920
私营企业	10841	26685	137688	401678
私营独资企业				
私营合伙企业				
私营有限责任公司	10841	26685	137688	401678
私营股份有限公司				
其他企业				
港、澳、台商投资企业				
港澳台商独资经营企业				
外商投资企业				
中外合资经营企业				
按企业控股情况分组				
国有控股			56220	243000
集体控股			1314	5920
私人控股	10841	26685	138398	402743
港澳台商控股				
外商控股				
其他				
按隶属关系分组				
中央				
地方			1314	5920
其他	10841	26685	194618	645743

6-10 续表11

(2021年)　　单位：平方米、千元

项　　目	房屋竣工面积_商务会展用房屋	房屋竣工价值_商务会展用房屋	房屋竣工面积_其他商业及服务用房屋(居民服务业用房)	房屋竣工价值_其他商业及服务用房屋(居民服务业用房)
按建筑业企业资质等级分组				
施工总承包序列	10610	26525	190114	643680
施工总承包序列一级工程			57534	248920
施工总承包序列一级房屋建筑工程			57534	248920
施工总承包序列一级公路工程				
施工总承包序列一级水利水电工程				
施工总承包序列一级市政公用工程				
施工总承包序列二级工程	10610	26525	120580	383154
施工总承包序列二级房屋建筑工程	10610	26525	120580	383154
施工总承包序列二级化工石油工程				
施工总承包序列二级市政公用工程				
施工总承包序列三级工程			12000	11606
施工总承包序列三级房屋建筑工程				
施工总承包序列三级公路工程				
施工总承包序列三级水利水电工程			12000	11606
施工总承包序列三级电力工程				
施工总承包序列三级矿山工程				
施工总承包序列三级化工石油工程				
施工总承包序列三级市政公用工程				
施工总承包序列三级通信工程				
施工总承包序列三级机电安装工程				
施工总承包序列三级其他				
专业承包序列	231	160	5818	7983
专业承包序列一级工程				
专业承包序列一级建筑装修装饰工程				
专业承包序列一级消防设施工程				
专业承包序列一级机电设备安装工程				
专业承包序列二级工程			5137	7293
专业承包序列二级地基与基础工程				
专业承包序列二级建筑装修装饰工程			5137	7293
专业承包序列二级建筑幕墙工程				
专业承包序列二级钢结构工程				
专业承包序列二级消防设施工程				
专业承包序列二级建筑防水工程				
专业承包序列二级起重设备安装工程				
专业承包序列二级建筑智能化工程				
专业承包序列二级电子工程				
专业承包序列二级公路交通工程				
专业承包序列二级送变电工程				
专业承包序列二级城市及道路照明工程				
专业承包序列三级工程	231	160	681	690
专业承包序列三级地基与基础工程				
专业承包序列三级建筑装修装饰工程				
专业承包序列三级园林古建筑工程				
专业承包序列三级钢结构工程				
专业承包序列三级起重设备安装工程				
专业承包序列三级机电设备安装工程				
专业承包序列三级建筑智能化工程				
专业承包序列三级环保工程	31	60	681	690
专业承包序列三级电子工程				
专业承包序列三级公路路面工程				
专业承包序列三级送变电工程				
专业承包序列三级城市及道路照明工程	200	100		
专业承包序列不分等级工程				
专业分包序列其他附着升降脚手架				
专业承包序列特种专业工程				
按管理机构分组				
惠城区统计局	31	60	153770	525072
惠阳区统计局			28848	109065
惠东县统计局	200	100		
博罗县统计局				
龙门县统计局	10610	26525		
大亚湾统计局			13314	17526
仲恺高新区科技创新局				

6-10 续表12

(2021年)　　　　单位：平方米、千元

项　　目	房屋竣工面积_办公用房屋	房屋竣工价值_办公用房屋	房屋竣工面积_科研、教育、医疗用房屋	房屋竣工价值_科研、教育、医疗用房屋
总　计	**74945**	**128927**	**263025**	**953846**
按行业代码分组				
建筑业	74945	128927	263025	953846
房屋建筑业	69171	121981	253125	930561
住宅房屋建筑	67309	120256	253125	930561
住宅房屋建筑	67309	120256	253125	930561
其他房屋建筑业	1862	1725		
其他房屋建筑业	1862	1725		
土木工程建筑业	5274	6666	3700	5900
铁路、道路、隧道和桥梁工程建筑	1684	4501	3700	5900
公路工程建筑				
市政道路工程建筑	1684	4501	3700	5900
其他道路、隧道和桥梁工程建筑				
水利和水运工程建筑				
水源及供水设施工程建筑				
河湖治理及防洪设施工程建筑				
海洋工程建筑				
海洋油气资源开发利用工程建筑				
工矿工程建筑				
工矿工程建筑				
架线和管道工程建筑				
架线及设备工程建筑				
管道工程建筑				
节能环保工程施工				
环保工程施工				
电力工程施工				
其他电力工程施工				
其他土木工程建筑	3590	2165		
园林绿化工程施工				
体育场地设施工程施工				
其他土木工程建筑施工	3590	2165		
建筑安装业	500	280		
电气安装	500	280		
电气安装	500	280		
管道和设备安装				
管道和设备安装				
其他建筑安装业				
体育场地设施安装				
其他建筑安装				
建筑装饰、装修和其他建筑业			6200	17385
建筑装饰和装修业			6200	17385
公共建筑装饰和装修				
住宅装饰和装修			6200	17385
建筑幕墙装饰和装修				
建筑物拆除和场地准备活动				
建筑物拆除活动				
场地准备活动				
其他未列明建筑业				
其他未列明建筑业				

6-10 续表13

(2021年)　　单位：平方米、千元

项目	房屋竣工面积_办公用房屋	房屋竣工价值_办公用房屋	房屋竣工面积_科研、教育、医疗用房屋	房屋竣工价值_科研、教育、医疗用房屋
按单位规模分组				
大型	10400	48586	15187	37876
中型	2220	1235	158712	701237
小型	56409	73668	74529	184696
微型	5916	5438	14597	30037
按登记注册类型分组				
内资企业	74945	128927	263025	953846
国有企业	47134	56560	48959	242123
集体企业				
股份合作企业	4053	4097		
联营企业				
集体联营企业				
有限责任公司	1870	1680	10970	18696
国有独资公司			6250	9326
其他有限责任公司	1870	1680	4720	9370
股份有限公司	10400	48586	8937	28550
私营企业	11488	18004	194159	664477
私营独资企业				
私营合伙企业				
私营有限责任公司	11488	18004	194159	664477
私营股份有限公司				
其他企业				
港、澳、台商投资企业				
港澳台商独资经营企业				
外商投资企业				
中外合资经营企业				
按企业控股情况分组				
国有控股	47134	56560	55209	251449
集体控股	14453	52683	8937	28550
私人控股	11988	18754	198879	673847
港澳台商控股				
外商控股				
其他	1370	930		
按隶属关系分组				
中央				
地方	10400	48586	57896	270673
其他	64545	80341	205129	683173

6-10 续表14

(2021年) 单位：平方米、千元

项　　目	房屋竣工面积_办公用房屋	房屋竣工价值_办公用房屋	房屋竣工面积_科研、教育、医疗用房屋	房屋竣工价值_科研、教育、医疗用房屋
按建筑业企业资质等级分组				
施工总承包序列	66453	118889	223480	868324
施工总承包序列一级工程	10400	48586	64146	279999
施工总承包序列一级房屋建筑工程	10400	48586	64146	279999
施工总承包序列一级公路工程				
施工总承包序列一级水利水电工程				
施工总承包序列一级市政公用工程				
施工总承包序列二级工程			129653	519054
施工总承包序列二级房屋建筑工程			109753	459114
施工总承包序列二级化工石油工程				
施工总承包序列二级市政公用工程			19900	59940
施工总承包序列三级工程	56053	70303	29681	69271
施工总承包序列三级房屋建筑工程	53654	65152	25981	63371
施工总承包序列三级公路工程				
施工总承包序列三级水利水电工程				
施工总承包序列三级电力工程				
施工总承包序列三级矿山工程				
施工总承包序列三级化工石油工程				
施工总承包序列三级市政公用工程	2399	5151	3700	5900
施工总承包序列三级通信工程				
施工总承包序列三级机电安装工程				
施工总承包序列三级其他				
专业承包序列	8492	10038	39545	85522
专业承包序列一级工程				
专业承包序列一级建筑装修装饰工程				
专业承包序列一级消防设施工程				
专业承包序列一级机电设备安装工程				
专业承包序列二级工程	312	363	4697	6752
专业承包序列二级地基与基础工程				
专业承包序列二级建筑装修装饰工程	312	363	4697	6752
专业承包序列二级建筑幕墙工程				
专业承包序列二级钢结构工程				
专业承包序列二级消防设施工程				
专业承包序列二级建筑防水工程				
专业承包序列二级起重设备安装工程				
专业承包序列二级建筑智能化工程				
专业承包序列二级电子工程				
专业承包序列二级公路交通工程				
专业承包序列二级送变电工程				
专业承包序列二级城市及道路照明工程				
专业承包序列三级工程	8180	9675	34848	78770
专业承包序列三级地基与基础工程	2138	5230	30128	69400
专业承包序列三级建筑装修装饰工程				
专业承包序列三级园林古建筑工程	1370	930		
专业承包序列三级钢结构工程				
专业承包序列三级起重设备安装工程				
专业承包序列三级机电设备安装工程			4720	9370
专业承包序列三级建筑智能化工程				
专业承包序列三级环保工程	4172	3235		
专业承包序列三级电子工程				
专业承包序列三级公路路面工程				
专业承包序列三级送变电工程				
专业承包序列三级城市及道路照明工程	500	280		
专业承包序列不分等级工程				
专业分包序列其他附着升降脚手架				
专业承包序列特种专业工程				
按管理机构分组				
惠城区统计局	9312	13178	156789	570753
惠阳区统计局			58859	265408
惠东县统计局	48112	58178	4000	6500
博罗县统计局	4053	4097	18851	44100
龙门县统计局	200	200	14659	36649
大亚湾统计局	12121	52199	9867	30436
仲恺高新区科技创新局	1147	1075		

6-10 续表15

(2021年) 单位：平方米、千元

项 目	房屋竣工面积_科学研究用房屋	房屋竣工价值_科学研究用房屋	房屋竣工面积_教育用房屋	房屋竣工价值_教育用房屋
总 计			**209688**	**700891**
按行业代码分组				
建筑业			209688	700891
房屋建筑业			199788	677606
住宅房屋建筑			199788	677606
住宅房屋建筑			199788	677606
其他房屋建筑业				
其他房屋建筑业				
土木工程建筑业			3700	5900
铁路、道路、隧道和桥梁工程建筑			3700	5900
公路工程建筑				
市政道路工程建筑			3700	5900
其他道路、隧道和桥梁工程建筑				
水利和水运工程建筑				
水源及供水设施工程建筑				
河湖治理及防洪设施工程建筑				
海洋工程建筑				
海洋油气资源开发利用工程建筑				
工矿工程建筑				
工矿工程建筑				
架线和管道工程建筑				
架线及设备工程建筑				
管道工程建筑				
节能环保工程施工				
环保工程施工				
电力工程施工				
其他电力工程施工				
其他土木工程建筑				
园林绿化工程施工				
体育场地设施工程施工				
其他土木工程建筑施工				
建筑安装业				
电气安装				
电气安装				
管道和设备安装				
管道和设备安装				
其他建筑安装业				
体育场地设施安装				
其他建筑安装				
建筑装饰、装修和其他建筑业			6200	17385
建筑装饰和装修业			6200	17385
公共建筑装饰和装修				
住宅装饰和装修			6200	17385
建筑幕墙装饰和装修				
建筑物拆除和场地准备活动				
建筑物拆除活动				
场地准备活动				
其他未列明建筑业				
其他未列明建筑业				

6-10 续表16

(2021年)　　单位：平方米、千元

项　　目	房屋竣工面积_科学研究用房屋	房屋竣工价值_科学研究用房屋	房屋竣工面积_教育用房屋	房屋竣工价值_教育用房屋
按单位规模分组				
大型			15187	37876
中型			105427	448298
小型			74529	184696
微型			14545	30021
按登记注册类型分组				
内资企业			209688	700891
国有企业				
集体企业				
股份合作企业				
联营企业				
集体联营企业				
有限责任公司			10970	18696
国有独资公司			6250	9326
其他有限责任公司			4720	9370
股份有限公司			8937	28550
私营企业			189781	653645
私营独资企业				
私营合伙企业				
私营有限责任公司			189781	653645
私营股份有限公司				
其他企业				
港、澳、台商投资企业				
港澳台商独资经营企业				
外商投资企业				
中外合资经营企业				
按企业控股情况分组				
国有控股			6250	9326
集体控股			8937	28550
私人控股			194501	663015
港澳台商控股				
外商控股				
其他				
按隶属关系分组				
中央				
地方			8937	28550
其他			200751	672341

6-10 续表17

(2021年)　　单位：平方米、千元

项　　目	房屋竣工面积_科学研究用房屋	房屋竣工价值_科学研究用房屋	房屋竣工面积_教育用房屋	房屋竣工价值_教育用房屋
按建筑业企业资质等级分组				
施工总承包序列			170195	615385
施工总承包序列一级工程			15187	37876
施工总承包序列一级房屋建筑工程			15187	37876
施工总承包序列一级公路工程				
施工总承包序列一级水利水电工程				
施工总承包序列一级市政公用工程				
施工总承包序列二级工程			125327	508238
施工总承包序列二级房屋建筑工程			105427	448298
施工总承包序列二级化工石油工程				
施工总承包序列二级市政公用工程			19900	59940
施工总承包序列三级工程			29681	69271
施工总承包序列三级房屋建筑工程			25981	63371
施工总承包序列三级公路工程				
施工总承包序列三级水利水电工程				
施工总承包序列三级电力工程				
施工总承包序列三级矿山工程				
施工总承包序列三级化工石油工程				
施工总承包序列三级市政公用工程			3700	5900
施工总承包序列三级通信工程				
施工总承包序列三级机电安装工程				
施工总承包序列三级其他				
专业承包序列			39493	85506
专业承包序列一级工程				
专业承包序列一级建筑装修装饰工程				
专业承包序列一级消防设施工程				
专业承包序列一级机电设备安装工程				
专业承包序列二级工程			4645	6736
专业承包序列二级地基与基础工程				
专业承包序列二级建筑装修装饰工程			4645	6736
专业承包序列二级建筑幕墙工程				
专业承包序列二级钢结构工程				
专业承包序列二级消防设施工程				
专业承包序列二级建筑防水工程				
专业承包序列二级起重设备安装工程				
专业承包序列二级建筑智能化工程				
专业承包序列二级电子工程				
专业承包序列二级公路交通工程				
专业承包序列二级送变电工程				
专业承包序列二级城市及道路照明工程				
专业承包序列三级工程			34848	78770
专业承包序列三级地基与基础工程			30128	69400
专业承包序列三级建筑装修装饰工程				
专业承包序列三级园林古建筑工程				
专业承包序列三级钢结构工程				
专业承包序列三级起重设备安装工程				
专业承包序列三级机电设备安装工程			4720	9370
专业承包序列三级建筑智能化工程				
专业承包序列三级环保工程				
专业承包序列三级电子工程				
专业承包序列三级公路路面工程				
专业承包序列三级送变电工程				
专业承包序列三级城市及道路照明工程				
专业承包序列不分等级工程				
专业分包序列其他附着升降脚手架				
专业承包序列特种专业工程				
按管理机构分组				
惠城区统计局			156737	570737
惠阳区统计局			9900	23285
惠东县统计局			4000	6500
博罗县统计局			18851	44100
龙门县统计局			10333	25833
大亚湾统计局			9867	30436
仲恺高新区科技创新局				

6-10 续表18

(2021年)　　单位：平方米、千元

项　目	房屋竣工面积_医疗用房屋(卫生医疗用房)	房屋竣工价值_医疗用房屋(卫生医疗用房)	房屋竣工面积_文化、体育、娱乐用房屋	房屋竣工价值_文化、体育、娱乐用房屋
总　计	**53337**	**252955**	**6595**	**11711**
按行业代码分组				
建筑业	53337	252955	6595	11711
房屋建筑业	53337	252955	4355	9311
住宅房屋建筑	53337	252955	4235	9299
住宅房屋建筑	53337	252955	4235	9299
其他房屋建筑业			120	12
其他房屋建筑业			120	12
土木工程建筑业			835	2253
铁路、道路、隧道和桥梁工程建筑			80	385
公路工程建筑				
市政道路工程建筑			80	385
其他道路、隧道和桥梁工程建筑				
水利和水运工程建筑				
水源及供水设施工程建筑				
河湖治理及防洪设施工程建筑				
海洋工程建筑				
海洋油气资源开发利用工程建筑				
工矿工程建筑				
工矿工程建筑				
架线和管道工程建筑				
架线及设备工程建筑				
管道工程建筑				
节能环保工程施工				
环保工程施工				
电力工程施工				
其他电力工程施工				
其他土木工程建筑			755	1868
园林绿化工程施工				
体育场地设施工程施工				
其他土木工程建筑施工			755	1868
建筑安装业			1405	147
电气安装			1405	147
电气安装			1405	147
管道和设备安装				
管道和设备安装				
其他建筑安装业				
体育场地设施安装				
其他建筑安装				
建筑装饰、装修和其他建筑业				
建筑装饰和装修业				
公共建筑装饰和装修				
住宅装饰和装修				
建筑幕墙装饰和装修				
建筑物拆除和场地准备活动				
建筑物拆除活动				
场地准备活动				
其他未列明建筑业				
其他未列明建筑业				

6-10 续表20

(2021年) 单位：平方米、千元

项　　目	房屋竣工面积_医疗用房屋(卫生医疗用房)	房屋竣工价值_医疗用房屋(卫生医疗用房)	房屋竣工面积_文化、体育、娱乐用房屋	房屋竣工价值_文化、体育、娱乐用房屋
按建筑业企业资质等级分组				
施工总承包序列	53285	252939	6325	11306
施工总承包序列一级工程	48959	242123		
施工总承包序列一级房屋建筑工程	48959	242123		
施工总承包序列一级公路工程				
施工总承包序列一级水利水电工程				
施工总承包序列一级市政公用工程				
施工总承包序列二级工程	4326	10816		
施工总承包序列二级房屋建筑工程	4326	10816		
施工总承包序列二级化工石油工程				
施工总承包序列二级市政公用工程				
施工总承包序列三级工程			6325	11306
施工总承包序列三级房屋建筑工程			4235	9299
施工总承包序列三级公路工程				
施工总承包序列三级水利水电工程				
施工总承包序列三级电力工程			1405	147
施工总承包序列三级矿山工程				
施工总承包序列三级化工石油工程				
施工总承包序列三级市政公用工程			685	1860
施工总承包序列三级通信工程				
施工总承包序列三级机电安装工程				
施工总承包序列三级其他				
专业承包序列	52	16	270	405
专业承包序列一级工程				
专业承包序列一级建筑装修装饰工程				
专业承包序列一级消防设施工程				
专业承包序列一级机电设备安装工程				
专业承包序列二级工程	52	16	270	405
专业承包序列二级地基与基础工程				
专业承包序列二级建筑装修装饰工程	52	16	270	405
专业承包序列二级建筑幕墙工程				
专业承包序列二级钢结构工程				
专业承包序列二级消防设施工程				
专业承包序列二级建筑防水工程				
专业承包序列二级起重设备安装工程				
专业承包序列二级建筑智能化工程				
专业承包序列二级电子工程				
专业承包序列二级公路交通工程				
专业承包序列二级送变电工程				
专业承包序列二级城市及道路照明工程				
专业承包序列三级工程				
专业承包序列三级地基与基础工程				
专业承包序列三级建筑装修装饰工程				
专业承包序列三级园林古建筑工程				
专业承包序列三级钢结构工程				
专业承包序列三级起重设备安装工程				
专业承包序列三级机电设备安装工程				
专业承包序列三级建筑智能化工程				
专业承包序列三级环保工程				
专业承包序列三级电子工程				
专业承包序列三级公路路面工程				
专业承包序列三级送变电工程				
专业承包序列三级城市及道路照明工程				
专业承包序列不分等级工程				
专业分包序列其他附着升降脚手架				
专业承包序列特种专业工程				
按管理机构分组				
惠城区统计局	52	16		
惠阳区统计局	48959	242123	270	405
惠东县统计局				
博罗县统计局			5640	9446
龙门县统计局	4326	10816	80	385
大亚湾统计局			605	1475
仲恺高新区科技创新局				

6-10 续表21

(2021年) 单位：平方米、千元

项　　目	房屋竣工面积_厂房及建筑物	房屋竣工价值_厂房及建筑物	房屋竣工面积_厂房	房屋竣工价值_厂房
总　计	**2523458**	**3354995**	**1935122**	**2746406**
按行业代码分组				
建筑业	2523458	3354995	1935122	2746406
房屋建筑业	2025031	2723804	1545407	2167861
住宅房屋建筑	1771119	2594383	1340539	2093888
住宅房屋建筑	1771119	2594383	1340539	2093888
其他房屋建筑业	253912	129421	204868	73973
其他房屋建筑业	253912	129421	204868	73973
土木工程建筑业	72129	102326	40417	55825
铁路、道路、隧道和桥梁工程建筑	27173	38716	19909	26825
公路工程建筑				
市政道路工程建筑	27173	38716	19909	26825
其他道路、隧道和桥梁工程建筑				
水利和水运工程建筑				
水源及供水设施工程建筑				
河湖治理及防洪设施工程建筑				
海洋工程建筑				
海洋油气资源开发利用工程建筑				
工矿工程建筑				
工矿工程建筑				
架线和管道工程建筑				
架线及设备工程建筑				
管道工程建筑				
节能环保工程施工				
环保工程施工				
电力工程施工				
其他电力工程施工				
其他土木工程建筑	44956	63610	20508	29000
园林绿化工程施工	638	4000		
体育场地设施工程施工				
其他土木工程建筑施工	44318	59610	20508	29000
建筑安装业	106100	52706	29100	46561
电气安装	29100	46561	29100	46561
电气安装	29100	46561	29100	46561
管道和设备安装				
管道和设备安装				
其他建筑安装业	77000	6145		
体育场地设施安装				
其他建筑安装	77000	6145		
建筑装饰、装修和其他建筑业	320198	476159	320198	476159
建筑装饰和装修业	315198	474559	315198	474559
公共建筑装饰和装修	307098	468573	307098	468573
住宅装饰和装修	8100	5986	8100	5986
建筑幕墙装饰和装修				
建筑物拆除和场地准备活动				
建筑物拆除活动				
场地准备活动				
其他未列明建筑业	5000	1600	5000	1600
其他未列明建筑业	5000	1600	5000	1600

6-10 续表22

(2021年)　　单位：平方米、千元

项　目	房屋竣工面积_厂房及建筑物	房屋竣工价值_厂房及建筑物	房屋竣工面积_厂房	房屋竣工价值_厂房
按单位规模分组				
大型	276496	388840	276496	388840
中型	1467235	2144141	1180970	1797639
小型	655950	669589	442548	523091
微型	123777	152425	35108	36836
按登记注册类型分组				
内资企业	2523458	3354995	1935122	2746406
国有企业	413452	570387	331783	470900
集体企业	155819	169889	122999	105060
股份合作企业	5125	5182		
联营企业				
集体联营企业				
有限责任公司	599188	944442	540100	911821
国有独资公司	173115	254300	173115	254300
其他有限责任公司	426073	690142	366985	657521
股份有限公司	123889	163540	123889	163540
私营企业	1225985	1501555	816351	1095085
私营独资企业				
私营合伙企业				
私营有限责任公司	1225985	1501555	816351	1095085
私营股份有限公司				
其他企业				
港、澳、台商投资企业				
港澳台商独资经营企业				
外商投资企业				
中外合资经营企业				
按企业控股情况分组				
国有控股	586567	824687	504898	725200
集体控股	264325	309611	226380	239600
私人控股	1586360	2155254	1163544	1739556
港澳台商控股				
外商控股				
其他	86206	65443	40300	42050
按隶属关系分组				
中央				
地方	585658	756687	563163	712100
其他	1937800	2598308	1371959	2034306

6-10 续表23

(2021年)　　　　单位：平方米、千元

项　　目	房屋竣工面积_厂房及建筑物	房屋竣工价值_厂房及建筑物	房屋竣工面积_厂房	房屋竣工价值_厂房
按建筑业企业资质等级分组				
施工总承包序列	2064034	2725575	1605793	2151534
施工总承包序列一级工程	611324	883090	611324	883090
施工总承包序列一级房屋建筑工程	611324	883090	611324	883090
施工总承包序列一级公路工程				
施工总承包序列一级水利水电工程				
施工总承包序列一级市政公用工程				
施工总承包序列二级工程	844145	1081688	811325	1016859
施工总承包序列二级房屋建筑工程	844145	1081688	811325	1016859
施工总承包序列二级化工石油工程				
施工总承包序列二级市政公用工程				
施工总承包序列三级工程	608565	760797	183144	251585
施工总承包序列三级房屋建筑工程	580254	717861	163235	224760
施工总承包序列三级公路工程				
施工总承包序列三级水利水电工程				
施工总承包序列三级电力工程				
施工总承包序列三级矿山工程				
施工总承包序列三级化工石油工程				
施工总承包序列三级市政公用工程	28311	42936	19909	26825
施工总承包序列三级通信工程				
施工总承包序列三级机电安装工程				
施工总承包序列三级其他				
专业承包序列	459424	629420	329329	594872
专业承包序列一级工程				
专业承包序列一级建筑装修装饰工程				
专业承包序列一级消防设施工程				
专业承包序列一级机电设备安装工程				
专业承包序列二级工程	223976	271247	105270	245309
专业承包序列二级地基与基础工程				
专业承包序列二级建筑装修装饰工程	50703	26478	8997	6685
专业承包序列二级建筑幕墙工程				
专业承包序列二级钢结构工程	62173	190463	62173	190463
专业承包序列二级消防设施工程	106100	52706	29100	46561
专业承包序列二级建筑防水工程	5000	1600	5000	1600
专业承包序列二级起重设备安装工程				
专业承包序列二级建筑智能化工程				
专业承包序列二级电子工程				
专业承包序列二级公路交通工程				
专业承包序列二级送变电工程				
专业承包序列二级城市及道路照明工程				
专业承包序列三级工程	235448	358173	224059	349563
专业承包序列三级地基与基础工程	187392	301332	187392	301332
专业承包序列三级建筑装修装饰工程				
专业承包序列三级园林古建筑工程	4200	3600		
专业承包序列三级钢结构工程				
专业承包序列三级起重设备安装工程				
专业承包序列三级机电设备安装工程	30000	40231	30000	40231
专业承包序列三级建筑智能化工程				
专业承包序列三级环保工程	7189	5010		
专业承包序列三级电子工程				
专业承包序列三级公路路面工程				
专业承包序列三级送变电工程				
专业承包序列三级城市及道路照明工程	6667	8000	6667	8000
专业承包序列不分等级工程				
专业分包序列其他附着升降脚手架				
专业承包序列特种专业工程				
按管理机构分组				
惠城区统计局	923854	1163528	700605	931501
惠阳区统计局	816985	1089711	669822	971734
惠东县统计局	73612	95043	1168	1900
博罗县统计局	360489	520138	267998	423151
龙门县统计局	30782	74207	30782	74207
大亚湾统计局	171665	226552	163901	214441
仲恺高新区科技创新局	146071	185816	100846	129472

6-10 续表24

(2021年)　　单位：平方米、千元

项　　目	房屋竣工面积_仓库	房屋竣工价值_仓库	房屋竣工面积_其他未列明的房屋建筑物	房屋竣工价值_其他未列明的房屋建筑物
总　计	**6627**	**11030**	**218762**	**144053**
按行业代码分组				
建筑业	6627	11030	218762	144053
房屋建筑业	6147	10820	172512	105898
住宅房屋建筑	6147	10820	172512	105898
住宅房屋建筑	6147	10820	172512	105898
其他房屋建筑业				
其他房屋建筑业				
土木工程建筑业			46250	38155
铁路、道路、隧道和桥梁工程建筑			563	354
公路工程建筑				
市政道路工程建筑			563	354
其他道路、隧道和桥梁工程建筑				
水利和水运工程建筑				
水源及供水设施工程建筑				
河湖治理及防洪设施工程建筑				
海洋工程建筑				
海洋油气资源开发利用工程建筑				
工矿工程建筑				
工矿工程建筑				
架线和管道工程建筑				
架线及设备工程建筑				
管道工程建筑				
节能环保工程施工				
环保工程施工				
电力工程施工				
其他电力工程施工				
其他土木工程建筑			45687	37801
园林绿化工程施工			45687	37801
体育场地设施工程施工				
其他土木工程建筑施工				
建筑安装业	480	210		
电气安装	480	210		
电气安装	480	210		
管道和设备安装				
管道和设备安装				
其他建筑安装业				
体育场地设施安装				
其他建筑安装				
建筑装饰、装修和其他建筑业				
建筑装饰和装修业				
公共建筑装饰和装修				
住宅装饰和装修				
建筑幕墙装饰和装修				
建筑物拆除和场地准备活动				
建筑物拆除活动				
场地准备活动				
其他未列明建筑业				
其他未列明建筑业				

6-10　续表25

(2021年)　　单位：平方米、千元

项　　目	房屋竣工面积_仓库	房屋竣工价值_仓库	房屋竣工面积_其他未列明的房屋建筑物	房屋竣工价值_其他未列明的房屋建筑物
按单位规模分组				
大型				
中型	6147	10820	57949	70135
小型	480	210	153839	66713
微型			6974	7205
按登记注册类型分组				
内资企业	6627	11030	218762	144053
国有企业				
集体企业			49826	49826
股份合作企业				
联营企业			245	980
集体联营企业			245	980
有限责任公司	6147	10820	81008	4796
国有独资公司				
其他有限责任公司	6147	10820	81008	4796
股份有限公司				
私营企业	480	210	76832	68687
私营独资企业				
私营合伙企业				
私营有限责任公司	480	210	76832	68687
私营股份有限公司				
其他企业			10851	19764
港、澳、台商投资企业				
港澳台商独资经营企业				
外商投资企业				
中外合资经营企业				
按企业控股情况分组				
国有控股				
集体控股			50071	50806
私人控股	6627	11030	164691	89847
港澳台商控股				
外商控股				
其他			4000	3400
按隶属关系分组				
中央				
地方			77253	2376
其他	6627	11030	141509	141677

6-10 续表26

(2021年) 单位：平方米、千元

项　　目	房屋竣工面积_仓库	房屋竣工价值_仓库	房屋竣工面积_其他未列明的房屋建筑物	房屋竣工价值_其他未列明的房屋建筑物
按建筑业企业资质等级分组				
施工总承包序列			138780	138852
施工总承包序列一级工程				
施工总承包序列一级房屋建筑工程				
施工总承包序列一级公路工程				
施工总承包序列一级水利水电工程				
施工总承包序列一级市政公用工程				
施工总承包序列二级工程			114487	127700
施工总承包序列二级房屋建筑工程			114487	127700
施工总承包序列二级化工石油工程				
施工总承包序列二级市政公用工程				
施工总承包序列三级工程			24293	11152
施工总承包序列三级房屋建筑工程			23730	10798
施工总承包序列三级公路工程				
施工总承包序列三级水利水电工程				
施工总承包序列三级电力工程				
施工总承包序列三级矿山工程				
施工总承包序列三级化工石油工程				
施工总承包序列三级市政公用工程			563	354
施工总承包序列三级通信工程				
施工总承包序列三级机电安装工程				
施工总承包序列三级其他				
专业承包序列	6627	11030	79982	5201
专业承包序列一级工程				
专业承包序列一级建筑装修装饰工程				
专业承包序列一级消防设施工程				
专业承包序列一级机电设备安装工程				
专业承包序列二级工程				
专业承包序列二级地基与基础工程				
专业承包序列二级建筑装修装饰工程				
专业承包序列二级建筑幕墙工程				
专业承包序列二级钢结构工程				
专业承包序列二级消防设施工程				
专业承包序列二级建筑防水工程				
专业承包序列二级起重设备安装工程				
专业承包序列二级建筑智能化工程				
专业承包序列二级电子工程				
专业承包序列二级公路交通工程				
专业承包序列二级送变电工程				
专业承包序列二级城市及道路照明工程				
专业承包序列三级工程	6627	11030	79982	5201
专业承包序列三级地基与基础工程	6147	10820		
专业承包序列三级建筑装修装饰工程				
专业承包序列三级园林古建筑工程				
专业承包序列三级钢结构工程				
专业承包序列三级起重设备安装工程				
专业承包序列三级机电设备安装工程				
专业承包序列三级建筑智能化工程				
专业承包序列三级环保工程			79982	5201
专业承包序列三级电子工程				
专业承包序列三级公路路面工程				
专业承包序列三级送变电工程				
专业承包序列三级城市及道路照明工程	480	210		
专业承包序列不分等级工程				
专业分包序列其他附着升降脚手架				
专业承包序列特种专业工程				
按管理机构分组				
惠城区统计局	6147	10820	140765	67146
惠阳区统计局			49826	49826
惠东县统计局	480	210		
博罗县统计局			19485	6418
龙门县统计局			8123	20309
大亚湾统计局			563	354
仲恺高新区科技创新局				

6-11 建筑业企业财务状况

(2021年) 单位：千元

项　　目	代码	年初存货	流动资产	：应收工程款	：存货	固定资产减值准备
总　计		**3177641**	**32311677**	**4312281**	**4771112**	**6075**
按行业代码分分组						
建筑业	E	3177641	32311677	4312281	4771112	6075
房屋建筑业	47	1801786	14525657	2108861	2586444	3411
住宅房屋建筑	471	1422728	11586351	1285745	1980160	3411
住宅房屋建筑	4710	1422728	11586351	1285745	1980160	3411
其他房屋建筑业	479	379058	2939306	823116	606284	
其他房屋建筑业	4790	379058	2939306	823116	606284	
土木工程建筑业	48	921935	11582739	808051	1641512	2099
铁路、道路、隧道和桥梁工程建筑	481	116632	4896625	401147	320863	400
公路工程建筑	4812	1551	2382276	28951	87784	
市政道路工程建筑	4813	113756	2501375	370168	232726	400
其他道路、隧道和桥梁工程建筑	4819	1325	12974	2028	353	
水利和水运工程建筑	482	508547	5035011	56124	907406	1
水源及供水设施工程建筑	4821	508305	4960954	31034	907032	
河湖治理及防洪设施工程建筑	4822	242	74057	25090	374	1
海洋工程建筑	483		8362	215	5628	
海洋油气资源开发利用工程建筑	4831		8362	215	5628	
工矿工程建筑	484		51361	32830	9419	
工矿工程建筑	4840		51361	32830	9419	
架线和管道工程建筑	485	40070	328176	43174	82715	
架线及设备工程建筑	4851	39349	325703	43170	81753	
管道工程建筑	4852	721	2473	4	962	
节能环保工程施工	486	2426	65021	28668	5785	
环保工程施工	4862	2426	65021	28668	5785	
电力工程施工	487	6169	64680	24620	9401	
其他电力工程施工	4879	6169	64680	24620	9401	
其他土木工程建筑	489	248091	1133503	221273	300295	1698
园林绿化工程施工	4891	38578	334787	118862	39884	
体育场地设施工程施工	4892		1624	28	1481	
其他土木工程建筑施工	4899	209513	797092	102383	258930	1698
建筑安装业	49	133318	3056501	945577	260696	446
电气安装	491	114178	1854426	646196	196873	446
电气安装	4910	114178	1854426	646196	196873	446
管道和设备安装	492	5617	478646	131270	15764	
管道和设备安装	4920	5617	478646	131270	15764	
其他建筑安装业	499	13523	723429	168111	48059	
体育场地设施安装	4991		8957	742		
其他建筑安装	4999	13523	714472	167369	48059	
建筑装饰、装修和其他建筑业	50	320602	3146780	449792	282460	119
建筑装饰和装修业	501	293408	2676654	388107	223451	31
公共建筑装饰和装修	5011	81935	179778	15315	45189	
住宅装饰和装修	5012	117676	2022771	146603	153780	31
建筑幕墙装饰和装修	5013	93797	474105	226189	24482	
建筑物拆除和场地准备活动	502	5198	292557	115	33450	
建筑物拆除活动	5021	5198	253966		7307	
场地准备活动	5022		38591	115	26143	
其他未列明建筑业	509	21996	177569	61570	25559	88
其他未列明建筑业	5090	21996	177569	61570	25559	88
单位规模(101-1)						
大型	1	682312	7261008	130968	1105433	
中型	2	1711187	14250322	2771898	2546228	535
小型	3	746281	9309749	1280831	1043313	3735
微型	4	37861	1490598	128584	76138	1805

6-11 续表1

(2021年)　　　　单位：千元

项　目	代码	年初存货	流动资产	：应收工程款	：存货	固定资产减值准备
按登记注册类型分组						
内资企业	100	3161007	32112742	4202622	4756547	6075
国有企业	110	48738	1033325	236564	117679	
集体企业	120	82409	1076703	178132	94428	
股份合作企业	130		13316		3432	
联营企业	140		9302	7159	182	
集体联营企业	142		9302	7159	182	
有限责任公司	150	1393267	12972674	1023239	2266154	2786
国有独资公司	151	182829	1197078	191814	144414	535
其他有限责任公司	159	1210438	11775596	831425	2121740	2251
股份有限公司	160	70735	1490900	11645	118695	
私营企业	170	1565858	15516522	2745883	2155977	3289
私营独资企业	171	322	44048	7570	5426	
私营合伙企业	172	11595	11030	3558	6084	
私营有限责任公司	173	1515271	14131093	2664597	2092946	3289
私营股份有限公司	174	38670	1330351	70158	51521	
港、澳、台商投资企业	200	16634	40917	4227	8696	
港澳台商独资经营企业	230	16634	40917	4227	8696	
外商投资企业	300		158018	105432	5869	
中外合资经营企业	310		158018	105432	5869	
按企业控股情况分组						
国有控股	1	749506	9712407	608406	1278915	535
集体控股	2	150112	2570142	320110	256112	1698
私人控股	3	2258852	19765334	3273663	3187390	3842
港澳台商控股	4	16634	40917	4227	8696	
外商控股	5		158018	105432	5869	
其他	9	2537	64859	443	34130	
按隶属关系分组						
中央	10		342		254	
地方	11	657665	10253882	418503	1211344	2339
其他	90	2519976	22057453	3893778	3559514	3736
按运营状态分组						
正常运营	1	3177641	32269528	4294526	4771112	6075
停业(歇业)	2		10869	5202		
其他	9		31280	12553		

6-11 续表2

(2021年) 单位：千元

项　　目	代码	年初存货	流动资产	：应收工程款	：存货	固定资产减值准备
按建筑业企业资质等级分组	—					
施工总承包序列	A	2585737	25218735	2978857	3939357	4123
施工总承包序列一级工程	A1	966748	10416784	397268	1611639	
施工总承包序列一级房屋建筑工程	A101	293507	2856753	381069	459638	
施工总承包序列一级公路工程	A102		1686902		85848	
施工总承包序列一级水利水电工程	A105	503766	4792995		875470	
施工总承包序列一级市政公用工程	A110	169475	1080134	16199	190683	
施工总承包序列二级工程	A2	878891	8196470	1639662	1363108	2233
施工总承包序列二级房屋建筑工程	A201	836872	6437591	1130918	1135192	2233
施工总承包序列二级化工石油工程	A209		156463	105067	5869	
施工总承包序列二级市政公用工程	A210	42019	1602416	403677	222047	
施工总承包序列三级工程	A3	740098	6605481	941927	964610	1890
施工总承包序列三级房屋建筑工程	A301	579167	4070221	390338	606588	1043
施工总承包序列三级公路工程	A302		52069	13878	13029	
施工总承包序列三级水利水电工程	A305	5309	135305	31034	29923	1
施工总承包序列三级电力工程	A306	29344	571891	233679	79729	446
施工总承包序列三级矿山工程	A307		127692			
施工总承包序列三级化工石油工程	A309		55727	12055	5780	
施工总承包序列三级市政公用工程	A310	124795	1404268	168726	223869	400
施工总承包序列三级通信工程	A311		27640	3291		
施工总承包序列三级机电安装工程	A312	1483	150632	82153	5002	
施工总承包序列三级其他	A390		10036	6773	690	
专业承包序列	B	591904	7092942	1333424	831755	1952
专业承包序列一级工程	B1	121119	577733	243989	53114	
专业承包序列一级建筑装修装饰工程	B103	84624	396899	206408	16796	
专业承包序列一级消防设施工程	B111	177	57036	37581		
专业承包序列一级机电设备安装工程	B118	36318	123798		36318	
专业承包序列二级工程	B2	257220	3487897	453671	344001	1952
专业承包序列二级地基与基础工程	B201	1115	148304	24525	4888	1591
专业承包序列二级建筑装修装饰工程	B203	155205	1836330	160787	195867	32
专业承包序列二级建筑幕墙工程	B204	17984	218149	7354	43445	
专业承包序列二级钢结构工程	B208		100806		1363	
专业承包序列二级消防设施工程	B211	27178	734262	68885	30466	
专业承包序列二级建筑防水工程	B212	4399	130440	79292	7090	329
专业承包序列二级防腐保温工程	B213	33	41362	28314	651	
专业承包序列二级起重设备安装工程	B217		24553	8060		
专业承包序列二级建筑智能化工程	B220	13392	92176	8670	10061	
专业承包序列二级电子工程	B223		4971			
专业承包序列二级公路交通工程	B228	220	2857		787	
专业承包序列二级送变电工程	B249	36632	140679	63804	48941	
专业承包序列二级城市及道路照明工程	B258	1062	13008	3980	442	
专业承包序列三级工程	B3	205788	2994068	631787	428190	
专业承包序列三级地基与基础工程	B301	62786	498400	43118	153533	
专业承包序列三级建筑装修装饰工程	B303		2789	1812		
专业承包序列三级园林古建筑工程	B307	7068	66611	2314	10838	
专业承包序列三级钢结构工程	B308	5484	247574	63809	54428	
专业承包序列三级起重设备安装工程	B317	22	2997			
专业承包序列三级机电设备安装工程	B318	2408	117806	15886	10495	
专业承包序列三级建筑智能化工程	B320		11620			
专业承包序列三级环保工程	B321	18312	283906	115110	31031	
专业承包序列三级电子工程	B323	15540	125882	29617	51572	
专业承包序列三级公路路面工程	B326	12827	558186	38101	1149	
专业承包序列三级送变电工程	B349	32687	317317	126582	59269	
专业承包序列三级城市及道路照明工程	B358	48654	760980	195438	55875	
专业承包序列不分等级工程	B9	7777	33244	3977	6450	
专业分包序列其他附着升降脚手架	B914	4017	24096	3390	3717	
专业承包序列特种专业工程	B960	3760	9148	587	2733	
按管理机构分组						
惠城区统计局		1861284	19462148	2321044	2816432	1464
惠阳区统计局		253716	2233658	148666	330821	535
惠东县统计局		105987	1838563	118710	127102	
博罗县统计局		233777	2576375	728617	498910	778
龙门县统计局		33513	386174	19263	200677	
大亚湾统计局		606387	4733087	786409	591919	
仲恺高新区科技创新局		82977	1081672	189572	205251	3298

6-11 续表3

(2021年) 单位：千元

项　　目	固定资产原价	：房屋和构筑物	：机器设备	累计折旧	：本年折旧
总　计	**1992291**	**409025**	**496686**	**698511**	**151634**
按行业代码分组					
建筑业	1992291	409025	496686	698511	151634
房屋建筑业	964624	254427	157853	264666	66605
住宅房屋建筑	855486	254427	131322	220777	45465
住宅房屋建筑	855486	254427	131322	220777	45465
其他房屋建筑业	109138		26531	43889	21140
其他房屋建筑业	109138		26531	43889	21140
土木工程建筑业	593081	122455	242715	220172	43816
铁路、道路、隧道和桥梁工程建筑	253356	85952	31637	79126	13295
公路工程建筑	111029	76787	6734	18103	1536
市政道路工程建筑	141260	9165	23836	60949	11685
其他道路、隧道和桥梁工程建筑	1067		1067	74	74
水利和水运工程建筑	73553	8236	43373	36345	6540
水源及供水设施工程建筑	66320	8236	36146	33198	5160
河湖治理及防洪设施工程建筑	7233		7227	3147	1380
海洋工程建筑					
海洋油气资源开发利用工程建筑					
工矿工程建筑	5434		1287	3666	187
工矿工程建筑	5434		1287	3666	187
架线和管道工程建筑	23657	1938	3693	17503	1722
架线及设备工程建筑	22910	1938	3693	16849	1680
管道工程建筑	747			654	42
节能环保工程施工	10132	2277	3054	3464	1596
环保工程施工	10132	2277	3054	3464	1596
电力工程施工	13756		2884	9331	3142
其他电力工程施工	13756		2884	9331	3142
其他土木工程建筑	213193	24052	156787	70737	17334
园林绿化工程施工	13837		3006	6848	1886
体育场地设施工程施工	14			14	
其他土木工程建筑施工	199342	24052	153781	63875	15448
建筑安装业	290626	10406	51376	145935	24221
电气安装	119044	10406	23592	65514	9956
电气安装	119044	10406	23592	65514	9956
管道和设备安装	119668		8228	62000	7143
管道和设备安装	119668		8228	62000	7143
其他建筑安装业	51914		19556	18421	7122
体育场地设施安装	1217			212	212
其他建筑安装	50697		19556	18209	6910
建筑装饰、装修和其他建筑业	143960	21737	44742	67738	16992
建筑装饰和装修业	76378	18595	12286	33157	8664
公共建筑装饰和装修	2342		948	981	147
住宅装饰和装修	57395	18595	10951	22985	7230
建筑幕墙装饰和装修	16641		387	9191	1287
建筑物拆除和场地准备活动	51442	3142	29558	29774	4539
建筑物拆除活动	51407	3142	29558	29774	4539
场地准备活动	35				
其他未列明建筑业	16140		2898	4807	3789
其他未列明建筑业	16140		2898	4807	3789
单位规模(101-1)					
大型	124655	59921	35153	46261	4269
中型	931764	300013	265136	370640	56639
小型	896788	46950	183145	267627	84399
微型	39084	2141	13252	13983	6327

6-11 续表4

(2021年) 单位：千元

项　　目	固定资产原价	：房屋和构筑物	：机器设备	累计折旧	：本年折旧
按登记注册类型分组					
内资企业	1892871	409025	496686	649068	145783
国有企业	24284	16451	3487	13234	603
集体企业	286099	230	41	18147	5963
股份合作企业	7986			233	125
联营企业	64			57	2
集体联营企业	64			57	2
有限责任公司	511925	238780	90070	180871	32792
国有独资公司	150008	142240	5182	16608	5710
其他有限责任公司	361917	96540	84888	164263	27082
股份有限公司	95605	38310	34659	39231	8320
私营企业	966908	115254	368429	397295	97978
私营独资企业	9427	5211	884	1495	759
私营合伙企业	298			153	75
私营有限责任公司	939207	110043	356492	383254	96208
私营股份有限公司	17976		11053	12393	936
港、澳、台商投资企业	764			733	94
港澳台商独资经营企业	764			733	94
外商投资企业	98656			48710	5757
中外合资经营企业	98656			48710	5757
按企业控股情况分组					
国有控股	344328	253747	51875	110506	10836
集体控股	325765	14716	6268	29104	8278
私人控股	1222628	140562	438543	509421	126642
港澳台商控股	764			733	94
外商控股	98656			48710	5757
其他	150			37	27
按隶属关系分组					
中央	8			1	1
地方	318708	194831	45654	104746	8874
其他	1673575	214194	451032	593764	142759
按运营状态分组					
正常运营	1982171	409025	489465	694797	149963
停业(歇业)	4879		4879	2109	711
其他	5241		2342	1605	960

6-11 续表5

(2021年) 单位：千元

项 目	固定资产原价	：房屋和构筑物	：机器设备	累计折旧	：本年折旧
按建筑业企业资质等级分组					
施工总承包序列	1464505	348866	293837	502838	96346
施工总承包序列一级工程	343786	157471	84338	151286	15772
施工总承包序列一级房屋建筑工程	180012	149235	3077	64480	5682
施工总承包序列一级公路工程	25179			11404	533
施工总承包序列一级水利水电工程	46365	8236	35153	23552	1354
施工总承包序列一级市政公用工程	92230		46108	51850	8203
施工总承包序列二级工程	651320	147983	65625	139346	23829
施工总承包序列二级房屋建筑工程	438763	65192	58753	72830	15189
施工总承包序列二级化工石油工程	98656			48710	5757
施工总承包序列二级市政公用工程	113901	82791	6872	17806	2883
施工总承包序列三级工程	469399	43412	143874	212206	56745
施工总承包序列三级房屋建筑工程	170851	31060	48233	60374	15993
施工总承包序列三级公路工程	748			253	15
施工总承包序列三级水利水电工程	27347		298	16193	10947
施工总承包序列三级电力工程	58580	8275	7486	31581	6425
施工总承包序列三级矿山工程	10262			4961	908
施工总承包序列三级化工石油工程	6263		4252	3875	579
施工总承包序列三级市政公用工程	186114	4077	81732	90668	21046
施工总承包序列三级通信工程	2142			2142	
施工总承包序列三级机电安装工程	7092		1873	2159	832
施工总承包序列三级其他					
专业承包序列	527786	60159	202849	195673	55288
专业承包序列一级工程	33740	18405		12837	2220
专业承包序列一级建筑装修装饰工程	13661			7719	1121
专业承包序列一级消防设施工程	1674			910	215
专业承包序列一级机电设备安装工程	18405	18405		4208	884
专业承包序列二级工程	181592	6050	59031	70416	23398
专业承包序列二级地基与基础工程	60001	1592	16096	14602	6182
专业承包序列二级建筑装修装饰工程	42823		9538	21397	8079
专业承包序列二级建筑幕墙工程	10318	10	3356	2900	835
专业承包序列二级钢结构工程	115			18	18
专业承包序列二级消防设施工程	16442	4448	4324	8989	1689
专业承包序列二级建筑防水工程	10945		5793	2073	1280
专业承包序列二级防腐保温工程	1408		1408	621	621
专业承包序列二级起重设备安装工程	25801		12498	10416	3725
专业承包序列二级建筑智能化工程	890				
专业承包序列二级电子工程					
专业承包序列二级公路交通工程	197			30	30
专业承包序列二级送变电工程	12502		6018	9298	935
专业承包序列二级城市及道路照明工程	150			72	4
专业承包序列三级工程	305874	35704	143713	111105	28396
专业承包序列三级地基与基础工程	55750	5211	24207	17330	4573
专业承包序列三级建筑装修装饰工程					
专业承包序列三级园林古建筑工程	2731			1490	232
专业承包序列三级钢结构工程	32588		25159	9319	4548
专业承包序列三级起重设备安装工程	5823			398	
专业承包序列三级机电设备安装工程	8123		1508	2941	379
专业承包序列三级建筑智能化工程	1369			955	
专业承包序列三级环保工程	16154	2277	3395	7715	2600
专业承包序列三级电子工程	6091			5186	217
专业承包序列三级公路路面工程	101424	26278	73725	21054	6610
专业承包序列三级送变电工程	12459		6525	7805	2019
专业承包序列三级城市及道路照明工程	63362	1938	9194	36912	7218
专业承包序列不分等级工程	6580		105	1315	1274
专业分包序列其他附着升降脚手架	6530		55	1315	1274
专业承包序列特种专业工程	50		50		
按管理机构分组					
惠城区统计局	1001613	273835	319889	385264	71517
惠阳区统计局	131078	86583	8421	58560	7220
惠东县统计局	25148		6170	10376	2826
博罗县统计局	129690	5761	43095	42424	11765
龙门县统计局	312818		1396	23662	12370
大亚湾统计局	317415	15321	92811	154813	39301
仲恺高新区科技创新局	74529	27525	24904	23412	6635

6-11 续表6

(2021年) 单位：千元

项 目	在建工程	无形资产	：土地使用权	资产总计	流动负债合计
总 计	**343397**	**301527**	**153774**	**35746585**	**23937599**
按行业代码分组					
建筑业	343397	301527	153774	35746585	23937599
房屋建筑业	157838	217042	150668	15718496	11995249
住宅房屋建筑	48184	185353	150632	12643836	9656585
住宅房屋建筑	48184	185353	150632	12643836	9656585
其他房屋建筑业	109654	31689	36	3074660	2338664
其他房屋建筑业	109654	31689	36	3074660	2338664
土木工程建筑业	98370	38540	1174	13181406	7840354
铁路、道路、隧道和桥梁工程建筑	15887	36416	956	5970489	3828009
公路工程建筑		1950	956	2825653	1952404
市政道路工程建筑	15887	34466		3130869	1864319
其他道路、隧道和桥梁工程建筑				13967	11286
水利和水运工程建筑	17628	177		5113599	2789108
水源及供水设施工程建筑	17628	177		5035455	2776044
河湖治理及防洪设施工程建筑				78144	13064
海洋工程建筑				15126	6764
海洋油气资源开发利用工程建筑				15126	6764
工矿工程建筑				56764	43046
工矿工程建筑				56764	43046
架线和管道工程建筑	2330	1920	218	348580	184567
架线及设备工程建筑	2330	1920	218	337765	175521
管道工程建筑				10815	9046
节能环保工程施工		12		85623	42659
环保工程施工		12		85623	42659
电力工程施工				70285	43170
其他电力工程施工				70285	43170
其他土木工程建筑	62525	15		1520940	903031
园林绿化工程施工	8181	10		366188	163516
体育场地设施工程施工				29624	912
其他土木工程建筑施工	54344	5		1125128	738603
建筑安装业	83242	28929	771	3471131	1946084
电气安装	80503	24510	771	2080338	1341828
电气安装	80503	24510	771	2080338	1341828
管道和设备安装	2600	4419		600205	228466
管道和设备安装	2600	4419		600205	228466
其他建筑安装业	139			790588	375790
体育场地设施安装				10161	2787
其他建筑安装	139			780427	373003
建筑装饰、装修和其他建筑业	3947	17016	1161	3375552	2155912
建筑装饰和装修业	3867	16976	1161	2830315	1892655
公共建筑装饰和装修				199993	129405
住宅装饰和装修	2838	1308	1161	2131835	1417920
建筑幕墙装饰和装修	1029	15668		498487	345330
建筑物拆除和场地准备活动		40		352818	147971
建筑物拆除活动		40		314192	113353
场地准备活动				38626	34618
其他未列明建筑业	80			192419	115286
其他未列明建筑业	80			192419	115286
按单位规模分组					
大型	14589	130912	129755	7859743	5024317
中型	211290	127286	22604	15675294	10928663
小型	94097	5883	1395	10517372	6788609
微型	23421	37446	20	1694176	1196010

6-11 续表7

(2021年) 单位：千元

项　　目	在建工程	无形资产	：土地使用权	资产总计	流动负债合计
按登记注册类型分组					
内资企业	343397	297108	153774	35492487	23866617
国有企业	251	157		1187614	931363
集体企业	1068	5878		1357461	809412
股份合作企业		2650		54258	10795
联营企业				9310	6564
集体联营企业				9310	6564
有限责任公司	39873	201900	132717	14213061	9223212
国有独资公司		130778	130711	1491050	1156306
其他有限责任公司	39873	71122	2006	12722011	8066906
股份有限公司	594	1182		1601932	1262904
私营企业	301611	85341	21057	17068851	11622367
私营独资企业				52032	46350
私营合伙企业				11175	8775
私营有限责任公司	301454	85301	21057	15660365	10368329
私营股份有限公司	157	40		1345279	1198913
港、澳、台商投资企业				41016	31973
港澳台商独资经营企业				41016	31973
外商投资企业		4419		213082	39009
中外合资经营企业		4419		213082	39009
按企业控股情况分组					
国有控股	14840	133365	131926	10640966	7046175
集体控股	1068	12038	771	2917058	2201271
私人控股	327489	151705	21077	21869490	14564377
港澳台商控股				41016	31973
外商控股		4419		213082	39009
其他				64973	54794
按隶属关系分组					
中央				350	558
地方	19519	4532	2171	10908097	7328516
其他	323878	296995	151603	24838138	16608525
按运营状态分组					
正常运营	343397	301527	153774	35698030	23921693
停业(歇业)				13639	8114
其他				34916	7792

6-11 续表8

(2021年) 单位：千元

项　　目	在建工程	无形资产	：土地使用权	资产总计	流动负债合计
按建筑业企业资质等级分组					
施工总承包序列	262695	234241	151624	27793681	18554743
施工总承包序列一级工程	14589	167334	130970	11359141	7440192
施工总承包序列一级房屋建筑工程		132113	130970	3109623	2452754
施工总承包序列一级公路工程		939		2048317	1537993
施工总承包序列一级水利水电工程	14589	151		4853812	2682841
施工总承包序列一级市政公用工程		34131		1347389	766604
施工总承包序列二级工程	158805	26115	20618	9070877	6526952
施工总承包序列二级房屋建筑工程	82725	20714	19662	6955802	5335245
施工总承包序列二级化工石油工程		4419		211527	37226
施工总承包序列二级市政公用工程	76080	982	956	1903548	1154481
施工总承包序列三级工程	89301	40792	36	7363663	4587599
施工总承包序列三级房屋建筑工程	69603	40225		4326106	2745921
施工总承包序列三级公路工程				53373	43186
施工总承包序列三级水利水电工程	3039	26		149686	82611
施工总承包序列三级电力工程		169		622541	416520
施工总承包序列三级矿山工程				132993	79744
施工总承包序列三级化工石油工程				70879	6764
施工总承包序列三级市政公用工程	16659	372	36	1774159	1029199
施工总承包序列三级通信工程				39724	26454
施工总承包序列三级机电安装工程				184166	148400
施工总承包序列三级其他				10036	8800
专业承包序列	80702	67286	2150	7952904	5382856
专业承包序列一级工程		15743		616819	430509
专业承包序列一级建筑装修装饰工程		15602		420668	320305
专业承包序列一级消防设施工程				57946	34913
专业承包序列一级机电设备安装工程		141		138205	75291
专业承包序列二级工程	17558	25192	1161	3812467	2531192
专业承包序列二级地基与基础工程	119	982		197447	159981
专业承包序列二级建筑装修装饰工程	14543	1142	1141	1958509	1383304
专业承包序列二级建筑幕墙工程		20	20	245773	174071
专业承包序列二级钢结构工程				100903	57809
专业承包序列二级消防设施工程	2600	22996		780076	514254
专业承包序列二级建筑防水工程				148547	108487
专业承包序列二级防腐保温工程		12		55776	21311
专业承包序列二级起重设备安装工程	139			40079	24593
专业承包序列二级建筑智能化工程				93698	34770
专业承包序列二级电子工程				4971	4098
专业承包序列二级公路交通工程				3101	3002
专业承包序列二级送变电工程	157	40		149598	40677
专业承包序列二级城市及道路照明工程				33989	4835
专业承包序列三级工程	63144	26351	989	3467693	2403425
专业承包序列三级地基与基础工程	119	5		562131	498151
专业承包序列三级建筑装修装饰工程				2789	4696
专业承包序列三级园林古建筑工程				67852	37581
专业承包序列三级钢结构工程	813	71		293585	180264
专业承包序列三级起重设备安装工程				8422	5673
专业承包序列三级机电设备安装工程				123531	58847
专业承包序列三级建筑智能化工程				12034	4437
专业承包序列三级环保工程				296370	219847
专业承包序列三级电子工程		1702		128773	99317
专业承包序列三级公路路面工程	54300	55		795783	499427
专业承包序列三级送变电工程		808	771	325137	265945
专业承包序列三级城市及道路照明工程	7912	23710	218	851286	529240
专业承包序列不分等级工程				55925	17730
专业分包序列其他附着升降脚手架				38237	9206
专业承包序列特种专业工程				17688	8524
按管理机构分组					
惠城区统计局	272861	223685	152341	21354995	14023878
惠阳区统计局	4870	1921	1215	2396352	1616027
惠东县统计局	19323	253		1930564	1595924
博罗县统计局	37986	34723	218	2779091	1912765
龙门县统计局		26		690863	216993
大亚湾统计局	3478	39928		5427838	3764191
仲恺高新区科技创新局	4879	991		1166882	807821

6-11 续表9

(2021年) 单位：千元

项 目	：应付账款	非流动负债合计	负债合计	所有者权益合计	：实收资本
总 计	**8239403**	**876876**	**25677646**	**10068939**	**7007656**
按行业代码分组					
建筑业	8239403	876876	25677646	10068939	7007656
房屋建筑业	4287412	126907	12523906	3194590	2493099
住宅房屋建筑	3788211	90732	10103620	2540216	2152653
住宅房屋建筑	3788211	90732	10103620	2540216	2152653
其他房屋建筑业	499201	36175	2420286	654374	340446
其他房屋建筑业	499201	36175	2420286	654374	340446
土木工程建筑业	2551357	316829	8260538	4920868	3202669
铁路、道路、隧道和桥梁工程建筑	1579589	263614	4146721	1823768	993567
公路工程建筑	919507	239678	2192181	633472	430650
市政道路工程建筑	654866	22943	1942260	1188609	562917
其他道路、隧道和桥梁工程建筑	5216	993	12280	1687	
水利和水运工程建筑	596428	15082	2804191	2309408	1664842
水源及供水设施工程建筑	593272		2776044	2259411	1624989
河湖治理及防洪设施工程建筑	3156	15082	28147	49997	39853
海洋工程建筑	6488		6764	8362	3000
海洋油气资源开发利用工程建筑	6488		6764	8362	3000
工矿工程建筑	2991		43046	13718	15000
工矿工程建筑	2991		43046	13718	15000
架线和管道工程建筑	53548	6381	190949	157631	92498
架线及设备工程建筑	53468	6381	181903	155862	82470
管道工程建筑	80		9046	1769	10028
节能环保工程施工	17624	4605	47265	38358	2200
环保工程施工	17624	4605	47265	38358	2200
电力工程施工	22265		43170	27115	16777
其他电力工程施工	22265		43170	27115	16777
其他土木工程建筑	272424	27147	978432	542508	414785
园林绿化工程施工	93481	24738	198297	167891	127858
体育场地设施工程施工			912	28712	
其他土木工程建筑施工	178943	2409	779223	345905	286927
建筑安装业	773638	257636	2383872	1087259	732690
电气安装	554179	24884	1386920	693418	470974
电气安装	554179	24884	1386920	693418	470974
管道和设备安装	98030	24416	383973	216232	117101
管道和设备安装	98030	24416	383973	216232	117101
其他建筑安装业	121429	208336	612979	177609	144615
体育场地设施安装	2787		9125	1036	
其他建筑安装	118642	208336	603854	176573	144615
建筑装饰、装修和其他建筑业	626996	175504	2509330	866222	579198
建筑装饰和装修业	558647	172738	2232757	597558	388844
公共建筑装饰和装修	21460		132723	67270	48999
住宅装饰和装修	375224	172738	1749141	382694	235815
建筑幕墙装饰和装修	161963		350893	147594	104030
建筑物拆除和场地准备活动	45048	2150	150121	202697	143190
建筑物拆除活动	22313	2150	115503	198689	139415
场地准备活动	22735		34618	4008	3775
其他未列明建筑业	23301	616	126452	65967	47164
其他未列明建筑业	23301	616	126452	65967	47164
按单位规模分组					
大型	1865052	155004	5179321	2680422	2008660
中型	3774764	266890	11337741	4337553	2772421
小型	2362764	404483	7699073	2818299	2044312
微型	236823	50499	1461511	232665	182263

6-11 续表10

(2021年) 单位：千元

项　　目	：应付账款	非流动负债合计	负债合计	所有者权益合计	：实收资本
按登记注册类型分组					
内资企业	8192358	859520	25487579	10004908	6986556
国有企业	7790	218	931582	256032	174527
集体企业	308617	450	1065492	291969	213670
股份合作企业	2520		40855	13403	6560
联营企业	2193		8270	1040	150
集体联营企业	2193		8270	1040	150
有限责任公司	3203111	466327	9797017	4416044	3063776
国有独资公司	613637	100	1156406	334644	292106
其他有限责任公司	2589474	466227	8640611	4081400	2771670
股份有限公司	576222	11888	1274794	327138	244798
私营企业	4091905	380637	12369569	4699282	3283075
私营独资企业	20126	541	46893	5139	1771
私营合伙企业			8775	2400	
私营有限责任公司	3167000	379986	11102128	4558237	3190444
私营股份有限公司	904779	110	1211773	133506	90860
港、澳、台商投资企业	9736		31973	9043	6000
港澳台商独资经营企业	9736		31973	9043	6000
外商投资企业	37309	17356	158094	54988	15100
中外合资经营企业	37309	17356	158094	54988	15100
按企业控股情况分组					
国有控股	2232637	239996	7286397	3354569	2447954
集体控股	840924	11756	2528680	388378	313161
私人控股	5118797	607768	15617708	6251782	4213177
港澳台商控股	9736		31973	9043	6000
外商控股	37309	17356	158094	54988	15100
其他			54794	10179	12264
按隶属关系分组					
中央	15		558	-208	-208
地方	2407653	251752	7614866	3293231	2425131
其他	5831735	625124	18062222	6775916	4582733
按运营状态分组					
正常运营	8230594	876876	25661740	10036290	6985734
停业(歇业)	3859		8114	5525	4500
其他	4950		7792	27124	17422

6-11 续表11

(2021年) 单位：千元

项 目	：应付账款	非流动负债合计	负债合计	所有者权益合计	：实收资本
按建筑业企业资质等级分组					
施工总承包序列	6604630	671321	19858922	7934759	5618839
施工总承包序列一级工程	2896811	172677	7612870	3746271	2469716
施工总承包序列一级房屋建筑工程	1099260	10000	2462754	646869	438077
施工总承包序列一级公路工程	820113	155004	1692997	355320	300000
施工总承包序列一级水利水电工程	543961		2682841	2170971	1538660
施工总承包序列一级市政公用工程	433477	7673	774278	573111	192979
施工总承包序列二级工程	2400729	59960	7008798	2062079	1520364
施工总承包序列二级房屋建筑工程	2144550	40503	5694679	1261123	1086981
施工总承包序列二级化工石油工程	37226	17356	156311	55216	15000
施工总承包序列二级市政公用工程	218953	2101	1157808	745740	418383
施工总承包序列三级工程	1307090	438684	5237254	2126409	1628759
施工总承包序列三级房屋建筑工程	532565	401496	3231389	1094717	862074
施工总承包序列三级公路工程	1070		43186	10187	6160
施工总承包序列三级水利水电工程	51578	982	85516	64170	41381
施工总承包序列三级电力工程	256701	13500	439497	183044	129318
施工总承包序列三级矿山工程			79744	53249	23050
施工总承包序列三级化工石油工程	6488		36125	34754	3000
施工总承包序列三级市政公用工程	390689	15846	1131280	642879	534567
施工总承包序列三级通信工程	21434	4860	31314	8410	
施工总承包序列三级机电安装工程	41938	2000	150402	33764	29209
施工总承包序列三级其他	4627		8801	1235	
专业承包序列	1634773	205555	5818724	2134180	1388817
专业承包序列一级工程	250318	1684	432194	184625	137690
专业承包序列一级建筑装修装饰工程	175572	1530	321835	98833	88090
专业承包序列一级消防设施工程	20057	154	35067	22879	20000
专业承包序列一级机电设备安装工程	54689		75292	62913	29600
专业承包序列二级工程	648308	78403	2794606	1017861	615682
专业承包序列二级地基与基础工程	53601		164841	32606	23292
专业承包序列二级建筑装修装饰工程	262858	60873	1593335	365174	203878
专业承包序列二级建筑幕墙工程	25438		183526	62247	46792
专业承包序列二级钢结构工程	14486		57809	43094	36680
专业承包序列二级消防设施工程	186031	11890	528500	251576	206937
专业承包序列二级建筑防水工程	24119		117847	30700	13623
专业承包序列二级防腐保温工程	15012	4064	25375	30401	
专业承包序列二级起重设备安装工程	4966	336	24930	15149	9500
专业承包序列二级建筑智能化工程	25212		34771	58927	
专业承包序列二级电子工程	2265		4098	873	
专业承包序列二级公路交通工程	1825		3101		
专业承包序列二级送变电工程	30010		40677	108921	70000
专业承包序列二级城市及道路照明工程	2485	1240	15796	18193	4980
专业承包序列三级工程	723671	125468	2561370	906323	620842
专业承包序列三级地基与基础工程	179842	566	507304	54827	34297
专业承包序列三级建筑装修装饰工程	842		4696	-1907	
专业承包序列三级园林古建筑工程	3181		37582	30270	3000
专业承包序列三级钢结构工程	89940	17090	212587	80998	58287
专业承包序列三级起重设备安装工程	4992		5673	2749	
专业承包序列三级机电设备安装工程	26057	1436	60285	63246	40630
专业承包序列三级建筑智能化工程	1427		4437	7597	
专业承包序列三级环保工程	61329	10433	237748	58622	48499
专业承包序列三级电子工程	10037		99317	29456	22300
专业承包序列三级公路路面工程	53042	84674	584101	211682	136780
专业承包序列三级送变电工程	94517		265952	59185	37200
专业承包序列三级城市及道路照明工程	198465	11269	541688	309598	239849
专业承包序列不分等级工程	12476		30554	25371	14603
专业分包序列其他附着升降脚手架	4410		15821	22416	12720
专业承包序列特种专业工程	8066		14733	2955	1883
按管理机构分组					
惠城区统计局	5252526	489659	14627767	6727228	4764560
惠阳区统计局	221590	218048	1868903	527449	355247
惠东县统计局	207185	22545	1748751	181813	128121
博罗县统计局	484477	62423	2027498	751593	595859
龙门县统计局	51374	29326	514857	176006	138044
大亚湾统计局	1776504	53151	4016187	1411651	855574
仲恺高新区科技创新局	245747	1724	873683	293199	170251

6-11 续表12

(2021年) 单位：千元

项目	：个人资本	营业收入	：主营业务收入	营业成本	：主营业务成本
总计	**1048511**	**40444993**	**39930279**	**37387658**	**36553445**
按行业代码分组					
建筑业	1048511	40444993	39930279	37387658	36553445
房屋建筑业	548566	22092346	22015840	20781180	20596458
住宅房屋建筑	451900	18067414	18055980	16990592	16900403
住宅房屋建筑	451900	18067414	18055980	16990592	16900403
其他房屋建筑业	96666	4024932	3959860	3790588	3696055
其他房屋建筑业	96666	4024932	3959860	3790588	3696055
土木工程建筑业	309879	9906459	9828805	9104158	9023302
铁路、道路、隧道和桥梁工程建筑	104376	5143740	5141298	4713568	4711100
公路工程建筑		1493483	1491679	1417960	1417960
市政道路工程建筑	104376	3602828	3602190	3253076	3250608
其他道路、隧道和桥梁工程建筑		47429	47429	42532	42532
水利和水运工程建筑	39853	2861329	2859700	2711497	2711220
水源及供水设施工程建筑		2754071	2752442	2621705	2621428
河湖治理及防洪设施工程建筑	39853	107258	107258	89792	89792
海洋工程建筑		40230	40230	33919	28593
海洋油气资源开发利用工程建筑		40230	40230	33919	28593
工矿工程建筑		25254	25254	20516	20516
工矿工程建筑		25254	25254	20516	20516
架线和管道工程建筑		276766	266032	231027	216404
架线及设备工程建筑		264396	264396	218471	214955
管道工程建筑		12370	1636	12556	1449
节能环保工程施工	1700	94643	94640	56648	56648
环保工程施工	1700	94643	94640	56648	56648
电力工程施工	13500	92813	90867	80469	80469
其他电力工程施工	13500	92813	90867	80469	80469
其他土木工程建筑	150450	1371684	1310784	1256514	1198352
园林绿化工程施工	23201	259686	259636	223092	222992
体育场地设施工程施工		64996	64996	59908	59908
其他土木工程建筑施工	127249	1047002	986152	973514	915452
建筑安装业	109322	4378129	4377281	3825201	3616814
电气安装	97389	2818479	2817640	2457674	2249408
电气安装	97389	2818479	2817640	2457674	2249408
管道和设备安装		852221	852212	735226	735126
管道和设备安装		852221	852212	735226	735126
其他建筑安装业	11933	707429	707429	632301	632280
体育场地设施安装		3363	3363	2064	2064
其他建筑安装	11933	704066	704066	630237	630216
建筑装饰、装修和其他建筑业	80744	4068059	3708353	3677119	3316871
建筑装饰和装修业	61644	3391020	3031314	3107147	2748747
公共建筑装饰和装修	26699	532834	532834	511886	508591
住宅装饰和装修	34945	1993954	1634296	1787272	1433327
建筑幕墙装饰和装修		864232	864184	807989	806829
建筑物拆除和场地准备活动		412518	412518	338764	338764
建筑物拆除活动		338296	338296	267726	267726
场地准备活动		74222	74222	71038	71038
其他未列明建筑业	19100	264521	264521	231208	229360
其他未列明建筑业	19100	264521	264521	231208	229360
按单位规模分组					
大型		7686303	7683619	7459486	7459209
中型	419430	21341109	21329776	19767753	19532128
小型	615520	10294831	10288091	9121767	9015785
微型	13561	1122750	628793	1038652	546323

6-11 续表13

(2021年) 单位：千元

项　　目	：个人资本	营业收入	：主营业务收入	营业成本	：主营业务成本
按登记注册类型分组					
内资企业	1048511	40083050	39568336	37080882	36246669
国有企业		1651761	1649120	1592083	1562566
集体企业	135000	1373802	1372336	1276470	1276131
股份合作企业		30590	30590	24736	24736
联营企业		12976	12975	12600	12600
集体联营企业		12976	12975	12600	12600
有限责任公司	54108	14682730	14611063	13918357	13627250
国有独资公司		4459576	4456717	4352340	4352340
其他有限责任公司	54108	10223154	10154346	9566017	9274910
股份有限公司	590	1382273	1319185	1258701	1199355
私营企业	858813	20948918	20573067	18997935	18544031
私营独资企业		138958	138958	117377	117350
私营合伙企业		47367	47367	44994	44994
私营有限责任公司	844533	20529014	20153443	18642830	18189082
私营股份有限公司	14280	233579	233299	192734	192605
港、澳、台商投资企业		49400	49400	45226	45226
港澳台商独资经营企业		49400	49400	45226	45226
外商投资企业		312543	312543	261550	261550
中外合资经营企业		312543	312543	261550	261550
按企业控股情况分组					
国有控股		11068449	11058741	10708267	10657005
集体控股	134452	2494524	2492358	2330322	2137000
私人控股	914059	26502788	25999948	24026463	23436834
港澳台商控股		49400	49400	45226	45226
外商控股		312543	312543	261550	261550
其他		17289	17289	15830	15830
按隶属关系分组					
中央	-208	648	648	481	481
地方	134319	7419379	7412627	7070389	7047427
其他	914400	33024966	32517004	30316788	29505537
按运营状态分组					
正常运营	1044011	40295821	39781107	37263762	36429549
停业(歇业)	4500	11288	11288	7061	7061
其他		137884	137884	116835	116835

6-11 续表14

(2021年) 单位：千元

项　　目	：个人资本	营业收入	：主营业务收入	营业成本	：主营业务成本
按建筑业企业资质等级分组					
施工总承包序列	749409	31615603	31465451	29565608	29303009
施工总承包序列一级工程	125850	12194420	12189167	11680656	11660493
施工总承包序列一级房屋建筑工程	2850	7570627	7567003	7382309	7362423
施工总承包序列一级公路工程		1288954	1288954	1233059	1233059
施工总承包序列一级水利水电工程		2500680	2499051	2385486	2385209
施工总承包序列一级市政公用工程	123000	834159	834159	679802	679802
施工总承包序列二级工程	252244	10817361	10810946	10155433	10119680
施工总承包序列二级房屋建筑工程	250241	7258782	7254808	6915987	6902972
施工总承包序列二级化工石油工程		306987	306987	256678	256678
施工总承包序列二级市政公用工程	2003	3251592	3249151	2982768	2960030
施工总承包序列三级工程	371315	8603822	8465338	7729519	7522836
施工总承包序列三级房屋建筑工程	236265	4657358	4531051	4298084	4143649
施工总承包序列三级公路工程		134047	132609	125895	97539
施工总承包序列三级水利水电工程	-317	199274	199274	186090	186090
施工总承包序列三级电力工程	64900	860669	860665	737279	733765
施工总承包序列三级矿山工程		159165	159165	122920	122920
施工总承包序列三级化工石油工程		147835	147835	130932	125606
施工总承包序列三级市政公用工程	71758	2146508	2135773	1860885	1845834
施工总承包序列三级通信工程		3292	3292	2041	2041
施工总承包序列三级机电安装工程	-1291	257206	257206	229000	229000
施工总承包序列三级其他		38468	38468	36393	36392
专业承包序列	299102	8829390	8464828	7822050	7250436
专业承包序列一级工程		1113070	1113070	1036267	1036267
专业承包序列一级建筑装修装饰工程		744112	744112	693465	693465
专业承包序列一级消防设施工程		141756	141756	131616	131616
专业承包序列一级机电设备安装工程		227202	227202	211186	211186
专业承包序列二级工程	202612	4058853	3696986	3564554	3188981
专业承包序列二级地基与基础工程	8192	147954	147954	133699	133699
专业承包序列二级建筑装修装饰工程	55920	1939363	1577694	1751077	1381375
专业承包序列二级建筑幕墙工程	40532	199604	199556	175005	169878
专业承包序列二级钢结构工程		174752	174752	161970	161970
专业承包序列二级消防设施工程	68313	1106460	1106451	955612	955491
专业承包序列二级建筑防水工程	895	146051	146051	121152	120657
专业承包序列二级防腐保温工程		52442	52440	34945	34945
专业承包序列二级起重设备安装工程	9500	49344	49344	39649	39649
专业承包序列二级建筑智能化工程		108189	108189	93410	93410
专业承包序列二级电子工程		3357	3357	2949	2949
专业承包序列二级公路交通工程		2133	2133	1874	1874
专业承包序列二级送变电工程	14280	115822	115683	82994	82866
专业承包序列二级城市及道路照明工程	4980	13382	13382	10218	10218
专业承包序列三级工程	83770	3478461	3475766	3055955	2859914
专业承包序列三级地基与基础工程	-1449	1001401	1001399	939717	937956
专业承包序列三级建筑装修装饰工程		3770	3770	4787	4787
专业承包序列三级园林古建筑工程		60348	60348	53463	53463
专业承包序列三级钢结构工程	47770	418877	418877	365650	365540
专业承包序列三级起重设备安装工程		5173	5173	358	358
专业承包序列三级机电设备安装工程	10300	237463	237463	212022	212022
专业承包序列三级建筑智能化工程		4580	4580	3555	3555
专业承包序列三级环保工程	500	254684	254633	202895	202795
专业承包序列三级电子工程		97144	97144	71524	71522
专业承包序列三级公路路面工程		215545	215545	191656	191656
专业承包序列三级送变电工程	12000	377970	377271	321503	128522
专业承包序列三级城市及道路照明工程	14649	801506	799563	688825	687738
专业承包序列不分等级工程	12720	179006	179006	165274	165274
专业分包序列其他附着升降脚手架	12720	107282	107282	98024	98024
专业承包序列特种专业工程		71724	71724	67250	67250
按管理机构分组					
惠城区统计局	569963	25120966	25033965	23329524	23019092
惠阳区统计局	16287	3467558	3463046	3274545	3239546
惠东县统计局		1829949	1472012	1694529	1325429
博罗县统计局	196382	2875674	2813520	2632365	2541992
龙门县统计局	4779	479809	479809	431123	431103
大亚湾统计局	233507	5322237	5320716	4774761	4747721
仲恺高新区科技创新局	27593	1348800	1347211	1250811	1248562

6-11　续表15

(2021年)　　单位：千元

项　　目	税金及附加	：主营业务税金及附加	其他业务利润	销售费用	管理费用
总　计	**137878**	**124378**	**11561**	**101449**	**1844434**
按行业代码分组					
建筑业	137878	124378	11561	101449	1844434
房屋建筑业	73290	66462	5070	42131	740916
住宅房屋建筑	60158	55415	5070	35959	615118
住宅房屋建筑	60158	55415	5070	35959	615118
其他房屋建筑业	13132	11047		6172	125798
其他房屋建筑业	13132	11047		6172	125798
土木工程建筑业	36942	34877	5754	21288	496559
铁路、道路、隧道和桥梁工程建筑	17747	16285	2408	12377	230193
公路工程建筑	3220	3213	1798	37	50587
市政道路工程建筑	14385	12930	610	12333	177657
其他道路、隧道和桥梁工程建筑	142	142		7	1949
水利和水运工程建筑	14167	14095	1353	23	60877
水源及供水设施工程建筑	13823	13751	1353	8	47654
河湖治理及防洪设施工程建筑	344	344		15	13223
海洋工程建筑	248				5078
海洋油气资源开发利用工程建筑	248				5078
工矿工程建筑	70	70			6095
工矿工程建筑	70	70			6095
架线和管道工程建筑	819	710		17	48169
架线及设备工程建筑	763	694		17	45768
管道工程建筑	56	16			2401
节能环保工程施工	361	361		6432	20324
环保工程施工	361	361		6432	20324
电力工程施工	247	247	1943	1058	8794
其他电力工程施工	247	247	1943	1058	8794
其他土木工程建筑	3283	3109	50	1381	117029
园林绿化工程施工	1057	1041	50	33	35990
体育场地设施工程施工	195	195			4100
其他土木工程建筑施工	2031	1873		1348	76939
建筑安装业	13047	12564	693	25032	359172
电气安装	6794	6531	693	22387	241536
电气安装	6794	6531	693	22387	241536
管道和设备安装	4445	4414		1928	62801
管道和设备安装	4445	4414		1928	62801
其他建筑安装业	1808	1619		717	54835
体育场地设施安装	2	2			753
其他建筑安装	1806	1617		717	54082
建筑装饰、装修和其他建筑业	14599	10475	44	12998	247787
建筑装饰和装修业	13105	9074	44	6678	187659
公共建筑装饰和装修	1774	1724		33	11878
住宅装饰和装修	8902	4922		6463	153337
建筑幕墙装饰和装修	2429	2428	44	182	22444
建筑物拆除和场地准备活动	653	653		5193	32053
建筑物拆除活动	385	385		5163	30081
场地准备活动	268	268		30	1972
其他未列明建筑业	841	748		1127	28075
其他未列明建筑业	841	748		1127	28075
按单位规模分组					
大型	24538	24532	2408		106301
中型	69038	62685	7116	46598	745770
小型	40377	33535	1987	46216	866385
微型	3925	3626	50	8635	125978

6-11 续表16

(2021年) 单位：千元

项 目	税金及附加	：主营业务税金及附加	其他业务利润	销售费用	管理费用
按登记注册类型分组					
内资企业	135543	122049	11561	101410	1829257
国有企业	9566	9232	610		55721
集体企业	9926	8854	1028	15275	42075
股份合作企业	80	80		598	605
联营企业	45	45			34
集体联营企业	45	45			34
有限责任公司	46932	41120	7238	20086	466329
国有独资公司	11890	11877	2853		70271
其他有限责任公司	35042	29243	4385	20086	396058
股份有限公司	3148	2969		4032	77181
私营企业	65846	59749	2685	61419	1187312
私营独资企业	343	327		10	18762
私营合伙企业	141	141			880
私营有限责任公司	64819	58738	2674	56917	1152459
私营股份有限公司	543	543	11	4492	15211
港、澳、台商投资企业	143	143			1740
港澳台商独资经营企业	143	143			1740
外商投资企业	2192	2186		39	13437
中外合资经营企业	2192	2186		39	13437
按企业控股情况分组					
国有控股	39355	38745	7122	568	227691
集体控股	12141	11064	1710	15353	114852
私人控股	83929	72122	2729	85489	1484200
港澳台商控股	143	143			1740
外商控股	2192	2186		39	13437
其他	118	118			2514
按隶属关系分组					
中央	1			14	365
地方	30082	28827	5457	20479	231650
其他	107795	95551	6104	80956	1612419
按运营状态分组					
正常运营	137585	124085	11561	101449	1837624
停业(歇业)	22	22			3161
其他	271	271			3649

6-11 续表17

(2021年) 单位：千元

项　　目	税金及附加	：主营业务税金及附加	其他业务利润	销售费用	管理费用
按建筑业企业资质等级分组					
施工总承包序列	111087	102551	8831	64059	1136085
施工总承包序列一级工程	35020	33380	4714	6981	215516
施工总承包序列一级房屋建筑工程	18391	18122	3361		105821
施工总承包序列一级公路工程	2140	2140			35996
施工总承包序列一级水利水电工程	12578	12578	1353		33551
施工总承包序列一级市政公用工程	1911	540		6981	40148
施工总承包序列二级工程	40430	37856	3089	25539	307622
施工总承包序列二级房屋建筑工程	26222	23655	681	24732	209475
施工总承包序列二级化工石油工程	2182	2182			12761
施工总承包序列二级市政公用工程	12026	12019	2408	807	85386
施工总承包序列三级工程	35637	31315	1028	31539	612947
施工总承包序列三级房屋建筑工程	21706	18372	1028	3178	231497
施工总承包序列三级公路工程	372	38			29038
施工总承包序列三级水利水电工程	1001	1001		23	12194
施工总承包序列三级电力工程	2444	2283		3231	91183
施工总承包序列三级矿山工程	187	187		2781	18011
施工总承包序列三级化工石油工程	952	704			12365
施工总承包序列三级市政公用工程	8020	7790		21039	195429
施工总承包序列三级通信工程	13				1179
施工总承包序列三级机电安装工程	876	875		1287	20906
施工总承包序列三级其他	66	65			1145
专业承包序列	26791	21827	2730	37390	708349
专业承包序列一级工程	3101	3101		205	36313
专业承包序列一级建筑装修装饰工程	2202	2202		7	16402
专业承包序列一级消防设施工程	246	246		198	7733
专业承包序列一级机电设备安装工程	653	653			12178
专业承包序列二级工程	13482	9951	55	21840	346090
专业承包序列二级地基与基础工程	349	292		229	15595
专业承包序列二级建筑装修装饰工程	8150	4914		5469	141173
专业承包序列二级建筑幕墙工程	571	558	44	964	13665
专业承包序列二级钢结构工程	435	435			8001
专业承包序列二级消防设施工程	2393	2346		2425	112528
专业承包序列二级建筑防水工程	440	331		1777	17460
专业承包序列二级防腐保温工程	205	205		6432	4210
专业承包序列二级起重设备安装工程	123	123			7266
专业承包序列二级建筑智能化工程	378	309		20	12343
专业承包序列二级电子工程	5	5			301
专业承包序列二级公路交通工程	3	3		37	327
专业承包序列二级送变电工程	369	369	11	4487	10461
专业承包序列二级城市及道路照明工程	61	61			2760
专业承包序列三级工程	9744	8375	2675	15157	317894
专业承包序列三级地基与基础工程	3215	2071		628	48891
专业承包序列三级建筑装修装饰工程	3	3			444
专业承包序列三级园林古建筑工程	321	321			5739
专业承包序列三级钢结构工程	1484	1404		377	40604
专业承包序列三级起重设备安装工程	5	5			2189
专业承包序列三级机电设备安装工程	512	479		1811	14720
专业承包序列三级建筑智能化工程	20	20			896
专业承包序列三级环保工程	618	617	50	333	43325
专业承包序列三级电子工程	133	133			22439
专业承包序列三级公路路面工程	617	617			12512
专业承包序列三级送变电工程	570	565	682	10331	34773
专业承包序列三级城市及道路照明工程	2246	2140	1943	1677	91362
专业承包序列不分等级工程	464	400		188	8052
专业分包序列其他附着升降脚手架	399	335		145	3414
专业承包序列特种专业工程	65	65		43	4638
按管理机构分组					
惠城区统计局	79597	74405	7218	42321	1079838
惠阳区统计局	9185	7892	4249	3755	123908
惠东县统计局	7657	7194	50	917	85933
博罗县统计局	16956	15386	44	25775	138253
龙门县统计局	1155	804		540	38472
大亚湾统计局	16405	13536		23331	307223
仲恺高新区科技创新局	6923	5161		4810	70807

6-11 续表18

(2021年) 单位：千元

项　　目	研发费用	财务费用	：利息收入	：利息支出	资产减值损失
总　计	**202084**	**105838**	**5906**	**58538**	**17151**
按行业代码分组					
建筑业	202084	105838	5906	58538	17151
房屋建筑业	86961	44322	1290	18240	10338
住宅房屋建筑	37698	32670	1004	15192	10281
住宅房屋建筑	37698	32670	1004	15192	10281
其他房屋建筑业	49263	11652	286	3048	57
其他房屋建筑业	49263	11652	286	3048	57
土木工程建筑业	51992	26839	1450	16391	2496
铁路、道路、隧道和桥梁工程建筑	30467	11317	-513	5778	2140
公路工程建筑		-8193	66	13	
市政道路工程建筑	30467	19267	-579	5765	2140
其他道路、隧道和桥梁工程建筑		243			
水利和水运工程建筑	4680	7148	1780	4608	
水源及供水设施工程建筑		6480	1711	4289	
河湖治理及防洪设施工程建筑	4680	668	69	319	
海洋工程建筑		-5			
海洋油气资源开发利用工程建筑		-5			
工矿工程建筑		60			434
工矿工程建筑		60			434
架线和管道工程建筑	5347	1531	8	1265	-78
架线及设备工程建筑	5347	1529	5	1265	-78
管道工程建筑		2	3		
节能环保工程施工	3730	594	100	231	
环保工程施工	3730	594	100	231	
电力工程施工		218	1	135	
其他电力工程施工		218	1	135	
其他土木工程建筑	7768	5976	74	4374	
园林绿化工程施工		1083	9	73	
体育场地设施工程施工		4			
其他土木工程建筑施工	7768	4889	65	4301	
建筑安装业	12865	15596	2975	9803	3178
电气安装	12299	6934	-312	4003	2036
电气安装	12299	6934	-312	4003	2036
管道和设备安装		3622	-14	982	407
管道和设备安装		3622	-14	982	407
其他建筑安装业	566	5040	3301	4818	735
体育场地设施安装		258	2	265	
其他建筑安装	566	4782	3299	4553	735
建筑装饰、装修和其他建筑业	50266	19081	191	14104	1139
建筑装饰和装修业	24120	18016	-6	13276	98
公共建筑装饰和装修		62	-2		
住宅装饰和装修	3869	17291	-7	12868	
建筑幕墙装饰和装修	20251	663	3	408	98
建筑物拆除和场地准备活动	21251	210	180	244	953
建筑物拆除活动	21251	206	180	243	953
场地准备活动		4		1	
其他未列明建筑业	4895	855	17	584	88
其他未列明建筑业	4895	855	17	584	88
按单位规模分组					
大型		-2890	1512	4216	463
中型	163531	42777	-511	26713	15051
小型	36639	54847	4942	18787	1451
微型	1914	11104	-37	8822	186

6-11 续表19

(2021年)　　单位：千元

项　　目	研发费用	财务费用	：利息收入	：利息支出	资产减值损失
按登记注册类型分组					
内资企业	202084	105288	5932	57833	16744
国有企业		2461	167		833
集体企业		754	-152	1119	192
股份合作企业	20	28			
联营企业		70		70	
集体联营企业		70		70	
有限责任公司	22219	21506	4583	17895	1898
国有独资公司		-148	665	4	463
其他有限责任公司	22219	21654	3918	17891	1435
股份有限公司	21466	2137	202	1246	953
私营企业	158379	78332	1132	37503	12868
私营独资企业		44		18	
私营合伙企业		2			
私营有限责任公司	153713	78125	1084	37313	11310
私营股份有限公司	4666	161	48	172	1558
港、澳、台商投资企业		-209			
港澳台商独资经营企业		-209			
外商投资企业		759	-26	705	407
中外合资经营企业		759	-26	705	407
按企业控股情况分组					
国有控股		115	2040	4222	1296
集体控股	1432	2054	2803	4596	379
私人控股	200652	103125	1080	49015	15069
港澳台商控股		-209			
外商控股		759	-26	705	407
其他		-6	9		
按隶属关系分组					
中央		2			
地方	1703	1065	1424	5637	280
其他	200381	104771	4482	52901	16871
按运营状态分组					
正常运营	195395	105346	5906	58519	17151
停业(歇业)		459			
其他	6689	33		19	

6-11 续表20

(2021年) 单位：千元

项 目	研发费用	财务费用	:利息收入	:利息支出	资产减值损失
按建筑业企业资质等级分组					
施工总承包序列	139367	66742	2520	36232	13838
施工总承包序列一级工程	89653	8474	1599	7968	1566
施工总承包序列一级房屋建筑工程	61664	213	599	693	463
施工总承包序列一级公路工程		-8176			
施工总承包序列一级水利水电工程		5815	974	4216	
施工总承包序列一级市政公用工程	27989	10622	26	3059	1103
施工总承包序列二级工程	3719	16418	282	7981	11058
施工总承包序列二级房屋建筑工程	1951	14536	107	7274	9818
施工总承包序列二级化工石油工程		760	-26	705	407
施工总承包序列二级市政公用工程	1768	1122	201	2	833
施工总承包序列三级工程	45995	41850	639	20283	1214
施工总承包序列三级房屋建筑工程	5804	19227	-317	9262	61
施工总承包序列三级公路工程		759		116	
施工总承包序列三级水利水电工程		584	737	73	
施工总承包序列三级电力工程	4121	3514	-2	1942	
施工总承包序列三级矿山工程	7840	23			
施工总承包序列三级化工石油工程		-161			
施工总承包序列三级市政公用工程	28230	16367	208	8557	1153
施工总承包序列三级通信工程		639			
施工总承包序列三级机电安装工程		826	12	269	
施工总承包序列三级其他		72	1	64	
专业承包序列	62717	39096	3386	22306	3313
专业承包序列一级工程	23941	1855	103	1073	
专业承包序列一级建筑装修装饰工程	23941	265	107	379	
专业承包序列一级消防设施工程		698	-4	694	
专业承包序列一级机电设备安装工程		892			
专业承包序列二级工程	24369	24785	3521	16079	2381
专业承包序列二级地基与基础工程		1620			
专业承包序列二级建筑装修装饰工程	179	13852	21	9076	735
专业承包序列二级建筑幕墙工程		1339		325	
专业承包序列二级钢结构工程		56			
专业承包序列二级消防设施工程	13515	5982	3354	6547	
专业承包序列二级建筑防水工程		731	-1		88
专业承包序列二级防腐保温工程	2027	109	99	10	
专业承包序列二级起重设备安装工程		489		13	
专业承包序列二级建筑智能化工程	3982	29			
专业承包序列二级电子工程		1			
专业承包序列二级公路交通工程		14		13	
专业承包序列二级送变电工程	4666	17	48	34	1558
专业承包序列二级城市及道路照明工程		546		61	
专业承包序列三级工程	13990	8488	-240	5149	932
专业承包序列三级地基与基础工程		1565	14	725	
专业承包序列三级建筑装修装饰工程					
专业承包序列三级园林古建筑工程		218			
专业承包序列三级钢结构工程	4680	1351	72	718	98
专业承包序列三级起重设备安装工程		93			
专业承包序列三级机电设备安装工程	1566	53	-16		
专业承包序列三级建筑智能化工程		100			
专业承包序列三级环保工程	4433	1556	14	752	434
专业承包序列三级电子工程	1365	-60			-78
专业承包序列三级公路路面工程		377	18	367	
专业承包序列三级送变电工程	47	-196	-472	181	286
专业承包序列三级城市及道路照明工程	1899	3431	130	2406	192
专业承包序列不分等级工程	417	3968	2	5	
专业分包序列其他附着升降脚手架		3929			
专业承包序列特种专业工程	417	39	2	5	
按管理机构分组					
惠城区统计局	127145	28178	2025	21791	5478
惠阳区统计局	914	9619	-637	5238	9818
惠东县统计局	8588	13509	-55	8814	
博罗县统计局	18316	18951	3537	13184	345
龙门县统计局	179	2937	738	42	
大亚湾统计局	42960	24194	29	9443	1510
仲恺高新区科技创新局	3982	8450	269	26	

6-11 续表21

(2021年) 单位：千元

项　　目	公允价值变动收益	投资收益	其他收益	营业利润	营业外收入
总　计	**101**	**4844**	**3335**	**816230**	**33833**
按行业代码分组					
建筑业	101	4844	3335	816230	33833
房屋建筑业	1	-1743	57	398814	25014
住宅房屋建筑	1	-1845	7	360846	24595
住宅房屋建筑	1	-1845	7	360846	24595
其他房屋建筑业		102	50	37968	419
其他房屋建筑业		102	50	37968	419
土木工程建筑业	100	1840	2991	209656	6916
铁路、道路、隧道和桥梁工程建筑	100	59	2886	147517	2567
公路工程建筑		-147	36	29761	610
市政道路工程建筑	100	206	2850	115200	1957
其他道路、隧道和桥梁工程建筑				2556	
水利和水运工程建筑		77		67692	346
水源及供水设施工程建筑		77		64478	144
河湖治理及防洪设施工程建筑				3214	202
海洋工程建筑				989	
海洋油气资源开发利用工程建筑				989	
工矿工程建筑				-1921	1
工矿工程建筑				-1921	1
架线和管道工程建筑			105	539	796
架线及设备工程建筑			105	1602	796
管道工程建筑				-1063	
节能环保工程施工				8879	76
环保工程施工				8879	76
电力工程施工				2068	84
其他电力工程施工				2068	84
其他土木工程建筑		1704		-16107	3046
园林绿化工程施工				-1472	98
体育场地设施工程施工				2639	
其他土木工程建筑施工		1704		-17274	2948
建筑安装业		1521	31	129779	1119
电气安装		866	31	70167	617
电气安装		866	31	70167	617
管道和设备安装		655		44551	313
管道和设备安装		655		44551	313
其他建筑安装业				15061	189
体育场地设施安装				286	
其他建筑安装				14775	189
建筑装饰、装修和其他建筑业		3226	256	77981	784
建筑装饰和装修业		566	3	49896	607
公共建筑装饰和装修				7200	117
住宅装饰和装修		18	3	30821	386
建筑幕墙装饰和装修		548		11875	104
建筑物拆除和场地准备活动		2660	253	16097	12
建筑物拆除活动		2660	253	15186	12
场地准备活动				911	
其他未列明建筑业				11988	165
其他未列明建筑业				11988	165
按单位规模分组					
大型		79		98482	633
中型		2965	3240	550989	6174
小型	100	1801	95	194424	12645
微型	1	-1		-27665	14381

6-11 续表22

(2021年) 单位：千元

项　　目	公允价值变动收益	投资收益	其他收益	营业利润	营业外收入
按登记注册类型分组					
内资企业	101	4189	3335	778916	33704
国有企业		23		18865	1162
集体企业				29136	494
股份合作企业				4540	
联营企业				227	
集体联营企业				227	
有限责任公司		1785	3061	204780	2644
国有独资公司		2		24762	532
其他有限责任公司		1783	3061	180018	2112
股份有限公司		2789	261	20087	175
私营企业	101	-408	13	501281	29229
私营独资企业				2447	51
私营合伙企业				1350	
私营有限责任公司	101	-1124	8	482540	28997
私营股份有限公司		716	5	14944	181
港、澳、台商投资企业				2501	83
港澳台商独资经营企业				2501	83
外商投资企业		655		34813	46
中外合资经营企业		655		34813	46
按企业控股情况分组					
国有控股		28	36	140840	2334
集体控股		129	122	19655	594
私人控股	101	4032	3177	619588	30736
港澳台商控股				2501	83
外商控股		655		34813	46
其他				-1167	40
按隶属关系分组					
中央				-215	
地方		131	36	86182	1381
其他	101	4713	3299	730263	32452
按运营状态分组					
正常运营	101	4844	3335	805238	33833
停业(歇业)				585	
其他				10407	

6-11 续表23

(2021年) 单位：千元

项目	公允价值变动收益	投资收益	其他收益	营业利润	营业外收入
按建筑业企业资质等级分组					
施工总承包序列	101	3480	3172	632459	21968
施工总承包序列一级工程		219	2850	179547	3797
施工总承包序列一级房屋建筑工程		142		21832	376
施工总承包序列一级公路工程				25935	260
施工总承包序列一级水利水电工程		77		63327	102
施工总承包序列一级市政公用工程			2850	68453	3059
施工总承包序列二级工程		-1234	7	292340	15214
施工总承包序列二级房屋建筑工程		1418		71892	15041
施工总承包序列二级化工石油工程		655		34854	46
施工总承包序列二级市政公用工程		-3307	7	185594	127
施工总承包序列三级工程	101	4495	315	160572	2957
施工总承包序列三级房屋建筑工程	1	5	3	79081	2002
施工总承包序列三级公路工程				6337	
施工总承包序列三级水利水电工程				-618	3
施工总承包序列三级电力工程		73	9	22530	128
施工总承包序列三级矿山工程			1	7404	12
施工总承包序列三级化工石油工程				3747	
施工总承包序列三级市政公用工程	100	4417	302	37566	664
施工总承包序列三级通信工程				-579	
施工总承包序列三级机电安装工程				4312	148
施工总承包序列三级其他				792	
专业承包序列		1364	163	183771	11865
专业承包序列一级工程		548		12351	26
专业承包序列一级建筑装修装饰工程		548		8379	23
专业承包序列一级消防设施工程				1265	2
专业承包序列一级机电设备安装工程				2707	1
专业承包序列二级工程		756	5	86113	9914
专业承包序列二级地基与基础工程				-3529	104
专业承包序列二级建筑装修装饰工程		18		31019	328
专业承包序列二级建筑幕墙工程		22		9237	8903
专业承包序列二级钢结构工程				4290	
专业承包序列二级消防设施工程				17742	301
专业承包序列二级建筑防水工程				5163	11
专业承包序列二级防腐保温工程				6539	
专业承包序列二级起重设备安装工程				1817	104
专业承包序列二级建筑智能化工程				2068	
专业承包序列二级电子工程				101	
专业承包序列二级公路交通工程				-122	
专业承包序列二级送变电工程		716	5	11991	163
专业承包序列二级城市及道路照明工程				-203	
专业承包序列三级工程		60	158	80342	1914
专业承包序列三级地基与基础工程				19746	38
专业承包序列三级建筑装修装饰工程				-1464	
专业承包序列三级园林古建筑工程				607	
专业承包序列三级钢结构工程				13741	202
专业承包序列三级起重设备安装工程				2528	
专业承包序列三级机电设备安装工程				6877	16
专业承包序列三级建筑智能化工程				9	
专业承包序列三级环保工程				1476	102
专业承包序列三级电子工程			105	3293	65
专业承包序列三级公路路面工程		-17	36	10403	335
专业承包序列三级送变电工程		41	17	10717	157
专业承包序列三级城市及道路照明工程		36		12409	999
专业承包序列不分等级工程				4965	11
专业分包序列其他附着升降脚手架				5275	
专业承包序列特种专业工程				-310	11
按管理机构分组					
惠城区统计局		7243	476	475189	3238
惠阳区统计局		11		73473	9367
惠东县统计局				52598	1161
博罗县统计局	100	136	9	41673	1365
龙门县统计局				5769	898
大亚湾统计局	1	-2546	2850	158145	17427
仲恺高新区科技创新局				9383	377

6-11 续表24

(2021年) 单位：千元

项 目	营业外支出	利润总额	所得税费用	应付职工薪酬	应交增值税
总 计	**70132**	**779852**	**149641**	**4880980**	**866250**
按行业代码分组					
建筑业	70132	779852	149641	4880980	866250
房屋建筑业	24941	398802	71513	2378519	461750
住宅房屋建筑	23394	361962	62841	2094658	336684
住宅房屋建筑	23394	361962	62841	2094658	336684
其他房屋建筑业	1547	36840	8672	283861	125066
其他房屋建筑业	1547	36840	8672	283861	125066
土木工程建筑业	25748	190824	50370	1379492	217190
铁路、道路、隧道和桥梁工程建筑	20689	129395	27497	287298	102519
公路工程建筑	1	30370	7660	59393	16747
市政道路工程建筑	20688	96469	19705	226674	84472
其他道路、隧道和桥梁工程建筑		2556	132	1231	1300
水利和水运工程建筑	2705	65333	15982	769381	80713
水源及供水设施工程建筑	2505	62117	15601	732636	78327
河湖治理及防洪设施工程建筑	200	3216	381	36745	2386
海洋工程建筑		989	19	15245	1054
海洋油气资源开发利用工程建筑		989	19	15245	1054
工矿工程建筑	209	-2129	1	34990	541
工矿工程建筑	209	-2129	1	34990	541
架线和管道工程建筑	478	857	683	67906	6605
架线及设备工程建筑	478	1920	649	55336	6273
管道工程建筑		-1063	34	12570	332
节能环保工程施工	1060	7895	116	22062	2555
环保工程施工	1060	7895	116	22062	2555
电力工程施工	212	1940	61	12416	1672
其他电力工程施工	212	1940	61	12416	1672
其他土木工程建筑	395	-13456	6011	170194	21531
园林绿化工程施工	273	-1647	229	43405	6281
体育场地设施工程施工		2639	248	11413	1951
其他土木工程建筑施工	122	-14448	5534	115376	13299
建筑安装业	5704	125132	20733	584128	104280
电气安装	2317	68405	9143	282740	66420
电气安装	2317	68405	9143	282740	66420
管道和设备安装	484	44380	10359	156193	22544
管道和设备安装	484	44380	10359	156193	22544
其他建筑安装业	2903	12347	1231	145195	15316
体育场地设施安装		286	14	398	34
其他建筑安装	2903	12061	1217	144797	15282
建筑装饰、装修和其他建筑业	13739	65094	7025	538841	83030
建筑装饰和装修业	2461	48110	5342	419528	72442
公共建筑装饰和装修	694	6623	1478	74577	14219
住宅装饰和装修	1236	30039	2505	299321	40209
建筑幕墙装饰和装修	531	11448	1359	45630	18014
建筑物拆除和场地准备活动	1208	14901	978	52215	4146
建筑物拆除活动	1208	13990	971	48278	1526
场地准备活动		911	7	3937	2620
其他未列明建筑业	10070	2083	705	67098	6442
其他未列明建筑业	10070	2083	705	67098	6442
按单位规模分组					
大型	1847	97268	22306	1203640	85937
中型	10181	546982	106956	1841141	525955
小型	33432	173572	19050	1583988	237857
微型	24672	-37970	1329	252211	16501

6-11 续表25

(2021年) 单位：千元

项　　目	营业外支出	利润总额	所得税费用	应付职工薪酬	应交增值税
按登记注册类型分组					
内资企业	70032	742509	139875	4796107	850344
国有企业	789	19238	3168	99213	50344
集体企业	448	29182	7321	244311	53073
股份合作企业		4540	14	22823	887
联营企业		227	5	1269	377
集体联营企业		227	5	1269	377
有限责任公司	9830	197594	48543	2013056	208578
国有独资公司	2417	22877	1942	551167	16412
其他有限责任公司	7413	174717	46601	1461889	192166
股份有限公司	1485	18777	2412	80107	16161
私营企业	57480	472951	78412	2335328	520924
私营独资企业	116	2382	164	23802	6939
私营合伙企业		1350	31	2305	854
私营有限责任公司	57353	454105	76615	2269564	509374
私营股份有限公司	11	15114	1602	39657	3757
港、澳、台商投资企业		2584	183	8199	1059
港澳台商独资经营企业		2584	183	8199	1059
外商投资企业	100	34759	9583	76674	14847
中外合资经营企业	100	34759	9583	76674	14847
按企业控股情况分组					
国有控股	5162	138012	30095	1572581	159751
集体控股	950	19299	11572	324235	61426
私人控股	63920	586325	98208	2888919	628730
港澳台商控股		2584	183	8199	1059
外商控股	100	34759	9583	76674	14847
其他		-1127		10372	437
按隶属关系分组					
中央		-215		235	-17
地方	3566	83997	30764	1160135	155412
其他	66566	696070	118877	3720610	710855
按运营状态分组					
正常运营	70132	768860	148222	4850812	863251
停业(歇业)		585	15	2018	182
其他		10407	1404	28150	2817

6-11　续表26

(2021年)　　单位：千元

项　　目	营业外支出	利润总额	所得税费用	应付职工薪酬	应交增值税
按建筑业企业资质等级分组					
施工总承包序列	54700	599638	127316	3668464	671622
施工总承包序列一级工程	3350	179994	35102	1468450	154613
施工总承包序列一级房屋建筑工程	925	21283	3083	685832	60917
施工总承包序列一级公路工程		26195	6549	42720	11602
施工总承包序列一级水利水电工程	1856	61573	15507	683589	69002
施工总承包序列一级市政公用工程	569	70943	9963	56309	13092
施工总承包序列二级工程	18256	289207	70918	938761	317272
施工总承包序列二级房屋建筑工程	17588	69254	29742	655161	226834
施工总承包序列二级化工石油工程	100	34800	9583	76251	14761
施工总承包序列二级市政公用工程	568	185153	31593	207349	75677
施工总承包序列三级工程	33094	130437	21296	1261253	199737
施工总承包序列三级房屋建筑工程	25767	55316	11517	692579	111801
施工总承包序列三级公路工程		6337	766	24213	3828
施工总承包序列三级水利水电工程	128	-743	67	46279	7826
施工总承包序列三级电力工程	1149	21510	1568	87776	18695
施工总承包序列三级矿山工程	63	7353	144	12834	1448
施工总承包序列三级化工石油工程	10	3737	131	42071	1996
施工总承包序列三级市政公用工程	5590	32640	6715	325297	50631
施工总承包序列三级通信工程	5	-583		1556	-24
施工总承包序列三级机电安装工程	372	4088	358	27728	3075
施工总承包序列三级其他	10	782	30	920	461
专业承包序列	15432	180214	22325	1212516	194628
专业承包序列一级工程	165	12212	1968	47548	22134
专业承包序列一级建筑装修装饰工程	85	8317	1257	22318	16668
专业承包序列一级消防设施工程	21	1246	49	16703	1737
专业承包序列一级机电设备安装工程	59	2649	662	8527	3729
专业承包序列二级工程	2143	93960	8273	563004	85559
专业承包序列二级地基与基础工程	79	-3504	34	17507	2588
专业承包序列二级建筑装修装饰工程	1059	30365	3132	302331	44306
专业承包序列二级建筑幕墙工程	146	17994	866	25186	4266
专业承包序列二级钢结构工程	7	4283	1070	21687	4346
专业承包序列二级消防设施工程	484	17558	1031	119040	19213
专业承包序列二级建筑防水工程	65	5109	276	20970	2532
专业承包序列二级防腐保温工程	60	6479	94	9530	1403
专业承包序列二级起重设备安装工程		1921	65	12409	1119
专业承包序列二级建筑智能化工程	170	1898	204	17795	2899
专业承包序列二级电子工程		101	3	1802	40
专业承包序列二级公路交通工程		-122		360	
专业承包序列二级送变电工程	11	12143	1483	12869	2336
专业承包序列二级城市及道路照明工程	62	-265	15	1518	511
专业承包序列三级工程	13026	69164	11365	515406	83556
专业承包序列三级地基与基础工程	10367	9413	2268	105117	19618
专业承包序列三级建筑装修装饰工程		-1464	1	591	
专业承包序列三级园林古建筑工程		607	14	6065	1062
专业承包序列三级钢结构工程	427	13516	1200	113641	10676
专业承包序列三级起重设备安装工程		2528		1572	
专业承包序列三级机电设备安装工程	39	6854	222	60289	3725
专业承包序列三级建筑智能化工程		9	3	829	384
专业承包序列三级环保工程	215	1363	317	42090	6455
专业承包序列三级电子工程	98	3260	427	23686	538
专业承包序列三级公路路面工程	4	10734	3023	41616	4075
专业承包序列三级送变电工程	292	10582	2903	35243	2897
专业承包序列三级城市及道路照明工程	1584	11762	987	84667	34126
专业承包序列不分等级工程	98	4878	719	86558	3379
专业分包序列其他附着升降脚手架	101	5174	710	81669	3231
专业承包序列特种专业工程	-3	-296	9	4889	148
按管理机构分组					
惠城区统计局	22712	455709	82978	2961807	524996
惠阳区统计局	4334	78444	14387	492507	86438
惠东县统计局	71	53698	8393	291858	46533
博罗县统计局	2110	40930	7839	375781	74065
龙门县统计局	2099	4636	2399	179570	11082
大亚湾统计局	34588	140893	27987	411113	97586
仲恺高新区科技创新局	4218	5542	5658	168344	25550

6-12 分县区建筑业企业总产值

单位：万元

年份	总计	市直	惠城区	惠阳区	惠东县	博罗县	龙门县	大亚湾区	仲恺区
1994	167950	65902	29804	21450	15371	17829	8692	8902	
1995	123588	57735	10926	14110	12621	16644	8162	3390	
1996	131278	68933	10776	14678	8681	19856	5045	3309	
1997	145740	71010	18202	19775	3331	15278	12908	5236	
1998	148230	69784	17201	20846	9243	19484	8671	3001	
1999	191716	93992	21344	33175	10418	18002	11481	3304	
2000	203459	89363	24366	46706	9747	24929	6629	1719	
2001	267712	116755	29900	56135	17444	31880	7362	8236	
2002	354818	163574	50238	79902	8948	32726	6993	12437	
2003	372950		272215	30657	17126	34137	7718	11097	
2004	313107		221653	32468	13723	35160	3415	6688	
2005	469374		347993	46479	24002	31595	9758	9547	
2006	497006		377509	59787	15135	27136	7737	9702	
2007	542325		414419	61037	18544	27849	7129	13347	
2008	523519		400274	42921	30444	27299	6586	15995	
2009	528602		410626	29689	31724	34857	6173	15533	
2010	698302		542363	43273	37014	39430	8356	18355	9511
2011	869329		709550	31969	32922	51573	9527	21240	12548
2012	937412		768692	29636	30615	50859	16482	30169	10959
2013	1029353		846659	32938	41372	55003	17109	25311	10961
2014	1213379		997159	38032	53739	55937	20531	35476	12505
2015	1406081		1171633	37042	65191	57385	25830	43582	5418
2016	1600943		1352986	24485	82549	59097	32230	41167	8428
2017	1961360		1658174	25377	97874	76892	38053	47709	17281
2018	2083162		1669833	86418	71953	129994	31717	66403	26844
2019	2370338		1806786	117273	95394	126266	57936	133928	32755
2020	2742317		1988403	176481	148082	165671	52439	177765	33476
2021	4249795		2550320	384827	217762	305784	83808	541078	166217

注：1.2003年和2010年区域调整；
2.2008年为快报数。

6-13 历年建筑业企业主要指标

年份	建筑业企业总产值(亿元)	建筑业企业增加值(亿元)	年份	建筑业企业总产值(亿元)	建筑业企业增加值(亿元)
1952	0.04		1997	14.57	11.52
1957	0.25		1998	14.82	11.06
1962	0.21		1999	19.17	11.83
1965	0.37		2000	20.35	12.64
1970	0.50		2001	26.77	14.03
1975	0.84		2002	35.48	15.57
1978	1.03		2003	37.30	26.07
1979	1.08		2004	31.31	30.64
1980	1.29		2005	46.94	35.52
1981	1.62		2006	49.70	35.67
1982	2.30		2007	54.23	39.78
1983	1.99		2008	52.35	44.43
1984	2.08		2009	52.86	50.65
1985	2.89		2010	69.83	58.75
1986	2.81		2011	86.93	75.46
1987	4.95	1.38	2012	93.74	80.83
1988	8.15	2.30	2013	102.94	87.52
1989	8.24	2.23	2014	121.33	94.93
1990	13.19	4.88	2015	140.61	102.43
1991	19.13	6.86	2016	160.09	104.65
1992	30.84	10.0	2017	196.14	120.03
1993	21.98	16.68	2018	208.32	129.65
1994	16.80	12.63	2019	237.03	177.00
1995	12.36	11.97	2020	274.23	204.56
1996	13.13	13.42	2021	425.07	265.29

注：1.建筑业企业总产值数据，1992年数据为全民和集体所有制数据；1993年至1995年数据为各种经济成分的建制镇以上建筑业企业数据；1996年至2001年数据为资质等级(旧资质)四级及四级以上建筑业企业数据；2002年及以后为具有资质等级的施工总承包、专业承包建筑业企业（不含劳务分包建筑业企业)数据；

2.建筑业增加值由省统计局反馈，与建筑业总产值数据不可比。自2002年起，建筑业增加值核算口径有所调整，从2004年开始，按新核算方法核算；

3.2008年建筑业企业总产值数据为快报数。2014年建筑业企业增加值为快报数。

七、能源

7-1 能源消费情况

年 份	全市能源消费总量(万吨标准煤)	其中:全社会用电量(亿千瓦时)	单位GDP能耗		单位GDP电耗(千瓦时/万元)	规上工业综合能源消费量(万吨标准煤)	规上工业增加值能耗(吨标准煤/万元)
			指标值(吨标准煤/万元)	增长(%)			
2005	688.48	105.22	0.856	-	1308.90	193.07	0.612
2006	915.89	123.17	0.976	13.9	1312.20	495.80	1.227
2007	1121.12	145.59	1.016	4.1	1319.50	650.13	1.294
2008	1177.33	153.57	0.956	-5.9	1247.30	648.23	1.188
2009	1319.51	165.83	0.947	-1.0	1189.90	767.64	1.331
2010	1396.53	192.46	0.761	-5.8	1170.90	914.74	1.163
2011	1527.83	209.66	0.731	-4.0	1057.63	1098.50	1.084
2012	1616.33	227.36	0.702	-3.9	1018.71	1279.25	1.090
2013	1719.38	248.44	0.672	-4.4	979.80	1236.65	0.869
2014	1810.11	276.41	0.647	-3.7	991.05	1204.97	0.817
2015	1833.28	290.62	0.601	-7.1	952.36	1165.31	0.720
2016	1953.79	323.41	0.575	-1.5	979.47	1244.12	0.681
2017	2235.15	368.35	0.603	6.3	1036.30	1500.10	0.780
2018	2612.22	408.38	0.666	10.2	1083.88	1783.07	1.067
2019	2768.83	425.93	0.698	1.7	1084.75	1938.04	1.116
2020	2874.64	447.84	0.712	2.3	1109.74	2071.66	1.230
2021	2996.90	510.36	0.635	-5.3	1081.32	2137.21	1.102

注：1.能源消费总量为等价值 ，规上工业综合能源消费量为当量值；
2.自2010年起，全市能源消费总量有调整；
3.自2016年起，规上工业增加值能耗(当量值)有调整；
4.能耗下降率按指数法计算；
5.规上工业综合能源消费量根据当年度规上工业企业汇总。

7-2　分县区单位GDP能耗

单位：吨标准煤/万元

县(区)	2007年	2008年	2009年	2010年	2011年	2012年	2013年	2014年
惠州市	1.016	0.956	0.947	0.761	0.731	0.702	0.672	0.647
惠城区	0.602	0.581	0.564	0.427	0.412	0.398	0.384	0.371
惠阳区	1.114	1.078	1.021	0.569	0.548	0.528	0.507	0.575
惠东县	0.664	0.645	0.602	0.347	0.356	0.334	0.319	0.301
博罗县	1.129	1.093	1.035	0.552	0.532	0.512	0.492	0.473
龙门县	2.120	2.039	1.930	1.436	1.380	1.324	1.272	1.223
大亚湾区	3.442	3.102	3.041	2.109	2.022	1.931	1.843	1.768
仲恺高新区	-	-	-	0.282	0.271	0.261	0.251	0.244

注：2010年惠城区、仲恺高新区区域调整中，表中“—”表示仲恺高新区数据包含在惠城区内，下同。

7-2　续表

单位：吨标准煤/万元

县(区)	2015年	2016年	2017年	2018年	2019年	2020年	2021年
惠州市	0.601	0.575	0.603	0.666	0.698	0.712	0.635
惠城区	0.345	0.325	0.308	0.314	0.318	0.307	0.266
惠阳区	0.542	0.506	0.550	0.560	0.486	0.501	0.462
惠东县	0.272	0.250	0.256	0.236	0.272	0.273	0.277
博罗县	0.427	0.407	0.401	0.369	0.465	0.442	0.417
龙门县	1.134	1.107	1.069	1.249	1.335	1.279	1.187
大亚湾区	1.706	1.979	2.211	2.364	2.077	2.189	2.054
仲恺高新区	0.229	0.189	0.208	0.248	0.259	0.286	0.270

7-3 分县区单位GDP能耗增长

单位：%

县(区)	2007年	2008年	2009年	2010年	2011年	2012年	2013年	2014年
惠州市	4.13	-5.89	-0.95	-5.82	-3.97	-3.91	-4.35	-3.69
惠城区	-2.90	-3.51	-2.96	-2.76	-3.43	-3.48	-3.50	-3.52
惠阳区	-3.14	-3.30	-5.31	-3.21	-3.67	-3.68	-4.00	-3.68
惠东县	-3.66	-2.80	-6.73	-2.78	2.56	-5.94	-4.69	-4.61
博罗县	-3.14	-3.10	-5.29	-3.15	-3.67	-3.72	-3.99	-3.68
龙门县	54.90	-3.80	-5.71	-6.82	-3.91	-4.09	-3.90	-3.81
大亚湾区	-7.89	-9.90	-1.95	-6.19	-4.11	-4.52	-4.52	-4.07
仲恺高新区	-	-	-	-2.77	-4.11	-3.43	-3.76	-3.01

7-3 续表

单位：%

县(区)	2015年	2016年	2017年	2018年	2019年	2020年	2021年
惠州市	-7.10	-1.52	6.28	10.25	1.72	2.28	-5.30
惠城区	-6.98	-3.28	-3.94	1.29	0.78	-2.17	-0.40
惠阳区	-5.59	-2.10	10.31	4.57	-1.46	3.24	-3.20
惠东县	-9.69	-5.63	3.22	-1.79	-4.13	-1.81	5.80
博罗县	-9.82	-4.71	-0.84	0.96	3.21	-3.86	2.40
龙门县	-7.31	-6.95	-3.42	-2.84	-0.76	-3.80	-14.40
大亚湾区	-3.57	0.39	13.36	10.13	4.60	3.91	-5.10
仲恺高新区	-6.11	-1.20	12.91	5.50	4.47	6.59	-4.50

7-4 分县区规模以上工业单位增加值能耗

单位：%

县(区)	2007年	2008年	2009年	2010年	2011年	2012年	2013年	2014年
惠州市	1.294	1.188	1.331	1.163	1.084	1.090	0.869	0.817
惠城区	0.178	0.151	0.132	0.132	0.340	0.404	0.348	0.307
惠阳区	0.409	0.344	0.201	0.185	0.181	0.167	0.161	0.156
惠东县	0.625	0.553	0.383	0.320	3.625	2.647	1.843	1.322
博罗县	0.753	0.703	0.533	0.411	0.332	0.275	0.234	0.190
龙门县	10.146	8.685	7.786	6.677	3.871	2.994	2.488	2.296
大亚湾区	4.098	3.907	3.271	2.238	2.247	2.391	2.184	2.119
仲恺高新区	-	-	-	0.150	0.124	0.104	0.081	0.083

7-4 续表

单位：%

县(区)	2015年	2016年	2017年	2018年	2019年	2020年	2021年
惠州市	0.720	0.681	0.780	1.067	1.116	1.230	1.102
惠城区	0.286	0.110	0.104	0.116	0.108	0.107	0.110
惠阳区	0.161	0.170	0.182	0.208	0.198	0.238	0.228
惠东县	0.821	0.566	0.882	2.411	2.229	2.324	2.412
博罗县	0.142	0.141	0.152	0.338	0.297	0.276	0.283
龙门县	1.489	1.401	2.679	3.821	4.139	3.938	3.125
大亚湾区	2.547	2.288	2.436	2.335	2.538	3.197	3.219
仲恺高新区	0.071	0.085	0.105	0.118	0.140	0.168	0.161

注：自2016年起，规模以上工业增加值能耗有调整,按当年规模以上工业综合能源消费量(当量值)统计口径计算。

7–5　分县区万元GDP电耗

单位：千瓦时/万元

县(区)	2007年	2008年	2009年	2010年	2011年	2012年	2013年	2014年
惠州市	1319.5	1247.3	1189.9	1170.9	1057.6	1018.7	979.8	991.1
惠城区	1105.3	1016.7	828.0	953.8	950.4	911.0	854.9	891.3
惠阳区	2152.3	1989.6	1617.9	1590.2	1476.6	1512.2	1462.6	1552.5
惠东县	956.3	845.8	777.9	782.8	736.3	707.4	647.4	642.3
博罗县	1769.7	1628.1	1375.6	1399.1	1282.1	1174.1	1086.3	1056.4
龙门县	2137.3	2160.1	1927.6	1658.3	1424.9	1339.4	1577.1	1487.0
大亚湾区	870.5	1004.6	1177.4	1151.4	832.4	819.3	813.2	840.3
仲恺高新区	-	-	-	-	962.7	854.9	756.2	779.6

7–5　续表

单位：千瓦时/万元

县(区)	2015年	2016年	2017年	2018年	2019年	2020年	2021年
惠州市	952.4	979.5	1036.3	1083.9	1073.3	1109.7	1081.3
惠城区	823.3	827.5	737.5	758.6	773.2	819.0	755.3
惠阳区	1606.4	1540.8	1682.5	1736.8	1497.7	1540.1	1526.2
惠东县	566.5	513.8	506.3	523.2	571.9	638.6	668.8
博罗县	947.0	939.3	979.7	1042.8	1355.7	1359.5	1331.2
龙门县	1267.9	1010.7	1077.6	1367.2	1389.2	1358.8	1184.6
大亚湾区	917.7	1325.8	1423.1	1494.9	1213.6	1264.8	1272.6
仲恺高新区	792.4	623.5	644.9	817.6	899.3	969.9	930.7

7-6　规模以上工业企业能源购进、消费与库存情况

(2021年)

能源名称	单位	企业单位数(个)	年初库存量	购进量	购自省外	购进金额(千元)	消费量			期末库存量
							工业生产消费量	用于原材料	运输工具消费	
原煤	(吨)	25	571004	8853859	83151	7850515	8951888			378293
煤制品	(吨)									
焦炭	(吨)	3	660	5358	5323	18720	5432			586
其他焦化产品	(吨)	1					1			
天然气	(万立方米)	142		77253		2564222	77049			
液化天然气	(吨)	33	49	1752178		5793545	1752179		3	28
氢气	(万立方米)	1					46445			
原油	(吨)	1	1333815	19753421	19753421	63428176	20209101			878135
汽油	(吨)	426	1242	11767	81	85066	4990	16	4581	16
煤油	(吨)	8	45	297		1958	341		8	
柴油	(吨)	466	2265	46798	2	304634	38043	65	14936	1233
燃料油	(吨)	13	1821	4602	2997	22529	1945721			1791
液化石油气	(吨)	94	368	190644		815520	190706	157		23
石脑油	(吨)	2	238575	6103736	3935858	24535535	6170168	3398142		172144
润滑油	(吨)	13		164		1507	170	71		
石蜡	(吨)	1		27		199	27			
溶剂油	(吨)	1		53	22	603	52	52		
石油焦	(吨)	1					202998			
石油沥青	(吨)	1		91053	7343	279486	91053	91053		
其他石油制品	(吨)	7		2408660		10475124	2408660	221		
热力	(百万千焦)	61		25865823		1706330	81205311			
电力	(万千瓦时)	3064		2484444		15144455	2683730		12656	
煤矸石(用于燃料)	(吨)	1					841			
城市生活垃圾(用于燃料)	(吨)	5	20813	2102956			1849270			11512
生物燃料	(吨标准煤)	53	1282	74009	3099	74191	74042		6	258
余热余压	(百万千焦)	4					4039031			
工业废料(用于燃料)	(吨)	1	1410	1050		1068	1062			
其他燃料	(吨标准煤)	1					2			
能源合计	(吨标准煤)	3062				133259201	62325644	5219249		

7-7 规模以上工业企业能源加工转换情况

(2021年)

能源名称	单位	工业生产消费量	加工转换投入合计	火力发电	供热	炼油及煤制油	制气	能源加工转换产出	回收利用
原煤	(吨)	8732979	7236103	6565170	526152		144781		
天然气	(万立方米)	57270	57270	32832	24438				
液化天然气	(吨)	1746990	1434852	1185390	249462				
氢气	(万立方米)	46445	46445			46445		46445	
原油	(吨)	20209101	20209101			20209101			
汽油	(吨)							2331385	
煤油	(吨)							2787853	
柴油	(吨)	2317	1708	438	1270			4876864	
燃料油	(吨)	1944240	1944212	126553	1814662	2997		2882155	
液化石油气	(吨)	182072						1213413	
石脑油	(吨)	6170168	2758912			2758912		1584509	
石油焦	(吨)	202998	202998				202998	1050343	
其他石油制品	(吨)	2408431	2319017			2319017		6674815	
热力	(百万千焦)	70695113						79396236	
电力	(万千瓦时)	696525						2815670	
城市生活垃圾(用于燃料)	(吨)	1849270	1849270	1849270					
余热余压	(百万千焦)	4039031	4013972	4013972					6342682
其他燃料	(吨标准煤)								
能源合计	(吨标准煤)	58825492	48252847	7704372	3733997	36462542	351936	40581331	216285

7-8 规模以上工业企业能源消费合计

(2021年)

指　　标	企业单位数	工业生产消费	
			用于原材料
全部工业企业	**3113**	**62325644**	**5219249**
一、按工业行业门类分	**1418**	**798129**	**146**
(一)轻工业	1695	61527515	5219103
(二)重工业	24	9225	
(三)采矿业			
黑色金属矿采选业			
有色金属矿采选业	24	9225	
非金属矿采选业	3036	54551982	5219249
(四)制造业	47	36193	
农副食品加工业	16	5991	
食品制造业	9	33597	
酒、饮料和精制茶制造业	49	49555	
纺织业	57	21602	
纺织服装、服饰业	132	22415	
皮革、毛皮、羽毛及其制品和制鞋业	52	34967	
木材加工和木、竹、藤、棕、草制品业	242	34966	
家具制造业	58	25842	
造纸和纸制品业	43	19265	
印刷和记录媒介复制业	113	40541	
文教、工美、体育和娱乐用品制造业	5	31611731	
石油加工、炼焦和核燃料加工业	179	18619015	5097448
化学原料和化学制品制造业	14	19792	
医药制造业	2	1575	
化学纤维制造业	353	224034	251
橡胶和塑料制品业	180	1850330	121164
非金属矿物制品业	12	50130	
黑色金属冶炼和压延加工业	38	39226	
有色金属冶炼和压延加工业	218	93156	88

7-8 续表

(2021年)

指　　标	企业单位数	工业生产消费量	用于原材料
金属制品业	92	34109.8	
通用设备制造业	84	22263.0	
专用设备制造业	45	60505.0	
汽车制造业	25	15536.4	
铁路、船舶、航空航天和其他运输设备制造业	331	281974.5	69.4
电气机械和器材制造业	568	1280334.6	229.0
计算机、通信和其他电子设备制造业	39	9516.6	
仪器仪表制造业	16	3601.9	
其他制造业	14	10174.4	
废弃资源综合利用业	3	42.2	
(五)电力、热力、燃气及水生产和供应业	21	7710761.1	
电力、热力生产和供应业	10	359.2	
燃气生产和供应业	22	53316.9	
水的生产和供应业	20	43561.8	
二、分地区			
惠城区	351	173213.9	235.2
惠阳区	755	976839.6	
惠东县	273	3807729.2	338.0
博罗县	787	885720.5	
龙门县	67	1505349.9	
大亚湾区	193	54044954.8	5218443.9
仲恺区	687	931836.1	231.8
三、按企业登记注册类型分			
国有企业	4	2362.1	
集体企业	3	1955.3	
股份制企业	2222	44509480.6	121674.9
外商及港澳台商投资企业	811	17758467.7	5097574.0
其他经济类型企业	72	53225.2	

7-9　规模以上工业企业分品种工业能源消费量

(2021年)

指　　标	原煤 (吨)	焦炭 (吨)	天然气 (气态) (万立方米)	液化 天然气 (液态) (吨)	原油 (吨)	汽油 (吨)	煤油 (吨)
全部工业企业	**8951887.9**	**5432.41**	**77049.1**	**1752178.5**	**20209101.0**	**4990.1**	**341.5**
一、按工业行业门类分							
(一)轻工业	25403.8		7675.8	2521.1		2116.6	0.6
(二)重工业	8926484.1	5432.41	69373.2	1749657.4	20209101.0	2873.4	340.9
(三)采矿业						33.6	
黑色金属矿采选业							
有色金属矿采选业							
非金属矿采选业						33.6	
(四)制造业	1860565.9	5432.41	57330.3	579273.2	20209101.0	4851.5	341.5
农副食品加工业			154.4	642.3		120.6	
食品制造业			170.0	3.1		3.0	
酒、饮料和精制茶制造业			628.6				
纺织业	9293.6		1401.4			82.0	
纺织服装、服饰业			394.9			77.7	
皮革、毛皮、羽毛及其制品和制鞋业			30.2	825.7		22.8	
木材加工和木、竹、藤、棕、草制品业				25.7		2.9	
家具制造业			33.3			286.0	
造纸和纸制品业	2117.0		230.1	125.0		84.0	
印刷和记录媒介复制业			396.0			1.3	
文教、工美、体育和娱乐用品制造业	669.3		548.0			44.3	
石油加工、炼焦和核燃料加工业	144781.0			536878.0	20209101.0		
化学原料和化学制品制造业	4142.7		38676.9	37456.7		603.8	286.6
医药制造业	845.9		90.9			51.9	
化学纤维制造业							
橡胶和塑料制品业	16271.0	35	688.0	733.7		285.2	
非金属矿物制品业	1682317.4	4206.51	1691.8	57.4		78.8	1.3
黑色金属冶炼和压延加工业				490.7			
有色金属冶炼和压延加工业			1090.6			23.2	

7-9 续表 1

(2021年)

指　　标	原煤(吨)	焦炭(吨)	天然气(气态)(万立方米)	液化天然气(液态)(吨)	原油(吨)	汽油(吨)	煤油(吨)
金属制品业			536.5	1528.2		164.3	
通用设备制造业			102.6			132.2	32.0
专用设备制造业						170.7	
汽车制造业			433.0	175.0		111.7	
铁路、船舶、航空航天和其他运输设备制造业			373.1			35.7	
电气机械和器材制造业	128.0		2713.5	165.7		1006.6	0.6
计算机、通信和其他电子设备制造业			6714.2	166.1		1243.2	21.0
仪器仪表制造业						166.8	
其他制造业						44.8	
废弃资源综合利用业		1190.9	232.4			8.0	
(五)电力、热力、燃气及水生产和供应业	7091322.0		19718.8	1172905.3		105.1	
电力、热力生产和供应业	7091322.0		19718.2	1163629.7			
燃气生产和供应业			0.6			94.3	
水的生产和供应业				9275.6		10.8	
二、分地区							
惠城区			1124.4	271.0		269.8	7.6
惠阳区			2068.6	1572.8		978.2	
惠东县	5126189.2	35.0	389.7	493.7		371.9	
博罗县	250317.4	4206.5	5478.5	12040.7		1186.8	
龙门县	1502404.3		66.9			32.9	
大亚湾区	2072977.0		39128.9	1737721.1	20209101	310.7	279.2
仲恺区		1190.9	28792.0	79.2		1839.8	54.7
三、按企业登记注册类型分							
国有企业						0.4	
集体企业							
股份制企业	8772564.2	5397.4	8578.8	1750239.4	20209101	2875.5	8.9
外商及港澳台商投资企业	179323.7	35.0	68370.7	1448.4		2103.7	332.6
其他经济类型企业			99.6	490.7		10.5	

7–9 续表 2

(2021年)

指　　标	柴油(吨)	燃料油(吨)	液化石油气(吨)	石脑油(吨)	润滑油(吨)	石蜡(吨)	石油焦(吨)
全部工业企业	**38042.89**	**1945721.1**	**190706.11**	**6170167.8**	**170.04**	**26.52**	**202998**
一、按工业行业门类分							
(一)轻工业	6432.65	158.74	4340.24		2.5	26.52	
(二)重工业	31610.24	1945562.3	186365.87	6170167.8	167.54		202998
(三)采矿业	3183.2						
黑色金属矿采选业							
有色金属矿采选业							
非金属矿采选业	3183.2						
(四)制造业	33955.29	1945693	190703.69	6170167.8	170.04	26.52	202998
农副食品加工业	912.34		3.48				
食品制造业	563.97		266.57				
酒、饮料和精制茶制造业	2.66						
纺织业	101.31						
纺织服装、服饰业	210.93						
皮革、毛皮、羽毛及其制品和制鞋业	479.83		42.6				
木材加工和木、竹、藤、棕、草制品业	634.91						
家具制造业	224.21		82.3		2.5		
造纸和纸制品业	283.58		47.74				
印刷和记录媒介复制业	35.71		1224				
文教、工美、体育和娱乐用品制造业	525.27		585.82				
石油加工、炼焦和核燃料加工业		2997		13114			202998
化学原料和化学制品制造业	3060.05	1941215.3	183334.67	6157053.8	0.81		
医药制造业	38.73						
化学纤维制造业							
橡胶和塑料制品业	1400.29	1.2	1222.82		71	26.52	
非金属矿物制品业	13996.2		785.05		6.73		
黑色金属冶炼和压延加工业	466.06				13.31		
有色金属冶炼和压延加工业	1102.14	1223.45	264.64				

7-9 续表 3

(2021年)

指　　标	柴油(吨)	燃料油(吨)	液化石油气(吨)	石脑油(吨)	润滑油(吨)	石蜡(吨)	石油焦(吨)
金属制品业	1052.1	98.6	1210.1		10.6		
通用设备制造业	238.3		663.0		31.0		
专用设备制造业	211.4						
汽车制造业	257.5		9.7				
铁路、船舶、航空航天和其他运输设备制造业	59.5		174.1				
电气机械和器材制造业	1020.9	157.5	587.1		3.4		
计算机、通信和其他电子设备制造业	6534.3		192.7		28.0		
仪器仪表制造业	112.9						
其他制造业	16.4		6.0				
废弃资源综合利用业	413.8		1.4		2.7		
(五)电力、热力、燃气及水生产和供应业	904.4	28.1	2.4				
电力、热力生产和供应业	848.9	28.1					
燃气生产和供应业	25.7		0.5				
水的生产和供应业	29.8		1.9				
二、分地区							
惠城区	7094.7		336.7				
惠阳区	9507.7	1.8	5306.8		3.1		
惠东县	3907.5	3.0	144.2		71.0	26.5	
博罗县	7723.1	1223.5	965.4		54.0		
龙门县	2694.2						
大亚湾区	4373.5	1944240.3	183217.2	6170168	0.8		202998.0
仲恺区	2742.2	252.5	735.8		41.2		
三、按企业登记注册类型分							
国有企业	4.0						
集体企业							
股份制企业	20694.6	4249.1	5919.8	13114.0	57.8	26.5	202998.0
外商及港澳台商投资企业	16855.0	1941472.0	184786.3	6157054	112.2		
其他经济类型企业	489.3						

7-9 续表 4

(2021年)

指　　标	其他石油制品(吨)	热力(百万千焦)	电力(万千瓦时)	城市垃圾用于燃料(吨)	生物质废料用于燃料(吨)	余热余压(百万千焦)	其他工业废料用于燃料(吨)	其他燃料(吨标准煤)
全部工业企业	**2408660**	**81205311**	**2683730**	**1849270**	**74042**	**4039031**	**1062**	**2**
一、按工业行业门类分								
(一)轻工业		528111.93	490959		34498			
(二)重工业	2408660	80677199	2192770	1849270	39544	4039031	1062	2
(三)采矿业			3692					
黑色金属矿采选业								
有色金属矿采选业								
非金属矿采选业			3692					
(四)制造业	2408660	81205311	2522656		63342	4039031	1062	2
农副食品加工业		144896.79	17121		5878			
食品制造业			1987					
酒、饮料和精制茶制造业		145719.03	16488					
纺织业		8657	14909		7000			
纺织服装、服饰业			11012		2777			
皮革、毛皮、羽毛及其制品和制鞋业			16076					
木材加工和木、竹、藤、棕、草制品业			15802		14573			
家具制造业			25603		2231			
造纸和纸制品业			9086		9474			
印刷和记录媒介复制业			9639					
文教、工美、体育和娱乐用品制造业		53264	23713		185			
石油加工、炼焦和核燃料加工业	505014	8921167	169151		54			
化学原料和化学制品制造业	1903585	71385503	447618		427	25059		
医药制造业		120387	7273		4802			
化学纤维制造业			1281					
橡胶和塑料制品业	53	90844.04	152051		7018			
非金属矿物制品业	0.64		204725		8704	4013972	1062	
黑色金属冶炼和压延加工业			39623					
有色金属冶炼和压延加工业			17406					

7-9　续表 5

(2021年)

指　　标	其他石油制品(吨)	热力(百万千焦)	电力(万千瓦时)	城市垃圾用于燃料(吨)	生物质废料用于燃料(吨)	余热余压(百万千焦)	其他工业废料用于燃料(吨)	其他燃料(吨标准煤)
金属制品业		207851	58970					
通用设备制造业			25204					
专用设备制造业		787	17636					2
汽车制造业			43843					
铁路、船舶、航空航天和其他运输设备制造业			8248					
电气机械和器材制造业			196388		220			
计算机、通信和其他电子设备制造业	8	126235	957153					
仪器仪表制造业			7410					
其他制造业			2849					
废弃资源综合利用业			4359					
(五)电力、热力、燃气及水生产和供应业			157382	1849270	10700			
电力、热力生产和供应业			129476	1849270	7265			
燃气生产和供应业			142					
水的生产和供应业			27764		3435			
二、分地区								
惠城区	168	76238	113985		3918			
惠阳区		76925	554935	1035327	9625			
惠东县	53		160203	325253	8372		1062	
博罗县	8	533398	374749	317755	31403			
龙门县			131031	170935	7185	4013972		
大亚湾区	2408431	80283009	908408			25059		
仲恺区	1	235741	440418		13540			2
三、按企业登记注册类型分								
国有企业			1487		528			
集体企业			1591					
股份制企业	2319194	14838946	1254115	1035327	56562	3678131	1062	2
外商及港澳台商投资企业	89467	66366365	1385373	813943	16953	360900		
其他经济类型企业			41039					

7-10　规模以上工业企业水消费情况

(2021年)

指标名称	取水量(万立方米)								
		地表淡水	地下淡水	自来水	海水	矿井水	雨水	再生水(中水)	其他水
全部工业企业	**105512**	**82764**	**234**	**20684**	**808**	**1**	**31**	**865**	**124**
一、按工业行业门类分									
(一)轻工业	4735	198	137	4387			0	8	5
(二)重工业	100776	82566	97	16297	808	1	31	857	119
(三)采矿业	7	1	2	3		1	1		
有色金属矿采选业									
非金属矿采选业	7	1	2	3		1	1		
(四)制造业	22211	2232	232	18729			31	864	124
农副食品加工业	205	9	8	189					
食品制造业	37			37					
酒、饮料及精制茶制造业	868		58	810					
纺织业	361	89	2	263				7	0
纺织服装、服饰业	313	50	1	262					
皮革、毛皮、羽毛及其制品和制鞋业	192	7	7	178					
木材加工和木、竹、藤、棕、草制品业	66	0	1	65					0
家具制造业	349	2	10	337				0	0
造纸和纸制品业	86	0	2	84					
印刷和记录媒介复制业	103		0	103					
文教、工美、体育和娱乐用品制造业	334	28	8	297					
石油、煤炭及其他燃料加工业	1538	79		1459					
化学原料和化学制品制造业	5398	1849	15	2751			18	762	4
医药制造业	127	1	3	123					
化学纤维制造业	7			7					
橡胶和塑料制品业	1616	2	10	1603				1	1
非金属矿物制品业	838	89	58	555			13	15	109
黑色金属冶炼和压延加工业	70		1	69					
有色金属冶炼和压延加工业	129		0	129					
金属制品业	437	10	6	352				67	0

7-10 续表1

(2021年)

指标名称	取水量(万立方米)	地表淡水	地下淡水	自来水	海水	矿井水	雨水	再生水(中水)	其他水
通用设备制造业	178	1	0	177					
专用设备制造业	174		1	171				0	1
汽车制造业	245	0	0	245					
铁路、船舶、航空航天和其他运输设备制造业	62	0	0	57					4
电气机械和器材制造业	1110	7	25	1077			0		1
计算机、通信和其他电子设备制造业	7247	9	4	7218				12	4
仪器仪表制造业	69		6	62					0
其他制造业	32		4	28					
废弃资源综合利用业	20	1		19					
金属制品、机械和设备修理业	1			1					
(五)电力、热力、燃气及水生产和供应业	83293	80531	0	1953	808			0	0
电力、热力生产和供应业	2054	916	0	330	808				
燃气生产和供应业	6			6					
水的生产和供应业	81234	79615		1618				0	0
二、分地区									
惠城区	29311	27824	8	1478			0		1
惠阳区	16725	11215	52	5442		0	1	6	8
惠东县	9162	7758	87	496	808		6	3	4
博罗县	11516	8352	77	3008				77	1
龙门县	1739	1579	2	56		1	0		102
大亚湾区	33543	25882		6868			18	771	4
仲恺区	3515	153	9	3336			6	8	3
三、按企业登记注册类型分									
内资企业	67415	57074	182	9133	808	1	13	89	116
国有企业	2208	2204	3	0					
集体企业	5943	5942		1					
有限责任公司	53585	48278	72	4382	808		0	45	1
股份有限公司	294		0	294					1
私营企业	5382	650	107	4454		1	13	44	114
其他企业	2			2					
外商投资股份有限公司	24			24					

7-10 续表2

(2021年)

指标名称	外供水量(万立方米)	外排水量(万立方米)	重复用水量(万立方米)	海水直流冷却水量(万立方米)	污水处理企业污水处理量(万立方米)
全部工业企业	**78493**	**26479**	**449502**	**220799**	**16975**
一、按工业行业门类分					
(一)轻工业	2	3030	163		336
(二)重工业	78491	23448	449340	220799	16639
(三)采矿业		5	1		
有色金属矿采选业					
非金属矿采选业		5	1		
(四)制造业	330	10939	396680		2565
农副食品加工业		158	8		9
食品制造业		26			1
酒、饮料及精制茶制造业		214	3		130
纺织业		301	16		84
纺织服装、服饰业		236	0		11
皮革、毛皮、羽毛及其制品和制鞋业		106	40		
木材加工和木、竹、藤、棕、草制品业	2	57	0		2
家具制造业		269	5		7
造纸和纸制品业		62	3		2
印刷和记录媒介复制业		80			0
文教、工美、体育和娱乐用品制造业		258	13		9
石油、煤炭及其他燃料加工业		431	74241		755
化学原料和化学制品制造业	328	1633	320999		62
医药制造业		56	0		1
化学纤维制造业		6			
橡胶和塑料制品业	1	672	38		802
非金属矿物制品业		436	465		61
黑色金属冶炼和压延加工业		11	51		
有色金属冶炼和压延加工业		85	0		4
金属制品业	0	260	33		22

7-10 续表3

(2021年)

指标名称	外供水量(万立方米)	外排水量(万立方米)	重复用水量(万立方米)	海水直流冷却水量(万立方米)	污水处理企业污水处理量(万立方米)
通用设备制造业		147	0		7
专用设备制造业		136	0		1
汽车制造业		201	14		7
铁路、船舶、航空航天和其他运输设备制造业		48	1		2
电气机械和器材制造业	0	861	6		22
计算机、通信和其他电子设备制造业		4104	743		557
仪器仪表制造业		40			4
其他制造业		26	0		
废弃资源综合利用业		18	0		4
金属制品、机械和设备修理业		1			
(五)电力、热力、燃气及水生产和供应业	78163	15534	52821	220799	14410
电力、热力生产和供应业	17	213	52698	220799	58
燃气生产和供应业		5			0
水的生产和供应业	78146	15317	123		14351
二、分地区					
惠城区	26505	12853	19		11767
惠阳区	10863	4908	10714		2884
惠东县	7515	424	139	145660	91
博罗县	7350	2594	3895		422
龙门县	1313	187	430		7
大亚湾区	24948	3144	395297	75139	1248
仲恺区	0	2368	7157		556
三、按企业登记注册类型分					
内资企业	53562	20564	87968	220799	16860
国有企业	2147	47			
集体企业	5201	306			
有限责任公司	45778	14723	82726	220799	13312
股份有限公司		222	0		2
私营企业	436	5265	5242		3547
其他企业		1			0
外商投资股份有限公司		14			

7-11 产值能耗分组表

指　　标	企业数	2021年			2020年		
		综合能源消费量(吨标准煤)	工业总产值(万元)	产值单耗(吨标准煤/万元)	综合能源消费量(吨标准煤)	工业总产值(万元)	产值单耗(吨标准煤/万元)
全部工业企业	**3113**	**21528027**	**94771324**	**0.23**	**20819001**	**75061661**	**0.28**
一、按工业行业门类分							
(一)轻工业	1418	798129	20834998	0.04	678643	16965001	0.04
(二)重工业	1695	20729899	73936327	0.28	20140357	58096659	0.35
(三)采矿业	24	9225	146430	0.06	13718	152501	0.09
黑色金属矿采选业							
有色金属矿采选业							
非金属矿采选业	24	9225	146430	0.06	13718	152501	0.09
(四)制造业	3036	17335143	92817091	0.19	16999893	73281996	0.23
农副食品加工业	47	36193	929872	0.04	30931	709835	0.04
食品制造业	16	5991	106995	0.06	4035	84793	0.05
酒、饮料和精制茶制造业	9	33597	577805	0.06	25341	473853	0.05
纺织业	49	49555	324776	0.15	48335	283866	0.17
纺织服装、服饰业	57	21602	527355	0.04	22813	509674	0.04
皮革、毛皮、羽毛及其制品和制鞋业	132	22415	782108	0.03	20550	654663	0.03
木材加工和木、竹、藤、棕、草制品业	52	34967	396924	0.09	33437	346726	0.10
家具制造业	242	34966	2064929	0.02	31192	1885684	0.02
造纸和纸制品业	58	25842	590861	0.04	28604	455565	0.06
印刷和记录媒介复制业	43	19265	388536	0.05	19236	340527	0.06
文教、工美、体育和娱乐用品制造业	113	40541	1046941	0.04	36018	824274	0.04
石油加工、炼焦和核燃料加工业	5	3320748	8994347	0.37	3372472	6433689	0.52
化学原料和化学制品制造业	179	9871097	10466372	0.94	9878048	7610123	1.30
医药制造业	14	19792	285543	0.07	20812	289653	0.07
化学纤维制造业	2	1575	14704	0.11	1161	13248	0.09
橡胶和塑料制品业	353	224034	3758926	0.06	196234	3199032	0.06
非金属矿物制品业	180	1672391	3875309	0.43	1563110	3186988	0.49
黑色金属冶炼和压延加工业	12	50130	336628	0.15	27691	125082	0.22
有色金属冶炼和压延加工业	38	39226	1024918	0.04	35019	341222	0.10

7-11 续表

指　　标	企业数	2021年			2020年		
		综合能源消费量(吨标准煤)	工业总产值(万元)	产值单耗(吨标准煤/万元)	综合能源消费量(吨标准煤)	工业总产值(万元)	产值单耗(吨标准煤/万元)
金属制品业	218	93156	2159726	0.04	87202	1678104	0.05
通用设备制造业	92	34110	1227793	0.03	30898	1008431	0.03
专用设备制造业	84	22263	1358452	0.02	18450	889818	0.02
汽车制造业	45	60505	2052005	0.03	55079	1939708	0.03
铁路、船舶、航空航天和其他运输设备制造业	25	15536	536377	0.03	9662	495349	0.02
电气机械和器材制造业	331	281975	11301212	0.02	204209	8151457	0.03
计算机、通信和其他电子设备制造业	568	1280335	36774525	0.03	1176290	30702574	0.04
仪器仪表制造业	39	9517	560059	0.02	9409	385942	0.02
其他制造业	16	3602	105656	0.03	3666	87280	0.04
废弃资源综合利用业	14	10174	229260	0.04	9930	157894	0.06
(五)电力、热力、燃气及水生产和供应业	53	4183659	1807803	2.31	3805390	1627164	2.34
电力、热力生产和供应业	21	4144582	1282902	3.23	3773804	1232150	3.06
燃气生产和供应业	10	359	253137		313	156322	
水的生产和供应业	22	38719	271764	0.14	31272	238692	0.13
二、分地区							
惠城区	351	173214	6434789	0.03	159802	5392569	0.03
惠阳区	755	908342	15656964	0.06	838906	12694848	0.07
惠东县	273	2235659	3093850	0.72	1758401	2358516	0.75
博罗县	787	803889	12475612	0.06	660104	9966884	0.07
龙门县	67	1313247	1156409	1.14	1443855	983011	1.47
大亚湾区	193	15274941	26789811	0.57	15252135	20304818	0.75
仲恺区	687	818736	29163889	0.03	705797	23361013	0.03
三、按企业登记注册类型分							
国有企业	4	2362	17472	0.14	1989	18346	0.11
集体企业	3	1955	16695	0.12	1938	15484	0.13
股份制企业	2222	10236782	50313329	0.20	9662938	38199042	0.25
外商及港澳台商投资企业	811	11233549	43867704	0.26	11123802	36547186	0.30
其他经济类型企业	72	53225	551078	0.10	28181	278023	0.10

7-12 综合能源消费量1万吨标准煤以上工业企业

(2021年)

序号	单位名称	所属县(区)	所属	注册类型
1	中海油惠州石化有限公司	大亚湾区	原油加工及石油制品制造	国有独资公司
2	中海壳牌石油化工有限公司	大亚湾区	有机化学原料制造	中外合资经营
3	广东惠州平海发电厂有限公司	惠东县	火力发电	其他有限责任公司
4	中海石油开氏石化有限责任公司	大亚湾区	有机化学原料制造	其他有限责任公司
5	广东惠州天然气发电有限公司	大亚湾区	火力发电	其他有限责任公司
6	中国神华能源股份有限公司惠州热电分公司	大亚湾区	热电联产	国有独资公司
7	惠州市光大水泥企业有限公司	龙门县	水泥制造	其他有限责任公司
8	惠州塔牌水泥有限公司	龙门县	水泥制造	私营有限责任公司
9	惠州深能源丰达电力有限公司	仲恺区	火力发电	中外合资经营
10	伯恩光学(惠州)有限公司	惠阳区	显示器件制造	港澳台商独资
11	惠州绿色动力再生能源有限公司	惠阳区	生物质能发电	私营有限责任公司
12	华润水泥(惠州)有限公司	龙门县	水泥制造	港澳台商独资
13	惠州东方雨虹建筑材料有限责任公司	大亚湾区	防水建筑材料制造	私营有限责任公司
14	惠州忠信化工有限公司	大亚湾区	有机化学原料制造	港澳台商独资
15	惠州比亚迪电子有限公司	大亚湾区	通信终端设备制造	中外合资经营
16	惠州固力水泥集团有限公司	博罗县	水泥制造	私营有限责任公司
17	光大环保能源(博罗)有限公司	博罗县	生物质能发电	港澳台商独资
18	旭硝子显示玻璃(惠州)有限公司	仲恺区	光电子器件制造	外资企业
19	林德(惠州)工业气体有限公司	大亚湾区	其他基础化学原料制造	外资企业
20	惠州李长荣橡胶有限公司	大亚湾区	合成橡胶制造	外资企业
21	惠州绿色动力环保有限公司	惠阳区	生物质能发电	其他有限责任公司
22	光大环保能源(惠东)有限公司	惠东县	其他电力生产	港澳台商独资
23	伯恩高新科技(惠州)有限公司	惠阳区	显示器件制造	港澳台商独资
24	胜宏科技(惠州)股份有限公司	惠阳区	电子电路制造	港澳台商投资股份有限公司
25	伯恩精密(惠州)有限公司	惠阳区	显示器件制造	港澳台商独资
26	惠州伊斯科新材料科技发展有限公司	大亚湾区	有机化学原料制造	其他有限责任公司
27	惠州宇新化工有限责任公司	大亚湾区	专项化学用品制造	私营有限责任公司
28	光大环保能源(龙门)有限公司	龙门县	火力发电	港澳台商独资
29	惠州亿纬集能有限公司	仲恺区	锂离子电池制造	私营有限责任公司
30	惠东县华业铸造厂	惠东县	钢压延加工	私营独资
31	华通精密线路板(惠州)有限公司	博罗县	电子电路制造	港澳台商独资
32	华通电脑(惠州)有限公司	博罗县	电子电路制造	港澳台商独资
33	信利(惠州)智能显示有限公司	仲恺区	光电子器件制造	其他有限责任公司
34	惠州比亚迪电池有限公司	大亚湾区	其他电池制造	与港澳台商合资经营
35	乐金化学(惠州)化工有限公司	大亚湾区	初级形态塑料及合成树脂制造	中外合资经营
36	惠州亿纬锂能股份有限公司	仲恺区	锂离子电池制造	股份有限公司
37	泰山石膏(广东)有限公司	博罗县	轻质建筑材料制造	其他有限责任公司
38	惠州市贝特瑞新材料科技有限公司	惠阳区	石墨及碳素制品制造	其他有限责任公司
39	三菱化学化工原料(惠州)有限公司	大亚湾区	有机化学原料制造	外资企业
40	东风本田汽车零部件有限公司	大亚湾区	汽车零部件及配件制造	中外合资经营
41	惠州华星光电显示有限公司	仲恺区	光电子器件制造	其他有限责任公司
42	南亚电子材料(惠州)有限公司	博罗县	电子专用材料制造	港澳台商独资
43	惠州锂威新能源科技有限公司	博罗县	锂离子电池制造	私营有限责任公司
44	惠州中京电子科技有限公司	仲恺区	电子电路制造	其他有限责任公司
45	惠州市盛易木业有限公司	博罗县	刨花板制造	私营有限责任公司
46	南亚塑胶工业(惠州)有限公司	博罗县	塑料人造革、合成革制造	港澳台商独资
47	欣旺达惠州动力新能源有限公司	博罗县	锂离子电池制造	股份有限公司
48	广东雪榕生物科技有限公司	仲恺区	食用菌加工	其他有限责任公司
49	杰森石膏板(惠州)有限公司	惠东县	轻质建筑材料制造	港澳台商独资
50	ＴＣＬ王牌电器(惠州)有限公司	仲恺区	电视机制造	中外合资经营
51	广东伊利乳业有限责任公司	仲恺区	含乳饮料和植物蛋白饮料制造	私营有限责任公司
52	建华建材(惠州)有限公司	惠东县	水泥制品制造	其他有限责任公司
53	惠州光弘科技股份有限公司	惠阳区	通信终端设备制造	港澳台商投资股份有限公司
54	建业科技电子(惠州)有限公司	惠阳区	电子电路制造	港澳台商独资

7-13 主要耗能工业企业单位产品能源消耗情况

指　　标	单位	2021年			2020年		
		产品单耗	能耗	产量	产品单耗	能耗	产量
原油加工单位耗电	千瓦时/吨	80.1	168852	21070131	83.7	175870	21007365
原油加工单位综合能耗	千克标准油/吨	63.9	1347295	21070131	80.3	1686124	21007365
单位乙烯生产综合能耗	千克标准煤/吨	891.0	1875851	2105315	880.2	1854573	2106930
单位乙烯生产耗电	千瓦时/吨	93.1	19595	2105315	100.3	21134	2106930
吨水泥熟料综合能耗	千克标准煤/吨	108.6	1280336	11794679	107.3	1298844	12110820
吨水泥熟料综合电耗	千瓦时/吨	60.7	71548	11794679	58.8	71175	12110820
吨水泥综合能耗	千克标准煤/吨	91.5	1380959	15092050	91.8	1417139	15439540
吨水泥综合电耗	千瓦时/吨	82.1	123924	15092050	83.1	128351	15439540
电厂火力发电标准煤耗	克标准煤/千瓦时	272.8	7596645	2784405	277.6	6385414	2300035
电厂火力供电标准煤耗	克标准煤/千瓦时	284.0	7096163	2498946	289.7	6372888	2200010
发电厂用电率	%	4.4	115665	2608034	4.4	100972	2300035

惠州统计年鉴 2022

HUIZHOU STATISTICAL YEARBOOK

八、财政、银行和保险

8-1 地方一般公共财政预算收支和增长指数

单位：万元

年 份	地方一般公共预算收入	地方一般公共预算支出	增长指数 (%)		财政收入占地区生产总值的比重(%)
			地方一般公共预算收入	地方一般公共预算支出	
1978	5500	5921	115.9	139.4	8.1
1979	3086	5735	56.1	96.9	4.5
1980	3760	6901	121.8	120.3	5.0
1981	5278	8378	140.4	121.4	5.8
1982	4488	8421	85.0	100.5	4.3
1983	4888	9259	108.9	110.0	4.8
1984	4937	10433	101.0	112.7	4.2
1985	5433	13321	110.0	127.7	4.0
1986	8917	18239	164.1	136.9	5.4
1987	13261	23701	148.7	129.9	5.9
1988	20821	29456	157.0	124.3	6.4
1989	23802	35697	114.3	121.2	6.1
1990	28098	43934	118.0	123.1	5.8
1991	39449	53729	140.4	122.3	6.4
1992	57606	77309	146.0	143.9	6.8
1993	93622	108904	162.5	140.9	7.1
1994	74409	112167	79.5	103.0	4.1
1995	76925	118321	103.4	105.5	3.4
1996	70669	116392	91.9	98.4	2.6
1997	76086	132446	107.7	113.8	2.4
1998	94281	149709	123.9	113.0	2.6
1999	107529	168174	114.1	112.3	2.7
2000	129356	197886	120.3	117.7	2.9
2001	182792	258858	141.3	130.8	3.8
2002	197153	330094	107.9	127.5	3.7
2003	241238	387786	122.4	117.5	4.1
2004	254208	459451	105.4	118.5	3.7
2005	347218	524097	136.6	114.1	4.3
2006	444473	660323	128.0	126.0	4.8
2007	620603	860589	139.6	130.3	5.6
2008	780657	1062985	125.7	123.5	6.0
2009	1015651	1347527	130.1	126.7	7.2
2010	1312270	1854379	129.2	137.6	7.6
2011	1628309	2272099	131.2	122.5	7.8
2012	2008762	2740831	123.4	120.6	8.5
2013	2501721	3282913	124.5	119.8	9.3
2014	3007453	3729722	120.2	113.6	10.0
2015	3400183	4860668	113.1	130.3	10.8
2016	3613044	5090750	106.3	104.7	10.6
2017	3890838	5540130	110.0	108.8	10.2
2018	3930058	5442151	101.0	98.2	9.6
2019	4008593	6148574	102.0	113.0	9.6
2020	4122472	6373752	102.8	103.7	9.8
2021	4553901	6633104	110.5	104.1	9.1

注：2020年为初步统计数，其他年份为决算数，下同。

8-2　地方一般公共财政预算收支基本情况

单位：万元

指 标 名 称	2012年	2013年	2014年	2015年	2016年	2017年	2018年	2019年	2020年	2021年
一、财政收入	**2008762**	**2501721**	**3007453**	**3400183**	**3613044**	**3890838**	**3930058**	**4008593**	**4122472**	**4553901**
税收收入	1542002	1860753	2041539	2115746	2197136	2433749	2806781	2927125	2974699	3350238
#增值税	408479	470287	545805	562412	678266	880039	948280	860046	886394	1008685
企业所得税	113695	163431	190857	178589	259720	321301	343010	392852	327677	425317
个人所得税	31308	36900	44414	58061	66283	97913	125100	84471	95997	89336
资源税	11293	13097	7662	7044	4978	5737	5171	6837	8367	9828
城市维护建设税	155565	205850	210800	221123	221745	240573	321826	268538	277541	303360
房产税	51697	78118	90297	96873	94421	123134	122123	169896	147221	170222
印花税	28543	43469	45792	42381	46871	59124	62495	63542	71511	85045
城镇土地使用税	73234	134349	152535	129902	127838	107184	130679	137932	91085	88279
土地增值税	88970	104982	108057	131733	168671	217911	350179	425061	465214	454254
车船税	11989	19169	20087	25499	27010	34381	31780	33717	37062	40834
耕地占用税	8119	12905	35735	37224	33327	51608	16685	46639	46366	43953
契税	266226	233361	235448	227790	237655	294844	347091	433497	517247	626716
非税收入	466760	640968	965914	1284437	1415908	1457089	1123277	1081468	1147773	1203663
#国有资源(资产)有偿使用收入	37691	84473	223658	171489	206317	174953	139552	145566	224267	259719
行政事业性收费收入	159721	231936	283037	267632	150613	137913	97334	112416	83232	105709
罚没收入	61373	73137	71040	86947	120738	151775	231057	167541	109939	187430
专项收入	78520	111707	114136	178873	177517	230394	358036	464068	513282	536967
其他收入	115536	116259	274043	459061	733720	721000	255032	127003	126141	63992
二、财政支出	**2740831**	**3282913**	**3729722**	**4860668**	**5090750**	**5540130**	**5442151**	**6148574**	**6373746**	**6633104**
一般公共服务	389550	469619	533973	545097	598508	627126	712134	801025	884472	785295
国防	2675	4464	5269	5355	4751	4634	3461	5962	5252	6173
公共安全	210476	255884	272944	346409	394029	407140	416099	459064	494589	506116
教育	626047	727857	850388	949383	1019079	1068551	1069211	1194091	1291036	1375662
科学技术	51031	55635	197644	197946	218192	258472	221734	251859	245603	236203
文化旅游体育与传媒	38158	42886	59072	84203	98150	122680	127462	140959	142965	152415
社会保障和就业	219605	267709	339997	400974	488266	558029	551939	652796	753310	812707
卫生健康	218197	262848	326325	578129	802069	962057	702521	690847	657497	629355
节能环保	75020	285870	66898	147839	84035	208355	315351	298835	182266	137014
城乡社区	214986	238355	408887	536021	466733	564818	498850	632144	588655	742697
农林水	260628	264823	276954	412833	371896	344925	387259	451506	470346	494214
交通运输	116742	118821	170852	206597	178408	89785	104973	176014	219839	172594
资源勘探信息等	31024	44092	29739	83550	37999	50846	43353	22848	31050	33506
商业服务业等	29525	21886	21718	62718	30340	31383	30497	30088	32567	34356
自然资源海洋气象等	26906	28135	35166	40982	40063	52951	53887	68308	83000	115355
粮油物资储备	9419	9277	10415	19911	24785	26450	25378	29837	35159	31425
其他	181360	147868	123481	242721	233447	161928	178042	242391	256140	368017

注：财政支出中的其他为除所列支出外的支出。

8-3 分县区地方一般公共财政预算收支基本情况

(2021年)　　单位：万元

项　　目	合 计	市 直	惠城区	惠阳区	惠东县	博罗县	龙门县	大亚湾区	仲恺区
地方一般公共财政预算收入	**4553901**	**1317394**	**440797**	**642828**	**314662**	**561168**	**194475**	**705200**	**377377**
税收收入	**3350238**	**884419**	**354985**	**560840**	**195037**	**407567**	**68171**	**610055**	**269164**
增值税	1008685	266913	101317	161435	53002	122857	20359	189729	93073
企业所得税	425317	118387	34077	78121	12036	50866	14797	84549	32485
个人所得税	89336	24872	11443	12570	6523	10076	1452	12697	9703
资源税	9828	404	305	1825	1690	1046	4522	36	
城市维护建设税	303360	118102	30493	45127	10816	27345	4085	42022	25370
房产税	170222	40994	15118	36526	10315	25776	3290	20846	17357
印花税	85045	23644	7547	12409	5112	12520	1178	12778	9856
城镇土地使用税	88279	18946	6616	19864	5350	13877	1582	15616	6428
土地增值税	454254	98532	60344	71072	39441	51719	4407	110198	18541
车船税	40834	14800	10190	5003	3668	4178	1134	568	1293
耕地占用税	43953	11227	1919	1026	7715	11128	1132	1123	8683
契税	626716	146523	75485	115463	39060	75789	9447	118678	46271
非税收入	1203663	432975	85812	81988	119625	153601	126304	95145	108213
地方一般公共财政预算支出	**6633104**	**1395131**	**810268**	**835883**	**877449**	**1044815**	**433249**	**814014**	**422295**
一般公共服务	785295	179326	115914	116064	70006	118683	39407	81616	64279
国防	6173	1988	1225	681	702	723	741	8	105
公共安全	506116	225567	16645	63867	58280	59171	19386	52409	10791
教育	1375662	166502	288954	184591	208828	273766	99256	88014	65751
科学技术	236203	50618	6043	21020	20847	31647	469	27288	78271
文化旅游体育与传媒	152415	35554	15832	18686	23251	30751	8726	7841	11774
社会保障和就业	812707	182701	115708	129776	139155	94660	68067	40255	42385
卫生健康	629355	79894	102500	86327	93465	120978	56083	40057	50051
节能环保	137014	17398	9972	29641	7951	12632	9200	25580	24640
城乡社区	742697	158216	25114	51240	33325	83310	21378	347416	22698
农林水	494214	65374	53194	37514	99867	126254	66481	30548	14982
交通运输	172594	60235	12783	10354	32137	16303	22536	16563	1683
住房保障	138379	45984	16089	44155	19189	4795	7627	38	502

8–4　金融机构人民币存贷款余额

单位：万元

指 标 名 称	2012年	2013年	2014年	2015年	2016年
各项存款余额	**25176322**	**30044146**	**31845460**	**36125234**	**45447300**
(一) 境内存款	24685021	29475105	31124108	35467394	44734161
1. 住户存款	13175734	15207027	16111201	17175953	19452277
(1) 活期存款	7797393	8835457	8858130	9705719	11705839
(2) 定期及其他存款	5378341	6371570	7253071	7470233	7746438
2. 非金融企业存款	6818883	8710587	8202457	10044541	14075678
(1) 活期存款	3690636	3911304	3595028	4210772	7443138
(2) 定期及其他存款	3128248	4799283	4607429	5833769	6632541
3. 广义政府存款	4337720	5214614	6189704	7018938	9476910
(1) 财政性存款	687112	875545	1054192	852761	1057808
(2) 机关团体存款	3650607	4339069	5135512	6166177	8419102
4. 非银行业金融机构存款	352685	342877	620746	1227962	1729295
(二) 境外存款	491301	569041	721352	657840	713139
各项贷款余额	**14846221**	**18278746**	**21768038**	**24643503**	**31551265**
(一) 境内贷款	14750487	18159462	21636963	24498934	31080417
1. 住户贷款	6197216	7868999	9664081	11993131	18148066
(1) 短期贷款	339278	610476	716934	722493	659208
消费贷款	139075	374313	352163	341046	362203
经营贷款	200203	236162	364772	381447	297005
(2) 中长期贷款	5857938	7258524	8947147	11270638	17488858
消费贷款	4952522	6112651	7613777	9940971	16144058
经营贷款	905416	1145872	1333370	1329667	1344800
2. 非金融企业及机关团体贷款	8544271	10277963	11972882	12505803	12932351
(1) 短期贷款	2086958	2744013	3473003	3882496	3958520
(2) 中长期贷款	6060255	7156604	7875519	7529503	8135776
(3) 票据融资	396994	370565	619567	1053311	817482
(4) 各项垫款	63	6781	4794	40494	20573
(二) 境外贷款	95734	119283	131075	144569	470848

注：2015年起金融机构存贷款统计口径使用新的分类，为便于分析，对2011年起的数据进行了可比口径处理。

8-4 续表

单位：万元

指标名称	2017年	2018年	2019年	2020年	2021年
各项存款余额	**50760024**	**58396518**	**61498065**	**68133595**	**72181656**
(一) 境内存款	49975185	57561404	60542210	67064854	71014953
1. 住户存款	21530379	23611950	26006998	28968805	32311879
(1) 活期存款	13417735	14420185	15647578	17188248	18017137
(2) 定期及其他存款	8112645	9191765	10359420	11780556	14294741
2. 非金融企业存款	16562143	19524709	20505598	23239618	23841426
(1) 活期存款	9279327	11200911	11641227	11307787	10128954
(2) 定期及其他存款	7282816	8323798	8864371	11931831	13712472
3. 广义政府存款	11364429	14070864	13477432	14369036	14306543
(1) 财政性存款	927769	1608575	964281	12995370	12831631
(2) 机关团体存款	10436660	12462289	12513152	1373665	1474912
4. 非银行业金融机构存款	518234	353882	552181	487395	555105
(二) 境外存款	784839	835114	955855	1068741	1166703
各项贷款余额	**38186415**	**46508367**	**55883102**	**68295973**	**80956996**
(一) 境内贷款	37694045	45991373	55469765	68025447	80686587
1. 住户贷款	24097898	30677076	36422949	44019831	50156241
(1) 短期贷款	1357551	1753601	2139272	1817323	2064376
消费贷款	1077420	1411663	1775090	1232709	1205035
经营贷款	280131	341938	364182	584615	859341
(2) 中长期贷款	22740347	28923475	34283677	42202507	48091864
消费贷款	21296549	27199644	32116603	39202998	44031670
经营贷款	1443797	1723831	2167074	2999509	4060194
2. 非金融企业及机关团体贷款	13596147	15314298	19046816	24005617	30530347
(1) 短期贷款	3377553	3295534	4218325	5355377	5951389
(2) 中长期贷款	9468278	11312746	13481124	17331946	22854370
(3) 票据融资	723403	690901	1346879	1318031	1689139
(4) 各项垫款	26914	15117	488	262	35449
(二) 境外贷款	492371	516993	413337	270526	270409

8–5 金融机构人民币贷款分行业情况

单位：万元

指 标 名 称	2017年	2018年	2019年	2020年	2021年
各项贷款余额	38186415	46508367	55883102	68295973	80956996
各行业贷款					
农、林、牧、渔业	138978	134519	144793	162371	178177
采矿业	23505	16524	526	68907	357421
制造业	3358064	3398018	4048916	6347142	8466567
电力、燃气及水的生产和供应业	612786	637951	624431	874253	1222265
建筑业	1041976	1083149	1318950	1705037	1856078
交通运输、仓储和邮政业	2253602	2502969	2732660	2796437	3096849
信息传输、软件和信息技术服务业	23201	34677	63484	97587	213345
批发和零售业	1413665	1303426	1344676	1670620	1884336
住宿和餐饮业	427236	367863	474928	529224	586614
金融业	106560	269688	459081	472749	510156
房地产业	2181615	3663261	4979137	5337280	6608197
租赁和商务服务业	635647	653747	964190	1589347	2748549
科学研究和技术服务业	3776	4156	14028	63410	77895
水利、环境和公共设施管理业	317538	345077	348671	583009	604493
居民服务、修理和其他服务业	70538	75294	88797	67101	118775
教育	82804	130738	165345	224899	271126
卫生和社会工作	132737	149937	195296	231978	174844
文化、体育和娱乐业	42983	37073	46877	56454	61382
公共管理、社会保障和社会组织	5534	388	350	310	267
个人贷款					
个人贷款及透支	24097898	30677076	36422949	44019831	50156241

8-6 金融机构个人消费贷款

单位：万元

指标名称	2006年	2007年	2008年	2009年	2010年	2011年	2012年	2013年
个人消费贷款	828759	1266236	1459673	2389486	3437410	4157346	5006768	6180159
住房贷款	769701	1211978	1416930	2244027	3151631	3729321	4570709	5667369
汽车贷款	26591	25803	21562	24390	26601	19178	6840	3888
助学贷款	1551	965	503	313	197	182	132	129
其他贷款	30689	27435	20587	120169	258981	408665	429087	508773

8-6 续表

单位：万元

指标名称	2014年	2015年	2016年	2017年	2018年	2019年	2020年	2021年
个人消费贷款	7687598	10016481	16235206	21529511	27492282	32362686	40435707	45236706
住房贷款	7128035	9400430	15552239	20567435	26290208	30718669	36381773	40730906
汽车贷款	11008	9622	12505	18841	26086	21463	15533	11006
助学贷款	214	267	201	158	8	6	80	2
其他贷款	548342	606161	670261	943077	1175981	1622548	4038322	4494792

8-7 分县区金融机构各项存贷款

(2021年)　　单位：万元

指 标 名 称	全市	惠城区	惠阳区	惠东县
一、金融机构人民币存款余额	**72181656**	**41321816**	**9204438**	**5268490**
(一) 境内存款年末余额	71014953	40851002	8882832	5137961
1. 住户存款年末余额	32311879	14861188	5144878	3716055
2. 非金融企业存款年末余额	23841426	15351930	2388394	735489
3. 广义政府存款年末余额	14306543	10232211	1348923	566419
4. 非银行业金融机构存款年末余额	555105	405673	637	119997
(二) 境外存款年末余额	1166703	470814	321606	130529
二、金融机构人民币贷款余额	**80956996**	**46943542**	**11300251**	**4776627**
(一) 境内贷款年末余额	80686587	46819353	11241081	4759420
1. 住户贷款年末余额	50156241	27742671	8151551	2540842
2. 非金融企业及机关团体贷款年末余额	30530347	19076682	3089529	2218578
3. 非银行业金融机构贷款年末余额				
(二) 境外贷款年末余额	270409	124189	59170	17207

注：惠城区含仲恺区数据。

8-7 续表

单位：万元

指 标 名 称	博罗县	龙门县	大亚湾区
一、金融机构人民币存款余额	**9011907**	**1868441**	**5506564**
(一) 境内存款年末余额	8863842	1862390	5416924
1. 住户存款年末余额	5596333	1270625	1722798
2. 非金融企业存款年末余额	2215648	312080	2837886
3. 广义政府存款年末余额	1051644	271685	835660
4. 非银行业金融机构存款年末余额	218	8000	20580
(二) 境外存款年末余额	148064	6050	89639
二、金融机构人民币贷款余额	**8396622**	**1718963**	**7820991**
(一) 境内贷款年末余额	8373925	1716662	7776146
1. 住户贷款年末余额	5370155	768453	5582568
2. 非金融企业及机关团体贷款年末余额	3003770	948209	2193579
3. 非银行业金融机构贷款年末余额			
(二) 境外贷款年末余额	22697	2301	44845

8-8 保险公司主要指标

单位：个、万元

指标名称	2011年	2012年	2013年	2014年	2015年
保险公司数(含分支机构)	36	43	50	51	51
保险中介机构数	15	17	20	22	23
全年保险保费年收入	505434	565382	645570	787791	993039
寿险	344637	372400	404253	500501	558159
健康险和意外伤害险	10228	11179	12231	20286	116041
财产险	150569	181803	229086	267004	318839
支付各类赔款	68531	83270	89913	103327	317445
寿险	24602	22013	35124	41509	135695
健康险和意外伤害险	15586	25168	15371	19403	32270
财产险	28343	36089	39418	42415	149480

8-8 续表

单位：个、万元

指标名称	2016年	2017年	2018年	2019年	2020年	2021年
保险公司数(含分支机构)	52	54	60	60	61	61
保险中介机构数	33	38	42	66	48	62
全年保险保费年收入	1160000	1415045	1579286	1757991	1781505	1811222
寿险	638840	769825	819698	933000	916749	905876
健康险和意外伤害险	156570	231850	298500	356598	380255	396704
财产险	364590	413370	461088	468393	484501	508642
支付各类赔款	321495	369990	481416	454019	502935	526285
寿险	123323	142851	172377	141100	147027	139824
健康险和意外伤害险	38719	46923	55810	77219	83846	98389
财产险	159453	180216	253229	235700	272062	288072

惠州统计年鉴 2022

HUIZHOU STATISTICAL YEARBOOK

九、价格指数

9-1　历年价格指数

(2021年)

年份	居民消费价格指数 (上年=100)	商品零售价格指数 (上年=100)	居民消费价格指数 (以不同年为100)	商品零售价格指数 (以不同年份为100)
1985	115.3	115.0		
1986	102.3	102.0		
1987	113.2	113.3		
1988	125.8	126.9		
1989	127.6	127.3		
1990	97.7	96.2		
1991	102.6	101.5		
1992	109.5	108.6		
1993	122.8	122.8		
1994	117.3	114.6		
1995	109.9	108.8		
1996	105.3	103.6		
1997	100.8	99.2		
1998	97.4	96.9		
1999	99.4	98.5		
2000	102.5	100.2		
2001	100.3	99.6	98.8	
2002	98.2	96.8	97.3	
2003	100.5	101.7	100.1	102.6
2004	102.1	101.8	101.1	102.7
2005	102.0	101.6	103.0	104.9
2006	101.6	101.7	105.1	107.4
2007	103.9	104.1	109.3	111.2
2008	104.3	104.6	111.7	114.0
2009	98.5	98.5	112.3	115.1
2010	103.2	103.7	117.1	120.1
2011	104.9	104.4	120.9	122.9
2012	102.8	101.9	123.3	124.2
2013	102.1	101.0	129.1	129.3
2014	102.1	102.1	129.6	128.4
2015	101.9	100.9	132.3	130.3
2016	101.9	100.6	102.6	100.8
2017	101.8	100.9	103.9	102.2
2018	101.8	101.7	105.7	102.5
2019	103.2	101.5	111.3	106.7
2020	102.7	101.0	112.1	106.0
2021	101.5	102.1	102.0	103.6

注：居民消费价格指数(以不同年份为100)及商品零售价格指数（以不同年份为100)，2001—2015年数据是以2000为100；2016 2020年数据是以2015年为100，2021—2025年数据是以2020年为100。

9-2　居民消费价格指数

(2021年)

类　别	惠州	类　别	惠州
居民消费价格指数	101.5	衣着	100.8
服务价格指数	101.9	服装	100.9
工业品价格指数	103.1	鞋类	100.8
消费品价格指数	101.3	居住	101.6
非食品价格指数	102.5	租赁房房租	100.6
扣除食品和能源价格指数	101.7	住房保养维修及管理	104.3
扣除鲜菜鲜果价格指数	101.6	水电燃料	102.2
扣除租赁房房租和自有住房价格指数	101.7	自有住房	100.7
食品烟酒	99.6	生活用品及服务	101.0
食品	97.7	家具及室内装饰品	101.7
粮食	101.5	家用器具	99.7
薯类	99.5	家用纺织品	97.1
豆类	104.7	家庭日用杂品	100.3
食用油	109.2	个人护理用品	99.6
菜及食用菌	101.0	家庭服务	105.6
畜肉类	82.3	交通通信	105.4
禽肉类	98.5	交通	107.1
水产品	103.5	通信	100.2
蛋类	103.6	教育文化娱乐	101.6
奶类	105.5	教育	103.1
干鲜瓜果类	101.4	文化娱乐	99.0
糖果糕点类	100.6	医疗保健	102.4
调味品	103.5	药品及医疗器具	100.0
其他食品类	98.9	医疗服务	103.2
茶及饮料	100.6	其他用品和服务	101.7
烟酒	102.1	其他用品	102.1
在外餐饮	103.0	其他服务	101.5

9-3　商品零售价格指数

(2021年)

类　别	惠州	类　别	惠州
商品零售价格指数	102.1	厨具餐具茶具	96.6
食品	98.9	清洗用品	100.3
粮食	101.5	其他日用品	105.0
薯类	99.5	体育娱乐用品	100.9
豆类	104.8	体育户外用品	99.7
食用油	109.3	娱乐用品	101.1
菜及食用菌	101.0	交通、通信用品	99.6
畜肉类	81.0	交通运输机械	99.4
禽肉类	98.5	通信器材	100.9
水产品	103.4	家具	101.7
蛋类	103.7	柜	102.1
奶类	105.6	床	100.6
干鲜瓜果类	101.4	桌	101.7
糖果糕点类	100.5	椅	105.5
调味品	104.0	沙 发	101.5
其他食品类	98.8	其他家具	99.6
餐饮业零售	103.0	化妆品	98.8
饮料、烟酒	101.6	清洁化妆品	100.1
茶及饮料	100.5	护肤化妆品	97.7
卷烟	102.0	彩妆化妆品	97.0
酒类	102.4	清洁类护理用品	102.5
服装、鞋帽	100.6	护发美发用品	96.7
服装	100.5	金银饰品	102.6
鞋帽袜	100.5	金 饰 品	102.4
其他衣着配件	103.7	银 饰 品	100.0
纺织品	103.1	铂金饰品	104.1
服装材料	110.0	中西药品及医疗保健用品	102.0
床上用品	95.1	医疗卫生器具	98.1
家用电器及音像器材	101.4	中药	103.8
家庭设备	99.8	西药	100.2
文娱用耐用消费品	104.0	保健器具及用品	103.6
专业音像器材	101.9	书报杂志及电子出版物	99.7
专业音像器材	104.7	教材及参考书	99.3
纸张文具	105.1	书报杂志及音像制品	100.0
台式计算机	111.1	计算机办公软件	100.0
笔记本电脑	99.0	燃料	114.1
平板电脑	104.3	煤炭及制品	114.4
打印复印机	105.6	石油及制品	114.0
教学设备	97.5	建筑材料及五金电料	102.8
日用品	102.6	建筑装潢材料	105.2
日用百货	101.3	五金水暖	99.1

9-4 居民消费价格分类指数

(上年=100)　　单位：%

类别	2005年	2010年	2013年	2014年	2015年	2016年	2017年	2018年	2019年	2020年	2021年
居民消费价格总指数	102.0	103.2	102.1	102.1	101.9	101.9	101.8	101.8	103.2	102.7	101.5
服务价格指数	102.6	101.0	101.6	100.1	101.3	101.0	103.6	101.7	101.3	100.1	101.9
工业品价格指数		102.2	100.0	101.5	99.4	100.2	100.9	101.9	99.6	98.6	103.1
消费品价格指数	101.9	104.0	102.2	102.9	102.2	102.4	100.7	101.8	104.4	104.2	101.3
非食品价格指数	101.0	101.7	100.7	100.9	100.2	100.8	102.2	101.7	101.3	100.3	102.5
扣除食品和能源价格指数		100.7	100.9	101.2	101.1	101.3	102.2	101.3	101.6	101.0	101.7
扣除鲜菜鲜果价格指数	101.6	102.5	101.3	101.7	101.6	101.6	102.1	101.6	103.0	103.0	101.6
食品烟酒						104.5	100.6	101.7	109.1	109.2	99.6
食品	104.0	106.5	104.6	104.4	105.1	106.0	100.1	101.9	110.6	111.1	97.7
粮食	106.9	105.8	100.7	101.1	99.7	99.9	103.1	100.9	101.9	102.2	101.5
豆类	99.0	118.4	99.5	102.4	100.4	100.5	102.5	101.4	104.7	105.8	104.7
食用油	110.0	105.2	101.0	95.6	101.2	97.2	100.1	100.5	95.3	101.3	109.2
菜及食用菌	115.3	118.2	114.5	104.6	109.9	112.4	94.6	106.1	106.6	103.4	101.0
水产品	116.0	111.6	107.4	113.2	106.0	105.3	105.0	106.3	105.4	99.7	103.5
蛋类	100.8	107.6	107.5	108.9	103.5	99.9	101.4	105.8	106.1	97.0	103.6
奶类	105.9	102.3	104.0	102.2	98.6	97.0	100.1	99.9	100.1	99.0	105.5
干鲜瓜果类	101.6	116.7	109.0	116.4	102.5	98.7	98.6	103.6	107.5	91.6	101.4
调味品	99.3	101.4	100.8	105.8	101.1	99.4	102.4	104.5	99.4	97.6	103.5
其他食品类	97.6	96.6	97.5	96.7	97.2	103.3	98.3	98.9	102.8	97.5	98.9
茶及饮料	94.8	101.0	98.9	98.9	101.0	97.9	99.2	100.7	99.9	97.6	100.6
烟酒	98.1	100.2	101.1	98.5	104.8	102.2	100.3	101.7	101.1	101.8	102.1
在外餐饮	98.4	102.3	105.4	104.6	105.8	101.8	101.9	101.5	107.5	106.6	103.0

9-4 续表

(上年=100) 单位：%

类　别	2005年	2010年	2013年	2014年	2015年	2016年	2017年	2018年	2019年	2020年	2021年
衣着	97.4	99.9	101.9	107.1	102.2	104.6	99.6	104.1	101.6	101.2	100.8
服装	97.4	99.8	101.5	107.6	102.4	103.4	98.6	104.7	101.8	101.2	100.9
居住	103.0	105.4	102.3	99.9	100.8	99.0	102.6	102.1	101.0	99.4	101.6
租赁房房租	100.0	100.0	105.2	101.1	102.6	99.4	102.9	100.0	101.4	99.9	100.6
住房保养维修及管理	100.6	102.3	102.3	102.1	101.3	100.2	102.5	101.9	102.2	101.0	104.3
水电燃料	104.8	108.3	99.8	98.7	95.2	98.9	101.7	102.2	100.8	98.2	102.2
自有住房	101.5	102.3	103.8	99.8	104.6	98.7	103.3	102.9	100.8	99.8	100.7
生活用品及服务	97.9	100.2	101.4	101.3	99.9	99.7	99.8	100.3	100.3	98.9	101.0
家庭日用杂品	99.7	99.5	101.1	98.4	99.7	100.7	97.4	101.3	96.6	97.1	100.3
家庭服务	93.2	101.5	118.7	105.6	100.5	100.5	102.8	101.9	105.6	104.6	105.6
交通通信	100.9	101.4	99.9	100.6	98.3	100.2	101.6	101.8	98.5	96.6	105.4
交通	103.3	102.6	100.4	100.6	97.6	100.8	103.2	104.2	99.0	95.0	107.1
通信	98.5	99.9	99.1	100.5	99.5	99.1	98.9	97.5	97.6	99.8	100.2
教育文化和娱乐	103.6	101.1	97.5	99.6	99.2	102.5	100.7	101.1	100.2	100.0	101.6
教育	109.0	99.8	101.7	101.0	101.2	101.9	102.7	100.6	101.9	102.3	103.1
文化娱乐	102.0	100.1	100.1	100.2	104.0	103.5	97.9	101.9	97.6	96.6	99.0
医疗保健	99.6	100.5	100.5	101.0	100.6	101.5	111.7	101.7	101.8	100.5	102.4
其他用品和服务						100.8	101.0	100.4	101.8	106.1	101.7
其他用品						101.0	101.9	99.8	102.1	112.8	102.1
其他服务						100.6	100.3	101.0	101.5	100.7	101.5

9-5 商品零售价格分类指数

(上年=100)

单位：%

类 别	2005年	2010年	2013年	2014年	2015年	2016年	2017年	2018年	2019年	2020年	2021年
商品零售价格指数	101.6	103.7	101.0	102.1	100.9	100.6	100.9	101.7	101.5	101.0	102.1
食品	104.6	106.8	104.8	104.6	105.0	104.8	100.7	102.3	109.0	108.7	98.9
粮食	106.9	105.8	100.7	101.0	99.7	100.4	103.1	101.4	101.3	101.9	101.5
豆类	99.0	118.4	99.5	102.4	100.4	100.4	102.8	101.3	104.5	105.7	104.8
食用油	109.8	105.2	101.0	95.6	101.2	97.8	100.1	100.7	95.5	101.5	109.3
菜及食用菌	115.3	118.2	114.5	104.6	109.9	112.2	94.8	106.0	106.5	103.4	101.0
水产品	116.6	111.6	107.9	113.5	106.1	105.1	105.1	106.8	105.4	99.6	103.4
蛋类	100.8	107.6	107.5	108.9	103.5	99.9	101.3	105.7	106.1	96.9	103.7
奶类	105.7	102.3	104.0	102.3	98.6	97.0	100.2	99.9	100.1	99.1	105.6
干鲜瓜果类	101.6	116.7	109.5	116.9	102.3	98.9	98.8	103.4	107.0	92.1	101.4
调味品	99.8	101.4	100.8	105.8	101.1	99.7	102.4	104.4	99.4	97.7	104.0
其他食品类	96.9	96.6	97.5	96.7	97.2	103.0	98.2	98.6	103.0	98.1	98.8
餐饮业零售	98.7	102.3	105.4	104.6	105.8	101.9	102.0	101.4	106.7	105.8	103.0
饮料、烟酒	98.2	100.4	100.1	98.8	103.9	101.0	100.3	101.5	100.7	100.4	101.6
茶及饮料	95.2	101.0	98.9	99.0	101.1	98.2	100.0	100.6	99.5	97.6	100.5
卷烟	100.6	100.0	99.3	100.0	107.1	102.9	98.6	99.3	101.3	104.5	102.0
酒类	97.9	100.1	103.9	96.1	101.4	101.2	103.0	105.5	101.1	97.9	102.4
服装、鞋帽	98.2	99.9	101.7	106.9	102.1	104.3	99.2	104.2	101.9	101.0	100.6
服装	97.3	99.8	101.3	107.4	102.3	103.1	98.5	104.7	102.0	101.1	100.5
鞋帽袜	97.3	100.1	103.0	106.3	101.6	109.0	101.9	103.2	101.2	101.3	100.5
其他衣着配件	108.3	99.6	100.5	102.5	101.9	102.8	98.7	100.2	103.8	96.5	103.7
纺织品	100.3	99.9	102.7	100.0	99.4	98.9	99.1	99.0	102.7	94.7	103.1
服装材料	101.5	100.0	113.1	100.4	102.8	100.6	100.0	100.0	100.0	100.0	110.0
床上用品	100.1	99.9	100.0	99.9	98.4	98.3	98.7	98.6	103.8	92.6	95.1
家用电器及音像器材	99.5	99.8	97.4	100.7	99.7	97.1	100.6	95.5	98.6	96.8	101.4
家庭设备	99.8	100.5	97.9	101.1	99.7	97.3	100.9	97.6	99.5	97.8	99.8
文娱用耐用消费品	98.8	98.5	95.2	99.8	99.6	95.4	100.1	89.3	93.7	93.8	104.0
专业音像器材	100.0	100.0	101.0	101.4	100.0	100.8	100.0	100.4	106.1	98.2	101.9

9-5 续表

(上年=100) 单位：%

类 别	2005年	2010年	2013年	2014年	2015年	2016年	2017年	2018年	2019年	2020年	2021年
文化办公用品	96.6	98.2	97.4	100.5	99.7	97.4	96.9	96.3	95.5	100.7	104.7
日用品	100.1	99.7	100.4	98.9	100.9	100.1	98.0	100.7	99.2	98.7	102.6
日用百货	96.1	100.8	100.2	99.8	100.9	99.9	97.3	100.1	97.1	95.4	101.3
厨具餐具茶具	97.3	99.5	100.6	98.2	98.8	99.5	96.3	96.2	100.5	97.9	96.6
清洗用品	99.2	98.5	99.6	95.7	104.8	101.5	99.8	107.1	101.6	100.3	100.3
其他日用品	107.1	99.4	101.0	100.6	99.9	99.9	98.9	100.8	99.1	102.3	105.0
体育娱乐用品	99.2	100.6	97.5	99.2	100.2	99.1	99.6	97.3	100.1	101.8	100.9
体育户外用品	99.9	98.7	95.3	100.2	99.4	98.5	98.0	91.3	96.1	100.4	99.7
娱乐用品	98.4	102.3	99.7	98.2	100.9	99.4	100.6	101.1	102.2	102.5	101.1
交通、通信用品	94.8	101.1	98.0	101.0	99.2	99.6	99.6	97.8	95.8	98.1	99.6
交通运输机械	99.3	101.8	100.2	100.1	100.0	100.9	101.8	101.4	98.4	97.5	99.4
通信器材	90.1	100.0	94.7	102.4	97.8	96.8	94.8	89.5	88.8	99.8	100.9
家具	94.4	99.8	90.4	102.8	100.0	101.2	100.8	100.3	99.5	98.4	101.7
化妆品	98.7	99.7	101.3	100.4	100.6	101.3	98.4	101.3	101.1	99.8	98.8
金银饰品	102.4	116.8	97.0	94.1	95.8	102.2	103.7	99.2	103.0	120.3	102.6
中西药品及医疗保健用品	98.3	101.4	99.7	102.5	100.9	102.4	101.6	101.0	100.1	100.7	102.0
医疗卫生器具	98.7	102.5	101.1	101.0	100.1	103.5	99.0	98.1	98.8	100.6	98.1
中药	95.4	105.3	98.9	102.8	100.9	103.1	106.9	100.7	100.2	102.1	103.8
西药	99.8	99.6	100.2	102.8	100.8	102.3	98.5	102.6	100.3	99.5	100.2
保健器具及用品	100.0	97.9	100.4	101.5	101.0	100.9	101.6	100.2	100.6	100.7	103.6
书报杂志及电子出版物	96.9	99.7	100.5	100.7	105.6	100.1	100.7	102.9	101.1	101.5	99.7
教材及参考书	94.8	98.2	100.8	100.0	100.0	100.3	100.1	101.9	100.0	101.4	99.3
书报杂志及音像制品	100.0	100.0	100.6	101.9	116.6	100.0	101.7	105.1	103.0	102.3	100.0
燃料	113.3	117.5	98.3	97.4	85.3	92.9	107.5	112.1	98.7	90.3	114.1
煤炭及制品	109.7	105.8	100.0	100.0	100.0	100.0	100.0	104.4	107.7	95.3	114.4
石油及制品	113.5	118.3	98.2	97.3	84.6	92.7	107.7	112.3	98.5	90.2	114.0
建筑材料及五金电料	100.6	102.1	100.9	100.9	100.1	100.1	102.6	102.7	103.3	100.8	102.8
建筑装潢材料	100.7	102.7	100.8	100.7	100.1	99.8	102.5	103.9	103.4	100.6	105.2
五金水暖	100.6	99.3	101.0	101.4	100.1	101.5	103.0	98.5	103.0	101.7	99.1

惠州统计年鉴 2022

HUIZHOU STATISTICAL YEARBOOK

十、人民生活

10-1 惠州市城乡居民人均收支情况

单位：元

项 目	2015年		2016年		2017年		2018年	
	全体居民	占比(%)	全体居民	占比(%)	全体居民	占比(%)	全体居民	占比(%)
人均可支配收入	**25220**	**100.0**	**28061**	**100.0**	**31091**	**100.0**	**33930**	**100.0**
一、工资性收入	17042	67.6	18987	67.7	21005	67.6	22785	67.2
二、经营净收入	4872	19.3	5351	19.1	5843	18.8	6392	18.8
三、财产净收入	2180	8.6	2494	8.9	2837	9.1	3245	9.6
四、转移净收入	1126	4.5	1229	4.4	1406	4.5	1507	4.4
消费支出	**18315**	**100.0**	**20461**	**100.0**	**22969**	**100.0**	**24462**	**100.0**
(一) 食品烟酒	6779	37.0	7483	36.6	8240	35.9	8624	35.3
(二) 衣着	904	4.9	1032	5.0	1150	5.0	1206	4.9
(三) 居住	4051	22.1	4355	21.3	4907	21.4	5346	21.9
(四) 生活用品及服务	1031	5.6	1178	5.8	1395	6.1	1452	5.9
(五) 交通通信	2454	13.4	2855	14.0	3217	14.0	3509	14.3
(六) 教育文化娱乐	1930	10.5	2224	10.9	2538	11.1	2680	11.0
(七) 医疗保健	791	4.3	898	4.4	1015	4.4	1108	4.5
(八) 其他用品和服务	376	2.1	438	2.1	507	2.2	538	2.2

10-1 续表1

单位：元

项 目	2019年		2020年		2021年	
	全体居民	占比(%)	全体居民	占比(%)	全体居民	占比(%)
人均可支配收入	**37160**	**100.0**	**39745**	**100.0**	**43351**	**100.0**
一、工资性收入	24968	67.2	27055	68.1	28973	66.8
二、经营净收入	6798	18.3	6759	17.0	7812	18.0
三、财产净收入	3699	10.0	4069	10.2	4579	10.6
四、转移净收入	1696	4.6	1863	4.7	1987	4.6
消费支出	**26611**	**100.0**	**26230**	**100.0**	**29176**	**100.0**
(一) 食品烟酒	9346	35.1	9462	36.1	10392	35.6
(二) 衣着	1293	4.9	1226	4.7	1338	4.6
(三) 居住	5879	22.1	6000	22.9	6578	22.5
(四) 生活用品及服务	1545	5.8	1615	6.2	1677	5.7
(五) 交通通信	3834	14.4	3624	13.8	4171	14.3
(六) 教育文化娱乐	2921	11.0	2634	10.0	3190	10.9
(七) 医疗保健	1211	4.5	1138	4.3	1232	4.2
(八) 其他用品和服务	583	2.2	531	2.0	598	2.0

10-1 续表 2

单位：元、%

项 目	2015年		2016年		2017年		2018年	
	城镇居民	占比(%)	城镇居民	占比(%)	城镇居民	占比(%)	城镇居民	占比(%)
人均可支配收入	**30057**	**100.0**	**33213**	**100.0**	**36608**	**100.0**	**39574**	**100.0**
一、工资性收入	21060	70.1	23271	70.1	25528	69.7	27341	69.1
二、经营净收入	5007	16.7	5473	16.5	6026	16.5	6610	16.7
三、财产净收入	2898	9.6	3282	9.9	3696	10.1	4180	10.6
四、转移净收入	1091	3.6	1186	3.6	1358	3.7	1442	3.6
消费支出	**21581**	**100.0**	**23779**	**100.0**	**26424**	**100.0**	**27773**	**100.0**
(一)食品烟酒	7858	36.4	8539	35.9	9281	35.1	9569	34.5
(二)衣着	1128	5.2	1267	5.3	1379	5.2	1426	5.1
(三)居住	4743	22.0	5001	21.0	5576	21.1	6011	21.6
(四)生活用品及服务	1195	5.5	1344	5.7	1596	6.0	1636	5.9
(五)交通通信	3053	14.1	3504	14.7	3917	14.8	4215	15.2
(六)教育文化娱乐	2275	10.5	2605	11.0	2962	11.2	3083	11.1
(七)医疗保健	887	4.1	992	4.2	1096	4.1	1185	4.3
(八)其他用品和服务	441	2.0	527	2.2	616	2.3	647	2.3

10-1 续表 3

单位：元、%

项 目	2019年		2020年		2021年	
	城镇居民	占比(%)	城镇居民	占比(%)	城镇居民	占比(%)
人均可支配收入	**42999**	**100.0**	**45475**	**100.0**	**49243**	**100.0**
一、工资性收入	29665	69.0	31741	69.8	33682	68.4
二、经营净收入	7014	16.3	6867	15.1	7916	16.1
三、财产净收入	4704	10.9	5093	11.2	5719	11.6
四、转移净收入	1617	3.8	1774	3.9	1926	3.9
消费支出	**30009**	**100.0**	**29369**	**100.0**	**32431**	**100.0**
(一)食品烟酒	10310	34.4	10381	35.3	11361	35.0
(二)衣着	1505	5.0	1408	4.8	1522	4.7
(三)居住	6547	21.8	6705	22.8	7188	22.2
(四)生活用品及服务	1783	5.9	1853	6.3	1883	5.8
(五)交通通信	4543	15.1	4176	14.2	4848	14.9
(六)教育文化娱乐	3326	11.1	3000	10.2	3631	11.2
(七)医疗保健	1286	4.3	1206	4.1	1291	4.0
(八)其他用品和服务	710	2.4	641	2.2	707	2.2

10-1 续表 4

单位：元

项　目	2015年		2016年		2017年		2018年	
	农村居民	占比(%)	农村居民	占比(%)	农村居民	占比(%)	农村居民	占比(%)
人均可支配收入	**15830**	**100.0**	**17603**	**100.0**	**19284**	**100.0**	**21039**	**100.0**
一、工资性收入	9243	58.4	10288	58.4	11326	58.7	12380	58.8
二、经营净收入	4608	29.1	5104	29.0	5451	28.3	5892	28.0
三、财产净收入	785	5.0	893	5.1	999	5.2	1110	5.3
四、转移净收入	1193	7.5	1317	7.5	1508	7.8	1657	7.9
消费支出	**11975**	**100.0**	**13726**	**100.0**	**15576**	**100.0**	**16900**	**100.0**
(一) 食品烟酒	4683	39.1	5339	38.9	6011	38.6	6466	38.3
(二) 衣着	467	3.9	555	4.0	658	4.2	704	4.2
(三) 居住	2707	22.6	3042	22.2	3474	22.3	3825	22.6
(四) 生活用品及服务	711	5.9	839	6.1	967	6.2	1031	6.1
(五) 交通通信	1291	10.8	1538	11.2	1719	11.0	1895	11.2
(六) 教育文化娱乐	1261	10.5	1452	10.6	1632	10.5	1759	10.4
(七) 医疗保健	605	5.1	706	5.1	841	5.4	932	5.5
(八) 其他用品和服务	249	2.1	257	1.9	274	1.8	289	1.7

10-1 续表 5

单位：元

项　目	2019年		2020年		2021年	
	农村居民	占比(%)	农村居民	占比(%)	农村居民	占比(%)
人均可支配收入	**23027**	**100.0**	**24925**	**100.0**	**27580**	**100.0**
一、工资性收入	13600	59.1	14930	59.9	16369	59.3
二、经营净收入	6275	27.3	6481	26.0	7532	27.3
三、财产净收入	1267	5.5	1421	5.7	1528	5.5
四、转移净收入	1886	8.2	2094	8.4	2151	7.8
消费支出	**18387**	**100.0**	**18119**	**100.0**	**20463**	**100.0**
(一) 食品烟酒	7012	38.1	7085	39.1	7801	38.1
(二) 衣着	781	4.2	758	4.2	845	4.1
(三) 居住	4265	23.2	4178	23.1	4945	24.2
(四) 生活用品及服务	970	5.3	999	5.5	1125	5.5
(五) 交通通信	2117	11.5	2198	12.1	2358	11.5
(六) 教育文化娱乐	1940	10.6	1690	9.3	2011	9.8
(七) 医疗保健	1030	5.6	963	5.3	1074	5.2
(八) 其他用品和服务	274	1.5	248	1.4	304	1.5

10-2 惠州市分县区居民人均可支配收入

单位：元

县区	2015年		2016年		2017年		2018年		2019年		2020年		2021年	
	全体居民	增速(%)	全体居民	增速(%)	全体居民	增速(%)	全体居民	增速(%)	全体居民	增速(%)	全体居民	增速(%)	全体居民	增速(%)
全　市	**25220**	**10.1**	**28061**	**11.3**	**31091**	**10.8**	**33930**	**9.1**	**37160**	**9.5**	**39745**	**7.0**	**43351**	**9.1**
惠城区	32530	9.9	36377	11.8	40035	10.1	43442	8.5	48070	10.7	52320	8.8	56020	7.1
惠阳区	27757	10.0	31020	11.8	34526	11.3	36794	6.6	40093	9.0	42839	6.8	45575	6.4
惠东县	18817	10.4	20851	10.8	23120	10.9	25260	9.3	27528	9.0	29185	6.0	31528	8.0
博罗县	20021	10.5	22206	10.9	24991	12.5	27475	9.9	30223	10.0	32290	6.8	34758	7.6
龙门县	14901	13.6	16971	13.9	18997	11.9	21189	11.5	23661	11.7	25821	9.1	28184	9.1
大亚湾区	29383	10.2	33203	13.0	36779	10.8	40936	11.3	45360	10.8	49431	9.0	52648	6.5
仲恺区	27991	10.2	30853	10.2	34169	10.7	37903	10.9	42018	10.9	45652	8.6	48528	6.3

10-2　续表 1

单位：元

县区	2015年		2016年		2017年		2018年		2019年		2020年		2021年	
	城镇居民	增速(%)	城镇居民	增速(%)	城镇居民	增速(%)	城镇居民	增速(%)	城镇居民	增速(%)	城镇居民	增速(%)	城镇居民	增速(%)
全　市	**30057**	**10.1**	**33213**	**10.5**	**36608**	**10.2**	**39574**	**8.1**	**42999**	**8.7**	**45475**	**5.8**	**49243**	**8.3**
惠城区	37679	9.8	41442	10.0	45504	9.8	47917	5.3	52853	10.3	57051	7.9	60987	6.9
惠阳区	32108	9.8	35426	10.3	38968	10.0	41161	5.6	44783	8.8	47317	5.7	50771	7.3
惠东县	21402	10.5	23559	10.1	26033	10.5	28330	8.8	30738	8.5	32303	5.1	34306	6.2
博罗县	25241	10.7	27858	10.4	30643	10.0	33201	8.3	35857	8.0	37668	5.0	40380	7.2
龙门县	17037	14.5	19192	12.6	21437	11.7	23731	10.7	26674	12.4	28697	7.6	31107	8.4
大亚湾区	30895	10.2	34382	11.3	38061	10.7	41990	10.3	46315	10.3	50002	8.0	53352	6.7
仲恺区	30356	10.1	33350	9.9	36919	10.7	40671	10.2	44942	10.5	48291	7.5	52492	8.7

10-2　续表 2

单位：元

县区	2015年		2016年		2017年		2018年		2019年		2020年		2021年	
	农村居民	增速(%)	农村居民	增速(%)	农村居民	增速(%)	农村居民	增速(%)	农村居民	增速(%)	农村居民	增速(%)	农村居民	增速(%)
全　市	**15830**	**10.2**	**17603**	**11.2**	**19284**	**9.6**	**21039**	**9.1**	**23027**	**9.5**	**24925**	**8.2**	**27580**	**10.7**
惠城区	16379	10.0	18324	11.9	20009	9.2	21900	9.4	23652	8.0	26094	10.3	28886	10.7
惠阳区	16863	10.2	18931	12.3	20805	9.9	23269	11.8	25410	9.2	27600	8.6	30470	10.4
惠东县	15994	10.1	17707	10.7	19389	9.5	20900	7.8	22761	8.9	24357	7.0	26817	10.1
博罗县	15741	10.2	17355	10.3	19073	9.9	20650	8.3	22571	9.3	24244	7.4	26717	10.2
龙门县	13853	11.9	15685	13.2	17348	10.6	19151	10.4	21124	10.3	23228	10.0	25714	10.7
大亚湾区	16515	10.0	18595	12.6	20473	10.1	22505	9.9	24801	10.2	27277	10.0	30223	10.8
仲恺区	17201	10.4	19057	10.8	20792	9.1	22791	9.6	24957	9.5	27481	10.1	30476	10.9

10-3 惠州市城乡居民消费品拥有量情况

(数据仅代表抽样调查样本情况)

每百户主要消费品拥有量	单位	2015年			2016年			2017年		
		全体居民	城镇居民	农村居民	全体居民	城镇居民	农村居民	全体居民	城镇居民	农村居民
家用汽车	(辆)	33.9	40.9	22.2	42.9	51.2	29.0	47.9	55.4	35.3
摩托车	(辆)	80.9	60.8	114.9	88.4	64.3	129.3	87.2	61.9	130
洗衣机	(台)	75.8	83.4	63.0	87.2	91.6	79.7	89.7	93.1	83.8
电冰箱	(台)	93.6	95.4	90.8	99.2	99.5	98.8	99.5	99.9	99.2
彩色电视机	(台)	126.1	127.9	123.0	129.1	127.7	131.4	130.2	128.5	133.1
空调	(台)	162.1	192.1	111.5	201.0	227.8	155.9	218.5	241.5	179.6
固定电话	(部)	73.9	72.5	76.3	69.8	71.2	67.4	69.3	70.9	66.5
移动电话	(部)	266.3	261.1	275.2	276.7	269.3	289.4	286.2	279	298.4
计算机	(台)	67.3	78.3	48.7	79.2	89.3	62.2	80.3	87.9	67.5
照相机	(台)	26.6	37.1	8.8	24.3	33.3	9.0	22.9	30.4	10.2

10-3 续表

(数据仅代表抽样调查样本情况)

每百户主要消费品拥有量	单位	2018年			2019年			2020年			2021年		
		全体居民	城镇居民	农村居民	全体居民	城镇居民	农村居民	全体居民	城镇居民	农村居民	全体居民	城镇居民	农村居民
家用汽车	(辆)	66.2	76.1	43.0	66.5	75.7	44.1	58.8	67.5	45.3	68.5	74.8	54.4
摩托车	(辆)	83.3	61.0	135.7	80.4	56.6	133.2	82.5	64.7	110.0	74.5	48.6	132
洗衣机	(台)	93.6	98.5	82.2	97.1	102.6	85.0	96.9	102.2	88.7	104	105.6	100.5
电冰箱	(台)	98.7	99.4	96.9	102.5	103.6	100.1	103.4	104.1	102.4	109.8	109.5	110.4
彩色电视机	(台)	126.9	126.4	128.2	127.8	126.8	130.1	128.6	127.5	130.3	127.3	128.6	124.4
空调	(台)	238.6	263.8	179.5	253.8	279.6	196.6	257.3	281.0	220.5	309.9	327.5	270.7
固定电话	(部)	44.1	45.1	41.7	34.4	33.7	35.9	28.5	27.6	29.7	21.1	17.1	30.1
移动电话	(部)	298.1	293.3	309.3	300.8	298.5	306.0	303.4	302.2	305.3	312.9	306.7	326.8
计算机	(台)	74.9	86.0	48.7	78.6	91.1	51.0	77.2	90.2	57.1	78.8	92.9	45.6
照相机	(台)	17.0	21.1	7.5	15.4	20.2	4.8	12.6	17.3	5.3	11.1	14.8	2.9

十一、农业

11-1 乡村人口与从业人员情况

(2021年)

项　　目	单位	惠州市	惠城区	惠阳区	惠东县	博罗县	龙门县	大亚湾区	仲恺区
乡村人口									
乡村人口数	万人	336.19	49.82	31.89	72.96	108.62	26.82	14.26	31.82
乡村劳动力资源数	**人**	**2161633**	**334770**	**226158**	**384697**	**700757**	**176450**	**113290**	**225511**
其中：男	人	1146913	170081	117575	218706	371960	91625	63820	113146
女	人	1014720	164689	108583	165991	328797	84825	49470	112365
乡村从业人员合计	**人**	**1927047**	**305970**	**206884**	**321564**	**644053**	**152484**	**92481**	**203611**
1. 男	人	1015951	154577	105227	177152	344617	79256	53491	101631
其中：从事农业人员	人	237712	32111	17006	61562	73147	44228	1970	7688
2. 女	人	911096	151393	101657	144412	299436	73228	38990	101980
其中：从事农业人员	人	219179	29043	15990	52474	70151	42725	1130	7666

11-2 1949-2021年粮食亩产

(按高低顺序排列) 单位：公斤

年 份	亩 产	年 份	亩 产	年 份	亩 产
1999	375	2006	305	1973	157
1998	372	1995	304	1979	154
2000	371	1994	297	1967	151
2021	362	1993	280	1968	148
2020	357	1992	278	1970	148
2019	355	1990	265	1965	136
1997	354	1991	259	1966	129
2002	352	1989	256	1964	104
2001	349	1987	238	1963	102
2017	349	1988	238	1958	99
2012	345	1985	226	1962	98
2018	342	1984	220	1956	93
2015	341	1983	218	1959	93
2016	340	1982	216	1954	89
2014	339	1986	210	1955	89
2011	339	1981	189	1960	89
2003	339	1980	183	1961	86
2004	335	1977	170	1953	84
2005	327	1974	168	1952	79
2010	326	1971	166	1951	74
2009	324	1969	163	1950	71
1996	324	1976	162	1957	70
2007	321	1972	161	1949	67
2008	321	1975	161		
2013	318	1978	160		

11-3　1949-2021年水稻亩产

(按高低顺序排列)　　单位：公斤

年　份	亩　产	年　份	亩　产	年　份	亩　产
1999	390	2013	310	1973	175
1998	389	1994	310	1979	173
2000	387	2006	302	1967	170
2021	373	1992	293	1968	162
1997	370	1993	292	1970	161
2002	364	1990	282	1965	154
2020	361	1991	275	1966	143
2019	360	1989	272	1963	118
2001	359	1987	253	1964	117
2004	354	1988	252	1958	112
2017	354	1985	242	1962	111
2012	351	1983	237	1959	107
2015	349	1984	237	1956	106
2016	347	1982	233	1960	104
2014	346	1986	223	1955	101
2018	346	1980	205	1961	101
2011	345	1981	204	1954	96
2005	345	1977	195	1957	94
1996	339	1974	189	1953	89
2003	339	1971	184	1952	81
2010	325	1978	184	1951	78
2007	324	1972	181	1950	74
2009	323	1976	181	1949	69
2008	321	1969	180		
1995	318	1975	180		

11-4 1949-2021年花生亩产

(按高低顺序排列) 单位：公斤

年 份	亩 产	年 份	亩 产	年 份	亩 产
2021	195	1996	134	1949	65
2020	193	1995	131	1974	63
2019	191	1994	123	1970	62
2018	188	1993	117	1972	60
2017	184	1992	114	1978	60
2016	183	1990	103	1976	59
2015	179	1982	100	1977	53
2014	176	1989	98	1962	53
2013	175	1988	94	1971	52
2012	168	1986	93	1958	52
2011	168	1991	93	1975	52
2003	168	1987	90	1965	49
2010	167	1981	89	1966	49
2009	166	1984	88	1956	48
2007	160	1985	87	1968	46
2008	159	1983	82	1957	46
2004	159	1980	80	1973	44
2005	149	1969	78	1961	40
2002	149	1967	74	1959	33
2001	149	1951	70	1964	31
1999	149	1979	70	1955	30
2006	148	1954	69	1960	29
2000	146	1952	68	1963	14
1998	143	1950	66		
1997	136	1953	66		

11-5　1949-2021年大豆亩产

(按高低顺序排列)　　单位：公斤

年　份	亩　产	年　份	亩　产	年　份	亩　产
2017	174	1996	91	1971	40
2020	170	1994	85	1972	39
2019	169	1995	85	1976	38
2018	168	1993	81	1973	37
2021	165	1990	70	1977	36
2006	142	1992	70	1965	35
2016	142	1989	65	1950	31
2015	139	1982	61	1953	31
2007	138	1987	61	1955	31
2014	136	1986	60	1952	30
2010	133	1988	60	1966	30
2013	132	1985	57	1951	28
2012	128	1991	56	1954	28
2011	127	1984	54	1962	28
2008	127	1980	54	1958	27
2009	124	1981	52	1956	27
2004	124	1983	48	1949	25
2003	118	1979	48	1957	21
2005	116	1975	47	1961	21
2000	116	1974	46	1959	20
2002	113	1969	45	1960	19
2001	112	1970	44	1964	18
1999	109	1968	43	1963	11
1998	103	1967	42		
1997	98	1978	41		

注：本表数据根据2016年第三次农业普查作了修正。

11-6 1949-2021年糖蔗亩产

(按高低顺序排列)

单位：公斤

年 份	亩 产	年 份	亩 产	年 份	亩 产
2020	7368	1991	4706	1971	1978
2021	7367	2004	4637	1964	1963
2019	7354	1990	4545	1953	1949
2017	7295	1994	4274	1969	1945
2018	7282	1992	4232	1974	1924
2003	5066	1993	4052	1955	1914
2015	5062	1989	3911	1954	1890
2008	5058	1988	3805	1973	1879
2014	5056	1982	3581	1958	1720
2007	5019	1985	3569	1968	1691
2006	5009	1987	3451	1949	1636
2013	4992	1981	3326	1956	1592
2009	4957	1986	3270	1951	1565
2010	4950	2016	3212	1976	1551
1998	4946	1984	3187	1975	1542
2012	4933	1980	2934	1977	1537
2011	4927	1983	2854	1950	1531
2001	4923	1967	2598	1966	1459
1999	4911	1965	2382	1960	1402
1997	4867	1970	2227	1962	1302
2002	4861	1978	2174	1957	1277
2005	4843	1979	2122	1961	1057
1996	4730	1972	2117	1959	1024
2000	4713	1952	2093		
1995	4711	1963	2065		

11-7 重点年份主要农产品人均占有量

(按总人口计) 单位：公斤

年 份	粮 食	稻 谷	花 生	大 豆	糖 蔗	水 果	肉类	水产品
1949	251.69	215.87	7.37	1.30	52.27	1.71		10.30
1952	317.11	284.57	9.64	2.35	83.70	1.55		11.89
1957	338.33	300.27	8.82	1.73	109.11	1.56		18.90
1962	328.35	299.42	6.19	1.62	53.94	1.83		11.95
1965	407.94	375.57	11.67	1.20	282.75	3.41		10.88
1970	387.81	360.42	12.95	1.88	323.07	8.04		19.89
1975	369.18	344.75	11.12	3.84	194.31	8.99		12.80
1980	372.00	350.70	19.09	5.99	186.00	7.16		9.29
1985	366.70	347.07	19.60	5.63	321.22	16.61		12.04
1987	370.88	346.68	22.85	5.58	163.80	36.51		15.92
1988	360.68	334.77	18.16	5.42	206.09	42.45		18.29
1989	388.34	358.50	18.51	5.84	238.40	50.54		18.76
1990	393.58	363.46	19.19	6.15	274.15	65.31	3.21	19.85
1991	353.30	324.66	16.36	4.51	309.84	75.36	34.98	22.28
1992	343.46	314.34	19.01	5.24	237.12	91.35	38.10	25.10
1993	309.70	278.65	19.66	5.62	104.22	82.79	40.08	26.44
1994	337.60	301.09	20.22	5.59	92.57	86.87	45.39	28.95
1995	349.08	307.86	20.88	4.97	110.28	78.99	46.46	31.94
1996	375.04	324.63	20.15	5.12	131.84	76.52	49.97	34.69
1997	397.51	343.71	20.22	5.03	142.01	68.72	54.53	42.24
1998	416.05	358.12	21.08	5.16	147.91	64.97	32.27	46.19
1999	414.46	352.06	21.73	5.22	126.06	74.79	41.44	48.16
2000	379.00	318.00	22.23	5.80	73.77	66.58	47.39	47.81
2001	331.16	271.82	24.57	5.66	65.67	70.72	47.96	49.85
2002	289.02	226.31	24.88	5.31	65.65	95.84	52.90	55.17
2003	237.50	190.23	20.30	4.66	55.40	100.76	52.10	54.80
2004	254.00	179.00	22.00	5.00	39.00	134.00	52.00	56.00
2005	249.37	170.13	20.58	4.35	36.26	163.86	59.70	54.96
2006	167.65	122.51	14.27	2.03	22.37	135.75	58.70	40.27
2007	176.27	130.44	15.14	1.67	21.92	149.51	57.19	43.82
2008	174.79	127.79	15.24	1.54	23.09	156.71	58.44	42.75
2009	180.78	127.55	16.27	1.53	18.52	159.76	59.54	43.34
2010	173.98	123.47	15.67	1.36	20.50	162.83	59.16	42.49
2011	177.77	127.45	15.92	1.31	19.56	171.65	55.21	42.77
2012	183.23	131.09	16.42	1.29	21.43	185.43	56.04	43.67
2013	162.21	110.46	17.24	1.32	19.51	194.93	55.69	45.64
2014	169.89	120.11	17.59	1.34	19.94	196.14	55.35	46.37
2015	167.25	117.65	17.64	1.35	17.87	204.20	53.62	46.76
2016	164.67	115.64	17.50	1.32	16.85	212.38	51.48	47.08
2017	158.81	125.56	13.43	0.83	18.15	221.54	50.03	44.63
2018	147.20	115.52	13.45	0.83	18.56	229.72	47.36	41.50
2019	150.38	117.77	13.28	0.82	18.11	225.00	41.90	40.58
2020	151.95	118.47	12.95	0.82	18.25	234.82	37.76	39.52
2021	150.05	116.94	12.76	0.77	17.10	236.75	45.32	47.33

11-8 重点年份主要农产品人均占有量

(按农业人口计)　　单位：公斤

年份	粮食	稻谷	花生	大豆	糖蔗	水果	肉类	水产品
1949	302.41	259.37	8.85	1.56	62.81	2.05		12.38
1952	375.46	336.93	11.41	2.78	99.10	1.84		14.08
1957	405.24	359.65	10.56	2.07	130.69	1.86		22.64
1962	651.10	593.74	12.28	3.22	106.97	3.62		23.70
1965	491.86	452.82	14.07	1.45	340.92	4.12		13.12
1970	456.60	424.35	15.25	2.21	380.38	9.46		23.42
1975	436.61	407.72	13.15	4.54	229.79	10.63		15.14
1980	449.65	423.90	23.07	7.24	224.83	8.66		11.23
1985	465.88	440.94	24.89	7.15	408.10	21.10		15.30
1987	468.90	438.30	28.90	7.05	207.09	46.16		20.12
1988	461.15	428.02	23.22	6.93	263.50	54.28		23.39
1989	503.17	464.50	23.99	7.57	308.89	65.48		24.31
1990	515.20	475.78	25.12	8.05	358.86	85.50	4.20	25.99
1991	479.57	440.69	22.21	6.13	420.57	102.30	47.49	30.24
1992	472.52	432.45	26.16	7.22	326.22	125.68	52.41	34.53
1993	436.19	392.45	27.68	7.91	146.79	116.60	56.45	37.24
1994	482.30	430.14	28.88	7.99	132.25	124.11	64.84	41.37
1995	509.62	449.43	30.48	7.25	160.99	115.32	67.82	46.62
1996	557.83	482.86	29.97	7.62	196.11	113.81	74.33	51.60
1997	603.09	521.46	30.67	7.64	215.45	104.26	82.73	64.08
1998	630.86	543.01	31.98	7.83	224.30	98.52	48.93	70.04
1999	640.00	543.70	33.56	8.06	194.67	115.50	63.99	74.37
2000	597.35	501.79	35.03	9.15	116.24	104.91	74.67	75.33
2001	521.80	428.30	38.72	8.92	103.48	111.43	75.57	78.55
2002	457.27	358.06	39.36	8.39	103.85	151.62	83.70	87.28
2003	389.80	312.20	33.34	7.65	90.90	165.35	85.50	89.90
2004	412.00	290.00	36.00	8.00	63.00	217.00	85.00	90.00
2005	566.23	386.31	46.73	9.88	82.33	372.08	135.56	124.81
2006	378.98	276.93	32.26	4.59	50.56	306.86	132.69	91.04
2007	425.77	315.06	36.57	4.03	52.95	361.14	138.14	105.86
2008	420.07	307.11	36.62	3.70	55.50	376.61	140.44	102.74
2009	427.12	301.35	38.45	3.62	43.75	377.46	140.67	102.39
2010	424.40	301.19	38.23	3.32	50.02	397.22	144.31	103.64
2011	437.07	313.36	39.13	3.23	48.09	422.02	135.75	105.15
2012	454.07	324.86	40.68	3.18	53.12	459.52	138.87	108.23
2013	400.94	273.03	42.61	3.27	48.23	481.81	137.65	112.82
2014	420.23	297.09	43.50	3.32	49.33	485.17	136.90	114.69
2015	333.25	234.42	35.15	2.70	35.60	406.88	106.84	93.18
2016	357.97	251.40	38.04	2.86	36.64	461.70	111.91	102.34
2017	359.90	284.53	30.43	1.88	41.12	502.06	113.38	101.15
2018	344.19	270.10	31.44	1.93	43.40	537.12	110.73	97.02
2019	362.71	284.05	32.03	1.97	43.69	542.68	101.07	97.87
2020	369.62	288.17	31.50	1.99	44.40	571.21	91.84	96.14
2021	352.20	274.48	29.95	1.81	40.13	555.69	106.37	111.09

11-9 重点年份主要农产品产量

年份	粮食产量 (万吨)	稻谷产量	花生总产量 (吨)	大豆总产量 (吨)	糖蔗总产量 (万吨)
1949	26.00	22.30	7611	1342	5.40
1952	34.10	30.60	10362	2529	9.00
1957	40.00	35.50	10424	2047	12.90
1962	42.00	38.30	7921	2078	6.90
1965	56.70	52.20	16216	1672	39.30
1970	62.30	57.90	20809	3020	51.90
1975	66.50	62.10	20034	6910	35.00
1980	71.60	67.50	36735	11534	35.80
1985	76.60	72.50	40932	11760	67.10
1987	79.70	74.50	49114	11984	35.20
1988	78.65	73.00	39600	11819	44.94
1989	86.01	79.40	41000	12944	52.80
1990	89.01	82.20	43400	13906	62.00
1991	82.27	75.60	38100	10508	72.15
1992	82.20	75.23	45500	12552	56.75
1993	76.10	68.47	48300	13800	25.61
1994	84.79	75.62	50779	14045	23.25
1995	89.33	78.78	53427	12717	28.22
1996	97.54	84.43	52403	13322	34.29
1997	105.95	91.61	53889	13419	37.85
1998	111.61	96.07	56572	13850	39.68
1999	112.66	95.70	59063	14194	34.27
2000	105.31	88.47	61758	16133	20.49
2001	92.87	76.23	68910	15881	18.42
2002	81.80	64.05	70421	15017	18.58
2003	68.02	54.48	58189	13348	15.86
2004	74.44	52.30	63695	14182	11.29
2005	74.21	50.63	61241	12953	10.79
2006	51.37	37.54	43727	6225	6.85
2007	55.15	40.81	47376	5223	6.86
2008	55.73	40.74	48581	4909	7.36
2009	58.64	41.37	53866	4966	6.01
2010	58.68	41.64	52861	4597	6.92
2011	60.98	43.72	54573	4461	6.71
2012	62.66	44.83	56140	4395	7.33
2013	55.7	37.93	59194	4536	6.7
2014	59.21	41.86	61291	4682	6.95
2015	59.72	42.01	62995	4835	6.38
2016	59.99	42.13	63745	4800	6.14
2017	58.64	46.36	49575	3071	6.70
2018	56.07	44	51216	3148	7.07
2019	58.61	45.90	51754	3181	7.06
2020	60.44	47.12	51503	3248	7.26
2021	60.91	47.47	51795	3128	6.94

注：从2015年开始农业人口指标改为乡村人口。

11-9 续表

年份	水果总产量(吨)	肉类总产量(吨)	水产品总产量(吨)	总人口(人)	农业人口
					乡村人口
1949	1764		10640	1033033	859773
1952	1668		12790	1075324	908209
1957	1840		22344	1182267	987070
1962	2338		15290	1279139	645063
1965	4745		15123	1389900	1152773
1970	12908		31958	1606457	1364440
1975	16188		23061	1801290	1523098
1980	13788		17884	1924731	1592341
1985	34688		25159	2088900	1644204
1987	78454		34206	2148954	1699732
1988	92572		39888	2180595	1705532
1989	111926		41560	2214794	1709347
1990	147712	7263	44899	2261569	1727689
1991	175489	81463	51876	2328602	1715510
1992	218628	91175	60073	2393261	1739625
1993	203435	98490	64964	2457206	1744664
1994	218183	114000	72722	2511581	1758047
1995	202139	118880	81725	2558978	1752868
1996	199003	129972	90225	2600813	1748549
1997	183165	145342	112575	2665306	1756782
1998	174304	86565	123917	2699972	1769135
1999	203307	112641	130905	2718248	1760170
2000	184960	131649	132811	2778100	1763033
2001	198335	134502	139813	2804500	1779885
2002	271240	149729	156131	2830209	1788925
2003	288523	149244	156911	2863568	1744885
2004	391525	152542	162643	2932200	1808928
2005	487574	177660	163565	2975807	1310545
2006	415935	179850	123396	3064052	1355463
2007	467803	178939	137122	3128886	1295368
2008	499637	186320	136295	3188362	1326664
2009	518205	193123	140573	3243580	1372857
2010	549206	199519	143294	3372810	1382617
2011	588760	189378	146659	3430337	1395281
2012	634127	191631	149357	3419797	1379963
2013	669343	191228	156728	3433721	1389220
2014	683598	192897	161595	3485197	1408995
2015	729147	191463	166977	3570738	1792062
2016	773732	187548	171511	3643096	1675836
2017	818020	184731	164801	3692379	1629343
2018	874997	180389	158055	3809000	1629056
2019	876917	163315	158143	3897400	1615900
2020	934018	150178	157210	3977574	1635152
2021	960979	183942	192115	4059108	1729330

11-10　农业生产主要物质消耗情况

(2021年)

项　　目	单位	惠州市	惠城区	惠阳区	惠东县	博罗县	龙门县	大亚湾区	仲恺区
农用化肥施用量 (折纯)	吨	80749	11027	5468	20234	29538	12327	111	2044
氮肥	吨	30752	4219	1703	8580	11503	3799	26	922
磷肥	吨	9983	1197	390	3534	3325	1247	17	273
钾肥	吨	19367	2277	1055	5453	6863	3101	34	584
复合肥	吨	20647	3334	2320	2667	7847	4180	34	265
农用塑料薄膜使用量	吨	2680	188	340	708	1050	327	6	61
地膜使用量	吨	1831	157	330	255	935	92	1	61
地膜覆盖面积	亩	145995	12361	22161	75448	28990	5418	4	1610
农用柴油使用量	吨	22631	2252	152	6361	9500	1292	1549	1525
农药使用量	吨	3905	278	120	397	2283	665	9	153
农村用电量	万千瓦时	386449	28334	100229	113009	107732	12520	3675	20950

11-11　蔬菜及特种作物生产情况

(2021年)

项　　目	单位	惠州市	惠城区	惠阳区	惠东县	博罗县	龙门县	大亚湾区	仲恺区
蔬菜及食用菌合计	**吨**	**3398609**	**426933**	**499152**	**900606**	**1064751**	**339122**	**6917**	**161128**
叶菜类	吨	1556902	267903	122749	416616	469185	229925	2839	47685
白菜类	吨	642754	39981	102114	118427	302518	36096	959	42659
甘蓝类	吨	38962	521	11342	14813	5354	3470	271	3191
根茎类	吨	175332	34004	42811	48404	29939	11983	733	7458
瓜菜类	吨	281203	22899	64812	51739	113752	18701	477	8823
豆类 (菜用)	吨	166787	9738	23155	53957	57298	10445	625	11569
茄果类	吨	262553	36693	79627	81939	36152	10844	381	16917
葱蒜类	吨	196958	11504	52431	64244	43716	5716	501	18846
水生菜类	吨	10620		15	5632	1177	3796		
其他蔬菜	吨	50605		96	42232		8146	131	
食用菌 (干鲜混合)	吨	15933	3690		2603	5660			3980
干品	吨	12				12			
鲜品	吨	15921	3690		2603	5648			3980
特种作物									
花卉种植面积	亩	20868	2179	1017	1432	12200	740		3300
鲜切花	万枝	710	162	121	10	378			39
盆栽观赏植物 (包括盆景)	盆	3858454	1425785	43996	90383	529599	1056137		712554
观赏苗木	株	2227490	454728	224593		1520649	9000		18520
设施农业生产情况									
蔬菜	吨	175018	2532	14976	123684	13042	20784		

11-12 分县区主要农作物播种面积和产量

(2021年)

项目	单位	惠州市	惠城区	惠阳区	惠东县	博罗县	龙门县	大亚湾区	仲恺区
粮食播种面积	**亩**	**1681343**	**211675**	**113906**	**570969**	**433650**	**306987**	**5752**	**38404**
亩产	公斤	362	384	368	354	359	364	362	367
总产量	吨	609069	81241	41973	202061	155743	111879	2082	14090
水稻播种面积	**亩**	**1270937**	**166071**	**61352**	**408205**	**340537**	**284536**	**2775**	**7461**
亩产	公斤	373	397	391	371	365	369	399	407
总产量	吨	474675	66003	23963	151259	124403	104906	1107	3034
薯类播种面积	**亩**	**160471**	**8168**	**11311**	**110774**	**13989**	**12412**	**2977**	**840**
亩产	公斤	312	1868	1396	1564	1467	1593	1638	988
总产量(鲜薯)	吨	250285	15255	15795	173240	20520	19770	4875	830
#马铃薯播种面积	亩	129658	5801	1462	99239	10266	10125	2765	
亩产	公斤	317	1823	1395	1589	1445	1541	1678	
总产量(鲜薯)	吨	205410	10575	2040	157715	14835	15605	4640	
大豆播种面积	**亩**	**18911**	**4149**	**1952**	**3123**	**6082**	**3605**		
亩产	公斤	165	170	150	253	112	183		
总产量	吨	3128	706	292	790	681	659		
甘蔗播种面积	**亩**	**15487**	**727**	**120**	**1743**	**11085**	**1766**	**46**	
亩产	公斤	6958	5238	7000	5402	7452	6127	5891	
总产量	吨	107762	3808	840	9416	82606	10821	271	
油料播种面积	**亩**	**266098**	**46780**	**22400**	**75809**	**91380**	**28334**	**795**	**600**
亩产	公斤	195	203	186	211	179	191	252	307
总产量	吨	51803	9495	4172	15965	16366	5421	200	184
#花生播种面积	亩	266000	46780	22400	75809	91282	28334	795	600
亩产	公斤	195	203	186	211	179	191	252	307
总产量	吨	51795	9495	4172	15965	16358	5421	200	184
蔬菜播种面积	**亩**	**1864038**	**215803**	**283778**	**497368**	**598407**	**179056**	**5656**	**83970**
亩产	公斤	1823	1978	1759	1811	1779	1894	1223	1919
总产量	吨	3398609	426933	499152	900606	1064751	339122	6917	161128

11-13 分县区园林水果、茶叶生产情况

(2021年)

项　目	惠州市	惠城区	惠阳区	惠东县	博罗县	龙门县	大亚湾区	仲恺区
年末园林水果面积(亩)	**966392**	**47897**	**136636**	**186552**	**210758**	**337274**	**10385**	**36890**
(一)梨	484				265	219		
(二)柑橘类水果	295442	4198	1999	38992	45686	204567		
1.柑	35863	540	948	5402	8688	20285		
2.橘	191574	2400	605	11354	28117	149098		
3.橙	41446	125	198	4752	1685	34686		
4.柚子	22106	673	170	17421	3344	498		
5.柠檬	4453	460	78	63	3852			
6.其他柑橘类水果								
(三)热带水果	639806	41516	130953	137989	159331	123050	10377	36590
1.香蕉	146994	4835	4017	9391	36039	88935	17	3760
2.菠萝	5567	79	108	4873	467	40		
3.荔枝	301930	15586	94024	80036	69233	8251	7150	27650
4.龙眼	125358	12576	27939	27320	37857	11786	3210	4670
5.番石榴	10636	2663	974	1123	5508	368		
6.芒果	15276	2399	839	8766	3126	146		
7.杨桃	7202	110	153	422	622	5895		
8.火龙果	8630	1089	1427	388	1285	4081		360
9.黄皮	4124		137	275	2082	1630		
10.百香果	3541	50	1143	334	1246	618		150
11.橄榄	100				100			
12.青枣	2824	825	102	585	512	800		
13.枇杷	1145				845	300		
14.菠萝蜜	104		90		14			
15.其他热带水果	6375	1304		4476	395	200		
(四)其他水果	30660	2183	3684	9571	5476	9438	8	300
1.桃	4705		35	447	60	4163		
2.猕猴桃								
3.葡萄	2880	550	1056	14	460	550		250
4.柿子	3152	125	242	2203	72	510		
5.李子	11524	1019	2020	4428	3018	1039		
6.青梅	1343		40	155	23	1125		
7.其他	7056	489	291	2324	1843	2051	8	50
茶叶面积(亩)	**60692**	**400**	**823**	**23540**	**32596**	**3333**		

11-13 续表

(2021年)

项　　目	惠州市	惠城区	惠阳区	惠东县	博罗县	龙门县	大亚湾区	仲恺区
年末园林水果产量(吨)	**960979**	**41313**	**44723**	**124395**	**241662**	**501551**	**792**	**6543**
(一)梨	410				11	399		
(二)柑橘类水果	301829	2868	1631	32259	51056	214015		
1.柑	46317	288	478	6143	11387	28021		
2.橘	195549	1307	427	11975	32146	149694		
3.橙	40873	240	92	2510	2114	35917		
4.柚子	16048	657	249	11606	3153	383		
5.柠檬	3042	376	385	25	2256			
6.其他柑橘类水果								
(三)热带水果	638852	37094	39477	87531	186308	281166	791	6485
1.香蕉	386820	10067	8778	9158	103863	251920	8	3026
2.菠萝	6098	84	24	5705	261	24		
3.荔枝	105952	8646	13214	36628	42874	2144	535	1911
4.龙眼	65299	6344	6476	23693	20480	6808	248	1250
5.番石榴	16572	5724	2788	776	6951	333		
6.芒果	15604	2741	1412	7679	3610	162		
7.杨桃	14092	127	167	519	667	12612		
8.火龙果	13384	2143	3764	576	2288	4430		183
9.黄皮	2231		107	162	807	1155		
10.百香果	6574	7	2436	319	3119	578		115
11.橄榄	16				16			
12.青枣	2810	640	154	1287	129	600		
13.枇杷	880				580	300		
14.菠萝蜜	192		157		35			
15.其他热带水果	2328	571		1029	628	100		
(四)其他水果	19888	1351	3615	4605	4287	5971	1	58
1.桃	2028		74	331	42	1581		
2.猕猴桃								
3.葡萄	3932	295	2416	3	623	545		50
4.柿子	2731	102	186	2059	48	336		
5.李子	6379	535	750	1904	2608	582		
6.青梅	1274		37	51	5	1181		
7.其他	3544	419	152	257	961	1746	1	8
茶叶产量(吨)	**2285**	**12**	**10**	**603**	**1480**	**180**		

11-14 分县区林业生产情况

(2021年)

项　　目	单位	惠州市	惠城区	惠阳区	惠东县	博罗县	龙门县	大亚湾区	仲恺区
一、林木的培育和种植									
育苗面积	亩	2100		325	485	310	580		400
造林面积	亩	143610	6405	8505	78705	17025	32970		
森林抚育									
(1)未成林抚育作业面积	亩次	187530	4140	24000	123885	21270	14235		
(2)成林抚育面积	亩	50396	10159			40237			
四旁(零星)植树	百株	63227	9400		23708	16500	8989	380	4250
二、木材竹材采运(全社会)									
木材采运	立方米	763078	54380	23258	255315	193982	224343		11800
竹材采运									
(1)大径竹	根	6713888	142913		790975	4950000	830000		
(2)小杂竹	吨	70322			63722	6600			
(3)厘竹	把	616071	509897		70124	36050			
(4)竹篾	筒	382748			376541	6207			
(5)其他	吨	2243			2243				
三、林产品									
油茶籽	吨	12976			11250	1456	80		190
天然松脂	吨	12000			12000				
竹笋干	吨	13					13		
野生植物采集									
(1)野生药材	吨	1014				1014			
(2)木柴	吨	81073	11278		37461	32334			
(3)茅草	吨	91123	18561		48164	24398			

11-15　分县区畜牧业生产情况

(2021年)

项　　目	单位	惠州市	惠城区	惠阳区	惠东县	博罗县	龙门县	大亚湾区	仲恺区
牲畜年末存栏情况									
大牲畜年末存栏	头	57677	6906	3880	25653	14330	6908		
牛	头	57677	6906	3880	25653	14330	6908		
肉用牛	头	33362	4080	1674	16416	9194	1998		
山羊年末存栏	只	17261	1323	1532	9367	3407	1632		
生猪年末存栏	头	1109446	232400	5312	350274	401292	120168		
活家禽年末存栏	只	16443555	2689669	388757	2813157	8298271	2102491	151210	
其中：鸡	只	13257993	2012902	259936	2255246	6832501	1826295	71113	
鸭	只	2106018	562301	88348	512269	733397	202562	7141	
鹅	只	578241	114466	40473	27984	355790	39528		
牲畜当年出栏情况									
出栏肉猪	头	1357708	173821	11902	548228	495497	128040		220
出售和自宰的肉用牛	头	15631	1777	1954	3176	6999	1501		224
出售和自宰的肉用羊	只	25187	766	3326	7504	12654	661		276
出售和自宰的肉用狗	只	63677	5370		18884	34793	4630		
出售和自宰的活家禽	只	54559219	5440535	1239759	8620949	33178944	5725204	164108	189720
鸡	只	42144578	3973412	891732	5870613	26981988	4219199	116318	91316
鸭	只	8962641	1261622	284254	2396541	3502553	1409578	47346	60747
鹅	只	2690230	205501	63773	231871	2059416	91568	444	37657
鸽	只	695847			121924	569064	4859		
其他家禽	只	65923				65923			
畜牧业主要产品产量									
肉类总产量	吨	183942	21010.2	3003	56303	84945	18150	234	296
猪肉产量	吨	105563	13041	874	43551	38012	10067		17
牛肉产量	吨	1868	194	239	377	866	170		22
羊肉产量	吨	450	18.2	75	117	225	11		4
家禽肉产量	吨	74814	7629	1815	11799	45279	7805	234	253
鸡肉产量	吨	54229	5124	1262	7296	34436	5823	163	125
鸭肉产量	吨	13998	1997	379	3789	5885	1809	71	68
鹅肉产量	吨	6439	508	174	684	4841	172		60
鸽肉产量	吨	146			30	115	1		
其他家禽肉产量	吨	2				2			
其他肉产量	吨	1242	128		459	563	92		
奶类产量	吨	25089	1840			6480	16769		
天然蜂蜜产量	吨	1508	497		268	642	101		
禽蛋产量	吨	21024	6199	280	5824	7291	1428	2	

11-16 分县区渔业生产情况

(2021年)

项目	单位	惠州市	惠城区	惠阳区	惠东县	博罗县	龙门县	大亚湾区	仲恺区
水产品总产量	吨	192115	24361	6348	66407	54407	8237	13835	18520
一、海水产品	吨	68361		27	54499			13835	
(一)海水养殖	吨	50997		27	42914			8056	
1.鱼类	吨	9986		23	4950			5013	
(1)鲈鱼	吨	767		5	371			391	
(2)鲷鱼	吨	1976			1540			436	
(3)美国红鱼	吨	1853			166			1687	
(4)石斑鱼	吨	2971		18	765			2188	
(5)卵形鲳鲹(金鲳)	吨	1450			1450				
(6)其他	吨	969			658			311	
2.甲壳类	吨	23602		4	23537			61	
(1)虾	吨	22365		4	22300			61	
(2)梭子蟹	吨	578			578				
(3)青蟹	吨	659			659				
(4)其他蟹	吨								
3.贝类	吨	16681			13699			2982	
(1)牡蛎	吨	14836			13062			1774	
(2)鲍鱼	吨								
(3)螺	吨	52			52				
(4)蚶	吨								
(5)贻贝	吨	631						631	
(6)扇贝	吨	61						61	
(7)蛤	吨	1088			585			503	
(8)其他贝类	吨	13						13	
4.藻类	吨	5			5				
5.其他类	吨	723			723				
(二)海水捕捞	吨	17364			11585			5779	
1.鱼类	吨	13595			9436			4159	
(1)海鳗	吨	3625			3290			335	
(2)石斑鱼	吨	172						172	
(3)鲷	吨	1201			602			599	
(4)蓝圆鲹	吨	3240			2930			310	
(5)大黄鱼	吨	611			592			19	
(6)小黄鱼	吨	862			814			48	
(7)带鱼	吨	222			141			81	
(8)金线鱼	吨	149			130			19	
(9)金枪鱼	吨	285			285				
(10)鲳鱼	吨	442			289			153	
(11)马面鲀	吨	21						21	
(12)其他鱼	吨	2765			363			2402	
2.甲壳类	吨	1966			1171			795	
(1)毛虾	吨	87						87	
(2)对虾	吨	649			430			219	
(3)其他虾	吨	144			127			17	
(4)梭子蟹	吨	987			569			418	
(5)青蟹	吨	93			45			48	

11-16 续表

(2021年)

项　　目	单位	惠州市	惠城区	惠阳区	惠东县	博罗县	龙门县	大亚湾区	仲恺区
(6)其他蟹	吨	6						6	
3.贝类	吨	773			688			85	
4.藻类	吨	8			5			3	
5.其他	吨	1022			285			737	
(三)远洋捕捞	吨								
1.鱼类	吨								
(1)金枪鱼	吨								
(2)其他鱼	吨								
2.鱿鱼	吨								
二、淡水产品	吨	123754	24361	6321	11908	54407	8237		18520
(一)淡水养殖	吨	122866	24213	6321	11908	53725	8179		18520
1.鱼类	吨	114226	17089	6176	11858	52439	8144		18520
(1)青鱼	吨	3802	322	32		3090	20		338
(2)草鱼(鲩鱼)	吨	49672	5389	2352	1785	26736	2610		10800
(3)鲢鱼	吨	11074	2365	520	2520	4035	748		886
(4)鳙鱼	吨	12707	2812	578	2250	4720	877		1470
(5)鲤鱼	吨	4478	378	295	803	1730	560		712
(6)鲫鱼	吨	5482	758	493		2106	571		1554
(7)黄颡鱼	吨	154	58			86	10		
(8)鳜鱼(桂花鱼)	吨	2800	16	236		2512	36		
(9)鲈鱼(加州鲈鱼)	吨	1432	48			1369	15		
(10)乌鳢(生鱼)	吨	1073				1073			
(11)罗非鱼	吨	17365	2860	1580	4500	3660	2005		2760
(12)鲟鱼	吨								
(13)鳗鲡(鳗鱼)	吨	1329	600			116	613		
(14)其他	吨	2858	1483	90		1206	79		
2.虾蟹类	吨	52				19	33		
(1)养殖虾	吨	52				19	33		
①南美白对虾	吨	34				1	33		
②罗氏沼虾	吨	2				2			
③其他虾	吨	16				16			
(2)养殖蟹	吨								
3.贝类	吨								
4.其他类	吨	8588	7124	145	50	1267	2		
(1)龟	吨	406	14			392			
(2)鳖	吨	8182	7110	145	50	875	2		
(3)其他	吨								
5.观赏鱼	万条	11482.5	3128	964	41	79	13.5		7257
(二)淡水捕捞	吨	888	148			682	58		
1.鱼类	吨	626	146			422	58		
2.甲壳类	吨	37	1			36			
(1)虾	吨	37	1			36			
(2)蟹	吨								
3.贝类	吨	225	1			224			
4.其他类	吨								

11-17 分县区农业总产值及中间消耗

(2021年) 单位:万元

项目	惠州市	惠城区	惠阳区	惠东县	博罗县	龙门县	大亚湾区	仲恺区
农林牧渔业总产值合计	**3874587**	**464730**	**323450**	**1099682**	**1284179**	**526693**	**45536**	**130318**
农业	2555551	280055	299590	649488	826212	401338	5069	93798
林业	113247	6665	2681	53531	28591	20678	26	1076
牧业	627381	86916	8930	149450	309042	71725	613	706
渔业	521188	89376	11921	227029	105927	16396	38002	32538
农林牧渔服务业	57220	1717	329	20185	14407	16556	1826	2200
农林牧渔业生产中间消耗	**1367092**	**152973**	**107163**	**383814**	**474008**	**186717**	**18143**	**44274**
农业	814498	89196	97171	205563	263018	128023	1618	29910
林业	41632	2550	786	19054	11126	7672	11	433
牧业	325568	45127	4636	77445	160455	37226	318	362
渔业	151803	15091	4377	69906	30950	4078	15124	12277
农林牧渔服务业	33592	1010	194	11847	8460	9718	1072	1291

11-18 分县区农业总产值

(2021年，按生产价格计算)　　单位：万元

项　　目	惠州市	惠城区	惠阳区	惠东县	博罗县	龙门县	大亚湾区	仲恺区
农林牧渔业总产值合计	**3874587**	**464730**	**323450**	**1099682**	**1284179**	**526693**	**45536**	**130318**
农业产值小计	2555551	280055	299590	649488	826212	401338	5069	93798
谷物及其他作物	311282	42920	25474	102541	83572	48979	1526	6271
谷物	191731	27842	16585	52884	53248	35264	348	5560
薯类	38136	2484	3164	25261	3159	3037	902	129
豆类	3689	1059	325	973	761	571		
油料	47792	8484	3781	14996	15404	4779	180	167
甘蔗	6984	245	43	904	4906	856	29	
其他农作物	2051	77		234	687	1053		
农作物副产品	20899	2728	1575	7288	5407	3419	66	415
蔬菜及食用菌、花卉及盆景	1567809	199022	224271	393864	516295	150103	2635	81619
蔬菜	1501753	183684	223366	384785	491337	148288	2635	67656
食用菌 (干鲜混合)	49513	11278		8511	17184			12540
花卉 (鲜切花)	544	118	104	9	285			29
盆景及园艺产品	16000	3942	801	560	7489	1815		1394
水果、坚果、茶和香料	657549	38104	49846	148010	216757	198016	908	5908
水果	574604	37665	49480	125902	163359	191382	908	5908
食用坚果	157				118	39		
茶及其他饮料	82788	440	366	22108	53280	6595		
中草药材	18911	10		5073	9588	4240		
林业产值小计	113247	6665	2681	53531	28591	20678	26	1076
林木的培育和种植	19312	1170	1223	10133	3175	3502	26	100
育苗面积	414		62	99	61	115		77
造林面积	11489	512	680	6296	1362	2638		
森林抚育	4255	179	480	2478	842	285		
木材竹材采运 (全社会)	67566	4437	1458	21871	21820	17080		897
木材采运	60211	3994	1458	18947	18583	16333		897
竹材采运	7355	443		2925	3237	747		

11-18 续表

(2021年，按生产价格计算) 单位：万元

项　　目	惠州市	惠城区	惠阳区	惠东县	博罗县	龙门县	大亚湾区	仲恺区
林产品	26369	1058		21526	3596	96		79
油茶籽	5174			4459	591	31		79
天然松脂	14243			14243				
竹笋干	65					65		
野生植物的采集	6887	1058		2824	3005			
牧业产值小计	627381	86916	8930	149450	309042	71725	612.91	706
牲畜的饲养	39089	3073	1100	2831	13781	18209		96
牛的饲养	10164	858	775	2126	5599	730		75
羊的饲养	2477	97	326	705	1265	63		20
奶产品	26449	2117			6916	17415		
猪的饲养	344730	55482	2749	111632	142427	32405		36
家禽的饲养	236004	26819	5081	33201	149020	20696	612.91	574
禽肉(毛重)	215043	20632	4819	27744	141312	19350	611.43	574
禽蛋	20961	6187	261	5457	7708	1346	1.48	
其他动物饲养	3473	377		1197	1740	159		
其他动物产品	4085	1166		588	2075	257		
渔业产值小计	521188	89376	11921	227029	105927	16396	38002	32538
海水产品	252873		153	214717			38002	
鱼类	90494		134	57956			32404	
甲壳类	135546		19	133133			2393	
贝类	26175			23228			2946	
藻类	6			5			1	
其他类	653			395			258	
淡水产品	268315	89376	11768	12312	105927	16396		32538
鱼类	161320	26141	9355	11858	75169	15693		23104
虾蟹类	132				119	12		
贝类	83				82			
其他类	89007	56978	1160	400	30453	16		
观赏鱼	17774	6256	1253	53	103	675		9434
农林牧渔服务业产值	57220	1717	329	20185	14407	16556	1826	2200

11-19 新中国成立以来农村经济主要指标

年份	农林牧渔业总产值(现价，万元)					
		种植业	林业	牧业	渔业	农林牧渔服务业
1949	12705	6968	693	2486	826	
1950	13432	7367	733	2629	873	
1951	14199	7810	766	2778	916	
1952	15364	8437	824	3007	1004	
1953	15942	8743	853	3119	1051	
1954	22899	12530	1245	4462	1520	
1955	25142	13759	1355	4924	1664	
1956	26352	14359	1431	5136	1789	
1957	26177	14392	1400	5110	1708	
1958	25866	14123	1398	5058	1734	
1959	22840	12436	1292	4392	1546	
1960	26573	14482	1462	5155	1800	
1961	25034	13821	1326	4859	1624	
1962	43669	24119	2290	8525	2817	
1963	31129	17412	1583	6095	1899	
1964	37872	21320	1902	7404	2247	
1965	43499	24218	2227	8514	2712	
1966	38315	21418	1962	7514	2326	
1967	42563	23634	2199	8370	2657	
1968	41459	23041	2110	8192	2580	
1969	46045	25484	2395	9074	2905	
1970	49463	27150	2601	9714	3261	
1971	52312	28755	2799	10212	3416	
1972	53530	29456	2804	10472	3512	
1973	51640	28401	2683	10111	3412	
1974	58208	32184	3009	11369	3761	
1975	57178	31816	2959	11155	3569	
1976	58193	32216	3015	11380	3723	
1977	57546	31959	3005	11204	3622	
1978	55841	31106	2899	10797	3506	
1979	52915	29691	2732	10207	3209	
1980	60279	33546	3127	11704	3782	
1981	72952	40730	3635	14369	4509	

11-19 续表

年份	农林牧渔业总产值(现价，万元)	种植业	林业	牧业	渔业	农林牧渔服务业
1982	77835	43094	4035	15411	4875	
1983	76150	41934	4006	15025	4896	
1984	82904	45806	4219	16625	5209	
1985	95278	52793	4795	19101	5933	
1986	107372	59022	5472	21398	7003	
1987	135703	74294	6984	27037	8998	
1988	196082	95186	15150	47794	20690	
1989	230843	110403	15657	55105	27764	
1990	268284	134302	15274	58856	33409	
1991	287542	139153	14231	63366	36836	
1992	331212	160860	18607	77703	41874	
1993	391338	167386	20371	98870	59602	
1994	525417	254602	21628	120224	80735	
1995	643321	316017	25894	150382	93909	
1996	759760	366205	30339	181365	120842	
1997	906714	417226	34755	211401	184878	
1998	925217	463751	38755	148648	209021	
1999	980799	469682	42111	179641	217202	
2000	1046334	504524	42387	200616	218164	
2001	1111067	533386	46308	215692	229664	
2002	1090562	619036	43993	230270	189237	
2003	1147530	637159	46944	254940	198619	
2004	1233420	676134	44608	285223	217930	
2005	1207354	625596	44895	301468	205330	30065
2006	1122642	691333	16290	280704	116426	17888
2007	1285506	765302	22309	350490	128026	19378
2008	1493311	883971	22567	428472	136156	22145
2009	1479131	900622	21389	393669	140629	22822
2010	1663043	1053896	34254	397941	149594	27358
2011	1898693	1185396	43630	472631	165385	31652
2012	2017964	1295721	46718	461438	179294	34793
2013	2177724	1460079	46531	449236	183284	38594
2014	2286087	1559539	49683	438218	197456	41190
2015	2452981	1690488	48466	466108	202987	44931
2016	2775150	1933287	55388	519643	215632	51200
2017	2665497	1845257	57083	498288	225972	38897
2018	2802855	1982514	58662	467348	251419	42912
2019	3280803	2349422	81530	537320	266487	46044
2020	3456287	2451721	77495	616025	261690	49355
2021	3874587	2555551	113247	627381	521188	57220

注：1.从2005年起使用现价，不使用不变价，产值指数使用缩减指数；
2.2005年起增加农林牧渔服务业产值。

11-20 新中国成立以来农村经济主要指标

年份	农林牧渔业总产值(不变价，万元)	种植业	林业	牧业	渔业	农林牧渔服务业
1949	31934	17772	1763	6115	1967	
1950	41539	22783	2267	8129	2699	
1951	44769	24624	2414	8759	2889	
1952	49709	27298	2664	9728	3247	
1953	52610	28854	2813	10294	3467	
1954	58674	32107	3189	11434	3896	
1955	61204	33495	3299	11986	4052	
1956	66222	36083	3596	12906	4496	
1957	63606	34971	3401	12417	4151	
1958	63189	34505	3414	12357	4237	
1959	54072	29440	3057	10397	3660	
1960	59304	32322	3264	11504	4018	
1961	55211	30480	2924	10715	3581	
1962	59561	32897	3123	11627	3842	
1963	59293	33164	3016	11609	3616	
1964	69144	38923	3472	13516	4101	
1965	83655	46575	4283	16375	5216	
1966	83299	46565	4265	16336	5056	
1967	88753	49283	4584	17454	5540	
1968	86565	48109	4406	17105	5387	
1969	93188	51576	4847	18363	5878	
1970	99269	54489	5221	19495	6544	
1971	106881	58750	5718	20864	6978	
1972	104433	57465	5470	20430	6852	
1973	99139	54523	5151	19411	6549	
1974	109119	60333	5640	21313	7051	
1975	105291	58587	5449	20542	6573	
1976	108904	60289	5642	21296	6967	
1977	115509	64151	6032	22489	7270	
1978	113175	62766	5958	22104	7108	
1979	107381	59985	5650	20863	6522	
1980	122226	67708	6445	23912	7694	
1981	130983	72445	6942	25557	8329	

11-20 续表

年份	农林牧渔业总产值(不变价，万元)					
		种植业	林业	牧业	渔业	农林牧渔服务业
1982	145606	80657	7731	28522	9108	
1983	141289	78081	7541	27706	8905	
1984	147819	81695	7749	29164	9339	
1985	156561	86455	8065	31051	9966	
1986	157284	86509	8161	31183	10194	
1987	170514	93879	8803	33888	10986	
1988	179391	98809	9262	35572	11571	
1989	199928	110005	10415	39438	12999	
1990	218205	126655	11095	43772	20021	
1991	231364	127553	11323	47590	23720	
1992	262393	141471	13055	56793	27463	
1993	282118	132078	13899	65786	37024	
1994	318113	155838	13795	71773	43449	
1995	350197	172237	14664	77515	49540	
1996	382992	190142	16038	77623	60333	
1997	430828	207320	18192	84529	81198	
1998	442564	224382	19881	60272	95744	
1999	479519	245274	19950	70983	102781	
2000	513774	259350	21312	78021	108229	
2001	547606	277528	23373	84209	113573	
2002	597257	374303	21243	90047	111663	
2003	575110	327597	22000	95929	109178	
2004	605830	359138	21381	109148	116163	
2005						
2006						
2007						
2008						
2009						
2010						
2011						
2012						

注：从2005年起使用现价，不使用不变价，产值指数使用缩减指数。

11-21 新中国成立以来农村经济主要指标

年份	农林牧渔业总产值指数(%)					
		种植业	林业	牧业	渔业	农林牧渔服务业
1949	100	100	100	100	100	
1950	130.08	128.2	128.66	132.96	137.21	
1951	107.78	108.08	106.48	107.75	107.04	
1952	111.03	110.86	110.36	111.06	112.39	
1953	105.84	105.7	105.63	105.81	106.77	
1954	111.53	111.27	113.37	111.07	112.37	
1955	104.31	104.32	103.45	104.83	103.98	
1956	108.19	107.73	109	107.68	110.98	
1957	96.05	96.92	94.58	96.21	92.33	
1958	99.34	98.67	100.38	99.52	102.05	
1959	85.57	85.32	89.54	84.14	86.38	
1960	109.68	109.79	106.77	110.65	109.81	
1961	93.09	94.3	89.58	93.13	89.12	
1962	107.88	107.93	106.81	108.52	107.26	
1963	99.55	100.81	96.57	99.84	94.14	
1964	116.61	117.37	115.16	116.44	113.41	
1965	120.98	119.66	123.36	121.15	127.16	
1966	99.58	99.98	99.58	99.77	96.95	
1967	106.55	105.83	107.48	106.84	109.57	
1968	97.53	97.62	96.12	98	97.24	
1969	107.65	107.21	109.98	107.35	109.11	
1970	106.53	105.65	107.72	106.16	111.31	
1971	107.67	107.82	109.52	107.02	106.65	
1972	97.71	97.81	95.65	97.92	98.18	
1973	94.93	94.88	94.19	95.02	95.58	
1974	110.07	110.65	109.49	109.79	107.67	
1975	96.49	97.11	96.61	96.38	93.21	
1976	103.43	102.91	103.54	103.67	106.01	
1977	106.06	106.4	106.91	105.6	104.35	
1978	97.98	97.84	96.47	98.29	96.82	
1979	94.88	95.56	94.83	94.39	91.77	
1980	113.82	112.87	114.07	114.62	117.96	
1981	107.16	107	107.7	106.88	108.26	

11-21 续表

年份	农林牧渔业总产值指数(%)					
		种植业	林业	牧业	渔业	农林牧渔服务业
1982	111.16	111.34	111.37	111.6	109.34	
1983	97.04	96.81	97.54	97.12	97.77	
1984	104.62	104.63	102.75	105.26	104.87	
1985	105.91	105.83	104.08	106.47	106.71	
1986	100.46	100.06	101.19	100.42	102.29	
1987	108.41	108.52	107.87	108.67	107.77	
1988	105.21	105.25	105.21	104.97	105.32	
1989	111.45	111.33	112.45	110.87	112.34	
1990	109.14	115.14	106.53	110.99	154.02	
1991	106.03	100.71	102.05	108.72	118.48	
1992	113.41	110.91	115.3	119.34	115.78	
1993	107.52	93.4	106.46	115.83	134.81	
1994	112.76	117.99	99.25	109.1	117.35	
1995	110.09	110.52	106.3	108	114.02	
1996	109.36	110.4	109.36	100.14	121.79	
1997	112.49	109.03	113.43	108.9	134.58	
1998	111.58	108.23	109.39	119.78	117.91	
1999	108.35	109.31	100.35	117.77	107.35	
2000	107.14	105.74	106.83	109.92	105.3	
2001	106.6	107	109.7	107.9	104.9	
2002	109.07	114.7	90.89	106.9	98.32	
2003	102.5	95.1	109.7	109.3	107.5	
2004	106.7	105.4	100	112.9	106.5	
2005	108.7	106.2	99.6	114.7	101.4	303.4
2006	103.2	102.3	99.3	105.0	104.6	103.3
2007	104.0	104.6	132.6	100.7	104.8	104.9
2008	103.5	104.7	98.8	103.6	96.2	107.0
2009	104.0	104.5	96.1	103.7	103.1	105.7
2010	104.0	104.5	106.7	102.7	101.6	116.4
2011	103.6	106.0	119.1	95.1	104.7	109.8
2012	102.9	103.4	103.7	101.1	103.2	106.9
2013	103.0	104.5	96.3	99.8	101.1	108.3
2014	104.4	105.6	104.7	100.8	103.7	104.2
2015	104.2	105.4	97.1	100.3	103.9	107.5
2016	104.5	105.8	113.9	98.4	103.8	111.4
2017	104.0	105.6	103.8	99.3	102.1	105.3
2018	103.0	104.6	102.3	94.9	107.3	108.0
2019	101.8	103.4	131.4	91.4	101.1	103.8
2020	104.5	107.6	97.5	94.4	100.0	104.5
2021	111.3	103.1	118.4	126.0	151.3	115.0

注：1.从2005年起使用现价，不使用不变价，产值指数使用缩减指数；
2.2005年起增加农林牧渔服务业产值指数。

惠州统计年鉴 2022

HUIZHOU STATISTICAL YEARBOOK

十二、工业

12-1 惠州市规模以上工业总产值

单位：万元

年份	工业总产值		
		轻工业	重工业
1998	4885886	3339717	1546169
1999	5472134	3808879	1663255
2000	6578284	4266276	2312008
2001	7081192	4091342	2989850
2002	8623884	4496104	4127780
2003	10204438	5617521	4586917
2004	11197762	5799651	5398111
2005	14286640	7271690	7014950
2006	18339670	7809492	10530178
2007	22179612	9346141	12833471
2008	26002646	8606742	17395904
2009	30051367	8768955	21282412
2010	39051731	10098752	28952979
2011	47650331	11351655	36298676
2012	54772792	11467154	43305639
2013	66052943	14489985	51562958
2014	69013471	16990422	52023049
2015	70447292	19257749	51189543
2016	76173423	22131951	54041472
2017	81669256	19453794	62215463
2018	77003862	15342506	61661356
2019	74314341	16299835	58014506
2020	77144294	16846874	60297420
2021	99492774	21817098	77675676

注：2011年起规模以上工业企业统计口径为年主营业务收入2000万元及以上工业企业。

12-2 惠州市规模以上工业增加值

单位：万元

年份	工业增加值	轻工业	重工业
1998	905916	615638	290278
1999	1003314	728694	274620
2000	1321892	841699	480193
2001	1327701	718635	609066
2002	1909451	929650	979801
2003	2333741	1238458	1095283
2004	2554325	1265256	1289069
2005	3153193	1595132	1558061
2006	4041627	1587091	2454536
2007	5025237	1869344	3155893
2008	5455569	1655942	3799627
2009	5765886	1636427	4129459
2010	7863875	1963440	5900435
2011	10135400	2420222	7715178
2012	11739666	2614901	9124765
2013	14232012	3236406	10995606
2014	14750208	3640567	11109642
2015	16173783	4207164	11966619
2016	17636888	4756491	12880397
2017	18504869	4641698	13863171
2018	16304018	3556141	12747877
2019	16541746	3913019	12628726
2020	16898567	3984832	12913735
2021	22158494	5201911	16956584

注：2011年起规模以上工业企业统计口径为年主营业务收入2000万元及以上工业企业。2008年起采用收入法计算工业增加值。

12-3 分县区规模以上工业企业主要经济指标

(2021年) 单位：万元

项　目	全市	惠城区	惠阳区	惠东县	博罗县	龙门县	大亚湾区	仲恺区
企业单位数(个)	3873	452	982	329	972	79	218	841
亏损企业(个)	680	91	171	37	171	19	47	144
工业总产值(当年价格)	99492774	7281852	17134549	3429540	13128392	1352894	27549941	29615606
年初存货	9632750	915621	2401522	223542	1216626	99867	1853140	2922433
产成品	3101527	257706	675850	70919	459793	21249	574924	1041086
资产总计	85695650	6780298	14894053	2524440	12139013	1650416	21393602	26313827
流动资产合计	51542337	4388718	9194406	1294272	7435495	751170	10440534	18037742
应收账款	19863413	1493542	3697141	500603	2725615	192420	2940634	8313458
存货	12456612	1111784	3013630	267094	1656449	105936	2407516	3894204
产成品	4098086	344089	920487	95763	564170	32538	751125	1389914
长期股权投资	4103241	454864	375484	31667	815776	16260	698134	1711056
固定资产原价	43611244	2839841	7680863	1889880	5292151	992235	16772476	8143800
房屋和构筑物	7590485	605300	940940	250563	1088390	161312	2625996	1917985
机器设备	31529342	1780661	5894138	1450596	3405226	709771	13280563	5008388
累计折旧	21055295	1476270	3398442	977446	2428627	570999	8458744	3744766
本年折旧	3007796	169697	613739	144808	371949	60490	927770	719342
固定资产净额	21482218	1350499	3709147	897438	2767247	389038	8104202	4264646
在建工程	2655078	210412	349878	166813	451550	55727	751074	669624
无形资产	2614073	242145	400765	163961	314355	287749	782836	422261
土地使用权	1188789	52170	141459	35779	187320	38843	473362	259856
负债合计	51899860	3909574	10103221	1596572	7316526	737019	10884780	17352168
流动负债合计	42541878	3307517	8063934	1108370	5998334	485115	8338426	15240183
应付账款	20724769	1513834	4506764	444420	2587436	197515	3268638	8206162
所有者权益合计	33795500	2870716	4790582	927865	4822472	913397	10508820	8961648
实收资本	21259352	1251704	2786332	613294	3426569	2379557	6124694	4677202
国家资本	2606718	191877	163496	63422	337509	111614	1516526	222274
集体资本	115743	6327	26186	1262	28080	988	22994	29907
法人资本	7798616	309424	684705	281045	1605471	125923	2174720	2617328
个人资本	3666443	202994	260240	77989	402761	2092015	165161	465282
港澳台资本	3893896	400582	1418563	98147	804800	41360	621141	509303
外商资本	3177878	140500	233139	91428	247948	7656	1624152	833055

12-3 续表

(2021年)　　单位：万元

项　　目	全市	惠城区	惠阳区	惠东县	博罗县	龙门县	大亚湾区	仲恺区
营业收入	100233537	7471760	14829735	3406282	13171119	1277318	28951365	31125958
主营业务收入	97382436	7317714	14568634	3316451	12937959	1267428	28179401	29794850
营业成本	87190332	6369370	12853191	2962771	11448467	950185	24925503	27680845
税金及附加	1433120	35503	65154	17037	47745	10307	1161696	95679
销售费用	1623287	207673	222066	54825	284020	24687	229686	600331
管理费用	2979217	334809	729797	115339	553356	56455	375668	813794
研发费用	2238158	208088	366878	62890	292398	18456	363075	926375
财务费用	486214	40379	79631	23920	108125	15839	126893	91427
利息费用	501297	30169	48418	22657	96710	15483	153521	134338
利息收入	60629	2690	2805	1582	13522	886	11413	27730
资产减值损失	303441	15532	7133	1071	23063	28750	88351	139541
其他收益	112053	13391	7437	1865	12996	1158	17834	57372
投资收益	316349	25468	15469	483	17297	3143	84495	169994
公允价值变动收益	-5442	91	-2260		-413	-938	32	-1953
资产处置收益	32208	-1248	-7312	184	17397	1146	-2941	24981
营业利润	4435697	298085	520098	170955	461171	177148	1779909	1028332
营业外收入	176012	17077	26849	6034	53648	3353	35430	33620
营业外支出	142970	8827	19206	7178	29106	24323	21122	33207
利润总额	4468674	306335	527675	169809	485716	156178	1794216	1028746
所得税费用	761911	46962	65683	13069	103049	37602	366911	128635
应付职工薪酬	9752788	944103	2211222	404232	1608376	107208	1539185	2938462
应交增值税	1809441	126932	158422	44827	205652	47313	801105	425190
亏损企业亏损总额	529619	30078	89073	18275	141478	12923	41611	196182
利税总额	7711235	468770	751251	231673	739113	213797	3757016	1549615
应交税金及附加	4004472	209398	289259	74932	356447	95221	2329711	649504
平均用工人数(人)	999469	107868	241809	48562	190819	11027	133396	265988
期末用工人数(人)	984675	107971	230339	47926	189253	10781	132543	265864
收入法增加值	22158494	1699986	4155905	944635	3180041	424642	6441260	5410244

12-4 分县区规模以上国有及国有控股工业企业主要经济指标

(2021年) 单位：万元

项 目	全市	惠城区	惠阳区	惠东县	博罗县	龙门县	大亚湾区	仲恺区
企业单位数(个)	61	16	7	3	10	4	8	13
亏损企业(个)	10		2		3	1		4
工业总产值(当年价格)	18052225	645365	1000536	703069	741937	175557	10995746	3790016
年初存货	1099089	18748	47211	15552	10836	947	706547	299247
产成品	266450	1953	30007	27	3287	81	78499	152595
资产总计	12880949	962923	1297179	864612	846308	447121	5406715	3056093
流动资产合计	4777246	252319	388378	205038	156888	42793	1749090	1982740
应收账款	1764640	65646	162732	97833	59419	19474	282170	1077367
存货	1257842	20147	99311	15024	14510	1294	637519	470038
产成品	369211	2229	69762	26	6102	123	65497	225472
长期股权投资	277223	10986	2465	1114	1312	1896	181442	78007
固定资产原价	12335579	1057750	1390831	1257040	1187841	314870	5750996	1376253
房屋和构筑物	1889827	172219	197016	79483	131624	35422	1004032	270032
机器设备	9611189	672653	1006365	1112770	991785	233050	4639212	955353
累计折旧	6432921	542556	685880	679206	615490	162921	3036429	710439
本年折旧	738820	51332	71672	96469	63279	16494	312499	127076
固定资产净额	5801189	515184	703976	573764	572343	128916	2657325	649682
在建工程	781432	90376	69096	47920	73427	15488	356519	128606
无形资产	731919	61884	109011	27946	18053	198432	253974	62619
土地使用权	282494	6996	23266	4657	10350	3225	191457	42544
负债合计	7269027	611357	846149	538322	506546	120919	2758175	1887559
流动负债合计	4849302	306093	488930	237644	234648	63783	1965716	1552489
应付账款	1917150	68220	137568	44189	72417	20160	623302	951295
所有者权益合计	5611921	351565	451030	326289	339761	326202	2648540	1168534
实收资本	3266668	160357	249296	207902	164007	71439	1994859	418807
国家资本	1062541	106728	163496	63102	155707	56439	405940	111129
集体资本	2728	560			1200			968
法人资本	2168250	43927	77651	144800	7100	15000	1587881	291891
个人资本	27720	9042	8150					10527
港澳台资本								
外商资本	5430	100					1038	4292

12-4 续表

(2021年) 单位：万元

项　　目	全市	惠城区	惠阳区	惠东县	博罗县	龙门县	大亚湾区	仲恺区
营业收入	18290321	646014	971381	757333	744584	178538	11162400	3830070
主营业务收入	17974934	630512	954277	697443	742900	175365	10994242	3780194
营业成本	15976725	570177	910854	681687	694617	168037	9570562	3380791
税金及附加	1124603	3178	3308	2952	2425	634	1101155	10951
销售费用	87135	12117	2065	4265	4401	2234	21786	40266
管理费用	170492	21884	18437	8306	12739	4869	42879	61379
研发费用	186910	4360	11259	4145	3243	1042	13630	149231
财务费用	123469	11054	13212	13926	9293	1873	60478	13633
利息费用	133431	10821	12634	14727	7126	1935	60482	25707
利息收入	14296	181	455	728	454	139	674	11667
资产减值损失	21866	330	306	46	303	125	11945	8812
其他收益	25459	823	2525	542	1087	589	3071	16822
投资收益	37234	331	359	198	653	126	34429	1138
公允价值变动收益	-1834							-1834
资产处置收益	2848	415	565	227	556	144	1005	-65
营业利润	662826	24484	15388	42973	19859	583	378471	181068
营业外收入	20311	3962	5378	1068	1909	592	4216	3186
营业外支出	9560	503	586	660	514	1108	4664	1525
利润总额	673576	27942	20180	43380	21254	67	378023	182729
所得税费用	131788	5847	3801	2655	4243	440	94458	20344
应付职工薪酬	787132	66802	104411	37278	58773	18385	172786	328697
应交增值税	436116	14802	22060	13249	14003	3536	320979	47488
亏损企业亏损总额	19808		2555		1407	2298		13548
利税总额	2234295	45922	45548	59581	37682	4237	1800157	241168
应交税金及附加	1692507	23827	29168	18856	20671	4611	1516592	78783
平均用工人数(人)	43291	3477	4891	1446	2689	1133	4941	24714
期末用工人数(人)	44760	3398	4929	1440	2663	1128	4963	26239
收入法增加值	3949259	174107	214339	192486	167321	36644	2452291	708504

12–5 分县区规模以上民营工业企业主要经济指标

(2021年) 单位：万元

项 目	全市	惠城区	惠阳区	惠东县	博罗县	龙门县	大亚湾区	仲恺区
企业单位数(个)	2964	324	765	273	756	61	145	640
亏损企业(个)	477	55	124	24	114	16	31	113
工业总产值(当年价格)	43359616	3391146	5942717	1833263	8477663	905178	8674165	14135485
年初存货	3590018	456183	460195	108043	742301	73851	393040	1356405
产成品	1293553	111825	155092	37267	298402	17400	232961	440605
资产总计	38833453	3025693	4608828	1006577	7891550	870908	8037369	13392529
流动资产合计	24134457	2354668	3198836	700248	5196095	565324	3355088	8764199
应收账款	8784123	818149	1278210	262991	1860970	122904	742661	3698240
存货	5181617	561426	657727	128199	1028118	80838	831430	1893879
产成品	1828260	156969	217807	48865	350055	26326	368851	659387
长期股权投资	1907066	86731	125364	23787	692349	12256	144119	822461
固定资产原价	15956310	637475	1205419	271724	2332652	507824	7048828	3952388
房屋和构筑物	3093041	174114	334720	61770	646620	82462	847085	946270
机器设备	11052954	367025	583774	140623	1261817	365374	5923327	2411014
累计折旧	6509796	224232	383749	94525	868255	345864	3216771	1376400
本年折旧	1085421	48012	94068	21129	181640	37277	350238	353056
固定资产净额	9131256	400835	798526	172802	1394538	156081	3690299	2518176
在建工程	973297	91015	116783	19317	182016	34534	187420	342214
无形资产	1172869	39408	220805	53875	181677	53010	390647	233447
土地使用权	601790	26473	73018	12817	131501	32523	180201	145258
负债合计	24385750	1982138	3133574	709934	5004893	478620	4155258	8921333
流动负债合计	19850003	1792647	2681349	577756	4302154	311960	2606759	7577376
应付账款	8191562	825642	1000998	258676	1625500	120237	998657	3361852
所有者权益合计	14447425	1043550	1475006	296641	2886643	392287	3882110	4471188
实收资本	10847143	361924	728631	185954	2098208	2193313	2718644	2560469
国家资本	1377038			320	180042		1087572	109103
集体资本	111288	5767	25200	1262	26750	988	22994	28326
法人资本	4529434	189829	466437	120490	1497037	100329	393563	1761750
个人资本	3492536	156931	235532	62833	383746	2091995	121655	439845
港澳台资本	35569	9397	858	1049	9705		5000	9561
外商资本	1301219		600		927		1087860	211831

12-5 续表

(2021年) 单位：万元

项　　目	全市	惠城区	惠阳区	惠东县	博罗县	龙门县	大亚湾区	仲恺区
营业收入	43378142	3360724	5754737	1801078	8540873	852091	8979535	14089105
主营业务收入	42379626	3300149	5661879	1782995	8385460	845792	8745625	13657727
营业成本	37292277	2782847	4902041	1581877	7326133	589851	7713690	12395839
税金及附加	152560	13964	24951	9476	31050	8454	20224	44441
销售费用	872775	124092	131191	32169	216972	21323	69613	277415
管理费用	1475826	164734	282499	63074	359247	39168	126603	440500
研发费用	1122446	118873	161226	40495	227111	10431	104248	460063
财务费用	308075	17577	34705	8537	88980	12386	64263	81629
利息费用	267795	8006	19431	4266	79610	11903	64170	80409
利息收入	28699	852	1111	168	9673	33	807	16055
资产减值损失	220482	4026	4722	1026	19470	28680	76158	86401
其他收益	57072	10545	1939	714	9750	509	7193	26423
投资收益	58248	5383	8958	-560	12043	439	16036	15949
公允价值变动收益	-66	97	-226		-453	18	53	445
资产处置收益	38514	181	-1515	2	18896	6	-335	21280
营业利润	2088164	150798	223342	64575	312111	142769	827679	366890
营业外收入	63142	6828	11094	979	16718	1872	7819	17833
营业外支出	72534	4180	8503	1853	12248	22405	5660	17685
利润总额	2078705	153446	225866	63700	316583	122236	829837	367038
所得税费用	358440	12453	27162	2504	68369	32501	181061	34391
应付职工薪酬	4082286	391099	609698	226100	917695	60504	411007	1466183
应交增值税	1017883	84904	115153	23294	163919	38682	360697	231234
亏损企业亏损总额	358286	11680	37251	10497	109371	10167	23709	155611
利税总额	3249148	252313	365970	96470	511552	169372	1210758	642713
应交税金及附加	1528883	111320	167266	35274	263338	79637	561981	310067
平均用工人数(人)	454295	46292	77908	32342	112304	6660	32135	146654
期末用工人数(人)	456124	47453	78792	31909	112582	6579	31596	147213
收入法增加值	9654697	782346	1313004	488706	2016716	321896	2080408	2728923

12-6 分县区规模以上“三资”工业企业主要经济指标

(2021年)　　单位：万元

项　目	全市	惠城区	惠阳区	惠东县	博罗县	龙门县	大亚湾区	仲恺区
企业单位数(个)	872	112	214	54	212	12	69	199
亏损企业(个)	197	36	45	13	54	2	17	30
工业总产值(当年价格)	43797287	3217018	10237645	908648	4162694	266529	12782857	12221897
年初存货	5171266	434019	1898198	100949	482705	19891	886051	1349453
产成品	1707894	137519	491700	34222	169919	3768	388122	482646
资产总计	39364306	2739793	9037172	663740	3560663	325758	12594199	10442981
流动资产合计	24395925	1743947	5638455	391069	2198141	136724	6579634	7707955
应收账款	9579640	611527	2278320	140212	841145	49287	1972817	3686331
存货	6501581	520159	2263697	125436	629155	19124	1320714	1623296
产成品	2135957	174354	634437	48022	215290	6089	519963	537802
长期股权投资	1935736	357148	250668	6766	126511	2108	372573	819962
固定资产原价	21339451	1119377	5103040	371814	1833505	169055	9727805	3014857
房屋和构筑物	3147490	256266	409781	112871	325893	43428	1279837	719414
机器设备	16269404	718458	4321362	204006	1190749	111076	7934150	1789603
累计折旧	11032047	697121	2334906	207331	973106	61894	4984717	1772972
本年折旧	1465661	68566	449666	27703	132228	6677	531420	249402
固定资产净额	9611889	421602	2218979	157954	833832	103874	4694414	1181234
在建工程	971843	28544	163999	99576	197779	5705	251890	224350
无形资产	1025556	140544	71027	82861	115627	36308	445359	133830
土地使用权	425500	18599	45175	19027	45888	3095	220030	73687
负债合计	22655308	1292783	6155146	352602	1912190	131511	5980332	6830745
流动负债合计	18883844	1185481	4923091	297241	1565558	103402	4458541	6350530
应付账款	10944493	598947	3383240	142213	949366	52159	1838034	3980535
所有者权益合计	16708988	1447008	2882024	311137	1648472	194248	6613866	3612233
实收资本	9519084	700927	1826557	225038	1181070	114730	3593974	1876789
国家资本	1219601	50060			1760	55175	1110563	2042
集体资本	21424		1174		130			20121
法人资本	1282449	80994	158067	21355	115509	10594	199611	696319
个人资本	162303	36492	16729	15156	19655		43506	30765
港澳台资本	3868269	392982	1418048	97099	796376	41305	616141	506319
外商资本	2965039	140400	232539	91428	247640	7656	1624152	621224

12-6 续表

(2021年) 单位：万元

项 目	全市	惠城区	惠阳区	惠东县	博罗县	龙门县	大亚湾区	仲恺区
营业收入	44318591	3345906	8150170	862655	4140487	241059	13827514	13750800
主营业务收入	42671609	3268328	7998965	850743	4059282	240640	13377780	12875871
营业成本	38810355	2909632	7081885	712142	3649791	188222	11903132	12365551
税金及附加	162135	15091	37009	4653	14880	1205	47764	41533
销售费用	700937	69130	89344	18682	66287	1055	153398	303043
管理费用	1383697	147947	430998	44774	189837	11115	232249	326776
研发费用	966895	83676	195605	18581	67369	6983	245363	349317
财务费用	109792	12095	31843	1547	10725	1555	52148	-122
利息费用	155115	11342	16438	3754	10452	1645	79830	31654
利息收入	17835	1419	1242	687	3409	715	10124	239
资产减值损失	121923	11156	2190		3508	-55	57498	47627
其他收益	31547	2079	2974	660	2226	60	8320	15229
投资收益	233834	19755	6181	844	4600	2579	44384	155491
公允价值变动收益	-3499	-6	-2034		39	-956	-21	-521
资产处置收益	-9540	-1866	-6362	-43	-2054	996	-3612	3401
营业利润	2315265	117134	282149	63736	142888	33659	1185031	490668
营业外收入	97440	6248	10501	3987	35704	855	26156	13989
营业外支出	62732	3736	10139	4665	16661	811	12056	14665
利润总额	2349975	119648	282512	63058	161931	33703	1199130	489993
所得税费用	424527	27753	34740	8006	31739	4660	244713	72917
应付职工薪酬	5092238	484360	1504955	142355	657853	26027	1074920	1201767
应交增值税	653917	25420	21289	8378	29077	4961	415999	148793
亏损企业亏损总额	159580	18398	49267	7778	30763	459	18334	34582
利税总额	3166026	160158	340810	76089	205888	39869	1662893	680319
应交税金及附加	1240579	68263	93038	21038	75697	10826	708476	263242
平均用工人数(人)	513429	58115	159818	14829	78826	2814	98717	100310
期末用工人数(人)	495332	57132	147446	14633	76947	2637	98369	98168
收入法增加值	10072985	729465	2640252	265975	1061922	63627	3261247	2072413

12-7 分县区规模以上大中型工业企业主要经济指标

(2021年)

单位：万元

项 目	全市	惠城区	惠阳区	惠东县	博罗县	龙门县	大亚湾区	仲恺区
企业单位数(个)	536	72	92	33	108	10	47	174
亏损企业(个)	104	16	13	5	25	1	15	29
工业总产值(当年价格)	72065427	4378415	11766050	1527358	7060951	878898	21880865	24572891
年初存货	7149923	611404	1900721	82583	599658	72759	1514844	2367955
产成品	2304418	166631	520609	30235	241649	13453	454801	877041
资产总计	61341167	4287623	10521360	989190	6479970	838808	16420805	21803412
流动资产合计	36228257	2635832	6154100	456355	3792443	472067	7675324	15042136
应收账款	14572674	789078	2549291	205875	1531798	108514	2272001	7116117
存货	9406563	771483	2360608	104788	893142	67204	1932797	3276543
产成品	3062765	218727	716665	41575	302463	17351	594153	1171832
长期股权投资	3266253	392061	296956	19517	375820	12979	531913	1637008
固定资产原价	33493798	2063895	6531667	847375	3379401	733583	13515901	6421976
房屋和构筑物	5267495	424230	676711	179044	524218	98009	1854675	1510609
机器设备	25827783	1363046	5435707	579567	2504041	565567	11202588	4177268
累计折旧	16336526	1097583	2976701	437066	1623384	481112	6810209	2910472
本年折旧	2362113	121735	526644	52889	239193	39384	774668	607601
固定资产净额	16374088	965539	3049094	401465	1701753	229693	6533806	3492739
在建工程	1920040	145663	247336	144895	329563	22084	571864	458636
无形资产	1264091	68949	113502	29885	87320	35961	615849	312625
土地使用权	774273	27780	85303	18756	56829	31155	356544	197907
负债合计	36901050	2273243	7093096	603201	3683828	413013	8388983	14445686
流动负债合计	30203860	1886578	5563978	472148	3053899	238618	6281261	12707379
应付账款	16193858	856186	3611975	248665	1557582	137194	2564567	7217690
所有者权益合计	24440114	2014379	3428263	385989	2796143	425795	8031822	7357724
实收资本	12759575	669808	1908154	237094	1743911	130210	4756307	3314092
国家资本	1954888	94590	153009	63102	139657	39735	1247222	217572
集体资本	39309	1032	100		5389		8200	24588
法人资本	5138255	149967	307827	51584	776083	76794	1837626	1938375
个人资本	524336	80142	58397	15194	80059	6433	74676	209435
港澳台资本	2772194	254343	1264647	37478	591820	7247	282322	334336
外商资本	2330592	89733	124174	69736	150902		1306261	589786

12-7 续表

(2021年)　　单位：万元

项　目	全市	惠城区	惠阳区	惠东县	博罗县	龙门县	大亚湾区	仲恺区
营业收入	72683311	4463207	9593077	1491100	7135277	851180	23068848	26080623
主营业务收入	70667163	4330637	9476222	1468597	7037906	843005	22546240	24964556
营业成本	63485339	3766618	8343954	1301322	6260763	630850	19794074	23387758
税金及附加	1292272	20416	41395	5112	22464	6373	1125697	70815
销售费用	955503	131068	95710	24431	112111	6219	117105	468859
管理费用	1682612	193070	423961	51191	227984	30139	236989	519279
研发费用	1663450	147953	241274	22253	176785	10530	271931	792725
财务费用	272747	21424	47561	3647	40468	12720	107211	39716
利息费用	335339	18771	30724	6776	41658	12881	126827	97703
利息收入	57299	2314	1889	722	8379	729	16157	27110
资产减值损失	249134	15034	4023	621	19223	28711	85037	96485
其他收益	87040	11977	5260	933	4596	482	10823	52970
投资收益	258862	25067	8511	303	2935	3141	50784	168122
公允价值变动收益	-4937	91	-2287		34	-938	51	-1887
资产处置收益	5186	22	-6763	234	-883	189	-1205	13591
营业利润	3428390	204776	399919	83994	282159	128511	1391255	937776
营业外收入	100620	9363	14817	3623	33175	1691	18687	19264
营业外支出	78203	4183	7624	5214	13146	12187	13797	22053
利润总额	3450809	209955	407112	82403	302188	118015	1396146	934989
所得税费用	565898	33127	48107	8275	53026	29802	291240	102321
应付职工薪酬	7428944	690649	1700836	225431	1024643	68835	1326774	2391776
应交增值税	1277102	69329	67001	16757	88335	31869	691709	312103
亏损企业亏损总额	215843	12675	21481	6625	77988	23	19719	77331
利税总额	6020184	299700	515508	104271	412987	156258	3213552	1317907
应交税金及附加	3135273	122873	156503	30144	163825	68045	2108646	485239
平均用工人数(人)	697099	75147	166926	20542	112537	5938	114717	201292
期末用工人数(人)	692659	74943	160025	20684	112543	5865	114295	204304
收入法增加值	16238851	1086127	3029281	397904	1739532	301725	5354874	4339654

12-8 分县区规模以上电子工业主要经济指标

(2021年) 单位：万元

项　　目	全市	惠城区	惠阳区	惠东县	博罗县	龙门县	大亚湾区	仲恺区
企业单位数(个)	678	96	110	16	170	5	57	224
亏损企业(个)	131	20	22	3	29	2	15	40
工业总产值(当年价格)	37287446	1846462	9006710	309580	3426235	177099	4306472	18214888
年初存货	4410708	264845	1682274	22008	282197	8821	320975	1829588
产成品	1404327	74036	446619	11549	107203	2087	104443	658390
资产总计	32307698	1399164	7962845	237851	2872309	113916	4070215	15651399
流动资产合计	22211453	959806	5003851	139927	1810218	85562	2733447	11478641
应收账款	10225076	406933	2149238	54257	743189	32808	1218546	5620105
存货	5512870	251821	1949617	31539	412390	12805	531912	2322786
产成品	1745580	85990	563729	16509	128452	4539	161016	785346
长期股权投资	1571948	190321	219177	23439	142645		115730	880636
固定资产原价	12680332	412633	4559271	112692	1337879	20630	2025773	4211455
房屋和构筑物	1717311	85073	220606	12175	109771	10599	311958	967130
机器设备	9464726	271209	4159835	77258	993191	5846	1339406	2617980
累计折旧	6085762	211525	2083882	59999	651745	6154	1074096	1998361
本年折旧	1157455	29951	422041	6431	102075	1524	157304	438128
固定资产净额	5999055	200951	1965766	51749	646217	14476	933088	2186809
在建工程	760217	15226	128805	5410	171694	622	172466	265995
无形资产	305438	15757	23406	2863	25681	2676	38973	196082
土地使用权	175810	6884	16550	2554	7331	1996	33185	107311
负债合计	21370616	801243	5642719	100122	1721827	59426	2014445	11030834
流动负债合计	18807762	737223	4453899	90780	1484083	58836	1910937	10072002
应付账款	11389814	418136	3160712	40129	828345	43702	1097579	5801212
所有者权益合计	10937073	597920	2320123	137729	1150479	54491	2055769	4620563
实收资本	5220422	330113	1335162	54588	738824	11469	576757	2173510
国家资本	126515	1056					1941	123518
集体资本	5604		1504		783		3000	318
法人资本	1952653	36902	154127	13943	230287	6200	247892	1263302
个人资本	435064	69451	27396	5964	54407	369	70993	206485
港澳台资本	1977894	169134	1056028	8174	397631	4900	148657	193370
外商资本	722692	53570	96107	26507	55716		104275	386518

12-8 续表

(2021年) 单位：万元

项　　目	全市	惠城区	惠阳区	惠东县	博罗县	龙门县	大亚湾区	仲恺区
营业收入	37354709	1930920	6947925	301574	3436221	147323	4924608	19666138
主营业务收入	35763872	1841862	6816071	288280	3356892	147322	4631269	18682175
营业成本	33443738	1718071	6065052	244378	3052913	125731	4488410	17749183
税金及附加	113325	7646	27757	1364	9151	484	16102	50822
销售费用	511077	24145	57635	5529	40265	450	28564	354490
管理费用	999142	65371	331958	12787	100149	5015	87431	396432
研发费用	1115825	53955	175544	7911	87156	7046	170460	613754
财务费用	92723	8781	25775	1177	14378	87	-146	42670
利息费用	141780	6497	12750	694	13830	33	14914	93063
利息收入	30761	-170	567	-33	3858	625	14013	11901
资产减值损失	124732	3860	1733	429	12253	112	2965	103380
其他收益	55973	526	2508	347	1075	47	6011	45459
投资收益	166941	3965	5550	243	625	2579	1145	152834
公允价值变动收益	-6600		-2299		-74	-956	-3	-3268
资产处置收益	11387	-938	-6446	17	-1289	39	-3026	23031
营业利润	1181791	52639	261779	28603	120287	10108	134948	573427
营业外收入	40021	2731	7601	46	5608	42	10261	13733
营业外支出	32727	1657	6852	331	9524	29	3657	10678
利润总额	1189089	53714	262529	28319	116370	10122	141552	576484
所得税费用	143451	9951	27846	3619	19394	540	2881	79221
应付职工薪酬	4464290	228829	1290758	46769	446442	14624	681414	1755454
应交增值税	394705	19086	19661	4009	27983	766	29276	293924
亏损企业亏损总额	187458	8352	19233	473	24483	82	13432	121403
利税总额	1697119	80445	309947	33692	153505	11371	186930	921230
应交税金及附加	651481	36682	75264	8992	56528	1790	48259	423967
平均用工人数(人)	440018	29104	131513	4711	51995	1620	74201	146874
期末用工人数(人)	426474	28846	122934	4759	50677	1465	72544	145249
收入法增加值	7685931	356406	2343431	92430	761109	27085	1043441	3070160

12-9　分县区规模以上石化工业主要经济指标

(2021年)　　单位：万元

项　目	全市	惠城区	惠阳区	惠东县	博罗县	龙门县	大亚湾区	仲恺区
企业单位数(个)	206	12	59	6	68	2	40	19
亏损企业(个)	27		10	1	4	1	8	3
工业总产值(当年价格)	19500328	208322	628728	35327	575307	20562	17880314	151768
年初存货	1114226	14498	39631	4981	48040	1049	983586	22441
产成品	333254	1983	12040	3108	20903	1	283491	11729
资产总计	12191800	166855	495611	31142	574193	20707	10714361	188932
流动资产合计	4821697	127220	314652	26455	459330	8305	3788248	97488
应收账款	939043	40809	149599	12272	226959	1562	475897	31945
存货	1344612	15921	52427	4475	58943	449	1188170	24228
产成品	414498	5566	17467	3159	21666	94	354438	12108
长期股权投资	311550	10236	22988		33271		233302	11753
固定资产原价	11430979	48840	177722	5770	103079	9101	11005986	80482
房屋和构筑物	1704269	23351	74083	2808	31735	6481	1534327	31484
机器设备	9409891	17933	29692	1462	37150	1616	9300525	21512
累计折旧	5610376	23351	64076	3324	45631	1966	5438425	33603
本年折旧	591932	3619	9474	267	8352	1828	564635	3758
固定资产净额	5711133	25488	113458	2140	57369	7135	5458665	46878
在建工程	366491	5948	9257		858	2357	334961	13110
无形资产	643420	5707	23547	1431	8753	1309	595308	7366
土地使用权	393807	336	16329	1331	8064	1309	363489	2949
负债合计	5896126	62812	291823	25895	328683	15983	5063423	107507
流动负债合计	3851692	58647	266894	24607	303744	8779	3114955	74067
应付账款	1151475	21412	91515	3292	85306	1138	923178	25634
所有者权益合计	6295670	104042	203788	5246	245508	4724	5650938	81425
实收资本	4868854	33746	109795	6054	113388	5291	4559997	40585
国家资本	1159544						1159544	
集体资本	16743		3422	431	12889			
法人资本	1876697	13631	46450	5543	26179		1780394	4500
个人资本	171823	12820	37151	79	50215	5291	61345	4922
港澳台资本	253291	7295	18208		17614		186792	23382
外商资本	1390757		4563		6491		1371923	7780

12-9 续表

(2021年) 单位：万元

项　　目	全市	惠城区	惠阳区	惠东县	博罗县	龙门县	大亚湾区	仲恺区
营业收入	19827196	202506	614698	33836	595333	14220	18222352	144251
主营业务收入	19454926	202337	611024	33810	577901	14220	17872208	143427
营业成本	16630463	147541	513299	28596	492321	11371	15321563	115771
税金及附加	1128149	1223	3283	116	2423	21	1120222	861
销售费用	174521	15709	23288	1065	24673	117	103152	6518
管理费用	204115	9968	34767	2483	29240	1715	116454	9487
研发费用	114706	6523	19755	1773	17438	810	63161	5248
财务费用	118553	784	3354	991	2462	180	110550	232
利息费用	116562	381	1274	53	1960	143	112493	259
利息收入	2341	69	122		355		1884	-89
资产减值损失	73431	337	676		677		71738	5
其他收益	7868	478	209		177		6710	295
投资收益	53881	500	5802		-470		47947	103
公允价值变动收益	-19						-19	
资产处置收益	-510		-76		1		-433	-2
营业利润	1444471	21399	22208	-1189	25804	6	1369718	6526
营业外收入	22075	498	875	45	4720		15684	254
营业外支出	11589	116	741	52	1481	2	9041	158
利润总额	1454957	21781	22341	-1196	29044	4	1376361	6622
所得税费用	333189	3042	2665	6	3601		322307	1568
应付职工薪酬	426041	23125	38102	3073	39413	2326	302288	17715
应交增值税	691346	5562	12012	619	12952	114	656962	3125
亏损企业亏损总额	22669		3859	1929	3297	23	8434	5127
利税总额	3274452	28566	37636	-460	44419	139	3153545	10608
应交税金及附加	2152683	9827	17960	741	18976	135	2099491	5553
平均用工人数(人)	23603	2506	4071	402	4768	451	9621	1784
期末用工人数(人)	23614	2379	4123	402	4732	454	9730	1794
收入法增加值	4550746	78304	112757	7434	123258	4504	4193386	42856

12-10 分县区分行业规模以上工业企业单位数

(2021年) 单位：个

项 目	全市	惠城区	惠阳区	惠东县	博罗县	龙门县	大亚湾区	仲恺区
总 计	**3873**	**452**	**982**	**329**	**972**	**79**	**218**	**841**
采矿业	**26**	**1**	**9**	**4**	**5**	**6**		**1**
煤炭开采和洗选业								
石油和天然气开采业								
黑色金属矿采选业								
有色金属矿采选业								
非金属矿采选业	26	1	9	4	5	6		1
开采专业及辅助性活动								
其他采矿业								
制造业	**3789**	**441**	**965**	**317**	**954**	**67**	**210**	**835**
农副食品加工业	54	11	6	7	20	4	1	5
食品制造业	19	4	3	3	6	3		
酒、饮料和精制茶制造业	11	4			5			2
烟草制品业								
纺织业	59	6	14	1	32	1		5
纺织服装、服饰业	63	17	13	6	20	2	1	4
皮革、毛皮、羽毛及其制品和制鞋业	163	8	5	134	16			
木材加工和木、竹、藤、棕、草制品业	61	7	11	8	26	4	3	2
家具制造业	303	3	206	13	44	1	8	28
造纸和纸制品业	73	5	19	8	22	1	4	14
印刷和记录媒介复制业	46	6	15	8	11		1	5
文教、工美、体育和娱乐用品制造业	150	4	74	10	45	3	5	9
石油、煤炭及其他燃料加工业	8	1	2		2		2	1
化学原料和化学制品制造业	198	11	57	6	66	2	38	18
医药制造业	17	3	1	3	4	1	3	2
化学纤维制造业	2		1		1			
橡胶和塑料制品业	445	39	116	26	104	12	20	128
非金属矿物制品业	225	39	61	27	42	15	10	31
黑色金属冶炼和压延加工业	15	2	1	3	5			4
有色金属冶炼和压延加工业	46	2	5	1	17	1	3	17
金属制品业	334	28	85	9	122	4	12	74
通用设备制造业	122	23	28	10	28	1	5	27
专用设备制造业	110	15	18	2	30		5	40
汽车制造业	54	15	4	1	12	3	9	10
铁路、船舶、航空航天和其他运输设备制造业	33	3	12	3	8			7
电气机械和器材制造业	415	79	73	10	83		17	153
计算机、通信和其他电子设备制造业	678	96	110	16	170	5	57	224
仪器仪表制造业	42	5	10	1	10	1		15
其他制造业	23	3	11	1	2			6
废弃资源综合利用业	17	2	4		1	3	3	4
金属制品、机械和设备修理业	3						3	
电力、热力、燃气及水生产和供应业	**58**	**10**	**8**	**8**	**13**	**6**	**8**	**5**
电力、热力生产和供应业	23	3	2	3	6	4	3	2
燃气生产和供应业	10	1	1	2	2	1	1	2
水的生产和供应业	25	6	5	3	5	1	4	1

12-11 分县区分行业规模以上工业总产值

(2021年)　　单位：万元

项　　目	全市	惠城区	惠阳区	惠东县	博罗县	龙门县	大亚湾区	仲恺区
总　　计	**99492774**	**7281852**	**17134549**	**3429540**	**13128392**	**1352894**	**27549941**	**29615606**
采矿业	**156926**	**14965**	**13387**	**48843**	**23669**	**56062**		
煤炭开采和洗选业								
石油和天然气开采业								
黑色金属矿采选业								
有色金属矿采选业								
非金属矿采选业	156926	14965	13387	48843	23669	56062		
开采专业及辅助性活动								
其他采矿业								
制造业	**94462098**	**6678224**	**16361707**	**2641716**	**12331969**	**1112977**	**26235179**	**29100326**
农副食品加工业	956637	178621	96670	86826	384476	19394	91638	99014
食品制造业	116631	25158	12674	7942	56560	14297		
酒、饮料和精制茶制造业	583948	55804			242260			285884
烟草制品业								
纺织业	335316	47423	45478	8265	216563	1178		16409
纺织服装、服饰业	542905	193449	108241	53809	163142	4487	2966	16810
皮革、毛皮、羽毛及其制品和制鞋业	880830	90817	32330	526520	231163			
木材加工和木、竹、藤、棕、草制品业	411897	54500	101885	77030	160989	5995	8038	3460
家具制造业	2245870	6062	1091671	96509	498818	2640	344687	205483
造纸和纸制品业	646469	13725	243882	30659	166073	260	44072	147799
印刷和记录媒介复制业	354974	26720	160705	12188	102431		3896	49035
文教、工美、体育和娱乐用品制造业	1147231	23328	537319	86716	317261	8204	90663	83741
石油、煤炭及其他燃料加工业	9001687	1273	7581		77756		8911911	3167
化学原料和化学制品制造业	10498641	207049	621146	35327	497551	20562	8968404	148601
医药制造业	297178	63913	2545	16053	119981	6283	47998	40405
化学纤维制造业	14704		7001		7703			
橡胶和塑料制品业	4100586	377454	780795	195297	1025678	93949	187135	1440277
非金属矿物制品业	4193380	727740	845013	386884	648487	700108	414070	471079
黑色金属冶炼和压延加工业	349528	6334	3247	260089	48983			30875
有色金属冶炼和压延加工业	538553	75958	51268	19530	213197	4572	91523	82505
金属制品业	2529823	152018	764615	33432	824620	29199	175697	550243
通用设备制造业	1344156	272031	412194	97031	181424	2019	39431	340027
专用设备制造业	1429658	317637	131967	3678	184128		73781	718467
汽车制造业	1816023	740409	16300	5892	91421	11352	802671	147977
铁路、船舶、航空航天和其他运输设备制造业	537917	66268	240506	14179	177363			39600
电气机械和器材制造业	11403910	1049740	795880	264385	2167468		1563165	5563272
计算机、通信和其他电子设备制造业	37287446	1846462	9006710	309580	3426235	177099	4306472	18214888
仪器仪表制造业	484364	22486	43872	11311	93428	3393		309876
其他制造业	129980	16379	82252	2584	5563			23202
废弃资源综合利用业	263678	19467	117962		1248	7986	48784	68231
金属制品、机械和设备修理业	18179						18179	
电力、热力、燃气及水生产和供应业	**4873751**	**588663**	**759455**	**738981**	**772755**	**183856**	**1314762**	**515280**
电力、热力生产和供应业	4361097	442544	690066	700639	677164	176361	1195126	479197
燃气生产和供应业	233669	71896	19955	14158	41011	2715	49064	34869
水的生产和供应业	278985	74222	49434	24184	54579	4779	70572	1214

12-12 分县区分经济类型规模以上工业企业单位数

(2021年)　　　　单位：个

项　　目	全市	惠城区	惠阳区	惠东县	博罗县	龙门县	大亚湾区	仲恺区
总　　计	**3873**	**452**	**982**	**329**	**972**	**79**	**218**	**841**
一、按登记注册类型分								
内资企业	3001	340	768	275	760	67	149	642
国有企业	3	1			2			
集体企业	3				2	1		
股份合作企业	1				1			
联营企业								
有限责任公司	740	94	96	34	322	16	41	137
股份有限公司	57	10	6	1	18		4	18
私营企业	2176	230	663	235	415	50	102	481
其他企业	21	5	3	5			2	6
港、澳、台商投资企业	655	85	176	47	158	10	36	143
合资经营企业(港或澳、台资)	77	8	18	5	11	1	7	27
合作经营企业(港或澳、台资)	4	1	1	1				1
港澳台商独资经营企业	551	74	149	41	142	9	27	109
港澳台商投资股份有限公司	17	2	7		3		1	4
其他港澳台商投资企业	6		1		2		1	2
外商投资企业	217	27	38	7	54	2	33	56
中外合资经营企业	38	6	5		8		12	7
中外合作经营企业	3	1		1				1
外资企业	169	19	32	6	42	2	21	47
外商投资股份有限公司	3		1		1			1
其他外商投资企业	4	1			3			
二、按轻重工业分								
轻工业	1754	160	567	225	407	32	58	305
重工业	2119	292	415	104	565	47	160	536
三、按企业规模分								
大型企业	128	14	20	2	25	1	18	48
中型企业	408	57	72	32	83	10	29	125
小微型企业	3337	381	890	295	864	68	171	668

12-13 分县区分经济类型规模以上工业总产值

(2021年)　　单位：万元

项　目	全市	惠城区	惠阳区	惠东县	博罗县	龙门县	大亚湾区	仲恺区
总　计	**99492774**	**7281852**	**17134549**	**3429540**	**13128392**	**1352894**	**27549941**	**29615606**
一、按登记注册类型分								
内资企业	55695487	4064834	6896904	2520893	8965698	1086366	14767085	17393708
国有企业	17177	2369			14808			
集体企业	16695				12878	3817		
股份合作企业	5046				5046			
联营企业								
有限责任公司	28424334	1698166	2039872	845281	4530753	619589	11792709	6897964
股份有限公司	3710419	508266	104883	3116	425988		46545	2621621
私营企业	23437240	1832011	4739744	1661466	3976224	462959	2913215	7851620
其他企业	84576	24023	12405	11030			14615	22503
港、澳、台商投资企业	24238781	2006785	9198193	687794	3123242	254100	2868325	6100342
合资经营企业(港或澳、台资)	3456598	133968	395428	97813	211509	149857	1120223	1347801
合作经营企业(港或澳、台资)	29669	2093	4520	13454				9603
港澳台商独资经营企业	19260195	1668273	7965042	576527	2868249	104243	1437241	4640621
港澳台商投资股份有限公司	1391879	202452	829656		36591		243683	79497
其他港澳台商投资企业	100439		3547		6893		67178	22821
外商投资企业	19558506	1210233	1039452	220853	1039452	12429	9914532	6121556
中外合资经营企业	12590561	576939	199501		242729		8632292	2939101
中外合作经营企业	69519	23678		42777				3065
外资企业	6534062	501750	636682	178077	752095	12429	1282240	3170790
外商投资股份有限公司	220337		203270		8468			8599
其他外商投资企业	144027	107867			36160			
二、按轻重工业分								
轻工业	21817098	2034871	3966846	1342464	4984079	173922	2462109	6852807
重工业	77675676	5246981	13167703	2087077	8144313	1178972	25087832	22762799
三、按企业规模分								
大型企业	56920062	2635040	9480395	510504	4063787	488772	20321289	19420277
中型企业	15145365	1743375	2285656	1016854	2997164	390126	1559576	5152614
小微型企业	27427347	2903438	5368498	1902183	6067441	473996	5669076	5042715

12–14 规模以上分经济类型工业企业主要经济指标

(2021年) 单位：万元

项目	企业单位数(个)	亏损企业	工业总产值(当年价格)	年初存货	产成品	资产总计
总计	**3873**	**680**	**99492774**	**9632750**	**3101527**	**85695650**
一、按登记注册类型分						
内资企业	3001	483	55695487	4461484	1393632	46331344
国有企业	3	1	17177	4495	1195	98041
集体企业	3	1	16695	247		43908
股份合作企业	1		5046	559	261	2754
联营企业						
有限责任公司	740	141	28424334	2023750	574629	22671638
股份有限公司	57	7	3710419	468885	158979	5254349
私营企业	2176	332	23437240	1961651	657990	18202761
其他企业	21	1	84576	1898	579	57893
港、澳、台商投资企业	655	150	24238781	3602472	1104416	21776853
合资经营企业(港或澳、台资)	77	11	3456598	512950	182643	3618788
合作经营企业(港或澳、台资)	4	1	29669	4083	1452	23068
港澳台商独资经营企业	551	135	19260195	2946420	852312	15424546
港澳台商投资股份有限公司	17	3	1391879	129656	66801	2673063
其他港澳台商投资企业	6		100439	9364	1208	37388
外商投资企业	217	47	19558506	1568793	603479	17587453
中外合资经营企业	38	7	12590561	773485	387308	11298272
中外合作经营企业	3		69519	1668	595	145272
外资企业	169	37	6534062	759625	203564	5554575
外商投资股份有限公司	3	1	220337	19062	5893	211877
其他外商投资企业	4	2	144027	14954	6119	377457
二、按轻重工业分						
轻工业	1754	320	21817098	2417382	814296	20445708
重工业	2119	360	77675676	7215368	2287231	65249942
三、按企业规模分						
大型企业	128	13	56920062	5601757	1746194	48308293
中型企业	408	91	15145365	1548166	558223	13032874
小微型企业	3337	576	27427347	2482827	797109	24354483

12-14 续表1

(2021年) 单位：万元

项　　目	流动资产合计	应收账款	存货	产成品	长期股权投资	固定资产原价
总　　计	**51542337**	**19863413**	**12456612**	**4098086**	**4103241**	**43611244**
一、按登记注册类型分						
内资企业	27146412	10283773	5955031	1962128	2167506	22271793
国有企业	65561	583	4286	1792	3068	18341
集体企业	10636	699	580	93		34167
股份合作企业	1783	552	812	692		443
联营企业						
有限责任公司	10942505	4078047	2572441	809750	820464	15964485
股份有限公司	3320686	1106255	733566	232020	798120	1076457
私营企业	12768221	5083599	2637669	916133	545853	5172548
其他企业	37021	14037	5677	1648		5353
港、澳、台商投资企业	14331968	5627010	4227430	1309052	947929	10171392
合资经营企业(港或澳、台资)	2664961	1068783	587729	186673	84362	1319115
合作经营企业(港或澳、台资)	19572	3493	8648	3047	250	10974
港澳台商独资经营企业	10106969	3946404	3410418	1004531	624654	7709543
港澳台商投资股份有限公司	1511201	590874	215360	112594	238664	1115607
其他港澳台商投资企业	29265	17455	5275	2207		16154
外商投资企业	10063957	3952631	2274152	826905	987807	11168059
中外合资经营企业	6036760	2414517	1168989	523046	439719	8304243
中外合作经营企业	30784	5309	2317	738		22142
外资企业	3677298	1448395	1031851	284591	333588	2758983
外商投资股份有限公司	142600	45008	48709	10057	46065	24565
其他外商投资企业	176514	39402	22286	8473	168435	58127
二、按轻重工业分						
轻工业	13212880	4754425	3175856	1044932	1827471	6443419
重工业	38329456	15108988	9280756	3053153	2275771	37167825
三、按企业规模分						
大型企业	27772684	11504135	7213113	2290413	2729572	28160881
中型企业	8455573	3068539	2193450	772351	536681	5332917
小微型企业	15314080	5290739	3050049	1035321	836988	10117446

12-14 续表2

(2021年)　　单位：万元

项　　目	房屋和构筑物	机器设备	累计折旧	本年折旧	固定资产净额	在建工程
总　计	**7590485**	**31529342**	**21055295**	**3007796**	**21482218**	**2655078**
一、按登记注册类型分						
内资企业	4442995	15259937	10023248	1542135	11870329	1683236
国有企业	5875	10773	12244	591	6096	336
集体企业			22976	2702	11192	14193
股份合作企业		443	180	84	236	
联营企业						
有限责任公司	2748388	11891423	7755425	1058099	8047822	989404
股份有限公司	321118	560123	355981	78389	692776	111377
私营企业	1367599	2793770	1874210	401161	3109088	553121
其他企业	16	3406	2232	1109	3119	14806
港、澳、台商投资企业	1620421	7349656	5122703	813370	4448825	614778
合资经营企业(港或澳、台资)	343280	802692	715504	93885	602853	196675
合作经营企业(港或澳、台资)	1294	8227	8107	379	2866	
港澳台商独资经营企业	968290	5886041	4049382	643037	3585916	385578
港澳台商投资股份有限公司	301643	644445	341541	75130	249741	32521
其他港澳台商投资企业	5915	8252	8169	940	7449	4
外商投资企业	1527069	8919748	5909345	652292	5163064	357065
中外合资经营企业	875570	7155482	4237341	451225	4028740	202593
中外合作经营企业	4317	15015	10131	2366	12010	152
外资企业	617671	1730358	1617858	193911	1083873	153207
外商投资股份有限公司	7191	6128	10547	920	13782	101
其他外商投资企业	22320	12766	33467	3869	24660	1011
二、按轻重工业分						
轻工业	1939891	3489221	2710395	499500	3540012	536767
重工业	5650594	28040120	18344900	2508297	17942205	2118311
三、按企业规模分						
大型企业	3745719	22884838	13856141	1982294	13598608	1287984
中型企业	1521775	2942945	2480386	379819	2775480	632056
小微型企业	2322990	5701559	4718769	645683	5108129	735038

12-14 续表3

(2021年) 单位：万元

项目	无形资产	土地使用权	负债合计	流动负债合计	应付账款	所有者权益合计
总计	**2614073**	**1188789**	**51899860**	**42541878**	**20724769**	**33795500**
一、按登记注册类型分						
内资企业	1588517	763289	29244551	23658034	9780277	17086512
国有企业	22454		71217	69783	2802	26824
集体企业	301		38319	9938	1288	5589
股份合作企业			1089	1089	-177	1665
联营企业						
有限责任公司	969961	461581	13906313	10388285	4283422	8765312
股份有限公司	102215	58651	2807506	2195520	920196	2446844
私营企业	491248	243057	12369131	10944388	4563525	5833363
其他企业	2337		50976	49031	9220	6916
港、澳、台商投资企业	424646	177827	13265386	11417771	6692545	8511459
合资经营企业(港或澳、台资)	65033	33785	2171650	2078177	948986	1447137
合作经营企业(港或澳、台资)	374	260	11472	10431	3341	11596
港澳台商独资经营企业	337413	130451	9940734	8391724	5382478	5483805
港澳台商投资股份有限公司	21385	13331	1125601	921510	354065	1547462
其他港澳台商投资企业	442		15929	15929	3676	21460
外商投资企业	600910	247673	9389922	7466074	4251948	8197529
中外合资经营企业	364914	158794	5957256	4408015	2339034	5341017
中外合作经营企业	96828	2619	86058	35417	23219	59213
外资企业	130118	79773	3088570	2778630	1791670	2466003
外商投资股份有限公司	6680	5723	96443	82577	60283	115435
其他外商投资企业	2370	763	161596	161436	37741	215862
二、按轻重工业分						
轻工业	445851	317558	11991047	10326222	4412957	8454402
重工业	2168222	871230	39908812	32215656	16311812	25341098
三、按企业规模分						
大型企业	983179	588998	29351506	23679611	13020573	18956786
中型企业	280911	185275	7549544	6524249	3173285	5483328
小微型企业	1349982	414515	14998810	12338018	4530912	9355386

12-14 续表4

(2021年)　　单位：万元

项　　目	实收资本	国家资本	集体资本	法人资本	个人资本	港澳台资本
总　　计	**21259352**	**2606718**	**115743**	**7798616**	**3666443**	**3893896**
一、按登记注册类型分						
内资企业	11740268	1387117	94320	6516167	3504140	25627
国有企业	10700	800	900	9000		
集体企业	2545		2545			
股份合作企业	1655			1655		
联营企业						
有限责任公司	5536308	1193572	12441	4028240	288366	13479
股份有限公司	652481	11719	6151	471966	155045	7500
私营企业	5532497	181025	72282	2002196	3059757	4648
其他企业	4082			3110	973	
港、澳、台商投资企业	4746698	58854	20465	573330	148430	3734586
合资经营企业(港或澳、台资)	552465		20309	230366	27624	247128
合作经营企业(港或澳、台资)	8129			472	330	7328
港澳台商独资经营企业	3840743	56935		186658	62812	3350464
港澳台商投资股份有限公司	332058	1919	157	153893	51187	124902
其他港澳台商投资企业	13303			1941	6477	4765
外商投资企业	4772386	1160747	959	709119	13873	133683
中外合资经营企业	2957712	1110687		485427	1125	50261
中外合作经营企业	61920	50060				
外资企业	1652285		959	223593	12648	55028
外商投资股份有限公司	70677					
其他外商投资企业	29791			100	100	28394
二、按轻重工业分						
轻工业	6831369	37394	31631	2354482	2544140	1185381
重工业	14427984	2569324	84112	5444133	1122303	2708515
三、按企业规模分						
大型企业	9862800	1937231	6168	3964787	183480	1899288
中型企业	2896775	17657	33142	1173468	340856	872905
小微型企业	8499777	651829	76434	2660361	3142107	1121702

12-14 续表5

(2021年) 单位：万元

项目	外商资本	营业收入	主营业务收入	营业成本	税金及附加	销售费用
总计	**3177878**	**100233537**	**97382436**	**87190332**	**1433120**	**1623287**
一、按登记注册类型分						
内资企业	212839	55914946	54710827	48379977	1270985	922349
国有企业		17524	16851	14122	84	1215
集体企业		15072	15072	10787	476	
股份合作企业		4427	4427	3581	13	42
联营企业						
有限责任公司	208	28619083	27931967	25020421	1164167	255871
股份有限公司	100	3604011	3489965	2842760	14720	143664
私营企业	212531	23558034	23155780	20399403	91187	519801
其他企业		96796	96766	88904	338	1757
港、澳、台商投资企业	211034	22791221	22059193	19911757	93495	354448
合资经营企业(港或澳、台资)	27039	3939799	3759780	3434263	16944	82426
合作经营企业(港或澳、台资)		28865	28861	25098	138	186
港澳台商独资经营企业	183875	17304664	16825960	15215860	67458	243117
港澳台商投资股份有限公司		1418093	1345236	1149668	8598	26215
其他港澳台商投资企业	120	99799	99357	86868	358	2503
外商投资企业	2754005	21527370	20612416	18898597	68639	346490
中外合资经营企业	1310213	14323379	13553942	12620572	32656	189705
中外合作经营企业	11860	69394	67713	45184	1645	1040
外资企业	1360058	6771713	6630850	5921488	33047	147361
外商投资股份有限公司	70677	209353	208390	183163	612	3643
其他外商投资企业	1198	153532	151520	128191	680	4742
二、按轻重工业分						
轻工业	678284	22191522	21787043	19070265	96087	525652
重工业	2499594	78042015	75595392	68120067	1337032	1097635
三、按企业规模分						
大型企业	1871846	57495176	55850200	50624360	1227321	609763
中型企业	458746	15188135	14816964	12860979	64951	345740
小微型企业	847286	27550226	26715272	23704993	140848	667784

12-14 续表6

(2021年) 单位：万元

项目	管理费用	研发费用	财务费用			资产减值损失
				利息费用	利息收入	
总计	**2979217**	**2238158**	**486214**	**501297**	**60629**	**303441**
一、按登记注册类型分						
内资企业	1595520	1271263	376422	346182	42794	181518
国有企业	1802		890	893	21	
集体企业	2686		1290			
股份合作企业	282	388	22	21		
联营企业						
有限责任公司	534735	401012	227227	230463	28031	80565
股份有限公司	132608	244608	26183	25704	7271	32339
私营企业	919902	624887	120745	89100	7470	68614
其他企业	3504	370	65	1	1	
港、澳、台商投资企业	924698	601365	65381	44750	6648	30665
合资经营企业(港或澳、台资)	108626	143949	13269	8178	2892	3126
合作经营企业(港或澳、台资)	2254	941	-126	5	-140	
港澳台商独资经营企业	758881	396577	39628	24651	10138	26707
港澳台商投资股份有限公司	52929	56927	12323	11696	-6244	602
其他港澳台商投资企业	2008	2972	287	220	3	230
外商投资企业	458999	365529	44411	110365	11187	91258
中外合资经营企业	165496	269194	58254	91558	2995	67422
中外合作经营企业	2628	1535	3179	3250	94	
外资企业	271303	76776	-17956	13940	7262	17959
外商投资股份有限公司	7091	10748	837	476	-244	-217
其他外商投资企业	12482	7277	97	1141	1080	6095
二、按轻重工业分						
轻工业	977005	628871	122761	105273	27808	47905
重工业	2002212	1609287	363453	396024	32821	255536
三、按企业规模分						
大型企业	1063915	1294642	244724	278917	47984	228548
中型企业	618697	368808	28023	56423	9315	20586
小微型企业	1296604	574708	213467	165957	3330	54307

12-14 续表7

(2021年) 单位：万元

项目	其他收益	投资收益	公允价值变动收益	资产处置收益	营业利润	营业外收入
总计	**112053**	**316349**	**-5442**	**32208**	**4435697**	**176012**
一、按登记注册类型分						
内资企业	80505	82516	-1943	41748	2120433	78572
国有企业		162			-428	371
集体企业					-167	20
股份合作企业					99	
联营企业						
有限责任公司	30523	57656	-1065	35368	1057515	32483
股份有限公司	33617	5650	-1738	-552	204105	7606
私营企业	16315	19048	860	6932	857401	38016
其他企业	50				1908	77
港、澳、台商投资企业	12523	77890	-3277	-9770	886844	48226
合资经营企业(港或澳、台资)	4532	15730	-1027	-3595	152833	5603
合作经营企业(港或澳、台资)					374	99
港澳台商独资经营企业	5868	57596	-269	-7252	612342	38929
港澳台商投资股份有限公司	2118	4508	-1981	1077	116662	3465
其他港澳台商投资企业	5	56			4634	131
外商投资企业	19025	155943	-222	230	1428421	49214
中外合资经营企业	14349	120490	-306	155	1054768	32433
中外合作经营企业					14184	167
外资企业	4739	20244	85	788	347587	13967
外商投资股份有限公司	-96	124		-2	3503	758
其他外商投资企业	33	15085		-711	8378	1889
二、按轻重工业分						
轻工业	20572	65092	1185	18519	828375	46055
重工业	91481	251257	-6627	13689	3607322	129956
三、按企业规模分						
大型企业	76161	243547	-5268	-6378	2509961	48119
中型企业	10879	15316	331	11564	918429	52501
小微型企业	25013	57487	-505	27022	1007308	75392

12-14　续表8

(2021年)　　单位：万元

项　　目	营业外支出	利润总额	所得税费用	应付职工薪酬	应交增值税	亏损企业亏损总额
总　　计	**142970**	**4468674**	**761911**	**9752788**	**1809441**	**529619**
一、按登记注册类型分						
内资企业	80237	2118700	337383	4660550	1155524	370039
国有企业	3	-60	2	2961	478	109
集体企业	36	-184	28	1773	566	653
股份合作企业		99		721	110	
联营企业						
有限责任公司	30850	1059149	228569	1836559	607621	135573
股份有限公司	6763	204948	-4257	431091	68115	33719
私营企业	42525	852822	112865	2377917	477172	199983
其他企业	60	1924	177	9530	1464	3
港、澳、台商投资企业	37700	897374	127058	3377230	178669	95193
合资经营企业(港或澳、台资)	4701	153735	10007	407836	43704	5777
合作经营企业(港或澳、台资)	12	460	70	4244	70	131
港澳台商独资经营企业	31389	619884	102375	2653195	118447	82649
港澳台商投资股份有限公司	1595	118532	13882	306046	14611	6637
其他港澳台商投资企业	3	4763	724	5910	1837	
外商投资企业	25033	1452601	297469	1715008	475248	64387
中外合资经营企业	14660	1072540	217427	898408	401861	8674
中外合作经营企业	149	14202	740	7583	1329	
外资企业	8855	352698	74439	747152	69508	54718
外商投资股份有限公司	428	3833	1433	35687		789
其他外商投资企业	940	9327	3430	26177	2549	206
二、按轻重工业分						
轻工业	42533	831896	101195	2874724	285198	203374
重工业	100437	3636778	660716	6878064	1524243	326246
三、按企业规模分						
大型企业	50429	2507652	395007	5377308	1039371	107934
中型企业	27773	943158	170892	2051636	237731	107909
小微型企业	64767	1017865	196012	2323844	532339	313777

12-14 续表9

(2021年) 单位：万元

项　　目	利税总额	应交税金及附加	平均用工人数(人)	期末用工人数(人)	收入法增加值
总　　计	**7711235**	**4004472**	**999469**	**984675**	**22158494**
一、按登记注册类型分					
内资企业	4545209	2763893	486040	489343	12085510
国有企业	502	564	452	441	6220
集体企业	858	1070	301	300	8301
股份合作企业	222	123	88	86	1461
联营企业					
有限责任公司	2830937	2000357	161754	159420	6149432
股份有限公司	287783	78578	32827	35284	930472
私营企业	1421180	681224	288719	291843	4968735
其他企业	3726	1978	1899	1969	20889
港、澳、台商投资企业	1169538	399223	357528	340558	5751741
合资经营企业(港或澳、台资)	214383	70655	42695	43724	714512
合作经营企业(港或澳、台资)	668	278	633	662	9085
港澳台商独资经营企业	805789	288280	281684	264003	4460887
港澳台商投资股份有限公司	141741	37090	31800	31439	549636
其他港澳台商投资企业	6957	2919	716	730	17622
外商投资企业	1996488	841356	155901	154774	4321243
中外合资经营企业	1507058	651945	70592	71782	2814304
中外合作经营企业	17175	3713	385	388	23341
外资企业	455254	176995	78865	76103	1399536
外商投资股份有限公司	4445	2045	3684	4125	40973
其他外商投资企业	12556	6659	2375	2376	43090
二、按轻重工业分					
轻工业	1213182	482480	347732	345252	5201911
重工业	6498053	3521992	651737	639423	16956584
三、按企业规模分					
大型企业	4774344	2661699	466386	462678	12551627
中型企业	1245840	473574	230713	229979	3687224
小微型企业	1691052	869199	302370	292018	5919644

12-15 规模以上分行业工业企业主要经济指标

(2021年) 单位：万元

项目	企业单位数(个)	亏损企业	工业总产值(当年价格)	年初存货	产成品	资产总计
总　　计	**3873**	**680**	**99492774**	**9632750**	**3101527**	**85695650**
采矿业	**26**	**11**	**156926**	**5376**	**1620**	**200334**
煤炭开采和洗选业						
石油和天然气开采业						
黑色金属矿采选业						
有色金属矿采选业						
非金属矿采选业	26	11	156926	5376	1620	200334
开采专业及辅助性活动						
其他采矿业						
制造业	**3789**	**657**	**94462098**	**9549262**	**3097089**	**78017266**
农副食品加工业	54	10	956637	113699	19474	631696
食品制造业	19	6	116631	15948	5704	114707
酒、饮料和精制茶制造业	11	1	583948	27016	8430	502264
烟草制品业						
纺织业	59	11	335316	46675	18988	273037
纺织服装、服饰业	63	26	542905	132064	29036	487951
皮革、毛皮、羽毛及其制品和制鞋业	163	19	880830	99994	37874	523455
木材加工和木、竹、藤、棕、草制品业	61	12	411897	53509	26114	315018
家具制造业	303	49	2245870	177113	70630	2042509
造纸和纸制品业	73	15	646469	56738	16108	450691
印刷和记录媒介复制业	46	9	354974	26987	7421	450494
文教、工美、体育和娱乐用品制造业	150	27	1147231	176839	46178	787262
石油、煤炭及其他燃料加工业	8	2	9001687	684667	92166	3826681
化学原料和化学制品制造业	198	25	10498641	429559	241088	8365119
医药制造业	17	5	297178	82238	33750	387493
化学纤维制造业	2		14704	3926	2349	20550
橡胶和塑料制品业	445	74	4100586	412756	145519	3292954
非金属矿物制品业	225	35	4193380	294213	102376	3410209
黑色金属冶炼和压延加工业	15		349528	30934	5986	105787
有色金属冶炼和压延加工业	46	4	538553	71430	21790	506036
金属制品业	334	54	2529823	267880	102708	2109355
通用设备制造业	122	18	1344156	143684	34836	1193674
专用设备制造业	110	13	1429658	270201	46790	1954234
汽车制造业	54	9	1816023	208852	86006	1505723
铁路、船舶、航空航天和其他运输设备制造业	33	5	537917	38099	9558	353273
电气机械和器材制造业	415	83	11403910	1194634	456880	11371693
计算机、通信和其他电子设备制造业	678	131	37287446	4410708	1404327	32307698
仪器仪表制造业	42	10	484364	40866	18742	399704
其他制造业	23	1	129980	20468	2768	96475
废弃资源综合利用业	17	3	263678	17551	3481	226766
金属制品、机械和设备修理业	3		18179	13	13	4758
电力、热力、燃气及水生产和供应业	**58**	**12**	**4873751**	**78113**	**2818**	**7478050**
电力、热力生产和供应业	23	3	4361097	42172	1000	5621498
燃气生产和供应业	10	3	233669	7750	1386	393147
水的生产和供应业	25	6	278985	28191	431	1463405

12-15 续表1

(2021年) 单位：万元

项目	流动资产合计	应收账款	存货	产成品	长期股权投资	固定资产原价
总计	**51542337**	**19863413**	**12456612**	**4098086**	**4103241**	**43611244**
采矿业	**125342**	**23703**	**10599**	**4035**	**580**	**59799**
煤炭开采和洗选业						
石油和天然气开采业						
黑色金属矿采选业						
有色金属矿采选业						
非金属矿采选业	125342	23703	10599	4035	580	59799
开采专业及辅助性活动						
其他采矿业						
制造业	**49801998**	**19398093**	**12341105**	**4087862**	**4019000**	**35089251**
农副食品加工业	437291	92153	116804	18202	22627	213777
食品制造业	67757	4851	22379	8130	260	41879
酒、饮料和精制茶制造业	301787	54817	48425	18142	1070	322121
烟草制品业						
纺织业	186890	59520	55994	22319		123237
纺织服装、服饰业	347854	102862	146930	39707	2786	228968
皮革、毛皮、羽毛及其制品和制鞋业	366342	67341	144566	60612	34585	176201
木材加工和木、竹、藤、棕、草制品业	235735	82013	58061	29587	19726	104078
家具制造业	1301867	427504	212493	74370	266319	488570
造纸和纸制品业	316861	138442	78119	25665	1400	167356
印刷和记录媒介复制业	288412	91276	47961	14812	43628	175456
文教、工美、体育和娱乐用品制造业	556961	122730	217497	51527	7970	314738
石油、煤炭及其他燃料加工业	1369499	193613	587691	74915	151299	3580337
化学原料和化学制品制造业	3452199	745430	756921	339582	160251	7850642
医药制造业	255747	80214	89464	33258	3842	119904
化学纤维制造业	9331	1549	4163	2530		10512
橡胶和塑料制品业	2311592	988382	509357	180957	55966	1454260
非金属矿物制品业	2552885	1054404	329382	138279	51171	1294857
黑色金属冶炼和压延加工业	80559	11267	34257	8974	30	33493
有色金属冶炼和压延加工业	441249	141105	85919	33427	1422	118067
金属制品业	1524453	581152	384433	175044	70538	650509
通用设备制造业	804527	281412	209660	63201	49532	449813
专用设备制造业	1442803	315868	522628	101866	23006	360936
汽车制造业	964446	325836	279615	148769	31375	845844
铁路、船舶、航空航天和其他运输设备制造业	226241	84330	84013	21223	383	113171
电气机械和器材制造业	7256352	2971008	1651102	606153	1435717	2933399
计算机、通信和其他电子设备制造业	22211453	10225076	5512870	1745580	1571948	12680332
仪器仪表制造业	298264	123089	77793	27256	8900	102581
其他制造业	58544	8807	26399	4009		44418
废弃资源综合利用业	130492	21416	46047	19617	3231	88456
金属制品、机械和设备修理业	3608	625	163	150	18	1337
电力、热力、燃气及水生产和供应业	**1614997**	**441618**	**104908**	**6189**	**83662**	**8462195**
电力、热力生产和供应业	977766	376495	44184	1025	13109	7398422
燃气生产和供应业	151799	32702	6742	4789	9182	199463
水的生产和供应业	485432	32421	53982	375	61370	864309

12-15 续表2

(2021年) 单位：万元

项　　目	房屋和构筑物	机器设备	累计折旧	本年折旧	固定资产净额	在建工程
总　　计	**7590485**	**31529342**	**21055295**	**3007796**	**21482218**	**2655078**
采矿业	**4895**	**35132**	**22477**	**8661**	**33316**	**525**
煤炭开采和洗选业						
石油和天然气开采业						
黑色金属矿采选业						
有色金属矿采选业						
非金属矿采选业	4895	35132	22477	8661	33316	525
开采专业及辅助性活动						
其他采矿业						
制造业	**6446170**	**25055530**	**16657849**	**2550341**	**17398361**	**2068390**
农副食品加工业	91501	81890	81385	13400	119423	10325
食品制造业	15407	22340	18178	2261	23700	6012
酒、饮料和精制茶制造业	78131	213540	160600	22606	156295	10826
烟草制品业						
纺织业	25686	54745	58796	8984	64134	8417
纺织服装、服饰业	78320	109825	124565	16703	98931	10602
皮革、毛皮、羽毛及其制品和制鞋业	64345	71171	86206	9818	88572	1697
木材加工和木、竹、藤、棕、草制品业	15671	71838	64389	6438	39329	7315
家具制造业	252896	164975	156448	32096	308062	33116
造纸和纸制品业	52318	78047	70485	11576	88483	20640
印刷和记录媒介复制业	31102	112728	82479	11142	92291	7634
文教、工美、体育和娱乐用品制造业	132868	89007	140108	19360	169807	18675
石油、煤炭及其他燃料加工业	695174	2883446	1790427	212864	1732967	228670
化学原料和化学制品制造业	1009095	6526445	3819948	379069	3978166	137821
医药制造业	46154	55939	64172	7027	55721	47141
化学纤维制造业	3191	6389	3388	850	7124	1818
橡胶和塑料制品业	322382	865075	736847	94716	645130	75438
非金属矿物制品业	255880	768122	730083	91521	556790	146932
黑色金属冶炼和压延加工业	3157	28061	16867	1469	16390	6882
有色金属冶炼和压延加工业	30359	72628	68903	6504	48752	3124
金属制品业	194739	342915	299785	56946	335937	55007
通用设备制造业	134151	243041	191298	29698	245178	22996
专用设备制造业	125802	147823	112538	25624	244713	127965
汽车制造业	164851	638379	471767	52273	374057	43649
铁路、船舶、航空航天和其他运输设备制造业	31298	52452	31671	7709	55650	14372
电气机械和器材制造业	787411	1785875	1119756	254854	1700994	248475
计算机、通信和其他电子设备制造业	1717311	9464726	6085762	1157455	5999055	760217
仪器仪表制造业	33456	49976	26128	8527	65526	2739
其他制造业	24524	14087	17075	2318	27297	5014
废弃资源综合利用业	28990	38776	27233	6415	59149	4871
金属制品、机械和设备修理业		1269	562	119	739	
电力、热力、燃气及水生产和供应业	**1139420**	**6438681**	**4374969**	**448795**	**4050541**	**586163**
电力、热力生产和供应业	904431	6237445	3995880	407063	3398574	399051
燃气生产和供应业	27351	13708	55072	9311	143960	55735
水的生产和供应业	207638	187528	324017	32420	508008	131377

12-15 续表3

(2021年) 单位：万元

项目	无形资产	土地使用权	负债合计	流动负债合计	应付账款	所有者权益合计
总计	**2614073**	**1188789**	**51899860**	**42541878**	**20724769**	**33795500**
采矿业	**22392**	**2491**	**152206**	**121811**	**26876**	**48129**
煤炭开采和洗选业						
石油和天然气开采业						
黑色金属矿采选业						
有色金属矿采选业						
非金属矿采选业	22392	2491	152206	121811	26876	48129
开采专业及辅助性活动						
其他采矿业						
制造业	**1701597**	**1097702**	**47490953**	**40400625**	**20174732**	**30526023**
农副食品加工业	16481	9057	374928	304441	100980	256767
食品制造业	7777	2626	86619	74556	28611	28089
酒、饮料和精制茶制造业	15593	12669	200220	177409	77666	302044
烟草制品业						
纺织业	6586	3660	157144	145416	44947	115892
纺织服装、服饰业	11779	8522	301393	289194	79054	186558
皮革、毛皮、羽毛及其制品和制鞋业	20291	19111	334937	241712	95065	188518
木材加工和木、竹、藤、棕、草制品业	8107	7074	228767	204195	71316	86249
家具制造业	36934	31419	1333622	1211500	358921	708884
造纸和纸制品业	9826	5568	268385	249041	98978	182305
印刷和记录媒介复制业	7452	6658	249530	189404	65893	200965
文教、工美、体育和娱乐用品制造业	27010	19640	483291	431419	187625	303731
石油、煤炭及其他燃料加工业	200492	170305	2138196	1621351	500068	1688485
化学原料和化学制品制造业	442929	223502	3757930	2230341	651408	4607186
医药制造业	16382	9640	198462	162423	56500	189031
化学纤维制造业	3053	2990	7371	5765	1064	13179
橡胶和塑料制品业	53102	31906	1950097	1724125	765605	1342851
非金属矿物制品业	87706	76167	2341543	2036395	933891	1068662
黑色金属冶炼和压延加工业	1078	704	84981	82963	54959	20806
有色金属冶炼和压延加工业	6950	5091	372468	352647	148352	133568
金属制品业	70708	43888	1243395	1111993	393023	865957
通用设备制造业	33561	15922	741526	628926	254473	452146
专用设备制造业	38464	16273	1280558	1184462	430747	673675
汽车制造业	37256	24419	587069	528244	276412	918653
铁路、船舶、航空航天和其他运输设备制造业	13271	9576	249552	191620	114435	103722
电气机械和器材制造业	197288	141944	6696728	5800839	2816530	4674957
计算机、通信和其他电子设备制造业	305438	175810	21370616	18807762	11389814	10937073
仪器仪表制造业	9570	7908	266427	237934	124001	133277
其他制造业	4889	4876	49161	43795	16842	47314
废弃资源综合利用业	11627	10780	133968	128695	37986	92797
金属制品、机械和设备修理业			2072	2059	-434	2686
电力、热力、燃气及水生产和供应业	**890084**	**88595**	**4256701**	**2019443**	**523161**	**3221348**
电力、热力生产和供应业	693824	74245	2944018	1393888	424384	2677479
燃气生产和供应业	14231	995	295303	219506	20142	97843
水的生产和供应业	182029	13355	1017379	406049	78636	446026

12-15 续表4

(2021年) 单位：万元

项目	实收资本	国家资本	集体资本	法人资本	个人资本	港澳台资本
总计	**21259352**	**2606718**	**115743**	**7798616**	**3666443**	**3893896**
采矿业	**18556**	**1050**	**100**	**5243**	**2180**	
煤炭开采和洗选业						
石油和天然气开采业						
黑色金属矿采选业						
有色金属矿采选业						
非金属矿采选业	18556	1050	100	5243	2180	
开采专业及辅助性活动						
其他采矿业						
制造业	**19603610**	**1583585**	**113289**	**7329776**	**3641291**	**3772009**
农副食品加工业	112521		4690	78736	22423	6672
食品制造业	37254			13278	5798	18179
酒、饮料和精制茶制造业	144273	35089	1613	85140	200	22231
烟草制品业						
纺织业	74210		222	12339	15689	33643
纺织服装、服饰业	2218123			43054	2058761	109680
皮革、毛皮、羽毛及其制品和制鞋业	150796		1318	8223	15469	35040
木材加工和木、竹、藤、棕、草制品业	257064	180000		33263	20282	23418
家具制造业	304093	42	1585	111096	63161	91779
造纸和纸制品业	111234		7242	19570	23671	60432
印刷和记录媒介复制业	94271		3000	31637	21304	28026
文教、工美、体育和娱乐用品制造业	260759		138	33279	12897	153615
石油、煤炭及其他燃料加工业	1599420			1566730	6690	
化学原料和化学制品制造业	3269434	1159544	16743	309966	165133	253291
医药制造业	79138		1460	48048	29430	100
化学纤维制造业	12545			1213	11332	
橡胶和塑料制品业	803058	2260	3377	215840	129839	243255
非金属矿物制品业	543282	55178	21404	264762	127819	58848
黑色金属冶炼和压延加工业	20860			14269	2779	3813
有色金属冶炼和压延加工业	93206			20752	19531	51239
金属制品业	548828		3422	226361	89719	101559
通用设备制造业	322490		6777	172391	50333	49202
专用设备制造业	299245	1000	574	191752	67061	19416
汽车制造业	237881	23137	200	80865	23770	15760
铁路、船舶、航空航天和其他运输设备制造业	59389	320	50	23888	3933	5823
电气机械和器材制造业	2571890		33871	1703160	186527	353440
计算机、通信和其他电子设备制造业	5220422	126515	5604	1952653	435064	1977894
仪器仪表制造业	70927			24725	9460	35989
其他制造业	40983			17685	2804	19666
废弃资源综合利用业	45095	500		24893	19702	
金属制品、机械和设备修理业	920			210	710	
电力、热力、燃气及水生产和供应业	**1637186**	**1022083**	**2354**	**463597**	**22972**	**121887**
电力、热力生产和供应业	1398565	946747		340109	11391	96026
燃气生产和供应业	37847			34217	2630	1000
水的生产和供应业	200775	75336	2354	89272	8952	24861

12-15 续表5

(2021年) 单位：万元

项　　目	外商资本	营业收入	主营业务收入	营业成本	税金及附加	销售费用
总　　计	**3177878**	**100233537**	**97382436**	**87190332**	**1433120**	**1623287**
采矿业	**9983**	**150391**	**146977**	**104960**	**5190**	**5361**
煤炭开采和洗选业						
石油和天然气开采业						
黑色金属矿采选业						
有色金属矿采选业						
非金属矿采选业	9983	150391	146977	104960	5190	5361
开采专业及辅助性活动						
其他采矿业						
制造业	**3163603**	**95106953**	**92377264**	**82539312**	**1406844**	**1587868**
农副食品加工业		991828	976815	914169	1355	15860
食品制造业		112043	111356	92001	415	6946
酒、饮料和精制茶制造业		671091	667686	514855	6342	43910
烟草制品业						
纺织业	12317	333850	331308	284714	1819	9423
纺织服装、服饰业	6628	545562	537173	476375	3433	10177
皮革、毛皮、羽毛及其制品和制鞋业	90745	879249	861745	765708	5551	22038
木材加工和木、竹、藤、棕、草制品业	100	403485	400655	360200	1656	13545
家具制造业	36427	2214331	2147280	1934233	9998	61085
造纸和纸制品业	319	634635	628217	561513	2297	20516
印刷和记录媒介复制业	10304	350835	346980	284244	1701	7145
文教、工美、体育和娱乐用品制造业	60830	1125022	1119043	977691	5156	22394
石油、煤炭及其他燃料加工业	26000	9157513	9003351	7637340	1091874	20984
化学原料和化学制品制造业	1364757	10669683	10451576	8993123	36275	153536
医药制造业	100	274128	270588	175899	1931	41854
化学纤维制造业		13059	12929	9945	106	535
橡胶和塑料制品业	208437	4121730	4070346	3485914	20119	93967
非金属矿物制品业	15270	4087332	4061606	3350701	21789	180160
黑色金属冶炼和压延加工业		370840	370415	353574	490	4231
有色金属冶炼和压延加工业	1684	535238	526893	471447	1309	5847
金属制品业	127766	2477840	2428042	2137310	10384	34686
通用设备制造业	43788	1329274	1319170	1130076	6003	26928
专用设备制造业	19441	1346284	1309761	1063817	7034	42605
汽车制造业	94150	1809807	1765210	1533118	8937	32919
铁路、船舶、航空航天和其他运输设备制造业	25376	488829	487222	437198	1983	3665
电气机械和器材制造业	294890	11932814	11543961	10418018	40118	179918
计算机、通信和其他电子设备制造业	722692	37354709	35763872	33443738	113325	511077
仪器仪表制造业	753	481080	474818	399196	1870	14436
其他制造业	828	130135	129740	111151	756	2911
废弃资源综合利用业		246565	241348	208321	2739	3884
金属制品、机械和设备修理业		18162	18162	13723	80	685
电力、热力、燃气及水生产和供应业	**4292**	**4976193**	**4858194**	**4546060**	**21086**	**30058**
电力、热力生产和供应业	4292	4414410	4348409	4132324	18144	7677
燃气生产和供应业		259885	239084	209548	534	9890
水的生产和供应业		301898	270702	204188	2407	12491

12-15 续表6

(2021年) 单位：万元

项目	管理费用	研发费用	财务费用	利息费用	利息收入	资产减值损失
总计	**2979217**	**2238158**	**486214**	**501297**	**60629**	**303441**
采矿业	**16477**	**1799**	**496**	**632**	**147**	**3**
煤炭开采和洗选业						
石油和天然气开采业						
黑色金属矿采选业						
有色金属矿采选业						
非金属矿采选业	16477	1799	496	632	147	3
开采专业及辅助性活动						
其他采矿业						
制造业	**2857826**	**2215292**	**401733**	**413077**	**64098**	**302348**
农副食品加工业	24037	16366	6358	2951	91	-177
食品制造业	8051	2285	-10		9	
酒、饮料和精制茶制造业	14551	7943	481	905	517	42
烟草制品业						
纺织业	19413	6268	2154	1144	47	
纺织服装、服饰业	44889	10957	2831	1097	114	39
皮革、毛皮、羽毛及其制品和制鞋业	60104	18116	483	2847	1162	-50
木材加工和木、竹、藤、棕、草制品业	16556	6907	921	826	-14	179
家具制造业	116129	40349	8803	4938	599	604
造纸和纸制品业	29571	9800	3133	1221	46	439
印刷和记录媒介复制业	28687	7471	5336	3391	511	84
文教、工美、体育和娱乐用品制造业	78511	20588	6291	2365	74	64
石油、煤炭及其他燃料加工业	31536	8017	50915	51001	21	11819
化学原料和化学制品制造业	172579	106690	67638	65562	2321	61612
医药制造业	14539	14344	1869	968	18	300
化学纤维制造业	1067	950	245			
橡胶和塑料制品业	227209	123983	20399	12615	1804	16098
非金属矿物制品业	133610	43492	32998	27710	915	33061
黑色金属冶炼和压延加工业	5427	3187	145	43	11	
有色金属冶炼和压延加工业	22314	11625	3196	2548	84	527
金属制品业	139945	57095	7849	5563	2527	760
通用设备制造业	68520	41391	5710	3712	939	913
专用设备制造业	81870	68585	6366	3046	-321	8966
汽车制造业	90287	42294	-629	1552	585	1621
铁路、船舶、航空航天和其他运输设备制造业	22747	12547	4109	2772	80	467
电气机械和器材制造业	354601	395964	68980	71155	20857	40406
计算机、通信和其他电子设备制造业	999142	1115825	92723	141780	30761	124732
仪器仪表制造业	26310	12568	918	584	255	-310
其他制造业	9977	2266	469	228	19	
废弃资源综合利用业	14425	6455	875	543	60	136
金属制品、机械和设备修理业	1226	968	176	14	9	17
电力、热力、燃气及水生产和供应业	**104914**	**21066**	**83985**	**87588**	**-3617**	**1090**
电力、热力生产和供应业	62740	17718	64000	63614	2832	567
燃气生产和供应业	10927	2099	-297	681	761	521
水的生产和供应业	31246	1250	20282	23294	-7209	1

12-15 续表7

(2021年) 单位：万元

项　　目	其他收益	投资收益	公允价值变动收益	资产处置收益	营业利润	营业外收入
总　　计	**112053**	**316349**	**-5442**	**32208**	**4435697**	**176012**
采矿业	**4**				**16108**	**381**
煤炭开采和洗选业						
石油和天然气开采业						
黑色金属矿采选业						
有色金属矿采选业						
非金属矿采选业	4				16108	381
开采专业及辅助性活动						
其他采矿业						
制造业	**104176**	**303921**	**-5442**	**28350**	**4227499**	**156917**
农副食品加工业	346	-387	8	-139	13687	4084
食品制造业	27	20			2401	253
酒、饮料和精制茶制造业	221	6767		-9	89946	508
烟草制品业						
纺织业	3	206	-16	-5	10249	280
纺织服装、服饰业	66	17		-1	-3058	957
皮革、毛皮、羽毛及其制品和制鞋业	150	241		-24	7661	816
木材加工和木、竹、藤、棕、草制品业	1642	907		-13	6059	570
家具制造业	445	22585	-2	-138	66108	5260
造纸和纸制品业	131	38		-68	7467	871
印刷和记录媒介复制业	130	279		4	16579	2220
文教、工美、体育和娱乐用品制造业	348	-79		-861	13727	3981
石油、煤炭及其他燃料加工业	1986	33345		-3	340356	1667
化学原料和化学制品制造业	5882	20536	-19	-506	1104114	20408
医药制造业	242	435		-858	23211	820
化学纤维制造业		4			215	80
橡胶和塑料制品业	2155	1502	39	457	138176	11231
非金属矿物制品业	1329	2121	18	395	295368	5087
黑色金属冶炼和压延加工业					3786	119
有色金属冶炼和压延加工业	130	10			19109	465
金属制品业	1233	6926	-397	-1596	96079	28536
通用设备制造业	1215	435		-276	51102	2517
专用设备制造业	10920	861	82	14	78879	2318
汽车制造业	2095	1616	-6	47	105009	5402
铁路、船舶、航空航天和其他运输设备制造业	218	4		109	6557	871
电气机械和器材制造业	16098	38470	1451	20434	511245	13952
计算机、通信和其他电子设备制造业	55973	166941	-6600	11387	1181791	40021
仪器仪表制造业	647	96		13	26846	1648
其他制造业	2	50			2656	686
废弃资源综合利用业	542	-24	1	-13	10887	1209
金属制品、机械和设备修理业					1289	77
电力、热力、燃气及水生产和供应业	**7872**	**12428**		**3858**	**192090**	**18714**
电力、热力生产和供应业	7052	2475		3299	124065	10773
燃气生产和供应业	65	780			27507	1666
水的生产和供应业	756	9173		558	40518	6274

12-15 续表8

(2021年) 单位：万元

项　　目	营业外支出	利润总额	所得税费用	应付职工薪酬	应交增值税	亏损企业亏损总额
总　计	**142970**	**4468674**	**761911**	**9752788**	**1809441**	**529619**
采矿业	**11988**	**4502**	**3818**	**11223**	**5038**	**12822**
煤炭开采和洗选业						
石油和天然气开采业						
黑色金属矿采选业						
有色金属矿采选业						
非金属矿采选业	11988	4502	3818	11223	5038	12822
开采专业及辅助性活动						
其他采矿业						
制造业	**124513**	**4259838**	**721224**	**9368148**	**1705732**	**496952**
农副食品加工业	1237	16536	2689	38386	1789	11949
食品制造业	467	2186	781	12963	2451	3133
酒、饮料和精制茶制造业	660	89794	20337	35026	21576	111
烟草制品业						
纺织业	681	9848	1538	40033	5763	2225
纺织服装、服饰业	4181	-6283	364	129546	6350	16904
皮革、毛皮、羽毛及其制品和制鞋业	941	7535	1544	209895	6819	22871
木材加工和木、竹、藤、棕、草制品业	352	6277	141	41190	10312	4557
家具制造业	2196	69172	8986	328568	27615	17468
造纸和纸制品业	278	8059	1465	60546	10324	3462
印刷和记录媒介复制业	1921	16879	3126	54605	8540	4024
文教、工美、体育和娱乐用品制造业	1580	16130	2415	211163	6833	7480
石油、煤炭及其他燃料加工业	3033	338990	79586	98324	283224	3346
化学原料和化学制品制造业	8556	1115967	253603	327718	408122	19323
医药制造业	989	23042	633	35702	11759	4169
化学纤维制造业	7	288	3	2633	383	
橡胶和塑料制品业	10040	139365	17710	608757	79692	40105
非金属矿物制品业	15995	284458	80288	212247	126043	21076
黑色金属冶炼和压延加工业	398	3507	86	9781	3505	
有色金属冶炼和压延加工业	388	19186	2394	32863	5174	3918
金属制品业	10232	114321	14411	328334	48383	10030
通用设备制造业	2423	51196	7201	176889	19560	3671
专用设备制造业	2624	78573	2653	220888	33718	2981
汽车制造业	2425	107986	18003	276015	38886	5809
铁路、船舶、航空航天和其他运输设备制造业	1041	6387	2876	74159	4057	11988
电气机械和器材制造业	17655	507539	46855	1218672	123376	73195
计算机、通信和其他电子设备制造业	32727	1189089	143451	4464290	394705	187458
仪器仪表制造业	311	28183	6264	74729	9328	12289
其他制造业	66	3277	366	26876	1332	21
废弃资源综合利用业	1111	10986	1296	14095	5487	3389
金属制品、机械和设备修理业		1365	164	3258	627	
电力、热力、燃气及水生产和供应业	**6468**	**204335**	**36869**	**373417**	**98672**	**19846**
电力、热力生产和供应业	5303	129534	21851	307630	90203	13434
燃气生产和供应业	56	29117	7232	15595	1188	1731
水的生产和供应业	1109	45684	7786	50192	7281	4681

12-15 续表9

(2021年)　　　　单位：万元

项　　目	利税总额	应交税金及附加	平均用工人数(人)	期末用工人数(人)	收入法增加值
总　计	**7711235**	**4004472**	**999469**	**984675**	**22158494**
采矿业	**14730**	**14046**	**991**	**920**	**53545**
煤炭开采和洗选业					
石油和天然气开采业					
黑色金属矿采选业					
有色金属矿采选业					
非金属矿采选业	14730	14046	991	920	53545
开采专业及辅助性活动					
其他采矿业					
制造业	**7372414**	**3833800**	**982547**	**967996**	**20936192**
农副食品加工业	19681	5834	4979	5156	102514
食品制造业	5052	3647	2070	2257	37664
酒、饮料和精制茶制造业	117713	48256	2879	2924	176108
烟草制品业					
纺织业	17430	9119	5563	6297	71882
纺织服装、服饰业	3501	10147	17884	17271	194968
皮革、毛皮、羽毛及其制品和制鞋业	19905	13914	31541	30892	296508
木材加工和木、竹、藤、棕、草制品业	18244	12108	5644	5339	77183
家具制造业	106785	46598	40341	38384	515938
造纸和纸制品业	20680	14086	8491	8011	100879
印刷和记录媒介复制业	27120	13367	6472	6624	99478
文教、工美、体育和娱乐用品制造业	28119	14404	30236	27899	289027
石油、煤炭及其他燃料加工业	1714088	1454684	2886	2906	2009706
化学原料和化学制品制造业	1560364	697999	20717	20708	2541040
医药制造业	36732	14322	4208	4196	87446
化学纤维制造业	778	492	376	379	3201
橡胶和塑料制品业	239176	117521	72895	73104	1145105
非金属矿物制品业	432290	228120	22379	22425	884332
黑色金属冶炼和压延加工业	7502	4081	1367	1309	21145
有色金属冶炼和压延加工业	25668	8876	3783	3882	129203
金属制品业	173089	73179	39275	38631	623992
通用设备制造业	76759	32764	19768	18849	301101
专用设备制造业	119325	43405	21310	23119	397264
汽车制造业	155809	65826	26131	27095	492950
铁路、船舶、航空航天和其他运输设备制造业	12427	8916	7741	9720	103596
电气机械和器材制造业	671033	210349	128757	129452	2315685
计算机、通信和其他电子设备制造业	1697119	651481	440018	426474	7685931
仪器仪表制造业	39380	17461	8855	8632	123149
其他制造业	5365	2455	4373	4425	35370
废弃资源综合利用业	19211	9521	1197	1214	67990
金属制品、机械和设备修理业	2072	871	411	422	5840
电力、热力、燃气及水生产和供应业	**324092**	**156626**	**15931**	**15759**	**1168757**
电力、热力生产和供应业	237881	130198	10558	10612	918895
燃气生产和供应业	30839	8954	1056	966	98319
水的生产和供应业	55372	17474	4317	4181	151543

12-16 规模以上国有及国有控股工业企业主要经济指标

(2021年) 单位：万元

项目	企业单位数(个)	亏损企业	工业总产值(当年价格)	年初存货	产成品	资产总计
总 计	**61**	**10**	**18052225**	**1099089**	**266450**	**12880949**
一、按登记注册类型分						
内资企业	59	9	17988626	1096432	266413	12767137
国有企业	3	1	17177	4495	1195	98041
集体企业						
股份合作企业						
联营企业						
有限责任公司	52	8	16859442	975685	192973	11425068
股份有限公司	4		1112008	116252	72244	1244028
私营企业						
其他企业						
港、澳、台商投资企业	1		8973	97	37	6294
合资经营企业(港或澳、台资)	1		8973	97	37	6294
合作经营企业(港或澳、台资)						
港澳台商独资经营企业						
港澳台商投资股份有限公司						
其他港澳台商投资企业						
外商投资企业	1	1	54626	2561		107518
中外合资经营企业	1	1	54626	2561		107518
中外合作经营企业						
外资企业						
外商投资股份有限公司						
其他外商投资企业						
二、按轻重工业分						
轻工业	10	3	1605999	119204	69654	884335
重工业	51	7	16446226	979885	196796	11996614
三、按企业规模分						
大型企业	8		15365084	964400	248515	9532130
中型企业	9	3	208676	22277	4575	614282
小微型企业	44	7	2478465	112412	13361	2734538
四、按行业分						
采矿业	**2**		**21416**			**18322**
煤炭开采和洗选业						
石油和天然气开采业						
黑色金属矿采选业						
有色金属矿采选业						
非金属矿采选业	2		21416			18322
开采专业及辅助性活动						
其他采矿业						

12-16 续表1

(2021年) 单位：万元

项　　目	企业单位数(个)	亏损企业	工业总产值(当年价格)	年初存货	产成品	资产总计
制造业	**33**	**7**	**13522641**	**1027834**	**265837**	**6759130**
农副食品加工业						
食品制造业						
酒、饮料和精制茶制造业	1		3602	143	30	1621
烟草制品业						
纺织业						
纺织服装、服饰业						
皮革、毛皮、羽毛及其制品和制鞋业						
木材加工和木、竹、藤、棕、草制品业						
家具制造业						
造纸和纸制品业						
印刷和记录媒介复制业	2		9841	924	189	18493
文教、工美、体育和娱乐用品制造业						
石油、煤炭及其他燃料加工业	1		8860526	657102	75341	3708321
化学原料和化学制品制造业	2		913200	15122	3097	130047
医药制造业	2	1	16877	7392	2476	17935
化学纤维制造业						
橡胶和塑料制品业	3	1	75678	3335	1115	61415
非金属矿物制品业	4	1	74946	5865	1105	78367
黑色金属冶炼和压延加工业						
有色金属冶炼和压延加工业						
金属制品业	2		251064	34418	26782	243557
通用设备制造业	1		8565	1080	605	3156
专用设备制造业						
汽车制造业	1		8973	97	37	6294
铁路、船舶、航空航天和其他运输设备制造业						
电气机械和器材制造业	2	1	1500001	107410	65844	784871
计算机、通信和其他电子设备制造业	11	3	1776428	194022	88892	1678048
仪器仪表制造业						
其他制造业						
废弃资源综合利用业	1		22941	925	325	27005
金属制品、机械和设备修理业						
电力、热力、燃气及水生产和供应业	**26**	**3**	**4508168**	**71255**	**613**	**6103497**
电力、热力生产和供应业	12	2	4231259	40637	144	4980072
燃气生产和供应业	3	1	126474	3340	469	187168
水的生产和供应业	11		150435	27278		936256

12-16 续表2

(2021年) 单位：万元

项目	流动资产合计	应收账款	存货	产成品	长期股权投资	固定资产原价
总计	**4777246**	**1764640**	**1257842**	**369211**	**277223**	**12335579**
一、按登记注册类型分						
内资企业	4740938	1758852	1254845	369108	277138	12211803
国有企业	65561	583	4286	1792	3068	18341
集体企业						
股份合作企业						
联营企业						
有限责任公司	3837348	1380387	1044986	269091	218216	11795561
股份有限公司	838030	377882	205572	98226	55853	397902
私营企业						
其他企业						
港、澳、台商投资企业	4408	2056	344	102		6805
合资经营企业(港或澳、台资)	4408	2056	344	102		6805
合作经营企业(港或澳、台资)						
港澳台商独资经营企业						
港澳台商投资股份有限公司						
其他港澳台商投资企业						
外商投资企业	31900	3732	2654		85	116971
中外合资经营企业	31900	3732	2654		85	116971
中外合作经营企业						
外资企业						
外商投资股份有限公司						
其他外商投资企业						
二、按轻重工业分						
轻工业	681420	454940	177304	108893	3962	154411
重工业	4095826	1309700	1080539	260318	273260	12181169
三、按企业规模分						
大型企业	3615501	1498504	1085826	334859	235074	9350827
中型企业	199534	34518	29260	9865	3548	547913
小微型企业	962212	231619	142756	24487	38600	2436840
四、按行业分						
采矿业	**18085**	**50**				**353**
煤炭开采和洗选业						
石油和天然气开采业						
黑色金属矿采选业						
有色金属矿采选业						
非金属矿采选业	18085	50				353
开采专业及辅助性活动						
其他采矿业						

12-16 续表3

(2021年) 单位：万元

项目	流动资产合计	应收账款	存货	产成品	长期股权投资	固定资产原价
制造业	**3610359**	**1370290**	**1163915**	**368946**	**230200**	**4417566**
农副食品加工业						
食品制造业						
酒、饮料和精制茶制造业	973	3	561	44		1084
烟草制品业						
纺织业						
纺织服装、服饰业						
皮革、毛皮、羽毛及其制品和制鞋业						
木材加工和木、竹、藤、棕、草制品业						
家具制造业						
造纸和纸制品业						
印刷和记录媒介复制业	15945	3664	1580	1062		7987
文教、工美、体育和娱乐用品制造业						
石油、煤炭及其他燃料加工业	1305380	181421	559021	57906	151299	3529950
化学原料和化学制品制造业	81966	14198	20374	7460		216357
医药制造业	13963	2000	7744	3367		8738
化学纤维制造业						
橡胶和塑料制品业	43653	28780	5064	1731		29560
非金属矿物制品业	54962	17047	9534	5400	1570	27081
黑色金属冶炼和压延加工业						
有色金属冶炼和压延加工业						
金属制品业	190077	87360	85758	63352	276	48637
通用设备制造业	2492	1136	999	471		1079
专用设备制造业						
汽车制造业	4408	2056	344	102		6805
铁路、船舶、航空航天和其他运输设备制造业						
电气机械和器材制造业	606886	420493	162355	102689	3962	107041
计算机、通信和其他电子设备制造业	1271181	609187	309229	124440	73092	415424
仪器仪表制造业						
其他制造业						
废弃资源综合利用业	18474	2945	1352	923		17823
金属制品、机械和设备修理业						
电力、热力、燃气及水生产和供应业	**1148802**	**394300**	**93927**	**265**	**47023**	**7917661**
电力、热力生产和供应业	809397	359084	40804	163	6529	7204576
燃气生产和供应业	39618	15162	1393	102	4980	135164
水的生产和供应业	299788	20054	51730		35514	577921

12-16 续表4

(2021年) 单位：万元

项　　目	房屋和构筑物	机器设备	累计折旧	本年折旧	固定资产净额	在建工程
总　　计	**1889826**	**9611189**	**6432921**	**738820**	**5801189**	**781432**
一、按登记注册类型分						
内资企业	1870651	9508306	6363372	734116	5746961	760156
国有企业	5875	10773	12244	591	6096	336
集体企业						
股份合作企业						
联营企业						
有限责任公司	1757965	9315413	6188896	707067	5516832	737296
股份有限公司	106812	182121	162233	26457	224033	22525
私营企业						
其他企业						
港、澳、台商投资企业	2201	4533	5175	365	1630	
合资经营企业(港或澳、台资)	2201	4533	5175	365	1630	
合作经营企业(港或澳、台资)						
港澳台商独资经营企业						
港澳台商投资股份有限公司						
其他港澳台商投资企业						
外商投资企业	16974	98349	64374	4339	52598	21276
中外合资经营企业	16974	98349	64374	4339	52598	21276
中外合作经营企业						
外资企业						
外商投资股份有限公司						
其他外商投资企业						
二、按轻重工业分						
轻工业	39092	54267	95204	50696	58870	57903
重工业	1850735	9556922	6337717	688124	5742319	723529
三、按企业规模分						
大型企业	1448496	7605330	4915991	574959	4365859	597428
中型企业	133758	88830	208719	17079	311596	45108
小微型企业	307572	1917028	1308211	146782	1123734	138897
四、按行业分						
采矿业		**55**	**221**	**92**	**128**	
煤炭开采和洗选业						
石油和天然气开采业						
黑色金属矿采选业						
有色金属矿采选业						
非金属矿采选业		55	221	92	128	
开采专业及辅助性活动						
其他采矿业						

12-16 续表5

(2021年) 单位：万元

项目	房屋和构筑物	机器设备	累计折旧	本年折旧	固定资产净额	在建工程
制造业	**908179**	**3378612**	**2274910**	**316992**	**2069113**	**295315**
农副食品加工业						
食品制造业						
酒、饮料和精制茶制造业	141	771	480	56	604	14
烟草制品业						
纺织业						
纺织服装、服饰业						
皮革、毛皮、羽毛及其制品和制鞋业						
木材加工和木、竹、藤、棕、草制品业						
家具制造业						
造纸和纸制品业						
印刷和记录媒介复制业	556	6660	5617	509	2370	
文教、工美、体育和娱乐用品制造业						
石油、煤炭及其他燃料加工业	672291	2857659	1783045	208933	1689991	228589
化学原料和化学制品制造业	12571	203786	181602	11094	34755	
医药制造业	5036	3703	5177	194	3562	
化学纤维制造业						
橡胶和塑料制品业		29236	15201	3199	14359	184
非金属矿物制品业	10836	13451	10300	2135	16436	3066
黑色金属冶炼和压延加工业						
有色金属冶炼和压延加工业						
金属制品业	41754	5943	8282	5526	40354	1614
通用设备制造业		895	692	106	387	
专用设备制造业						
汽车制造业	2201	4533	5175	365	1630	
铁路、船舶、航空航天和其他运输设备制造业						
电气机械和器材制造业	33360	13897	68729	46738	37976	57705
计算机、通信和其他电子设备制造业	126399	233882	180458	36451	219017	3921
仪器仪表制造业						
其他制造业						
废弃资源综合利用业	3037	4196	10151	1685	7672	222
金属制品、机械和设备修理业						
电力、热力、燃气及水生产和供应业	**981648**	**6232522**	**4157790**	**421736**	**3731948**	**486117**
电力、热力生产和供应业	829970	6126388	3902465	398717	3301750	362254
燃气生产和供应业	27027	11603	36665	6045	98499	32947
水的生产和供应业	124651	94531	218660	16975	331699	90916

12-16 续表6

(2021年)　　单位：万元

项　　目	无形资产	土地使用权	负债合计	流动负债合计	应付账款	所有者权益合计
总　计	**731919**	**282494**	**7269027**	**4849302**	**1917149**	**5611920**
一、按登记注册类型分						
内资企业	730038	281127	7184999	4798683	1910395	5582136
国有企业	22454		71217	69783	2802	26824
集体企业						
股份合作企业						
联营企业						
有限责任公司	673685	270049	6458673	4166961	1614574	4966394
股份有限公司	33900	11078	655109	561939	293019	588919
私营企业						
其他企业						
港、澳、台商投资企业	248		1880	1871	1011	4415
合资经营企业(港或澳、台资)	248		1880	1871	1011	4415
合作经营企业(港或澳、台资)						
港澳台商独资经营企业						
港澳台商投资股份有限公司						
其他港澳台商投资企业						
外商投资企业	1633	1367	82148	48748	5744	25370
中外合资经营企业	1633	1367	82148	48748	5744	25370
中外合作经营企业						
外资企业						
外商投资股份有限公司						
其他外商投资企业						
二、按轻重工业分						
轻工业	21921	21545	641481	597180	469290	242854
重工业	709998	260949	6627546	4252122	1447859	5369067
三、按企业规模分						
大型企业	334200	258232	5547925	3949065	1714768	3984204
中型企业	17147	2631	480319	180921	37203	133963
小微型企业	380572	21630	1240783	719316	165178	1493753
四、按行业分						
采矿业	**11**		**4194**	**4194**	**198**	**14128**
煤炭开采和洗选业						
石油和天然气开采业						
黑色金属矿采选业						
有色金属矿采选业						
非金属矿采选业	11		4194	4194	198	14128
开采专业及辅助性活动						
其他采矿业						

12-16 续表7

(2021年) 单位：万元

项　　目	无形资产	土地使用权	负债合计	流动负债合计	应付账款	所有者权益合计
制造业	**258779**	**210602**	**3891955**	**3214044**	**1484617**	**2867173**
农副食品加工业						
食品制造业						
酒、饮料和精制茶制造业	30		947	947	72	674
烟草制品业						
纺织业						
纺织服装、服饰业						
皮革、毛皮、羽毛及其制品和制鞋业						
木材加工和木、竹、藤、棕、草制品业						
家具制造业						
造纸和纸制品业						
印刷和记录媒介复制业			1133	1041	473	17361
文教、工美、体育和娱乐用品制造业						
石油、煤炭及其他燃料加工业	193040	162885	2048379	1540919	486759	1659943
化学原料和化学制品制造业	1736	1480	28793	28736	5735	101254
医药制造业	310		16530	16530	4687	1405
化学纤维制造业						
橡胶和塑料制品业			42571	38535	19903	18844
非金属矿物制品业	2028	731	30422	29311	14910	47945
黑色金属冶炼和压延加工业						
有色金属冶炼和压延加工业						
金属制品业	11081	10973	187669	187264	56580	55888
通用设备制造业	11		480			2676
专用设备制造业						
汽车制造业	248		1880	1871	1011	4415
铁路、船舶、航空航天和其他运输设备制造业						
电气机械和器材制造业	21582	21545	580300	540127	444155	204571
计算机、通信和其他电子设备制造业	28382	12670	948558	824467	447100	729489
仪器仪表制造业						
其他制造业						
废弃资源综合利用业	333	318	4295	4295	3233	22710
金属制品、机械和设备修理业						
电力、热力、燃气及水生产和供应业	**473129**	**71892**	**3372878**	**1631064**	**432335**	**2730619**
电力、热力生产和供应业	360966	70419	2593427	1274196	388563	2386645
燃气生产和供应业	8221		153931	78811	5776	33237
水的生产和供应业	103942	1473	625520	278057	37996	310737

12-16 续表8

(2021年)　　单位：万元

项　　目	实收资本	国家资本	集体资本	法人资本	个人资本	港澳台资本
总　　计	**3266668**	**1062541**	**2728**	**2168250**	**27720**	
一、按登记注册类型分						
内资企业	3143785	1062541	2728	2050697	27720	
国有企业	10700	800	900	9000		
集体企业						
股份合作企业						
联营企业						
有限责任公司	3055439	1050022	1268	1987437	16712	
股份有限公司	77646	11719	560	54260	11007	
私营企业						
其他企业						
港、澳、台商投资企业	2483			1445		
合资经营企业(港或澳、台资)	2483			1445		
合作经营企业(港或澳、台资)						
港澳台商独资经营企业						
港澳台商投资股份有限公司						
其他港澳台商投资企业						
外商投资企业	120400			116108		
中外合资经营企业	120400			116108		
中外合作经营企业						
外资企业						
外商投资股份有限公司						
其他外商投资企业						
二、按轻重工业分						
轻工业	94131	500	2428	86973	4130	
重工业	3172537	1062041	300	2081277	23590	
三、按企业规模分						
大型企业	2492982	718568	968	1762920	10527	
中型企业	38619	15593		19376	3650	
小微型企业	735067	328380	1760	385954	13542	
四、按行业分						
采矿业	**1050**	**1050**				
煤炭开采和洗选业						
石油和天然气开采业						
黑色金属矿采选业						
有色金属矿采选业						
非金属矿采选业	1050	1050				
开采专业及辅助性活动						
其他采矿业						

12-16 续表9

(2021年)　　单位：万元

项目						
	实收资本	国家资本	集体资本	法人资本	个人资本	港澳台资本
制造业	**1947746**	**89468**	**2728**	**1834755**	**19657**	
农副食品加工业						
食品制造业						
酒、饮料和精制茶制造业	500			500		
烟草制品业						
纺织业						
纺织服装、服饰业						
皮革、毛皮、羽毛及其制品和制鞋业						
木材加工和木、竹、藤、棕、草制品业						
家具制造业						
造纸和纸制品业						
印刷和记录媒介复制业	4080			4080		
文教、工美、体育和娱乐用品制造业						
石油、煤炭及其他燃料加工业	1564437			1564437		
化学原料和化学制品制造业	89992	71994		17998		
医药制造业	3300		1460	1260	480	
化学纤维制造业						
橡胶和塑料制品业	8450	500	968	6483	500	
非金属矿物制品业	23100			18100	5000	
黑色金属冶炼和压延加工业						
有色金属冶炼和压延加工业						
金属制品业	50000			50000		
通用设备制造业	500			500		
专用设备制造业						
汽车制造业	2483			1445		
铁路、船舶、航空航天和其他运输设备制造业						
电气机械和器材制造业	77801			74651	3150	
计算机、通信和其他电子设备制造业	122602	16474	300	95301	10527	
仪器仪表制造业						
其他制造业						
废弃资源综合利用业	500	500				
金属制品、机械和设备修理业						
电力、热力、燃气及水生产和供应业	**1317872**	**972023**		**333495**	**8062**	
电力、热力生产和供应业	1187887	896687		286908		
燃气生产和供应业	15000			15000		
水的生产和供应业	114985	75336		31587	8062	

12-16 续表10

(2021年) 单位：万元

项目	外商资本	营业收入	主营业务收入	营业成本	税金及附加	销售费用
总计	**5430**	**18290321**	**17974934**	**15976725**	**1124603**	**87135**
一、按登记注册类型分						
内资企业	100	18228057	17913321	15912284	1124193	87036
国有企业		17524	16851	14122	84	1215
集体企业						
股份合作企业						
联营企业						
有限责任公司		17099120	16820659	15046582	1119699	57753
股份有限公司	100	1111413	1075811	851580	4410	28068
私营企业						
其他企业						
港、澳、台商投资企业	1038	8954	8340	7189	80	99
合资经营企业(港或澳、台资)	1038	8954	8340	7189	80	99
合作经营企业(港或澳、台资)						
港澳台商独资经营企业						
港澳台商投资股份有限公司						
其他港澳台商投资企业						
外商投资企业	4292	53309	53274	57253	330	
中外合资经营企业	4292	53309	53274	57253	330	
中外合作经营企业						
外资企业						
外商投资股份有限公司						
其他外商投资企业						
二、按轻重工业分						
轻工业	100	1634960	1634667	1524509	3170	6868
重工业	5330	16655361	16340267	14452217	1121434	80267
三、按企业规模分						
大型企业		15512647	15309952	13459134	1104178	57356
中型企业		215647	189213	166938	1634	12191
小微型企业	5430	2562028	2475770	2350654	18791	17588
四、按行业分						
采矿业		**20898**	**20818**	**13626**	**629**	**429**
煤炭开采和洗选业						
石油和天然气开采业						
黑色金属矿采选业						
有色金属矿采选业						
非金属矿采选业		20898	20818	13626	629	429
开采专业及辅助性活动						
其他采矿业						

12-16 续表11

(2021年) 单位：万元

项　　目	外商资本	营业收入	主营业务收入	营业成本	税金及附加	销售费用
制造业	**1138**	**13681785**	**13471627**	**11665973**	**1105554**	**69271**
农副食品加工业						
食品制造业						
酒、饮料和精制茶制造业		3630	3602	2534	9	175
烟草制品业						
纺织业						
纺织服装、服饰业						
皮革、毛皮、羽毛及其制品和制鞋业						
木材加工和木、竹、藤、棕、草制品业						
家具制造业						
造纸和纸制品业						
印刷和记录媒介复制业		9297	9274	5127	80	659
文教、工美、体育和娱乐用品制造业						
石油、煤炭及其他燃料加工业		9014069	8860526	7509040	1085640	18120
化学原料和化学制品制造业		919226	912828	897524	8677	3011
医药制造业	100	16736	16736	13754	66	1088
化学纤维制造业						
橡胶和塑料制品业		75457	75345	63853	348	883
非金属矿物制品业		77794	77794	59351	446	5128
黑色金属冶炼和压延加工业						
有色金属冶炼和压延加工业						
金属制品业		212329	208972	199433	725	126
通用设备制造业		8867	8833	6242	60	283
专用设备制造业						
汽车制造业	1038	8954	8340	7189	80	99
铁路、船舶、航空航天和其他运输设备制造业						
电气机械和器材制造业		1529839	1529710	1439240	2666	4062
计算机、通信和其他电子设备制造业		1782644	1737769	1444645	6582	35222
仪器仪表制造业						
其他制造业						
废弃资源综合利用业		22941	21897	18041	176	415
金属制品、机械和设备修理业						
电力、热力、燃气及水生产和供应业	**4292**	**4587638**	**4482489**	**4297127**	**18421**	**17435**
电力、热力生产和供应业	4292	4283751	4218109	4068019	16836	1866
燃气生产和供应业		133209	121624	117087	210	3759
水的生产和供应业		170678	142756	112021	1375	11810

12-16 续表12

(2021年) 单位：万元

项　　目	管理费用	研发费用	财务费用			资产减值损失
				利息费用	利息收入	
总　　计	**170492**	**186910**	**123469**	**133431**	**14296**	**21866**
一、按登记注册类型分						
内资企业	168581	186910	121382	131273	14208	21866
国有企业	1802		890	893	21	
集体企业						
股份合作企业						
联营企业						
有限责任公司	136274	82473	117500	125906	13962	15506
股份有限公司	30506	104437	2992	4474	225	6360
私营企业						
其他企业						
港、澳、台商投资企业	715		-3		4	
合资经营企业(港或澳、台资)	715		-3		4	
合作经营企业(港或澳、台资)						
港澳台商独资经营企业						
港澳台商投资股份有限公司						
其他港澳台商投资企业						
外商投资企业	1196		2090	2158	84	
中外合资经营企业	1196		2090	2158	84	
中外合作经营企业						
外资企业						
外商投资股份有限公司						
其他外商投资企业						
二、按轻重工业分						
轻工业	15944	23545	519	10282	9753	1009
重工业	154549	163365	122950	123149	4543	20857
三、按企业规模分						
大型企业	111179	168637	88337	101978	13017	20974
中型企业	20794	2383	12892	12401	88	1018
小微型企业	38520	15890	22239	19052	1190	-126
四、按行业分						
采矿业	**1526**		**18**	**96**	**71**	
煤炭开采和洗选业						
石油和天然气开采业						
黑色金属矿采选业						
有色金属矿采选业						
非金属矿采选业	1526		18	96	71	
开采专业及辅助性活动						
其他采矿业						

12-16 续表13

(2021年) 单位：万元

项目	管理费用	研发费用	财务费用			资产减值损失
				利息费用	利息收入	
制造业	**95751**	**167376**	**57951**	**69720**	**11486**	**20857**
农副食品加工业						
食品制造业						
酒、饮料和精制茶制造业	694	56	1			7
烟草制品业						
纺织业						
纺织服装、服饰业						
皮革、毛皮、羽毛及其制品和制鞋业						
木材加工和木、竹、藤、棕、草制品业						
家具制造业						
造纸和纸制品业						
印刷和记录媒介复制业	751		-75			
文教、工美、体育和娱乐用品制造业						
石油、煤炭及其他燃料加工业	26752	7215	50037	50161	19	11819
化学原料和化学制品制造业	3462		168	168	1	22
医药制造业	1354	345	95	93		
化学纤维制造业						
橡胶和塑料制品业	2111	2818	507	208	11	6
非金属矿物制品业	2969	1928	140	169	90	98
黑色金属冶炼和压延加工业						
有色金属冶炼和压延加工业						
金属制品业	89	7814	59		22	82
通用设备制造业	438	358	12			5
专用设备制造业						
汽车制造业	715		-3		4	
铁路、船舶、航空航天和其他运输设备制造业						
电气机械和器材制造业	11033	20327	-9	9981	9742	996
计算机、通信和其他电子设备制造业	43704	125558	7007	8911	1581	7823
仪器仪表制造业						
其他制造业						
废弃资源综合利用业	1678	958	12	29	17	
金属制品、机械和设备修理业						
电力、热力、燃气及水生产和供应业	**73215**	**19534**	**65500**	**63615**	**2739**	**1009**
电力、热力生产和供应业	46722	17461	51520	51084	2731	490
燃气生产和供应业	4745	2072	296	534	-75	521
水的生产和供应业	21748		13684	11998	83	-2

12-16 续表14

(2021年) 单位：万元

项　　目	其他收益	投资收益	公允价值变动收益	资产处置收益	营业利润	营业外收入
总　　计	**25459**	**37234**	**-1834**	**2848**	**662826**	**20311**
一、按登记注册类型分						
内资企业	25446	37248	-1834	2848	669510	19340
国有企业		162			-428	371
集体企业						
股份合作企业						
联营企业						
有限责任公司	10955	38809		2779	575874	16610
股份有限公司	14491	-1723	-1834	69	94064	2359
私营企业						
其他企业						
港、澳、台商投资企业	1				877	
合资经营企业(港或澳、台资)	1				877	
合作经营企业(港或澳、台资)						
港澳台商独资经营企业						
港澳台商投资股份有限公司						
其他港澳台商投资企业						
外商投资企业	13	-14			-7562	971
中外合资经营企业	13	-14			-7562	971
中外合作经营企业						
外资企业						
外商投资股份有限公司						
其他外商投资企业						
二、按轻重工业分						
轻工业	580	1659		136	61772	299
重工业	24879	35575	-1834	2712	601053	20012
三、按企业规模分						
大型企业	23210	36471	-1834	2415	563115	10165
中型企业	119	3		-35	-2118	4839
小微型企业	2130	760		468	101829	5307
四、按行业分						
采矿业					**4670**	**1**
煤炭开采和洗选业						
石油和天然气开采业						
黑色金属矿采选业						
有色金属矿采选业						
非金属矿采选业					4670	1
开采专业及辅助性活动						
其他采矿业						

12-16 续表15

(2021年)　　　　单位：万元

项　　目	其他收益	投资收益	公允价值变动收益	资产处置收益	营业利润	营业外收入
制造业	**18397**	**34483**	**-1834**	**-452**	**549646**	**3438**
农副食品加工业						
食品制造业						
酒、饮料和精制茶制造业					153	11
烟草制品业						
纺织业						
纺织服装、服饰业						
皮革、毛皮、羽毛及其制品和制鞋业						
木材加工和木、竹、藤、棕、草制品业						
家具制造业						
造纸和纸制品业						
印刷和记录媒介复制业					2755	96
文教、工美、体育和娱乐用品制造业						
石油、煤炭及其他燃料加工业	1973	33345			340765	1608
化学原料和化学制品制造业		488			6851	5
医药制造业					34	16
化学纤维制造业						
橡胶和塑料制品业	239	40		170	5380	74
非金属矿物制品业	295			-6	8023	293
黑色金属冶炼和压延加工业						
有色金属冶炼和压延加工业						
金属制品业		-167			3834	112
通用设备制造业	21			37	1528	
专用设备制造业						
汽车制造业	1				877	
铁路、船舶、航空航天和其他运输设备制造业						
电气机械和器材制造业	341	1620		-34	53450	102
计算机、通信和其他电子设备制造业	15346	-842	-1834	-605	124168	1119
仪器仪表制造业						
其他制造业						
废弃资源综合利用业	181			-13	1827	1
金属制品、机械和设备修理业						
电力、热力、燃气及水生产和供应业	**7063**	**2751**		**3299**	**108510**	**16872**
电力、热力生产和供应业	6633	2470		3299	93239	9977
燃气生产和供应业	17				4535	1567
水的生产和供应业	413	281			10736	5329

12-16 续表16

(2021年) 单位：万元

项　　目	营业外支出	利润总额	所得税费用	应付职工薪酬	应交增值税	亏损企业亏损总额
总　　计	**9560**	**673576**	**131788**	**787132**	**436116**	**19808**
一、按登记注册类型分						
内资企业	9359	679490	131570	780940	435723	13016
国有企业	3	-60	2	2961	478	109
集体企业						
股份合作企业						
联营企业						
有限责任公司	8782	583701	128823	654030	411464	12908
股份有限公司	575	95848	2744	123950	23781	
私营企业						
其他企业						
港、澳、台商投资企业		877	218	1356	394	
合资经营企业(港或澳、台资)		877	218	1356	394	
合作经营企业(港或澳、台资)						
港澳台商独资经营企业						
港澳台商投资股份有限公司						
其他港澳台商投资企业						
外商投资企业	201	-6791		4836		6791
中外合资经营企业	201	-6791		4836		6791
中外合作经营企业						
外资企业						
外商投资股份有限公司						
其他外商投资企业						
二、按轻重工业分						
轻工业	392	61680	12938	90378	6164	2331
重工业	9169	611896	118850	696755	429952	17477
三、按企业规模分						
大型企业	6351	566928	108612	636238	370382	
中型企业	175	2546	2240	66604	8262	6725
小微型企业	3034	104101	20935	84291	57472	13083
四、按行业分						
采矿业	**10**	**4661**	**1165**	**1830**	**644**	
煤炭开采和洗选业						
石油和天然气开采业						
黑色金属矿采选业						
有色金属矿采选业						
非金属矿采选业	10	4661	1165	1830	644	
开采专业及辅助性活动						
其他采矿业						

12-16 续表17

(2021年) 单位：万元

项　　目	营业外支出	利润总额	所得税费用	应付职工薪酬	应交增值税	亏损企业亏损总额
制造业	**4245**	**548839**	**105466**	**441389**	**343570**	**9525**
农副食品加工业						
食品制造业						
酒、饮料和精制茶制造业		164	3	348	61	
烟草制品业						
纺织业						
纺织服装、服饰业						
皮革、毛皮、羽毛及其制品和制鞋业						
木材加工和木、竹、藤、棕、草制品业						
家具制造业						
造纸和纸制品业						
印刷和记录媒介复制业	1	2850	654	2723	771	
文教、工美、体育和娱乐用品制造业						
石油、煤炭及其他燃料加工业	3009	339365	80272	95170	280893	
化学原料和化学制品制造业	7	6848	2185	1301	6394	
医药制造业	36	15	3	1937	542	109
化学纤维制造业						
橡胶和塑料制品业	176	5277	824	13433	2557	104
非金属矿物制品业	69	8247	1355	3943	2700	437
黑色金属冶炼和压延加工业						
有色金属冶炼和压延加工业						
金属制品业	5	3941	773	33666	7537	
通用设备制造业	32	1496	130	1584	380	
专用设备制造业						
汽车制造业		877	218	1356	394	
铁路、船舶、航空航天和其他运输设备制造业						
电气机械和器材制造业	179	53373	11454	71937	2234	2118
计算机、通信和其他电子设备制造业	731	124557	7556	211838	38106	6757
仪器仪表制造业						
其他制造业						
废弃资源综合利用业		1829	39	2153	1004	
金属制品、机械和设备修理业						
电力、热力、燃气及水生产和供应业	**5305**	**120076**	**25156**	**343913**	**91903**	**10283**
电力、热力生产和供应业	5092	98124	20591	296195	86437	9089
燃气生产和供应业	15	6087	1419	9164	285	1194
水的生产和供应业	199	15865	3146	38555	5181	

12-16 续表18

(2021年) 单位：万元

项 目	利税总额	应交税金及附加	平均用工人数(人)	期末用工人数(人)	收入法增加值
总 计	**2234295**	**1692507**	**43292**	**44759**	**3949259**
一、按登记注册类型分					
内资企业	2239406	1691486	43009	44447	3929578
国有企业	502	564	452	441	6220
集体企业					
股份合作企业					
联营企业					
有限责任公司	2114865	1659987	34174	33983	3640186
股份有限公司	124039	30935	8383	10023	283171
私营企业					
其他企业					
港、澳、台商投资企业	1350	691	65	64	2392
合资经营企业(港或澳、台资)	1350	691	65	64	2392
合作经营企业(港或澳、台资)					
港澳台商独资经营企业					
港澳台商投资股份有限公司					
其他港澳台商投资企业					
外商投资企业	-6461	330	218	248	17289
中外合资经营企业	-6461	330	218	248	17289
中外合作经营企业					
外资企业					
外商投资股份有限公司					
其他外商投资企业					
二、按轻重工业分					
轻工业	71013	22272	8535	8596	208788
重工业	2163282	1670236	34757	36163	3740471
三、按企业规模分					
大型企业	2041488	1583172	30768	32523	3214350
中型企业	12443	12137	7597	7507	93790
小微型企业	180364	97198	4927	4729	641119
四、按行业分					
采矿业	**5934**	**2438**	**121**	**121**	**7309**
煤炭开采和洗选业					
石油和天然气开采业					
黑色金属矿采选业					
有色金属矿采选业					
非金属矿采选业	5934	2438	121	121	7309
开采专业及辅助性活动					
其他采矿业					

12-16 续表19

(2021年) 单位：万元

项目	利税总额	应交税金及附加	平均用工人数(人)	期末用工人数(人)	收入法增加值
制造业	**1997962**	**1554590**	**29837**	**31329**	**2920021**
农副食品加工业					
食品制造业					
酒、饮料和精制茶制造业	234	73	57	69	1032
烟草制品业					
纺织业					
纺织服装、服饰业					
皮革、毛皮、羽毛及其制品和制鞋业					
木材加工和木、竹、藤、棕、草制品业					
家具制造业					
造纸和纸制品业					
印刷和记录媒介复制业	3701	1505	209	208	2564
文教、工美、体育和娱乐用品制造业					
石油、煤炭及其他燃料加工业	1705897	1446805	2586	2602	1991324
化学原料和化学制品制造业	21919	17256	61	62	218516
医药制造业	623	611	327	320	4500
化学纤维制造业					
橡胶和塑料制品业	8182	3728	1445	1393	24165
非金属矿物制品业	11392	4500	356	386	20223
黑色金属冶炼和压延加工业					
有色金属冶炼和压延加工业					
金属制品业	12203	9034	1394	1464	52767
通用设备制造业	1936	570	146	150	3617
专用设备制造业					
汽车制造业	1350	691	65	64	2392
铁路、船舶、航空航天和其他运输设备制造业					
电气机械和器材制造业	58274	16354	6497	6606	176526
计算机、通信和其他电子设备制造业	169244	52244	16529	17844	415632
仪器仪表制造业					
其他制造业					
废弃资源综合利用业	3009	1219	165	161	6763
金属制品、机械和设备修理业					
电力、热力、燃气及水生产和供应业	**230399**	**135479**	**13334**	**13309**	**1021929**
电力、热力生产和供应业	201396	123863	9830	9831	882430
燃气生产和供应业	6582	1914	454	462	54131
水的生产和供应业	22421	9702	3050	3016	85368

12-17 规模以上民营工业企业主要经济指标

(2021年) 单位：万元

项目	企业单位数(个)	亏损企业	工业总产值(当年价格)	年初存货	产成品	资产总计
总计	**2964**	**477**	**43359616**	**3590018**	**1293553**	**38833453**
一、按登记注册类型分						
内资企业	2936	473	37644774	3350989	1119742	33480728
国有企业						
集体企业	3	1	16695	247		43908
股份合作企业	1		5046	559	261	2754
联营企业						
有限责任公司	682	132	11502806	1034002	374177	11163091
股份有限公司	53	7	2598411	352633	86735	4010321
私营企业	2176	332	23437240	1961651	657990	18202761
其他企业	21	1	84576	1898	579	57893
港、澳、台商投资企业	21	3	650402	91618	42420	586838
合资经营企业(港或澳、台资)	19	3	615843	87566	41817	539479
合作经营企业(港或澳、台资)						
港澳台商独资经营企业						
港澳台商投资股份有限公司	1		18543	3330	538	38581
其他港澳台商投资企业	1		16016	722	65	8778
外商投资企业	7	1	5064440	147411	131391	4765887
中外合资经营企业	7	1	5064440	147411	131391	4765887
中外合作经营企业						
外资企业						
外商投资股份有限公司						
其他外商投资企业						
二、按轻重工业分						
轻工业	1337	209	13605668	1235441	427379	12630390
重工业	1627	268	29753948	2354578	866174	26203063
三、按企业规模分						
大型企业	49	7	16633069	1186138	414941	16495727
中型企业	219	44	7881337	822992	348663	6785289
小微型企业	2696	426	18845211	1580888	529949	15552437
四、按行业分						
采矿业	**23**	**11**	**92733**	**4293**	**1475**	**142314**
煤炭开采和洗选业						
石油和天然气开采业						
黑色金属矿采选业						
有色金属矿采选业						
非金属矿采选业	23	11	92733	4293	1475	142314
开采专业及辅助性活动						
其他采矿业						

12-17 续表1

(2021年) 单位：万元

项目	企业单位数(个)	亏损企业	工业总产值(当年价格)	年初存货	产成品	资产总计
制造业	**2919**	**457**	**43085293**	**3584507**	**1291898**	**38058569**
农副食品加工业	50	9	940985	110438	19215	617009
食品制造业	14	5	88094	12677	5057	84498
酒、饮料和精制茶制造业	7	1	400135	14299	1469	358221
烟草制品业						
纺织业	45	7	225136	14321	4039	155669
纺织服装、服饰业	34	12	184158	54693	21564	189337
皮革、毛皮、羽毛及其制品和制鞋业	143	7	608984	32095	9641	265772
木材加工和木、竹、藤、棕、草制品业	56	10	349812	41864	23730	246920
家具制造业	264	39	1723334	124346	48457	1107854
造纸和纸制品业	62	10	518412	35925	10574	343521
印刷和记录媒介复制业	34	7	188410	11267	2912	243405
文教、工美、体育和娱乐用品制造业	87	11	516820	57701	16582	323485
石油、煤炭及其他燃料加工业	6	1	89777	15568	14658	54432
化学原料和化学制品制造业	156	20	7289510	245093	165166	6623806
医药制造业	14	4	277742	74481	31259	369081
化学纤维制造业	2		14704	3926	2349	20550
橡胶和塑料制品业	334	48	2442716	187348	74498	1861040
非金属矿物制品业	199	31	3631494	250849	82519	2937223
黑色金属冶炼和压延加工业	11		319392	23971	4400	83713
有色金属冶炼和压延加工业	39	2	356517	30967	11602	218329
金属制品业	271	41	1523097	119819	41256	1143660
通用设备制造业	88	15	616108	76340	19606	642103
专用设备制造业	92	9	1250639	247096	40591	1801838
汽车制造业	31	4	160828	33349	12709	199649
铁路、船舶、航空航天和其他运输设备制造业	21	3	414149	25820	5553	185060
电气机械和器材制造业	321	67	6823398	613636	230957	7382847
计算机、通信和其他电子设备制造业	477	83	11626172	1077086	375162	10122629
仪器仪表制造业	27	7	179253	26718	12165	229907
其他制造业	16	1	68616	6249	1039	43702
废弃资源综合利用业	15	3	238724	16553	3156	198553
金属制品、机械和设备修理业	3		18179	13	13	4758
电力、热力、燃气及水生产和供应业	**22**	**9**	**181590**	**1219**	**180**	**632570**
电力、热力生产和供应业	6	1	64032	311	6	275814
燃气生产和供应业	4	2	35460	394	140	33400
水的生产和供应业	12	6	82099	515	34	323356

12–17 续表2

(2021年) 单位：万元

项　　目	流动资产合计				长期股权投资	固定资产原价
		应收账款	存货	产成品		
总　　计	**24134457**	**8784123**	**5181617**	**1828259**	**1907066**	**15956310**
一、按登记注册类型分						
内资企业	22341137	8519038	4681152	1580648	1890248	10024370
国有企业						
集体企业	10636	699	580	93		34167
股份合作企业	1783	552	812	692		443
联营企业						
有限责任公司	7040821	2691777	1508420	528288	602128	4133304
股份有限公司	2482656	728373	527994	133794	742267	678555
私营企业	12768221	5083599	2637669	916133	545853	5172548
其他企业	37021	14037	5677	1648		5353
港、澳、台商投资企业	472648	169863	102887	39054	9389	133524
合资经营企业(港或澳、台资)	439690	165964	98505	38329	7979	128961
合作经营企业(港或澳、台资)						
港澳台商独资经营企业						
港澳台商投资股份有限公司	25976	1013	2934	336	1410	908
其他港澳台商投资企业	6983	2886	1448	389		3655
外商投资企业	1320672	95222	397578	208557	7430	5798416
中外合资经营企业	1320672	95222	397578	208557	7430	5798416
中外合作经营企业						
外资企业						
外商投资股份有限公司						
其他外商投资企业						
二、按轻重工业分						
轻工业	7888236	2749631	1695523	565276	1275308	3453093
重工业	16246221	6034492	3486094	1262983	631758	12503217
三、按企业规模分						
大型企业	8864053	3160897	2020462	658694	982184	9309724
中型企业	4695978	1644884	1195431	469421	272749	2325252
小微型企业	10574426	3978342	1965724	700144	652133	4321334
四、按行业分						
采矿业	**87536**	**20510**	**9496**	**3891**	**580**	**39769**
煤炭开采和洗选业						
石油和天然气开采业						
黑色金属矿采选业						
有色金属矿采选业						
非金属矿采选业	87536	20510	9496	3891	580	39769
开采专业及辅助性活动						
其他采矿业						

12-17 续表3

(2021年) 单位：万元

项　　目	流动资产合计	应收账款	存货	产成品	长期股权投资	固定资产原价
制造业	**23803773**	**8739972**	**5167669**	**1823650**	**1898154**	**15596082**
农副食品加工业	427474	88650	113944	17350	22627	206656
食品制造业	49007	-1074	18909	7532	260	25461
酒、饮料和精制茶制造业	239577	48852	30408	6770	1070	186051
烟草制品业						
纺织业	108966	47300	21810	5830		62046
纺织服装、服饰业	116829	21629	55529	29401		72871
皮革、毛皮、羽毛及其制品和制鞋业	219346	53316	50201	12776	5085	47208
木材加工和木、竹、藤、棕、草制品业	200559	69653	47838	26337	13986	51464
家具制造业	811955	305289	154118	54598	5016	297109
造纸和纸制品业	250944	111015	52742	19846	1400	106930
印刷和记录媒介复制业	141892	60779	12650	3394	30869	85397
文教、工美、体育和娱乐用品制造业	241738	46504	67961	18053	7355	87233
石油、煤炭及其他燃料加工业	44814	4806	17326	14764		11133
化学原料和化学制品制造业	2388986	523905	547237	250936	102299	6542703
医药制造业	241337	77957	81592	29785	3842	110979
化学纤维制造业	9331	1549	4163	2530		10512
橡胶和塑料制品业	1305817	623373	239107	92932	19248	552894
非金属矿物制品业	2270009	953508	273232	110355	44493	1051082
黑色金属冶炼和压延加工业	60839	4524	25538	5497	30	26593
有色金属冶炼和压延加工业	173677	85994	38429	19473	1422	48893
金属制品业	876497	368148	145737	56081	55286	276448
通用设备制造业	414815	130886	110357	40993	24110	197471
专用设备制造业	1350226	296875	490661	93174	22990	281405
汽车制造业	99261	31683	37055	18915	823	75846
铁路、船舶、航空航天和其他运输设备制造业	137219	60069	58973	15458	123	47421
电气机械和器材制造业	4321367	1526614	941138	339029	1169894	1728617
计算机、通信和其他电子设备制造业	6985165	3112303	1441588	496043	360610	3267761
仪器仪表制造业	178362	63175	35579	15062	2069	50343
其他制造业	23262	3918	9054	1892		15595
废弃资源综合利用业	110896	18149	44633	18694	3231	70624
金属制品、机械和设备修理业	3608	625	163	150	18	1337
电力、热力、燃气及水生产和供应业	**243148**	**23641**	**4452**	**719**	**8332**	**320460**
电力、热力生产和供应业	119263	5986	1930	381	6580	128643
燃气生产和供应业	30259	11859	646	191	752	2609
水的生产和供应业	93626	5796	1876	146	1000	189207

12-17 续表4

(2021年) 单位：万元

项目	房屋和构筑物	机器设备	累计折旧	本年折旧	固定资产净额	在建工程
总计	**3093041**	**11052954**	**6509796**	**1085421**	**9131256**	**973297**
一、按登记注册类型分						
内资企业	2566722	5723874	3640879	805501	6106744	922528
国有企业						
集体企业			22976	2702	11192	14193
股份合作企业		443	180	84	236	
联营企业						
有限责任公司	984802	2548254	1547533	348513	2514367	251556
股份有限公司	214306	378002	193749	51932	468743	88852
私营企业	1367599	2793770	1874210	401161	3109088	553121
其他企业	16	3406	2232	1109	3119	14806
港、澳、台商投资企业	16514	76897	77244	8456	55915	5906
合资经营企业(港或澳、台资)	16361	73305	75044	8064	53552	3640
合作经营企业(港或澳、台资)						
港澳台商独资经营企业						
港澳台商投资股份有限公司	152	228	341	105	568	2266
其他港澳台商投资企业		3364	1860	287	1795	
外商投资企业	509805	5252183	2791674	271465	2968598	44864
中外合资经营企业	509805	5252183	2791674	271465	2968598	44864
中外合作经营企业						
外资企业						
外商投资股份有限公司						
其他外商投资企业						
二、按轻重工业分						
轻工业	992226	1957548	1056328	265069	2238810	341919
重工业	2100814	9095406	5453469	820352	6892446	631379
三、按企业规模分						
大型企业	1215079	7685468	4021216	597789	5169894	331823
中型企业	703800	1353178	933916	165287	1350333	192965
小微型企业	1174162	2014307	1554664	322345	2611030	448509
四、按行业分						
采矿业	**578**	**20268**	**14371**	**6278**	**21395**	**373**
煤炭开采和洗选业						
石油和天然气开采业						
黑色金属矿采选业						
有色金属矿采选业						
非金属矿采选业	578	20268	14371	6278	21395	373
开采专业及辅助性活动						
其他采矿业						

12-17 续表5

(2021年) 单位：万元

项　　目	房屋和构筑物	机器设备	累计折旧	本年折旧	固定资产净额	在建工程
制造业	**2980988**	**10899205**	**6322801**	**1061996**	**8967501**	**937190**
农副食品加工业	91205	78392	78190	13006	115784	10306
食品制造业	13992	9118	6079	1707	19382	5996
酒、饮料和精制茶制造业	40119	123218	91406	14583	89419	766
烟草制品业						
纺织业	5271	22833	24275	5915	37463	933
纺织服装、服饰业	29425	20252	28378	3945	43576	10602
皮革、毛皮、羽毛及其制品和制鞋业	3349	15556	16632	3389	29253	986
木材加工和木、竹、藤、棕、草制品业	4689	38552	30950	4360	20437	3498
家具制造业	137424	114801	81838	21839	194765	32433
造纸和纸制品业	30911	45949	41662	7387	56880	19672
印刷和记录媒介复制业	20565	58918	31707	5542	53685	7519
文教、工美、体育和娱乐用品制造业	21893	25482	26654	5789	59584	8323
石油、煤炭及其他燃料加工业	386	10693	4067	1271	7036	
化学原料和化学制品制造业	763670	5557221	2985375	310583	3507330	73406
医药制造业	41119	52236	58838	6829	52131	47141
化学纤维制造业	3191	6389	3388	850	7124	1818
橡胶和塑料制品业	114713	338210	204382	53372	331766	57897
非金属矿物制品业	171108	649671	609068	77446	435163	46729
黑色金属冶炼和压延加工业	2791	22668	12218	1298	14140	6882
有色金属冶炼和压延加工业	12457	26240	16902	4397	31990	2056
金属制品业	66935	156829	111179	23727	155549	9855
通用设备制造业	70788	98947	52493	13849	131703	16443
专用设备制造业	115746	111192	80808	19634	198169	126755
汽车制造业	34996	27289	19245	5203	56601	21897
铁路、船舶、航空航天和其他运输设备制造业	14584	30479	10026	4204	34591	14020
电气机械和器材制造业	469611	1103963	409414	127336	1229223	130090
计算机、通信和其他电子设备制造业	645144	2089591	1253745	313043	1953548	269194
仪器仪表制造业	19174	24613	13165	5620	36525	2348
其他制造业	9779	4055	3075	1024	12477	4976
废弃资源综合利用业	25954	34580	17082	4730	51469	4649
金属制品、机械和设备修理业		1269	562	119	739	
电力、热力、燃气及水生产和供应业	**111474**	**133480**	**172624**	**17147**	**142361**	**35734**
电力、热力生产和供应业	65306	59553	89537	5286	38784	4130
燃气生产和供应业	70	1337	945	246	1233	321
水的生产和供应业	46098	72590	82142	11615	102344	31284

12-17 续表6

(2021年)　　　　单位：万元

项　　目	无形资产	土地使用权	负债合计	流动负债合计	应付账款	所有者权益合计
总　计	**1172869**	**601790**	**24385750**	**19850003**	**8191562**	**14447425**
一、按登记注册类型分						
内资企业	857914	481804	22019693	18819492	7839366	11460756
国有企业						
集体企业	301		38319	9938	1288	5589
股份合作企业			1089	1089	-177	1665
联营企业						
有限责任公司	295712	191174	7407781	6181465	2638332	3755299
股份有限公司	68316	47573	2152396	1633581	627178	1857925
私营企业	491248	243057	12369131	10944388	4563525	5833363
其他企业	2337		50976	49031	9220	6916
港、澳、台商投资企业	7829	1660	268314	252347	103033	318524
合资经营企业(港或澳、台资)	5763	1660	258443	242603	98715	281035
合作经营企业(港或澳、台资)						
港澳台商独资经营企业						
港澳台商投资股份有限公司	2067		5055	4928	1510	33526
其他港澳台商投资企业			4816	4816	2808	3963
外商投资企业	307125	118326	2097742	778163	249163	2668145
中外合资经营企业	307125	118326	2097742	778163	249163	2668145
中外合作经营企业						
外资企业						
外商投资股份有限公司						
其他外商投资企业						
二、按轻重工业分						
轻工业	258470	189591	7514384	6161094	2453305	5115752
重工业	914399	412199	16871366	13688909	5738256	9331673
三、按企业规模分						
大型企业	462400	222706	9587578	7037006	3134312	6908149
中型企业	145299	110828	4213662	3852804	1763932	2571626
小微型企业	565170	268256	10584509	8960194	3293318	4967650
四、按行业分						
采矿业	**19740**		**126786**	**107388**	**22341**	**15528**
煤炭开采和洗选业						
石油和天然气开采业						
黑色金属矿采选业						
有色金属矿采选业						
非金属矿采选业	19740		126786	107388	22341	15528
开采专业及辅助性活动						
其他采矿业						

12-17 续表7

(2021年) 单位：万元

项目	无形资产	土地使用权	负债合计	流动负债合计	应付账款	所有者权益合计
制造业	**974445**	**590617**	**23843133**	**19604743**	**8134479**	**14215158**
农副食品加工业	15850	8428	368197	298332	100206	248811
食品制造业	2629	2542	56674	47477	8589	27824
酒、饮料和精制茶制造业	11155	8835	131004	111962	40455	227217
烟草制品业						
纺织业	2341	697	113340	102176	28660	42328
纺织服装、服饰业	6586	4968	132720	122111	21799	56617
皮革、毛皮、羽毛及其制品和制鞋业	224		154693	112947	41439	111078
木材加工和木、竹、藤、棕、草制品业	4852	4762	200667	176127	59181	46251
家具制造业	23962	20937	842231	722654	289158	265621
造纸和纸制品业	7210	3590	219384	202753	79382	124136
印刷和记录媒介复制业	5783	5394	169318	126903	37196	74088
文教、工美、体育和娱乐用品制造业	10159	4847	248166	219219	81098	75080
石油、煤炭及其他燃料加工业			46861	37476	6364	7571
化学原料和化学制品制造业	387758	180888	3064449	1619638	475037	3559355
医药制造业	16072	9640	181764	145893	51814	187317
化学纤维制造业	3053	2990	7371	5765	1064	13179
橡胶和塑料制品业	27047	17438	1283240	1129528	479613	577795
非金属矿物制品业	66504	58699	2129735	1844200	861492	807484
黑色金属冶炼和压延加工业	975	607	67028	65064	42698	16684
有色金属冶炼和压延加工业	5586	3798	173608	159991	58695	44721
金属制品业	21345	13438	715865	640916	208601	427791
通用设备制造业	26622	11753	437334	329304	119933	204769
专用设备制造业	30270	10788	1205958	1124510	403935	595878
汽车制造业	10339	9351	134835	121997	69297	64813
铁路、船舶、航空航天和其他运输设备制造业	6900	6770	165001	149358	94956	20059
电气机械和器材制造业	129151	96657	4054521	3243354	1412017	3328320
计算机、通信和其他电子设备制造业	131043	83305	7225497	6446339	2966753	2897127
仪器仪表制造业	7230	6527	154206	149907	53195	75701
其他制造业	2506	2506	28824	23485	7875	14877
废弃资源综合利用业	11294	10462	128571	123298	34411	69981
金属制品、机械和设备修理业			2072	2059	-434	2686
电力、热力、燃气及水生产和供应业	**178683**	**11174**	**415830**	**137872**	**34742**	**216739**
电力、热力生产和供应业	103338	2028	150185	46254	11045	125629
燃气生产和供应业	565	565	24756	24528	6245	8645
水的生产和供应业	74780	8580	240890	67090	17451	82466

12-17 续表8

(2021年) 单位：万元

项目	实收资本	国家资本	集体资本	法人资本	个人资本	港澳台资本
总计	**10847143**	**1377038**	**111288**	**4529434**	**3492536**	**35569**
一、按登记注册类型分						
内资企业	8558440	289488	91592	4463469	3475870	25222
国有企业						
集体企业	2545		2545			
股份合作企业	1655			1655		
联营企业						
有限责任公司	2442826	108462	11174	2038803	271104	13074
股份有限公司	574835		5591	417706	144037	7500
私营企业	5532497	181025	72282	2002196	3059757	4648
其他企业	4082			3110	973	
港、澳、台商投资企业	88431		19695	41722	16666	10347
合资经营企业(港或澳、台资)	81817		19695	40281	11806	10034
合作经营企业(港或澳、台资)						
港澳台商独资经营企业						
港澳台商投资股份有限公司	4860				4860	
其他港澳台商投资企业	1754			1441		313
外商投资企业	2200273	1087550		24243		
中外合资经营企业	2200273	1087550		24243		
中外合作经营企业						
外资企业						
外商投资股份有限公司						
其他外商投资企业						
二、按轻重工业分						
轻工业	4857744	45	28461	2098275	2505838	11810
重工业	5989399	1376992	82826	2431160	986698	23759
三、按企业规模分						
大型企业	4303704	1195650	5200	1660169	139018	3665
中型企业	1167914	22	32529	834907	291733	8724
小微型企业	5375525	181365	73559	2034358	3061784	23181
四、按行业分						
采矿业	**7523**		**100**	**5243**	**2180**	
煤炭开采和洗选业						
石油和天然气开采业						
黑色金属矿采选业						
有色金属矿采选业						
非金属矿采选业	7523		100	5243	2180	
开采专业及辅助性活动						
其他采矿业						

12-17 续表9

(2021年) 单位：万元

项 目	实收资本					
		国家资本	集体资本	法人资本	个人资本	港澳台资本
制造业	**10709970**	**1377038**	**108833**	**4412806**	**3475446**	**34569**
农副食品加工业	103379		4690	76266	22423	
食品制造业	16225			10427	5798	
酒、饮料和精制茶制造业	85840		1000	84640	200	
烟草制品业						
纺织业	22766		222	8577	13967	
纺织服装、服饰业	2098901			40895	2058005	
皮革、毛皮、羽毛及其制品和制鞋业	27481		1318	2545	15469	7549
木材加工和木、竹、藤、棕、草制品业	221330	180000		21048	20282	
家具制造业	151085	42	1455	89622	59081	221
造纸和纸制品业	51812		7242	19570	23671	1329
印刷和记录媒介复制业	45204		3000	22008	20196	
文教、工美、体育和娱乐用品制造业	37582		138	28498	8431	516
石油、煤炭及其他燃料加工业	8983			2293	6690	
化学原料和化学制品制造业	2584267	1087550	16743	227741	156683	8000
医药制造业	75738			46788	28950	
化学纤维制造业	12545			1213	11332	
橡胶和塑料制品业	280275		2410	154731	120888	2196
非金属矿物制品业	375460	3	21404	238369	115414	270
黑色金属冶炼和压延加工业	17047			14269	2779	
有色金属冶炼和压延加工业	39783			20252	19531	
金属制品业	236441		3422	147005	85847	
通用设备制造业	133112		6777	77204	49099	32
专用设备制造业	242359	1000	574	188680	52054	50
汽车制造业	35827		200	12057	23570	
铁路、船舶、航空航天和其他运输设备制造业	19601	320	50	15298	3933	
电气机械和器材制造业	1989971		33871	1578158	166109	
计算机、通信和其他电子设备制造业	1706433	108122	4319	1226786	352388	14407
仪器仪表制造业	33185			23725	9460	
其他制造业	11843			9039	2804	
废弃资源综合利用业	44575			24893	19682	
金属制品、机械和设备修理业	920			210	710	
电力、热力、燃气及水生产和供应业	**129650**		**2354**	**111386**	**14910**	**1000**
电力、热力生产和供应业	64592			53201	11391	
燃气生产和供应业	4130			500	2630	1000
水的生产和供应业	60928		2354	57685	890	

12-17 续表10

(2021年) 单位：万元

项　　目	外商资本	营业收入	主营业务收入	营业成本	税金及附加	销售费用
总　　计	**1301219**	**43378142**	**42379626**	**37292277**	**152560**	**872775**
一、按登记注册类型分						
内资企业	212739	37535759	36646856	32333952	143354	832555
国有企业						
集体企业		15072	15072	10787	476	
股份合作企业		4427	4427	3581	13	42
联营企业						
有限责任公司	208	11368832	10960657	9840098	41030	195359
股份有限公司		2492598	2414154	1991180	10310	115596
私营企业	212531	23558034	23155780	20399403	91187	519801
其他企业		96796	96766	88904	338	1757
港、澳、台商投资企业		662585	632346	553517	1360	23320
合资经营企业(港或澳、台资)		627500	597261	528056	1135	20670
合作经营企业(港或澳、台资)						
港澳台商独资经营企业						
港澳台商投资股份有限公司		19197	19197	11981	142	2476
其他港澳台商投资企业		15888	15888	13480	83	174
外商投资企业	1088480	5179798	5100425	4404808	7847	16901
中外合资经营企业	1088480	5179798	5100425	4404808	7847	16901
中外合作经营企业						
外资企业						
外商投资股份有限公司						
其他外商投资企业						
二、按轻重工业分						
轻工业	213259	13415581	13145542	11373445	54596	348840
重工业	1087960	29962561	29234084	25918833	97964	523935
三、按企业规模分						
大型企业	1300001	16817945	16410093	14552505	41417	187280
中型企业		7919583	7686261	6701136	31746	198080
小微型企业	1218	18640614	18283273	16038637	79397	487414
四、按行业分						
采矿业		**86842**	**85189**	**59662**	**3238**	**4009**
煤炭开采和洗选业						
石油和天然气开采业						
黑色金属矿采选业						
有色金属矿采选业						
非金属矿采选业		86842	85189	59662	3238	4009
开采专业及辅助性活动						
其他采矿业						

12-17 续表11

(2021年) 单位：万元

项　　目	外商资本	营业收入	主营业务收入	营业成本	税金及附加	销售费用
制造业	**1301219**	**43109423**	**42115201**	**37118211**	**147911**	**861492**
农副食品加工业		975422	960485	899219	1305	15138
食品制造业		83461	82948	67784	257	5784
酒、饮料和精制茶制造业		395445	393917	274719	2404	38627
烟草制品业						
纺织业		228213	226086	198503	1145	3540
纺织服装、服饰业		186172	181465	164735	1122	4942
皮革、毛皮、羽毛及其制品和制鞋业	600	598942	593789	512652	3746	19438
木材加工和木、竹、藤、棕、草制品业		342282	339534	309165	1292	9747
家具制造业	662	1687833	1627859	1488420	7065	34889
造纸和纸制品业		502525	499044	446170	1599	15602
印刷和记录媒介复制业		187064	185488	155266	928	3678
文教、工美、体育和娱乐用品制造业		503767	502409	437545	1755	10512
石油、煤炭及其他燃料加工业		91151	91151	83054	219	2865
化学原料和化学制品制造业	1087550	7467831	7305828	6333954	15397	71936
医药制造业		254831	251292	159901	1858	40766
化学纤维制造业		13059	12929	9945	106	535
橡胶和塑料制品业		2469393	2442090	2110375	11087	53061
非金属矿物制品业		3565677	3544856	2943948	18723	154245
黑色金属冶炼和压延加工业		340499	340304	326245	438	3575
有色金属冶炼和压延加工业		349376	345011	308898	935	4385
金属制品业	166	1513068	1495102	1325732	5913	20100
通用设备制造业		591462	583946	475311	2900	16050
专用设备制造业		1181935	1147265	935134	6067	37924
汽车制造业		159119	156787	134023	845	3694
铁路、船舶、航空航天和其他运输设备制造业		367603	367485	340446	904	2027
电气机械和器材制造业	211831	6791520	6613562	5738558	23642	121096
计算机、通信和其他电子设备制造业	410	11779262	11348650	10545444	32362	156973
仪器仪表制造业		174891	172579	133839	959	4824
其他制造业		67850	67743	57028	309	1389
废弃资源综合利用业		221612	217438	188478	2550	3468
金属制品、机械和设备修理业		18162	18162	13723	80	685
电力、热力、燃气及水生产和供应业		**181877**	**179236**	**114404**	**1411**	**7274**
电力、热力生产和供应业		64867	64867	33354	571	5811
燃气生产和供应业		33352	31826	27828	81	1169
水的生产和供应业		83658	82543	53223	759	294

12-17 续表12

(2021年) 单位：万元

项　　目	管理费用	研发费用	财务费用			资产减值损失
				利息费用	利息收入	
总　计	**1475826**	**1122446**	**308075**	**267795**	**28699**	**220482**
一、按登记注册类型分						
内资企业	1423356	1082456	255225	214909	28349	159615
国有企业						
集体企业	2686		1290			
股份合作企业	282	388	22	21		
联营企业						
有限责任公司	394880	316641	109913	104558	13831	65022
股份有限公司	102102	140171	23191	21230	7046	25979
私营企业	919902	624887	120745	89100	7470	68614
其他企业	3504	370	65	1	1	
港、澳、台商投资企业	19151	35795	2431	1544	159	3533
合资经营企业(港或澳、台资)	17478	34012	2228	1498	168	3459
合作经营企业(港或澳、台资)						
港澳台商独资经营企业						
港澳台商投资股份有限公司	901	1056	202	45	-9	74
其他港澳台商投资企业	772	727	1			
外商投资企业	33319	4196	50419	51343	191	57334
中外合资经营企业	33319	4196	50419	51343	191	57334
中外合作经营企业						
外资企业						
外商投资股份有限公司						
其他外商投资企业						
二、按轻重工业分						
轻工业	548444	439643	97669	77601	13220	39246
重工业	927382	682803	210406	190194	15479	181236
三、按企业规模分						
大型企业	281510	428045	117644	124041	18478	158969
中型企业	299174	237037	29249	23763	4615	16913
小微型企业	895141	457365	161182	119991	5606	44600
四、按行业分						
采矿业	**13431**	**264**	**2**	**-7**	**-30**	**3**
煤炭开采和洗选业						
石油和天然气开采业						
黑色金属矿采选业						
有色金属矿采选业						
非金属矿采选业	13431	264	2	-7	-30	3
开采专业及辅助性活动						
其他采矿业						

12-17 续表13

(2021年) 单位：万元

项目	管理费用	研发费用	财务费用			资产减值损失
				利息费用	利息收入	
制造业	**1441006**	**1120677**	**292659**	**255110**	**28563**	**220398**
农副食品加工业	22137	15849	6287	2929	91	-177
食品制造业	5797	1361	138		6	
酒、饮料和精制茶制造业	10982	5025	247	425	276	-3
烟草制品业						
纺织业	11408	3872	1555	918	35	
纺织服装、服饰业	12237	2627	1048	739	103	39
皮革、毛皮、羽毛及其制品和制鞋业	18031	16944	607	462	1011	-50
木材加工和木、竹、藤、棕、草制品业	12019	5513	933	732	36	187
家具制造业	81039	31537	5445	1730	307	719
造纸和纸制品业	20845	8399	2298	877	50	415
印刷和记录媒介复制业	14266	4648	2536	1487	497	84
文教、工美、体育和娱乐用品制造业	29468	13154	2740	1029	46	47
石油、煤炭及其他燃料加工业	1467	801	48	27		
化学原料和化学制品制造业	113242	71587	60872	58921	564	61460
医药制造业	12942	14000	1774	875	18	300
化学纤维制造业	1067	950	245			
橡胶和塑料制品业	117390	82673	17139	8683	250	5238
非金属矿物制品业	110856	36540	31060	25793	580	32976
黑色金属冶炼和压延加工业	4257	2731	101	43	11	
有色金属冶炼和压延加工业	15464	9160	2798	1961	1	347
金属制品业	85835	31120	5488	4195	2707	784
通用设备制造业	39279	27980	5314	3146	100	585
专用设备制造业	69984	64358	5640	2759	-280	8688
汽车制造业	10289	4809	883	385	39	369
铁路、船舶、航空航天和其他运输设备制造业	9892	11586	2963	2771	24	107
电气机械和器材制造业	236757	273616	60789	58058	8604	33440
计算机、通信和其他电子设备制造业	341820	361795	71839	74991	13206	75190
仪器仪表制造业	12736	10871	468	420	232	-497
其他制造业	5665	706	367	226	-3	
废弃资源综合利用业	12611	5497	863	514	43	136
金属制品、机械和设备修理业	1226	968	176	14	9	17
电力、热力、燃气及水生产和供应业	**21390**	**1506**	**15414**	**12693**	**167**	**81**
电力、热力生产和供应业	12113	256	5911	5838	35	77
燃气生产和供应业	1193		68	82	64	
水的生产和供应业	8084	1250	9435	6774	67	4

12-17 续表14

(2021年) 单位：万元

项目	其他收益	投资收益	公允价值变动收益	资产处置收益	营业利润	营业外收入
总计	**57072**	**58248**	**-66**	**38514**	**2088164**	**63142**
一、按登记注册类型分						
内资企业	55051	45267	-110	38900	1445053	59132
国有企业						
集体企业					-167	20
股份合作企业					99	
联营企业						
有限责任公司	19559	18846	-1065	32589	475771	15773
股份有限公司	19126	7373	96	-621	110041	5247
私营企业	16315	19048	860	6932	857401	38016
其他企业	50				1908	77
港、澳、台商投资企业	1273	2597	43	-386	27004	876
合资经营企业(港或澳、台资)	1179	2515	-10	-386	23758	802
合作经营企业(港或澳、台资)						
港澳台商独资经营企业						
港澳台商投资股份有限公司	94	56	54		2569	46
其他港澳台商投资企业		26			677	28
外商投资企业	749	10383			616107	3134
中外合资经营企业	749	10383			616107	3134
中外合作经营企业						
外资企业						
外商投资股份有限公司						
其他外商投资企业						
二、按轻重工业分						
轻工业	14796	22775	1176	18341	570852	25221
重工业	42276	35473	-1242	20173	1517312	37921
三、按企业规模分						
大型企业	30848	30155	-818	-2031	1108728	8916
中型企业	8054	5618	1223	12229	433362	19049
小微型企业	18170	22476	-471	28315	546074	35176
四、按行业分						
采矿业	**4**				**6237**	**345**
煤炭开采和洗选业						
石油和天然气开采业						
黑色金属矿采选业						
有色金属矿采选业						
非金属矿采选业	4				6237	345
开采专业及辅助性活动						
其他采矿业						

12-17 续表15

(2021年) 单位：万元

项 目	其他收益	投资收益	公允价值变动收益	资产处置收益	营业利润	营业外收入
制造业	**56934**	**58145**	**-66**	**38514**	**2061293**	**61765**
农副食品加工业	346	-387	8	-139	15492	4020
食品制造业	27	20			2387	150
酒、饮料和精制茶制造业	34	6767		-9	70236	164
烟草制品业						
纺织业	2	6			8202	165
纺织服装、服饰业	66			-1	-514	129
皮革、毛皮、羽毛及其制品和制鞋业	148	117		-24	27811	139
木材加工和木、竹、藤、棕、草制品业	1022	907			5356	553
家具制造业	420	-571		-132	38526	2645
造纸和纸制品业	129	36		-15	7345	682
印刷和记录媒介复制业	10	279			5947	1609
文教、工美、体育和娱乐用品制造业		103		-844	7799	839
石油、煤炭及其他燃料加工业					2696	
化学原料和化学制品制造业	5000	19122		-82	763416	8270
医药制造业	242	435		-858	23112	804
化学纤维制造业		4			215	80
橡胶和塑料制品业	642	185	39	-294	72999	7489
非金属矿物制品业	902	2121	18	-548	239815	3781
黑色金属冶炼和压延加工业					3151	64
有色金属冶炼和压延加工业	62	10			7460	324
金属制品业	150	3302	-397	-318	40938	2238
通用设备制造业	1037	274		-127	25221	1289
专用设备制造业	10872	1005	54	-18	66014	1876
汽车制造业	464	5			4673	4481
铁路、船舶、航空航天和其他运输设备制造业	217	-37		129	-13	457
电气机械和器材制造业	13745	16327	1439	20460	355582	6994
计算机、通信和其他电子设备制造业	20388	8038	-1229	21315	242299	9753
仪器仪表制造业	647	96		19	12451	1319
其他制造业	2	5			2393	169
废弃资源综合利用业	362	-24	1		8999	1208
金属制品、机械和设备修理业					1289	77
电力、热力、燃气及水生产和供应业	**134**	**103**			**20634**	**1032**
电力、热力生产和供应业	47	4			6825	134
燃气生产和供应业		98			3112	19
水的生产和供应业	88				10698	879

12-17 续表16

(2021年) 单位：万元

项目	营业外支出	利润总额	所得税费用	应付职工薪酬	应交增值税	亏损企业亏损总额
总计	**72534**	**2078705**	**358440**	**4082286**	**1017883**	**358286**
一、按登记注册类型分						
内资企业	70468	1433650	204972	3871044	717326	357012
国有企业						
集体企业	36	-184	28	1773	566	653
股份合作企业		99		721	110	
联营企业						
有限责任公司	21659	469888	98904	1173963	193680	122654
股份有限公司	6188	109100	-7002	307141	44334	33719
私营企业	42525	852822	112865	2377917	477172	199983
其他企业	60	1924	177	9530	1464	3
港、澳、台商投资企业	746	27134	-693	69703	4118	842
合资经营企业(港或澳、台资)	743	23817	-1056	62757	3569	842
合作经营企业(港或澳、台资)						
港澳台商独资经营企业						
港澳台商投资股份有限公司	3	2612	257	3716		
其他港澳台商投资企业		705	106	3229	549	
外商投资企业	1320	617921	154161	141539	296439	432
中外合资经营企业	1320	617921	154161	141539	296439	432
中外合作经营企业						
外资企业						
外商投资股份有限公司						
其他外商投资企业						
二、按轻重工业分						
轻工业	20636	575436	54710	1626259	215539	127503
重工业	51898	1503269	303731	2456027	802344	230783
三、按企业规模分						
大型企业	22729	1094916	193151	1378783	484149	86594
中型企业	9326	443087	63604	1076102	148423	52773
小微型企业	40479	540701	101685	1627401	385312	218919
四、按行业分						
采矿业	**11856**	**-5274**	**1922**	**4560**	**3113**	**12822**
煤炭开采和洗选业						
石油和天然气开采业						
黑色金属矿采选业						
有色金属矿采选业						
非金属矿采选业	11856	-5274	1922	4560	3113	12822
开采专业及辅助性活动						
其他采矿业						

12-17 续表17

(2021年) 单位：万元

项　　目	营业外支出	利润总额	所得税费用	应付职工薪酬	应交增值税	亏损企业亏损总额
制造业	**59891**	**2063101**	**353646**	**4063790**	**1012156**	**335901**
农副食品加工业	1227	18287	2666	35925	1354	9886
食品制造业	438	2098	780	8951	2065	2431
酒、饮料和精制茶制造业	138	70262	16018	23274	16038	111
烟草制品业						
纺织业	116	8250	963	24728	4644	492
纺织服装、服饰业	1010	-1396	112	32212	3857	5284
皮革、毛皮、羽毛及其制品和制鞋业	201	27747	1458	107397	4583	916
木材加工和木、竹、藤、棕、草制品业	316	5593	120	32955	9303	3434
家具制造业	1292	39879	7234	230090	23698	14291
造纸和纸制品业	218	7809	1188	40554	8179	2276
印刷和记录媒介复制业	640	6916	1340	26382	5175	2035
文教、工美、体育和娱乐用品制造业	556	8082	612	76739	4819	1874
石油、煤炭及其他燃料加工业	23	2673	5	1375	1727	299
化学原料和化学制品制造业	4267	767419	174266	238207	340966	11260
医药制造业	954	22961	628	33650	11150	4061
化学纤维制造业	7	288	3	2633	383	
橡胶和塑料制品业	4535	75951	6703	332064	63373	20324
非金属矿物制品业	15557	228038	71284	169978	112830	19538
黑色金属冶炼和压延加工业	302	2913	37	7131	3389	
有色金属冶炼和压延加工业	394	7389	687	27232	4694	3567
金属制品业	1695	41419	2680	175150	34860	4695
通用设备制造业	1502	25009	2050	85082	15462	2625
专用设备制造业	1534	66355	1161	193493	30560	2723
汽车制造业	380	8773	830	22101	4487	1178
铁路、船舶、航空航天和其他运输设备制造业	394	50	127	54025	4178	6902
电气机械和器材制造业	9731	352842	24480	732939	88198	61440
计算机、通信和其他电子设备制造业	11216	240838	33124	1285709	200440	145518
仪器仪表制造业	114	13656	1405	35738	5911	5332
其他制造业	24	2538	268	12997	857	21
废弃资源综合利用业	1110	9096	1255	11826	4350	3389
金属制品、机械和设备修理业		1365	164	3258	627	
电力、热力、燃气及水生产和供应业	**787**	**20879**	**2873**	**13936**	**2614**	**9563**
电力、热力生产和供应业	59	6899	39	4132	1549	4345
燃气生产和供应业	17	3114	709	1340	657	537
水的生产和供应业	711	10865	2125	8464	408	4681

12-17 续表18

(2021年) 单位：万元

项目	利税总额	应交税金及附加	平均用工人数(人)	期末用工人数(人)	收入法增加值
总计	**3249148**	**1528883**	**454294**	**456123**	**9654697**
一、按登记注册类型分					
内资企业	2294329	1065651	442105	443954	8134182
国有企业					
集体企业	858	1070	301	300	8301
股份合作企业	222	123	88	86	1461
联营企业					
有限责任公司	704598	333614	126654	124495	2487495
股份有限公司	163744	47643	24444	25261	647301
私营企业	1421180	681224	288719	291843	4968735
其他企业	3726	1978	1899	1969	20889
港、澳、台商投资企业	32612	4785	7387	7538	120956
合资经营企业(港或澳、台资)	28521	3648	6687	6842	109674
合作经营企业(港或澳、台资)					
港澳台商独资经营企业					
港澳台商投资股份有限公司	2754	399	321	310	6415
其他港澳台商投资企业	1337	738	379	386	4867
外商投资企业	922207	458447	4802	4631	1399559
中外合资经营企业	922207	458447	4802	4631	1399559
中外合作经营企业					
外资企业					
外商投资股份有限公司					
其他外商投资企业					
二、按轻重工业分					
轻工业	845571	324844	196990	199376	3288393
重工业	2403577	1204039	257304	256747	6366304
三、按企业规模分					
大型企业	1620481	718716	112576	116903	3885178
中型企业	623256	243772	119965	122193	1869525
小微型企业	1005410	566394	221753	217027	3899994
四、按行业分					
采矿业	**1077**	**8273**	**693**	**623**	**31276**
煤炭开采和洗选业					
石油和天然气开采业					
黑色金属矿采选业					
有色金属矿采选业					
非金属矿采选业	1077	8273	693	623	31276
开采专业及辅助性活动					
其他采矿业					

12-17 续表19

(2021年) 单位：万元

项目	利税总额	应交税金及附加	平均用工人数(人)	期末用工人数(人)	收入法增加值
制造业	**3223168**	**1513713**	**452065**	**454041**	**9545465**
农副食品加工业	20946	5324	4540	4721	100612
食品制造业	4421	3102	1348	1560	28717
酒、饮料和精制茶制造业	88703	34459	2152	2169	127420
烟草制品业					
纺织业	14039	6752	3384	4067	48812
纺织服装、服饰业	3584	5091	5270	4955	61956
皮革、毛皮、羽毛及其制品和制鞋业	36077	9787	17550	17092	205206
木材加工和木、竹、藤、棕、草制品业	16188	10716	4650	4399	65150
家具制造业	70643	37997	29617	28767	390265
造纸和纸制品业	17587	10965	5947	5822	74569
印刷和记录媒介复制业	13020	7444	3097	3314	47690
文教、工美、体育和娱乐用品制造业	14655	7185	11324	11000	118726
石油、煤炭及其他燃料加工业	4620	1952	197	193	9632
化学原料和化学制品制造业	1123781	530629	13657	13830	1776303
医药制造业	35969	13635	3858	3853	81745
化学纤维制造业	778	492	376	379	3201
橡胶和塑料制品业	150410	81162	42102	43795	684837
非金属矿物制品业	359591	202837	18197	18382	759696
黑色金属冶炼和压延加工业	6741	3864	1020	1015	17710
有色金属冶炼和压延加工业	13017	6316	3234	3312	85449
金属制品业	82192	43453	24144	23862	361871
通用设备制造业	43371	20412	9756	9617	158417
专用设备制造业	102981	37787	17783	19549	340981
汽车制造业	14105	6161	3356	3479	44276
铁路、船舶、航空航天和其他运输设备制造业	5131	5209	4927	6975	67745
电气机械和器材制造业	464682	136320	77909	78309	1501429
计算机、通信和其他电子设备制造业	473640	265927	135592	132280	2239159
仪器仪表制造业	20526	8276	3733	3852	57922
其他制造业	3704	1434	1923	2027	19082
废弃资源综合利用业	15995	8154	1011	1044	61046
金属制品、机械和设备修理业	2072	871	411	422	5840
电力、热力、燃气及水生产和供应业	**24903**	**6897**	**1536**	**1459**	**77956**
电力、热力生产和供应业	9020	2159	376	411	15637
燃气生产和供应业	3852	1447	137	128	15177
水的生产和供应业	12032	3292	1023	920	47142

12–18 规模以上"三资"工业企业主要经济指标

(2021年)　　单位：万元

项　　目	企业单位数(个)	亏损企业	工业总产值(当年价格)	年初存货	产成品	资产总计
总　　计	**872**	**197**	**43797287**	**5171266**	**1707894**	**39364306**
一、按登记注册类型分						
内资企业						
国有企业						
集体企业						
股份合作企业						
联营企业						
有限责任公司						
股份有限公司						
私营企业						
其他企业						
港、澳、台商投资企业	655	150	24238781	3602472	1104416	21776853
合资经营企业(港或澳、台资)	77	11	3456598	512950	182643	3618788
合作经营企业(港或澳、台资)	4	1	29669	4083	1452	23068
港澳台商独资经营企业	551	135	19260195	2946420	852312	15424546
港澳台商投资股份有限公司	17	3	1391879	129656	66801	2673063
其他港澳台商投资企业	6		100439	9364	1208	37388
外商投资企业	217	47	19558506	1568793	603479	17587453
中外合资经营企业	38	7	12590561	773485	387308	11298272
中外合作经营企业	3		69519	1668	595	145272
外资企业	169	37	6534062	759625	203564	5554575
外商投资股份有限公司	3	1	220337	19062	5893	211877
其他外商投资企业	4	2	144027	14954	6119	377457
二、按轻重工业分						
轻工业	415	108	6883793	1082611	326022	7107543
重工业	457	89	36913494	4088655	1381873	32256763
三、按企业规模分						
大型企业	74	6	30147921	3638296	1233979	27270775
中型企业	187	44	7348608	734518	221354	5849500
小微型企业	611	147	6300758	798451	252561	6244031
四、按行业分						
采矿业	**1**		**42777**	**1083**	**145**	**39698**
煤炭开采和洗选业						
石油和天然气开采业						
黑色金属矿采选业						
有色金属矿采选业						
非金属矿采选业	1		42777	1083	145	39698
开采专业及辅助性活动						
其他采矿业						

12-18 续表1

(2021年)　　单位：万元

项目	企业单位数(个)	亏损企业	工业总产值(当年价格)	年初存货	产成品	资产总计
制造业	**860**	**196**	**43515892**	**5161983**	**1705724**	**38475107**
农副食品加工业	5	1	86295	7146	3590	53879
食品制造业	5	1	28538	3271	647	30209
酒、饮料和精制茶制造业	2		136522	4355	114	74098
烟草制品业						
纺织业	15	4	113366	32354	14949	120159
纺织服装、服饰业	29	14	358747	77371	7473	298614
皮革、毛皮、羽毛及其制品和制鞋业	20	12	271845	67899	28232	257683
木材加工和木、竹、藤、棕、草制品业	5	2	62085	11645	2383	68098
家具制造业	41	10	616405	61994	28704	1005993
造纸和纸制品业	12	5	133106	21177	5534	110680
印刷和记录媒介复制业	11	2	180613	17102	4824	221656
文教、工美、体育和娱乐用品制造业	62	16	626794	114033	29596	458356
石油、煤炭及其他燃料加工业	1	1	51385	11998	2167	63927
化学原料和化学制品制造业	41	5	7181375	301532	197389	6245765
医药制造业	1		2560	364	15	476
化学纤维制造业						
橡胶和塑料制品业	109	25	1677462	234659	74262	1420280
非金属矿物制品业	23	3	514158	39685	20937	409871
黑色金属冶炼和压延加工业	4		30136	6963	1586	22074
有色金属冶炼和压延加工业	8	2	227915	43162	10188	303371
金属制品业	62	13	765444	115553	36263	727763
通用设备制造业	34	4	722609	66478	14682	551612
专用设备制造业	19	3	204334	27276	6392	199118
汽车制造业	23	5	1655195	175503	73297	1306074
铁路、船舶、航空航天和其他运输设备制造业	12	2	123768	12280	4005	168214
电气机械和器材制造业	93	15	3138798	485057	166617	3256262
计算机、通信和其他电子设备制造业	201	48	24239963	3194761	963573	20878303
仪器仪表制造业	15	3	305111	14148	6577	169797
其他制造业	7		61364	14219	1729	52773
废弃资源综合利用业						
金属制品、机械和设备修理业						
电力、热力、燃气及水生产和供应业	**11**	**1**	**238618**	**8199**	**2025**	**849501**
电力、热力生产和供应业	6	1	120432	3786	850	473130
燃气生产和供应业	3		71735	4016	777	172579
水的生产和供应业	2		46451	398	398	203793

12-18 续表2

(2021年)　　单位：万元

项　目	流动资产合计	应收账款	存货	产成品	长期股权投资	固定资产原价
总　计	**24395925**	**9579640**	**6501581**	**2135957**	**1935736**	**21339451**
一、按登记注册类型分						
内资企业						
国有企业						
集体企业						
股份合作企业						
联营企业						
有限责任公司						
股份有限公司						
私营企业						
其他企业						
港、澳、台商投资企业	14331968	5627010	4227430	1309052	947929	10171392
合资经营企业(港或澳、台资)	2664961	1068783	587729	186673	84362	1319115
合作经营企业(港或澳、台资)	19572	3493	8648	3047	250	10974
港澳台商独资经营企业	10106969	3946404	3410418	1004531	624654	7709543
港澳台商投资股份有限公司	1511201	590874	215360	112594	238664	1115607
其他港澳台商投资企业	29265	17455	5275	2207		16154
外商投资企业	10063957	3952631	2274152	826905	987807	11168059
中外合资经营企业	6036760	2414517	1168989	523046	439719	8304243
中外合作经营企业	30784	5309	2317	738		22142
外资企业	3677298	1448395	1031851	284591	333588	2758983
外商投资股份有限公司	142600	45008	48709	10057	46065	24565
其他外商投资企业	176514	39402	22286	8473	168435	58127
二、按轻重工业分						
轻工业	4758777	1599977	1322551	372237	557020	2882889
重工业	19637147	7979664	5179031	1763720	1378716	18456562
三、按企业规模分						
大型企业	16810449	7002639	4548464	1522224	1519022	15315229
中型企业	3730708	1449436	1003515	308198	270494	2502128
小微型企业	3854767	1127565	949603	305536	146220	3522094
四、按行业分						
采矿业	**19721**	**3143**	**1104**	**143**		**19677**
煤炭开采和洗选业						
石油和天然气开采业						
黑色金属矿采选业						
有色金属矿采选业						
非金属矿采选业	19721	3143	1104	143		19677
开采专业及辅助性活动						
其他采矿业						

12-18 续表3

(2021年)　　单位：万元

项　　目	流动资产合计	应收账款	存货	产成品	长期股权投资	固定资产原价
制造业	**24121257**	**9549090**	**6491295**	**2130609**	**1907344**	**20978729**
农副食品加工业	45022	12659	4815	2247	100	12364
食品制造业	18750	5925	3470	598		16418
酒、饮料和精制茶制造业	9523	3126	4700	227		103422
烟草制品业						
纺织业	78843	12359	34502	16489		63593
纺织服装、服饰业	231025	81234	91401	10306	2786	156097
皮革、毛皮、羽毛及其制品和制鞋业	146997	14025	94365	47837	29500	128993
木材加工和木、竹、藤、棕、草制品业	35176	12360	10222	3250	5740	52614
家具制造业	535414	134081	69200	25238	265719	222165
造纸和纸制品业	66283	27428	25377	5819		62816
印刷和记录媒介复制业	151321	44727	35550	10759	12759	96334
文教、工美、体育和娱乐用品制造业	310017	75794	144919	33473	615	227028
石油、煤炭及其他燃料加工业	19305	7386	11345	2246		39255
化学原料和化学制品制造业	2217998	261687	570710	284158	57952	6836814
医药制造业	447	257	127	105		186
化学纤维制造业						
橡胶和塑料制品业	999061	346916	280884	91071	36597	891383
非金属矿物制品业	240791	85571	47935	23842	5108	227002
黑色金属冶炼和压延加工业	19720	6743	8720	3477		6900
有色金属冶炼和压延加工业	280338	64182	49477	14476		72782
金属制品业	463081	129054	154728	56982	14976	326835
通用设备制造业	389223	149978	98708	21851	25423	252724
专用设备制造业	122212	21886	36914	7955	4440	81762
汽车制造业	865185	294153	242560	129854	30552	769998
铁路、船舶、航空航天和其他运输设备制造业	89021	24261	25040	5765	260	65751
电气机械和器材制造业	2370844	1047855	560421	172656	267448	1103984
计算机、通信和其他电子设备制造业	14260478	6620642	3825649	1145619	1140539	9080449
仪器仪表制造业	119902	59914	42214	12194	6831	52238
其他制造业	35282	4890	17345	2117		28823
废弃资源综合利用业						
金属制品、机械和设备修理业						
电力、热力、燃气及水生产和供应业	**254946**	**27408**	**9182**	**5205**	**28392**	**341045**
电力、热力生产和供应业	81006	15157	4104	481	85	182175
燃气生产和供应业	81922	5681	4703	4496	3450	61690
水的生产和供应业	92018	6570	376	229	24857	97180

12-18 续表4

(2021年) 单位：万元

项目	房屋和构筑物	机器设备	累计折旧	本年折旧	固定资产净额	在建工程
总　计	**3147490**	**16269404**	**11032047**	**1465661**	**9611889**	**971843**
一、按登记注册类型分						
内资企业						
国有企业						
集体企业						
股份合作企业						
联营企业						
有限责任公司						
股份有限公司						
私营企业						
其他企业						
港、澳、台商投资企业	1620421	7349656	5122703	813370	4448825	614778
合资经营企业(港或澳、台资)	343280	802692	715504	93885	602853	196675
合作经营企业(港或澳、台资)	1294	8227	8107	379	2866	
港澳台商独资经营企业	968290	5886041	4049382	643037	3585916	385578
港澳台商投资股份有限公司	301643	644445	341541	75130	249741	32521
其他港澳台商投资企业	5915	8252	8169	940	7449	4
外商投资企业	1527069	8919748	5909345	652292	5163064	357065
中外合资经营企业	875570	7155482	4237341	451225	4028740	202593
中外合作经营企业	4317	15015	10131	2366	12010	152
外资企业	617671	1730358	1617858	193911	1083873	153207
外商投资股份有限公司	7191	6128	10547	920	13782	101
其他外商投资企业	22320	12766	33467	3869	24660	1011
二、按轻重工业分						
轻工业	919258	1508704	1573407	189400	1274607	140332
重工业	2228232	14760700	9458640	1276261	8337282	831511
三、按企业规模分						
大型企业	1591282	12837423	7725246	1081952	7033484	405571
中型企业	688011	1534936	1358390	200737	1135079	396529
小微型企业	868197	1897045	1948411	182972	1443327	169743
四、按行业分						
采矿业	**4317**	**14808**	**7884**	**2291**	**11793**	**152**
煤炭开采和洗选业						
石油和天然气开采业						
黑色金属矿采选业						
有色金属矿采选业						
非金属矿采选业	4317	14808	7884	2291	11793	152
开采专业及辅助性活动						
其他采矿业						

12-18 续表5

(2021年) 单位：万元

项　　目	房屋和构筑物	机器设备	累计折旧	本年折旧	固定资产净额	在建工程
制造业	**3079901**	**16083568**	**10915233**	**1449120**	**9371266**	**886103**
农副食品加工业	1833	5511	5862	766	6216	297
食品制造业	1415	13223	12100	554	4319	16
酒、饮料和精制茶制造业	32251	64273	51733	6697	51690	9494
烟草制品业						
纺织业	20415	31912	35050	3267	28543	7485
纺织服装、服饰业	48895	89573	96187	12758	55355	
皮革、毛皮、羽毛及其制品和制鞋业	60996	55615	69574	6429	59319	711
木材加工和木、竹、藤、棕、草制品业	10982	33286	33439	2077	18892	3818
家具制造业	121851	72652	86600	13852	132011	792
造纸和纸制品业	22713	33012	29488	4328	33172	2251
印刷和记录媒介复制业	9981	61412	49274	6362	46378	115
文教、工美、体育和娱乐用品制造业	110975	63254	113135	13528	110065	10352
石油、煤炭及其他燃料加工业	22497	15095	3315	2660	35940	81
化学原料和化学制品制造业	735613	5974136	3425544	323131	3370782	109162
医药制造业			157	4	29	
化学纤维制造业						
橡胶和塑料制品业	214601	511051	526836	38340	309010	17356
非金属矿物制品业	78293	110134	118840	12194	107373	97137
黑色金属冶炼和压延加工业	366	5393	4649	171	2251	
有色金属冶炼和压延加工业	18570	48745	52773	2510	19598	1068
金属制品业	86051	181554	181332	27776	140436	43560
通用设备制造业	63363	144483	138438	15893	114224	6561
专用设备制造业	10207	38182	32567	6160	47937	3476
汽车制造业	129855	611090	452522	47069	317456	21752
铁路、船舶、航空航天和其他运输设备制造业	16714	21973	21645	3506	21059	352
电气机械和器材制造业	284441	672806	643957	81503	437695	60681
计算机、通信和其他电子设备制造业	947998	7189811	4703257	813384	3857697	489159
仪器仪表制造业	14282	25362	12963	2907	29001	391
其他制造业	14745	10032	13999	1294	14821	38
废弃资源综合利用业						
金属制品、机械和设备修理业						
电力、热力、燃气及水生产和供应业	**63272**	**171028**	**108929**	**14251**	**228830**	**85588**
电力、热力生产和供应业	26129	149853	68251	7400	110638	53944
燃气生产和供应业	254	768	17463	3021	44227	22467
水的生产和供应业	36889	20407	23216	3830	73964	9177

12-18 续表6

(2021年)　　单位：万元

项目	无形资产	土地使用权	负债合计	流动负债合计	应付账款	所有者权益合计
总计	**1025556**	**425500**	**22655308**	**18883844**	**10944493**	**16708988**
一、按登记注册类型分						
内资企业						
国有企业						
集体企业						
股份合作企业						
联营企业						
有限责任公司						
股份有限公司						
私营企业						
其他企业						
港、澳、台商投资企业	424646	177827	13265386	11417771	6692545	8511459
合资经营企业(港或澳、台资)	65033	33785	2171650	2078177	948986	1447137
合作经营企业(港或澳、台资)	374	260	11472	10431	3341	11596
港澳台商独资经营企业	337413	130451	9940734	8391724	5382478	5483805
港澳台商投资股份有限公司	21385	13331	1125601	921510	354065	1547462
其他港澳台商投资企业	442		15929	15929	3676	21460
外商投资企业	600910	247673	9389922	7466074	4251948	8197529
中外合资经营企业	364914	158794	5957256	4408015	2339034	5341017
中外合作经营企业	96828	2619	86058	35417	23219	59213
外资企业	130118	79773	3088570	2778630	1791670	2466003
外商投资股份有限公司	6680	5723	96443	82577	60283	115435
其他外商投资企业	2370	763	161596	161436	37741	215862
二、按轻重工业分						
轻工业	169090	107725	3925999	3653135	1533611	3181540
重工业	856466	317775	18729309	15230710	9410882	13527448
三、按企业规模分						
大型企业	497261	226385	16391714	13541828	8440559	10879061
中型企业	121293	72274	2966055	2595932	1422290	2883443
小微型企业	407001	126841	3297540	2746084	1081643	2946484
四、按行业分						
采矿业	**2641**	**2491**	**21225**	**10228**	**4337**	**18473**
煤炭开采和洗选业						
石油和天然气开采业						
黑色金属矿采选业						
有色金属矿采选业						
非金属矿采选业	2641	2491	21225	10228	4337	18473
开采专业及辅助性活动						
其他采矿业						

12-18 续表7

(2021年)　　单位：万元

项　目	无形资产	土地使用权	负债合计	流动负债合计	应付账款	所有者权益合计
制造业	**783011**	**416112**	**22083942**	**18574361**	**10878327**	**16391155**
农副食品加工业	1059	821	29399	27378	11342	24480
食品制造业	5149	85	29945	27080	20023	265
酒、饮料和精制茶制造业	3845	3476	40619	36849	14187	33480
烟草制品业						
纺织业	4245	2962	45670	45106	17435	74489
纺织服装、服饰业	5193	3553	168673	167083	57255	129941
皮革、毛皮、羽毛及其制品和制鞋业	20067	19111	180244	128765	53626	77439
木材加工和木、竹、藤、棕、草制品业	3255	2313	28100	28068	12136	39998
家具制造业	13124	10482	539367	535842	109600	466627
造纸和纸制品业	2843	2205	50991	48278	19710	59689
印刷和记录媒介复制业	1718	1264	100602	82760	37366	121053
文教、工美、体育和娱乐用品制造业	16852	14793	230257	207333	101908	228097
石油、煤炭及其他燃料加工业	7452	7420	42956	42956	6945	20971
化学原料和化学制品制造业	360331	159460	2668739	1269630	360186	3577025
医药制造业			167			309
化学纤维制造业						
橡胶和塑料制品业	27296	15710	637353	568217	269978	782926
非金属矿物制品业	19366	16736	189330	170827	58948	220540
黑色金属冶炼和压延加工业	102	97	17953	17899	12260	4121
有色金属冶炼和压延加工业	1364	1293	212315	206111	95313	91057
金属制品业	38282	19476	342629	286481	129160	385134
通用设备制造业	6929	4169	304506	300416	135268	247106
专用设备制造业	10289	5485	86870	70104	32929	112248
汽车制造业	26917	15068	452234	406247	207114	853840
铁路、船舶、航空航天和其他运输设备制造业	6371	2805	84551	42262	19479	83662
电气机械和器材制造业	46575	23742	2098027	2053478	980630	1158233
计算机、通信和其他电子设备制造业	149668	79836	13369890	11696857	8035757	7508411
仪器仪表制造业	2340	1381	112221	88027	70807	57576
其他制造业	2383	2370	20336	20310	8966	32437
废弃资源综合利用业						
金属制品、机械和设备修理业						
电力、热力、燃气及水生产和供应业	**239904**	**6897**	**550141**	**299255**	**61829**	**299360**
电力、热力生产和供应业	231153	3165	282555	122186	30519	190575
燃气生产和供应业	5445	430	116617	116167	8120	55961
水的生产和供应业	3307	3302	150970	60902	23189	52824

12-18 续表8

(2021年) 单位：万元

项目	实收资本	国家资本	集体资本	法人资本	个人资本	港澳台资本
总计	**9519084**	**1219601**	**21424**	**1282449**	**162303**	**3868269**
一、按登记注册类型分						
内资企业						
国有企业						
集体企业						
股份合作企业						
联营企业						
有限责任公司						
股份有限公司						
私营企业						
其他企业						
港、澳、台商投资企业	4746698	58854	20465	573330	148430	3734586
合资经营企业(港或澳、台资)	552465		20309	230366	27624	247128
合作经营企业(港或澳、台资)	8129			472	330	7328
港澳台商独资经营企业	3840743	56935		186658	62812	3350464
港澳台商投资股份有限公司	332058	1919	157	153893	51187	124902
其他港澳台商投资企业	13303			1941	6477	4765
外商投资企业	4772386	1160747	959	709119	13873	133683
中外合资经营企业	2957712	1110687		485427	1125	50261
中外合作经营企业	61920	50060				
外资企业	1652285		959	223593	12648	55028
外商投资股份有限公司	70677					
其他外商投资企业	29791			100	100	28394
二、按轻重工业分						
轻工业	1886925	1760	743	202264	39843	1176769
重工业	7632159	1217841	20681	1080185	122460	2691499
三、按企业规模分						
大型企业	5256493	1110563		541698	44929	1899288
中型企业	1738731	2042	20121	342653	50333	864835
小微型企业	2523860	106995	1303	398097	67042	1104146
四、按行业分						
采矿业	**9983**					
煤炭开采和洗选业						
石油和天然气开采业						
黑色金属矿采选业						
有色金属矿采选业						
非金属矿采选业	9983					
开采专业及辅助性活动						
其他采矿业						

12-18 续表9

(2021年) 单位：万元

项 目	实收资本	国家资本	集体资本	法人资本	个人资本	港澳台资本
制造业	**9199037**	**1169541**	**21424**	**1147624**	**162303**	**3747382**
农副食品加工业	12803			6131		6672
食品制造业	21029			2851		18179
酒、饮料和精制茶制造业	22844		613			22231
烟草制品业						
纺织业	52084			3762	2362	33643
纺织服装、服饰业	119222			2158	756	109680
皮革、毛皮、羽毛及其制品和制鞋业	123315			5678		27492
木材加工和木、竹、藤、棕、草制品业	35733			12216		23418
家具制造业	153977		130	21474	4251	91737
造纸和纸制品业	60951			200		60432
印刷和记录媒介复制业	59987			20549	1108	28026
文教、工美、体育和娱乐用品制造业	223122			4781	4467	153044
石油、煤炭及其他燃料加工业	26000					
化学原料和化学制品制造业	2770275	1087550		64227	8450	245291
医药制造业	100					100
化学纤维制造业						
橡胶和塑料制品业	527267	1760		66344	7921	242805
非金属矿物制品业	145722	55175		9023	7405	58848
黑色金属冶炼和压延加工业	3813					3813
有色金属冶炼和压延加工业	55326			2403		51239
金属制品业	263504			30474	3872	101559
通用设备制造业	193079			98887	1234	49170
专用设备制造业	62196			3522	19867	19366
汽车制造业	202055	23137		68808	200	15760
铁路、船舶、航空航天和其他运输设备制造业	39788			8590		5823
电气机械和器材制造业	523626		19508	50351	17268	353440
计算机、通信和其他电子设备制造业	3434339	1919	1174	655551	83144	1969960
仪器仪表制造业	37742			1000		35989
其他制造业	29140			8646		19666
废弃资源综合利用业						
金属制品、机械和设备修理业						
电力、热力、燃气及水生产和供应业	**310064**	**50060**		**134825**		**120887**
电力、热力生产和供应业	266486	50060		116108		96026
燃气生产和供应业	18717			18717		
水的生产和供应业	24861					24861

12-18 续表10

(2021年) 单位：万元

项目	外商资本	营业收入	主营业务收入	营业成本	税金及附加	销售费用
总　计	**2965039**	**44318591**	**42671609**	**38810355**	**162135**	**700937**
一、按登记注册类型分						
内资企业						
国有企业						
集体企业						
股份合作企业						
联营企业						
有限责任公司						
股份有限公司						
私营企业						
其他企业						
港、澳、台商投资企业	211034	22791221	22059193	19911757	93495	354448
合资经营企业(港或澳、台资)	27039	3939799	3759780	3434263	16944	82426
合作经营企业(港或澳、台资)		28865	28861	25098	138	186
港澳台商独资经营企业	183875	17304664	16825960	15215860	67458	243117
港澳台商投资股份有限公司		1418093	1345236	1149668	8598	26215
其他港澳台商投资企业	120	99799	99357	86868	358	2503
外商投资企业	2754005	21527370	20612416	18898597	68639	346490
中外合资经营企业	1310213	14323379	13553942	12620572	32656	189705
中外合作经营企业	11860	69394	67713	45184	1645	1040
外资企业	1360058	6771713	6630850	5921488	33047	147361
外商投资股份有限公司	70677	209353	208390	183163	612	3643
其他外商投资企业	1198	153532	151520	128191	680	4742
二、按轻重工业分						
轻工业	465545	7328990	7193810	6322961	36094	174219
重工业	2499494	36989601	35477799	32487394	126041	526719
三、按企业规模分						
大型企业	1660015	30511629	29383123	27139087	89582	394325
中型企业	458746	7357366	7231228	6253497	32425	143290
小微型企业	846278	6449596	6057258	5417770	40128	163322
四、按行业分						
采矿业	**9983**	**42651**	**40970**	**31673**	**1323**	**924**
煤炭开采和洗选业						
石油和天然气开采业						
黑色金属矿采选业						
有色金属矿采选业						
非金属矿采选业	9983	42651	40970	31673	1323	924
开采专业及辅助性活动						
其他采矿业						

12-18 续表11

(2021年)　　单位：万元

项　　目	外商资本	营业收入	主营业务收入	营业成本	税金及附加	销售费用
制造业	**2950764**	**44015952**	**42380896**	**38586900**	**159227**	**694665**
农副食品加工业		85316	85204	73871	153	1771
食品制造业		28582	28408	24217	159	1162
酒、饮料和精制茶制造业		137634	136266	117227	571	2456
烟草制品业						
纺织业	12317	108823	108407	88960	678	5953
纺织服装、服饰业	6628	359390	355708	311640	2311	5235
皮革、毛皮、羽毛及其制品和制鞋业	90145	280308	267955	253056	1805	2601
木材加工和木、竹、藤、棕、草制品业	100	61203	61122	51036	364	3798
家具制造业	36385	620639	613480	524758	3339	27108
造纸和纸制品业	319	137411	134475	119838	719	5086
印刷和记录媒介复制业	10304	178430	176108	145338	711	2962
文教、工美、体育和娱乐用品制造业	60830	617638	613016	537873	3401	11808
石油、煤炭及其他燃料加工业	26000	52293	51674	45246	6014	
化学原料和化学制品制造业	1364757	7283330	7154400	6008248	19509	93489
医药制造业		2560	2560	2244	7	
化学纤维制造业						
橡胶和塑料制品业	208437	1672789	1647493	1392691	9052	42066
非金属矿物制品业	15270	466764	461858	367785	2692	20899
黑色金属冶炼和压延加工业		30342	30112	27328	52	657
有色金属冶炼和压延加工业	1684	231296	227316	205276	410	2435
金属制品业	127600	762496	734022	621063	3770	14689
通用设备制造业	43788	732089	729534	651709	3044	10708
专用设备制造业	19441	191806	189954	148795	1127	7252
汽车制造业	94150	1650688	1608423	1399095	8092	29225
铁路、船舶、航空航天和其他运输设备制造业	25376	121227	119737	96753	1078	1639
电气机械和器材制造业	83059	3678164	3459816	3300104	13919	56277
计算机、通信和其他电子设备制造业	722592	24156262	23019616	21753271	74894	334256
仪器仪表制造业	753	306189	302239	265357	911	9612
其他制造业	828	62285	61996	54123	447	1522
废弃资源综合利用业						
金属制品、机械和设备修理业						
电力、热力、燃气及水生产和供应业	**4292**	**259987**	**249743**	**191782**	**1585**	**5349**
电力、热力生产和供应业	4292	119101	118708	88204	1067	
燃气生产和供应业		93324	85633	64634	244	4961
水的生产和供应业		47561	45402	38944	273	387

12-18 续表12

(2021年) 单位：万元

项目	管理费用	研发费用	财务费用	利息费用	利息收入	资产减值损失
总计	**1383697**	**966895**	**109792**	**155115**	**17835**	**121923**
一、按登记注册类型分						
内资企业						
国有企业						
集体企业						
股份合作企业						
联营企业						
有限责任公司						
股份有限公司						
私营企业						
其他企业						
港、澳、台商投资企业	924698	601365	65381	44750	6648	30665
合资经营企业(港或澳、台资)	108626	143949	13269	8178	2892	3126
合作经营企业(港或澳、台资)	2254	941	-126	5	-140	
港澳台商独资经营企业	758881	396577	39628	24651	10138	26707
港澳台商投资股份有限公司	52929	56927	12323	11696	-6244	602
其他港澳台商投资企业	2008	2972	287	220	3	230
外商投资企业	458999	365529	44411	110365	11187	91258
中外合资经营企业	165496	269194	58254	91558	2995	67422
中外合作经营企业	2628	1535	3179	3250	94	
外资企业	271303	76776	-17956	13940	7262	17959
外商投资股份有限公司	7091	10748	837	476	-244	-217
其他外商投资企业	12482	7277	97	1141	1080	6095
二、按轻重工业分						
轻工业	423630	174578	25713	17757	4619	7790
重工业	960067	792317	84078	137358	13216	114133
三、按企业规模分						
大型企业	708101	723496	89176	104237	16765	109057
中型企业	306060	140051	-12526	21214	4587	2922
小微型企业	369536	103348	33142	29664	-3517	9944
四、按行业分						
采矿业	**1520**	**1535**	**475**	**544**	**106**	
煤炭开采和洗选业						
石油和天然气开采业						
黑色金属矿采选业						
有色金属矿采选业						
非金属矿采选业	1520	1535	475	544	106	
开采专业及辅助性活动						
其他采矿业						

12-18 续表13

(2021年) 单位：万元

项目	管理费用	研发费用	财务费用			资产减值损失
				利息费用	利息收入	
制造业	**1370672**	**965333**	**104155**	**141134**	**24166**	**121923**
农副食品加工业	3109	1674	300	47	3	1
食品制造业	2254	924	-148		3	
酒、饮料和精制茶制造业	2038	964	460	480	4	
烟草制品业						
纺织业	8252	2396	612	226	11	
纺织服装、服饰业	32652	8329	1783	358	11	
皮革、毛皮、羽毛及其制品和制鞋业	42074	1172	-124	2385	151	
木材加工和木、竹、藤、棕、草制品业	4536	1394	-12	94	-50	-8
家具制造业	40849	12173	3337	3208	292	-116
造纸和纸制品业	9132	1400	844	354	-4	24
印刷和记录媒介复制业	14581	3512	2919	1904	15	84
文教、工美、体育和娱乐用品制造业	47875	7433	3525	1336	29	18
石油、煤炭及其他燃料加工业	3317		830	813	2	
化学原料和化学制品制造业	80959	35102	56597	57434	1946	57380
医药制造业	243		1			
化学纤维制造业						
橡胶和塑料制品业	110174	42911	3133	3925	1567	10872
非金属矿物制品业	20198	5024	1886	1747	245	-12
黑色金属冶炼和压延加工业	1170	456	44			
有色金属冶炼和压延加工业	7776	2466	710	885	83	180
金属制品业	54238	18656	2369	1419	-202	-106
通用设备制造业	28923	13220	382	566	836	324
专用设备制造业	12645	5394	1003	416	-49	352
汽车制造业	79998	37486	-1512	1167	546	1252
铁路、船舶、航空航天和其他运输设备制造业	12856	960	1146	1	56	360
电气机械和器材制造业	108894	104323	8884	3616	2519	5970
计算机、通信和其他电子设备制造业	624042	654707	14632	58589	16109	45160
仪器仪表制造业	13574	1697	451	165	23	187
其他制造业	4312	1560	103	2	21	
废弃资源综合利用业						
金属制品、机械和设备修理业						
电力、热力、燃气及水生产和供应业	**11505**	**27**	**5161**	**13437**	**-6438**	
电力、热力生产和供应业	5101		8659	8850	150	
燃气生产和供应业	4989	27	-661	65	771	
水的生产和供应业	1414		-2837	4522	-7359	

12-18 续表14

(2021年) 单位：万元

项　　目	其他收益	投资收益	公允价值变动收益	资产处置收益	营业利润	营业外收入
总　　计	**31547**	**233834**	**-3499**	**-9540**	**2315265**	**97440**
一、按登记注册类型分						
内资企业						
国有企业						
集体企业						
股份合作企业						
联营企业						
有限责任公司						
股份有限公司						
私营企业						
其他企业						
港、澳、台商投资企业	12523	77890	-3277	-9770	886844	48226
合资经营企业(港或澳、台资)	4532	15730	-1027	-3595	152833	5603
合作经营企业(港或澳、台资)					374	99
港澳台商独资经营企业	5868	57596	-269	-7252	612342	38929
港澳台商投资股份有限公司	2118	4508	-1981	1077	116662	3465
其他港澳台商投资企业	5	56			4634	131
外商投资企业	19025	155943	-222	230	1428421	49214
中外合资经营企业	14349	120490	-306	155	1054768	32433
中外合作经营企业					14184	167
外资企业	4739	20244	85	788	347587	13967
外商投资股份有限公司	-96	124		-2	3503	758
其他外商投资企业	33	15085		-711	8378	1889
二、按轻重工业分						
轻工业	5567	40742	63	22	210365	21200
重工业	25980	193091	-3562	-9562	2104900	76240
三、按企业规模分						
大型企业	23619	189751	-2627	-7128	1462419	32118
中型企业	3039	9777	-838	-630	502992	29304
小微型企业	4889	34305	-34	-1782	349854	36018
四、按行业分						
采矿业					**5202**	**35**
煤炭开采和洗选业						
石油和天然气开采业						
黑色金属矿采选业						
有色金属矿采选业						
非金属矿采选业					5202	35
开采专业及辅助性活动						
其他采矿业						

12-18 续表15

(2021年) 单位：万元

项目	其他收益	投资收益	公允价值变动收益	资产处置收益	营业利润	营业外收入
制造业	**30859**	**224273**	**-3499**	**-10098**	**2254678**	**95624**
农副食品加工业					4437	368
食品制造业					14	103
酒、饮料和精制茶制造业	178				14097	269
烟草制品业						
纺织业	1	200	-16	-5	2150	120
纺织服装、服饰业		17			-2544	828
皮革、毛皮、羽毛及其制品和制鞋业	2	124			-20150	678
木材加工和木、竹、藤、棕、草制品业	620			-13	703	17
家具制造业	25	23155	-2	-6	32360	2887
造纸和纸制品业	2	2		-53	319	207
印刷和记录媒介复制业	120	29		4	8475	565
文教、工美、体育和娱乐用品制造业	348	-181		-18	5852	3107
石油、煤炭及其他燃料加工业	13			-3	-3105	59
化学原料和化学制品制造业	1626	11280	-19	-424	944507	14889
医药制造业					65	
化学纤维制造业						
橡胶和塑料制品业	1562	1277		561	65276	3687
非金属矿物制品业	133			949	49364	1019
黑色金属冶炼和压延加工业					635	55
有色金属冶炼和压延加工业	68				12111	143
金属制品业	1083	3791		-1278	51410	26214
通用设备制造业	162	161		-186	23916	1233
专用设备制造业	142	-89	82	33	15406	537
汽车制造业	1631	1611	-6	47	100336	922
铁路、船舶、航空航天和其他运输设备制造业		41		-20	6570	415
电气机械和器材制造业	2012	20523	11	8	102342	6940
计算机、通信和其他电子设备制造业	21130	162287	-3548	-9688	825474	29515
仪器仪表制造业	1			-6	14395	329
其他制造业		45			263	517
废弃资源综合利用业						
金属制品、机械和设备修理业						
电力、热力、燃气及水生产和供应业	**688**	**9561**		**558**	**55385**	**1781**
电力、热力生产和供应业	384	-14			16440	1635
燃气生产和供应业	49	682			19860	80
水的生产和供应业	255	8892		558	19085	66

12-18 续表16

(2021年) 单位：万元

项目	营业外支出	利润总额	所得税费用	应付职工薪酬	应交增值税	亏损企业亏损总额
总计	**62732**	**2349975**	**424527**	**5092238**	**653917**	**159580**
一、按登记注册类型分						
内资企业						
国有企业						
集体企业						
股份合作企业						
联营企业						
有限责任公司						
股份有限公司						
私营企业						
其他企业						
港、澳、台商投资企业	37700	897374	127058	3377230	178669	95193
合资经营企业(港或澳、台资)	4701	153735	10007	407836	43704	5777
合作经营企业(港或澳、台资)	12	460	70	4244	70	131
港澳台商独资经营企业	31389	619884	102375	2653195	118447	82649
港澳台商投资股份有限公司	1595	118532	13882	306046	14611	6637
其他港澳台商投资企业	3	4763	724	5910	1837	
外商投资企业	25033	1452601	297469	1715008	475248	64387
中外合资经营企业	14660	1072540	217427	898408	401861	8674
中外合作经营企业	149	14202	740	7583	1329	
外资企业	8855	352698	74439	747152	69508	54718
外商投资股份有限公司	428	3833	1433	35687		789
其他外商投资企业	940	9327	3430	26177	2549	206
二、按轻重工业分						
轻工业	21290	210275	34601	1194805	62731	73540
重工业	41442	2139700	389927	3897433	591186	86041
三、按企业规模分						
大型企业	22874	1471663	245927	3524553	481188	21340
中型企业	18636	513661	106033	939403	83301	48411
小微型企业	21223	364651	72568	628282	89429	89829
四、按行业分						
采矿业	**122**	**5115**	**731**	**4833**	**1281**	
煤炭开采和洗选业						
石油和天然气开采业						
黑色金属矿采选业						
有色金属矿采选业						
非金属矿采选业	122	5115	731	4833	1281	
开采专业及辅助性活动						
其他采矿业						

12-18 续表17

(2021年) 单位：万元

项 目	营业外支出	利润总额	所得税费用	应付职工薪酬	应交增值税	亏损企业亏损总额
制造业	**62033**	**2288271**	**414957**	**5067001**	**648481**	**152789**
农副食品加工业	158	4647	263	8022	1177	2063
食品制造业	29	88	1	4012	386	702
酒、饮料和精制茶制造业	117	14248	3477	7899	3453	
烟草制品业						
纺织业	565	1706	578	15758	1147	1733
纺织服装、服饰业	3171	-4887	252	97334	2493	11620
皮革、毛皮、羽毛及其制品和制鞋业	740	-20212	87	102498	2236	21956
木材加工和木、竹、藤、棕、草制品业	36	684	20	8235	1008	1123
家具制造业	914	34333	2812	115739	3818	3177
造纸和纸制品业	61	465	287	20898	2145	1186
印刷和记录媒介复制业	1303	7738	1140	28087	2628	1989
文教、工美、体育和娱乐用品制造业	1023	7937	1803	132249	2014	5606
石油、煤炭及其他燃料加工业	2	-3047	-691	1779	604	3047
化学原料和化学制品制造业	5540	953857	230211	205571	356479	8063
医药制造业		65	2	116	68	
化学纤维制造业						
橡胶和塑料制品业	5330	63633	10497	270827	14301	19676
非金属矿物制品业	369	50014	7649	39047	11123	1101
黑色金属冶炼和压延加工业	96	594	49	2651	116	
有色金属冶炼和压延加工业	24	12230	1707	6288	711	351
金属制品业	8535	69090	10958	120132	6134	5335
通用设备制造业	890	24259	5022	90898	3718	1478
专用设备制造业	1093	14850	1749	33418	2876	247
汽车制造业	2045	99213	17173	253915	34399	4631
铁路、船舶、航空航天和其他运输设备制造业	647	6338	2749	20134	-120	5086
电气机械和器材制造业	7914	101367	10932	418320	32972	9636
计算机、通信和其他电子设备制造业	21195	833797	101275	3010308	158705	36026
仪器仪表制造业	197	14527	4858	38991	3416	6957
其他制造业	42	739	98	13878	475	
废弃资源综合利用业						
金属制品、机械和设备修理业						
电力、热力、燃气及水生产和供应业	**577**	**56589**	**8840**	**20403**	**4155**	**6791**
电力、热力生产和供应业	354	17720	1221	12139	2217	6791
燃气生产和供应业	25	19916	5103	5091	246	
水的生产和供应业	198	18953	2515	3173	1692	

12-18　续表18

(2021年)　　　　单位：万元

项　　目	利税总额	应交税金及附加	平均用工人数(人)	期末用工人数(人)	收入法增加值
总　　计	**3166026**	**1240579**	**513429**	**495332**	**10072985**
一、按登记注册类型分					
内资企业					
国有企业					
集体企业					
股份合作企业					
联营企业					
有限责任公司					
股份有限公司					
私营企业					
其他企业					
港、澳、台商投资企业	1169538	399223	357528	340558	5751741
合资经营企业(港或澳、台资)	214383	70655	42695	43724	714512
合作经营企业(港或澳、台资)	668	278	633	662	9085
港澳台商独资经营企业	805789	288280	281684	264003	4460887
港澳台商投资股份有限公司	141741	37090	31800	31439	549636
其他港澳台商投资企业	6957	2919	716	730	17622
外商投资企业	1996488	841356	155901	154774	4321243
中外合资经营企业	1507058	651945	70592	71782	2814304
中外合作经营企业	17175	3713	385	388	23341
外资企业	455254	176995	78865	76103	1399536
外商投资股份有限公司	4445	2045	3684	4125	40973
其他外商投资企业	12556	6659	2375	2376	43090
二、按轻重工业分					
轻工业	309100	133426	146018	140957	1764251
重工业	2856927	1107153	367411	354375	8308734
三、按企业规模分					
大型企业	2042433	816697	329675	319861	6874416
中型企业	629386	221758	106414	103480	1776887
小微型企业	494208	202124	77340	71991	1421681
四、按行业分					
采矿业	**7719**	**3335**	**177**	**176**	**14960**
煤炭开采和洗选业					
石油和天然气开采业					
黑色金属矿采选业					
有色金属矿采选业					
非金属矿采选业	7719	3335	177	176	14960
开采专业及辅助性活动					
其他采矿业					

12-18 续表19

(2021年)　　单位：万元

项　　目	利税总额	应交税金及附加	平均用工人数(人)	期末用工人数(人)	收入法增加值
制造业	**3095979**	**1222664**	**511973**	**493917**	**9971864**
农副食品加工业	5977	1593	1049	1081	14937
食品制造业	632	545	722	697	8948
酒、饮料和精制茶制造业	18272	7500	510	526	31949
烟草制品业					
纺织业	3531	2403	2255	2317	23719
纺织服装、服饰业	-83	5057	12614	12316	133011
皮革、毛皮、羽毛及其制品和制鞋业	-16172	4127	13991	13800	91302
木材加工和木、竹、藤、棕、草制品业	2056	1392	994	940	12033
家具制造业	41490	9969	12638	11392	157653
造纸和纸制品业	3330	3152	2747	2400	26687
印刷和记录媒介复制业	11076	4478	3364	3303	54462
文教、工美、体育和娱乐用品制造业	13352	7219	18513	16471	168006
石油、煤炭及其他燃料加工业	3571	5927	103	111	8751
化学原料和化学制品制造业	1329845	606199	9240	9040	1894465
医药制造业	140	76	23	23	1201
化学纤维制造业					
橡胶和塑料制品业	86986	33850	29927	28498	450902
非金属矿物制品业	63829	21464	3948	3782	117124
黑色金属冶炼和压延加工业	762	217	347	294	3436
有色金属冶炼和压延加工业	13351	2827	619	643	52476
金属制品业	78994	20862	13803	13380	210301
通用设备制造业	31021	11784	9945	9168	140195
专用设备制造业	18853	5751	4080	4097	65355
汽车制造业	141704	59665	22775	23616	448673
铁路、船舶、航空航天和其他运输设备制造业	7296	3707	2814	2745	35851
电气机械和器材制造业	148258	57823	45074	45219	643391
计算机、通信和其他电子设备制造业	1067395	334873	292306	280880	5095523
仪器仪表制造业	18854	9185	5122	4780	65227
其他制造业	1661	1020	2450	2398	16288
废弃资源综合利用业					
金属制品、机械和设备修理业					
电力、热力、燃气及水生产和供应业	**62329**	**14580**	**1279**	**1239**	**86161**
电力、热力生产和供应业	21004	4506	570	618	38117
燃气生产和供应业	20406	5593	465	376	29011
水的生产和供应业	20919	4481	244	245	19033

12-19 规模以上大中型工业企业主要经济指标

(2021年)　　单位：万元

项　　目	企业单位数(个)	亏损企业	工业总产值(当年价格)	年初存货	产成品	资产总计
总　　计	**536**	**104**	**72065427**	**7149923**	**2304417**	**61341167**
一、按登记注册类型分						
内资企业	275	54	34568899	2777108	849084	28220892
国有企业						
集体企业						
股份合作企业						
联营企业						
有限责任公司	96	23	21376732	1500481	427418	15536758
股份有限公司	16	1	3137403	393592	138993	4673301
私营企业	163	30	10054764	883036	282673	8010833
其他企业						
港、澳、台商投资企业	185	39	20293186	3085088	934309	17883216
合资经营企业(港或澳、台资)	33	2	3055513	464631	160738	3061658
合作经营企业(港或澳、台资)						
港澳台商独资经营企业	142	36	15885219	2495141	710485	12254341
港澳台商投资股份有限公司	9	1	1336439	124594	63021	2558439
其他港澳台商投资企业	1		16016	722	65	8778
外商投资企业	76	11	17203343	1287726	521024	15237059
中外合资经营企业	19		12249126	749294	380300	10674543
中外合作经营企业						
外资企业	54	10	4634612	509520	129012	3991713
外商投资股份有限公司	2	1	211738	16665	5893	204014
其他外商投资企业	1		107867	12247	5820	366789
二、按轻重工业分						
轻工业	225	48	12995849	1439746	517434	12958986
重工业	311	56	59069578	5710177	1786983	48382181
三、按企业规模分						
大型企业	128	13	56920062	5601757	1746194	48308293
中型企业	408	91	15145365	1548166	558223	13032874
小微型企业						
四、按行业分						
采矿业						
煤炭开采和洗选业						
石油和天然气开采业						
黑色金属矿采选业						
有色金属矿采选业						
非金属矿采选业						
开采专业及辅助性活动						
其他采矿业						

12-19 续表1

(2021年)　　单位：万元

项　　目	企业单位数(个)	亏损企业	工业总产值(当年价格)	年初存货	产成品	资产总计
制造业	**531**	**104**	**68846540**	**7133917**	**2304291**	**57534306**
农副食品加工业	2		120643	8296	3410	83896
食品制造业	1		27439	6875	3748	13586
酒、饮料和精制茶制造业	3		360222	12162	358	191596
烟草制品业						
纺织业	2		41432	14401	6802	36981
纺织服装、服饰业	14	8	321476	73717	12314	280743
皮革、毛皮、羽毛及其制品和制鞋业	17	7	376282	47537	23619	317764
木材加工和木、竹、藤、棕、草制品业	4	1	71226	18880	11765	77367
家具制造业	21	3	1073630	94858	43019	1340288
造纸和纸制品业	5	1	107495	13053	1559	63428
印刷和记录媒介复制业	5		125838	10988	1977	146640
文教、工美、体育和娱乐用品制造业	28	7	596043	86135	18876	400944
石油、煤炭及其他燃料加工业	1		8860526	657102	75341	3708321
化学原料和化学制品制造业	11	2	6005619	206670	160427	5573305
医药制造业	4		172520	45074	15850	197572
化学纤维制造业						
橡胶和塑料制品业	43	7	1751809	205865	80551	1471700
非金属矿物制品业	10	2	952059	82970	22362	928548
黑色金属冶炼和压延加工业	1		249160	5491	661	48052
有色金属冶炼和压延加工业	2	1	33976	6806	4765	39584
金属制品业	20	3	827877	108141	45458	712253
通用设备制造业	14		724527	55104	15156	568617
专用设备制造业	14		880380	190007	23403	1304532
汽车制造业	15	2	1575669	177359	71358	1242184
铁路、船舶、航空航天和其他运输设备制造业	6	1	385995	21550	5796	196665
电气机械和器材制造业	83	17	9210523	965093	373142	9181046
计算机、通信和其他电子设备制造业	192	39	33631087	3989498	1267967	29160495
仪器仪表制造业	9	3	310996	23947	13738	200372
其他制造业	4		52093	6341	872	47828
废弃资源综合利用业						
金属制品、机械和设备修理业						
电力、热力、燃气及水生产和供应业	**5**		**3218887**	**16006**	**127**	**3806861**
电力、热力生产和供应业	1		3117528	6481	127	3307059
燃气生产和供应业						
水的生产和供应业	4		101359	9524		499802

12-19 续表2

(2021年) 单位：万元

项　　目	流动资产合计	应收账款	存货	产成品	长期股权投资	固定资产原价
总　　计	**36228257**	**14572674**	**9406563**	**3062765**	**3266253**	**33493798**
一、按登记注册类型分						
内资企业	15687099	6120599	3854584	1232343	1476737	15676441
国有企业						
集体企业						
股份合作企业						
联营企业						
有限责任公司	7288827	2874183	1912969	617420	358854	12261091
股份有限公司	3005914	1013010	649207	199189	747182	848737
私营企业	5392359	2233406	1292408	415734	370701	2566613
其他企业						
港、澳、台商投资企业	11744788	4882912	3591708	1105647	867548	8419325
合资经营企业(港或澳、台资)	2326636	957960	526738	158495	53170	1000947
合作经营企业(港或澳、台资)						
港澳台商独资经营企业	7960464	3344754	2861005	840530	575714	6335027
港澳台商投资股份有限公司	1450704	577313	202516	106233	238664	1079695
其他港澳台商投资企业	6983	2886	1448	389		3655
外商投资企业	8796370	3569163	1960271	724775	921968	9398033
中外合资经营企业	5753534	2345124	1141470	511712	387882	7952397
中外合作经营企业						
外资企业	2738146	1140394	756205	195147	319586	1371218
外商投资股份有限公司	137123	44132	46327	10057	46065	20879
其他外商投资企业	167568	39513	16270	7859	168435	53539
二、按轻重工业分						
轻工业	8245856	3126972	1980138	674272	1351082	4089083
重工业	27982401	11445702	7426425	2388493	1915171	29404716
三、按企业规模分						
大型企业	27772684	11504135	7213113	2290413	2729572	28160881
中型企业	8455573	3068539	2193450	772351	536681	5332917
小微型企业						
四、按行业分						
采矿业						
煤炭开采和洗选业						
石油和天然气开采业						
黑色金属矿采选业						
有色金属矿采选业						
非金属矿采选业						
开采专业及辅助性活动						
其他采矿业						

12-19 续表3

(2021年) 单位：万元

项　　目	流动资产合计	应收账款	存货	产成品	长期股权投资	固定资产原价
制造业	**35714217**	**14320297**	**9388873**	**3062615**	**3256261**	**27683832**
农副食品加工业	44234	12376	6769	1442	100	63854
食品制造业	12001	-2578	9761	6218	200	1710
酒、饮料和精制茶制造业	88091	36719	12892	717		194160
烟草制品业						
纺织业	30784	3671	14663	7005		8146
纺织服装、服饰业	197804	70581	80101	15026	385	167663
皮革、毛皮、羽毛及其制品和制鞋业	199674	22797	89321	48038	34585	121596
木材加工和木、竹、藤、棕、草制品业	61177	32618	20194	12002		14897
家具制造业	770899	252411	102704	42051	258294	317685
造纸和纸制品业	48358	20786	14597	2206		29229
印刷和记录媒介复制业	97659	22280	27481	6529	12659	61025
文教、工美、体育和娱乐用品制造业	263549	70859	112086	24511	2683	198472
石油、煤炭及其他燃料加工业	1305380	181421	559021	57906	151299	3529950
化学原料和化学制品制造业	1851650	281963	475282	239697	48518	6099347
医药制造业	129300	28662	51307	15211	3672	68738
化学纤维制造业						
橡胶和塑料制品业	1029483	423042	254899	91004	45092	600189
非金属矿物制品业	585085	156708	108327	30575	24912	623897
黑色金属冶炼和压延加工业	31889	1530	8585	169		12801
有色金属冶炼和压延加工业	29675	8351	10553	4816		8956
金属制品业	466535	179686	178959	96402	8553	228279
通用设备制造业	368528	150639	85605	23833	37514	278908
专用设备制造业	1055936	173438	418939	72871	18198	175002
汽车制造业	820867	282304	237039	130369	25537	723874
铁路、船舶、航空航天和其他运输设备制造业	139126	62494	60110	17446		56335
电气机械和器材制造业	5942912	2467207	1358809	493212	1061441	2438217
计算机、通信和其他电子设备制造业	19989319	9305948	5038170	1600408	1520648	11571007
仪器仪表制造业	137859	72531	45603	21863	1971	60805
其他制造业	16445	1855	7097	1090		29090
废弃资源综合利用业						
金属制品、机械和设备修理业						
电力、热力、燃气及水生产和供应业	**514040**	**252377**	**17690**	**149**	**9993**	**5809966**
电力、热力生产和供应业	403010	247605	6414	149	6445	5299188
燃气生产和供应业						
水的生产和供应业	111031	4771	11276		3548	510778

12-19 续表4

(2021年) 单位：万元

项目	房屋和构筑物	机器设备	累计折旧	本年折旧	固定资产净额	在建工程
总 计	**5267495**	**25827783**	**16336526**	**2362113**	**16374088**	**1920040**
一、按登记注册类型分						
内资企业	2988202	11455424	7252890	1079424	8205526	1117940
国有企业						
集体企业						
股份合作企业						
联营企业						
有限责任公司	1946818	9421613	6125434	827225	6009250	812315
股份有限公司	288213	471240	268117	63246	568524	91509
私营企业	753171	1562570	859339	188953	1627752	214116
其他企业						
港、澳、台商投资企业	1134733	6549635	4183812	721202	3709921	543379
合资经营企业(港或澳、台资)	193807	697726	549795	76894	450760	189779
合作经营企业(港或澳、台资)						
港澳台商独资经营企业	641549	5213039	3298045	569996	3012391	321207
港澳台商投资股份有限公司	299378	635507	334112	74026	244975	32392
其他港澳台商投资企业		3364	1860	287	1795	
外商投资企业	1144560	7822724	4899824	561488	4458642	258721
中外合资经营企业	792411	6972938	4088153	433442	3826269	147978
中外合作经营企业						
外资企业	322638	834970	772833	123828	596794	109631
外商投资股份有限公司	7191	6128	8440	566	12439	101
其他外商投资企业	22320	8688	30398	3652	23140	1011
二、按轻重工业分						
轻工业	1188294	2493602	1752042	344717	2252162	357906
重工业	4079200	23334181	14584484	2017396	14121926	1562134
三、按企业规模分						
大型企业	3745719	22884838	13856141	1982294	13598608	1287984
中型企业	1521775	2942945	2480386	379819	2775480	632056
小微型企业						
四、按行业分						
采矿业						
煤炭开采和洗选业						
石油和天然气开采业						
黑色金属矿采选业						
有色金属矿采选业						
非金属矿采选业						
开采专业及辅助性活动						
其他采矿业						

12-19　续表5

(2021年)　　单位：万元

项　　目	房屋和构筑物	机器设备	累计折旧	本年折旧	固定资产净额	在建工程
制造业	**4549261**	**21256478**	**13251540**	**2068229**	**13676710**	**1568951**
农副食品加工业	27719	25298	27540	4688	36314	279
食品制造业	781	422	755	152	955	
酒、饮料和精制茶制造业	42797	142880	107768	14359	86366	9993
烟草制品业						
纺织业	6084	1999	3908	441	4238	746
纺织服装、服饰业	62453	84377	91347	13846	71761	
皮革、毛皮、羽毛及其制品和制鞋业	52684	53456	62414	6293	59082	514
木材加工和木、竹、藤、棕、草制品业	4212	9753	6526	1045	8371	5843
家具制造业	172737	122960	103081	20909	214604	32157
造纸和纸制品业	7861	12501	15246	1843	13983	47
印刷和记录媒介复制业	2624	41021	31243	4232	29782	115
文教、工美、体育和娱乐用品制造业	105582	68705	90051	11617	105884	11616
石油、煤炭及其他燃料加工业	672291	2857659	1783045	208933	1689991	228589
化学原料和化学制品制造业	634361	5394096	2926014	292455	3134659	77854
医药制造业	29355	29315	40416	3971	28322	27880
化学纤维制造业						
橡胶和塑料制品业	131889	384039	300895	47081	299255	24173
非金属矿物制品业	133203	453335	415038	35754	208650	118432
黑色金属冶炼和压延加工业	643	11810	3520	553	9281	6882
有色金属冶炼和压延加工业	2266	6303	2077	652	6880	676
金属制品业	93735	121735	91820	24321	136459	36874
通用设备制造业	61959	173954	137688	17336	140759	5253
专用设备制造业	98241	56075	41468	11613	133534	23782
汽车制造业	123701	577784	416797	44094	307058	19142
铁路、船舶、航空航天和其他运输设备制造业	20197	34679	13103	4439	40456	14369
电气机械和器材制造业	588744	1595544	950162	220339	1396955	227044
计算机、通信和其他电子设备制造业	1430344	8954488	5567851	1070142	5445744	688867
仪器仪表制造业	24067	32929	14047	5502	45998	2876
其他制造业	18731	9361	7720	1622	21370	4948
废弃资源综合利用业						
金属制品、机械和设备修理业						
电力、热力、燃气及水生产和供应业	**718234**	**4571306**	**3084987**	**293885**	**2697378**	**351089**
电力、热力生产和供应业	599548	4503667	2890957	279225	2408191	306061
燃气生产和供应业						
水的生产和供应业	118686	67638	194029	14660	289187	45028

12-19 续表6

(2021年) 单位：万元

项　　目	无形资产	土地使用权	负债合计	流动负债合计	应付账款	所有者权益合计
总　　计	**1264091**	**774273**	**36901050**	**30203860**	**16193858**	**24440114**
一、按登记注册类型分						
内资企业	645536	475614	17543281	14066100	6331009	10677610
国有企业						
集体企业						
股份合作企业						
联营企业						
有限责任公司	419524	316184	10037505	7487667	3239430	5499253
股份有限公司	82839	48755	2439885	1930450	821373	2233416
私营企业	143174	110675	5065891	4647984	2270205	2944941
其他企业						
港、澳、台商投资企业	184674	107619	11254836	9715114	5997466	6628378
合资经营企业(港或澳、台资)	48302	23122	1967949	1889785	863313	1093708
合作经营企业(港或澳、台资)						
港澳台商独资经营企业	115474	71205	8220056	6920812	4793189	4034284
港澳台商投资股份有限公司	20898	13292	1062015	899701	338157	1496424
其他港澳台商投资企业			4816	4816	2808	3963
外商投资企业	433881	191040	8102933	6422646	3865383	7134126
中外合资经营企业	350013	146425	5511070	4097777	2259997	5163473
中外合作经营企业						
外资企业	74868	38128	2342253	2089005	1512484	1649459
外商投资股份有限公司	6631	5723	94936	81349	59370	109078
其他外商投资企业	2369	763	154673	154514	33532	212115
二、按轻重工业分						
轻工业	245108	173966	7314048	6376286	3005656	5644936
重工业	1018983	600308	29587002	23827575	13188202	18795178
三、按企业规模分						
大型企业	983179	588998	29351506	23679611	13020573	18956786
中型企业	280911	185275	7549544	6524249	3173285	5483328
小微型企业						
四、按行业分						
采矿业						
煤炭开采和洗选业						
石油和天然气开采业						
黑色金属矿采选业						
有色金属矿采选业						
非金属矿采选业						
开采专业及辅助性活动						
其他采矿业						

12-19 续表7

(2021年) 单位：万元

项目	无形资产	土地使用权	负债合计	流动负债合计	应付账款	所有者权益合计
制造业	**1166495**	**721157**	**34597002**	**29123609**	**15860602**	**22937301**
农副食品加工业	2347	192	38502	34586	14876	45394
食品制造业	429	429	5273	5273	4258	8313
酒、饮料和精制茶制造业	6194	6189	59530	55760	33889	132066
烟草制品业						
纺织业	1166		13754	12454	2507	23226
纺织服装、服饰业	5959	3813	149805	149116	35756	130937
皮革、毛皮、羽毛及其制品和制鞋业	18793	17969	164619	96628	52398	153146
木材加工和木、竹、藤、棕、草制品业	1652	1585	55241	51309	27620	22126
家具制造业	25992	22042	823924	772330	227626	516363
造纸和纸制品业	638		29474	29474	15310	33954
印刷和记录媒介复制业	32	27	62797	51112	23796	83843
文教、工美、体育和娱乐用品制造业	16115	14801	184465	156027	84742	216479
石油、煤炭及其他燃料加工业	193040	162885	2048379	1540919	486759	1659943
化学原料和化学制品制造业	331862	134245	2385128	998321	294541	3188177
医药制造业	7043	4067	98875	79584	17518	98697
化学纤维制造业						
橡胶和塑料制品业	19849	13743	725170	670175	357757	746530
非金属矿物制品业	45658	39037	513719	382645	164561	414830
黑色金属冶炼和压延加工业			38601	38601	38410	9451
有色金属冶炼和压延加工业	2282	1000	44161	36055	12788	-4577
金属制品业	42836	25489	459879	412715	158858	252376
通用设备制造业	8455	2684	313099	285230	121583	255518
专用设备制造业	15692	7273	907467	856116	306174	397065
汽车制造业	24635	14026	439851	394595	200438	802332
铁路、船舶、航空航天和其他运输设备制造业	9692	7530	158558	140327	92717	38107
电气机械和器材制造业	135229	86900	5421139	4769018	2436909	3759906
计算机、通信和其他电子设备制造业	238402	143977	19307592	16964614	10558617	9852902
仪器仪表制造业	7973	6739	134206	131611	88428	66166
其他制造业	4530	4518	13795	9014	1766	34033
废弃资源综合利用业						
金属制品、机械和设备修理业						
电力、热力、燃气及水生产和供应业	**97596**	**53116**	**2304048**	**1080252**	**333256**	**1502813**
电力、热力生产和供应业	81837	51750	1930698	976014	321957	1376361
燃气生产和供应业						
水的生产和供应业	15758	1366	373350	104238	11299	126452

12-19 续表8

(2021年) 单位：万元

项 目	实收资本	国家资本	集体资本	法人资本	个人资本	港澳台资本
总 计	**12759575**	**1954888**	**39309**	**5138255**	**524336**	**2772194**
一、按登记注册类型分						
内资企业	5764351	842283	19189	4253904	429074	8071
国有企业						
集体企业						
股份合作企业						
联营企业						
有限责任公司	3643975	830541	3968	2728242	81169	55
股份有限公司	552668	11719		427832	105617	7500
私营企业	1567708	22	15221	1097830	242288	516
其他企业						
港、澳、台商投资企业	3337197	1919	20121	397430	95262	2697899
合资经营企业(港或澳、台资)	341252		20121	135775	15017	144339
合作经营企业(港或澳、台资)						
港澳台商独资经营企业	2677744			107604	29414	2442161
港澳台商投资股份有限公司	316448	1919		152611	50831	111087
其他港澳台商投资企业	1754			1441		313
外商投资企业	3658027	1110687		486921		66224
中外合资经营企业	2716880	1110687		308186		18085
中外合作经营企业						
外资企业	869821			178736		21490
外商投资股份有限公司	44676					
其他外商投资企业	26650					26650
二、按轻重工业分						
轻工业	2777338	500	10913	1377704	146704	789710
重工业	9982237	1954388	28397	3760551	377632	1982484
三、按企业规模分						
大型企业	9862800	1937231	6168	3964787	183480	1899288
中型企业	2896775	17657	33142	1173468	340856	872905
小微型企业						
四、按行业分						
采矿业						
煤炭开采和洗选业						
石油和天然气开采业						
黑色金属矿采选业						
有色金属矿采选业						
非金属矿采选业						
开采专业及辅助性活动						
其他采矿业						

12-19 续表9

(2021年)　　单位：万元

项　　目	实收资本					
		国家资本	集体资本	法人资本	个人资本	港澳台资本
制造业	**12023908**	**1233447**	**39309**	**5124030**	**524336**	**2772194**
农副食品加工业	10661			10661		
食品制造业	1300				1300	
酒、饮料和精制茶制造业	87138		613	83000		3525
烟草制品业						
纺织业	6987			100	1722	5166
纺织服装、服饰业	113612			32358	3936	74298
皮革、毛皮、羽毛及其制品和制鞋业	98722			100	3850	34521
木材加工和木、竹、藤、棕、草制品业	21331			500	9555	11276
家具制造业	189677			81564	30555	72059
造纸和纸制品业	31194			6613	180	24401
印刷和记录媒介复制业	26384		3000	1327	1108	20949
文教、工美、体育和娱乐用品制造业	186229			14062	300	123196
石油、煤炭及其他燃料加工业	1564437			1564437		
化学原料和化学制品制造业	2342826	1087550	5389	40215	27190	31842
医药制造业	34488			12788	21700	
化学纤维制造业						
橡胶和塑料制品业	306364	500	968	95142	32011	153424
非金属矿物制品业	142304			109210		30775
黑色金属冶炼和压延加工业	12000			12000		
有色金属冶炼和压延加工业	8298			2000	6298	
金属制品业	180397			72900	5150	44681
通用设备制造业	175726			99862	15000	37867
专用设备制造业	84980			55842	10977	5190
汽车制造业	166505	23137		62891		13771
铁路、船舶、航空航天和其他运输设备制造业	36063			13000		1913
电气机械和器材制造业	1749381		26340	1122062	60293	273145
计算机、通信和其他电子设备制造业	4376101	122260	3000	1595949	288365	1779683
仪器仪表制造业	42399			19000	3647	19752
其他制造业	28405			16446	1200	10759
废弃资源综合利用业						
金属制品、机械和设备修理业						
电力、热力、燃气及水生产和供应业	**735667**	**721441**		**14225**		
电力、热力生产和供应业	706849	706849				
燃气生产和供应业						
水的生产和供应业	28818	14593		14225		

12-19 续表10

(2021年)　　单位：万元

项　　目	外商资本	营业收入	主营业务收入	营业成本	税金及附加	销售费用
总　　计	**2330592**	**72683311**	**70667163**	**63485339**	**1292272**	**955503**
一、按登记注册类型分						
内资企业	211831	34814316	34052813	30092754	1170265	417888
国有企业						
集体企业						
股份合作企业						
联营企业						
有限责任公司		21534424	21031912	18828963	1123893	123241
股份有限公司		3058874	2956484	2383212	12949	126282
私营企业	211831	10221019	10064417	8880580	33424	168365
其他企业						
港、澳、台商投资企业	124566	18723808	18302025	16489345	72444	271442
合资经营企业(港或澳、台资)	26001	3490045	3374697	3049086	13394	73473
合作经营企业(港或澳、台资)						
港澳台商独资经营企业	98565	13855357	13617928	12325768	50924	172501
港澳台商投资股份有限公司		1362518	1293512	1101012	8043	25294
其他港澳台商投资企业		15888	15888	13480	83	174
外商投资企业	1994195	19145187	18312326	16903240	49563	266173
中外合资经营企业	1279923	13969905	13211489	12308500	30984	180460
中外合作经营企业						
外资企业	669596	4857141	4785644	4324643	17490	77635
外商投资股份有限公司	44676	200055	199092	175087	493	3643
其他外商投资企业		118086	116100	95010	596	4435
二、按轻重工业分						
轻工业	451807	13282219	13057122	11353372	51442	294672
重工业	1878785	59401092	57610041	52131967	1240831	660831
三、按企业规模分						
大型企业	1871846	57495176	55850200	50624360	1227321	609763
中型企业	458746	15188135	14816964	12860979	64951	345740
小微型企业						
四、按行业分						
采矿业						
煤炭开采和洗选业						
石油和天然气开采业						
黑色金属矿采选业						
有色金属矿采选业						
非金属矿采选业						
开采专业及辅助性活动						
其他采矿业						

12-19 续表11

(2021年) 单位：万元

项　　目	外商资本	营业收入	主营业务收入	营业成本	税金及附加	销售费用
制造业	**2330592**	**69453477**	**67468186**	**60408509**	**1282024**	**943658**
农副食品加工业		107523	103448	93154	375	1110
食品制造业		26721	26721	18940	136	2644
酒、饮料和精制茶制造业		361969	359651	288326	1757	19523
烟草制品业						
纺织业		39911	39645	30356	188	3958
纺织服装、服饰业	3020	317434	314476	271437	2284	4645
皮革、毛皮、羽毛及其制品和制鞋业	60251	375114	369128	315142	2609	16645
木材加工和木、竹、藤、棕、草制品业		64226	64176	55364	411	1691
家具制造业	5499	1065702	1047070	915007	4791	31523
造纸和纸制品业		106116	105351	93095	547	3370
印刷和记录媒介复制业		125829	124646	100272	492	1972
文教、工美、体育和娱乐用品制造业	48670	577344	573149	503544	2710	9920
石油、煤炭及其他燃料加工业		9014069	8860526	7509040	1085640	18120
化学原料和化学制品制造业	1150639	6112882	6022881	5074890	14282	47254
医药制造业		149239	146021	75077	1250	38443
化学纤维制造业						
橡胶和塑料制品业	24319	1794659	1775613	1493059	8980	40849
非金属矿物制品业	2319	884591	872524	619865	7420	13250
黑色金属冶炼和压延加工业		265373	265373	258687	235	2857
有色金属冶炼和压延加工业		43981	43953	37299	104	927
金属制品业	57666	798087	783697	681299	3443	8967
通用设备制造业	22997	722563	720300	630217	3400	11580
专用设备制造业	12971	812430	783516	640425	4529	23502
汽车制造业	66706	1572367	1531373	1335030	7637	28111
铁路、船舶、航空航天和其他运输设备制造业	21151	339131	338713	305086	1103	1684
电气机械和器材制造业	267540	9662688	9468065	8460129	29424	133755
计算机、通信和其他电子设备制造业	586844	33751516	32367244	30289093	96802	465873
仪器仪表制造业		309381	308298	270685	1052	10482
其他制造业		52630	52630	43992	424	1006
废弃资源综合利用业						
金属制品、机械和设备修理业						
电力、热力、燃气及水生产和供应业		**3229834**	**3198977**	**3076830**	**10249**	**11845**
电力、热力生产和供应业		3116756	3112205	3009972	9263	570
燃气生产和供应业						
水的生产和供应业		113078	86772	66858	986	11275

12-19 续表12

(2021年) 单位：万元

项目	管理费用	研发费用	财务费用			资产减值损失
				利息费用	利息收入	
总　　计	**1682612**	**1663450**	**272747**	**335340**	**57299**	**249135**
一、按登记注册类型分						
内资企业	668451	799903	196097	209889	35948	137155
国有企业						
集体企业						
股份合作企业						
联营企业						
有限责任公司	281290	270604	150473	165519	22190	76506
股份有限公司	109038	230685	22949	23050	7379	30546
私营企业	278123	298614	22675	21320	6379	30102
其他企业						
港、澳、台商投资企业	676866	519971	43205	33664	5129	29791
合资经营企业(港或澳、台资)	83090	135698	10473	6365	2443	3083
合作经营企业(港或澳、台资)						
港澳台商独资经营企业	546801	327624	21270	15831	8923	26523
港澳台商投资股份有限公司	46203	55922	11461	11468	-6236	186
其他港澳台商投资企业	772	727	1			
外商投资企业	337295	343576	33445	91787	16222	82188
中外合资经营企业	148731	264795	57534	83602	10265	67230
中外合作经营企业						
外资企业	171125	61177	-24887	6566	5118	9123
外商投资股份有限公司	6435	10748	669	476	-244	-235
其他外商投资企业	11004	6857	129	1144	1083	6071
二、按轻重工业分						
轻工业	495525	427536	50493	53523	22908	40973
重工业	1187088	1235914	222254	281817	34392	208161
三、按企业规模分						
大型企业	1063915	1294642	244724	278917	47984	228548
中型企业	618697	368808	28023	56423	9315	20586
小微型企业						
四、按行业分						
采矿业						
煤炭开采和洗选业						
石油和天然气开采业						
黑色金属矿采选业						
有色金属矿采选业						
非金属矿采选业						
开采专业及辅助性活动						
其他采矿业						

12-19 续表13

(2021年) 单位：万元

项　　目	管理费用	研发费用	财务费用			资产减值损失
				利息费用	利息收入	
制造业	**1630312**	**1653955**	**228054**	**289649**	**55519**	**248596**
农副食品加工业	2293	1156	479	288	18	1
食品制造业	1241	810	-6		8	
酒、饮料和精制茶制造业	7378	964	-15	267	278	-3
烟草制品业						
纺织业	2817	783	278	121	6	
纺织服装、服饰业	28581	9619	1693	844	50	
皮革、毛皮、羽毛及其制品和制鞋业	36418	5510	-991	2239	1125	-50
木材加工和木、竹、藤、棕、草制品业	2974	3090	237	188	35	
家具制造业	49651	22966	4531	3944	536	610
造纸和纸制品业	6568	2093	357	218	3	-18
印刷和记录媒介复制业	10585	2212	1862	1797	11	
文教、工美、体育和娱乐用品制造业	41392	10955	3696	1368	41	18
石油、煤炭及其他燃料加工业	26752	7215	50037	50161	19	11819
化学原料和化学制品制造业	55283	19475	53686	54657	761	58001
医药制造业	9329	6856	1457	592	32	
化学纤维制造业						
橡胶和塑料制品业	83933	67626	6893	6077	1689	2437
非金属矿物制品业	33043	12149	11831	11930	383	32124
黑色金属冶炼和压延加工业	2310		9	1	8	
有色金属冶炼和压延加工业	2841	2451	909	555	-2	
金属制品业	33895	23270	3920	2351	-248	51
通用设备制造业	27819	15928	2724	2066	838	586
专用设备制造业	43107	49436	2495	1042	-105	8272
汽车制造业	70001	35987	-1035	1296	457	1258
铁路、船舶、航空航天和其他运输设备制造业	11829	9054	3369	2712	5	107
电气机械和器材制造业	234328	325952	26471	34877	19364	38049
计算机、通信和其他电子设备制造业	790491	1012337	51977	109519	30221	95709
仪器仪表制造业	11185	4733	862	325	-14	-375
其他制造业	4267	1330	327	214	1	
废弃资源综合利用业						
金属制品、机械和设备修理业						
电力、热力、燃气及水生产和供应业	**52301**	**9495**	**44693**	**45691**	**1780**	**538**
电力、热力生产和供应业	33088	9495	33940	34997	1728	538
燃气生产和供应业						
水的生产和供应业	19213		10753	10693	52	

12-19 续表14

(2021年) 单位：万元

项　　目	其他收益	投资收益	公允价值变动收益	资产处置收益	营业利润	营业外收入
总　　计	**87040**	**258862**	**-4937**	**5186**	**3428390**	**100620**
一、按登记注册类型分						
内资企业	60382	59334	-1472	12944	1462979	39198
国有企业						
集体企业						
股份合作企业						
联营企业						
有限责任公司	18814	45287	-597	15046	758003	22049
股份有限公司	32024	5564	-1738	-561	178501	4302
私营企业	9543	8483	863	-1542	526475	12847
其他企业						
港、澳、台商投资企业	11082	47664	-3278	-8340	667868	28610
合资经营企业(港或澳、台资)	4011	6905	-1027	-1270	130368	3721
合作经营企业(港或澳、台资)						
港澳台商独资经营企业	4993	36323	-270	-8167	416821	21466
港澳台商投资股份有限公司	2079	4410	-1981	1097	120002	3395
其他港澳台商投资企业		26			677	28
外商投资企业	15576	151864	-187	582	1297543	32812
中外合资经营企业	13679	116096	-306	-418	1040724	20176
中外合作经营企业						
外资企业	1993	20560	120	1711	245216	10020
外商投资股份有限公司	-96	124			3243	739
其他外商投资企业		15085		-711	8360	1878
二、按轻重工业分						
轻工业	11609	36299	1607	-3054	614661	26174
重工业	75431	222563	-6544	8240	2813729	74446
三、按企业规模分						
大型企业	76161	243547	-5268	-6378	2509961	48119
中型企业	10879	15316	331	11564	918429	52501
小微型企业						
四、按行业分						
采矿业						
煤炭开采和洗选业						
石油和天然气开采业						
黑色金属矿采选业						
有色金属矿采选业						
非金属矿采选业						
开采专业及辅助性活动						
其他采矿业						

12-19　续表15

(2021年)　　　　单位：万元

项　　目	其他收益	投资收益	公允价值变动收益	资产处置收益	营业利润	营业外收入
制造业	**81548**	**256375**	**-4937**	**2342**	**3393684**	**88457**
农副食品加工业	14			-87	8881	304
食品制造业	27	20			3003	15
酒、饮料和精制茶制造业	212			-9	44244	112
烟草制品业						
纺织业					1531	11
纺织服装、服饰业	21	3		-1	-802	843
皮革、毛皮、羽毛及其制品和制鞋业	96	239		-3	163	627
木材加工和木、竹、藤、棕、草制品业					460	59
家具制造业	347	1518	-2	-5	38482	3214
造纸和纸制品业	2	3		-16	95	197
印刷和记录媒介复制业	96			-8	8522	404
文教、工美、体育和娱乐用品制造业	115	72		-861	4435	2711
石油、煤炭及其他燃料加工业	1973	33345			340765	1608
化学原料和化学制品制造业	1203	11723		-111	802826	6477
医药制造业	30	257		-1	17115	219
化学纤维制造业						
橡胶和塑料制品业	1769	1351	14	1	94015	6848
非金属矿物制品业	786	1697	18	1	157411	943
黑色金属冶炼和压延加工业					1276	7
有色金属冶炼和压延加工业					-550	50
金属制品业	1015	-333		7	43930	14422
通用设备制造业	176	168		-186	30467	841
专用设备制造业	10832	889	82	14	52481	895
汽车制造业	1573	1432	-6	52	98429	4842
铁路、船舶、航空航天和其他运输设备制造业	217	1		129	7246	413
电气机械和器材制造业	8849	37327	1525	-2283	459995	10736
计算机、通信和其他电子设备制造业	51817	166651	-6567	5697	1166824	31207
仪器仪表制造业	378	7		13	11155	327
其他制造业		5			1287	125
废弃资源综合利用业						
金属制品、机械和设备修理业						
电力、热力、燃气及水生产和供应业	**5492**	**2487**		**2844**	**34706**	**12163**
电力、热力生产和供应业	5492	2484		2844	30710	7384
燃气生产和供应业						
水的生产和供应业		3			3995	4779

12-19 续表16

(2021年) 单位：万元

项　　目	营业外支出	利润总额	所得税费用	应付职工薪酬	应交增值税	亏损企业亏损总额
总　计	**78203**	**3450809**	**565899**	**7428944**	**1277102**	**215843**
一、按登记注册类型分						
内资企业	36693	1465486	213939	2964988	712614	146092
国有企业						
集体企业						
股份合作企业						
联营企业						
有限责任公司	19971	760081	161318	1368446	457074	76996
股份有限公司	5845	176958	-9447	388145	54686	29828
私营企业	10877	528447	62067	1208397	200853	39268
其他企业						
港、澳、台商投资企业	27529	668950	89348	2952227	125204	51656
合资经营企业(港或澳、台资)	3104	130985	8326	368388	36161	2635
合作经营企业(港或澳、台资)						
港澳台商独资经营企业	23503	414784	67334	2280231	74620	47553
港澳台商投资股份有限公司	922	122475	13583	300379	13873	1468
其他港澳台商投资企业		705	106	3229	549	
外商投资企业	13980	1316374	262612	1511729	439284	18095
中外合资经营企业	9827	1051072	211091	863901	396652	
中外合作经营企业						
外资企业	2808	252427	47737	589107	40269	17307
外商投资股份有限公司	434	3548	380	34707		789
其他外商投资企业	911	9327	3404	24015	2363	
二、按轻重工业分						
轻工业	25199	615637	73499	1894847	146447	100198
重工业	53004	2835172	492399	5534097	1130656	115645
三、按企业规模分						
大型企业	50429	2507652	395007	5377308	1039371	107934
中型企业	27773	943158	170892	2051636	237731	107909
小微型企业						
四、按行业分						
采矿业						
煤炭开采和洗选业						
石油和天然气开采业						
黑色金属矿采选业						
有色金属矿采选业						
非金属矿采选业						
开采专业及辅助性活动						
其他采矿业						

12-19 续表17

(2021年) 单位：万元

项 目	营业外支出	利润总额	所得税费用	应付职工薪酬	应交增值税	亏损企业亏损总额
制造业	**75616**	**3406528**	**554911**	**7145802**	**1218879**	**215843**
农副食品加工业	168	9017	239	12089	744	
食品制造业	1	3017	754	2211	1145	
酒、饮料和精制茶制造业	211	44145	11216	23391	11414	
烟草制品业						
纺织业	8	1534	81	5813	390	
纺织服装、服饰业	3008	-2967	162	97747	3446	9825
皮革、毛皮、羽毛及其制品和制鞋业	104	686	966	121362	4016	13015
木材加工和木、竹、藤、棕、草制品业	24	495	41	13511	2887	1462
家具制造业	745	40952	7364	189567	15332	2969
造纸和纸制品业	53	239	132	21197	954	342
印刷和记录媒介复制业	95	8832	1109	20755	2321	
文教、工美、体育和娱乐用品制造业	757	6389	1647	127243	2128	4749
石油、煤炭及其他燃料加工业	3009	339365	80272	95170	280893	
化学原料和化学制品制造业	2567	806736	196211	182687	330894	4945
医药制造业	693	16640	973	22047	7785	
化学纤维制造业						
橡胶和塑料制品业	6315	94547	12480	352915	35657	13186
非金属矿物制品业	12319	146035	33389	64510	31961	5245
黑色金属冶炼和压延加工业	282	1000		3466	2332	
有色金属冶炼和压延加工业	265	-765		11536	170	3196
金属制品业	3085	55268	7818	133652	15938	1225
通用设备制造业	1872	29436	4957	100194	7704	
专用设备制造业	790	52586	777	153700	24160	
汽车制造业	1789	101482	16468	245691	33566	3521
铁路、船舶、航空航天和其他运输设备制造业	398	7261	2714	58093	1205	6640
电气机械和器材制造业	13243	457489	43227	977578	79834	48368
计算机、通信和其他电子设备制造业	23684	1174349	126719	4049954	317043	87519
仪器仪表制造业	131	11351	4941	45761	4251	9637
其他制造业	1	1411	254	13965	710	
废弃资源综合利用业						
金属制品、机械和设备修理业						
电力、热力、燃气及水生产和供应业	**2587**	**44281**	**10987**	**283142**	**58223**	
电力、热力生产和供应业	2417	35677	8779	251206	53845	
燃气生产和供应业						
水的生产和供应业	170	8604	2208	31936	4378	

12-19 续表18

(2021年) 单位：万元

项 目	利税总额	应交税金及附加	平均用工人数(人)	期末用工人数(人)	收入法增加值
总 计	**6020184**	**3135273**	**697099**	**692657**	**16238851**
一、按登记注册类型分					
内资企业	3348365	2096818	261010	269316	7587547
国有企业					
集体企业					
股份合作企业					
联营企业					
有限责任公司	2341048	1742285	107415	106660	4574670
股份有限公司	244593	58188	28378	30890	810188
私营企业	762724	296345	125217	131766	2202690
其他企业					
港、澳、台商投资企业	866598	286997	298467	285447	4839139
合资经营企业(港或澳、台资)	180540	57881	37840	38926	624862
合作经营企业(港或澳、台资)					
港澳台商独资经营企业	540329	192878	229292	215476	3671017
港澳台商投资股份有限公司	144392	35499	30956	30659	538394
其他港澳台商投资企业	1337	738	379	386	4867
外商投资企业	1805221	751458	137622	137894	3812165
中外合资经营企业	1478707	638727	67988	69293	2729538
中外合作经营企业					
外资企业	310187	105497	63995	62522	1012976
外商投资股份有限公司	4042	873	3585	4025	38938
其他外商投资企业	12285	6362	2054	2054	30713
二、按轻重工业分					
轻工业	813525	271388	204730	206485	3226793
重工业	5206658	2863885	492369	486172	13012057
三、按企业规模分					
大型企业	4774344	2661699	466386	462678	12551627
中型企业	1245840	473574	230713	229979	3687224
小微型企业					
四、按行业分					
采矿业					
煤炭开采和洗选业					
石油和天然气开采业					
黑色金属矿采选业					
有色金属矿采选业					
非金属矿采选业					
开采专业及辅助性活动					
其他采矿业					

12-19 续表19

(2021年) 单位：万元

项　　目	利税总额	应交税金及附加	平均用工人数(人)	期末用工人数(人)	收入法增加值
制造业	**5907431**	**3055814**	**686359**	**681985**	**15569884**
农副食品加工业	10136	1358	1531	1574	27622
食品制造业	4298	2035	326	509	8646
酒、饮料和精制茶制造业	57315	24387	1882	1885	96338
烟草制品业					
纺织业	2111	659	975	989	8388
纺织服装、服饰业	2764	5893	11789	11508	118845
皮革、毛皮、羽毛及其制品和制鞋业	7311	7590	16399	16440	137376
木材加工和木、竹、藤、棕、草制品业	3793	3339	1573	1473	18435
家具制造业	61075	27487	19259	18474	274655
造纸和纸制品业	1740	1633	2852	2601	23808
印刷和记录媒介复制业	11644	3921	2309	2466	40531
文教、工美、体育和娱乐用品制造业	11227	6485	16689	14689	152171
石油、煤炭及其他燃料加工业	1705897	1446805	2586	2602	1991324
化学原料和化学制品制造业	1151911	541386	7382	7203	1674611
医药制造业	25674	10007	2631	2582	52408
化学纤维制造业					
橡胶和塑料制品业	139184	57117	39255	40840	550623
非金属矿物制品业	185417	72771	5274	5371	328380
黑色金属冶炼和压延加工业	3568	2567	440	456	9045
有色金属冶炼和压延加工业	-491	274	1029	1107	12175
金属制品业	74649	27199	12764	12611	224907
通用设备制造业	40541	16061	10548	9694	158585
专用设备制造业	81275	29466	13186	14805	250540
汽车制造业	142685	57670	21998	23032	429721
铁路、船舶、航空航天和其他运输设备制造业	9568	5021	5438	7324	74120
电气机械和器材制造业	566747	152485	96956	98505	1900701
计算机、通信和其他电子设备制造业	1588193	540564	384400	376113	6919297
仪器仪表制造业	16654	10244	4712	4987	68327
其他制造业	2546	1388	2176	2145	18303
废弃资源综合利用业					
金属制品、机械和设备修理业					
电力、热力、燃气及水生产和供应业	**112753**	**79459**	**10740**	**10672**	**668967**
电力、热力生产和供应业	98785	71887	8357	8326	612062
燃气生产和供应业					
水的生产和供应业	13968	7572	2383	2346	56905

12-20　规模以上电子工业企业主要经济指标

(2021年)　　　　单位：万元

项　　目	企业单位数(个)	亏损企业	工业总产值(当年价格)	年初存货	产成品	资产总计
总　计	**678**	**131**	**37287446**	**4410708**	**1404327**	**32307698**
一、按登记注册类型分						
内资企业	477	83	13047482	1215947	440754	11429395
国有企业						
集体企业						
股份合作企业						
联营企业						
有限责任公司	137	28	5152406	456292	161155	5020360
股份有限公司	14	1	1641060	208195	93810	1814928
私营企业	324	54	6238001	551361	185690	4571773
其他企业	2		16016	99	99	22334
港、澳、台商投资企业	141	39	15108300	2339581	690349	12822797
合资经营企业(港或澳、台资)	27	7	1138353	123224	39422	1077091
合作经营企业(港或澳、台资)						
港澳台商独资经营企业	107	31	12846662	2125285	606759	9590267
港澳台商投资股份有限公司	5	1	1103722	90273	44065	2145753
其他港澳台商投资企业	2		19563	800	103	9687
外商投资企业	60	9	9131664	855180	273225	8055506
中外合资经营企业	6	1	5301957	443283	179323	4464222
中外合作经营企业						
外资企业	52	8	3617837	394904	88685	3389440
外商投资股份有限公司	2		211870	16994	5217	201844
其他外商投资企业						
二、按轻重工业分						
轻工业						
重工业	678	131	37287446	4410708	1404327	32307698
三、按企业规模分						
大型企业	63	5	28228065	3473200	1071239	23932230
中型企业	129	34	5403022	516298	196728	5228265
小微型企业	486	92	3656359	421211	136360	3147203

12-20 续表1

(2021年) 单位：万元

项　　目	流动资产合计	应收账款	存货	产成品	长期股权投资	固定资产原价
总　计	**22211453**	**10225076**	**5512870**	**1745580**	**1571948**	**12680332**
一、按登记注册类型分						
内资企业	7950975	3604434	1687221	599961	431410	3599884
国有企业						
集体企业						
股份合作企业						
联营企业						
有限责任公司	3384782	1510880	690275	227762	148730	1929301
股份有限公司	1323448	576639	323119	126451	141134	427279
私营企业	3237954	1514688	671731	245302	141545	1242652
其他企业	4790	2227	2096	447		652
港、澳、台商投资企业	8280278	3573180	2683772	826112	472649	6664390
合资经营企业(港或澳、台资)	784925	300951	150301	45704	10624	445992
合作经营企业(港或澳、台资)						
港澳台商独资经营企业	6309049	2769866	2374346	698425	245704	5282377
港澳台商投资股份有限公司	1178527	499345	157657	81589	216321	932197
其他港澳台商投资企业	7777	3018	1468	394		3824
外商投资企业	5980200	3047462	1141877	319507	667890	2416059
中外合资经营企业	3471597	2018476	516911	187527	353781	1280412
中外合作经营企业						
外资企业	2373094	984757	581082	122645	268044	1113983
外商投资股份有限公司	135510	44229	43883	9335	46065	21663
其他外商投资企业						
二、按轻重工业分						
轻工业						
重工业	22211453	10225076	5512870	1745580	1571948	12680332
三、按企业规模分						
大型企业	16566554	7917412	4289584	1311250	1217391	9787644
中型企业	3422765	1388536	748586	289158	303257	1783363
小微型企业	2222134	919128	474700	145173	51301	1109325

12-20 续表2

(2021年)　　单位：万元

项　　目	房屋和构筑物	机器设备	累计折旧	本年折旧	固定资产净额	在建工程
总　　计	**1717311**	**9464726**	**6085762**	**1157455**	**5999055**	**760217**
一、按登记注册类型分						
内资企业	769313	2274915	1382506	344070	2141358	271059
国有企业						
集体企业						
股份合作企业						
联营企业						
有限责任公司	274339	1405439	765013	211928	1119591	90132
股份有限公司	126681	230342	184609	31270	231034	25253
私营企业	368293	638938	432617	100618	790347	140868
其他企业		197	267	255	385	14806
港、澳、台商投资企业	637960	5414312	3251564	600802	2895489	318641
合资经营企业(港或澳、台资)	152132	198519	236652	28031	208771	4017
合作经营企业(港或澳、台资)						
港澳台商独资经营企业	237884	4651975	2762108	507743	2504109	286364
港澳台商投资股份有限公司	247945	560285	250851	64713	180738	28255
其他港澳台商投资企业		3533	1953	315	1871	4
外商投资企业	310037	1775500	1451693	212582	962208	170518
中外合资经营企业	91365	1066425	780414	103971	499801	69330
中外合作经营企业						
外资企业	213713	703517	661469	107867	450790	101188
外商投资股份有限公司	4959	5558	9810	744	11618	
其他外商投资企业						
二、按轻重工业分						
轻工业						
重工业	1717311	9464726	6085762	1157455	5999055	760217
三、按企业规模分						
大型企业	1027246	7807783	4774839	912878	4495034	411576
中型企业	403098	1146704	793011	157264	950710	277291
小微型企业	286967	510238	517912	87313	553311	71351

12-20 续表3

(2021年) 单位：万元

项　　目	无形资产	土地使用权	负债合计	流动负债合计	应付账款	所有者权益合计
总　计	**305438**	**175810**	**21370616**	**18807762**	**11389814**	**10937073**
一、按登记注册类型分						
内资企业	155770	95974	8000726	7110905	3354056	3428663
国有企业						
集体企业						
股份合作企业						
联营企业						
有限责任公司	41029	18993	3728586	3163873	1357177	1291772
股份有限公司	35825	17149	903105	815274	404209	911822
私营企业	76579	59833	3348569	3112521	1591425	1223200
其他企业	2337		20466	19238	1246	1869
港、澳、台商投资企业	77866	45284	8278561	6850814	4780972	4544234
合资经营企业(港或澳、台资)	13588	7128	457795	427619	247995	619296
合作经营企业(港或澳、台资)						
港澳台商独资经营企业	49830	27276	6867951	5618783	4242928	2722314
港澳台商投资股份有限公司	14448	10879	947735	799331	287028	1198018
其他港澳台商投资企业			5081	5081	3021	4606
外商投资企业	71802	34553	5091329	4846043	3254785	2964177
中外合资经营企业	12413	11035	2989745	2943315	1833976	1474477
中外合作经营企业						
外资企业	53377	18463	2011217	1826227	1362065	1378223
外商投资股份有限公司	6011	5054	90367	76501	58745	111477
其他外商投资企业						
二、按轻重工业分						
轻工业						
重工业	305438	175810	21370616	18807762	11389814	10937073
三、按企业规模分						
大型企业	180294	101767	16058643	14093424	9077256	7873588
中型企业	58108	42209	3248949	2871191	1481362	1979314
小微型企业	67036	31834	2063024	1843148	831196	1084172

12-20 续表4

(2021年) 单位：万元

项 目	实收资本	国家资本	集体资本	法人资本	个人资本	港澳台资本
总 计	**5220422**	**126515**	**5604**	**1952653**	**435064**	**1977894**
一、按登记注册类型分						
内资企业	1786084	124596	4431	1297102	351920	7934
国有企业						
集体企业						
股份合作企业						
联营企业						
有限责任公司	942526	112855	726	762617	61328	5000
股份有限公司	196678	11719		79739	105220	
私营企业	645580	22	3705	453446	185372	2934
其他企业	1300			1300		
港、澳、台商投资企业	2405615	1919	345	304051	83144	1951904
合资经营企业(港或澳、台资)	254608		188	140110	12595	75714
合作经营企业(港或澳、台资)						
港澳台商独资经营企业	1902124			17084	27272	1819635
港澳台商投资股份有限公司	246859	1919	157	145416	43207	56161
其他港澳台商投资企业	2024			1441	70	393
外商投资企业	1028723		829	351500		18056
中外合资经营企业	239959			161074		
中外合作经营企业						
外资企业	721956		829	190426		18056
外商投资股份有限公司	66808					
其他外商投资企业						
二、按轻重工业分						
轻工业						
重工业	5220422	126515	5604	1952653	435064	1977894
三、按企业规模分						
大型企业	3297964	121738		1158434	141475	1537777
中型企业	1078137	522	3000	437515	146889	241906
小微型企业	844322	4255	2604	356704	146699	198211

12-20 续表5

(2021年) 单位：万元

项目	外商资本	营业收入	主营业务收入	营业成本	税金及附加	销售费用
总计	**722692**	**37354709**	**35763872**	**33443738**	**113325**	**511077**
一、按登记注册类型分						
内资企业	100	13198447	12744256	11690467	38432	176820
国有企业						
集体企业						
股份合作企业						
联营企业						
有限责任公司		5127319	4870306	4615353	12916	47582
股份有限公司		1619228	1561357	1261598	6500	48823
私营企业	100	6436204	6296928	5799147	19001	80391
其他企业		15696	15666	14368	16	25
港、澳、台商投资企业	64254	13202854	12781673	11771980	47797	127886
合资经营企业(港或澳、台资)	26001	1184470	1089074	1024603	5027	23663
合作经营企业(港或澳、台资)						
港澳台商独资经营企业	38133	10876211	10617314	9818138	35956	84829
港澳台商投资股份有限公司		1122774	1055884	912881	6721	19201
其他港澳台商投资企业	120	19400	19400	16358	93	193
外商投资企业	658338	10953408	10237943	9981291	27097	206370
中外合资经营企业	78886	6934982	6290498	6401517	13523	140579
中外合作经营企业						
外资企业	512645	3818503	3747523	3406019	13015	62153
外商投资股份有限公司	66808	199923	199923	173756	559	3639
其他外商投资企业						
二、按轻重工业分						
轻工业						
重工业	722692	37354709	35763872	33443738	113325	511077
三、按企业规模分						
大型企业	338540	28163212	27009402	25384360	77671	392736
中型企业	248304	5588304	5357842	4904733	19130	73138
小微型企业	135848	3603193	3396628	3154645	16524	45203

12-20 续表6

(2021年) 单位：万元

项目	管理费用	研发费用	财务费用	利息费用	利息收入	资产减值损失
总计	**999142**	**1115825**	**92723**	**141780**	**30761**	**124732**
一、按登记注册类型分						
内资企业	375100	461118	78091	83192	14653	79572
国有企业						
集体企业						
股份合作企业						
联营企业						
有限责任公司	131697	158019	36691	41679	10137	29114
股份有限公司	47895	133536	7901	10096	2433	11008
私营企业	195282	169193	33497	31417	2082	39451
其他企业	227	370	2			
港、澳、台商投资企业	460504	363335	29316	22026	2046	27636
合资经营企业(港或澳、台资)	40396	54953	3299	2108	1510	3486
合作经营企业(港或澳、台资)						
港澳台商独资经营企业	383965	267900	16565	9148	6730	25487
港澳台商投资股份有限公司	35209	39564	9407	10770	-6195	-1337
其他港澳台商投资企业	935	918	45			
外商投资企业	163538	291372	-14684	36562	14063	17524
中外合资经营企业	56257	227695	9306	30380	9146	8925
中外合作经营企业						
外资企业	100952	52929	-24709	5812	5168	8816
外商投资股份有限公司	6329	10748	719	371	-251	-217
其他外商投资企业						
二、按轻重工业分						
轻工业						
重工业	999142	1115825	92723	141780	30761	124732
三、按企业规模分						
大型企业	602372	858428	68365	91351	26182	88250
中型企业	188119	153909	-16388	18168	4039	7459
小微型企业	208651	103488	40745	32262	540	29023

12-20 续表7

(2021年) 单位：万元

项　　目	其他收益	投资收益	公允价值变动收益	资产处置收益	营业利润	营业外收入
总　　计	**55973**	**166941**	**-6600**	**11387**	**1181791**	**40021**
一、按登记注册类型分						
内资企业	34843	4655	-3052	21075	356317	10506
国有企业						
集体企业						
股份合作企业						
联营企业						
有限责任公司	8853	4976	-706	12600	121638	2343
股份有限公司	18943	-1960	-2450	-98	116403	1402
私营企业	7047	1639	104	8573	117587	6762
其他企业					690	
港、澳、台商投资企业	6933	39352	-3368	-9810	407503	18031
合资经营企业(港或澳、台资)	1381	6933	-1027	-2601	33727	2781
合作经营企业(港或澳、台资)						
港澳台商独资经营企业	4425	29308	-306	-8093	268703	11997
港澳台商投资股份有限公司	1127	3085	-2035	884	104188	3182
其他港澳台商投资企业		26			885	71
外商投资企业	14197	122934	-180	121	417971	11485
中外合资经营企业	11858	103499	-300	-253	191983	3012
中外合作经营企业						
外资企业	2437	19436	120	376	221696	7715
外商投资股份有限公司	-98			-2	4292	758
其他外商投资企业						
二、按轻重工业分						
轻工业						
重工业	55973	166941	-6600	11387	1181791	40021
三、按企业规模分						
大型企业	45906	159589	-6421	-7187	882915	23189
中型企业	5911	7062	-146	12884	283909	8018
小微型企业	4156	290	-33	5690	14967	8814

12-20 续表8

(2021年) 单位：万元

项　　目	营业外支出	利润总额	所得税费用	应付职工薪酬	应交增值税	亏损企业亏损总额
总　　计	**32727**	**1189089**	**143451**	**4464290**	**394705**	**187458**
一、按登记注册类型分						
内资企业	11532	355293	42176	1453982	236000	151432
国有企业						
集体企业						
股份合作企业						
联营企业						
有限责任公司	3847	120135	18276	562714	64287	64912
股份有限公司	1264	116540	4369	197557	33010	632
私营企业	6420	117929	19425	692609	138594	85888
其他企业		690	106	1102	109	
港、澳、台商投资企业	13789	411747	58414	2061750	72800	30458
合资经营企业(港或澳、台资)	1840	34670	485	141698	7308	3429
合作经营企业(港或澳、台资)						
港澳台商独资经营企业	11313	269388	45291	1667802	51707	25562
港澳台商投资股份有限公司	636	106734	12533	248796	13225	1468
其他港澳台商投资企业		955	106	3454	559	
外商投资企业	7406	422049	42861	948558	85904	5568
中外合资经营企业	3939	191056	2266	530149	50947	33
中外合作经营企业						
外资企业	3039	226372	39171	386168	34958	5535
外商投资股份有限公司	428	4622	1425	32241		
其他外商投资企业						
二、按轻重工业分						
轻工业						
重工业	32727	1189089	143451	4464290	394705	187458
三、按企业规模分						
大型企业	17486	888620	78112	3345775	235110	53266
中型企业	6199	285729	48607	704179	81933	34253
小微型企业	9042	14740	16732	414336	77662	99939

12-20 续表9

(2021年) 单位：万元

项　　目	利税总额	应交税金及附加	平均用工人数(人)	期末用工人数(人)	收入法增加值
总　计	**1697119**	**651481**	**440018**	**426474**	**7685931**
一、按登记注册类型分					
内资企业	629724	316608	147712	145594	2590408
国有企业					
集体企业					
股份合作企业					
联营企业					
有限责任公司	197337	95478	54774	52287	1023113
股份有限公司	156050	43879	13627	15064	389660
私营企业	275524	177020	79152	78056	1173528
其他企业	814	231	159	187	4106
港、澳、台商投资企业	532344	179011	203594	190647	3500894
合资经营企业(港或澳、台资)	47005	12820	14817	14877	207698
合作经营企业(港或澳、台资)					
港澳台商独资经营企业	357051	132954	162995	150441	2829804
港澳台商投资股份有限公司	126681	32479	25381	24919	457685
其他港澳台商投资企业	1608	758	401	410	5706
外商投资企业	535051	155862	88712	90233	1594629
中外合资经营企业	255526	66736	47985	48887	793054
中外合作经营企业					
外资企业	274344	87143	37632	37812	763395
外商投资股份有限公司	5181	1984	3095	3534	38180
其他外商投资企业					
二、按轻重工业分					
轻工业					
重工业	1697119	651481	440018	426474	7685931
三、按企业规模分					
大型企业	1201401	390893	306660	299261	5676760
中型企业	386792	149671	77740	76852	1242538
小微型企业	108926	110918	55618	50361	766634

12-21　规模以上石化工业企业主要经济指标

(2021年)　　单位：万元

项　　目	企业单位数(个)	亏损企业	工业总产值(当年价格)	年初存货	产成品	资产总计
总　　计	**206**	**27**	**19500328**	**1114226**	**333254**	**12191800**
一、按登记注册类型分						
内资企业	164	21	12267568	800696	133698	5882108
国有企业						
集体企业						
股份合作企业						
联营企业						
有限责任公司	41	7	10487410	708842	94659	4548911
股份有限公司	4		57780	3406	1982	111555
私营企业	119	14	1722378	88449	37057	1221642
其他企业						
港、澳、台商投资企业	24	3	854955	58920	19289	626196
合资经营企业(港或澳、台资)	2	1	18600	8851	4797	42149
合作经营企业(港或澳、台资)						
港澳台商独资经营企业	21	2	769176	46817	13700	563114
港澳台商投资股份有限公司						
其他港澳台商投资企业	1		67178	3252	792	20933
外商投资企业	18	3	6377805	254610	180267	5683497
中外合资经营企业	4	1	5547198	179629	151426	5040084
中外合作经营企业						
外资企业	14	2	830607	74981	28841	643413
外商投资股份有限公司						
其他外商投资企业						
二、按轻重工业分						
轻工业	38	4	444352	48415	8913	438796
重工业	168	23	19055976	1065811	324341	11753004
三、按企业规模分						
大型企业	2		13745970	789290	199904	8342820
中型企业	10	2	1120175	74482	35863	938806
小微型企业	194	25	4634182	250454	97487	2910174

12-21 续表1

(2021年)　　单位：万元

项目	流动资产合计	应收账款	存货	产成品	长期股权投资	固定资产原价
总计	**4821697**	**939043**	**1344612**	**414498**	**311550**	**11430979**
一、按登记注册类型分						
内资企业	2584394	669970	762558	128094	253598	4554911
国有企业						
集体企业						
股份合作企业						
联营企业						
有限责任公司	1687755	309631	646887	80989	161814	4143850
股份有限公司	37051	20783	3355	2114	37968	49260
私营企业	859588	339556	112316	44991	53816	361802
其他企业						
港、澳、台商投资企业	465641	108588	69134	28826	21663	318155
合资经营企业(港或澳、台资)	34271	8184	7652	4193		11954
合作经营企业(港或澳、台资)						
港澳台商独资经营企业	415083	88503	58671	23333	21663	297481
港澳台商投资股份有限公司						
其他港澳台商投资企业	16287	11901	2811	1301		8720
外商投资企业	1771662	160485	512921	257577	36289	6557913
中外合资经营企业	1459555	63320	435060	229934	36289	5958998
中外合作经营企业						
外资企业	312107	97165	77861	27644		598916
外商投资股份有限公司						
其他外商投资企业						
二、按轻重工业分						
轻工业	272733	114793	57991	14998	23356	178404
重工业	4548964	824249	1286622	399499	288194	11252576
三、按企业规模分						
大型企业	2542131	235782	940420	260877	151299	9275181
中型企业	614899	227602	93882	36726	48518	354115
小微型企业	1664667	475659	310310	116895	111733	1801683

12-21 续表2

(2021年) 单位：万元

项目	房屋和构筑物	机器设备	累计折旧	本年折旧	固定资产净额	在建工程
总计	**1704269**	**9409891**	**5610376**	**591932**	**5711133**	**366491**
一、按登记注册类型分						
内资企业	946159	3420660	2181517	266142	2304411	257249
国有企业						
集体企业						
股份合作企业						
联营企业						
有限责任公司	810871	3273045	2032606	236008	2043406	237493
股份有限公司	1845	39928	18934	4760	29974	503
私营企业	133443	107687	129977	25374	231031	19253
其他企业						
港、澳、台商投资企业	90339	190409	224317	9610	93302	15340
合资经营企业(港或澳、台资)	2476	5431	8269	573	3685	507
合作经营企业(港或澳、台资)						
港澳台商独资经营企业	83122	180999	211903	8596	85579	14832
港澳台商投资股份有限公司						
其他港澳台商投资企业	4741	3979	4146	442	4039	
外商投资企业	667771	5798821	3204541	316180	3313420	93903
中外合资经营企业	568068	5349112	2875740	282484	3045300	60852
中外合作经营企业						
外资企业	99703	449709	328801	33696	268121	33050
外商投资股份有限公司						
其他外商投资企业						
二、按轻重工业分						
轻工业	81960	71547	84722	12710	93217	27067
重工业	1622308	9338344	5525653	579223	5617916	339424
三、按企业规模分						
大型企业	1175049	8066357	4555618	474673	4624692	273336
中型企业	131603	185397	153441	26715	199958	33108
小微型企业	397617	1158136	901317	90545	886483	60048

12-21　续表3

(2021年)　　单位：万元

项　目	无形资产	土地使用权	负债合计	流动负债合计	应付账款	所有者权益合计
总　计	**643420**	**393807**	**5896126**	**3851692**	**1151475**	**6295670**
一、按登记注册类型分						
内资企业	275638	226927	3184430	2539106	784345	2697674
国有企业						
集体企业						
股份合作企业						
联营企业						
有限责任公司	236039	196480	2467907	1896919	605165	2081003
股份有限公司	3838	3426	54195	38354	3828	57360
私营企业	35760	27021	662329	603834	175352	559311
其他企业						
港、澳、台商投资企业	23183	15517	273494	235966	70222	352701
合资经营企业(港或澳、台资)	1515	1190	22222	21316	1920	19928
合作经营企业(港或澳、台资)						
港澳台商独资经营企业	21228	14326	244259	207637	68061	318854
港澳台商投资股份有限公司						
其他港澳台商投资企业	440		7013	7013	241	13920
外商投资企业	344600	151363	2438202	1076620	296909	3245295
中外合资经营企业	318458	126283	2159004	822136	217294	2881080
中外合作经营企业						
外资企业	26142	25080	279198	254484	79615	364215
外商投资股份有限公司						
其他外商投资企业						
二、按轻重工业分						
轻工业	18835	13357	257832	216647	104207	180963
重工业	624586	380450	5638294	3635046	1047269	6114707
三、按企业规模分						
大型企业	499935	281211	4052429	2228582	676309	4290392
中型企业	24966	15920	381078	310658	104991	557728
小微型企业	118519	96676	1462619	1312452	370176	1447551

12-21 续表4

(2021年) 单位：万元

项目	实收资本	国家资本	集体资本	法人资本	个人资本	港澳台资本
总计	**4868854**	**1159544**	**16743**	**1876697**	**171823**	**253291**
一、按登记注册类型分						
内资企业	2072580	71994	16743	1812470	163373	8000
国有企业						
集体企业						
股份合作企业						
联营企业						
有限责任公司	1851037	71994		1734436	36607	8000
股份有限公司	30167			7493	22674	
私营企业	191375		16743	70540	104092	
其他企业						
港、澳、台商投资企业	275882			17033	8450	245291
合资经营企业(港或澳、台资)	15520			4993	2042	8484
合作经营企业(港或澳、台资)						
港澳台商独资经营企业	251463			12039		234315
港澳台商投资股份有限公司						
其他港澳台商投资企业	8899				6407	2492
外商投资企业	2520393	1087550		47194		
中外合资经营企业	2280249	1087550		47071		
中外合作经营企业						
外资企业	240144			123		
外商投资股份有限公司						
其他外商投资企业						
二、按轻重工业分						
轻工业	123425		431	44265	19487	27993
重工业	4745430	1159544	16311	1832432	152336	225298
三、按企业规模分						
大型企业	3739537	1087550		1564437		
中型企业	167726		5389	40215	27190	31842
小微型企业	961591	71994	11354	272044	144633	221449

12-21 续表5

(2021年) 单位：万元

项　　目	外商资本	营业收入	主营业务收入	营业成本	税金及附加	销售费用
总　　计	**1390757**	**19827196**	**19454926**	**16630463**	**1128149**	**174521**
一、按登记注册类型分						
内资企业		12491572	12248853	10576970	1102625	81032
国有企业						
集体企业						
股份合作企业						
联营企业						
有限责任公司		10638290	10448598	8996727	1096611	34750
股份有限公司		58721	58278	35377	361	1504
私营企业		1794561	1741977	1544866	5654	44778
其他企业						
港、澳、台商投资企业	5108	833575	832432	636170	5387	33085
合资经营企业(港或澳、台资)		18574	18567	10278	199	1645
合作经营企业(港或澳、台资)						
港澳台商独资经营企业	5108	748216	747520	568176	4970	29266
港澳台商投资股份有限公司						
其他港澳台商投资企业		66785	66345	57716	218	2174
外商投资企业	1385649	6502048	6373642	5417323	20137	60404
中外合资经营企业	1145628	5650789	5565219	4728085	10908	20519
中外合作经营企业						
外资企业	240021	851260	808423	689238	9229	39885
外商投资股份有限公司						
其他外商投资企业						
二、按轻重工业分						
轻工业	31249	425403	425220	333233	2625	28432
重工业	1359509	19401792	19029706	16297230	1125524	146089
三、按企业规模分						
大型企业	1087550	14014773	13782006	11755642	1092948	33019
中型企业	63089	1112178	1101401	828288	6974	32354
小微型企业	240118	4700245	4571520	4046533	28227	109147

12-21 续表6

(2021年) 单位：万元

项　　目	管理费用	研发费用	财务费用			资产减值损失
				利息费用	利息收入	
总　　计	**204115**	**114706**	**118553**	**116562**	**2341**	**73431**
一、按登记注册类型分						
内资企业	119838	79604	61126	58316	394	16051
国有企业						
集体企业						
股份合作企业						
联营企业						
有限责任公司	52699	28586	54435	53231	56	12443
股份有限公司	5111	2168	960	1210	-641	361
私营企业	62029	48850	5731	3876	980	3247
其他企业						
港、澳、台商投资企业	26757	31106	2271	1008	157	319
合资经营企业(港或澳、台资)	1770	1791	811	46	68	4
合作经营企业(港或澳、台资)						
港澳台商独资经营企业	24410	27262	1243	743	86	85
港澳台商投资股份有限公司						
其他港澳台商投资企业	577	2054	217	219	3	230
外商投资企业	57520	3996	55157	57238	1791	57061
中外合资经营企业	30403	3202	53795	54046	-170	57331
中外合作经营企业						
外资企业	27117	795	1362	3192	1961	-270
外商投资股份有限公司						
其他外商投资企业						
二、按轻重工业分						
轻工业	26061	13702	1939	1116	211	181
重工业	178054	101005	116615	115446	2130	73251
三、按企业规模分						
大型企业	51836	7215	100036	101121	209	69069
中型企业	30199	19475	3687	3696	571	751
小微型企业	122080	88016	14830	11745	1562	3612

12-21 续表7

(2021年) 单位：万元

项目	其他收益	投资收益	公允价值变动收益	资产处置收益	营业利润	营业外收入
总计	**7868**	**53881**	**-19**	**-510**	**1444471**	**22075**
一、按登记注册类型分						
内资企业	6229	42601		-82	503068	7127
国有企业						
集体企业						
股份合作企业						
联营企业						
有限责任公司	3214	35186		-62	400376	2214
股份有限公司	1441	72		9	14403	102
私营企业	1573	7342		-30	88289	4811
其他企业						
港、澳、台商投资企业	390	605		-53	99421	11043
合资经营企业(港或澳、台资)	274	87			2436	26
合作经营企业(港或澳、台资)						
港澳台商独资经营企业	117	489		-53	93356	10962
港澳台商投资股份有限公司						
其他港澳台商投资企业		30			3629	55
外商投资企业	1249	10675	-19	-374	841982	3905
中外合资经营企业	1139	11117		29	758832	2846
中外合作经营企业						
外资企业	110	-442	-19	-403	83150	1060
外商投资股份有限公司						
其他外商投资企业						
二、按轻重工业分						
轻工业	450	463		-2	20142	1560
重工业	7418	53418	-19	-508	1424328	20516
三、按企业规模分						
大型企业	2718	43699			951425	4364
中型企业	458	1369		-111	192166	3721
小微型企业	4692	8813	-19	-398	300880	13990

12-21 续表8

(2021年)　　单位：万元

项　　目	营业外支出	利润总额	所得税费用	应付职工薪酬	应交增值税	亏损企业亏损总额
总　计	**11589**	**1454957**	**333189**	**426041**	**691346**	**22669**
一、按登记注册类型分						
内资企业	6048	504148	103669	218692	334263	11559
国有企业						
集体企业						
股份合作企业						
联营企业						
有限责任公司	3633	398958	89138	131886	299509	5990
股份有限公司	103	14401	2544	4612	2912	
私营企业	2312	90789	11987	82193	31842	5570
其他企业						
港、澳、台商投资企业	2016	108447	19803	49102	21872	6888
合资经营企业(港或澳、台资)	51	2411	535	4946	1151	1929
合作经营企业(港或澳、台资)						
港澳台商独资经营企业	1963	102355	18652	42507	19475	4960
港澳台商投资股份有限公司						
其他港澳台商投资企业	2	3682	616	1649	1246	
外商投资企业	3525	842362	209717	158248	335211	4221
中外合资经营企业	1843	759834	190077	134188	318673	971
中外合作经营企业						
外资企业	1682	82528	19641	24060	16538	3250
外商投资股份有限公司						
其他外商投资企业						
二、按轻重工业分						
轻工业	345	21356	3691	47704	7087	5222
重工业	11244	1433601	329498	378337	684259	17447
三、按企业规模分						
大型企业	4267	951522	233331	212531	576609	
中型企业	1309	194579	43152	65327	35177	4945
小微型企业	6013	308857	56706	148184	79560	17724

12-21 续表9

(2021年) 单位：万元

项目	利税总额	应交税金及附加	平均用工人数(人)	期末用工人数(人)	收入法增加值
总计	**3274452**	**2152683**	**23603**	**23614**	**4550746**
一、按登记注册类型分					
内资企业	1941036	1540557	14260	14463	2647530
国有企业					
集体企业					
股份合作企业					
联营企业					
有限责任公司	1795078	1485258	5475	5545	2341347
股份有限公司	17674	5817	256	264	12245
私营企业	128284	49483	8529	8654	293938
其他企业					
港、澳、台商投资企业	135706	47061	4993	4783	199359
合资经营企业(港或澳、台资)	3761	1885	469	424	10586
合作经营企业(港或澳、台资)					
港澳台商独资经营企业	126799	43097	4373	4208	181373
港澳台商投资股份有限公司					
其他港澳台商投资企业	5146	2080	151	151	7400
外商投资企业	1197710	565064	4350	4368	1703857
中外合资经营企业	1089415	519658	2941	2931	1554293
中外合作经营企业					
外资企业	108294	45407	1409	1437	149564
外商投资股份有限公司					
其他外商投资企业					
二、按轻重工业分					
轻工业	31068	13402	5842	5697	102603
重工业	3243384	2139281	17761	17917	4448143
三、按企业规模分					
大型企业	2621078	1902888	4827	4826	3339568
中型企业	236730	85303	5141	4979	326366
小微型企业	416643	164492	13635	13809	884811

12-22 分县区规模以上工业企业主要工业产品产量

(2021年)

产品名称	单位	全市	惠城区	惠阳区	惠东县	博罗县	龙门县	大亚湾区	仲恺区
石灰石	吨	14339877				1119730	13220147		
建筑用天然石料	立方米	4889602		1309849	2989035		590718		
大米	吨	112978	57520	28157		27301			
饲料	吨	1531962	114127	210567		831533		250216	125518
鲜、冷藏肉	吨	42902			16599	25611			692
营养、保健食品	吨	5552			244	5308			
饮料酒	千升	115797	115797						
饮料	吨	2738707				1824808			913898
服装	万件	4829	2386	218	290	1746	57		132
手提包(袋)、背包	万个	1453	168	1028	83	174			
鞋	万双	9940	303	448	7899	1290			
人造板	立方米	874156	242775		118072	513309			
家具	件	40517629	7783	9766645	486019	21764445		2363453	6129284
纸制品	吨	306961	3878	169257	34638	34679		28574	35936
单色印刷品	令	59719	26993						32726
多色印刷品	对开色令	260467	107977	121345					31145
乙烯	吨	2105315						2105315	
对二甲苯(PX)	吨	838418						838418	
涂料	吨	192207	13179	98818	3624	43020		30262	3304
初级形态塑料	吨	490409		16241		17467		451027	5674
合成橡胶	吨	353804			31476			322327	
乙二醇	吨	740420						740420	
化学试剂	吨	714755				569065	3521	142169	
合成洗涤剂	吨	84149		9165	10604	3952		60428	
中成药	吨	6924	88			6836			
塑料制品	吨	425437	7950	54482	25227	166716	15144	18495	137423
硅酸盐水泥熟料	吨	10933858					10933858		
水泥	吨	19256940		760303	117477	3099426	14362076		917659
商品混凝土	立方米	24311108	6384832	4126539	1892551	3777630	877150	3595816	3656590

12–22 续表1

(2021年)

产品名称	单位	全市	惠城区	惠阳区	惠东县	博罗县	龙门县	大亚湾区	仲恺区
预应力混凝土桩	米	7229602	3431169		467206	1536426			1794801
砖	万块	246365	1234		2879		13781		228471
沥青和改性沥青防水卷材	平方米	56410667		3499030				52460710	450927
钢化玻璃	平方米	379744			379744				
钢材	吨	578149			568660				9490
铝合金	吨	19063		5076		11039		2948	
铜材	吨	110838				83786		5673	21379
铝材	吨	73100			760	66308			6032
钢结构	吨	418896	90764	22864		106286		102894	96088
金属集装箱	立方米	2852580		2770503					82077
不锈钢日用制品	吨	2056				1146			910
电梯、自动扶梯及升降机	台	8726		1463		1020			6243
泵	台	10102216	341427		4699214				5061575
气体压缩机	台	4832083				36980			4795103
自动柜员机(ATM机)	台	33768	25715						8053
金属紧固件	吨	4060	602		26	1030			2402
弹簧	吨	1115		43		1072			
模具	套	62716		909	63	2556			59188
食品制造机械	台	7530				7530			
眼镜成镜	副	1009419		1009419					
工业机器人	套	1512	905						607
两轮脚踏自行车	辆	1598810		1598810					
电动自行车	辆	13525							13525
变压器	千伏安	715620	715620						
低压开关板	面	299672				3825			295847
通信及电子网络用电缆	对千米	51418							51418
电力电缆	千米	680278		1899		650879			27500
光纤	千米	66854		66854					
锂离子电池	万只	144796	3341	18596		28938		203	93718

12-22　续表2

(2021年)

产品名称	单位	全市	惠城区	惠阳区	惠东县	博罗县	龙门县	大亚湾区	仲恺区
铅酸蓄电池	千伏安时	783378			637219				146159
原电池及原电池组(非扣式)	万只	95349							95349
家用房间空气清洁装置	台	131042							131042
家用电风扇	台	4482899							4482899
家用电热烘烤器具	个	1916061			1916061				
电光源◇	万只	6493	58						6435
灯具及照明装置	万套	46418	3971	548	58	1451		37866	2524
电子计算机整机	台	5677365		4178737				5702	1492926
路由器	台	4626387							4626387
电话单机	部	2792300		2252189		540111			
移动通信手持机(手机)	台	48342494							48342494
其中：智能手机	台	45150602							45150602
彩色电视机	台	29149585							29149585
液晶电视机	台	27998580							27998580
其中：智能电视	台	23327704							23327704
组合音响	台	64623132	2252597	1241120		3647740			57481675
半导体存储器播放器(含MP3、MP4)	个	226000							226000
数字激光音、视盘机	台	1684076							1684076
电视接收机顶盒	万台	2920							2920
半导体分立器件	万只	223309	16783			206526			
光电子器件	万只	706783			4189	102351		11368	588875
液晶显示屏	万片	17294							17294
液晶显示模组	万套	5388				4126		215	1048
电子元件	万只	2743232	131633	621194	758597	961899			269909
印制电路板	万平方米	4915	254	1467	230	915		1185	864
工业仪表	台(个)	1478404				1478404			
钟	只	2545484		554896		1990588			
表	只	2281111				1500836	780275		
自来水生产量	万立方米	73789	23500	10866	18358	7761	1519	11785	

12-23 分县区规模以上现代产业工业增加值及比重

(2021年)

单位：万元、%

地　区	高技术制造业		先进制造业		优势传统产业	
	增加值	占比	增加值	占比	增加值	占比
全　市	9011491	40.7	14242671	64.3	2841783	12.8
惠城区	557704	32.8	912406	53.7	278247	16.4
惠阳区	2364602	56.9	2778235	66.9	659396	15.9
惠东县	101875	10.8	293823	31.1	253681	26.9
博罗县	1057138	33.2	1551752	48.8	788582	24.8
龙门县	29335	6.9	57595	13.6	315283	74.2
大亚湾区	1064705	16.5	5576856	86.6	199472	3.1
仲恺区	3856107	71.3	3109557	57.5	367063	6.8

12-24　先进制造业主要经济指标

(2021年)　　单位：万元

主要行业	收入法增加值	营业收入	利润总额
先进制造业合计	**14242671**	**63040776**	**2972911**
一、高端电子信息制造业	**6539088**	**30940551**	**1036380**
集成电路及关键元器件	4899515	18209596	778705
信息通信设备	1310342	7728549	145610
新型显示	329231	5002406	112066
二、先进装备制造业	**1637380**	**6613352**	**271628**
智能制造装备	372183	1380486	80403
船舶与海洋工程装备	1287	6009	109
节能环保装备	131522	581164	25366
轨道交通设备			
航空装备	2251	8281	170
新能源装备	218111	1331558	39329
汽车制造	492950	1809807	107986
卫星及应用	101892	417213	-37615
重要基础件	317185	1078835	55879
三、石油化工产业	**4513565**	**19607965**	**1448508**
四、先进轻纺制造业	**565180**	**2318053**	**78784**
绿色食品饮料	106201	551625	36488
高附加值纺织服装	170968	536605	3491
环保多功能家具	154781	664299	20752
智能节能型家电	133230	565524	18053
五、新材料制造业	**1053776**	**4111201**	**151090**
高端精品钢材	16317	293220	2725
高性能复合材料及特种功能材料	1037459	3817980	148365
战略前沿材料			
六、生物医药及高性能医疗器械	**97854**	**307114**	**21304**
生物制药	69957	219302	18433
高性能医疗器械	27897	87812	2870

注：先进制造业中，总项剔除了分项中的4类重复行业，故合计数与分项之和不等。

12–25 高技术制造业主要经济指标

(2021年) 单位：万元

主要行业	收入法增加值	营业收入	利润总额
高技术产业合计	**9011491**	**43170530**	**1528766**
一、医药制造业	**87446**	**274128**	**23042**
(一)化学药品制造	17483	61871	5048
(二)中药饮片加工	145	7466	280
(三)中成药生产	47406	156560	11952
(四)兽用药品制造	2346	5241	289
(五)生物药品制造	3615	8553	-1102
(六)卫生材料及医药用品制造	16451	34437	6573
(七)药用辅料及包装材料			
二、航空、航天器及设备制造业	**2251**	**8281**	**170**
(一)飞机制造	2251	8281	170
(二)航天器制造			
(三)航空、航天相关设备制造			
(四)其他航空航天器制造			
(五)航空航天器修理			
三、电子及通信设备制造业	**8518299**	**40294477**	**1415733**
(一)电子工业专用设备制造	155237	378586	33382
(二)光纤、光缆及锂离子电池制造	951121	4515940	241660
(三)通信设备、雷达及配套设备制造	1312231	7736818	91542
(四)广播电视设备制造	61249	183754	9722
(五)非专业视听设备制造	1094469	9072637	263079
(六)电子器件制造	2700745	8586781	268968
(七)电子元件及电子专用材料制造	2128635	9180306	493022
(八)智能消费设备制造	64740	384186	5225
(九)其他电子设备制造	49872	255469	9135
四、计算机及办公设备制造业	**291738**	**2144878**	**52937**
(一)计算机整机制造	120096	1125037	10443
(二)计算机零部件制造	48505	285328	5139
(三)计算机外围设备制造	38642	279547	10018
(四)工业控制计算机及系统制造	2289		
(五)信息安全设备制造	888	6473	926
(六)其他计算机制造	62653	253446	21947
(七)办公设备制造	18666	195048	4464
五、医疗仪器设备及仪器仪表制造业	**111756**	**448767**	**36884**
(一)医疗仪器设备及器械制造	29926	94462	3554
(二) 通用仪器仪表制造	76147	329886	31893
(三) 专用仪器仪表制造	3000	11627	34
(四) 光学仪器制造	2684	12792	1403
(五) 其他仪器仪表制造业			
六、信息化学品制造业			
(一)信息化学品制造			

十三、运输和邮电

13-1 运输邮电主要指标

指标名称	单位	2013年	2014年	2015年	2016年	2017年	2018年	2019年	2020年	2021年	2021年比2020年增减(%)
公路通车里程	(公里)	11234	12594	13476	13541	13823	14001	13216	13447	13516	0.5
港口码头泊位	(个)	71	71	75	75	75	75	75	61	69	13.1
#万吨级泊位	(个)	18	18	21	21	21	21	21	25	25	
码头泊位长度	(米)	10765	10765	11465	11465	11465	11465	11465	13100	13100	
民用汽车辆拥有量	(万辆)	41.40	47.09	64.34	87.62	104.09	118.39	130.87	141.77	156.83	10.6
#载客汽车	(万辆)	34.88	40.86	58.47	81.15	96.83	110.06	121.24	130.82	144.48	10.4
载货汽车	(万辆)	6.18	5.92	5.57	6.18	6.95	7.98	9.20	10.44	12.34	18.2
机动船艘数	(艘)	768	760	770	686	648	634	564	520	441	-15.2
净载重量	(万吨)	43.94	46.93	52.81	53.40	51.12	51.60	136.51	129.27	112.50	-13.0
固定电话用户	(万户)	131.47	120.20	108.59	106.48	100.00	100.44	113.95	106.90	107.90	0.9
移动电话用户	(万户)	597.79	697.97	669.09	537.13	611.51	722.17	736.52	685.45	717.70	4.7
客运量	(万人)	17301	7033	7380	7001	6829	6846	4686	926	889	-4.0
旅客周转量	(万人公里)	1401594	669516	710137	666286	691827	693965	408030	100082	89466	-10.6
货运量	(万吨)	19314	21765	24839	24891	25936	27414	29038	21387	24483	14.5
货物周转量	(万吨公里)	3434875	3966072	5033993	4638246	4853406	5054982	5260068	3756275	4093681	9.0
港口货物吞吐量	(万吨)	8045	6485	7013.47	7658	7214	8757	8956	9636	9644	0.1
邮电业务总量	(亿元)	95.60	118.40	141.83	245.42	203.73	381.31	606.36	106.16	138.84	30.8
邮政	(亿元)	9.86	14.01	20.51	32.95	41.89	55.12	67.89	37.70	47.74	26.6
电信	(亿元)	85.70	104.39	121.31	212.47	161.84	326.18	538.47	68.46	91.09	33.1

注：2020年邮电业务总量数据调整为2020年不变价可比价口径，客运、货运均含公路、水路数据。

13–2　全社会客货运输(吞吐)量

(2021年)

指标名称	单位	合计	公路运输	
				个体及联营
客运量	万人	889	874	
旅客周转量	万人公里	89466	89311	
货运量	万吨	24483	11108	
货运周转量	万吨公里	4093681	895184	
旅客吞吐量	万人			
#旅客离港量	万人			
港口货物吞吐量	万吨	9643.79		

13–2　续表

(2021年)

指标名称	单位	水上运输			
			内河	沿海	远洋
客运量	万人	15			
旅客周转量	万人公里	155			
货运量	万吨	13375			
货运周转量	万吨公里	3198497			
旅客吞吐量	万人				
#旅客离港量	万人				
港口货物吞吐量	万吨	9643.79	661.26	8982.53	

13-3 民用车辆拥有量

(2021年)　　单位：辆

指标名称	总计			总计中		
		营运	非营运	进口	个人	新注册
合　计	**1834546**	**113649**	**1720864**	**66061**	**1609909**	**231097**
一、汽车	**1568279**	**106223**	**1462056**	**65341**	**1369357**	**183366**
1. 载客汽车	1444824	16029	1428795	64952	1307834	164689
其中：大型	6926	4321	2605	11	53	317
中型	1470	8	1462	15	348	75
小型	1433359	11700	1421659	64512	1304592	164284
微型	3069		3069	414	2841	13
其中：轿车	966049	11270	954779	27500	889749	102744
2. 载货汽车	123422	90189	33233	389	61497	18677
其中：重型	33317	10362	22955	300	4084	7517
中型	4707	3418	1289	3	1654	556
轻型	84521	75581	8940	86	55405	10428
微型	877	828	49		354	176
3. 其他汽车	33	5	28		26	
其中：三轮汽车						
低速货车	33	5	28		26	
二、电车						
1. 无轨						
2. 有轨						
三、摩托车	**257826**		**257826**	**712**	**240075**	**45875**
1. 普通	256104		256104	712	238372	44638
2. 轻便	1722		1722		1703	1237
四、挂车	**8441**	**7426**	**982**	**8**	**477**	**1856**
五、其他类型车						

注：本表数据由市公安局提供。

13-3 续表

(2021年) 单位：辆

指标名称	报废	载客汽车客位(人)		载货汽车吨位(吨)	
			营运		营运
合　计	**16497**	**7819983**	**295789**	**1068336**	**544097**
一、汽车	**9530**	**7819983**	**295789**	**1068336**	**544097**
1. 载客汽车	7649	7819983	295789		
其中：大型	681	336619	236989		
中型	112	22565	134		
小型	6731	7447016	58666		
微型	125	13783			
其中：轿车	3663				
2. 载货汽车	1874			1068336	544097
其中：重型	533			747932	500472
中型	122			40909	10896
轻型	1151			276280	32634
微型	68			3215	96
3. 其他汽车	7			137	107
其中：三轮汽车					
低速货车	7			137	107
二、电车					
1. 无轨					
2. 有轨					
三、摩托车	**6704**				
1. 普通	6698				
2. 轻便	6				
四、挂车	**263**				
五、其他类型车					

13-4 民用车辆、运输船舶拥有量

指标名称	单位	2006年	2007年	2008年	2009年	2010年	2011年	2012年	2013年
民用车辆	**辆**	**623571**	**658524**	**688109**	**696964**	**738368**	**778129**	**800162**	**818168**
#摩托车	辆	465052	475678	482709	482966	478686	468365	439098	400628
机动船	**艘**	**1067**	**1090**	**1070**	**795**	**784**	**760**	**757**	**768**
载客量	客位	427	331	217	697	553	757	761	857
净载重量	吨位	585691	635713	258777	251845	295738	636518	367357	439441
总功率	千瓦	290096	300170	294115	263329	292147	314113	344578	390455
#客船	艘	2	1	13	20	19	23	17	18
载客量	客位	427	331	217	697	553	757	761	857
#货船	艘	1065	1089	1057	775	765	737	740	750
净载重量	吨位	585691	635713	258673	251407	295378	636071	366913	438920

13-4 续表

指标名称	单位	2014年	2015年	2016年	2017年	2018年	2019年	2020年	2021年
民用车辆	**辆**	**846880**	**990915**	**1099115**	**1341417**	**1369550**	**1514009**	**1643012**	**1834546**
#摩托车	辆	374444	345829	220994	298006	181664	199959	218327	257826
机动船	**艘**	**760**	**770**	**686**	**648**	**635**	**564**	**520**	**441**
载客量	客位	950	896	1184	683	1052	1276	1500	1142
净载重量	吨位	469299	528095	534108	511245	517338	1365056	1292738	1124956
总功率	千瓦	398011	417681	405288	393522	394542	368472	347248	297126
#客船	艘	17	16	15	9	14	21	23	19
载客量	客位	950	896	1184	683	1052	1276	1500	1142
#货船	艘	743	754	670	637	619	543	497	422
净载重量	吨位	468072	527501	533431	509236	515150	1365056	1292738	1124956

13–5 全市邮电业务量

指标名称	单位	2021年	2020年	2021年比2020年增减%
邮电业务总量	万元	138.84	106.16	30.8
#邮政业务总量	万元	47.74	37.70	26.6
电信业务总量	万元	91.09	68.46	33.1
固定电话用户	万户	107.90	106.90	0.9
移动电话年末用户	万户	717.70	685.40	4.7
互联网宽带接入用户	万户	255.20	235.50	8.4
邮政局所	处	164	164	
邮路总长度	公里	7536	8156	-7.6
农村投递线路总长度	公里	17701	17577	0.7
城市段道总长度	公里	18032	16951	6.4
函件	万件	166.13	246.27	-32.5
快递业务量	万件	49100.87	38722.28	26.8
集邮业务	万枚	74.10	87.73	-15.5

13-6 全市公路情况

指标名称	单位	2008年	2009年	2010年	2011年	2012年	2013年	2014年
公路线路长度	公里	10467.7	10682.3	10825.8	10892.4	10933.4	11234.0	12594.0
# 等级公路	公里	9348.0	9825.8	10074.0	10234.7	10340.8	10340.8	10702.6
# 高速公路	公里	277.1	374.5	378.5	453.8	492.4	492.4	492.4
等外公路	公里	1119.7	790.0	751.8	656.7	592.7	592.7	531.4
公路密度	公里/每百平方公里	94.0	95.7	95.4	96.0	96.4	96.4	99.0

13-6 续表

指标名称	单位	2015年	2016年	2017年	2018年	2019年	2020年	2021年
公路线路长度	公里	13476.3	13540.7	13823.0	14000.5	13215.9	13447.2	13516.1
# 等级公路	公里	12375.5	13442.8	13521.6	13983.8	13210.6	13445.9	13514.8
# 高速公路	公里	492.4	588.2	650.0	727.8	756.0	852.9	859.8
等外公路	公里	218.5	33.5	19.1	16.7	5.3	1.3	1.3
公路密度	公里/每百平方公里	111.0	118.8	119.3	123.4	116.5	118.5	119.0

13-7 分县区公路情况

(2021年)

指标 名称	单位	全市	惠城区	惠阳区	惠东县.
公路线路长度	公里	13516.1	2251.9	1843.7	3420.7
#等级公路	公里	13514.8	2251.9	1843.7	3419.5
#高速公路	公里	859.8	196.8	164.3	137.9
等外公路	公里	1.3			1.3
公路密度	公里/每百平方公里	119.12	194.64	201.28	96.96

注：惠城区高速公路数据包含仲恺区。

13-7 续表

(2021年)

指标 名称	单位	博罗县	龙门县	大亚湾区	仲恺区
公路线路长度	公里	3948.9	2050.8		
#等级公路	公里	3948.9	2050.8		
#高速公路	公里	219.3	141.5		
等外公路	公里				
公路密度	公里/每百平方公里	138.32	90.46		

注：本表惠城含仲恺数据，惠阳含大亚湾数据。

惠州统计年鉴 2022

HUIZHOU STATISTICAL YEARBOOK

十四、国内贸易

14-1 国内贸易主要指标

指　标	单位	2013年	2014年	2015年	2016年	2017年	2018年	2019年	2020年	2021年
社会消费品零售总额	**(亿元)**	**984.01**	**1116.30**	**1258.11**	**1417.47**	**1597.14**	**1769.13**	**1924.55**	**1746.08**	**1978.92**
按消费形态分										
商品零售				1141.25	1290.48	1461.01	1620.10	1765.07	1639.59	1818.77
餐饮收入				116.85	126.99	136.13	149.04	159.49	106.49	160.15
按城乡分										
城镇		812.13	915.85	1026.32	1147.44	1288.21	1422.70	1541.64	1385.74	1585.11
乡村		171.88	200.44	231.78	270.03	308.93	346.44	382.92	360.34	393.81
批发零售业商品销售总额	**(亿元)**	**1211.46**	**1308.37**	**1453.82**	**1627.36**	**1857.08**	**2017.45**	**2180.93**	**2091.92**	**2566.67**
按行业分										
批发业销售额		597.08	612.36	679.96	750.99	887.55	957.58	1042.59	1018.26	1311.19
零售业销售额		614.38	696.01	773.86	876.37	969.53	1059.87	1138.34	1073.66	1255.48
按规模分										
限额以上销售额		944.22	1021.89	808.77	900.22	1099.77	948.31	1128.71	1123.03	1550.85
限额以下销售额		267.24	286.48	645.05	727.14	757.31	1069.14	1052.22	968.90	1015.82
限额以上住宿餐饮业营业额	**(亿元)**	**38.26**	**43.4**	**48.0**	**49.2**	**52.3**	**47.4**	**44.8**	**36.11**	**51.04**
#客房收入		11.83	13.86	16.33	16.93	19.48	14.32	12.73	10.15	14.41
餐费收入		21.82	24.94	26.82	26.88	28.58	24.52	27.87	22.22	27.12
商品销售收入		1.25	1.51	1.69	2.11	2.53	2.01	1.73	1.41	1.59
亿元以上商品交易市场成交额	**(亿元)**	**146.75**	**159.46**	**228.94**	**221.68**	**196.16**	**167.80**	**222.70**	**187.78**	**116.25**
限额以上连锁总店数	**(个)**	**15**	**15**	**15**	**14**	**14**	**12**	**12**	**12**	**12**
限额以上连锁门店数	**(个)**	**424**	**435**	**450**	**445**	**676**	**790**	**763**	**719**	**768**
限额以上连锁店销售总额	**(亿元)**	**145.00**	**145.10**	**126.08**	**117.00**	**136.00**	**148.00**	**165.00**	**138.00**	**141.65**
#零售额		112.00	131.04	114.08	113.00	130.00	126.00	153.00	116.00	119.34

注：表内社会消费品零售总额、销售总额及营业额为快报数，使用四经普修订后的数据。

14–2　分县区社会消费品零售总额

单位：亿元

县 区	2013年	2014年	2015年	2016年	2017年	2018年	2019年	2020年	2021年
惠城区	397.26	451.37	506.16	573.33	637.18	685.87	745.57	673.76	763.07
惠阳区	104.42	114.82	126.95	144.71	161.55	179.41	194.87	178.21	199.55
惠东县	187.56	217.10	251.76	284.07	326.21	366.66	398.96	363.34	411.87
博罗县	169.97	188.14	208.24	231.39	258.29	288.93	314.39	285.15	321.84
龙门县	27.24	32.13	36.61	41.60	48.05	53.76	58.36	52.62	59.01
大亚湾区	28.22	34.24	39.39	43.22	53.88	67.51	73.95	66.09	79.42
仲恺区	69.36	78.50	88.98	99.14	111.99	126.99	138.45	126.90	144.16

注：各县区社会消费品零售总额使用四经普修订后的数据。

14–3　分县区批发零售业商品销售总额

单位：亿元

县 区	2013年	2014年	2015年	2016年	2017年	2018年	2019年	2020年	2021年
惠城区	569.87	614.07	666.90	730.97	804.06	856.62	888.46	833.40	1140.48
惠阳区	95.81	102.33	114.10	129.62	148.90	161.42	177.06	167.62	223.49
惠东县	199.90	232.48	275.35	321.16	379.59	419.38	455.36	433.53	417.91
博罗县	140.97	155.18	174.86	190.16	213.68	232.66	258.24	240.97	388.17
龙门县	23.87	27.01	30.58	34.58	38.00	41.43	50.07	47.25	60.59
大亚湾区	53.17	57.72	62.53	73.94	105.80	124.41	139.05	165.49	287.44
仲恺区	127.88	119.60	129.50	146.94	167.05	181.52	212.70	203.66	235.33

注：各县区批发零售商品销售总额使用四经普修订后的数据。

14-4 批发零售业商品销售总额

单位：万元

项　　目	2013年	2014年	2015年	2016年	2017年	2018年	2019年	2020年	2021年
合　计	**12114595**	**13083750**	**14538177**	**16273627**	**18570766**	**20174500**	**21809301**	**20919236**	**25666705**
按行业分组									
批发业	5970802	6123615	6799569	7509882	8875507	9575800	10425878	10182597	13111919
零售业	6143793	6960135	7738608	8763745	9695259	10598700	11383423	10736639	12554786
按规模分组									
限额以上企业和个体户	**8809628**	**9356767**	**8130531**	**9041993**	**11037851**	**9522866**	**11335689**	**11277854**	**15508530**
1. 粮油、食品、饮料、烟酒类	1180357	1337252	1576615	1759597	1995645	1405398	1555630	1647613	186214
(1)粮油、食品类	604590	762329	942301	1084859	1250343	663023	730612	767051	127041
其中：粮油类	198344	254108	287253	310073	361959	142651	178586	211466	42806
肉禽蛋类	115760	158244	175708	204686	178626	184854	173389	199450	28473
水产品类	101550	113883	177541	217451	262338	44172	54340	53673	5583
蔬菜类	69164	104596	146899	180585	195739	97522	70786	90978	22753
干鲜果品类	19462	33949	39036	58160	70558	60256	72492	84597	13072
(2)饮料类	58231	72412	70392	73954	91064	81423	115326	120843	8991
(3)烟酒类	517535	502511	563922	600784	654237	660953	709692	759719	50182
2. 服装、鞋帽、针纺织品类	661475	858942	1190469	1226434	1105439	366243	372868	258117	110988
(1)服装类	349722	507290	703232	674677	594391	238530	249840	169058	22635
(2)鞋帽类	241654	316632	445365	506683	477877	95103	86646	60298	8181
(3)针、纺织品类	70099	35021	41872	45074	33171	32609	36382	28760	80172
3. 化妆品类	17467	28045	30031	37381	42927	37579	33283	36640	3906
4. 金银珠宝类	28397	25563	33717	37157	55023	54239	47836	17292	2407
5. 日用品类	89222	114267	157917	184679	186579	165937	170928	152813	19521
其中：洗涤用品类	29012	31737							
儿童玩具类	4498	17719	7393	8732	14715	14878			
6. 五金、电料类	12417	28317	42663	34008	38001	35091	39165	44653	4118
7. 体育、娱乐用品类	3798	4989	5774	8208	11268	10481	6769	6954	669
8. 书报杂志类	5086	7392	7577	10078	11253	14856	16224	19930	1374
9. 电子出版物及音像制品类	1756	697	623	686	340	132	278	109	4
10. 家用电器和音像器材类	2442599	2585297	1015494	1067213	1273876	1648350	2040902	2137948	179465
11. 中西药品类	235071	388796	542975	607972	615806	536510	725061	741440	93321
其中：西药类	154658	237861	351149	425849	455016	390835	489594	477305	61616
中草药及中成药类	14300	63360	83844	66331	62169	58117	110779	150392	16625
12. 文化办公用品类	405272	36525	28955	27163	51550	49595	84680	91376	32176
13. 家具类	17549	41261	52477	37556	26411	17013	19358	14809	34049
14. 通讯器材类	230165	232436	113010	137253	107808	25658	76835	78726	8621
15. 煤炭及制品类	18	11884	25	73	39573	72452	86438	76765	4731
16. 木材及制品类			2110		2063		3944	9136	1467
17. 石油及制品类	2025591	1839686	1361748	1503651	2670536	2328190	2575107	1951167	266871
18. 化工材料及制品类	228373	298691	209687	190170	236831	325434	412493	602017	85132
其中：化肥类	27803	27344	39767	30107	54228	29592	31553	28091	2300
19. 金属材料类	32361	33605	29199	17489	22425	37542	155021	276853	110189
20. 建筑及装潢材料类	110670	122488	129622	117672	148079	89646	246854	356093	48459
21. 机电产品及设备类	58532	58677	51622	77262	69037	44792	92475	100309	38332
其中：农机类		3757	5695	6819	8475		3478		
22. 汽车类	871268	1115905	1396271	1819999	1977593	1979775	2094065	2036836	256322
23. 种子饲料类	5297	6335	5168	2180	2010		15337	29969	4115
24. 其他类	146888	179717	146785	138114	347778	277953	401633	415931	59377
限额以下企业和个体户	**3304967**	**3726983**	**6407645**	**7231633**	**7532915**	**10651634**	**10473612**	**9641382**	**10158175**

14–5 批发零售业商品批发额

单位：万元

项　　目	2013年	2014年	2015年	2016年	2017年	2018年	2019年	2020年	2021年
按规模分组									
限额以上企业和个体户	**5831315**	**5685661**	**4026403**	**4337345**	**5674315**	**4504210**	**5783449**	**6388788**	**9568722**
1. 粮油、食品、饮料、烟酒类	909215	1075075	1260486	1422002	1560242	1092770	1226653	1321104	1537642
(1)粮油、食品类	447487	571502	701519	824265	907139	417862	471373	519726	674730
其中：粮油类	152879	197390	224048	240066	291768	88974	123195	143734	176981
肉禽蛋类	93854	134005	150379	172732	143238	152524	142042	157072	223023
水产品类	87151	94384	145860	177546	209414	36146	45605	44532	43402
蔬菜类	58666	85663	118676	151423	165306	77019	52793	73675	118553
干鲜果品类	10454	15919	18522	33230	38195	31152	43854	50585	54746
(2)饮料类	22184	41844	38796	42930	53700	48797	82931	86177	83049
(3)烟酒类	439544	461729	520171	554808	599404	626110	672349	715200	779864
2. 服装、鞋帽、针纺织品类	399100	528775	745086	698392	601418	128354	82123	83432	445884
(1)服装类	210105	332879	475387	409221	343960	74511	29472	36551	41031
(2)鞋帽类	144170	174491	241007	261165	241114	34913	31055	28806	58358
(3)针、纺织品类	44825	21406	28692	28006	16344	18930	21597	18076	346495
3. 化妆品类		2305	443	54	364	523	2694	8691	15626
4. 金银珠宝类	1717	3079	3839	4401	3146	3555	6439	6903	11419
5. 日用品类	22932	31077	52639	47117	52790	51263	62652	61999	110755
其中：洗涤用品类		5556							
儿童玩具类		8330	80	12	6137	6758			74
6. 五金、电料类	8170	21825	29866	20600	22077	23941	36752	42460	51753
7. 体育、娱乐用品类	309	1506	1629	3611	5430	4916	3849	3923	4307
8. 书报杂志类	551	522	987	1696	1836	4022	3425	6378	7108
9. 电子出版物及音像制品类	757		1		4	1	89	30	12
10. 家用电器和音像器材类	2329657	2295241	689541	732733	895664	1174720	1544923	1579342	1698196
11. 中西药品类	224824	366162	459574	498660	454708	466286	572748	565224	713734
其中：西药类	148337	222732	279823	331051	333169	361869	434288	410352	525285
中草药及中成药类	10503	57715	75772	54147	43216	43415	45696	66395	75288
12. 文化办公用品类	361615	17412	10626	10949	18339	17998	49543	49657	248079
13. 家具类	10152	32327	45458	30741	14658	8286	12499	8366	125740
14. 通讯器材类	209564	207781	89070	113536	80644	168	38800	36641	64422
15. 煤炭及制品类		11860			39507	72452	86438	76765	60281
16. 木材及制品类			2110		2063		3944	9136	14904
17. 石油及制品类	871665	515520	200145	339202	1264807	730739	693884	610688	953549
18. 化工材料及制品类	228373	298691	209687	190170	236831	325434	412493	602017	835283
其中：化肥类	27803	27344	39767	30107	54228	29592	31553	28091	42083
19. 金属材料类	32361	33605	29199	17489	22425	37542	155021	276853	1134873
20. 建筑及装潢材料类	67827	63563	60928	45607	45802	59836	216081	330232	480683
21. 机电产品及设备类	49615	47893	35912	57549	53501	36786	78487	82790	282010
其中：农机类		3757	5695	6819	8475		3478		9672
22. 汽车类	6133	5828	7835	17708	13728	19999	50368	38768	68071
23. 种子饲料类	5297	6335	5168	2180	2010		15337	29969	58815
24. 其他类	91481	119281	86178	82950	282321	244621	365701	383061	479457

14–6　批发零售业商品零售额

单位：万元

项　　目	2013年	2014年	2015年	2016年	2017年	2018年	2019年	2020年	2021年
限额以上企业和个体户	**2978313**	**3671106**	**4104128**	**4704648**	**5363537**	**5018656**	**5552240**	**4889066**	**5939808**
1. 粮油、食品、饮料、烟酒类	271142	262178	316129	337595	435402	312628	328977	326509	437670
(1)粮油、食品类	157103	190826	240783	260594	343205	245161	259239	247325	318229
其中：粮油类	45465	56717	63205	70007	70191	53677	55391	67732	63575
肉禽蛋类	21906	24238	25329	31954	35387	32330	31348	42378	56150
水产品类	14398	19499	31681	39905	52924	8027	8735	9140	13031
蔬菜类	10498	18933	28223	29162	30433	20504	17992	17303	24099
干鲜果品类	9008	18030	20514	24930	32363	29104	28638	34012	58461
(2)饮料类	36047	30569	31596	31025	37364	32625	32395	34666	40580
(3)烟酒类	77992	40783	43751	45976	54833	34842	37343	44518	78861
2. 服装、鞋帽、针纺织品类	262375	330168	445383	528042	504021	237889	290745	174684	187439
(1)服装类	139617	174412	227845	265455	250432	164019	220369	132508	143017
(2)鞋帽类	97484	142141	204358	245518	236763	60191	55591	31492	34429
(3)针、纺织品类	25274	13615	13180	17069	16826	13679	14785	10684	9993
3. 化妆品类	17467	25740	29588	37327	42563	37057	30589	27948	27014
4. 金银珠宝类	26681	22484	29878	32756	51878	50684	41397	10389	15939
5. 日用品类	66290	83190	105278	137562	133789	114674	108276	90814	128563
其中：洗涤用品类	29012	26181							
儿童玩具类	4498	9389	7313	8720	8578	8120			219
6. 五金、电料类	4248	6492	12798	13407	15924	11150	2413	2193	3004
7. 体育、娱乐用品类	3489	3483	4146	4598	5839	5565	2920	3031	3925
8. 书报杂志类	4536	6870	6590	8382	9417	10834	12799	13553	14745
9. 电子出版物及音像制品类	999	697	622	685	336	131	189	80	29
10. 家用电器和音像器材类	112942	290057	325953	334481	378212	473630	495980	558606	605505
11. 中西药品类	10247	22634	83401	109312	161098	70223	152313	176215	167124
其中：西药类	6320	15128	71327	94798	121847	28966	55306	66954	80787
中草药及中成药类	3797	5645	8072	12184	18953	14702	65083	83997	57624
12. 文化办公用品类	43657	19112	18329	16214	33211	31598	35137	41719	56160
13. 家具类	7396	8933	7019	6815	11754	8728	6858	6442	87426
14. 通讯器材类	20600	24655	23940	23717	27164	25490	38035	42086	44727
15. 煤炭及制品类	18	24	25	73	65				
16. 石油及制品类	1153926	1324166	1161603	1164449	1405729	1597451	1881223	1340479	1787226
17. 建筑及装潢材料类	42843	58925	68695	72065	102277	29810	30773	25861	27757
18. 机电产品及设备类	8917	10784	15710	19713	15536	8006	13988	17519	20887
19. 汽车类	865135	1110078	1388436	1802292	1963865	1959776	2043697	1998068	2276429
20. 其他类	55407	60437	60607	55164	65457	33332	35932	32870	48242

14–7 限额以上批发业商品购、销、存总额

(2021年)　　单位：万元

项　　目	企业单位数(个)	购进总额	#进口	商品销售总额
批发业	**724**	**10526375**	**173038**	**11604977**
1.按批发行业小类分				
农、林、牧、渔产品批发	**38**	**810259**		**864261**
谷物、豆及薯类批发	12	136995		152743
畜牧渔业饲料批发	5	61479		61032
棉、麻批发	1	533829		548518
林业产品批发	3	4965		5922
牲畜批发	11	57852		78943
渔业产品批发	2	7246		8363
其他农牧产品批发	4	7894		8740
食品、饮料及烟草制品批发	103	1135295	203	1463368
米、面制品及食用油批发	9	75467	202	79467
糕点、糖果及糖批发	3	26434		30111
果品、蔬菜批发	32	146664		210000
肉、禽、蛋、奶及水产品批发	35	259085		292660
盐及调味品批发	1	4434		6965
营养和保健品批发	1	3589		3998
酒、饮料及茶叶批发	15	89052		87909
烟草制品批发	1	509907		727301
其他食品批发	6	20663		24956
纺织、服装及家庭用品批发	78	2284987	2424	2486446
纺织品、针织品及原料批发	9	53763		55772
服装批发	6	30102	161	36033
鞋帽批发	20	60489		78891
化妆品及卫生用品批发	2	7760		9136
厨具卫具及日用杂品批发	8	36008		43818
灯具、装饰物品批发	8	206892	2263	234655
家用视听设备批发	8	739404		761462
日用家电批发	13	1139012		1251631
其他家庭用品批发	4	11557		15048
文化、体育用品及器材批发	9	73132		80541
文具用品批发	4	50554		54909
首饰、工艺品及收藏品批发	1	4030		3896
其他文化用品批发	4	18548		21736
医药及医疗器材批发	69	764629	5962	851118
西药批发	26	392108	5962	422531
中药批发	21	246399		282357
动物用药品批发	3	6689		7716
医疗用品及器材批发	19	119432		138515
矿产品、建材及化工产品批发	275	4210565	24963	4485611
煤炭及制品批发	4	60169		66147
石油及制品批发	26	696136		744063
非金属矿及制品批发	3	70990	4032	81972
金属及金属矿批发	42	1582181		1600434
建材批发	125	787952		908591
化肥批发	5	55817		57750
农药批发	4	178079		189202
其他化工产品批发	66	779243	20930.4	837451.9

14-7 续表1

(2021年) 单位：万元

项目	企业单位数(个)	购进总额	#进口	商品销售总额
机械设备、五金产品及电子产品批发	119	1023747	121389	1130580
农业机械批发	1	3524		4336
汽车及零配件批发	24	103845		121527
五金产品批发	23	82703	2440	100559
电气设备批发	16	122932	84	136172
计算机、软件及辅助设备批发	10	78546		97323
通讯设备批发	8	74467	19507	83046
广播影视设备批发	1	4325		4760
其他机械设备及电子产品批发	36	553405	99359	582856
贸易经纪与代理	12	133384	18099	141020
贸易代理	11	108291	18099	115194
其他贸易经纪与代理	1	25093		25826
其他批发业	21	90377		102032
再生物资回收与批发	8	33907		37063
其他未列明批发业	13	56470		64969
2.按登记注册类型分				
国有企业	7	47783		51844
国有联营企业	1	3276		3487
国有独资公司	1	4434		6965
其他有限责任公司	184	6355006	100077	6905686
股份有限公司	8	78647		87783
私营独资企业	16	73391	3000	86729
私营合伙企业	3	19125		17597
私营有限责任公司	458	3006520	39437	3390415
私营股份有限公司	5	126511		123593
其他企业	5	13225		14131
与港澳台商合资经营企业	2	1704		16867
与港澳台商合作经营企业	2	1648		2055
港澳台商独资经营企业	18	164392	6517	219620
其他港澳台投资企业	1	47336		51145
中外合资经营企业	4	496075	4603	523816
外资企业	8	59662	19404	75252
外商投资股份有限公司	1	27641		27994
3.按控股情况分				
国有控股	20	1017561		1268740
集体控股	4	64709		67055
私人控股	662	8151180	142514	8844785
港澳台商控股	23	701573	6517	787061
外商控股	**13**	**588195**	**24007**	**633939**
其他	2	3156		3398
4.按经营形式分				
独立门店	376	4071971	106016	4682238
连锁总店(总部)	1	5604		5517
其他	347	6448800	67022	6917222

14-7 续表2

(2021年) 单位：万元

项　　目	批发	出口	零售	年末库存总额
批发业	**10852525**	**278949**	**740351**	**431722**
1.按批发行业小类分				
农、林、牧、渔产品批发	845784		18104	25835
谷物、豆及薯类批发	142478		10264	6407
畜牧渔业饲料批发	60750		282	4090
棉、麻批发	548518			3002
林业产品批发	5834		89	498
牲畜批发	72854		6088	11299
渔业产品批发	8050		313	454
其他农牧产品批发	7299		1068	87
食品、饮料及烟草制品批发	1400722		62646	74457
米、面制品及食用油批发	77506		1961	13780
糕点、糖果及糖批发	26114		3997	3584
果品、蔬菜批发	186308		23693	5434
肉、禽、蛋、奶及水产品批发	269292		23368	9901
盐及调味品批发	6965			538
营养和保健品批发	2891		1107	595
酒、饮料及茶叶批发	79805		8104	21429
烟草制品批发	727301			17832
其他食品批发	24539		417	1366
纺织、服装及家庭用品批发	2009089	133401	474423	68396
纺织品、针织品及原料批发	55772	42693		157
服装批发	36033	22969		1184
鞋帽批发	65277	28099	10679	393
化妆品及卫生用品批发	8897		239	868
厨具卫具及日用杂品批发	30231	7648	13587	6237
灯具、装饰物品批发	234655			8401
家用视听设备批发	733389		28072	8628
日用家电批发	829790	25980	421842	41566
其他家庭用品批发	15045	6011	4	961
文化、体育用品及器材批发	80541	13021		8059
文具用品批发	54909			6503
首饰、工艺品及收藏品批发	3896			499
其他文化用品批发	21736	13021		1057
医药及医疗器材批发	842706		6006	64329
西药批发	420890		1641	35472
中药批发	279240		710	18285
动物用药品批发	4686		3030	784
医疗用品及器材批发	137890		625	9789
矿产品、建材及化工产品批发	4367242	20554	118369	132345
煤炭及制品批发	66147			4874
石油及制品批发	668851		75212	30220
非金属矿及制品批发	81972			3276
金属及金属矿批发	1592876		7558	11652
建材批发	879737	9046	28854	51210
化肥批发	57264		486	6668
农药批发	189202			5551.4
其他化工产品批发	831193.4	11508.2	6258.5	18893.2

14-7 续表3

(2021年)　　单位：万元

项　　目	批发	出口	零售	年末库存总额
机械设备、五金产品及电子产品批发	1074079	43190	56501	46223
农业机械批发	4336			178
汽车及零配件批发	103384		18143	4917
五金产品批发	90148	2352	10412	7652
电气设备批发	134432	23902	1740	4080
计算机、软件及辅助设备批发	93825		3498	5197
通讯设备批发	81803	7493	1243	7063
广播影视设备批发	4760			285
其他机械设备及电子产品批发	561392	9443	21464	16851
贸易经纪与代理	138930	55891	2091	3180
贸易代理	113104	30065	2091	3180
其他贸易经纪与代理	25826	25826		
其他批发业	93433	12893	2211	8899
再生物资回收与批发	37063			6807
其他未列明批发业	56370	12893	2211	2092
2.按登记注册类型分				
国有企业	50555		1289	2105
国有联营企业	3487			
国有独资公司	6965			538
其他有限责任公司	6312821	34642	592865	205072
股份有限公司	87232	25792	551	6365
私营独资企业	82776	2831	3953	7003
私营合伙企业	9410		8186	1453
私营有限责任公司	3247971	153544	130343	181823
私营股份有限公司	123593			9383
其他企业	13312		819	12
与港澳台商合资经营企业	16867			48
与港澳台商合作经营企业	2055			155
港澳台商独资经营企业	217274	30890	2346	9080
其他港澳台投资企业	51145			
中外合资经营企业	523816			6528
外资企业	75252	31250		2159
外商投资股份有限公司	27994			
3.按控股情况分				
国有控股	1265872		2869	41161
集体控股	67055			3019
私人控股	8102488	216809	730196	366569
港澳台商控股	784714	30890	2346	12284
外商控股	628999	31250	4940	8689
其他	3398			
4.按经营形式分				
独立门店	4471961	106664	200955	244812
连锁总店(总部)	5517			587
其他	6375047	172285	539396	186324

14-8 限额以上零售业商品购、销、存总额

(2021年) 单位：万元

项 目	企业单位数（个）	购进总额	#进口	商品销售总额
零售业	**571**	**4036541**	**190968**	**5768626**
1.按零售行业小类分				
综合零售	35	314569		344248
百货零售	20	280132		306308
超级市场零售	9	23957		27079
其他综合零售	6	10480		10861
食品、饮料及烟草制品专门零售	70	116202		137397
粮油零售	4	15438		17384
糕点、面包零售	4	8009		10172
果品、蔬菜零售	20	24403		34571
肉、禽、蛋、奶及水产品零售	14	32709		31044
营养和保健品零售	1	606		750
酒、饮料及茶叶零售	19	26990		34719
烟草制品零售	3	2412		2450
其他食品零售	5	5635		6308
纺织、服装及日用品专门零售	19	114665	2125	132366
纺织品及针织品零售	1	78		1198
服装零售	5	87005		95106
鞋帽零售	8	8846	2125	15491
化妆品及卫生用品零售	1	2133		2332
厨具卫具及日用杂品零售	1	596		824
钟表、眼镜零售	1	1896		2381
箱包零售	1	14074		14342
其他日用品零售	1	36		692
文化、体育用品及器材专门零售	13	26954		38477
文具用品零售	5	9710		11460
图书、报刊零售	7	17202		26637
珠宝首饰零售	1	41		381
医药及医疗器材专门零售	26	138694		171896
西药零售	21	128072		158494
中药零售	1	2135		2458
动物用药品零售	1	1809		1986
医疗用品及器材零售	3	6678		8958
汽车、摩托车、零配件和燃料及其他动力销售	253	2806808	188258	4334019
汽车新车零售	182	2240961	188258	2409363
汽车旧车零售	4	5921		6151
汽车零配件零售	7	13462		14704
摩托车及零配件零售	8	19237		22766
机动车燃油零售	51	527226		1878925
机动车充电销售	1			2110
家用电器及电子产品专门零售	66	152000	585	170860
家用视听设备零售	2	2561		2908
日用家电零售	29	58399		60010
计算机、软件及辅助设备零售	11	18060		23199
通信设备零售	11	41581		44898
其他电子产品零售	13	31399	585	39845

14-8 续表1

(2021年) 单位：万元

项　　目	企业单位数(个)	购进总额	#进口	商品销售总额
五金、家具及室内装饰材料专门零售	44	239615		285847
五金零售	16	29041		31643
灯具零售	4	7583		10897
家具零售	5	171231		205213
涂料零售	3	4595		4874
木质装饰材料零售	2	1224		1377
陶瓷、石材装饰材料零售	6	8127		9888
其他室内装饰材料零售	8	17815		21955
货摊、无店铺及其他零售业	45	127036		153516
互联网零售	22	51853		66875
生活用燃料零售	19	70439		81218
其他未列明零售业	4	4744		5423
2.按登记注册类型分				
国有企业	1	258		285
集体企业	6	26650		31478
其他联营企业	1	1407		1907
国有独资公司	6	16200		19808
其他有限责任公司	164	1648963	22054	2092651
股份有限公司	10	30517		1054205
私营独资企业	19	89822	29348	96362
私营合伙企业	2	1711		1951
私营有限责任公司	344	1830818	70090	2040948
私营股份有限公司	5	10763		12993
与港澳台商合资经营企业	2	92396		101166
与港澳台商合作经营企业	1	29322		37373
港澳台商独资经营企业	8	188504	69470	210761
外资企业	2	69211	6	66737
3.按控股情况分				
国有控股	29	450824		1786697
集体控股	14	82428		90298
私人控股	514	3112962	121492	3461803
港澳台商控股	11	310221	69470	349300
外商控股	2	69211	6	66737
其他	1	10895		13791
4.按经营形式分				
独立门店	424	2753223	188258	4286824
连锁总店(总部)	25	533545		654398
连锁直营店	5	28296		25875
连锁加盟店	2	2850		3613
其他	115	718627	2709	797917

14-8 续表2

(2021年) 单位：万元

项目	批发	#出口	零售	年末库存总额
零售业	**669620**		**5098986**	**385589**
1.按零售行业小类分				
综合零售	8765		335464	33944
百货零售	5062		301227	29930
超级市场零售	339		26741	2487
其他综合零售	3364		7497	1527
食品、饮料及烟草制品专门零售	36705		100692	18467
粮油零售	901		16483	497
糕点、面包零售			10172	110
果品、蔬菜零售	5311		29260	730
肉、禽、蛋、奶及水产品零售	17165		13878	7545
营养和保健品零售			750	70
酒、饮料及茶叶零售	12044		22675	8289
烟草制品零售	684		1766	941
其他食品零售	599		5709	286
纺织、服装及日用品专门零售	10141		122225	26315
纺织品及针织品零售			1198	30
服装零售	10141		84965	16392
鞋帽零售			15491	1918
化妆品及卫生用品零售			2332	693
厨具卫具及日用杂品零售			824	193
钟表、眼镜零售			2381	2921
箱包零售			14342	3531
其他日用品零售			692	637
文化、体育用品及器材专门零售	11522		26956	5583
文具用品零售	1058		10402	873
图书、报刊零售	10200		16437	3386
珠宝首饰零售	264		117	1323
医药及医疗器材专门零售	8714		163182	31766
西药零售	3316		155178	27630
中药零售			2458	2300
动物用药品零售			1986	883
医疗用品及器材零售	5398		3559	953
汽车、摩托车、零配件和燃料及其他动力销售	396576		3937443	222959
汽车新车零售	29226		2380138	192094
汽车旧车零售			6151	832
汽车零配件零售	1800		12904	159
摩托车及零配件零售	3618		19148	3385
机动车燃油零售	361932		1516993	26489
机动车充电销售			2110	
家用电器及电子产品专门零售	31675		139185	21737
家用视听设备零售	1023		1886	2796
日用家电零售	12720		47289	9465
计算机、软件及辅助设备零售	4622		18577	2279
通信设备零售	4038		40861	6011
其他电子产品零售	9272		30572	1186

14-8 续表3

(2020年) 单位：万元

项　　目	批发	#出口	零售	年末库存总　额
五金、家具及室内装饰材料专门零售	143102		142744	19168
五金零售	15278		16365	3969
灯具零售	254		10643	3019
家具零售	121661		83552	7113
涂料零售	1528		3347	1946
木质装饰材料零售			1377	38
陶瓷、石材装饰材料零售	43		9845	2287
其他室内装饰材料零售	4339		17616	796
货摊、无店铺及其他零售业	22420		131096	5651
互联网零售	2393		64482	3356
生活用燃料零售	19328		61890	1085
其他未列明零售业	700		4724	1210
2.按登记注册类型分				
国有企业			285	121
集体企业	975		30502	255
其他联营企业			1907	
国有独资公司	6117		13691	2596
其他有限责任公司	444712		1647939	122714
股份有限公司	94932		959273	4688
私营独资企业	1826		94536	5496
私营合伙企业			1951	15
私营有限责任公司	110650		1930278	206846
私营股份有限公司	264		12730	3264
与港澳台商合资经营企业			101166	6896
与港澳台商合作经营企业			37373	1536
港澳台商独资经营企业	10143		200618	21113
外资企业			66737	10050
3.按控股情况分				
国有控股	371240		1415457	28971
集体控股	3849		86449	2128
私人控股	284388		3177395	314895
港澳台商控股	10143		339157	29545
外商控股			66737	10050
其他			13791	
4.按经营形式分				
独立门店	236995		4049809	280949
连锁总店(总部)	265879		388519	43584
连锁直营店			25875	5165
连锁加盟店			3613	624
其他	166746		631171	55267

14-9 分县区限额以上批发零售业商品购、销、存总额

(2021年)

单位：万元

县区	商品购进总额	#进口	商品销售总额	批发	#出口	零售	年末库存总额
合计	**14562915**	**364006**	**17373603**	**11522144**	**278949**	**5839337**	**817311**
批发业	**10526375**	**173038**	**11604977**	**10852525**	**278949**	**740351**	**431722**
惠城区	4298470	136247	4930843	4374201	151272	550254	238743
惠阳区	384252	8437	435918	420260	44260	15658	35163
惠东县	604808	114	770618	695136	25239	69769	37388
博罗县	1852717		1903261	1875260	17643	28001	45763
龙门县	19533		22945	22944		2	1804
大亚湾区	1884499	6818	1971335	1905334	9046	66001	25840
仲恺区	1482097	21423	1570056	1559390	31490	10666	47022
零售业	**4036541**	**190968**	**5768626**	**669620**		**5098986**	**385589**
惠城区	3041329	190968	4640058	462828		4177210	290629
惠阳区	274276		296104	11697		284407	27504
惠东县	249515		289200	11485		277715	22293
博罗县	90981		104571	28240		76332	14003
龙门县	25158		31281	3046		28235	4400
大亚湾区	213292		252756	137116		115640	10410
仲恺区	141991		154656	15209		139447	16351

14-10 限额以上住宿业经营情况

(2021年) 单位：万元

项　　目	企业数(个)	营业额合计	#客房收入	#餐费收入	#商品销售收入
一、住宿业	**191**	**239745**	**145869**	**61940**	**5326**
1.按住宿业行业小类分					
旅游饭店	**116**	**199286**	**112329**	**57791**	**5180**
经济型连锁酒店	25	14002	12973	966	1
其他一般旅馆	38	16665	14927	1515	17
民宿服务	1	262	219	31	
其他住宿业	11	9530	5421	1638	129
2.按登记注册类型分组					
内资企业	178	204632	131243	50103	1362
集体企业	1	950	425	404	
有限责任公司	51	84820	51452	19932	676
国有独资公司	2	4443	1908	2370	147
其他有限责任公司	49	80377	49544	17562	530
股份有限公司	3	516	446	68	1
私营企业	123	118346	78921	29700	686
私营独资企业	5	2195	1410	785	
私营合伙企业	2	469	400	66	2
私营有限责任公司	113	114623	76223	28735	638
私营股份有限公司	3	1059	888	114	46
港、澳、台商投资企业	13	35114	14626	11837	3963
与港澳台商合资经营企业	9	25582	13013	6385	1773
与港澳台商合作经营企业	3	9360	1578	5321	2185
其他港澳台投资企业	1	172	36	131	5
3.按控股情况分组					
国有控股	3	11943	3866	3986	281
集体控股	5	14436	8241	4007	184
私人控股	171	184473	122956	44193	2440
港澳台商控股	12	28893	10805	9754	2420
4.按星级分组					
二星	1	142	131		11
三星	16	10377	6271	4020	7
四星	12	16896	10949	5374	264
五星	6	27255	12754	11392	162
其他	156	185076	115764	41155	4882

14-11 限额以上餐饮业经营情况

(2021年)

单位：万元

项目	企业数(个)	营业额合计	#客房收入	#餐费收入	#商品销售收入
二、餐饮业	**215**	**258757**	**16166**	**209623**	**16241**
1.按餐饮业行业小类分					
正餐服务	191	189568	15868	155323	9125
快餐服务	5	37281		33689	699
酒吧服务	3	4821		1287	3535
其他饮料及冷饮服务	2	992		992	
餐饮配送服务	7	11610		7050	2
小吃服务	1	628		628	
其他未列明餐饮业	6	13857	298	10654	2880
2.按登记注册类型分组					
内资企业	202	206232	12446	166482	14384
集体企业	1	771		771	
股份合作企业	1	989		989	
有限责任公司	34	36309	4171	28327	539
其他有限责任公司	34	36309	4171	28327	539
股份有限公司	1	2004		2004	
私营企业	165	166159	8275	134392	13844
私营独资企业	21	16200	648	13627	369
私营合伙企业	1	3431			3431
私营有限责任公司	139	145154	7392	119629	10041
私营股份有限公司	4	1374	235	1136	4
港、澳、台商投资企业	11	51377	3701	42745	1581
与港澳台商合资经营企业	2	9938	2822	5809	882
与港澳台商合作经营企业	1	274	194	80	
港澳台商独资经营企业	8	41165	685	36857	699
外商投资企业	2	1149	19	396	276
外资企业	1	946	19	193	276
其他外商投资企业	1	203		203	
3.按控股情况分组					
集体控股	1	770.8		770.8	
私人控股	201	205460.7	12445.5	165711.6	14383.6
港澳台商控股	10	51103.2	3506.7	42665.1	1580.9
外商控股	3	1422.6	213.3	475.9	276.1

14-12 分县区限额以上住宿餐饮业经营情况

(2021年)　　单位：万元

县　区	企业数(个)	营业额	客房收入	餐费收入	商品销售收入
合　计	**406**	**498503**	**162034**	**271564**	**21566**
住宿业	**191**	**239745**	**145869**	**61940**	**5326**
惠城区	43	61302	31153	19724	2757
惠阳区	20	14990	9444	4894	44
惠东县	58	101136	62550	26671	841
博罗县	18	12684	8273	2573	20
龙门县	22	33992	20288	6875	1651
大亚湾区	19	11035	9825	1194	1
仲恺区	11	4606	4336	10	12
餐饮业	**215**	**258757**	**16166**	**209623**	**16241**
惠城区	82	130176	5285	102289	12352
惠阳区	22	30247	2347	24340	
惠东县	33	27670	2990	19735	3177
博罗县	23	20521	763	19065	347
龙门县	7	3633	234	2993	208
大亚湾区	24	20406	4131	15874	2
仲恺区	24	26105	415	25328	155

14-13 限额以上批发零售、住宿餐饮业财务状况

(2021年)　　单位：万元

项　　目	批发业	零售业	住宿业	餐饮业
法人企业数(个)	724	571	191	215
年初存货	417586	346192	104803	4819
流动资产合计	3833401	2057594	505267	128259
应收账款	1382829	201548	12727	18075
存货	497934	378017	120151	6433
固定资产原价	458969	414593	387975	136845
累计折旧	162352	165552	195931	70953
本年折旧	29334	34572	21255	8491
资产总计	5640308	2866909	836347	247142
流动负债合计	2954719	1308289	567901	141972
应付账款	1153891	283743	46068	24235
负债合计	3459904	1751273	919054	226256
所有者权益合计	2179462	1121530	-82050	20325
实收资本	1264192	306387	235774	81505
个人资本	74507	16375	10061	7891
营业收入	10651163	5291517	239378	253320
主营业务收入	10571288	5159410	227546	244965
营业成本	9798010	4643717	107957	145160
营业税金及附加	100548	35551	2834	718
其他业务利润	7634	19083	737	611
销售费用	384926	341270	66994	54886
管理费用	185227	128620	72566	43077
财务费用	10582	26246	12711	4598
利息收入	21786	1432	39	24
利息费用	24261	10518	819	593
投资收益	-41641	9616	71	97
营业利润	95383	101864	-25854	-1071
营业外收入	5293	3863	2105	613
营业外支出	2744	5946	616	481
利润总额	98464	99693	-24353	-929
应交所得税	33841	14978	1546	835
应付职工薪酬(本年贷方累计发生额)	223485	204166	65707	54831
应交增值税	89128	51744	5028	2754

14-14 限额以上批发企业财务状况

（2021年）　　单位：万元

项　　目	企业数（个）	年初存货	流动资产合计	固定资产原价	累计折旧	本年折旧
一、批发业	**724**	**417586**	**3833401**	**458969**	**162352**	**29334**
1.按批发行业小类分						
农、林、牧、渔产品批发	38	33547	167944	38212	12095	1878
谷物、豆及薯类批发	12	7332	24604	8663	3073	331
畜牧渔业饲料批发	5	784	11100	98	35	24
棉、麻批发	1	13440	38653	3	0	0
林业产品批发	3	860	4046	148	63	24
牲畜批发	11	8963	72587	25903	7339	1303
渔业产品批发	2	1999	12610	1899	649	96
其他农牧产品批发	4	168	4345	1499	936	99
食品、饮料及烟草制品批发	103	71771	449443	119443	48397	10076
米、面制品及食用油批发	9	11815	23706	6462	1698	325
糕点、糖果及糖批发	3	4913	6639	442	251	33
果品、蔬菜批发	32	5678	72948	47594	18238	5089
肉、禽、蛋、奶及水产品批发	35	18796	129346	42417	17739	2989
盐及调味品批发	1	635	7389	350	268	26
营养和保健品批发	1	349	2006	45	43	12
酒、饮料及茶叶批发	15	13824	58782	591	200	46
烟草制品批发	1	14118	138890	21360	9868	1534
其他食品批发	6	1642	9737	181	92	22
纺织、服装及家庭用品批发	78	60430	996816	32803	7505	532
纺织品、针织品及原料批发	9	273	17233	239	79	26
服装批发	6	1346	15881	27436	4483	180
鞋帽批发	20	543	12776	1698	384	47
化妆品及卫生用品批发	2	2556	4480	2	1	0
厨具卫具及日用杂品批发	8	3841	17480	370	232	56
灯具、装饰物品批发	8	7409	174000	150	71	36
家用视听设备批发	8	3998	470595	201	87	37
日用家电批发	13	40233	277188	2527	2082	117
其他家庭用品批发	4	231	7183	181	87	33
文化、体育用品及器材批发	9	3425	30102	1143	716	117
文具用品批发	4	1796	20969	737	491	80
首饰、工艺品及收藏品批发	1	441	714	1	0	0
其他文化用品批发	4	1188	8419	405	225	37
医药及医疗器材批发	69	65966	448511	18880	8916	1871
西药批发	26	34774	220524	7910	3439	574
中药批发	21	17027	146593	8306	4388	818
动物用药品批发	3	762	4390	84	56	1
医疗用品及器材批发	19	13403	77005	2580	1033	477
矿产品、建材及化工产品批发	275	125162	1258631	198802	69014	11272
煤炭及制品批发	4	1196	21125	1245	629	214
石油及制品批发	26	40571	231420	131956	51436	6123
非金属矿及制品批发	3	2815	47563	386	174	72
金属及金属矿批发	42	16286	273051	31069	1350	519
建材批发	125	38836	401733	21829	8822	2875
化肥批发	5	6172	17437	663	520	116
农药批发	4	2120.5	132147	2119.8	1118.3	125.8
其他化工产品批发	66	17165.8	134156.4	9534.8	4966	1228.4

14-14 续表1

（2021年）　　单位：万元

项　　目	企业数（个）	年初存货	流动资产合计	固定资产原价	累计折旧	本年折旧
机械设备、五金产品及电子产品批发	119	48525	387103	35558	10455	2896
农业机械批发	1	3524	1389	9	2	
汽车及零配件批发	24	5542	70521	4003	1263	645
五金产品批发	23	18283	46185	23883	6108	1574
电气设备批发	16	3330	27545	971	280	87
计算机、软件及辅助设备批发	10	5573	38683	2941	1137	142
通讯设备批发	8	5333	35405	472	252	71
广播影视设备批发	1	357	1492	33	21	6
其他机械设备及电子产品批发	36	6585	165883	3247	1394	374
贸易经纪与代理	12	2702	35931	1900	932	102
贸易代理	11	2702	28804	1897	929	102
其他贸易经纪与代理	1		7127	3	3	
其他批发业	21	6058	58921	12228	4321	590
再生物资回收与批发	8	3229	14926	583	160	69
其他未列明批发业	13	2829	43995	11645	4161	522
2.按登记注册类型分						
内资企业	688	388788	3193255	391393	135919	23723
国有企业	7	1748	18989	4750	925	101
联营企业	1		4740			
国有联营企业	1		4740			
有限责任公司	185	192387	1710045	210133	72466	11012
国有独资公司	1	635	7389	350	268	26
其他有限责任公司	184	191752	1702656	209783	72198	10987
股份有限公司	8	5194	42077	4849	1676	206
私营企业	482	189403	1414148	170707	60401	12358
私营独资企业	16	13331	35508	4186	991	392
私营合伙企业	3	1247	4278	574	465	22
私营有限责任公司	458	174396	1243556	163763	58001	11817
私营股份有限公司	5	430	130805	2184	944	127
其他企业	5	56	3257	954	451	46
港、澳、台商投资企业	23	17018	298410	66863	25858	5545
与港澳台商合资经营企业	2	4198	53200	17350	5301	887
与港澳台商合作经营企业	2	162	1779	94	82	24
港澳台商独资经营企业	18	12658	234485	49406	20466	4631
其他港澳台投资企业	1		8947	12	9	3
外商投资企业	13	11781	341736	714	575	67
中外合资经营企业	4	8478	309808	353	319	17
外资企业	8	3303	23380	361	256	50
外商投资股份有限公司	1		8548			
3.按控股情况分						
国有控股	20	31994	377156	136218	54768	6856
集体控股	4	4668	38681	2472	1086	119
私人控股	662	338687	2741743	252635	80180	16731
港澳台商控股	23	30458	328117	66854	25849	5542
外商控股	13	11779	346148	548	321	71
其他	2		1557	242	147	15
4.按经营形式分						
独立门店	376	228476	1927818	191326	68713	14285
连锁总店	1	6	2522	77	21	21
其他	347	189104	1903061	267566	93618	15028

14–14 续表2

(2021年)　　单位：万元

项　　目	资产合计	负债合计	所有者权益合计	实收资本	营业收入	主营业务收　入	营业成本
一、批发业	**5640308**	**3459904**	**2179462**	**1264192**	**10651163**	**10571288**	**9798010**
1.按批发行业小类分							
农、林、牧、渔产品批发	255897	138030	117390	19693	812406	810258	790810
谷物、豆及薯类批发	34266	18819	15447	2695	151298	151295	137630
畜牧渔业饲料批发	11164	10374	790	300	57365	56239	56453
棉、麻批发	38657	36530	2127	2000	503288	503288	501039
林业产品批发	4362	924	3438	510	5922	5922	5556
牲畜批发	141339	57915	83424	12412	78269	77806	75074
渔业产品批发	19472	10157	9314	1000	7924	7924	7521
其他农牧产品批发	6639	3313	2849	775	8340	7784	7538
食品、饮料及烟草制品批发	601473	298438	303035	43456	1354997	1330475	1075008
米、面制品及食用油批发	29544	20560	8984	3260	73398	72036	67792
糕点、糖果及糖批发	6907	4405	2503	140	27170	26611	24530
果品、蔬菜批发	115781	39506	76275	13409	208279	191245	171340
肉、禽、蛋、奶及水产品批发	183488	114303	69185	18024	287971	283294	261526
盐及调味品批发	7583	2984	4599	1500	6392	6390	2453
营养和保健品批发	2008	2070		50	3560	3560	2958
酒、饮料及茶叶批发	60474	49811	10664	3318	81234	80444	72781
烟草制品批发	168731	38179	130552	3200	643726	643628	449834
其他食品批发	26957	26620	338	555	23267	23267	21794
纺织、服装及家庭用品批发	1057338	856653	200699	54739	2244426	2235473	2064714
纺织品、针织品及原料批发	19673	15634	4039	4782	54799	54273	52438
服装批发	48502	35494	13008	11249	35859	35859	31128
鞋帽批发	14516	11416	3114	1595	77400	73003	72205
化妆品及卫生用品批发	4483	3767	716	100	8979	8979	8101
厨具卫具及日用杂品批发	18536	16339	2196	866	41521	40842	36960
灯具、装饰物品批发	174806	158027	16779	12620	219127	219332	202467
家用视听设备批发	482099	335885	146214	8604	675859	675858	634351
日用家电批发	287431	272939	14493	14306	1116929	1114761	1015820
其他家庭用品批发	7293	7153	140	617	13952	12566	11243
文化、体育用品及器材批发	30937	24016	6921	4928	73048	73048	68577
文具用品批发	21305	18817	2488	2213	48656	48656	46494
首饰、工艺品及收藏品批发	715	722		5	3448	3448	3416
其他文化用品批发	8918	4478	4440	2710	20945	20945	18667
医药及医疗器材批发	482778	389054	93432	55788	770994	764193	687606
西药批发	233784	185829	47955	29109	383544	380039	350653
中药批发	159358	142938	16129	16476	253518	250533	219883
动物用药品批发	4409	2747	1662	1050	7269	7269	6550
医疗用品及器材批发	85227	57540	27687	9153	126664	126352	110521
矿产品、建材及化工产品批发	2660620	1316438	1344182	1025076	4112282	4092929	3900617
煤炭及制品批发	23159	17502	5657	4000	58537	58537	51728
石油及制品批发	1255225	453908	801317	788539	706981	698847	671302
非金属矿及制品批发	51277	47306	3971	2343	72566	72566	62454
金属及金属矿批发	360227	205546	154680	150502	1449463	1447512	1433302
建材批发	649691	359694	289997	47916	833766	827064	752503
化肥批发	17786.1	14054.6	3731.5	1600	54970.1	54970.1	49953.8
农药批发	159251.9	113829.8	45422.1	7111.5	188223.3	186958.1	170623
其他化工产品批发	144004	104597	39407	23064	747775	746475	708751

14-14 续表3

（2021年）　　　　单位：万元

项　　目	资产合计	负债合计	所有者权益合计	实收资本	营业收入	主营业务收入	营业成本
机械设备、五金产品及电子产品批发	442193	345327	96866	46179	1038490	1030814	983906
农业机械批发	1395	1265	130		3837	3837	3813
汽车及零配件批发	76284	70276	6009	4570	112356	111832	103964
五金产品批发	80975	58273	22702	10740	96528	93023	89677
电气设备批发	31420	24259	7160	1235	123352	123105	117289
计算机、软件及辅助设备批发	46219	28450	17769	12800	87295	86119	79020
通讯设备批发	35967	23990	11978	7646	75982	75981	67595
广播影视设备批发	2175	1689	486	600	4324	4249	3871
其他机械设备及电子产品批发	167758	137126	30633	8587	534817	532668	518676
贸易经纪与代理	38519	30994	7525	4023	147409	147370	142173
贸易代理	31389	24321	7068	3523	121583	121544	117080
其他贸易经纪与代理	7131	6673	457	500	25826	25826	25093
其他批发业	70552	60953	9412	10311	97112	86728	84599
再生物资回收与批发	15368	11706	3662	2730	32809	32809	30691
其他未列明批发业	55185	49247	5750	7581	64303	53919	53908
2.按登记注册类型分							
内资企业	4899084	3048153	1849989	1219581	9806532	9734912	9043789
国有企业	27386	15624	11763	3506	48077	47667	44387
联营企业	4740	3632	1108	1000	3390	3390	3180
国有联营企业	4740	3632	1108	1000	3390	3390	3180
有限责任公司	2225308	1493370	731938	312591	6265429	6258152	5803834
国有独资公司	7583	2984	4599	1500	6392	6390	2453
其他有限责任公司	2217725	1490386	727339	311091	6259036	6251762	5801381
股份有限公司	55917	36043	19874	15551	82071	80453	73895
私营企业	2581401	1498879	1081579	886485	3393435	3331120	3105233
私营独资企业	58368	44621	13747	6591	81019	80469	73293
私营合伙企业	4387	2410	1978	1080	16325	15646	14238
私营有限责任公司	2362174	1343367	1017865	871686	3175042	3115221	2902757
私营股份有限公司	156471	108481	47990	7128	121048	119784	114946
其他企业	4334	606	3728	449	14131	14131	13261
港、澳、台商投资企业	387757	240002	147755	32952	279228	275122	239543
与港澳台商合资经营企业	105252	38348	66905	10375	16867	16867	16047
与港澳台商合作经营企业	1791	52	1740	835	2055	2055	1871
港澳台商独资经营企业	271763	194381	77382	21642	215044	210938	179735
其他港澳台投资企业	8951	7222	1728	100	45261	45261	41891
外商投资企业	353467	171748	181719	11658	565403	561254	514678
中外合资经营企业	321434	155113	166321	5878	468536	465670	428107
外资企业	23485	11137	12347	2781	68873	67590	58931
外商投资股份有限公司	8549	5498	3050	3000	27994	27994	27641
3.按控股情况分							
国有控股	738733	271462	467271	89937	1163893	1163089	929733
集体控股	41864	38724	3140	2800	60549	60549	57266
私人控股	4082761	2703326	1378493	1124795	8113327	8042516	7589077
港澳台商控股	417463	269310	148153	34852	737255	733149	698691
外商控股	357774	176982	180792	11558	572742	568588	520086
其他	1713	100	1613	249	3398	3398	3156
4.按经营形式分							
独立门店	3100270	1761354	1338742	880421	4255768	4207493	3765248
连锁总店	2594	2245	350	467	4882	4882	4291
其他	2537444	1696305	840371	383303	6390514	6358913	6028471

14-14 续表4

（2021年）　　单位：万元

项　　目	营业税金及附加	其他业务利润	销售费用	管理费用	财务费用	营业利润
一、批发业	**100548**	**7634**	**384926**	**185227**	**10582**	**95383**
1.按批发行业小类分						
农、林、牧、渔产品批发	260	2	7024	8006	1787	12855
谷物、豆及薯类批发	65	2	4264	3033	354	5944
畜牧渔业饲料批发	14		196	400	19	294
棉、麻批发	151		1870	15	135	57
林业产品批发			24	189	8	146
牲畜批发	19		470	3560	840	6663
渔业产品批发	8		47	475	416	-544
其他农牧产品批发	3		153	335	16	294
食品、饮料及烟草制品批发	88118	-186	37188	44316	-393	103827
米、面制品及食用油批发	105	-48	3563	1460	336	544
糕点、糖果及糖批发	37		1755	428	102	319
果品、蔬菜批发	37	15	4340	4467	355	18809
肉、禽、蛋、奶及水产品批发	201	11	10042	11237	1034	5300
盐及调味品批发	39	2	2227	1157	-54	835
营养和保健品批发	3		541	90	83	-75
酒、饮料及茶叶批发	86		3665	2177	415	2136
烟草制品批发	87590	-167	10229	22785	-2984	76140
其他食品批发	21		827	515	319	-181
纺织、服装及家庭用品批发	2461	992	197044	21190	-7038	-38137
纺织品、针织品及原料批发	51		1674	1226	167	-757
服装批发	77		946	1571	1311	187
鞋帽批发	51		1367	1239	340	2188
化妆品及卫生用品批发	9		116	79	126	77
厨具卫具及日用杂品批发	112	-134	2336	1518	8	470
灯具、装饰物品批发	322	-223	6648	4938	-227	4908
家用视听设备批发	698		89551	2488	-174	-51611
日用家电批发	1121	1269	94061	5052	-8651	6965
其他家庭用品批发	19	79	346	3079	63	-564
文化、体育用品及器材批发	80	-11	1569	2182	79	557
文具用品批发	44	-11	684	1459	-16	-19
首饰、工艺品及收藏品批发	4			39	0	-11
其他文化用品批发	32		885	685	95	586
医药及医疗器材批发	1432	3869	29664	27264	4461	14859
西药批发	685	3341	13726	8384	2076	6850
中药批发	453	394	10568	13167	1531	1150
动物用药品批发	11	74	115	290	21	338
医疗用品及器材批发	282	60	5256	5423	833	6521
矿产品、建材及化工产品批发	6539	1972	87832	54672	8905	-12567
煤炭及制品批发	21		4259	266	483	1781
石油及制品批发	1288		5714	6608	2824	-32120
非金属矿及制品批发	126		7425	1068	102	1390
金属及金属矿批发	1207	31	2266	5230	1055	1658
建材批发	2679	392	34798	22403	1789	12371
化肥批发	49.5		3349.1	776.6	329.1	316.5
农药批发	190.5	1266.1	12801.5	4942.1	934	-1414.4
其他化工产品批发	979	284	17220	13378	1388	3452

14-14 续表5

（2021年）　　单位：万元

项　目	营业税金及附加	其他业务利润	销售费用	管理费用	财务费用	营业利润
机械设备、五金产品及电子产品批发	1348	955	18460	21111	2644	13362
农业机械批发	3			128		-7
汽车及零配件批发	157	669	3400	3337	191	1694
五金产品批发	378	175	1434	2633	318	3205
电气设备批发	121		1245	2276	298	2445
计算机、软件及辅助设备批发	136	4	4063	2817	-8	938
通讯设备批发	98		2822	2329	32	1735
广播影视设备批发	4	65	65	349	6	-114
其他机械设备及电子产品批发	451	43	5432	7242	1806	3464
贸易经纪与代理	84		1932	2210	-6	1028
贸易代理	69		1694	2006	-180	925
其他贸易经纪与代理	14		238	204	174	103
其他批发业	226	40	4214	4276	144	-400
再生物资回收与批发	39		532	1010	37	499
其他未列明批发业	188	40	3682	3266	107	-899
2.按登记注册类型分						
内资企业	99207	4679	284349	171021	8666	124800
国有企业	88		1582	1576	212	454
联营企业	59			20	-1	131
国有联营企业	59			20	-1	131
有限责任公司	93907	1826	187315	66850	-3745	119774
国有独资公司	39	2	2227	1157	-54	835
其他有限责任公司	93868	1824	185088	65694	-3691	118939
股份有限公司	62	4	4218	2602	150	-145
私营企业	5090	2849	90958	99796	12048	4169
私营独资企业	116		1466	3066	375	2703
私营合伙企业	31		1276	420	-7	372
私营有限责任公司	4749	1537	87408	91357	10724	1961
私营股份有限公司	194	1312	808	4953	957	-867
其他企业			275	177	2	417
港、澳、台商投资企业	557	89	17790	9270	583	9428
与港澳台商合资经营企业	16		139	1997	588	6416
与港澳台商合作经营企业	0		128	47	1	8
港澳台商独资经营企业	462	89	15105	6932	-6	2425
其他港澳台投资企业	80		2418	294		580
外商投资企业	785	2866	82788	4935	1332	-38845
中外合资经营企业	634	2866	81468	1100	1158	-43860
外资企业	134		1289	3772	70	4876
外商投资股份有限公司	17		31	63	104	139
3.按控股情况分						
国有控股	89201	117	20357	30292	679	92920
集体控股	57		1690	1281	160	88
私人控股	9880	4562	260758	139627	7691	32333
港澳台商控股	629	89	17243	8991	718	8906
外商控股	782	2866	84755	4997	1334	-38943
其他			123.1	38.6		79.5
4.按经营形式分						
独立门店	92663.5	1996	180560.7	101412.8	6755.9	33728.5
连锁总店	1.7			628.7	0.8	-40.8
其他	7883.2	5637.6	204365.6	83185	3824.9	61695.3

14-14 续表6

（2021年）　　　　　　　　　　　　　　　　　　　单位：万元

项　　目	营业外收入	营业外支出	利润总额	应交所得税	本年应付职工薪酬	本年应交增值税
一、批发业	**5293**	**2744**	**98464**	**33841**	**223485**	**89128**
1.按批发行业小类分						
农、林、牧、渔产品批发	1553	337	14071	307	5847	1695
谷物、豆及薯类批发	396	112	6228	267	1986	58
畜牧渔业饲料批发			295	20	240	1699
棉、麻批发	10	1	66	16	40	-163
林业产品批发	16	13	148		196	
牲畜批发	1132	77	7717	2	2830	1
渔业产品批发		6	-550		202	83
其他农牧产品批发		127	167	2	353	16
食品、饮料及烟草制品批发	870	224	104936	20109	48713	28926
米、面制品及食用油批发	58		601	17	2721	1316
糕点、糖果及糖批发			319	12	1085	195
果品、蔬菜批发	528	4	19332	14	5865	851
肉、禽、蛋、奶及水产品批发	239	31	5973	253	8355	113
盐及调味品批发	6	19	822	141	1961	307
营养和保健品批发		10	-85		388	22
酒、饮料及茶叶批发	1	56	2081	327	1504	1406
烟草制品批发	22	101	76061	19343	26028	24207
其他食品批发	15	2	-168	1	807	508
纺织、服装及家庭用品批发	478	725	-38361	1334	72207	10511
纺织品、针织品及原料批发	14	238	-981	6	1430	-270
服装批发	129	12	305	36	980	493
鞋帽批发	87		2298	24	2383	54
化妆品及卫生用品批发			77	1	209	47
厨具卫具及日用杂品批发		6	464	30	1702	474
灯具、装饰物品批发	65	5	4968	1198	4230	1195
家用视听设备批发	27	8	-51592	7	51059	4852
日用家电批发	154	7	7112	32	8306	3519
其他家庭用品批发	1	449	-1012		1909	147
文化、体育用品及器材批发	136	40	670	150	2093	475
文具用品批发	27	20	7	15	1146	383
首饰、工艺品及收藏品批发			-11		146	37
其他文化用品批发	108	20	674	135	801	55
医药及医疗器材批发	923	254	15528	3108	21127	9082
西药批发	659	137	7372	2065	10851	3933
中药批发	135	53	1232	161	7077	3317
动物用药品批发	74	1	411	1	198	107
医疗用品及器材批发	56	63	6513	881	3001	1725
矿产品、建材及化工产品批发	823	854	-12572	7198	49520	29824
煤炭及制品批发		15	1766	342	386	119
石油及制品批发	73	277	-32324	4271	12514	10570
非金属矿及制品批发	5	2	1393	354	417	7788
金属及金属矿批发	48	18	1687	136	2864	1295
建材批发	124	418	12077	1257	12196	2863
化肥批发	281	28	569	52	2275	269
农药批发	54.9	0.7	-1360.2	57	10015.9	927
其他化工产品批发	238	95.5	3620	730.2	8851.6	5992.6

14-14 续表7

（2021年） 单位：万元

项　　目	营业外收入	营业外支出	利润总额	应交所得税	本年应付职工薪酬	本年应交增值税
机械设备、五金产品及电子产品批发	433	260	13536	1570	19167	7620
农业机械批发			-7		105	28
汽车及零配件批发	55	52	1698	67	2646	704
五金产品批发	53	68	3191	370	2596	1027
电气设备批发	7	1	2452	358	1744	630
计算机、软件及辅助设备批发	103	68	974	37	4536	357
通讯设备批发	77	7	1805	382	2740	4283
广播影视设备批发	0	17	-131		150	30
其他机械设备及电子产品批发	138	48	3555	357	4649	561
贸易经纪与代理	42	34	1036	19	1540	110
贸易代理	42	33	934	9	1365	110
其他贸易经纪与代理			102	10	175	
其他批发业	36	17	-381	46	3273	886
再生物资回收与批发	0		499	16	1173	177
其他未列明批发业	36	17	-880	31	2100	709
2.按登记注册类型分						
内资企业	4806	2526	127588	31962	157461	80201
国有企业	167		621	192	1764	325
联营企业			131	6	3	51
国有联营企业			131	6	3	51
有限责任公司	2071	523	121321	28199	81246	51315
国有独资公司	6	19	822	141	1961	307
其他有限责任公司	2065	504	120500	28057	79285	51007
股份有限公司	251	300	-194	23	4692	302
私营企业	2318	1703	5292	3542	69247	28210
私营独资企业	679	2	3380	213	2060	747
私营合伙企业		2	371	24	806	163
私营有限责任公司	1605	1697	2378	3305	62949	26165
私营股份有限公司	34	3	-837		3433	1135
其他企业			417		509	
港、澳、台商投资企业	437	115	9774	883	13211	3081
与港澳台商合资经营企业	339	53	6702		1732	
与港澳台商合作经营企业			8		103	
港澳台商独资经营企业	98	62	2485	738	11072	2633
其他港澳台投资企业			580	145	304	449
外商投资企业	50	103	-38898	996	52813	5845
中外合资经营企业	16	1	-43845	196	49962	5106
外资企业	35	102	4809	783	2823	1001
外商投资股份有限公司			139	17	29	-262
3.按控股情况分						
国有控股	947	170	93696	24916	42935	30957
集体控股	131	6	214	57	1112	487
私人控股	3715	2340	34216	7120	112019	49811
港澳台商控股	447	116	9260	755	12947	2470
外商控股	54	111	-39001	994	54426	5403
其他			79.5		46.2	
4.按经营形式分						
独立门店	2612.9	1341.4	35506.2	24780.6	137675.5	62936.4
连锁总店	0.5	0.6	-40.9	-1.6	246.5	14.5
其他	2679.7	1401.6	62998.5	9062.4	85563.4	26177.2

14-15 限额以上零售企业财务状况

(2021年)　　　　　　　　　　　　　　　　单位：万元

项　　目	企业数(个)	年初存货	流动资产合计	固定资产原价	累计折旧	本年折旧
二、零售业	**571**	**346192**	**2057594**	**414593**	**165552**	**34572**
1.按零售行业小类分						
综合零售	35	21421	146980	52727	18618	3476
百货零售	20	17579	133347	50286	17159	3378
超级市场零售	9	3004	9113	2335	1433	85
其他综合零售	6	838	4520	107	25	14
食品、饮料及烟草制品专门零售	70	11994	86461	12989	4437	1218
粮油零售	4	105	1679	277	120	33
糕点、面包零售	4	108	1977	627	467	287
果品、蔬菜零售	20	464	9390	2673	704	281
肉、禽、蛋、奶及水产品零售	14	3103	14078	1495	140	62
营养和保健品零售	1	85	176	4	2	0
酒、饮料及茶叶零售	19	7382	21042	3124	958	355
烟草制品零售	3	610	37187	4104	1961	188
其他食品零售	5	139	933	684	84	13
纺织、服装及日用品专门零售	19	17796	67416	3290	1378	272
纺织品及针织品零售	1	608	207	2	1	0
服装零售	5	7791	35037	1567	448	159
鞋帽零售	8	1491	3600	501	113	14
化妆品及卫生用品零售	1	596	1659	133	111	4
厨具卫具及日用杂品零售	1	199	347	0	0	0
钟表、眼镜零售	1	2721	3863	98	87	15
箱包零售	1	3774	21902	967	604	67
其他日用品零售	1	616	801	23	13	13
文化、体育用品及器材专门零售	13	6148	29601	8129	2493	347
文具用品零售	5	898	5398	91	36	15
图书、报刊零售	7	2962	19874	6229	2123	281
珠宝首饰零售	1	2287	4330	1809	334	52
医药及医疗器材专门零售	26	24924	54756	4726	2345	797
西药零售	21	23138	46779	4409	2149	608
中药零售	1	933	1580	3	1	1
动物用药品零售	1	631	2069	73	17	11
医疗用品及器材零售	3	222	4329	242	178	177
汽车、摩托车、零配件和燃料及其他销售	253	233302	1424722	311978	128344	26514
汽车新车零售	182	200254	711417	121500	52751	16416
汽车旧车零售	4	1149	528	40	36	5
汽车零配件零售	7	254	4625	1122	256	158
摩托车及零配件零售	8	3941	9236	2027	1413	147
机动车燃油零售	51	27705	697546	185893	73482	9525
机动车充电销售	1		1371	1397	406	263
家用电器及电子产品专门零售	66	13706	113792	4305	2187	592
家用视听设备零售	2	71	3707	2	2	0
日用家电零售	29	4811	52966	1332	421	224
计算机、软件及辅助设备零售	11	2248	12114	625	375	95
通信设备零售	11	3599	21850	153	121	72
其他电子产品零售	13	2977	23155	2192	1267	202
五金、家具及室内装饰材料专门零售	44	7455	97675	6632	1287	372
五金零售	16	1086	15228	388	194	86
灯具零售	4	855	5430	151	62	26
家具零售	5	1005	53028	1156	336	59
涂料零售	3	1400	5962	519	53	24
木质装饰材料零售	2	34.5	226.4	29.9	8.5	8.5
陶瓷、石材装饰材料零售	6	2062.7	6725.4	4171.3	476.5	150.8
其他室内装饰材料零售	8	1012.2	11075.6	217.4	157	17.1
货摊、无店铺及其他零售业	45	9445.7	36192.1	9818	4464.2	983.2
互联网零售	22	7449.3	17825.6	1606.5	738.3	226.6
生活用燃料零售	19	1795.8	16443.5	8120.9	3667.8	742.5
其他未列明零售业	4	200.6	1923	90.6	58.1	14.1

14-15 续表1

(2021年) 单位:万元

项　　目	企业数(个)	年初存货	流动资产合计	固定资产原价	累计折旧	本年折旧
2.按登记注册类型分						
内资企业	558	325569	1934562	388998	151832	30686
国有企业	1	114	4305	347	341	7
集体企业	6	163	1497	2163	888	449
联营企业	1		138			
其他联营企业	1		138			
有限责任公司	170	123776	544050	140784	61579	9537
国有独资公司	6	2086	12970	4180	1701	203
其他有限责任公司	164	121690	531081	136604	59878	9333
股份有限公司	10	15316	637824	106131	40162	5569
私营企业	370	186201	746750	139574	48862	15125
私营独资企业	19	2548	23160	8351	1330	593
私营合伙企业	2	22	339	236	218	4
私营有限责任公司	344	179753	709101	128456	46615	14356
私营股份有限公司	5	3879	14150	2532	699	171
港、澳、台商投资企业	11	18801	101019	22079	12621	3624
与港澳台商合资经营企业	2	7088	18718	7550	4689	2431
与港澳台商合作经营企业	1	1037	9624	1620	1356	74
港澳台商独资经营企业	8	10676	72677	12909	6577	1119
外商投资企业	2	1821	22013	3515	1099	263
外资企业	2	1821	22013	3515	1099	263
3.按控股情况分						
国有控股	29	30200	726835	184795	71726	9072
集体控股	14	5022	20104	3708	1810	685
私人控股	514	287510	1187142	200495	78296	20929
港澳台商控股	11	18801	101019	22079	12621	3624
外商控股	2	1821	22013	3515	1099	263
其他	1	2838	482			
4.按经营形式分						
独立门店	424	260262	1616405	330382	128093	28972
连锁总店(总部)	25	36857	160571	50492	22640	2568
连锁直营店	5	4459	8866	2435	1208	209
连锁加盟店	2	480	2172	125	37	36
其他	115	44134	269581	31159	13574	2788
5.按零售业态分						
食杂店	359	26835	187955	35831	13793	2763
便利店	4	41	257	587	347	82
折扣店	8	474	81	2184	933	80
超市	12	588	1170	127	105	16
大型超市	5	348	782	238	173	29
仓储会员店	1	105	95	65	42	3
百货店	8	1374	10381	914	474	67
专业店	140	6905	33222	7778	3163	607
专卖店	170	16684	141168	20918	8239	1721
家居建材商店	3	154	412	418	43	15
购物中心	1	10	102	2548	254	127
厂家直销中心	7	152	286	55	22	15
网上商店	45	3923	50786	869	530	81
自动售货亭	1	14	19			
其他	15	2923	41986	269	217	9

14-15 续表2

(2021年) 单位：万元

项　　目	资产合计	负债合计	所有者权益合计	实收资本	营业收入	主营业务收　入	营业成本
二、零售业	**2866909**	**1751273**	**1121530**	**306386.9**	**5291517**	**5159409.7**	**4643717**
1.按零售行业小类分							
综合零售	**326508**	**354338**	**-27831**	**20477**	**301561**	**289437**	**229368**
百货零售	311227	338508	-27281	19981	265589	254749	199783
超级市场零售	10678	11654	-975	181	26053	24863	20392
其他综合零售	4602	4177	425	315	9919	9825	9194
食品、饮料及烟草制品专门零售	116163	44887	71276	8206	135906	132833	114325
粮油零售	2296	1566	730	269	15690	15677	14387
糕点、面包零售	2769	1365	1405	500	9729	9700	7147
果品、蔬菜零售	13388	7304	6084	1780	34309	34309	27273
肉、禽、蛋、奶及水产品零售	15735	14616	1119	1469	30429	30428	27199
营养和保健品零售	502	401	101	100	668	668	563
酒、饮料及茶叶零售	23757	18465	5292	2342	33957	33957	28248
烟草制品零售	56103	281	55821	1340	5209	2178	3942
其他食品零售	1614	889	724	405	5917	5917	5565
纺织、服装及日用品专门零售	74134	81182	-7127	20635	122357	120087	93331
纺织品及针织品零售	279	600	-322	100	1060	1060	751
服装零售	37412	37622	-211	11205	89020	87626	70578
鞋帽零售	4139	2398	1662	1430	14030	13186	10135
化妆品及卫生用品零售	1683	1495	188	100	2087	2055	1859
厨具卫具及日用杂品零售	348	424	-77		729	729	533
钟表、眼镜零售	3873	3588	286	200	2126	2126	1557
箱包零售	25592	33909	-8318	7500	12689	12689	7402
其他日用品零售	811	1146	-335	100	616	616	515
文化、体育用品及器材专门零售	55929	33137	22792	9526	33956	32611	24298
文具用品零售	6241	4365	1877	1180	10096	10096	8276
图书、报刊零售	42410	22998	19412	5346	23450	22138	15829
珠宝首饰零售	7278	5775	1503	3000	410	377	192
医药及医疗器材专门零售	62742	61899	840	8028	160402	158356	119609
西药零售	54640	55352	-716	7653	148273	146772	109789
中药零售	1584	1006	579		2177	1633	1496
动物用药品零售	2125	1685	440	200	1928	1927	1554
医疗用品及器材零售	4394	3856	537	175	8024	8024	6769
汽车、摩托车、零配件和燃料及其他销售	1957307	981348	978927	190050	3947900	3851760	3559364
汽车新车零售	831361	658482	177413	152163	2212900	2144970	2001250
汽车旧车零售	532	1305	-772	101	6037	6037	6433
汽车零配件零售	5487	4820	667	480	13634	13634	12170
摩托车及零配件零售	13186	10539	2647	1178	20183	20141	18630
机动车燃油零售	1104285	305445	797275	35128	1693208	1665053	1519439
机动车充电销售	2456	758	1698	1000	1939	1925	1442
家用电器及电子产品专门零售	118509	93894	24615	14342	194561	193200	174839
家用视听设备零售	3707	3765	-58	17	2574	2574	2444
日用家电零售	56405	46613	9792	6172	93247	92464	86993
计算机、软件及辅助设备零售	12554	8284	4270	3057	20811	20629	17610
通信设备零售	21882	17516	4366	3210	41184	41154	36641
其他电子产品零售	23961	17717	6244	1887	36745	36380	31152
五金、家具及室内装饰材料专门零售	107654	72366	35288	23896	254285	253424	212412
五金零售	15864	14161	1703	221	28174	28174	26034
灯具零售	5769	4730	1040	525	9644	9644	5294
家具零售	54852	31204	23648	20838	182039	181986	153213
涂料零售	6636	6175	461	150	4580	4546	4177
木质装饰材料零售	282	333	-51		1219	1219	1145
陶瓷、石材装饰材料零售	10443.4	7344.8	3098.6	471.6	9074.1	9072.6	7521.4
其他室内装饰材料零售	13807.9	8419.6	5388.3	1690	19555.1	18782.4	15028.7
货摊、无店铺及其他零售业	47964	28220.7	22750	11227.1	140588.7	127702.4	116171
互联网零售	21646.2	14297.9	10355	5964.1	60250.6	47390	48598.5
生活用燃料零售	24362.3	12500.9	11861.4	5143	75457.2	75431.5	63135.5
其他未列明零售业	1955.5	1421.9	533.6	120	4880.9	4880.9	4437

14-15 续表3

(2021年)　　单位:万元

项　　目	资产合计	负债合计	所有者权益合计	实收资本	营业收入	主营业务收　入	营业成本
2.按登记注册类型分							
内资企业	2710468	1650139	1066223	276011	4911130	4787551	4319297
国有企业	4630	19	4611	150	260	260	220
集体企业	4239	1483	2756	179	30012	30012	25457
联营企业	138	127	11	10	1688	1688	1202
其他联营企业	138	127	11	10	1688	1688	1202
有限责任公司	940193	761815	179931	121080	1923811	1885433	1688185
国有独资公司	24364	8350	16014	4195	18780	18297	14032
其他有限责任公司	915829	753465	163917	116886	1905030	1867137	1674153
股份有限公司	854312	143527	710785	5832	934119	907124	822495
私营企业	906957	743168	168129	148759	2021241	1963034	1781739
私营独资企业	31492	21735	9755	8884	87926	86209	79868
私营合伙企业	597	665	-67	229	1830	1830	1707
私营有限责任公司	857310	706538	155114	134427	1919191	1863318	1689708
私营股份有限公司	17558	14230	3327	5220	12295	11677	10456
港、澳、台商投资企业	115115	63223	51892	27638	318856	311783	271516
与港澳台商合资经营企业	22021	8258	13763	6587	92490	89549	85425
与港澳台商合作经营企业	10380	3211	7168	3110	33181	33180	27298
港澳台商独资经营企业	82714	51753	30961	17941	193185	189053	158793
外商投资企业	**41327**	**37911**	**3416**	**2738**	**61531**	**60075**	**52903**
外资企业	41327	37911	3416	2738	61531	60075	52903
3.按控股情况分							
国有控股	1166568	318049	846955	35693	1612243	1579791	1446688
集体控股	25009	18358	6650	3320	87109	86681	78279
私人控股	1518409	1310242	212618	236998	3199063	3121079	2783027
港澳台商控股	115115	63223	51892	27638	318856	311783	271516
外商控股	**41327**	**37911**	**3416**	**2738**	**61531**	**60075**	**52903**
其他	482	3489			12716		11304
4.按经营形式分							
独立门店	2169863	1162346	1011969	212476	3907281	3801873	3476704
连锁总店(总部)	275766	213205	62561	33970	617816	609001	537871
连锁直营店	11099	10605	-1070	1250	22884	22884	16228
连锁加盟店	**2260**	**1969**	**291**	**173**	**3245**	**3245**	**2817**
其他	407921	363148	47779	58518	740292	722408	610097
5.按零售业态分							
食杂店	10503	8864	1639	2141	36727	35685	30116
便利店	14943	5191	8188	4720	43428	43423	37059
折扣店	406	334	71	20	3920	3920	3503
超市	15690	13656	2034	1992	41332	40346	33028
大型超市	14108	46001	-31893	2270	26023	25051	20959
仓储会员店	36263	34685	1579	1970	56981	55484	48392
百货店	218559	221718	-3160	8053	153548	145547	110708
专业店	403648	306307	97259	71941	869302	819359	761105
专卖店	1886755	897043	994246	165656	3596240	3540601	3214813
家居建材商店	11518	8263	3255	595	10694	10692	9089
购物中心	36968	37833	-865	1000	6743	6743	1524
厂家直销中心	19187	15499	3689	2497	30991	30406	27138
网上商店	20740	13459	10288	5964	56536	43675	45555
自动售货亭	644	417	227	500	1036	1036	713
其他	176977	142004	34974	37069	358018	357443	300014

14-15 续表4

(2021年) 单位：万元

项　　目	营业税金及附加	其他业务利润	销售费用	管理费用	财务费用	营业利润
二、零售业	**35551.3**	**19083.1**	**341270.2**	**128619.6**	**26246.2**	**101863.8**
1.按零售行业小类分						
综合零售	**830**	**1670**	**53822**	**8447**	**6226**	**-7031**
百货零售	774	1498	48916	6738	6049	-6570
超级市场零售	45	172	4768	1255	177	-582
其他综合零售	11		138	454	0	121
食品、饮料及烟草制品专门零售	554	90	7039	10479	522	14078
粮油零售	374	18	311	240	7	421
糕点、面包零售	14		1079	848	49	591
果品、蔬菜零售	24		1166	2166	409	3275
肉、禽、蛋、奶及水产品零售	17		1470	1200	0	509
营养和保健品零售	1		59	42	3	0
酒、饮料及茶叶零售	62		2150	2768	123	1375
烟草制品零售	50	73	596	3131	-70	7880
其他食品零售	12		208	85	1	27
纺织、服装及日用品专门零售	251	4607	20528	12784	606	-5858
纺织品及针织品零售	7		474		3	-173
服装零售	134	4575	10666	9259	-176	-1441
鞋帽零售	34		1977	1689	-9	-442
化妆品及卫生用品零售	3	32	97	198	-6	-55
厨具卫具及日用杂品零售	2		228	43		-77
钟表、眼镜零售	4		379	163		25
箱包零售	67		6685	1390	791	-3726
其他日用品零售	1		21	42	4	32
文化、体育用品及器材专门零售	140	482	3273	4511	491	1367
文具用品零售	27		72	1392	93	233
图书、报刊零售	111	482	3156	2977	162	1341
珠宝首饰零售	3		45	142	236	-207
医药及医疗器材专门零售	366	55	30987	9431	693	-2382
西药零售	334	55	30153	8601	675	-2750
中药零售	5		501	179	10	-13
动物用药品零售	6			33	5	104
医疗用品及器材零售	22		334	618	2	278
汽车、摩托车、零配件和燃料及其他销售	7499	11824	175627	62681	16538	91685
汽车新车零售	4156	11715	92034	49522	8083	23324
汽车旧车零售	9	53	143	49	1	-598
汽车零配件零售	10		407	845	41	29
摩托车及零配件零售	36	42	655	661	15	184
机动车燃油零售	3278		82387	11413	8397	68453
机动车充电销售	11	14		192	0	294
家用电器及电子产品专门零售	25208	117	8011	10049	487	83
家用视听设备零售	3	4	96	83	1	4
日用家电零售	209	34	3687	2984	241	-1419
计算机、软件及辅助设备零售	24850	29	719	2075	109	281
通信设备零售	47		2961	1534	45	-43
其他电子产品零售	100	50	548	3373	91	1259
五金、家具及室内装饰材料专门零售	432	212	29307	4070	105	6821
五金零售	50	184	155	1173	51	535
灯具零售	41		3427	392	8	475
家具零售	222	29	24871	655	65	3031
涂料零售	9		94	229	16	46
木质装饰材料零售	2.9		2.6	66.8	0.2	1.5
陶瓷、石材装饰材料零售	48.8		421.6	744.7	35	302.3
其他室内装饰材料零售	57.8		335.5	810.3	-69.4	2429.8
货摊、无店铺及其他零售业	272.4	25.6	12675.6	6167.5	578.5	3101.9
互联网零售	120.2	6.8	5811.4	3915.5	27.1	932.1
生活用燃料零售	145	18.8	6737.1	2068.1	550.2	2045.5
其他未列明零售业	7.2		127.1	183.9	1.2	124.3

14-15 续表5

(2021年) 单位:万元

项　　目	营业税金及附加	其他业务利润	销售费用	管理费用	财务费用	营业利润
2.按登记注册类型分						
内资企业	34305	12313	309355	112853	25677	90424
国有企业			367	1249		652
集体企业	377		865	704	383	2227
联营企业	7		374	53		53
其他联营企业	7		374	53		53
有限责任公司	3538	4047	146851	38493	13417	19813
国有独资公司	68	107	2096	2038	20	1413
其他有限责任公司	3470	3940	144755	36455	13396	18400
股份有限公司	1662	7	49597	6617	4047	49174
私营企业	28721	8260	111301	65738	7831	18506
私营独资企业	163	460	2939	2480	163	2325
私营合伙企业	10		31	106		-25
私营有限责任公司	28532	7800	107542	62025	7394	16571
私营股份有限公司	16		789	1126	275	-366
港、澳、台商投资企业	1130	5265	25792	13972	-204	11571
与港澳台商合资经营企业	600		4277	1404	-121	6462
与港澳台商合作经营企业	106		2102	535	7	3132
港澳台商独资经营企业	423	5265	19413	12033	-91	1977
外商投资企业	**117**	**1505**	**6123**	**1795**	**773**	**-131**
外资企业	117	1505	6123	1795	773	-131
3.按控股情况分						
国有控股	3125	672	82125	13021	8592	67746
集体控股	433	292	5470	1486	914	408
私人控股	30732	11349	220613	98346	16171	22020
港澳台商控股	1130	5265	25792	13972	-204	11571
外商控股	**117**	**1505**	**6123**	**1795**	**773**	**-131**
其他	15		1147			249
4.按经营形式分						
独立门店	32722	17221	207810	91179	16979	90006
连锁总店(总部)	1509	1202	48701	14487	5396	10457
连锁直营店	67		6297	1084	94	-323
连锁加盟店	**4**		**321**	**260**	**6**	**-163**
其他	1249	660	78142	21610	3772	1887
5.按零售业态分						
食杂店	79		5336	1383	88	-265
便利店	64		1459	732	431	4031
折扣店	1		312	58		45
超市	71	32	6254	1766	222	-605
大型超市	36	183	5672	877	374	-1879
仓储会员店	106	1497	6182	1704	766	-170
百货店	648		27550	4781	4677	-4776
专业店	26653	3130	56464	31984	3876	11161
专卖店	6755	13975	179664	68485	14155	89624
家居建材商店	53		515	651	96	289
购物中心	302		4752		38	127
厂家直销中心	28	150	2092	1558	15	
网上商店	117	7	5237	3826	27	928
自动售货亭	10		307	20	1	
其他	629	110	39475	10794	1481	3618

14-15 续表6

(2021年) 单位:万元

项　　目	营业外收入	营业外支出	利润总额	应交所得税	本年应付职工薪酬	本年应交增值税
二、零售业	**3863.2**	**5946.4**	**99692.9**	**14977.8**	**204166.4**	**51744**
1.按零售行业小类分						
综合零售	**557**	**95**	**-6570**	**155**	**26108**	**3291**
百货零售	317	64	-6317	152	23374	2475
超级市场零售	240	32	-374	2	2430	654
其他综合零售			121	2	304	162
食品、饮料及烟草制品专门零售	381	403	14119	105	9940	1200
粮油零售	24	9	435	7	385	382
糕点、面包零售	1		592	7	1094	96
果品、蔬菜零售	48	4	3318	13	1457	127
肉、禽、蛋、奶及水产品零售	40	3	609	8	1445	120
营养和保健品零售					125	8
酒、饮料及茶叶零售	269	279	1364	70	2328	268
烟草制品零售	1	108	7773		2901	169
其他食品零售			27	2	206	30
纺织、服装及日用品专门零售	110	445	-6192	28	14053	1652
纺织品及针织品零售			-173		269	17
服装零售	89	112	-1465	8	8351	806
鞋帽零售	1	3	-444	20	2037	226
化妆品及卫生用品零售	3	3	-55		87	22
厨具卫具及日用杂品零售	2		-75		159	18
钟表、眼镜零售	2	5	22		368	32
箱包零售	14	323	-4035		2773	459
其他日用品零售			32		9	73
文化、体育用品及器材专门零售	67	40	1394	17	3628	541
文具用品零售			233	7	929	324
图书、报刊零售	60	40	1361	10	2614	212
珠宝首饰零售	7		-200		85	5
医药及医疗器材专门零售	195	53	-2240	216	21236	3426
西药零售	193	53	-2609	204	20440	3154
中药零售			-13		477	39
动物用药品零售	1		105	3	103	55
医疗用品及器材零售			278	9	216	179
汽车、摩托车、零配件和燃料及其他销售	2242	4568	89205	12510	105180	34989
汽车新车零售	2039	783	24428	6987	69763	21900
汽车旧车零售			-598		169	71
汽车零配件零售	4	2	32	6	405	65
摩托车及零配件零售	1		184	5	653	170
机动车燃油零售	198	3783	64866	5490	34091	12690
机动车充电销售			294	22	99	94
家用电器及电子产品专门零售	42	216	-91	195	8696	1785
家用视听设备零售			4		75	22
日用家电零售	12	170	-1578	59	2718	422
计算机、软件及辅助设备零售			281	12	1546	308
通信设备零售	7	5	-41	28	2057	366
其他电子产品零售	23	40	1243	97	2300	667
五金、家具及室内装饰材料专门零售	26	18	6829	1431	7140	2790
五金零售		1	534	26	703	366
灯具零售		4	471	124	777	76
家具零售	8		3039	714	3828	1750
涂料零售	2		47	1	441	67
木质装饰材料零售			1.5	0.3	153.6	31.4
陶瓷、石材装饰材料零售	2.3		304.6	20	537.1	52.1
其他室内装饰材料零售	14.2	12.5	2431.5	546.2	700.6	446.1
货摊、无店铺及其他零售业	243.2	108.5	3239.5	320.6	8186.7	2071.6
互联网零售	48.2	103.9	879.3	126.4	3201.2	1124.9
生活用燃料零售	195	4.5	2236	186.7	4717.8	886.6
其他未列明零售业		0.1	124.2	7.5	267.7	60.1

14-15　续表7

(2021年)　　单位：万元

项　　目	营业外收入	营业外支出	利润总额	应交所得税	本年应付职工薪酬	本年应交增值税
2.按登记注册类型分						
内资企业	3477	5809	88004	10997	180683	46171
国有企业	1	1	653		1130	3
集体企业	17	3	2241	16	344	417
联营企业			53		290	
其他联营企业			53		290	
有限责任公司	1464	970	20312	6380	75596	16538
国有独资公司	0	19	1395	110	1869	180
其他有限责任公司	1464	952	18918	6271	73727	16358
股份有限公司	31	3315	45890	48	20167	5334
私营企业	1963	1519	18855	4554	83155	23880
私营独资企业	41	1	2366	260	3234	381
私营合伙企业			-25		76	9
私营有限责任公司	1915	1519	16872	4293	78930	23393
私营股份有限公司	7		-358	1	915	98
港、澳、台商投资企业	378	138	11812	4004	20490	5004
与港澳台商合资经营企业	209	10	6661	1615	5674	1643
与港澳台商合作经营企业	4	1	3135	787	1302	694
港澳台商独资经营企业	165	127	2015	1603	13514	2667
外商投资企业	**8**		**-123**	**-23**	**2994**	**569**
外资企业	8		-123	-23	2994	569
3.按控股情况分						
国有控股	289	3869	64166	3902	36468	10905
集体控股	134	30	512	34	2301	759
私人控股	3054	1910	23076	7061	141913	34413
港澳台商控股	378	138	11812	4004	20490	5004
外商控股	**8**		**-123**	**-23**	**2994**	**569**
其他			249			95
4.按经营形式分						
独立门店	2981	4838	88058	9531	135313	35568
连锁总店(总部)	491	372	10576	3266	29120	7071
连锁直营店	24	38	-337	100	3190	656
连锁加盟店	**0**		**-162**	**2**	**221**	**18**
其他	367	698	1558	2079	36323	8432
5.按零售业态分						
食杂店	26	6	-245	11	2929	608
便利店	2	49	3984	476	312	272
折扣店			45		134	0
超市	54	44	-595	29	4080	896
大型超市	243	8	-1644	1	2173	278
仓储会员店	8		-162	-35	2616	577
百货店	465	280	-4591	-71	14579	1562
专业店	996	604	11612	2056	40627	12949
专卖店	1876	4385	86966	10819	113558	28777
家居建材商店	2		291	21	514	118
购物中心	1		128		626	80
厂家直销中心	11	79		22	1893	217
网上商店	18	104	845	126	3164	693
自动售货亭	4				44	8
其他	158	389	3387	1523	16918	4709

14-16 各县(区)限额以上批发零售企业财务状况

(2021年) 单位：万元

县(区)	企业数(个)	年初存货	流动资产合计	固定资产原价	累计折旧	本年折旧
批发零售业合计	**1295**	**763778**	**5890995**	**873562**	**327904**	**63906**
批发业	**724**	**417586**	**3833401**	**458969**	**162352**	**29334**
惠城区	323	211666	1618075	67545	29853	6330
惠阳区	61	26497	175217	7417	3771	1300
惠东县	123	53600	316602	127229	48914	10062
博罗县	77	43538	391596	53253	9928	1648
龙门县	5	1846	10296	2603	1427	393
大亚湾区	66	36094	441338	139553	53619	6897
仲恺区	69	44345	880277	61369	14839	2705
零售业	**571**	**346192**	**2057594**	**414593**	**165552**	**34572**
惠城区	301	271459	1654605	315351	129943	26333
惠阳区	41	27741	114606	25031	13005	2892
惠东县	102	14988	80075	17555	5923	1609
博罗县	41	13130	51235	9013	4397	648
龙门县	25	3499	13855	10298	3521	686
大亚湾区	24	2533	79352	2368	1084	131
仲恺区	37	12841	63867	34976	7680	2274

14-16 续表1

(2021年)　　单位：万元

县 (区)	资产合计	负债合计	所有者权益合计	实收资本	营业收入	主营业务收入	营业成本
批发零售业合计	**8507217**	**5211176**	**3300993**	**1570578**	**15942681**	**15730697**	**14441727**
批发业	**5640308**	**3459904**	**2179462**	**1264192**	**10651163**	**10571288**	**9798010**
惠城区	1965897	1408203	557505	142513	4460087	4438434	3923857
惠阳区	188876	139469	49407	26343	394225	390729	361207
惠东县	501939	257201	243984	52110	742943	717473	652226
博罗县	514538	336278	178260	155201	1744352	1735244	1710814
龙门县	11387	6521	4866	680	25899	20456	22835
大亚湾区	1470233	621399	848834	806049	1836060	1827696	1777850
仲恺区	987438	690832	296606	81296	1447597	1441256	1349222
零售业	**2866909**	**1751273**	**1121530**	**306387**	**5291517**	**5159410**	**4643717**
惠城区	2340753	1343645	1004647	218181	4205037	4083437	3700500
惠阳区	138300	121898	16402	25946	312867	308426	276778
惠东县	106730	73680	32968	14459	265331	263423	234305
博罗县	60524	42513	18011	8140	95176	94032	82717
龙门县	26946	16380	10566	5004	28688	28295	23065
大亚湾区	82894	53713	29181	23126	226282	225738	192735
仲恺区	110762	99442	9755	11531	158137	156060	133617

14-16 续表2

(2021年)　　单位:万元

县(区)	营业税金及附加	其他业务利润	销售费用	管理费用	财务费用	营业利润
批发零售业合计	**136100**	**26717**	**726197**	**313846**	**36828**	**197247**
批发业	**100548**	**7634**	**384926**	**185227**	**10582**	**95383**
惠城区	92716	5625	198369	109017	-4429	119161
惠阳区	576	204	8059	10465	1627	7420
惠东县	1215		20859	18143	3927	44553
博罗县	1620	164	17048	17603	1272	50
龙门县	52		1338	1167	84	414
大亚湾区	2405	11	22316	11126	4251	-36658
仲恺区	1964	1630	116939	17706	3851	-39558
零售业	**35551**	**19083**	**341270**	**128620**	**26246**	**101864**
惠城区	32767	17207	255979	93437	21174	87748
惠阳区	753	661	24431	8686	2262	-1627
惠东县	759	197	9870	8305	1580	9344
博罗县	164	42	5756	6779	493	1199
龙门县	149	240	2725	2872	162	497
大亚湾区	404	143	25773	2396	138	4781
仲恺区	556	593	16736	6145	437	-79

14-16　续表3

(2021年)　　单位:万元

县(区)	营业外收入	营业外支出	利润总额	应交所得税	本年应付职工薪酬	本年应交增值税
批发零售业合计	**9156**	**8690**	**198157**	**48819**	**427652**	**140872**
批发业	**5293**	**2744**	**98464**	**33841**	**223485**	**89128**
惠城区	1385	920	119669	24528	89347	45086
惠阳区	121	814	6727	1328	7675	4379
惠东县	1764	156	46626	581	18480	2296
博罗县	527	182	417	695	15305	5709
龙门县	125	130	409	32	1234	499
大亚湾区	131	305	-36831	4551	18453	21137
仲恺区	1240	236	-38553	2125	72992	10022
零售业	**3863**	**5946**	**99693**	**14978**	**204166**	**51744**
惠城区	3100	5218	85638	12754	154573	39534
惠阳区	291	527	-1868	501	15695	3788
惠东县	264	21	9586	330	9760	2259
博罗县	5	27	1178	75	6729	1019
龙门县	56	48	505	67	3411	548
大亚湾区	12	31	4637	1129	4862	2317
仲恺区	135	75	18	121	9137	2280

14-17 限额以上住宿企业财务状况

(2021年)　　　　单位：万元

项　目	企业数(个)	年初库存	流动资产合计	固定资产原价	累计折旧	本年折旧
一、住宿业	**191**	**104803**	**505267**	**387975**	**195931**	**21255**
1.按住宿业行业小类分						
旅游饭店	116	104339	461557	354301	185387	16214
经济型连锁酒店	25	148	23151	19820	4748	3828
其他一般旅馆	38	275	10569	10931	3988	755
民宿服务	1		729	94	31	29
其他住宿业	11	42	9260	2828	1778	428
2.按登记注册类型分组						
内资企业	178	43937	348687	292619	140393	17847
集体企业	1	35	534	122	118	1
有限责任公司	51	40404	131993	97664	48542	6127
国有独资公司	2	87	3119	2457	2372	21
其他有限责任公司	49	40317	128874	95207	46170	6106
股份有限公司	3		609	448	115	5
私营企业	123	3498	215552	194385	91618	11713
私营独资企业	5	1	9719	772	401	122
私营合伙企业	2		171	518	264	237
私营有限责任公司	113	3491	205569	192916	90852	11347
私营股份有限公司	3	6	93	178	101	7
港、澳、台商投资企业	13	60867	156579	95356	55538	3408
与港澳台商合资经营企业	9	60274	151720	69194	32992	3272
与港澳台商合作经营企业	3	592	4776	26096	22490	125
其他港澳台投资企业	1		83	67	57	12
3.按控股情况分组						
国有控股	3	347	6947	4002	3741	79
集体控股	5	305	21005	1224	1094	111
私人控股	171	59782	368325	310502	144003	18738
港澳台商控股	12	44369	108990	72247	47094	2327
4.按经营形式分组						
独立门店	132	64633	380912	233753	120033	12919
连锁总店(总部)	2		225	46	21	1
连锁加盟店	29	114	11886	2437	798	316
其他	28	40056	112244	151739	75080	8020
5.按星级分组						
五星	6	40613	126851	115234	46519	3015
四星	12	299	40546	10072	8611	544
三星	16	257	6627	5910	5050	135
二星	1	5	288			
其他	156	63630	330955	256759	135751	17562

14-17　续表1

(2021年)　　单位：万元

项　　目	资产合计	负债合计	所有者权益合计	实收资本	营业收入	主营业务收入
一、住宿业	**836347**	**919054**	**-82050**	**235774**	**239378**	**227546**
1.按住宿业行业小类分						
旅游饭店	732536.8	842314	-110066	198386	199779	188568
经济型连锁酒店	53310.2	26224	27084	24835	13902	13575
其他一般旅馆	35406.7	34786	1566	6276	16309	16065
民宿服务	900.2	11	890	890	259	259
其他住宿业	14193.3	15718	-1525	5387	9129	9078
2.按登记注册类型分组						
内资企业	603451.7	670291	-66183	70012	205965	194280
集体企业	540.4	6573	-6033	292	893	890
有限责任公司	222668.9	291096	-68427	18838	88453	80219
国有独资公司	5540.5	821	4720	100	4412	4412
其他有限责任公司	217128.4	290275	-73147	18738	84041	75807
股份有限公司	1697.7	1223	473	500	517	396
私营企业	378544.7	371400	7803	50383	116101	112775
私营独资企业	19802.7	10658	9145		2163	2163
私营合伙企业	737.4	94	643		469	417
私营有限责任公司	357369.5	360102	-2075	50303	111867	108593
私营股份有限公司	635.1	545	90	80	1603	1603
港、澳、台商投资企业	232895.5	248762	-15867	165761	33414	33267
与港澳台商合资经营企业	223623.6	200468	23156	37779	24279	24173
与港澳台商合作经营企业	9140.6	47692	-38552	127983	8964	8923
其他港澳台投资企业	131.3	602	-471		171	171
3.按控股情况分组						
国有控股	16045.9	38585	-22539	1100	11044	11044
集体控股	21292.7	19348	1943	392	13671	13546
私人控股	644257.9	681559	-36643	87100	187393	175835
港澳台商控股	154750.7	179562	-24811	147182	27271	27121
4.按经营形式分组						
独立门店	587647.5	596379	-8732	58476	178760	175220
连锁总店(总部)	290.8	158	131	100	362	240
连锁加盟店	17203.1	15171	1744	5323	13860	13523
其他	231205.8	307346	-75194	171875	46397	38564
5.按星级分组						
五星	207949	235885	-27936	11707	32974	25500
四星	49912.6	44207	5705	2125	16740	16601
三星	10478.4	14542	-4063	9005	10687	10645
二星	288.3				216	
其他	567718.7	624419	-55756	212937	178761	174799

14-17 续表2

(2021年) 单位:万元

项目	营业成本	税金及附加	销售费用	管理费用	财务费用	营业利润
一、住宿业	**107957**	**2834**	**66994**	**72566**	**12711**	**-25854**
1.按住宿业行业小类分						
旅游饭店	86865.9	2504	58444	59079	11872	-20954
经济型连锁酒店	6306.7	201	3245	4740	308	-583
其他一般旅馆	8335.8	111	4285	5671	151	-2425
民宿服务	230	2		38		-11
其他住宿业	6218.2	16	1020	3038	380	-1881
2.按登记注册类型分组						
内资企业	97274.6	2593	54240	62806	9808	-22825
集体企业	644.6	1	12	561	-1	-324
有限责任公司	48415.5	1448	20186	26174	7316	-14425
国有独资公司	1674.3	16	2767	593	1	-639
其他有限责任公司	46741.2	1432	17419	25580	7316	-13786
股份有限公司	400.7	2	85	93	1	-18
私营企业	47813.8	1142	33957	35980	2491	-8059
私营独资企业	1572.3	20	269	227	22	53
私营合伙企业	105.7	1	128	233	1	
私营有限责任公司	45612.4	1113	33334	35124	2467	-8129
私营股份有限公司	523.4	8	226	396	1	17
港、澳、台商投资企业	10682	240	12754	9760	2903	-3029
与港澳台商合资经营企业	7817.1	227	8616	7292	2861	-2671
与港澳台商合作经营企业	2702.7	13	4016	2413	42	-189
其他港澳台投资企业	162.2		122	55		-169
3.按控股情况分组						
国有控股	12267.6	37	3130	1284	430	-5972
集体控股	2632.2	1	2767	8097	4	245
私人控股	81073	2391	53411	55233	11182	-18217
港澳台商控股	11983.8	404	7686	7952	1095	-1911
4.按经营形式分组						
独立门店	81630.1	1671	50070	52614	4770	-14500
连锁总店(总部)	240.3	8	53	126	1	-12
连锁加盟店	5949.3	22	3104	5080	258	-783
其他	20136.9	1134	13767	14746	7683	-10559
5.按星级分组						
五星	14211	1213	10079	7620	4472	-4551
四星	9479.3	191	5543	2523	328	-1686
三星	5374.5	93	2158	3541	42	-936
二星	144.1		2	69		1
其他	78748.1	1337	49212	58813	7870	-18682

14-17 续表3

(2021年)　　单位:万元

项　　目	营业外收入	营业外支出	利润总额	应交所得税	本年应付职工薪酬	应交增值税
一、住宿业	**2105**	**616**	**-24353**	**1546**	**65707**	**5028**
1.按住宿业行业小类分						
旅游饭店	1920.9	532	-19565	1509	55637	4342
经济型连锁酒店	73.5	31	-529	20	3288	280
其他一般旅馆	61.7	3	-2366	15	4229	208
民宿服务	1.4	6	-15		86	3
其他住宿业	47.2	44	-1878	3	2467	196
2.按登记注册类型分组						
内资企业	1712.8	356	-21457	1411	55154	4470
集体企业	7.1		-317		602	92
有限责任公司	1069.2	228	-13583	264	21732	2481
国有独资公司	314.7	1	-325		1503	137
其他有限责任公司	754.5	228	-13259	264	20229	2344
股份有限公司			-7	1	97	5
私营企业	636.5	128	-7550	1146	32723	1892
私营独资企业	2.1		55	1	436	3
私营合伙企业					88	3
私营有限责任公司	617.7	127	-7638	1143	31810	1882
私营股份有限公司	16.7		34	3	390	4
港、澳、台商投资企业	391.9	260	-2897	135	10552	558
与港澳台商合资经营企业	330	70	-2411	134	7160	446
与港澳台商合作经营企业	59.8	190	-319	1	3288	111
其他港澳台投资企业	2.1		-167		104	1
3.按控股情况分组						
国有控股	321.6	3	-5653		5268	310
集体控股	27.5		284	182	2399	802
私人控股	1616.2	350	-16950	1304	49003	3298
港澳台商控股	139.4	263	-2034	61	9037	618
4.按经营形式分组						
独立门店	1385.4	403	-13517	1522	50634	3935
连锁总店(总部)			-1	1	54	2
连锁加盟店	74.7	31	-739	13	3424	138
其他	644.6	182	-10096	10	11594	953
5.按星级分组						
五星	164	59	-4445	35	7717	721
四星	339.2	8	-1355	4	4273	282
三星	77.9	126	-983	8	2774	199
二星			1			
其他	1523.6	423	-17571	1499	50942	3826

14-18 限额以上餐饮企业财务状况

(2021年) 单位：万元

项 目	企业数(个)	年初库存	流动资产合计	固定资产原价	累计折旧	本年折旧
二、餐饮业	**215**	**4819**	**128259**	**136845**	**70953**	**8491**
1.按餐饮业行业小类分						
正餐服务	191	4355	113596	119219	64004	7009
快餐服务	5	346	4661	14331	5992	787
酒吧服务	3	66	283	1064	347	327
其他饮料及冷饮服务	2	13	303	39	21	13
餐饮配送服务	7	31	4996	1982	497	329
小吃服务	1		154	32	4	4
其他未列明餐饮业	6	8	4267	179	89	22
2.按登记注册类型分组						
内资企业	202	3739	113140	50755	24685	4762
集体企业	1	26	99	15	3	3
股份合作企业	1	4	118	964	297	297
有限责任公司	34	594	17628	1909	880	387
股份有限公司	1	94	348	161	139	
私营独资企业	21	207	5865	6010	2951	296
私营合伙企业	1	34	933	8	4	4
私营有限责任公司	139	2729	87738	41626	20365	3769
私营股份有限公司	4	52	411	62	45	6
港、澳、台商投资企业	11	968	14123	80136	42092	3562
与港澳台商合资经营企业	2	408	5205	59798	33227	2597
与港澳台商合作经营企业	1		592	490	490	2
港澳台商独资经营企业	8	560	8326	19848	8375	963
外商投资企业	2	112	996	5954	4176	167
外资企业	1	108	876	5950	4173	166
其他外商投资企业	1	4	120	4	3	1
3.按控股情况分组						
集体控股	1	26	99	15	3	3
私人控股	201	3713	113040	50740	24681	4758
港澳台商控股	10	968	13531	79646	41602	3560
外商控股	3	112	1589	6444	4666	169
4.按经营形式分组						
独立门店	152	4013	83161	118485	63305	6927
连锁总店(总部)	2	76	365	6		
连锁直营店	9	376	5219	13489	5154	849
连锁加盟店	2	65	393	116	72	31
其他	50	289	39122	4750	2422	684

14-18 续表1

(2021年) 单位：万元

项 目	资产合计	负债合计	所有者权益合计	实收资本	营业收入	主营业务收入
二、餐饮业	**247142**	**226256**	**20325**	**81505**	**253320**	**244965**
1.按餐饮业行业小类分						
正餐服务	201004	192703	7740	77280	186620	178632
快餐服务	32040	21872	10168	2596	35270	35270
酒吧服务	1000	1009	-9	100	4815	4815
其他饮料及冷饮服务	393	41	353	75	968	968
餐饮配送服务	8099	7180	919	500	11188	10821
小吃服务	229	159	70	50	593	593
其他未列明餐饮业	4377	3292	1086	904	13866	13866
2.按登记注册类型分组						
内资企业	168947	154296	14090	27183	202372	194112
集体企业	534	144	390		771	771
股份合作企业	785	896	-111	50	989	989
有限责任公司	21887	18441	3446	4638	34506	29599
股份有限公司	370	124	245	183	1920	1920
私营独资企业	11455	5757	5570	1524	15895	15690
私营合伙企业	941	887	54		3431	3431
私营有限责任公司	132240	127278	4529	20568	143486	140338
私营股份有限公司	736	769	-33	220	1375	1375
港、澳、台商投资企业	74488	67880	6607	45856	49800	49704
与港澳台商合资经营企业	32714	35263	-2549	36831	10504	10504
与港澳台商合作经营企业	653	58	595		269	267
港澳台商独资经营企业	41121	32560	8561	9025	39027	38934
外商投资企业	3708	4080	-372	8466	1149	1149
外资企业	3586	4034	-448	8466	946	946
其他外商投资企业	122	46	76		203	203
3.按控股情况分组						
集体控股	534	144	390		771	771
私人控股	168414	154153	13700	27183	201601	193341
港澳台商控股	73835	67823	6012	45856	49531	49437
外商控股	4361	4137	223	8466	1417	1415
4.按经营形式分组						
独立门店	168828	167867	400	72093	151436	147871
连锁总店(总部)	631	572	59		2665	2665
连锁直营店	33481	22807	10674	3582	41078	36295
连锁加盟店	438	388	50	20	1283	1283
其他	43766	34623	9143	5809	56857	56850

14–18 续表2

(2021年)　　单位:万元

项 目	营业成本	税金及附加	销售费用	管理费用	财务费用	营业利润
二、餐饮业	**145160**	**718**	**54886**	**43077**	**4598**	**-1071**
1.按餐饮业行业小类分						
正餐服务	112326	628	33998	36599	3932	-4869
快餐服务	13172	11	16531	1482	521	3546
酒吧服务	1399	10	424	1173	39	-109
其他饮料及冷饮服务	282		432		1	137
餐饮配送服务	8150	51	780	2020	76	168
小吃服务	524		33	13	2	20
其他未列明餐饮业	9308	18	2688	1789	26	36
2.按登记注册类型分组						
内资企业	126443	656	33240	32650	3936	-608
集体企业	601	1		290		-123
股份合作企业	252	1	241	621		-126
有限责任公司	17200	141	9175	7073	118	924
股份有限公司	569		1192	163	1	-5
私营独资企业	8933	101	2502	1997	185	837
私营合伙企业	3247	2	15	117		51
私营有限责任公司	94821	406	19658	22147	3631	-2021
私营股份有限公司	821	4	457	241	1	-144
港、澳、台商投资企业	18064	60	21416	9900	656	-195
与港澳台商合资经营企业	2638	31	3232	6748	112	-2253
与港澳台商合作经营企业	158	9	33	46	2	22
港澳台商独资经营企业	15268	20	18151	3106	542	2037
外商投资企业	653	2	230	527	5	-269
外资企业	560	1	162	507	4	-288
其他外商投资企业	94		69	20	2	19
3.按控股情况分组						
集体控股	601	1		290		-123
私人控股	125842	655	33240	32360	3936	-485
港澳台商控股	17906	51	21383	9854	654	-216
外商控股	811	10	263	573	7	-247
4.按经营形式分组						
独立门店	86130	518	31033	33470	3842	-7540
连锁总店(总部)	189		8	572	1	5
连锁直营店	14629	9	18582	3125	567	4085
连锁加盟店	774	1	400	135	2	-29
其他	43438	189	4863	5775	187	2408

14-18 续表3

(2021年) 单位：万元

项 目	营业外收入	营业外支出	利润总额	应交所得税	本年应付职工薪酬	应交增值税
二、餐饮业	**613**	**481**	**-929**	**835**	**54831**	**2754**
1.按餐饮业行业小类分						
正餐服务	512	339	-4686	-19	38499	2326
快餐服务	20	125	3441	830	10756	-227
酒吧服务	26	10	-93	2	2049	14
其他饮料及冷饮服务	8		145	5	201	
餐饮配送服务	45	7	206	14	2042	498
小吃服务			20	1	128	-5
其他未列明餐饮业	1		37	4	1156	147
2.按登记注册类型分组						
内资企业	545	340	-394	424	39372	2942
集体企业	1		-122		333	19
股份合作企业			-126		78	7
有限责任公司	59	69	912	92	7123	664
股份有限公司			-5		446	
私营独资企业	8	1	843	25	2604	113
私营合伙企业			51		108	19
私营有限责任公司	477	270	-1802	307	28371	2103
私营股份有限公司	1		-144		310	16
港、澳、台商投资企业	60	140	-275	407	14791	-192
与港澳台商合资经营企业	2		-2251		2533	226
与港澳台商合作经营企业			22		27	10
港澳台商独资经营企业	58	139	1955	407	12231	-428
外商投资企业	9	1	-261	5	667	4
外资企业	9		-279		620	
其他外商投资企业		1	18	5	47	4
3.按控股情况分组						
集体控股	1		-122		333	19
私人控股	544	340	-272	424	39039	2923
港澳台商控股	60	140	-296	407	14764	-202
外商控股	9	1	-239	5	695	14
4.按经营形式分组						
独立门店	479	150	-7194	-115	34089	2147
连锁总店(总部)	5		10	1	455	1
连锁直营店	64	140	4009	855	11399	-275
连锁加盟店			-29		376	7
其他	65	191	2275	95	8512	874

14-19　各县(区)限额以上住宿和餐饮企业财务状况

(2021年)　　单位: 万元

县(区)	企业数(个)	年初库存	流动资产合计	固定资产原价	累计折旧	#本年折旧
住宿餐饮业合计	**406**	**109622**	**633526**	**524820**	**266884**	**29746**
住宿业	**191**	**104803**	**505267**	**387975**	**195931**	**21255**
惠城区	43	2661	102779	78650	65813	2204
惠阳区	20	511	24549	12118	8178	713
惠东县	58	2325	107419	98911	32293	6614
博罗县	18	38454	85867	56884	23864	2412
龙门县	22	60701	168919	117977	58850	5219
大亚湾区	19	127	13841	19831	4645	3932
仲恺区	11	25	1893	3604	2288	162
餐饮业	**215**	**4819**	**128259**	**136845**	**70953**	**8491**
惠城区	82	1689	38518	80383	41544	4235
惠阳区	22	775	22951	24264	13407	1231
惠东县	33	967	14186	16035	9537	1261
博罗县	23	647	8152	6342	1121	756
龙门县	7	217	4324	2003	1146	21
大亚湾区	24	289	32813	2751	1498	392
仲恺区	24	235	7316	5066	2699	595

14-19 续表1

(2021年)　　单位: 万元

县 (区)	资产合计	负债合计	所有者权益合计	实收资本	营业收入	主营业务收入
住宿餐饮业合计	**1083490**	**1145310**	**-61725**	**317279**	**492698**	**472511**
住宿业	**836347**	**919054**	**-82050**	**235774**	**239378**	**227546**
惠城区	138142	157741	-19601	142962	59021	58662
惠阳区	36459	53988	-17529	2665	14492	14365
惠东县	199740	233170	-33430	21529	96511	95509
博罗县	144497	172185	-26742	10616	21580	12065
龙门县	278093	276596	1497	32103	32400	31982
大亚湾区	33937	19946	13990	23472	10839	10643
仲恺区	5480	5428	-236	2427	4537	4320
餐饮业	**247142**	**226256**	**20325**	**81505**	**253320**	**244965**
惠城区	104514	95465	9080	47208	128387	122559
惠阳区	46350	50926	-4576	8378	29870	29157
惠东县	25985	15113	10745	11048	26694	25788
博罗县	16679	15137	1542	2152	20136	20065
龙门县	5618	7019	-1400	1815	3444	3403
大亚湾区	35376	29437	5474	5749	18644	18326
仲恺区	12621	13159	-538	5154	26145	25668

14-19 续表2

(2021年) 单位: 万元

县 (区)	营业成本	税金及附加	销售费用	管理费用	财务费用	营业利润
住宿餐饮业合计	**253117**	**3551**	**121879**	**115643**	**17309**	**-26925**
住宿业	**107957**	**2834**	**66994**	**72566**	**12711**	**-25854**
惠城区	26150	627	18780	17047	524	-6262
惠阳区	6078	55	5891	4163	56	-1759
惠东县	46569	684	21798	29937	2943	-4792
博罗县	12942	767	5095	2920	4267	-5278
龙门县	9208	439	11988	12009	4596	-5847
大亚湾区	4503	210	3057	4490	193	-1373
仲恺区	2507	52	386	2001	133	-542
餐饮业	**145160**	**718**	**54886**	**43077**	**4598**	**-1071**
惠城区	68236	213	32201	22113	964	491
惠阳区	16668	67	7624	6017	2694	-3219
惠东县	17720	213	4093	3231	278	1235
博罗县	14183	103	2617	2888	106	366
龙门县	1317	13	1044	1241	300	-481
大亚湾区	8433	84	5340	4381	157	247
仲恺区	18602	26	1967	3206	100	290

14-19 续表3

(2021年) 单位: 万元

县 (区)	营业外收入	营业外支出	利润总额	应交所得税	本年应付职工薪酬	应交增值税
住宿餐饮业合计	**2718**	**1097**	**-25283**	**2382**	**120537**	**7782**
住宿业	**2105**	**616**	**-24353**	**1546**	**65707**	**5028**
惠城区	666	251	-5836	367	18699	1147
惠阳区	68	9	-1700	9	5392	76
惠东县	395	252	-4649	1007	22456	2589
博罗县	143	43	-5179	7	4846	524
龙门县	746	54	-5155	139	10302	427
大亚湾区	77	7	-1303	17	2836	198
仲恺区	10	1	-533	1	1175	69
餐饮业	**613**	**481**	**-929**	**835**	**54831**	**2754**
惠城区	173	366	308	640	25791	436
惠阳区	285	62	-2997	24	6609	433
惠东县	33	2	1266	30	5705	230
博罗县	25	9	382	53	5845	372
龙门县	7	11	-485	1	1316	73
大亚湾区	31	9	269	76	5583	598
仲恺区	60	23	327	11	3982	612

14-20　亿元以上商品交易市场成交额

单位: 亿元

项　　目	2013年	2014年	2015年	2016年	2017年	2018年	2019年	2020年	2021年
总　计	**146.75**	**159.46**	**228.94**	**221.68**	**196.16**	**167.80**	**222.70**	**187.78**	**116.25**
食品、饮料、烟酒类	9.15	2.34	2.57	2.60	2.60	2.64	3.42	1.15	1.09
#粮油类	1.58		1.31					0.98	0.97
服装鞋帽、针、纺织品类	39.74	33.04	62.72	57.41	29.57	28.54	45.34	26.19	26.14
化妆品类	1.36	1.12	4.82	4.30	3.89	3.57	3.91	2.63	2.61
金银珠宝类	2.62	2.57	2.58	2.58	2.75	2.73	5.46	2.74	2.69
日用品类	3.26	2.97	3.47	3.42	3.36	3.15	5.76	2.87	2.86
五金、电料类	1.17	1.17	1.26	1.25	1.19	1.14	2.13	1.02	0.99
体育、娱乐用品类	0.49	0.49	0.49	0.48	0.49	0.48	0.97	0.48	0.43
书报杂志类	0.01								
电子出版物及音像制品类	0.27	0.31	0.32	0.30	0.28	0.33	0.68	0.32	0.32
家用电器和音像器材类	1.27	1.58	1.57	1.56	1.57	1.61	3.24	1.60	1.57
中西药品类	0.14								
文化办公用品类	1.51	1.60	1.61	1.60	1.56	1.60	3.16	1.52	1.51
通讯器材类	0.81	0.95	0.95	0.93	0.93	0.98	1.96	0.97	0.97
汽车类	82.48	108.98	144.45	142.95	146.62	119.06	142.77	144.45	73.23
其他类	2.46	2.14	2.14	2.10	1.34	1.96	3.88	1.85	1.85
市场数	**10**	**6**	**6**	**6**	**5**	**5**	**5**	**4**	**3**

惠州统计年鉴 2022

HUIZHOU STATISTICAL YEARBOOK

十五、对外经济及旅游

15-1　历年对外贸易及旅游

年 份	外贸进口总额(万美元)	外贸出口总额(万美元)	利用外资签订协议合同数(个)	外商直接投资签订协议合同数(个)	实际利用外资(万美元)		接待旅游总人数(人次)
						外商直接投资额	
1978		1278	3				
1979		1171	53		13		
1980		1663	173		60		
1981		1511	151		138	3	
1982		1672	173		198	80	
1983		1356	232		344	29	
1984		1759	382		1258	253	
1985		2931	425		1600	1070	
1986		5791	470		1802	1254	326440
1987		11314	744	63	1503	1084	513894
1988		19751	805	96	8178	4577	727998
1989		21971	669	78	9205	7703	706582
1990		28703	747	127	19136	15662	757916
1991		42497	841	211	20754	15207	779440
1992		55552	1077	556	35376	29831	957773
1993		78992	1271	916	61774	58576	1004310
1994		172693	1002	531	78877	72789	1903500
1995		233211	984	431	88834	79802	2121500
1996		277364	589	221	90990	83672	2398048
1997	228703	346591	613	195	96855	85273	2482315
1998	243798	335269	475	247	97026	83643	3292600
1999	327468	367612	484	182	98383	78526	4432400
2000	371384	449746	477	238	105016	83319	4460600
2001	391989	490928	446	262	118015	96015	4584200
2002	533589	588957	578	405	132648	108208	6050100
2003	598521	714614	581	388	169035	140703	5215800
2004	789613	873927	721	549	93134	63228	7500300
2005	836630	1065535	659	539	128390	104187	10002000
2006	895372	1227718	602	489	129541	104518	12170700
2007	950722	1460586	506	444	148801	122815	15669100
2008	1175594	1798881	362	293	155848	135249	18050000
2009	1209154	1714867	323	279	150528	139484	21150000
2010	1400157	2023305	368	362	145887	143761	25010300
2011	1569148	2312180	434	425	157307	156803	28209400
2012	2029557	2920456	337	327	173267	172782	31529900
2013	2407220	3332146	298	284	183895	183417	35514200
2014	2308101	3633124	314	314	196582	196582	39683000
2015	1957879	3477648	234	234	110499	110499	40768000
2016	10722565	19725247	154	154	114252	114252	47134700
2017	11828603	22331343	661	661	114354	114354	53935800
2018	11258173	22088958	2006	2006	634865	634865	58927700
2019	8880062	18217372	390	390	642549	642549	23193134
2020	8010406	16880845	420	420	556721	556721	22206901
2021	9228229	21322682	410	410	743862	743862	28110700

注:2016年起进出口总额单位改为万元,2018年起利用外资单位改为万元;2019年起,接待旅游总人数使用新修订的统计制度。

15-2 分县区外商直接投资情况

单位：个、万美元

县（区）	2011年	2012年	2013年	2014年	2015年	2016年	2017年	2018年	2019年	2020年	2021年
新批企业个数	**425**	**327**	**284**	**314**	**234**	**154**	**661**	**2006**	**390**	**420**	**410**
市　直								5			
惠城区	58	45	43	43	47	31	98	586	78	91	105
惠阳区	79	64	38	55	59	42	93	124	79	81	100
惠东县	38	22	22	21	9	14	272	828	89	51	58
博罗县	68	39	46	42	50	37	60	106	53	64	55
龙门县	16	19	13	21	9	3	41	103	30	15	9
大亚湾区	13	7	8	6	9	12	51	58	23	61	38
仲恺区	35	42	31	31	31	15	46	196	38	57	45
合同外资金额	**216751**	**265477**	**289230**	**305468**	**204518**	**213416**	**167825**	**1810846**	**1657571**	**1639515**	**1654722**
惠州市								-816			
市　直								-153			
惠城区	33479	44689	50409	53535	37953	40998	45171	655184	188809	388472	497761
惠阳区	44448	57246	67185	70714	72907	32475	35124	339140	100010	159689	153615
惠东县	20987	25983	27963	29691	20127	4366	16111	392067	55426	119017	26708
博罗县	29227	40879	46178	49044	27032	14891	23181	179045	176524	264295	143378
龙门县	6202	8369	8926	9822	6720	7145	5561	15096	15034	69776	4460
大亚湾区	30046	36744	39053	41100	16640	89074	20335	73913	985519	301850	319797
仲恺区	31093	38155	42932	45113	21804	24467	22342	157370	136249	336416	508740
实际使用外资金额	**156803**	**172782**	**183417**	**196582**	**110499**	**114252**	**114354**	**634865**	**642549**	**556721**	**743862**
市　直								957			
惠城区	19200	22378	24317	25949	14822	16779	17326	68427	62509	131730	49827
惠阳区	28000	33000	36863	42235	43831	49427	24462	236853	151382	40580	61428
惠东县	13088	15198	16737	17721	7848	2704	2692	34446	23122	19679	17728
博罗县	25000	29200	31635	33338	12000	8127	11609	99142	153843	70146	39091
龙门县	3900	4300	4606	4916	2240	2790	3000	1751	2695	18708	10391
大亚湾区	29900	32900	34968	36800	10019	20000	39331	109866	125948	180282	287350
仲恺区	23790	26200	27800	29608	14295	14425	15934	83423	123050	95596	278047

注：从2018年起利用外资单位改为万元。

15-3　分地区(国别)、行业外商直接投资情况

单位：万美元

项　　目	2010年	2011年	2012年	2013年	2014年	2015年
实际使用外资金额	**143761**	**156803**	**172782**	**183417**	**196582**	**110499**
按地区(国别)分						
中国香港	96178	116151	108663	97443	110738	76014
日本	6498	157	706	10311	6804	15202
中国台湾	1241	2215	787	521	1202	320
美国	3159	774	1423	473	701	1
英属维尔京群岛	16711	17285	23471	19739	18235	6260
按行业分						
制造业	106271	122923	129763	143946	147525	81854
交通运输、仓储和邮政业	8434	4572	2886	351	5634	6053
批发和零售业	8631	7613	18460	25518	28239	4115
房地产业	9121	9618	6901	3064	6578	1776

15-3　续表

单位：万美元

项　　目	2016年	2017年	2018年	2019年	2020年	2021年
实际使用外资金额	**114252**	**114354**	**634865**	**642549**	**556721**	**743862**
按地区（国别）分						
中国香港	68153	53013	438244	422979	223777	205755
日本	6664	5844	60592	52288	2170	900
中国台湾	36	857	2214	11402	1764	4731
美国	150	111	85	2830	2239	672
英属维尔京群岛	3783	2361	27562	11621	129794	41993
按行业分						
制造业	93164	96047	477447	437569	333633	323629
交通运输、仓储和邮政业	1554	3219	6497	11965	20587	18339
批发和零售业	2440	2986	41000	117054	6160	287375
房地产业	10952	5103	21894	37227	117363	72443

注：从2018年起利用外资单位改为万元。

15-4 外商投资情况表

(2021年)　　单位：个、万元

项　　目	新批企业个数	合同外资金额	实际使用外资金额
合　计	**410**	**1654722**	**743862**
按地区(国别)分			
中国香港	240	1052238	205755
中国台湾	38	1209	4731
日本		-29171	900
泰国	2	600	
新加坡	4	88695	278202
英属维尔京群岛	1	193441	41993
加拿大	1	-136	
美国	2	93	672
澳门	4	711	465
韩国	15	316994	194291
埃及	1	245	
加纳	2	110	
萨摩亚	1	6603	1318
按行业分			
农、林、牧、渔业	10	3662	30
制造业	83	761434	323629
电力、煤气及水的生产和供应业	2	925	8258
建筑业	15	128307	1037
批发和零售业	98	33633	287375
交通运输、仓储及邮政业	6	38499	18339
住宿和餐饮业	18	895	
信息传输、软件和信息技术服务业	8	5362	467
金融业			145
房地产业	18	341825	72443
租赁和商务服务	46	225653	12361
科学研究和技术服务业	86	106470	17633
水利、环境和公共设施管理业	1	3046	2044
居民服务和其他服务业	2	371	
教育	1	10	
卫生和社会工作	2	139	
文化、体育和娱乐业	14	4491	101
公共管理、社会保障和社会组织			

15-5 分县区外贸进出口总值情况

单位：万美元

县（区）	2010年	2011年	2012年	2013年	2014年
外贸出口总额	**2023305**	**2312180**	**2920456**	**3332146**	**3633124**
惠城区	115632	132197	154218	182793	208442
惠阳区	206750	248454	289431	325451	367104
惠东县	79139	87955	102483	116916	131452
博罗县	163964	217073	270010	297308	224153
龙门县	4776	5725	7103	8535	10729
大亚湾区	184177	202771	221027	243616	255863
仲恺区	571536	631302	688210	716324	2219891
外贸进口总额	**1400157**	**1569148**	**2029557**	**2407220**	**2308101**
惠城区	83120	90323	105730	114888	120257
惠阳区	97657	119341	143674	187337	223507
惠东县	25586	29165	33871	39969	41103
博罗县	110226	119598	132214	138333	89804
龙门县	2209	2551	2901	3077	4098
大亚湾区	131209	142362	156960	166350	170701
仲恺区	383409	432350	480017	441237	1481491

15-5 续表

单位：万美元

县（区）	2015年	2016年	2017年	2018年	2019年
外贸出口总额	**3477648**	**19725247**	**22331343**	**22088958**	**18217372**
惠城区	218864	1869492	1896507	1608074	1693024
惠阳区	439543	2629659	3346801	3314989	3176933
惠东县	134081	679626	782137	803037	864654
博罗县	238877	1544920	1744073	1937707	1988708
龙门县	12370	62773	73792	143840	121256
大亚湾区	258422	1078089	1359062	1704512	1654758
仲恺区	2099618	11860689	13122997	12436092	8684038
外贸进口总额	**1957879**	**10722565**	**11828603**	**11258173**	**8880062**
惠城区	120858	805518	806324	689168	644464
惠阳区	215198	1016324	1310042	1358682	1352785
惠东县	38637	223037	223483	284561	657488
博罗县	90702	573607	771251	839197	786461
龙门县	4106	19032	21102	21819	28985
大亚湾区	127664	631009	769258	875431	1000733
仲恺区	1337573	7454038	7927136	7163234	4376944

注：2016年起进出口总额单位改为万元；2020年数据部门未能提供。

15-6 分地区(国别)、产品外贸进出口情况

单位：万美元

项 目	2010年	2011年	2012年	2013年	2014年	2015年
外贸出口总额	**2023305**	**2312180**	**2920456**	**3332146**	**3633124**	**3477648**
按地区(国别)分						
中国香港	613620	695393	782863	869969	987545	1075629
日本	81216	80281	79956	84288	87576	86965
美国	324159	348263	391132	391278	467911	469397
欧盟	230736	259472	245921	237678	271041	258315
中国台湾	32582	38742	35317	47785	41624	60772
韩国	363866	423066	954082	1289745	1332976	1129092
俄罗斯	13987	19214	26452	20506	20919	
按主要产品分						
机电产品	1619941	1834052	2435511	2845793	3104764	2947399
高新技术产品	1030128	1196339	1788737	2163667	2311248	2192260
鞋类	57907	67115	75545	79628	89531	92836
服装	110254	135653	128941	112219	114290	95565
外贸进口总额	**1400157**	**1569148**	**2029557**	**2407220**	**2308101**	**1957879**
按地区(国别)分						
中国香港	12733	12193	8651	9430	8727	8806
日本	236166	232830	214462	186235	204920	180473
美国	76162	95802	107601	94016	112923	79206
欧盟	59706	44331	53910	53815	55219	40790
韩国	249426	315423	546919	641505	473761	488541
中国台湾	208779	229008	243470	369402	425190	310972
按主要产品分						
机电产品	1033038	1201353	1658837	2039050	1901428	1639184
高新技术产品	769738	905808	1362099	1743514	1594962	1378395

注：2016年起进出口总额单位改为万元。

15-6 续表

单位：万美元

项　　目	2016年	2017年	2018年	2019年	2020年	2021年
外贸出口总额	**19725247**	**22331343**	**22088958**	**18216340**	**16880845**	**21322682**
按地区(国别)分						
中国香港	6398737	6630442	6104077	5088192	4617774	5467813
日本	568049	551686	571306	619874	610115	710492
美国	3136966	3775270	4189085	3739699	3642736	4310195
欧盟	1531277	1658330	1885028	1778867	1918842	2668425
中国台湾	336443	441018	523653	491915	342905	339578
韩国	5219433	6260623	5281424	1933313	400926	707781
俄罗斯						
按主要产品分						
机电产品	16256020	18730804	18259452	14241565	13281823	16597284
高新技术产品	11560884	13545737	12692093	8722154	7453679	8962017
鞋类	621086	588908	591809	590870	354599	569478
服装	608627	546464	548392	688599	548551	577572
外贸进口总额	**10722565**	**11828603**	**11258173**	**8879840**	**8010406**	**9228229**
按地区(国别)分						
中国香港	53365	38106	18157	23938	24473	49709
日本	1337639	1206285	1192804	944278	868126	912209
美国	560637	563076	416562	360631	280885	239068
欧盟	300048	255814	346438	294563	267086	270544
韩国	2192659	2633931	2343924	1420721	993316	1220152
中国台湾	1710875	1851512	1996731	1638149	1643286	2063602
按主要产品分						
机电产品	8810858	9614023	8939999	6151189	5028020	5725134
高新技术产品	7259691	7941471	7249312	4592753	3595371	4146699

注：2016年起进出口总额单位改为万元。

15-7 市场主体登记注册户数主要情况

(2021年)　　单位：户

项　　目	本期登记企业数	年末实有企业数
总　　计	**145329**	**782254**
按主要类型分		
国有、集体及其控股企业	3072	22676
私营企业	55058	231504
外商投资企业	494	8597
个体工商户	86362	516470
农民专业合作社	343	3007
按主要行业分		
农、林、牧、渔业	1796	13299
采矿业	28	307
制造业	10275	84029
电力、热力、燃气及水生产和供应业	114	1193
建筑业	7094	32380
批发和零售业	65272	383253
交通运输、仓储和邮政业	1831	10033
住宿和餐饮业	21584	89899
信息传输、软件和信息技术服务业	2675	10943
金融业	60	1903
房地产业	2839	22106
租赁和商务服务业	6366	32764
科学研究和技术服务业	8693	23101
水利、环境和公共设施管理业	334	9911
居民服务、修理和其他服务业	10422	52718
教育	351	1384
卫生和社会工作	389	1449
文化、体育和娱乐业	2658	8519
其他	2548	3063

15-8 旅游情况

指　标	单位	2010年	2011年	2012年	2013年	2014年	2015年
住宿游客人数	(万人)	1073.56	1188.63	1312.84	1501.63	1655.54	2076.84
1. 国内游客	(万人)	913.4	1013.95	1122.25	1294.62	1440.69	1644.19
2. 国际旅游者	(万人)	160.16	174.68	190.59	207.01	214.85	222.59
港澳台	(万人)	122.11	133.51	145.97	162.28	169.45	175.79
旅游总收入	(亿元)	140.82	161.19	184.16	212.65	273.20	330.00

15-8　续表

指　标	单位	2016年	2017年	2018年	2019年	2020年	2021年
住宿游客人数	(万人)	2032.92	2238.94	2693.32	1316.88	1296.72	1162.29
1. 国内游客	(万人)	1805.40	2000	2440.63	1271.18	1287.35	1154.55
2. 国际旅游者	(万人)	227.52	238.93	252.69	45.69	9.37	7.74
港澳台	(万人)	179.70	183.97	201.68	38.93	7.79	6.64
旅游总收入	(亿元)	364.13	439.28	501.63	253.43	205.78	219.60

注：2019年起本表使用新修订的统计制度。

十六、教育、科技和文化

16-4 续表

单位：万元

项　　目	2013年	2014年	2015年	2016年	2017年	2018年	2019年	2020年	2021年
木材加工和木、竹、藤、棕、草制品业	5130	1502	1837	1011	1241	1331	3682	3756	4602
家具制造业	11230	11191		4439	5594	15856	19272	24541	25867
造纸和纸制品业	10	1052	3252	230	671	1510	3549	4913	4055
印刷和记录媒介复制业					3546	9063	7411	8330	3801
文教、工美、体育和娱乐用品制造业	773	1383	1743	1341	1882	3486	8794	6788	10245
石油加工、炼焦和核燃料加工业	4789	4034	3679	365	201	860			1180
化学原料和化学制品制造业	15069	20267	21107	20412	23799	31783	38179	28455	55978
医药制造业	8064	6000	7710	10780	6103	6493	10733	8112	13395
化学纤维制造业					324	508	778	506	619
橡胶和塑料制品业	19992	16323	19176	27052	29572	35091	49830	65687	100678
非金属矿物制品业	7632	8590	9266	4331	5088	19907	27385	22982	21699
有色金属冶炼和压延加工业	3106	2785	1886	4367	6747	6599	7809	3392	4741
金属制品业	8529	9360	15783	29195	34200	26124	18722	25183	46409
通用设备制造业	11319	5408	7538	14216	13079	14726	18110	20283	32426
专用设备制造业	1396	4451	4589	9522	17111	17849	22258	31780	52333
汽车制造业	32856	39973	50860	39529	59549	20093	24667	29166	19442
铁路、船舶、航空航天和其他运输设备制造业	3365	1754	3357	2947	2658	1792	4038	15551	6985
电气机械和器材制造业	30770	40511	54228	74052	86815	143058	155647	171601	280288
计算机、通信和其他电子设备制造业	330011	353371	359329	408187	466748	503430	527825	624584	818222
仪器仪表制造业	4475	2757	1426	6043	5072	1769	3144	4860	8990
其他制造业					412	651	1403	1874	1766
废弃资源综合利用业	2658	673	1184	3630	2188	1688	2117	2649	5854
电力、热力、燃气及水生产和供应业	5108	1557	525	2785	2394	3179	4652	10102	7383
电力、热力生产和供应业	5108	1557	525	2785	333	1979	3554	7844	5294
燃气生产和供应业					623	341	46	1433	1436
水的生产和供应业					1438	858	1053	825	652
五、按企业控股情况分组									
国有控股	30871	32372	43028	41079	66314	96914	93449	103077	117424
集体控股	557	3072	4341	1448	8332	6168	6986	3826	5291
私人控股	97540	115598	143413	203726	210017	257713	342742	427092	751171
港澳台商控股	216089	217697	217712	208942	261727	269083	272088	326084	417872
外商控股	151330	154656	148645	159631	181620	171738	191489	197673	280656
其他	22342	24079	40087	62105	75055	91603	91026	94866	610
六、按地区分组									
惠城区	77947	83657	98589	112728	114789	121591	137011	122569	179118
惠阳区	58340	63839	76604	88656	112312	152920	171926	222561	289176
惠东县	38613	39009	46639	57096	67171	21124	39350	35487	41807
博罗县	46662	54297	61007	70161	84526	89537	108662	135486	189343
龙门县	4010	4624	5340	6528	11518	13859	16776	19349	16242
大亚湾区	91594	93612	93801	100888	131204	169360	184321	203685	248170
仲恺区	201563	208433	215244	240874	281545	324828	339734	413480	609169

16-5 工业企业R&D人员情况

单位：人

项　　目	2013年	2014年	2015年	2016年	2017年	2018年	2019年	2020年	2021年
总计	**18678**	**20010**	**22757**	**34926**	**43255**	**50199**	**56291**	**57344**	**71013**
一、按企业规模分组									
大型	10002	11225	13480	19132	22230	33869	34131	31461	37096
中型	5707	5963	5495	10041	11265	8160	9668	10536	14209
小型	2969	2822	3781	5747	9675	8119	12377	15016	19360
微型			1	9	85	51	115	331	348
二、按隶属关系分组									
1.中央	347	434	339	61	88	166	168	168	195
2.地方	18331	19576	23997	34868	35322	4044	4292	2486	2630
三、按登记注册类型分组									
内资企业	5758	7207	10472	13709	18032	19702	25674	26250	38969
国有企业	44							62	
集体企业	10	21	28		3				
股份合作企业									17
有限责任公司	3394	3975	6702	6468	9943	9648	9671	7964	11611
股份有限公司	865	1001	993	1518	1787	2254	4278	3675	5206
私营企业	1388	2226	2491	5723	6299	7800	11725	14537	22125
私营独资企业		29	73	18	259	105	214	296	511
私营合伙企业	18					5		33	77
私营有限责任公司	1314	2159	2341	5542	5705	7294	10917	13458	20380
私营股份有限公司	56	38	77	163	335	396	594	750	1157
其他企业	57	19	254					12	10
港、澳、台商投资企业	8547	8071	9476	13197	18074	22064	21958	22609	23752
与港澳台商合资经营企业	3116	3268	2134	3565	3458	3942	3155	3123	3009
与港澳台商合作经营企业	86	54	35	193	230	8	44	41	53
港澳台商独资经营企业	5002	4336	6987	9020	14004	17700	17454	16944	18809
港澳台商投资股份有限公司	343	413	320	419	382	414	1291	2470	1815
外商投资企业	4373	4697	4428	8023	7149	8433	8659	8485	8292
中外合资经营企业	1623	1733	2409	5281	4375	4764	5677	5666	5243
中外合作经营企业			20		44	412	217	15	12
外资企业	2750	2964	1792	2648	2493	3102	2580	2413	2637
四、按国民经济行业大类分组									
采矿业					19	5	17	15	18
非金属矿采选业					19	5	17	15	18
制造业	18601	19887	24312	34771	42922	50092	56048	56986	70722
农副食品加工业	71	102	181	121	293	241	235	270	286
食品制造业	70	59	65	51	95	29	37	95	145
酒、饮料和精制茶制造业					313	98	161	161	215
纺织服装、服饰业	102	205	293	46	210	686	918	519	667
皮革、毛皮、羽毛及其制品和制鞋业	90	258	433	228	250	761	1133	918	1040

16–5 续表

单位：人

项　　目	2013年	2014年	2015年	2016年	2017年	2018年	2019年	2020年	2021年
木材加工和木、竹、藤、棕、草制品业	29	5	15	32	76	53	222	222	280
家具制造业	231	245		302	259	1418	1639	2056	1926
造纸和纸制品业	4	33	80	25	47	75	214	361	404
印刷和记录媒介复制业					104	247	291	347	253
文教、工美、体育和娱乐用品制造业	46	69	138	100	174	369	710	730	992
石油加工、炼焦和核燃料加工业	251	281	359	35	43	96			115
化学原料和化学制品制造业	708	888	984	791	1040	1428	1169	1510	2024
医药制造业	569	566	305	336	269	340	356	343	479
化学纤维制造业					19	26	26	32	24
橡胶和塑料制品业	1008	967	1003	1491	1562	1853	2844	3667	5548
非金属矿物制品业	198	244	282	213	312	619	984	1117	1492
有色金属冶炼和压延加工业	113	44	25	196	261	407	290	274	319
金属制品业	833	894	739	1533	1580	1008	1104	1486	2391
通用设备制造业	468	272	279	667	604	976	1160	1341	1779
专用设备制造业	167	309	280	586	1220	832	1546	1982	3151
汽车制造业	1082	1191	943	1332	1514	1054	1236	1264	1431
铁路、船舶、航空航天和其他运输设备制造业	441	239	245	213	315	126	323	473	282
电气机械和器材制造业	1399	1975	2783	3762	4312	6316	7501	7127	10765
计算机、通信和其他电子设备制造业	10391	10899	14704	22042	27668	30787	31304	29706	33237
仪器仪表制造业	205	132	138	289	279	109	214	344	639
其他制造业					36	43	124	154	146
废弃资源综合利用业	125	45	38	183	67	95	145	81	150
电力、热力、燃气及水生产和供应业	77	88	44	158	314	102	226	343	273
电力、热力生产和供应业	77	88	44	158	113	47	87	152	146
燃气生产和供应业					78	5	3	136	74
水的生产和供应业					123	50	136	55	53
五、按企业控股情况分组									
国有控股	1266	1258	2274	1558	2536	3661	3475	2461	2915
集体控股	62	100	159	76	432	186	413	258	307
私人控股	4111	5357	5514	10048	11338	12853	18267	20839	36189
港澳台商控股	6695	6161	8501	11638	16578	20673	21028	21214	23289
外商控股	5196	5163	5443	8408	7949	9393	9562	8582	8277
其他	1348	1971	2485	3201	4422	3433	3546	3990	36
六、按地区分组									
惠城区	3255	3664	4516	5534	5801	5844	6397	6700	9289
惠阳区	2191	2218	3368	5359	8069	10233	12302	16397	19455
惠东县	1007	1051	1078	1369	2082	1355	2460	2391	2815
博罗县	1864	2015	3168	3874	5526	6069	6399	7161	10243
龙门县	173	180	259	343	720	780	851	726	1081
大亚湾区	1835	2057	2794	5070	6113	8328	8932	9949	9541
仲恺区	8353	8825	9193	13380	14944	17590	18950	14020	18589

16-6 惠州市历年专利申请授权情况统计表

年份	授权量(件)			
	合计	发明	实用新型	外观设计
1985				
1986				
1987	2		2	
1988	2		2	
1989	2		2	
1990	3	2	1	
1991	4	1	3	
1992	12	1	9	2
1993	22	4	12	6
1994	19	2	12	5
1995	62	3	22	37
1996	70	2	16	52
1997	93	3	20	70
1998	169	3	17	149
1999	148	1	39	108
2000	207	5	62	140
2001	283	4	61	218
2002	443	2	99	342
2003	532	9	156	367
2004	680	17	211	452
2005	651	17	258	376
2006	641	21	301	319
2007	726	33	353	340
2008	1011	66	426	519
2009	985	73	488	424
2010	1628	44	992	592
2011	2917	117	1577	1223
2012	4093	313	2227	1553
2013	5976	467	2577	2932
2014	7396	522	3563	3311
2015	9797	868	4632	4297
2016	9891	1242	4560	4089
2017	11706	1469	6394	3843
2018	14705	1445	9661	3599
2019	14577	1592	9405	3580
2020	19059	1706	12943	4410
2021	25624	2158	18688	4778

16–7 主要年份科技活动指标

项 目	单位	2010年	2011年	2012年	2013年	2014年	2015年
专利申请受理量	(件)	2889	6029	9894	15168	18359	21408
专利申请批准量	(件)	1628	2917	4093	5976	7396	9797
高新技术产品产值	(亿元)	1797.63	2281.51	2908.58	3474.70	3520.76	3885.37
高技术产品产值占工业总产值比重	(%)	46.0	47.9	53.1	52.6	50.7	55.2
研究与实验发展(R&D)人员全时当量	(人年)	11062	12739	15946	16440	15363	18888
研究与实验发展(R&D)经费	(亿元)	19.26	33.12	45.20	55.60	59.30	63.81
占本市生产总值比例	(%)	1.10	1.56	1.88	2.03	1.95	2.00

16–7 续表

项 目	单位	2016年	2017年	2018年	2019年	2020年	2021年
专利申请批准量	(件)	9891	11706	14705	14577	19059	25624
高新技术产品产值	(亿元)	4567.84	4781.62	4178.55	3954.62	4010.49	4890.34
高技术产品产值占工业总产值比重	(%)	58.0	55.8	55.3	53.2	52.0	49.2
研究与实验发展(R&D)人员全时当量	(人年)	28487	31350	40172	45294	47397	54652
研究与实验发展(R&D)经费	(亿元)	69.88	83.98	94.19	109.35	126.52	168.97
占本市生产总值比例	(%)	2.02	2.19	2.30	2.62	3.00	3.39

注：从2006年(含)起，地区生产总值核算口径已含R&D支出。

16-8 分县区文化事业情况

(2021年)

指　　标	单位	全市	惠城区	惠阳区	惠东县	博罗县	龙门县	大亚湾区	仲恺区
文化馆	(个)	6	2	1	1	1	1		
文化站	(个)	73	13	9	16	17	10	3	5
文化广场	(个)	1351	225	138	304	395	189	42	58
博物馆	(个)	12	5	2	1	3	1		
公共图书馆	(个)	6	1	1	1	1	1		1
总藏量	(千册、件)	2801.53	1126.52	452.80	514.90	356.19	223.55		127.58
图书	(千册)	2559.16	963.39	406.24	502.93	341.70	218.50		126.41
电影放映单位	(个)	83	27	16	9	10	2	10	9
其中：剧场、影剧院	(个)	77	26	15	8	9	1	9	9
歌舞厅	(个)	293	64	42	48	92	18	6	23
网吧	(个)	420	76	121	28	78	4	44	69

16-9 分县区广播电视业情况

(2021年)

指　　标	单位	全市	惠城区	惠阳区	惠东县	博罗县	龙门县	大亚湾区	仲恺区
广播电台	(套)	5	1	1	1	1	1		
调频广播发射台和转播台	(座)	7	2	1	2	1	1		
电视台	(套)	5	1	1	1	1	1		
电视发射台和转播台	(座)	7	2	1	2	1	1		
一千瓦以上电视发射台和转播台	(座)	5	1	1	1	1	1		
有线电视台	(座)	6	2	1	1	1	1		
有线电视用户	(户)	611923	197317	63047	139840	124122	28730	28722	30145
广播人口覆盖率	(%)	100	100	100	100	100	100	100	100
电视人口覆盖率	(%)	100	100	100	100	100	100	100	100
微波传送线路站数	(站)	5	1	1		2	1		
微波传送线路长度	(公里)	68	19	20		15	15		
电视互平联用户数	(户)	377034	135688	26162	83171	83748	13217	14290	20758
新增户数	(户)	45377	8058	6590	12297	13743	1477	2541	671

17-1 体育、卫生、社会福利、环保和其他主要指标

指　　标	单位	2014年	2015年	2016年	2017年	2018年	2019年	2020年	2021年
举办全民健身活动次数	(次)	281	144	188	187	230	239	219	343
卫生事业机构数	(个)	2658	2654	2668	2725	2764	3013	3230	3547
医院、卫生院	(个)	138	145	144	146	146	147	151	154
卫生事业机构床位数	(张)	20135	21879	22460	22589	21452	21852	23143	23844
医院、卫生院床位	(张)	17098	18937	19383	19277	19257	19546	20879	21627
卫生技术人员数	(人)	27068	28115	30124	32953	34800	36112	38771	41247
医生、助理医生	(人)	10163	10458	11283	12582	13339	13992	15005	15903
平均每千户籍人口医院、卫生院床位数	(张)	4.91	6.13	6.23	6.28	5.72	5.07	5.88	5.93
平均每千户籍人口有卫生技术人员数	(人)	7.72	7.87	8.35	8.98	9.28	9.37	9.85	10.26
医生	(人)	2.88	2.93	3.13	3.43	3.56	3.63	3.81	3.96
收养性社会福利单位收养人数	(人次)	2263	2296	3989	3407	4460	2528	2589	2567
社会救济总人数	(人)	92424	85399	77873	66960	57693	57188	60966	62153
准予登记结婚对数	(对)	32717	31817	30208	29203	28481	26881	24137	24218
涉外婚姻	(对)	279	233	254	301	300	286	103	176
离婚总数	(对)	6298	7333	7331	7855	8569	9720	9064	7480
执业律师人数	(人)	678	740	802	1190	1283	1422	1622	1825
公证人员数	(人)	27	30	29	99	122	42	42	48
人民调解委员会调解人员数	(人)	9423	10036	9933	10072	8758	9276	8861	9765
亿元地区生产总值生产安全事故死亡率		0.104	0.059	0.063	0.057	0.046	0.049	0.047	0.027
交通事故发生数	(起)	154	132	264	207	201	180	173	168
交通事故损失折款	(万元)	122	113	215	3584	1238	953	861	350
火灾事故发生数	(起)	213	117	467	505	—	—	3986	5022
火灾事故损失折款	(万元)	618	442	1859	573	—	—	2111	2151

注：2009年起卫生数据含村级卫生数据。

17-2 分县区体育事业情况

(2021年)

指　标	单位	合计	惠城区	惠阳区	惠东县	博罗县	龙门县	大亚湾区	仲恺区
体育馆数	(个)	36	4	4	2	23	1	1	1
运动员人数	(人)	8070	4243	500	2650	150	150	300	77
体委系统年末职工人数	(人)	454	9	10	134	164	98	10	29
#专职教练员	(人)	74	50	2	6	4	12		
专职文化教师	(人)	66	51				15		
管理人员	(人)	186	30	3	89	22	15	8	19
公务员	(人)	111	22	2	29	26	20	2	10
其他人员	(人)	195	6	5	10	138	36		
举办全民健身活动情况	(次)	343	203	112	6	7	6	2	7
参加人数	(人次)	758600	730000	15000	7200	2800	2000	600	1000
举办综合运动会	(次)								
参加人数	(人次)								
举办单项比赛	(次)	78	27	30	6	5	3		7
参加人数	(人次)	27100	11000	5000	7200	2000	900		1000

17–3 分县区体育事业情况

单位：块

年份	获世界			获亚洲赛			获全国赛			获省赛		
	金牌	银牌	铜牌	金牌	银牌	铜牌	金牌	银牌	铜牌	金牌	银牌	铜牌
1992	2	1	1	2	1	5				19	20	28
1993	4						4	2		6	14	20
1994	2	4					6	4	1	13	12	13
1995	1						6			12	12	13
1996	1						11	4	9	8	11	39
1997	6				1	3	5	2	5	6	17	15
1998				2	2		12	12	3	38	26	19
1999		1		1	1		11	5	3	13	29	34
2000			2				10	12	7	17	10	22
2001							9	1	4	8	8	13
2002	4	2		1	3	3	9	8	8	26	18	18
2003				1			3	1	2	19	21	26
2004	1						2	2	4	9	20	18
2005				3	2		4	4	4	7	12	26
2006	1	3		2			3	2	2	6	6	14
2007	2			2	1		2	2		50	41	43
2008	2	1		3	1		5	2		55	52	58
2009	3			1			15	8	5	49	48	64
2010	4			12	2	2	17	3	2	20	20	32
2011	1	2		9			24	10	16	8	9	12
2012	3		1				17	2	6	14	12	22
2013	1						7	2		12	15	18
2014			2				7	8	8	12	13	34
2015	3			1			11	7	5	21	18	37
2016				1		1	17	4	10	7	12	16
2017				1		3	6	7	3	33	35	49
2018	3	3	1	3	1	2	25	3		45	50	63
2019	11	2		5		2	45	22	19	26	25	52
2020							21	23	14	36	37	41
2021				1	2		7	10	14	77	54	66

17-4　分县区卫生事业发展情况

(2021年)

指　　标	单位	合计	惠城区	惠阳区	惠东县	博罗县	龙门县	大亚湾区	仲恺区
卫生机构数	(个)	3547	979	483	686	717	228	200	254
医院	(个)	84	32	19	15	7	4	2	5
卫生院	(个)	70	8	6	20	19	14		3
疾病预防控制中心	(个)	6	1	1	1	1	1	1	
妇幼保健院(所\站)	(个)	6	2	1	1	1	1		
诊所、卫生所、医务室	(个)	1582	558	239	270	177	46	125	167
卫生机构床位数	(张)	23844	10386	2872	3669	3841	1111	854	1111
医院	(张)	18286	9243	2415	2540	2075	541	634	838
卫生院	(张)	3341	176	267	893	1438	363		204
总诊疗人次数	(万人次)	4298.15	1649.41	886.13	523.89	609.86	184.05	142.90	301.91
村卫生室诊疗人次	(万人次)	498.66	139.21	122.74	77.16	89.29	42.34	11.95	15.97
医疗卫生机构在岗职工数	(人)	48861	20679	7443	7101	6361	2465	1890	2922
卫生技术人员	(人)	41247	17357	6323	5870	5378	2068	1681	2570
执业医师、执业助理医师	(人)	15903	6535	2385	2108	2314	781	720	1060
注册护士	(人)	18686	7973	3071	2658	2272	801	725	1186
每千户籍人口卫生机构床位数	(张)	5.93	9.90	6.69	4.02	4.07	3.10	5.16	6.70
每千户籍人口卫生技术人员	(人)	10.26	16.55	14.72	6.48	5.70	5.77	10.16	15.49
医生	(人)	3.96	6.23	5.55	2.33	2.45	2.18	4.35	6.39
每千户籍人口注册护士数	(人)	4.65	7.60	7.15	2.93	2.41	2.24	4.38	7.15
政府办									
机构	(个)	414	123	118	62	34	31	23	23
床位	(张)	18744	9179	1533	2486	3247	1059	854	386
在岗职工数	(人)	32749	14772	3866	5169	4526	2039	1219	1158
社会办									
机构	(个)	1594	341	172	409	378	154	51	89
床位	(张)	3732	634	1114	943	465	52		524
在岗职工数	(人)	8350	2599	2427	1199	705	327	126	967
个人办									
机构	(个)	1539	515	193	215	305	43	126	142
床位	(张)	1338	573	225	210	129			201
在岗职工数	(人)	7762	3308	1150	733	1130	99	545	797

注：表中人均数按当年户籍人口计算；政府办、社会办、个人办均不含卫生室数据，其他均含村卫生室数据。

17–5 卫生事业其他指标

项　　目	单位	2014年	2015年	2016年	2017年	2018年	2019年	2020年	2021年
婴儿死亡率	(‰)	2.45	2.11	2.59	1.96	1.75	2.21	1.72	1.35
5岁以下儿童死亡率	(‰)	2.98	2.79	3.16	3.00	2.86	3.23	2.62	2.29
孕产妇死亡率	(1/10万)	6.38	3.32	10.20	7.15	1.76	3.53	4.00	11.43
5岁以下儿童生长迟缓率	(%)				1.10	0.79	1.03	0.81	0.83
儿童计划免疫接种率									
# 卡介苗接种率	(%)	99.88	99.88	99.91	99.83	99.92	99.90	99.89	99.88
脊灰疫苗接种率	(%)	99.68	99.49	99.78	99.72	99.77	99.71	99.74	99.72
百白破三联制剂接种率	(%)	99.63	99.74	99.34	99.70	97.47	99.59	99.74	99.72
麻疹疫苗接种率	(%)	99.70	99.80	99.81	99.77	99.74	98.97	99.76	99.76
乙肝疫苗接种率	(%)	99.81	99.58	99.85	99.78	99.82	99.75	99.75	99.78
住院分娩率	(%)	99.93	99.97	99.98	99.99	99.92	99.83	99.76	99.79
农村孕产妇住院分娩率	(%)	100.00	99.99	99.98	99.99	99.98	99.80	99.72	99.71
7岁以下儿童保健管理率	(%)	97.26	97.33	94.43	96.92	94.75	97.12	98.32	95.15
婚前医学检查率	(%)	93.08	92.11	91.62	92.59	91.57	90.88	91.31	87.38
低出生体重发生率	(%)	4.27	4.42	4.94	4.95	4.22	4.49	3.24	4.41
0—6个月婴儿母乳喂养率	(%)	75.23	73.58	74.04	74.88	65.13	65.84	69.10	-

17-6 农村村级卫生组织情况

指　　标	单位	2012年	2013年	2014年	2015年	2016年	2017年	2018年	2019年	2020年	2021年
机构数	(个)	1574	1508	1496	1455	1423	1303	1292	1295	1300	1298
执业 (助理) 医师	(人)	604	581	557	540	587	553	575	600	656	732
乡村医生和卫生员	(人)	1528	1391	1313	1088	979	864	819	767	709	643
乡村医生数	(人)	1385	1287	1175	1077	968	855	812	759	700	617
卫生员	(人)	143	104	138	11	11	9	7	8	9	26
诊疗人次	(万人次)	767.64	958.27	958.59	946.91	889.65	923.09	868.69	843.04	568.90	498.66

17-7 分县区农村村级卫生组织情况

(2021年)

指　　标	单位	合计	惠城区	惠阳区	惠东县	博罗县	龙门县	大亚湾区	仲恺区
机构数	(个)	1298	140	150	341	441	156	32	38
执业(助理)医师	(人)	732	91	122	187	203	55	30	44
乡村医生和卫生员	(人)	643	49	47	172	249	107	11	8
乡村医生数	(人)	617	49	46	164	239	101	11	7
卫生员	(人)	26		1	8	10	6		1
农村诊疗人数	(万人次)	498.66	139.21	122.74	77.16	89.29	42.34	11.95	15.97
孕产妇检查人数	(人次)	43165	11928	6042	9904	7548	2246	2257	3240
儿童疫苗接种人数	(人次)	1737596	469089	306954	301418	324409	75613	95743	164370

17-8 参加社会保险基本情况

指　　标	单位	2014年	2015年	2016年	2017年	2018年	2019年	2020年	2021年
参保职工(执行企业制度职工数)人数	(万人)	203.26	201.89	214.70	204.92	194.52	170.47	182.40	189.32
参加社会养老保险离退休人员	(万人)	9.65	10.29	14.20	11.49	11.72	12.36	13.35	14.50
养老金社会化发放人数	(万人)	9.65	10.29	14.20	11.49	11.72	12.36	13.35	14.50
城镇职工基本医疗保险参保人数	(万人)	166.68	161.83	156.20	155.08	156.58	172.04	183.17	224.69
失业保险参保人数	(万人)	130.74	127.39	124.64	125.20	127.62	137.32	150.09	157.37
工伤保险参保人数	(万人)	145.41	147.86	148.30	148.17	149.58	146.48	159.53	168.68
社会保险基金收入	(万元)	963577	1292041	1280278	1640626	2555504	3324094	2631308	3476847
全年征收医疗保险基金	(万元)	293425	320812	328732	393059	444131	495645	501369	565535
全年征收失业保险基金	(万元)	19283	25426	27786	31242	27663	30066	15087	30631
全年征收工伤保险基金	(万元)	20679	29231	23968	30919	34746	24159	14416	23991
养老、失业、医疗、工伤、生育保险基金当年支出额	(万元)	563145	624094	695841	844092	1068092	1080672	1080266	1196333
城镇新增就业人员	(人)	72883	75066	71685	75408	73443	71577	71004	76236
城镇登记失业人数	(人)	18772	19705	21468	23125	22798	24068	43514	35807
下岗后再就业人员	(人)	20514	18703	18816	19183	18955	18859	19006	19030
年末城镇人口登记失业率	(%)	2.35	2.37	2.38	2.36	2.30	2.30	2.34	2.34
转移农村劳动力	(人)	10486	10400	8648	8288	8378	8224	8174	7156
就业困难人员再就业	(人)	3579	3632	3486	3501	3162	3196	2910	3105
劳动争议案件数	(件)						4971	4984	7184

17–9　分县区社会福利、最低生活保障

(2021年)

指　　标	单位	合计	惠城区	惠阳区	惠东县	博罗县	龙门县	大亚湾区	仲恺区
社会福利									
收养性社会福利单位数	(个)	89	27	12	18	17	11	3	1
收养性社会福利单位床位数	(张)	11298	3631	1519	1658	2170	1663	423	234
收养性社会福利单位收养人数	(人)	2567	1587	196	236	264	132	20	132
社会救济									
城乡居民最低生活保障标准		853	853	853	853	853	853	967	853
城镇	(元)	853	853	853	853	853	853	967	853
农村	(元)	853	853	853	853	853	853	967	853
城乡居民最低生活保障人数	(人)	54415	6906	3292	23100	10911	9408	341	457
城镇	(人)	6029	1461	547	2432	659	637	212	81
农村	(人)	48386	5445	2745	20668	10252	8771	129	376
城乡居民最低生活保障家庭户数	(户)	22004	2759	1648	9154	4753	3364	144	182
城镇	(户)	2969	724	307	1170	346	291	92	39
农村	(户)	19035	2035	1341	7984	4407	3073	52	143
城乡居民最低生活保障金支出	(万元)	41488	4836	2878	16964	9202	6989	282	339
城镇	(万元)	4895	1154	435	1931	600	527	175	73
农村	(万元)	36593	3681	2443	15033	8602	6462	107	266
城乡基层社会保障									
城镇社区服务设施数	(个)	1405	278	139	312	372	190	60	54
社区服务中心数	(个)	49	13	9	14		10	3	

17-10　环境保护基本情况

项　　目	单 位	2014年	2015年	2016年	2017年	2018年	2019年	2020年	2021年
废　水									
废水排放总量	(万吨)	41891	43180	44348	47698	51487	50789	25919	28780
生活污水	(万吨)	33394	34558	38179	41600	44977	44780	20959	24076
工业废水	(万吨)	8465	8595	6137	6058	6463	5958	4924	4678
工业废水中COD排放量	(吨)	9037	9142	4873	4640	4479	4049	1382	1225
生活废水中COD排放量	(吨)					27698	26970	30144	31400
废　气									
二氧化硫排放总量	(吨)	29203	29024	17689	14811	14970	11912	7721	6046
工业二氧化硫	(吨)	28941	28683	17297	14435	14636	11576	7589	5959
生活二氧化硫排放量	(吨)			384	372	332	332	68	68
工业烟尘排放量	(吨)	24525	15715	14572	14088	13810	12643	8045	5136
可吸入颗料物年平均值	(mg/m^3)	0.057	0.050	0.045	0.051	0.047	0.047	0.038	0.040
二氧化硫年平均值	(mg/m^3)	0.014	0.010	0.008	0.008	0.009	0.008	0.008	0.008
二氧化氮年平均值	(mg/m^3)	0.029	0.021	0.024	0.025	0.024	0.025	0.018	0.020
区域环境噪声等效声级	(dB(A))			54.600	54.70	54.50	54.70	54.80	54.50
工业固体废物									
一般工业固体废物产生量	(吨)	941324	742122	941924	1482021	1467738	1592531	1855711	2301016
危险废物产生量	(吨)	144775	166068	183073	185397	250869	302802	312913	452632
一般工业固体废物综合利用量	(吨)	909862	708698	901923	1430565	1418910	1267981	1804695	2222262
一般工业固体废物贮存量	(吨)						13025	19073	17849
一般工业固体废物处置量	(吨)	30095	32066	40421	45832	44469	315451	57798	96555
工业三废治理设施									
当年完成环保验收项目环保投资	(万元)			360004	127700	54634	410700	49542	132135
废水治理环保投资	(万元)			16946	22683	8432	25880	4054	12411
废气治理环保投资	(万元)			34890	40097	12501	28000	4139	11892

注：2020年统计口径有变化，与往年不可比。

17-11 惠州市律师、公证、基层司法基本情况

指　　标	单位	2011年	2012年	2013年	2014年	2015年	2016年	2017年	2018年	2019年	2020年	2021年
律师工作												
律师事务所	(个)	62	55	57	51	73	79	97	110	115	116	125
执业律师	(人)	562	605	635	678	740	802	1190	1283	1422	1622	1825
担任常年法律顾问	(家)	1372	1473	1589	1898	1949	2100	2555	2883	3026	3352	3577
民事代理	(件)	4152	6143	6835	7108	8785	10055	10472	12687	17467	19029	26604
非诉讼事件	(件)	5649	4293	6994	5819	9683	21683	11014	8683	11390	11012	8955
刑事辩护	(件)	1134	1714	1926	2177	1004	1872	2330	4352	5654	5818	5414
解答法律询问	(件)	15083	17808	14506	12709	13184	13007	16783	6790	6558	7487	6542
公证工作												
公证处	(个)	7	7	7	7	7	7	7	8	8	8	8
公证人员	(人)	30	26	27	27	30	29	99	122	34	42	48
办结公证总数	(件)	21571	30296	45333	41928	63020	67442	46907	59432	70437	86154	48337
国内民事公证	(件)	16706	23807	37529	36318	56416	56664	42366	53724	63483	82687	43672
涉外民事经济公证	(件)	3236	2867	4946	4403	5396	5778	4541	5708	5814	2895	3819
基层司法工作												
法律服务所	(个)	83	81	79	79	75	78	78	78	78	78	78
法律服务所人员	(人)	206	201	195	251	174	183	164	157	137	128	134
担任法律顾问	(家)	799	790	790	783	632	60	11	19	52	52	12
民事诉讼代理	(件)	242	208	211	215	639	593	487	1199	875	767	567
非诉讼代理	(件)	225	67	70	79	191	338	151	359	132	27	12
人民调解委员会	(个)	1493	1567	1585	1600	1635	1573	1552	1544	1419	1502	1545
调解人员	(人)	8012	9606	10272	9423	10036	9933	10072	8758	9276	8861	9765
调解纠纷总数	(件)	5932	6186	6703	7823	7724	7658	6439	6636	5358	4245	6394

注：2017年和2018年公证人员统计口径与往年不一致。

17–12　交通、火灾事故发生及案件情况

(2021年)

指　　标	单位	合计	惠城区	惠阳区	惠东县	博罗县	龙门县	大亚湾区	仲恺区
交通事故									
发生件数	(件)	168	52	35	23	33	6	5	14
受伤人数	(人)	121	47	26	10	16	2	6	14
死亡人数	(人)	113	36	19	16	25	5	3	9
损失金额	(万元)	349.59	256.60	30.62	2.40	4.05	50.17	1.00	4.75
火灾事故									
发生件数	(件)	5022	1194	880	833	1016	370	291	438
受伤人数	(人)	6	2	2		1		1	
死亡人数	(人)								
损失金额	(万元)	2151.17	930.10	304.92	35.11	566.15	150.61	106.54	577.52
刑事案件立案数年	(起)	30621	6978	5344	3659	6876	1076	2656	4032
捉获刑事案件犯罪人数	(人)	11278	2510	1891	1659	2768	454	791	1205
25周岁以下	(人)	2393	510	398	295	522	31	173	464
治安案件查处数	(起)	21947	6832	5115	3460	4273	112	1270	885

注：此表数据由市公安局、市应急管理局、惠州市消防救援支队提供，交通事故数据县区不含高速公路部分。

17-13 城市市政公用事业情况

指　标	单位	2014年	2015年	2016年	2017年	2018年	2019年	2020年	2021年
一、城市（市区）供水									
供水管道总长度	(千米)	2914.70	2878.35	3334.54	3594.92	3800.75	4656.22	5872.71	6184.21
自来水综合生产能力	(万立方米/日)	166.00	164.00	164.00	168.00	168.00	207.60	207.50	239.50
城市供水总量	(万立方米)	31231.35	34693.00	36321.53	34141.14	36348.70	39686.64	41203.73	47303.10
居民家庭用水量	(万立方米)	13279.66	13309.67	13868.07	15068.12	17043.82	18941.05	20063.12	22497.94
二、城市供气									
液化气供气量	(吨)	81752	93419	89820	103398	97072	100214	106977	138030
家庭用量	(吨)	71487	77533	78029	90939	74836	84344	82779	112136
天然气供气总量	(万立方米)		11659	15999	14962	19143	22566	29999	31876
家庭用量	(万立方米)		4995	6167	4522	9398	6377	11747	9450
三、城市公共设施									
铺装道路总长度	(公里)	1885.32	2003.57	1797.33	1873.09	1946.93	3517.76	3651.01	4053.72
年末实有城市道路面积	(万平方米)	3340.70	3538.25	3335.84	3464.85	4727.64	6823.34	6401.92	6389.87
排水道总长度	(公里)	2928	2886	2826	3125	4155	3876	3907	4661
路灯	(盏)	149650	168351	189311	197832	211980	212298	217430	230768
四、城市园林									
建成区面积	(平方公里)	309.56	279.12	342.74	354.45	365.50	375.78	391.61	409.53
城市园林绿地面积	(公顷)	10091	10326	12302	13499	13233	14489	15353	15836
公园面积	(公顷)	2464	2773	4115	4731	4689	4035	5022	5097
建成区绿化覆盖面积	(公顷)	10897.22	11285.28	13386.56	14609.18	14260.51	15525.61	16532.19	16872.81
建成区绿化覆盖率	(%)	35.20	40.43	39.06	41.07	39.02	41.32	42.22	41.20
五、城市环境卫生									
市政公用设施固定资产投资	(万元)			145822	341605	382177	609260	331352	677087
实际清扫保洁面积	(平方公里)	90.40	95.30	194.80	220.35	231.68	242.54	102.73	122.67
环卫职工人数	(人)	6382	7347	7181	9083	12450	14901	9601	11582
生活垃圾清运量	(万吨)	99.32	134.15	192.01	219.43	232.79	261.26	270.55	304.60
清洁卫生机械拥有量	(辆)	362	394	408	473	722	902	1927	2345
公共厕所	(座)	178	194	298	314	263	270	190	213

注：表中“铺装道路总长度”和“年末实有城市道路面积”来源于住建部门，盖章仅代表本表数据与年鉴数据一致。

17-14　分县区城市市政公用事业情况

(2021年)

指　　标	单位	合计	惠城区	惠阳区	惠东县	博罗县	龙门县	大亚湾区	仲恺区
一、城市(市区)供水									
供水管道总长度	(千米)	6184.21	1019.74	1650.80	378.78	916.84	141.79	1565.00	511.26
自来水综合生产能力	(万立方米/日)	239.50	70.00	46.00	18.00	19.50	8.00	54.00	24.00
城市供水总量	(万立方米)	47303.10	13837.00	9423.00	3325.81	5268.74	1530.00	6732.55	7186.00
居民家庭用水量	(万立方米)	22497.94	7674.00	3932.00	1997.22	1988.28	810.00	2813.31	3283.13
二、城市供气									
液化气供气量	(吨)	138030	47863	28160	9600	30116	3905	7618	10767
家庭用量	(吨)	112136	33308	19370	9600	30116	3300	7233	9208
天然气供气总量	(万立方米)	31876	9777	3876		9135	329	5374	3385
家庭用量	(万立方米)	9450	4771	1351		587	56	1873	813
三、城市公共设施									
铺装道路总长度	(公里)	4053.72	1580.53	502.87	539.90	599.10	54.98	513.18	263.16
年末实有城市道路面积	(万平方米)	6389.87	2208.47	779.35	788.88	728.88	115.77	1036.52	732.00
排水道总长度	(公里)	4660.83	1311.00	644.02	290.64	543.97	191.19	889.93	790.08
路灯	(盏)	230768	93709	38087	19899	23481	11235	22196	22161
四、城市园林									
建成区面积	(平方公里)	409.53	126.61	64.47	46.52	41.70	11.74	68.29	50.20
城市园林绿地面积	(公顷)	15836.32	5139.81	2182.93	1756.21	1785.08	437.96	2731.60	1802.00
公园面积	(公顷)	5097.00	2296.75	639.97	591.29	218.15	230.50	669.67	450.67
建成区绿化覆盖面积	(公顷)	16872.81	5807.83	2280.35	1868.65	1804.00	441.16	2840.86	1829.96
建成区绿化覆盖率	(%)	41.20	45.87	35.37	40.17	43.26	37.58	41.60	36.45
五、城市环境卫生									
市政公用设施固定资产投资	(万元)	677087							
实际清扫保洁面积	(平方公里)	122.67	37.59	10.22	21.55	7.61	18.15	12.45	15.10
环卫职工人数	(人)	11582	4053	1376	742	159	1801	919	2532
生活垃圾	(万吨)	304.60	84.62	58.59	51.94	48.29	11.80	21.86	27.50
清洁卫生机械拥有量	(辆)	2345	1325	97	36	82	359	139	307
公共厕所	(座)	213	58	16	66	7	11		55

17-15　个体、私营工商登记情况

指　标	单位	2012年	2013年	2014年	2015年	2016年
个体工商						
期末实有户数	(户)	191908	213296	238510	267868	292477
期末注册资本	(万元)	641754	766882	918204	1078547	1270909
本期新增户数	(户)	31616	33320	36227	43269	45226
本期新增注册资本	(万元)	136882	174959	209198	264124	298279
私营企业						
期末实有户数	(户)	46635	55332	68473	82899	102593
期末注册资本	(万元)	10090534	12474730	17266129	22416143	31878322
本期新增户数	(户)	6896	9756	14504	16582	22555
本期新增注册资本	(万元)	931221	1626711	3972756	4333148	7864600

17-15　续表

指　标	单位	2017年	2018年	2019年	2020年	2021年
个体工商						
期末实有户数	(户)	332696	392811	442514	475086	516470
期末注册资本	(万元)	1555493	1899620	2244197	3594304	4321058
本期新增户数	(户)	62807	83623	79770	73383	86362
本期新增注册资本	(万元)	408966	483205	509250	1578942	1082980
私营企业						
期末实有户数	(户)	126187	144226	168371	193269	231504
期末注册资本	(万元)	43796628	65749785	79240668	94190130	114602000
本期新增户数	(户)	29245	32231	41213	43509	55058
本期新增注册资本	(万元)	11787505	13013539	17879904	15354610	21623266

17-16　私营、个体工商基本情况统计表

(2021年)　　单位：户

项　　目	期末实有		本期实有	
	私营	个体	私营	个体
合　计	**231504**	**516470**	**55058**	**86362**
第一产业	3095	5684	385	895
第二产业	57705	52035	11827	4973
工业	31113	48140	5932	3991
建筑业	26592	3895	5895	982
第三产业	170704	458751	42846	80494
农、林、牧、渔服务业	402	495	79	47
开采辅助活动	7	1	2	
金属制品、机械和设备修理业	154	234	39	44
批发和零售业	73631	301985	17700	46960
交通运输、仓储和邮政业	3679	5614	727	1040
住宿和餐饮业	5027	84065	1360	20069
信息传输、软件和信息技术服务业	7459	2302	1984	524
金融业	587	30	30	4
房地产业	16739	1227	2272	184
租赁和商务服务业	24549	4969	4593	1323
科学研究和技术服务业	20562	527	7893	157
水利、环境和公共设施管理业	2418	7120	285	34
居民服务、修理和其他服务业	5418	46802	1082	9274
教　育	830	414	258	54
卫生和社会工作	619	737	218	143
文化、体育和娱乐业	6252	1798	1996	535
其　他	2371	431	2328	102

惠州统计年鉴 2022

HUIZHOU STATISTICAL YEARBOOK

附录

F-1 全国国民经济主要指标

指　　标	单位	2020年	2021年	2021年比2020年增长(%)
年末总人口	(万人)	141178	141260	0.06
国内生产总值	(亿元)	1015986	1143670	8.1
第一产业	(亿元)	77754	83086	7.1
第二产业	(亿元)	384255	450904	8.2
第三产业	(亿元)	553977	609680	8.2
全社会固定资产投资额	(亿元)	527270	552884	4.9
社会消费品零售总额	(亿元)	391981	440823	12.5
货物周转量	(亿吨公里)	196618	223574	13.7
旅客周转量	(亿人公里)	19251	19758	2.6
沿海规模以上货物吞吐量	(亿吨)	145	155	6.8
实际使用外商直接投资	(亿元)	10000	11494	14.5
海关进口总额	(亿元)	142231	173661	21.5
海关出口总额	(亿元)	179326	217348	21.2
一般公共预算收入	(亿元)	182914	202539	10.7
一般公共预算支出	(亿元)	245588	246322	0.3
税收收入	(亿元)	136780	172731	11.9
年末国家外汇储备	(亿美元)	32165	32502	1.0
城镇居民人均可支配收入	(元)	43834	47412	8.2
农村居民人均可支配收入	(元)	17131	18931	10.5
居民消费价格总指数	(%)	102.5	100.9	-1.6
普通本专科在校生	(万人)	3285.3	3496.1	6.4
普通中学在校生	(万人)	7408.6	7623.4	2.9
普通小学在校生	(万人)	10725.4	10779.9	0.5
卫生机构病床数	(万张)	911	957	5.0
卫生技术人员	(万人)	1066	1123	5.3
#医生	(万人)	408	427	4.7

注：1.税收收入为全国税务部门组织税收收入；
2.F部分数据均为初步统计数据。

F-2 广东省国民经济主要指标

指　　标	单位	2014年	2015年	2016年	2017年	2018年	2019年	2020年	2021年	2021年比2020年增长(%)
年末常住人口	(万人)	10724	10849	10999	11169	11346	11521	12624	12684	-
年末从业人员	(万人)	6428	6566	6703	6858	6960	6995	7039	7072	0.5
本省生产总值	(亿元)	68173	74732	82163	91649	99945	107987	110761	124370	8.0
第一产业	(亿元)	3039	3190	3500	3611	3836	4351	4770	5004	7.9
第二产业	(亿元)	31930	33914	35499	38537	41398	43368	43450	50219	8.7
第三产业	(亿元)	33204	37629	43163	49501	54710	60268	62541	69147	7.5
固定资产投资额	(亿元)	25928.1	30031	33009	37478	35287	39245	42038	44613	6.3
社会消费品零售总额	(亿元)	28471.2	31518	34739	38200	39501.1	42664	40208	44188	9.9
货物周转量	(亿吨公里)	15021	15131	22029	28200	28643	29232	27575	28388	2.9
旅客周转量	(亿人公里)	3967	4336	3846	4144	4502	4765	2617	2352	-10.1
港口完成货物吞吐量	(万吨)	165455	171109	179924	197131	211037	191819	202226	209600	3.6
邮电业务总量	(亿元)	3394	4397	3864	6107	10968	16453	20832	4929	26.1
地方财政收入	(亿元)	8065	9367	10390	11315	12103	12651	12922	14103	9.1
地方财政支出	(亿元)	9152.64	12828	13447	15043	15737	17314	17485	18223	4.2
海关进口总额	(亿美元)	4305.12	3793	3567	25969	28900	28057	27347	32152	17.4
海关出口总额	(亿美元)	6460.87	6435	5976	42187	42718	43380	43498	50529	16.2
在岗职工年平均工资	(元)	59827	66296	72848	80020	89826	100689	110324	120299	9.0
城镇常住居民人均可支配收入	(元)	32148	34757	37684	40975	44341	48118	50257	54854	9.1
农民常住居民人均可支配收入	(元)	12246	13360	14512	15780	17168	18818	20143	22306	10.7
居民消费价格总指数	(%)	102.3	101.5	102.3	101.5	102.2	103.4	102.6	100.8	-1.8
普通高校在校生	(万人)	179.00	194.85	189.29	192.58	196.32	205.40	240.02	271.31	13.0
普通中学在校生	(万人)	591.00	560.72	545.22	545.37	556.18	572.77	595.82	629.98	5.7
普通小学在校生	(万人)	832.00	868.88	905.22	941.96	988.37	1033.43	1057.11	1079.01	2.1
医疗病床数	(万张)	37.26	40.07	42.85	45.30	47.71	54.90	56.50	58.90	4.2
医疗卫生机构在岗职工	(万人)	73.43	77.10	66.75	70.99	75.78	79.48	83.20	87.60	5.3
#医生	(万人)	21.67	23.20	24.41	25.89	27.78	29.10	30.70	32.10	4.6

注：1.本表年末常住人口2014—2019年末根据第七次全国人口普查调整；
2.外贸进、出口总额从2017年起单位为亿元；
3.2021年起，邮电业务总量口径调整，由2010年不变价调整为2020年不变价，增长速度按可比口径计算。

F–3 广东省及各市主要经济指标

(2021年)

市别	GDP (亿元)			第一产业 (亿元)	
	实绩数	排位	增长(%)	实绩数	增长(%)
全　省	**124369.67**	—	**8.0**	**5003.66**	**7.9**
广州市	28231.96	2	8.1	306.41	5.5
深圳市	30664.85	1	6.7	26.59	5.1
珠海市	3881.75	6	6.9	55.02	7.1
汕头市	2929.87	11	6.1	125.05	2.1
佛山市	12156.54	3	8.3	210.55	9.5
韶关市	1553.93	15	8.6	215.33	13.1
河源市	1273.99	19	8.0	153.81	8.0
梅州市	1308.01	17	5.5	251.35	5.9
惠州市	**4977.36**	**5**	**10.1**	**232.54**	**10.2**
汕尾市	1288.04	18	12.7	175.08	11.4
东莞市	10855.35	4	8.2	34.66	11.8
中山市	3566.17	9	8.2	90.81	20.4
江门市	3601.28	8	8.4	294.89	9.8
阳江市	1515.86	16	8.3	249.00	2.8
湛江市	3559.93	10	8.5	640.94	7.8
茂名市	3698.10	7	7.6	648.85	6.8
肇庆市	2649.99	12	10.5	458.46	7.6
清远市	2007.45	14	8.1	303.81	9.2
潮州市	1244.85	20	9.3	115.04	7.4
揭阳市	2265.43	13	6.1	205.50	4.4
云浮市	1138.97	21	8.1	209.96	9.7

F-4 广东省及各市主要经济指标

(2021年)

市别	第二产业(亿元)		第三产业(亿元)		三次产业结构(%)
	实绩数	增长(%)	实绩数	增长(%)	
全 省	**50219.19**	**8.7**	**69146.82**	**7.5**	**4.0∶40.4∶55.6**
广州市	7722.67	8.5	20202.89	8.0	1.1∶27.4∶71.6
深圳市	11338.59	4.9	19299.67	7.8	0.1∶37∶62.9
珠海市	1627.47	6.5	2199.27	7.2	1.4∶41.9∶56.7
汕头市	1412.56	4.3	1392.25	8.5	4.3∶48.2∶47.5
佛山市	6806.95	9.3	5139.04	7.0	1.7∶56∶42.3
韶关市	572.94	8.9	765.67	7.2	13.9∶36.9∶49.3
河源市	463.15	11.1	657.02	6.1	12.1∶36.4∶51.6
梅州市	409.13	2.6	647.53	7.3	19.2∶31.3∶49.5
惠州市	**2652.76**	**14.4**	**2092.06**	**5.3**	**4.7∶53.3∶42**
汕尾市	498.96	16.8	614.00	10.0	13.6∶38.7∶47.7
东莞市	6319.41	10.5	4501.28	5.1	0.3∶58.2∶41.5
中山市	1761.78	11.0	1713.58	5.0	2.5∶49.4∶48.1
江门市	1640.66	11.1	1665.73	5.7	8.2∶45.6∶46.3
阳江市	592.51	14.4	674.35	5.9	16.4∶39.1∶44.5
湛江市	1373.18	11.3	1545.81	6.7	18∶38.6∶43.4
茂名市	1319.24	7.8	1730.01	7.9	17.5∶35.7∶46.8
肇庆市	1101.48	15.3	1090.04	7.5	17.3∶41.6∶41.1
清远市	794.26	10.5	909.37	5.8	15.1∶39.6∶45.3
潮州市	602.08	10.6	527.73	8.4	9.2∶48.4∶42.4
揭阳市	831.53	3.1	1228.41	8.6	9.1∶36.7∶54.2
云浮市	377.90	8.3	551.11	7.4	18.4∶33.2∶48.4

F-5 广东省及各市主要经济指标

(2021年)

市别	规模以上工业增加值(亿元)			固定资产投资	
	实绩数	排位	增长(%)	增长(%)	增长排位
全　省	**37453.05**	—	**9.0**	**6.3**	—
广州市	5086.22	3	7.8	11.7	6
深圳市	9490.12	1	4.7	3.7	13
珠海市	1339.37	7	8.8	-3.1	18
汕头市	743.65	11	8.6	-25.3	21
佛山市	5442.13	2	9.3	7.6	11
韶关市	381.63	16	12.7	2.2	14
河源市	349.53	17	12.5	8.9	9
梅州市	271.22	19	10.8	-14.8	20
惠州市	**2082.30**	**5**	**14.1**	**21.8**	**2**
汕尾市	241.45	20	21.5	16.9	4
东莞市	5008.81	4	10.2	8.2	10
中山市	1402.71	6	12.0	15.3	5
江门市	1280.68	8	14.7	1.4	16
阳江市	431.24	15	20.9	37.8	1
湛江市	867.75	9	14.8	19.1	3
茂名市	548.24	13	4.6	0.4	17
肇庆市	859.88	10	18.4	11.6	7
清远市	670.24	12	14.2	9.5	8
潮州市	291.91	18	8.2	1.6	15
揭阳市	506.73	14	2.1	-6.4	19
云浮市	157.25	21	7.1	4.5	12

F-6 广东省及各市主要经济指标

(2021年)

市 别	工业固定资产投资		房地产开发投资(亿元)		
	增长(%)	增长排位	实绩数	排位	增长(%)
全 省	**19.5**	—	**17465.85**	—	**0.9**
广州市	6.9	16	3626.44	1	10.1
深圳市	27.1	7	3012.68	2	-15.4
珠海市	10.0	14	1162.14	5	8.0
汕头市	-32.2	21	484.57	10	6.5
佛山市	23.0	11	2342.88	3	2.3
韶关市	1.7	18	220.61	17	14.5
河源市	8.6	15	275.55	15	4.2
梅州市	-5.9	19	217.86	18	-6.3
惠州市	**50.5**	**2**	**1323.32**	**4**	**5.6**
汕尾市	27.4	6	241.95	16	6.2
东莞市	25.3	9	972.29	6	11.7
中山市	31.6	5	520.42	9	14.7
江门市	14.9	13	702.47	7	-10.3
阳江市	72.4	1	104.29	20	-20.3
湛江市	26.8	8	484.04	11	27.2
茂名市	15.4	12	341.01	13	-0.5
肇庆市	23.2	10	540.22	8	3.2
清远市	43.1	3	359.71	12	-17.0
潮州市	5.1	17	100.25	21	-6.6
揭阳市	32.8	4	290.85	14	-7.0
云浮市	-12.1	20	142.32	19	12.8

F-7 广东省及各市主要经济指标

(2021年)

市 别	社会消费品零售总额(亿元)			外贸进出口总额(亿元)		
	实绩数	排位	增长(%)	实绩数	排位	增长(%)
全 省	**44187.71**	**—**	**9.9**	**82680.28**	**—**	**16.7**
广州市	10122.56	1	9.8	10825.88	3	13.5
深圳市	9489.12	2	9.6	35435.57	1	16.2
珠海市	1048.24	13	13.8	3320.08	5	21.5
汕头市	1503.84	8	6.1	753.57	9	10.6
佛山市	3556.66	4	8.1	6160.74	4	21.7
韶关市	488.16	16	9.6	220.55	17	18.1
河源市	387.62	20	7.5	306.89	13	4.7
梅州市	654.37	14	3.1	121.77	21	23.0
惠州市	**1978.92**	**5**	**13.3**	**3055.09**	**6**	**22.8**
汕尾市	477.30	19	9.6	203.24	18	19.8
东莞市	4239.24	3	13.3	15247.03	2	14.6
中山市	1530.11	7	8.7	2694.95	7	22.0
江门市	1278.10	10	9.9	1789.48	8	25.2
阳江市	482.71	17	7.0	268.93	14	40.2
湛江市	1784.46	6	8.9	541.70	10	21.4
茂名市	1497.32	9	10.4	229.33	16	15.0
肇庆市	1160.82	11	9.3	405.42	12	-1.9
清远市	579.62	15	11.4	537.06	11	25.7
潮州市	480.70	18	8.1	241.47	15	32.7
揭阳市	1055.76	12	10.5	188.39	19	-3.0
云浮市	375.50	21	11.3	133.15	20	12.8

F-8　广东省及各市主要经济指标

(2021年)

市　别	外贸进口总额(亿元)			外贸出口总额(亿元)		
	实绩数	排位	增长(%)	实绩数	排位	增长(%)
全　省	**32151.57**	—	**17.4**	**50528.72**	—	**16.2**
广州市	4513.71	3	9.6	6312.18	3	16.4
深圳市	16172.16	1	19.5	19263.41	1	13.5
珠海市	1434.02	4	27.5	1886.06	7	17.3
汕头市	152.38	11	9.5	601.20	9	10.8
佛山市	1153.32	5	24.1	5007.41	4	21.2
韶关市	128.06	13	10.7	92.49	20	30.2
河源市	60.25	16	17.8	246.64	11	1.9
梅州市	23.93	21	96.2	97.83	19	12.7
惠州市	**922.82**	**6**	**15.3**	**2132.27**	**6**	**26.3**
汕尾市	91.07	14	12.8	112.17	18	26.2
东莞市	5687.22	2	13.2	9559.82	2	15.4
中山市	463.33	7	17.6	2231.62	5	23.0
江门市	323.83	9	6.7	1465.65	8	30.2
阳江市	82.09	15	66.5	186.84	15	31.0
湛江市	329.01	8	30.0	212.70	13	10.2
茂名市	58.49	17	94.0	170.84	16	0.9
肇庆市	133.43	12	17.8	271.99	10	-9.3
清远市	298.44	10	37.5	238.62	12	13.6
潮州市	48.42	19	64.6	193.05	14	26.6
揭阳市	24.91	20	88.3	163.48	17	-9.7
云浮市	50.67	18	-0.3	82.47	21	22.6

F-9 广东省及各市主要经济指标

(2021年)

市别	实际吸收外商直接投资(亿元)			地方公共财政预算收入(亿元)		
	实绩数	排位	增长(%)	实绩数	排位	增长(%)
全省	**1620.29**	—	**6.5**	**14103.43**	—	**9.1**
广州市	493.72	2	7.5	1883.18	2	9.4
深圳市	595.42	1	11.8	4257.76	1	10.4
珠海市	178.05	3	8.6	448.22	6	18.2
汕头市	2.15	16	-68.6	146.32	12	2.0
佛山市	45.92	7	-10.2	808.12	3	7.3
韶关市	14.13	10	157.2	109.07	14	3.8
河源市	6.46	12	8.5	84.29	16	5.6
梅州市	1.45	20	-39.3	95.00	15	7.7
惠州市	**55.67**	**6**	**-13.4**	**455.36**	**5**	**10.5**
汕尾市	1.65	18	-70.5	52.77	20	14.7
东莞市	79.63	4	-9.5	769.46	4	10.8
中山市	40.54	8	9.6	316.40	7	10.0
江门市	56.62	5	3.8	279.84	8	6.0
阳江市	1.15	21	-46.6	77.72	18	18.3
湛江市	24.90	9	55.8	160.35	9	16.4
茂名市	4.14	14	139.8	148.41	10	4.0
肇庆市	5.85	13	-37.9	146.45	11	17.6
清远市	7.27	11	-15.2	137.41	13	11.2
潮州市	2.29	15	35.3	51.77	21	6.5
揭阳市	1.61	19	33.5	79.31	17	7.2
云浮市	1.68	17	-44.1	75.23	19	14.2

F-10　广东省及各市主要经济指标

(2021年)

市　别	税收收入中的国内税收(亿元)			商品房销售面积(万平方米)		
	实绩数	排位	增长(%)	实绩数	排位	增长(%)
全　省	**22652.60**	—	**11.7**	**14011.26**	—	**-6.0**
广州市	4820.55	2	8.1	1736.31	2	12.8
深圳市	8299.31	1	15.6	821.05	4	-11.6
珠海市	995.15	6	3.2	495.59	12	2.9
汕头市	292.47	12	5.2	502.33	11	29.7
佛山市	1578.32	4	8.9	1962.50	1	-9.4
韶关市	195.34	15	7.9	334.03	18	1.1
河源市	137.14	17	2.9	399.77	14	-9.7
梅州市	209.15	14	5.8	383.89	15	-4.3
惠州市	**1009.20**	**5**	**15.3**	**1619.96**	**3**	**-11.9**
汕尾市	75.16	21	5.0	365.23	16	24.0
东莞市	2004.22	3	12.4	659.33	8	-25.0
中山市	681.98	7	10.0	602.23	9	-13.7
江门市	487.19	8	5.5	724.79	5	-3.2
阳江市	160.04	16	9.5	354.06	17	-1.3
湛江市	474.35	9	36.8	527.00	10	-11.3
茂名市	363.85	10	9.6	469.58	13	-18.3
肇庆市	245.94	13	12.6	691.42	6	-5.5
清远市	295.22	11	12.0	678.96	7	-12.7
潮州市	92.82	20	6.1	136.25	21	7.3
揭阳市	134.89	18	9.3	272.82	20	-3.4
云浮市	100.31	19	-1.9	274.16	19	-16.1

F-11 广东省及各市主要经济指标

(2021年)

市别	金融机构本外币存款余额(亿元)			金融机构本外币贷款余额(亿元)		
	实绩数	排位	增长(%)	实绩数	排位	增长(%)
全省	**293169.22**	—	**9.5**	**222234.29**	—	**13.6**
广州市	66888.93	2	7.9	54429.53	2	12.9
深圳市	112545.17	1	10.4	77240.78	1	13.6
珠海市	10496.05	5	9.3	8909.80	5	16.8
汕头市	4516.63	9	9.3	2516.74	11	13.4
佛山市	20606.98	3	7.5	16474.11	3	13.6
韶关市	2231.08	16	6.8	1504.19	17	14.2
河源市	1567.98	19	1.5	1671.36	15	6.3
梅州市	2579.03	15	5.8	1758.09	14	10.7
惠州市	**7809.67**	**6**	**7.9**	**8478.86**	**6**	**18.0**
汕尾市	1057.07	21	-1.5	819.04	20	20.3
东莞市	20315.59	4	11.4	14931.21	4	16.9
中山市	7332.85	7	5.9	6486.49	7	13.6
江门市	5864.34	8	7.1	4970.31	8	13.2
阳江市	1744.28	17	6.4	1522.11	16	12.4
湛江市	4191.05	10	6.4	3153.76	9	7.6
茂名市	3432.91	11	5.7	2126.26	13	13.6
肇庆市	3052.70	12	5.5	2639.61	10	6.2
清远市	2827.48	13	4.3	2487.61	12	12.2
潮州市	1735.33	18	7.0	657.41	21	19.6
揭阳市	2770.96	14	6.6	1358.28	18	9.8
云浮市	1503.20	20	8.5	1128.67	19	7.6

F-12 广东省及各市主要经济指标

(2021年)

市别	住户存款余额(人民币，亿元)			在岗职工平均工资(元)		
	实绩数	排位	增长(%)	实绩数	排位	增长(%)
全省	**96634.05**	—	**9.8**	**120299**	—	**9.0**
广州市	22549.15	1	9.6	144288	2	6.8
深圳市	20532.31	2	9.7	155563	1	11.6
珠海市	2470.74	10	11.6	121449	3	13.2
汕头市	3047.34	8	8.6	86951	18	3.0
佛山市	10062.67	3	9.4	104280	5	10.3
韶关市	1603.79	16	10.2	109157	4	11.0
河源市	1044.09	19	9.9	89802	16	3.8
梅州市	1861.56	14	11.1	86743	19	1.9
惠州市	**3231.19**	**7**	**11.5**	**99329**	**7**	**10.6**
汕尾市	625.57	21	7.8	94350	11	10.2
东莞市	7609.65	4	9.5	88965	17	11.8
中山市	3535.30	6	9.8	98818	8	3.7
江门市	3713.42	5	10.9	93578	12	6.1
阳江市	1215.32	18	10.5	90786	15	4.1
湛江市	2763.63	9	9.8	99827	6	1.8
茂名市	2423.39	11	10.7	91781	14	6.0
肇庆市	1985.94	13	11.6	91792	13	2.0
清远市	1844.96	15	10.3	96112	10	3.5
潮州市	1217.62	17	9.6	85052	20	1.9
揭阳市	2045.47	12	9.5	75450	21	7.9
云浮市	1031.56	20	9.2	97179	9	11.9

F-13 广东省及各市主要经济指标

(2021年)

市别	城镇常住居民可支配收入(元)			农村常住居民人均可支配收入(元)		
	实绩数	排位	增长(%)	实绩数	排位	增长(%)
全省	**54854**	—	**9.1**	**22306**	—	**10.7**
广州市	74416	1	8.9	34533	4	10.4
深圳市	70847	2	9.2	—	—	—
珠海市	64234	3	9.8	34394	5	10.5
汕头市	35601	13	8.1	20819	11	9.8
佛山市	62942	5	9.6	37067	3	10.8
韶关市	37624	10	9.3	20253	13	10.7
河源市	30446	19	8.7	19146	18	10.6
梅州市	32751	17	9.4	19241	17	10.4
惠州市	**49243**	**7**	**8.3**	**27580**	**6**	**10.7**
汕尾市	33082	16	10.8	19885	14	12.1
东莞市	63740	4	9.8	43188	1	11.2
中山市	60323	6	10.2	41750	2	10.9
江门市	43622	8	9.3	23376	7	10.6
阳江市	35069	14	8.5	22196	9	11.1
湛江市	35989	12	9.3	20693	12	10.3
茂名市	33424	15	8.8	21561	10	9.9
肇庆市	37791	9	8.7	22689	8	10.0
清远市	36172	11	9.1	19841	15	11.0
潮州市	28403	21	7.4	19134	19	10.8
揭阳市	29397	20	8.6	18016	20	10.4
云浮市	30952	18	9.3	19675	16	10.7

主要统计指标解释

国民经济核算

总产出 指一定时期内一个国家（或地区）常住单位生产的所有货物和服务的价值，既包括新增价值，也包括转移价值。它反映常住单位生产活动的总规模。总产出按生产者价格计算。

中间投入 指常住单位生产或提供货物与服务过程中，消耗和使用的所有非固定资产货物和服务的价值，中间投入也称为中间消耗。一般按购买者价格计算。

国内（地区）生产总值 指一个国家（或地区）所有常住单位在一定时期内生产活动的最终成果，它有三种表现形态，即价值形态、收入形态和产品形态。从价值形态看，它是所有常住单位在一定时期内生产的全部货物和服务价值超过同期投入的全部非固定资产货物和服务价值的差额，即所有常住单位的增加值之和；从收入形态看，它是所有常住单位在一定时期内创造并分配给常住单位和非常住单位的初次分配收入之和；从产品形态看，它是最终使用的货物和服务减去进口货物和服务。在实际核算中，国内生产总值的三种表现形态表现为三种计算方法，即生产法、收入法和支出法。

劳动者报酬 指劳动者因从事生产活动所获得的全部报酬。它包括劳动者获得的各种形式工资、资金和津贴，既包括货币形式的，也包括实物形式的，它还包括劳动者所享受的公费医疗和医药卫生费、上下班交通补贴和单位支付的社会保险费等。单位支付的社会保险费，就是单位直接支付给负责社会保险的政府单位（一般指劳动部门）的社会保险金或为单位职工离退休、发生死亡、伤残、医疗保险等而支付的保险费。对于个体经济来说，其所有者所获得的劳动报酬和经营利润不易区分，这两部分统一作为劳动者报酬处理。

生产税净额 指生产税减生产补贴后的差额。生产税指政府对生产单位生产、销售和从事经营活动以及因从事生产活动使用某些生产要素，如固定资产、土地、劳动力所征收的各种税、附加费和规费。具体包括销售税金及附加、增值税、管理费中开支的各种税、应交纳的养路费、排污费和水电费附加、烟酒专卖上缴政府的专项收入等。生产补贴与生产税相反，是政府对生产单位的单方面收入转移，因此视为负生产税处理，包括政策亏损补贴、粮食系统价格补贴、外贸企业出口退税收入等。

固定资产折旧 指一定时期内为弥补固定资产损耗按照核定的固定资产折旧率提取的固定资产折旧，或按国民经济核算统一规定的折旧率虚拟计算的固定资产折旧。它反映了固定资产在当期生产中的转移价值。各种类型企业和企业化管理的事业单位的固定资产折旧指实际计提并计入成本费用中的折旧费；不计提折旧的单位，如政府机关、非企业化管理的事业单位和居民住房的固定资产折旧则是按照统一规定的折旧率和固定资产原值计算的虚拟折旧。原则上，固定资产折旧应按固定资产的重置价值来计算，但是我国目前尚不具备对全社会固定资产进行重估价的基础，所以暂时只能采用上述方法来计算。

营业盈余 指常住单位创造的增加值中扣除劳动者报酬、生产税净额和固定资产折旧后的余额。它相当于企业的营业利润加上生产补贴，但要扣除从利润中开支的工资和福利等。

最终消费 指常住单位在一定时期内对于货物和服务的全部最终消费支出，也就是常住单位为满足物质、文化和精神生活的需要，从本国经济领土和国外购买的货物和服务的支出。它不包括非常住单位在本国经济领土内的消费支出。最终消费分为居民消费和政府消费。

(1)居民消费　指常住住户在一定时期内对于货物和服务的全部最终消费。居民关于货物的最终消费支出在货物的所有权发生变化时记录，关于服务的最终消费支出在服务提供的时候记录。居民消费按市场价格计算，即按居民支付的购买者价格计算，货物的购买者价格是购买者取得交货所支付的价格，它包括购买者支付的运输和商业费用。居民消费除了包括直接以货币形式购买的货物和服务的消费支出外，还包括以其他方式获得的货物和服务的消费支出，即所谓的虚拟消费支出。居民虚拟消费支出包括如下几种类型：单位以实物报酬及实物转移的形式提供给劳动者的货物和服务；住户生产并由本住户消费了的货物和服务，其中的服务仅指住户的自有住房服务；金融机构提供的金融媒介服务；保险公司提供的保险服务。

(2)政府消费　指政府部门为全社会提供的公共服务的消费支出和免费或以较低的价格向居民住户提供的货物和服务的净支出，前者等于政府服务的产出价值减去政府单位所获得的经营收入的价值，政府服务的产出价值等于它的经常性业务支出加上固定资产折旧；后者等于政府部门免费或比较低价格向居民住户提供的货物和服务的市场价值减去向住户收取的价值。

资本形成总额 指常住单位在一定时期内购置、转入和自产自用的固定资产，扣除固定资产的销售和转出后的价值。可分为有形固定资产形成总额和无形固定资产形成总额。

有形固定资产总额包括一定时期内完成的建筑工程、安装工程和设备工器具购置(减处置)价值，以及土地改良、新增役、种、奶、毛、娱乐用牧畜和新增经济林木价值。

无形固定资产形成总额包括矿藏的勘探、计算机软件、娱乐和文学艺术品原件等获得减处置。

存货增加 指常住单位在一定时期内存货实物量变动的市场价值，即期末价值减期初价值的差额。存货增加可以是正值，也可以是负值；正值表示存货上升，负值表示存货下降。它包括生产单位购进的原材料、燃料和储备物资等存货，以及生产单位生产的产成品、在制品等存货等。

货物和服务净出口 指货物和服务出口减货物和服务进口的差额。出口包括常住单位从非常住单位出售或无偿转让的各种货物和服务的价值；进口包括常住单位从非常住单位购买或无偿得到的各种货物和服务的价值。由于服务活动的提供与使用同时发生，因此服务的进出口业务并不发生出入境现象，一般把常住单位从国外得到的服务作为进口，非常住单位从本国得到的服务作为出口。货物的出口和进口都按离岸价格计算。

人　口

人口数 指一定时点、一定地区范围内的有生命的个人的总和。

年度统计的年末人口数是指每年 12 月 31 日 24 时的人口数。

常住人口、现有人口和户籍人口 常住人口，指在调查区域内经常居住的人口，具体包括三款人：1.户口登记地在调查区域并且在该区域内常住的人口（不包括户口登记地在调查区域内但长期外出的人口）；2.户口登记地不在调查区域但在该区域内常住的人口；3.在任何地方都没有登记户口，在该区域内居住的人口。现有人口（又称在场人口或现场人口），指在某一调查时点时，调查区域内的全部人口。现有人口的统计不考虑调查对象户口登记地的情况和居住时间的长短，只要调查时点时在场的人口都包括在内。现有人口不包括户口登记地在调查区域内但在调查时点暂时外出的人口。户籍人口，指在调查区域内有户口登记的人口。户籍人口的统计和常住人口以及现有人口不同，如果未办理户口迁入手续，不论在调查区域内居住时间有多长，都不能统计为户籍人口。由于常住人口资料的使用价值较高，便于进行行政管理、制订社会经济发展计划，现在我国的人口普查和每年进行的人口抽样调查均以常住地进行登记，一个人只能在一个地方登记。

市镇人口和乡村人口 按常住人口的居住地情况划分。

市镇人口 指地级市市辖区内的常住人口、县级市街道行政区域内的常住人口以及县级市和县下辖镇居委会行政区域内的常住人口。

乡村人口 指县级市和县下辖镇村委会行政区域内的常住人口以及县级市和县下辖乡行政域内的常住人口。

农业人口 指户籍人口统计中户口性质为农业人口的人口。

年平均人数 是年初、年底人口数的平均数，也可用年中人口数代替。

性别比 反映两性人口之间比例的指标。指在总人口中或在各年龄人口中，男性人数与女性人数之比。通常用每 100 个女性人口相应有多少男性人口表示。

出生率(又称粗出生率) 指在一定时期内(通常为一年)平均每千人所出生的人数的比率,一般用千分率表示。

出生人数是指活产婴儿，即胎儿脱离母体时(不管怀孕月数)，有过呼吸或其他生命现象。

死亡率(又称粗死亡率) 指在一定时期内(通常为一年)一定地区的死亡人数与同期平均人数(或期中人数)之比，一般用千分率表示。

在业人口(又称就业人口) 指在十五周岁及十五周岁以上人口中从事一定的社会劳动并取得劳动报酬或经营收入的人口。

不在业人口 指十五周岁以上人口中未从事社会劳动的人口。包括：在校学生、料理家务、待升学、市镇待业、离退休、退职、丧失劳动能力等非在业人口。

社会负担系数 指社会劳动人口与被抚养人口的比例。

人口密度 指平均单位土地面积上居住的人口数。一般以每平方公里上居住的人口数来表示。即某地区(某国家)的人口数除以该地区（该国家）的土地面积。

从业人员和职工工资

劳动力资源总数 指在劳动年龄内，具有劳动能力，在正常情况下，可能或实际参加社会劳动的人口数。劳动力资源的范围为：劳动年龄内(16 周岁以上)，有劳动能力，实际参加社会劳动和未参加社会劳动的人员。劳动力资源也可划分为：经济活动人口和非经济活动人口。劳动力资源不包括下列人员：

(1)在押犯人；

(2)劳动年龄内丧失劳动能力的人员；

(3)16 岁以下实际参加社会劳动的人员。

从业人员 指从事一定社会劳动并取得劳动报酬或经营收入的人员。包括：

(1)全部职工

(2)再就业的离退休人员

(3)私营业主

(4)个体户主

(5)私营和个体从业人员

(6)乡镇企业从业人员

(7)农村从业人员

(8)其他从业人员 (包括民办教师、宗教职业者等)。这一指标反映了一定时期内全部劳动力资源的实际利用情况,是研究我国基本国情国力的重要指标。

各单位的从业人员是指在各级国家机关、政党机关、社会团体及企业、事业单位中工作,并取得劳动报酬的全部人员。包括职工、再就业的离退休人员、民办教师以及在各单位中工作的外方人员和港、澳、台方人员。

各单位的从业人员反映了各单位实际参加生产或工作的全部劳动力。

在岗职工 指在本单位工作并由单位支付工资的人员,以及有工作岗位,但由于学习、病伤产假等原因暂未工作,仍由单位支付工资的人员。

在岗职工工资总额 指各单位在一定时期内直接支付给本单位全部在岗职工的劳动报酬总额,包括计时工资、计件工资、奖金、津贴、补贴、加班加点工资和其他工资(如附加工资、保留工资以及调整工资补发的上年工资等)。

计件工资 指对已做工作按计件单价支付的劳动报酬。包括:(1)实行超额累进计件、直接无限计件、限额计件、超定额计件等工资制,按照定额和计件单价支付给个人的工资;(2)按工作任务包干方法支付给个人的工资;(3)按营业额提成或利润提成办法支付给个人的工资。

计件超额工资 是计件工资的一部分,指计件工人超额完成定额任务后得到的工资。即计件工人实得的全部计件工资减去应得的计件标准工资后的数额。

奖金 指支付给职工的超额劳动报酬和增收节支的劳动报酬。

津贴和补贴 指为了补偿职工特殊或额外的劳动消耗和因其他特殊原因支付给职工的津贴。

职工平均工资 指企业、事业、机关单位的职工在一定时期内平均每人所得到货币工资额。它表明一定时期职工工资收入的高低程度,是反映职工工资水平的主要指标。

职工平均实际工资 指扣除物价变动因素后的职工平均工资。

固定资产投资

固定资产投资额 是以货币形式表现的在一定时期内建造和购置固定资产的工作量以及与此有关的费用的总称。它是反映固定资产投资规模、结构和发展速度的综合性指标,又是观察工程进度和考核投资效果的重要依据。全社会固定资产投资包括国有经济单位投资、城乡集体及其他各种登记注册类型的单位投资和城乡个人投资。按照国家统计制度规定,固定资产投资统计范围包括:基本建设投资、更新改造投资、房地产开发投资和其他固定资产投资。

基本建设投资 指企业、事业、行政单位以扩大生产能力或工程效益为主要目的的新建、扩建工程及有关工作的投资。包括:(1)列入中央和各级地方本年基本建设计划的建设项目,以及虽未列入本年基本建设计划,但使用以前年度基建计划内结转投资(包括利用基建库存设备材料)在本年继续施工的建设项目;(2)本年基本建设计划内投资与更新改造计划内投资结合安排的新建项目和新增生产能力(或工程效益)达到大中型项目标准的扩建项目,以及为改变生产力布局而进行的全厂性迁建项目;(3)国有单位既未列入基建计划,也未列入更新改造计划的总投资在50万元以上的新建、扩建、恢复项目和为改变生产力布局而进行的全厂性迁建项目,以及行政、事业单位增建业务用房和行政单位增建生活福利设施的项目。

更新改造投资 是指企业、事业单位对原有设施进行固定资产更新和技术改造,以及相应配套的工程和有关工作(不包括大修理和维护工程)的投资。包括:(1)列入中央和各级地方本年更新改造计划的投资单位(或项目)以及虽未列入本年更新改造计划,但使用上年更新改造计划内结转的投资在本年继续施工的单位(或项目);(2)本年更新改造计划内投资与基本建设计划内投资结合安排的对企、事业单位原有设施进行技术改造或更新的项目、和增建主要生产车间、分厂等其新增生产能力(或工程效益)未达到大中型项目标准的项目,以及由于城市环境保护和安全生产的需要而进行的迁建工程;(3)国有企、事业单位既未列入基建计划也未列入更新改造计划,总投资在50万元以上的属于改建或更新

改造性质的项目,以及由于城市环境保护和安全生产的需要而进行的迁建工程。

房地产开发投资 各种登记注册类型的房地产开发公司、商品房建设公司及其他房地产开发单位统一开发的包括统代建、拆迁还建的住宅、厂房、仓库、饭店、宾馆、度假村、写字楼、办公楼等房屋建筑物和配套的服务设施、土地开发工程,如道路、给水、排水、供电、供热、通讯、平整场地等基础设施工程。包括实际从事房地产开发或经营活动的附营房地产开发单位。不包括单纯的土地交易活动。

其他固定资产投资 全社会固定资产投资中未列入基本建设、更新改造和房地产开发投资的建造和购置固定资产的投资。具体包括:

(1)国有单位按规定不纳入基本建设计划和更新改造计

划管理，计划总投资(或实际需要总投资)在50万元以上的项目和工程投资，包括用油田维护费和石油开发基金进行的油田维护和开发工程完成的投资；煤炭、铁矿、森工等采掘采伐业用维简费进行的开拓延伸工程完成的投资；交通部门用公路养路费对原有公路、桥梁进行改建的工程完成的投资；商业部门用简易建筑费建造的仓库工程完成的投资。

(2)城镇集体经济单位固定资产投资：指所有隶属省辖市、县级市和县城(乡镇企业局管理的除外)建造和购置固定资产计划总投资(或实际需要总投资)在50万元以上未列入基本建设计划和更新改造计划的单位（项目）的投资。

(3)除国有、城镇集体以外的其他各种登记注册类型的企业、事业单位（包括城镇私营企、事业单位和个体经营户）建造和购置固定资产计划总投资（或实际需要总投资）在50万元以上的、未列入基本建设计划和更新改造计划的单位（项目）。

(4)城镇和工矿区私人建房投资包括市、县城、镇、工矿区所辖范围内的全部私人建房，不论其房主是否系本地的常住户口均应包括。

(5)农村固定资产投资包括农村区域范围内进行固定资产投资活动的企业、事业、行政单位及农村个人。

固定资产投资的资金来源 根据固定资产投资的资金来源不同，分为国家预算内资金、国内贷款、债券、利用外资、自筹资金和其他资金来源。

(1)国家预算内资金 分为财政拨款和财政安排的贷款两部分。包括中央财政的基本建设基金、专项支出、收回再贷、贴息资金、财政安排的挖潜改造和新产品试制支出、城建支出、

商业部门简易建筑支出、不发达地区发展基金等资金中用于固定资产投资的资金；地方财政中由国家统筹安排的固定资产投资资金等。

(2)国内贷款 指报告期固定资产投资单位向银行及非银行金融机构借入的用于固定资产投资的各种国内借款，包括银行利用自有资金及吸收的存款发放的贷款、上级主管部门拨入的国内贷款、国家专项贷款（包括煤代油贷款、劳改煤矿专项贷款等)，地方财政专项资金安排的贷款、国内储备贷款、周转贷款等。

(3)债券 是企业（公司）或金融机构通过发行各种债券，筹集用于固定资产投资的资金，包括由银行代理国家专业投资公司发行的重点企业债券和基本建设债券。

(4)利用外资 指报告期内收到的用于固定资产建造和购置投资的境外资金（包括设备、材料、技术）。包括外商直接投资、对外借款及外商其他投资。不包括我国自有外汇资金。国家统借统还的外资：是指由我国政府出面同外国政府、团体或金融组织签订贷款协议，并负责偿还本息的国外贷款。

(5)自筹资金 指固定资产投资单位报告期内收到的，由各地区、各部门及企事业单位筹集用于固定资产投资的预算外资金，包括中央各部门、各级地方和企事业单位的自有资金。

(6)其他资金来源 指报告期收到的除以上各种资金之外其他用于固定资产投资的资金。包括社会集资、个人资金、无偿捐赠的资金及其他单位拨入的资金。

施工项目 指报告期内进行过建筑或安装施工活动的项目。凡是报告期内施过工的建设项目，不论施工时间长短，均作为施工项目统计。

全部建成投入生产（或交付使用）项目 工业项目是指设计文件规定形成生产能力的主体工程及其相应配套的辅助设施全部建成，经负荷试运转，证明具备生产设计规定合格产品的条件，并经过验收鉴定合格或达到竣工验收标准，与生产性工程配套的生产福利设施可以满足近期正常生产的需要，正式移交生产的建设项目。非工业项目是指设计文件规定的主体工程和相应配套工程全部建成，能够发挥设计规定的工程效益，经验收鉴定合格或达到竣工验收标准，正式移交使用的建设项目。

新增生产能力（或工程效益） 指通过固定资产投资活动而增加的设计能力（或工程效益)，是以实物形态表示的固定资产投资成果的指标，也是考核投资经济效果的重要依据之一。

房屋建筑面积 是房屋建筑物勒脚以上外墙外围的水平截面面积，包括房屋建筑物的有效面积和结构面积。房屋建筑面积统计指标是从实物形态上反映建设规模和建设成果的重要指标之一，也是检查工程形象进度、计算工程造价、分析投资效果、研究施工任务和建筑材料之间平衡情况的重要依据。

住宅 指供人们居住的房屋，包括职工家属宿舍、集体宿舍（包括职工单身宿舍和学生宿舍）及供居住的各种公寓等。住宅建筑面积中不包括作为人防用、不住人的地下室面积和供办公用的公寓。

房屋施工面积 指在报告期内施工的全部房屋建筑面积。包括本期新开工的面积和上期开工跨入本期继续施工的房屋面积，以及上期已停建在本期恢复施工的房屋面积。本期竣工和本期施工后又停缓建的房屋，其建筑面积仍计入本期房屋施工面积中。

房屋竣工面积 指在报告期内房屋建筑按照设计要求已经全部完工，达到住人和使用条件，经验收鉴定合格（或达到竣工验收标准)，正式移交使用单位的各栋房屋建筑面积的总和。

新增固定资产 指已经完成建造和购置过程，并已交付生产或使用单位的固定资产的价值。它是表示固定资产

投资成果的价值指标，也是反映建设进度，计算固定资产投资效果的重要数据。

能源生产和消费

能源生产总量 指一定时期内全国（地区）一次能源生产量的总和，是观察全国（地区）能源生产水平、规模、构成和发展速度的总量指标。一次能源生产量包括原煤、原油、天然气、水电、核能及其他动力能（如风能、地热能等）发电量。不包括低热值燃料生产量、生物质能、太阳能等的利用和由一次能源加工转换而成的二次能源产量。

能源消费总量 指一定时期内全国（地区）物质生产部门、非物质生产部门和生活消费的各种能源的总和，是观察能源消费水平、构成和增长速度的总量指标。能源消费总量包括原煤和原油及其制品、天然气、电力，不包括低热值燃料、生物质能和太阳能等的利用。能源消费总量分为三部分，即终端能源消费量、能源加工转换损失量和损失量。

(1)终端能源消费量 指一定时期内全国（地区）物质生产部门、非物质生产部门和生活消费的各种能源在扣除了用于加工转换二次能源消费量和损失量以后的数量。

(2)能源加工转换损失量 指一定时期内全国 （地区）投入加工转换的各种能源数量之和

与产出各种能源产品之和的差额。它是观察能源在加工转换过程中损失量变化的指标。

(3)能源损失量 指一定时期内能源在输送、分配、储存过程中发生的损失和由客观原因造成的各种损失量。不包括各种气体能源放空、放散量。

财 政

财政收入 指国家财政参与社会产品分配所取得的收入，是实现国家职能的财力保证。财政收入所包括的内容几经变化，目前主要包括：

(1)各项税收 包括增值税、营业税、消费税、土地增值税、城市维护建设税、资源税、城市土地使用税、印花税、个人所得税、企业所得税、关税、农牧业税和耕地占用税等。

(2)专项收入 包括征收排污费收入、征收城市水资源费收入，教育费附加收入等。

(3)其他收入 包括基本建设贷款归还收入、基本建设收入、捐赠收入等。

(4)国有企业计划亏损补贴 这项为负收入，冲减财政收入。主要包括对工业企业商业企业、粮食企业的补贴。

财政支出 指国家财政将筹集起来的资金进行分配使用，以满足经济建设和各项事业的需要，主要包括：基本建设支出、企业挖潜改造资金、地质勘探费用、科技三项费用、支援农村生产支出、农村水利气象等部门的事业费用、工业交通商业等部门的事业费、文教科学卫生事业费、抚恤和社会福利救济费、国防支出、行政管理费、政策性补贴支出等项目。

中央财政收入和地方财政收入 指按现行分税制财政体制划分的中央本级收入和地方本级收入。1994 年实行分税制财政体制以后，属于中央财政的收入包括关税、海关代征消费税和增值税，消费税，中央企业所得税，地方银行和外资银行及非银行金融企业所得税，铁道部门、各银行总行、各保险总公司等集中缴纳的营业税、利润和城市维护建设税，车辆购置税，船舶吨税，增值税的 75%部分，证券交易税(印花税)94%部分，个人所得税中的利息所得税，利息所得税之外的个人所得税中央分享的部分，海洋石油资源税。属于地方财政的收入包括营业税，地方企业所得税，利息所得税之外的个人所得税地方分享的部分，城镇土地使用税，固定资产投资方向调节税，城镇维护建设税，房产税，车船使用税，印花税，屠宰税，农牧业税，农业特产税，耕地占用税，契税，土地增值税、国有土地有偿使用收入，增值税 25%部分，证券交易税(印花税)6%部分和除海洋石油资源税以外的其他资源税。

中央财政支出和地方财政支出 指根据政府在经济和社会活动中的不同职责，划分中央和地方政府的责权，按照政府的责权划分确定的支出。中央财政支出包括国防支出，武装警察部队支出，中央级行政管理费和各项事业费，重点建设支出以及中央政府调整国民经济结构、协调地区发展，实施宏观调控的支出。地方财政支出主要包括地方行政管理和各项事业费，地方统筹的基本建设、技术改造支出，支援农村生产支出，城市维护和建设经费，价格补贴支出等。

预算外资金收支 预算外资金指国家机关、事业单位和社会团体为履行或代行政府职能，依据国家法律、法规和具有法律效力的规章而收取、提取和安排使用的未纳入国家预算管理的各种财政性资金。其范围主要包括法律、法规规定的行政事业性收费、政府性基金和附加收入等；国务院或省级人民政府及其财政、计划(物价)部门审批的行政事业性收费；国务院及财政部审批建立的政府性基金、附加收入等；主管部门所属单位集中上缴资金；用于乡镇政府开支的乡自筹和乡统筹资金；其他未纳入预算管理的财政性资金。社会保障基金在国家财政尚未建立社会保障预算制度以前，先按预算外资金管理制度进行管理，专款专用。财政部门在银行开设统一的专户，用于预算外资金收入和支出管理。部门和单位的预算外收入必须上缴同级财政专户，支出由同级财政按预算外资金收支计划和单位财务收支计划统筹安排，从财政专户中拨付，实行收支两条线管理。

财政一般预算收入 通过一定的形式和程序有计划组织由国家支配纳入预算管理的资金。

财政一般预算支出 国家对集中的预算收入，有计划的分配和使用而安排的支出。

财政总收入 指一般预算收入、基金收入、上划中央两税收入、上划中央所得税和上划省市共享税收入的总和。

物价指数

物价指数 是用来反映报告期所销售（或购进）的全部商品价格总水平比基期水平升降变动程度的相对数。通常以百分数表示，是一种经济指数。

物价指数按其包括范围的不同，分为单项商品价格指数（或称个体物价指数）、商品类别价格指数（或称物价类指数）和物价总指数。反映某种商品的平均价格水平变动程度的指数叫做单项商品价格指数；反映某一类或全部商品价格总水平变动程度的指数，叫物价类指数或物价总指数。物价指数按其所采用基期的不同，分为环比物价指数（以上一期为基期）、年距环比物价指数（以上年同期为基期）和定期物价指数（以某一固定时期为基期）。目前国家统计部门编制的物价指数主要有：居民消费价格指数，商品零售价格指数，农副产品收购价格指数等。

商品零售价格指数 是反映城乡商品零售价格变动趋势的一种经济指数。商品零售物价的调整变动直接影响到城乡居民的生活支出和国家的财政收入，影响居民购买力和市场供需平衡，影响消费与积累的比例。因此，计算商品零售价格指数，可以从一个侧面对上述经济活动进行观察和分析。

居民消费价格指数 是反映一定时期内城乡居民所购买的生活消费品价格和服务项目价格变动趋势和程度的相对数。是综合了城市居民消费价格指数和农民消费价格指数计算取得。利用居民消费价格指数，可以观察和分析消费品的零售价格和服务价格变动对城乡居民实际生活费支出的影响程度。

城市居民消费价格指数 是反映城市职工及其家庭所购买的生活消费品和服务项目价格变动趋势和程度的相对数。编制城市居民消费价格指数，可以观察和分析消费品的零售价格和服务项目价格变动对职工货币工资的影响，作为研究职工生活和确定工资政策的依据。

人民生活

居民消费水平 居民消费水平是指按人口平均计算的居民消费额。居民消费水平表明国家对人民的物质文化生活需要的满足程度，它是反映一个国家（或地区）的经济发展水平和人民物质文化生活水平的综合指标。

居民消费水平，可以按国内生产总值口径，即包括劳务以内的总消费进行计算。根据计算居民消费的不同价格，可以计算出按当年价格计算的居民消费水平和按可比价格计算的居民消费水平，后者便于观察居民实际消费水平的增长变化。为了观察居民消费的实物构成，还可以进一步计算各种消费品的平均消费的数量和金额，以反映居民在取得基本生存资料的基础上逐步向需要享受资料和发展资料的方向发展的趋势。

城镇居民家庭可支配收入 指被调查的城镇居民家庭总收入在支付交纳所得税、个人交纳的社会保障支出以及扣除调查户的记帐补贴后的收入。

城镇居民家庭消费性支出 指被调查的城镇居民家庭用于本家庭日常生活的全部支出，包括食品、衣着、家庭设备用品及服务、医疗保健、交通和通讯、娱乐教育文化服务、居住、杂项商品和服务八大类支出。

农村居民全年总收入 是指农村居民家庭年内从各种来源得到的全部实际收入（包括现金收入和实物收入）。由工资性收入、家庭经营收入、转移性收入和财产性收入四部分组成。

农村居民家庭纯收入 指农村居民家庭当年从各种来源渠道得到的总收入，相应地扣除获得收入所发生的费用后的收入总和，纯收入可直接用于进行生产性、非生产性建设投资、生活消费和积蓄。农村居民家庭纯收入包括从事生产性和非生产性的经营收入，取自在外人口寄回带回和国家财政救济、各种补贴等非经营性收入；既包括货币收入，也包括自产自用的实物收入。但不包括向银行、信用社和向亲友借款等属于非收入所得的收入。

农村居民家庭生活消费支出 指农村居民家庭用于日常生活的全部开支，是反映和研究农村居民家庭实际生活消费水平高低的重要指标。

城乡居民储蓄存款余额 指某一时点城乡居民存入银行及农村信用社的储蓄金额，包括城镇居民储蓄存款和农村居民个人储蓄存款，不包括居民的手存现金和工矿企业、部队、机关、团体等单位存款。

农　业

农林牧渔业总产值 农林牧渔业总产值是以货币表现的农林牧渔业的全部产品总量和对农林牧渔业生产活动进行的各种支持性服务活动的价值。它反映一定时期内农林牧渔业生产总规模和总成果，是观察农林牧渔业生产水平和发展速度，研究农林牧渔业内部比例关系、农林牧渔业与工业、农林牧渔业与国家建设、人民生活比例关系的重要指标，同时也是计算农林牧渔业劳动生产率和农林牧渔业增加值的基础资料。

常用耕地 指耕地总资源中专门种植农作物并经常进行耕种、能够正常收获的土地。包括当年实际耕种的熟地；弃耕、休闲不满三年，随时可以复耕的地；开荒利用三年以上的地；小于1米宽的沟、渠、路、田埂。不包括临时种植农作物的坡度在25度以上的陡坡地；在河套、湖畔、库区临时开发的成片或零星土地；也不包括已列为国家和省退耕计划但仍临时耕种的土地。常用耕地分为基本农田和零星可用耕地。

农作物播种面积 是指一定生产季节结束时实际播种或移植有农作物的面积。播种面积的大小，反映农作物的生产规模和耕地的利用程度。所以，正确地核算播种面积，对于组织农业生产活动，计算农作物产量，研究农作物的种植结构和分布情况以及制定各项增产技术措施，都是非常必要的。

播种面积的统计年度，凡是能在本日历年度内（自1月1日至12月31日）收获的农作物（包括上年秋冬播和本年春播、夏播以及南方地区的晚秋播而在本年收获的全部作物）播种面积，都包括在内。

农作物总产量 是指在一定时期内（通常是一年）生产的各种农作物产品总产量。它是衡量农业生产成果，统筹安排城乡人民生活，研究生产、积累和消费比例关系及编制国民经济计划的基本数据。不论是种植在耕地上或非耕地上的农作物产量，都包括在内。有的农作物收割期较长，虽在当年冬季就开始收割，但需跨年延到来年春季才能收完的，仍计算为本年农作物总产量。

农作物总产量是指全社会的产量，包括国有农场等国有经济单位的产量、集体统一经营的和农户承包地的产量，还包括农民自留地、工矿企业职工家属办的农场和其他单位生产的农作物产量。

农作物总产量是统计晒干入库的产量。有些地区，粮食脱粒、晒干、入库比较迟，是按照折干比例折成晒干的粮食产量进行统计的。

农业机械总动力 是指主要用于农、林、牧、渔业的各种动力机械的动力总和。包括耕作机械、排灌机械、收获机械、农产品加工机械、运输机械、植保机械、牧业机械、林业机械、渔业机械和其他农业机械。内燃机按引擎马力计算，电动机功率折成马力计入。

乡镇企业 是指农村乡（包区、镇）、村、组各级集体办、联户办和个体办的，从事工业、建筑业、交通运输业、商业饮食业、服务业和其他生产经营活动的经济组织，以及农村乡（包括区、镇）、村集体举办的农业企业。

乡镇企业必须同时具备以下四个条件：

(1)有固定的(或相对固定的)生产经营组织、场所、设备和从事生产经营的人员。

(2)常年从事生产经营活动,或从事季节性生产经营,全年开工时间在三个月以上。

(3)具备独立核算的条件，或虽非独立核算单位但有单独的帐目。

(4)有当地工商行政或有关部门颁发的营业（经营）执照。此条件农业企业除外。

乡镇企业总产值 是以货币表现的乡镇农业、工业、建筑业、交通运输业、商业饮食业五大物质生产部门的全部产品的总量，即乡镇农业产值、工业产值、建筑业产值、交通运输业产值、商业饮食业产值之和。

乡镇企业总收入 指乡镇企业的全部收入。包括农业、工业、建筑业、交通运输业、商业饮食业、服务业和其它企业的经营收入、产品销售收入、劳务收入和其它收入。

(1)农业企业以实际收入计算；

(2)工业企业以产品销售收入和其它收入计算；

(3)建筑业收入总包单位以全价计算总收入，非总包单位以实际收入计算；

(4)交通运输业以实际收入计算；

(5)商业的零售商店按零售额计算总收入,批发部门、代购代销、物资供销、仓储等均以手续费计算总收入。饮食业按营业额计算总收入；

(6)服务业以实际收入计算；

(7)其它企业以实际收入计算；

工　业

工业增加值 指工业企业在报告期内以货币形式表现的工业生产活动的最终成果，是企业全部生产活动的总成果扣除了在生产过程中消耗或转移的物质产品和劳务价值后的余额，是企业生产过程中新增加的价值。

计算工业增加值通常采用两种方法。一是“生产法”，即从工业生产过程中产品和劳务价值形成的角度入手，剔除生产环节中间投入的价值，从而得到新增价值的方法。公式为：

工业增加值＝工业总产值－工业中间投入＋本期应交增值税

二是“收入法”，即从工业生产过程中创造的原始收入初次分配的角度，对工业生产活动最终成果进行核算的一种方法，其计算公式为：

工业增加值＝固定资产折旧＋劳动者报酬＋生产税净额＋营业盈余

工业总产值 是以货币形式表现的，工业企业在一定时期内生产的工业最终产品或提供工业性劳务活动的总价值量。

计算工业总产值应遵循三条基本原则。

①工业生产的原则：即凡是企业在报告期生产的经检验合格的产品，不管是否在报告期销售，均应包括在内。反之亦然，凡不是本企业生产的产品，均不计入本企业的工业总产值中。

②最终产品的原则：即凡是计入工业总产值的产品必须是本企业生产经检验合格，不需再进行任何加工的最终产品。如果企业有中间产品(半成品)对外销售，那么对外销售的中间产品也应视为企业的最终产品。

③工厂法原则：即工业总产值是以工业企业作为基本计算(核算)单位，即按企业的最终产品计算工业总产值。按这种方法计算的工业总产值，不允许同一产品价值在企业内部重复计算，但允许企业间的重复计算。

工业总产值包括本期生产成品价值、对外加工费收入，在制品半成品期末期初差额价值三部分。

①本期生产成品价值：是指企业本期生产，并在报告期内不再进行加工，经检验、包装入库的全部工业成品(半成品)价值合计，包括企业生产的自制设备及提供给本企业在建工程、其他非工业部门和生活福利部门等单位使用的成品价值。本期生产成品价值按自备原材料生产的产品的数量乘以本期不含增值税(销项税额)的产品实际销售平均单价计算；会计核算中按成本价格转帐的自制设备和自产自用的成品，按成本价格计算生产成品价值。生产成品价值中不包括用订货者来料加工的成品(半成品)价值。

②对外加工费收入：是指企业在报告期内完成的对外承接的工业品加工(包括用定货者来料加工产品)的加工费收入和对外工业修理作业所取得的加工费收入。对外加工费收入按不含增值税(销项税额)的价格计算，可根据会计“产品销售收入”科目的有关资料取得。

对于本企业对内非工业部门提供的加工修理、设备安装的劳务收入，如果企业会计核算基础比较好，能取得这部分资料，而且这部分价值所占比重较大，应包括在对外加工费收入中。

③自制半成品在制品期末期初差额价值：是指企业报告期自制半成品、在制品期末减期初的差额价值，本指标一般可从会计核算资料中取得。如果会计产品成本核算中不计算半成品、在制品的成本，则总产值也不包括这部分价值，反之则包括。

工业销售产值　是以货币形式表现的，工业企业在一定时期内销售的本企业生产的工业产品或提供工业性劳务活动的价值总量。

工业销售产值包括以下内容：

①销售成品价值：指企业在报告期内实际销售(包括本企业本期生产和非本期生产)的全部成品、半成品的总金额，即按报告期产品实际销售量乘以不含增值税(销项税额)的产品实际销售平均单价计算。销售成品价值包括为本企业在建工程，生活福利部门等提供的成品和自制设备价值。不包括用定货者来料加工的成品和半成品价值。

②对外加工费收入：是指企业在报告期内完成的对外承接的工业品加工(包括用定货者来料加工产品)的加工费收入；对外工业品修理作业可收取的加工费收入和对内非工业部门提供的加工修理、设备安装等收入。对外加工费收入按不含增值税(销项税额)的价格计算。

工业总产值与销售产值的区别在于：

①工业销售产值计算的基础是工业产品销售总量，不管是否本期生产，只要是在本期销售的都应计算工业销售产值，因此工业销售产值是以产品所有权的转移为计算原则；工业总产值的计算基础是工业产品生产总量，只要是本期生产的不论是已销售的还是尚未销售的都要计算工业总产值，所以工业部产值是以产品的生产为计算原则。

②销售产值不含半成品在制品期末期初差额价值，而工业总产值包括。

实收资本　指企业实际收到的投资人投入的资本。按投资主体可分为国家资本、集体资本、法人资本、个人资本、港澳台资本和外商资本等。

资产　指企业拥有或控制的能以货币计量的经济资源，包括各种财产、债权和其他权利。资产按其流动性(即资产的变现能力和支付能力)划分为：流动资产、长期投资、固定资产、无形资产、递延资产和其他资产。该指标根据会计“资产负债表”中“资产总计”项的期末数填列。

①流动资产　是指可以在一年内或者超过一年的一个生产周期变现或者耗用的资产。流动资产可以按变现能力(程度）划分，包括现金及各种存款、短期投资、应收及预付款项、存货。

②长期投资　是指不可能或者不准备在一年内变现的投资。

③固定资产　是指使用年限在一年以上，单位价值在规定标准以上，并在使用过程中保持原有物质形态的资产，包括房屋及建筑物、机器设备、运输设备、工具器具等。

④无形资产　是指企业长期使用而没有实物形态的资产，包括专利权、非专利技术、商标权、著作权、土地使用权、商誉等。

⑤递延资产　是指不能全部计入当年损益，应当在以后年度内分期摊销的各项费用，包括开办费、租入固定资产的改良及大修理支出等。

⑥其他资产　是指除以上各项之外的资产，如特种储备资产、银行冻结存款、冻结物资、涉及诉讼中的财产等。

所有者权益　是企业投资人对企业净资产的所有权,企业净资产等于企业全部资产减去全部负债后的余额，其中包括企业投资人对企业的最初投入以及资本公积金、盈余公积金和未分配利润，对股份制企业所有者权益即为股东权益。

营业收入 是按企业在销售产品（商品）或提供劳务等经营业务中实现的收入。一般可分为主营业务收入（或基本业务收入）和其他业务收入（或附营业务收入）两部分。

营业成本 是指产品的生产成本，即企业为生产产品所发生的制造成本。

由于各行业企业生产经营的范围和性质不同，企业的营业成本的范围和内容也不完全相同。一般来说，工业企业营业成本就是产品销售成本；贸易企业是指为之出售的商品在流通过程中所发生的各种直接费用和间接费用。服务性企业是指为提供服务而支出的各种服务费用以及各种材料和工资。

营业利润 是指企业从事生产经营活动所产生的利润，分为主营业务利润和其他业务利润。

产品销售收入 指企业销售产品的销售收入和提供劳务等主要经营业务取得的业务总额。

产品销售成本 指企业销售产品和提供劳务等主要经营业务的实际成本。

产品销售税金及附加 指企业销售产品和提供工业性劳务等主要经营业务应负担的城市维护建设税、消费税、资源税和教育费附加。

产品销售利润 指企业销售产品和提供工业性劳务等主要经营业务收入扣除其成本、费用、税金后的利润。

利润总额 是企业在一定时期内实现的盈亏总额。

应交增值税 指企业在报告期内应交纳的增值税额。

固定资产原价 指企业在建造、购置、安装、改建、扩建、技术改造某项固定资产时所支出的全部货币总额。它一般包括买价、包装费、运杂费和安装费等。一般用以反映企业的生产规模，以及企业拥有的物质技术基础。

固定资产净值 是指固定资产原价减去历年已提折旧额后的净额。一般用以说明企业固定资产的现有实际价值。

流动资产 是指可以在一年或者超过一年的一个营业周期内变现或者耗用的资产，包括现金及各种存款、短期投资、应收及预付货款、存货等。

利税总额 指企业产品销售税金及附加和利润总额之和。

批发零售及餐饮业

社会消费品零售总额 指各种经济类型的批发零售贸易业、餐饮业和其他行业对城乡居民和社会集团的消费品零售额的总和。这个指标反映通过各种商品流通渠道向居民和社会集团供应的生活消费品满足他们生活需要的情况，是研究人民生活、社会消费品购买力、货币流通等方面的重要指标。

批发零售贸易业商品销售总额 指对本企业(单位)以外的单位和个人出售（包括对境外直接出口）的商品金额。这个指标反映批发零售贸易业在国内市场上销售商品以及出口商品的总量。

建筑业

建筑业总产值 指以货币表现的建筑业企业在一定时期内生产的建筑业产品和服务的总和。建筑业总产值包括三部分内容：

（1）建筑工程产值：指列入建筑工程预算内的各种工程价值。

（2）安装工程产值：指设备安装工程价值。

（3）其他产值：建筑业总产值中除建筑工程、安装工程以外的产值。包括房屋构筑物修理产值、非标准设备制造产值、总包企业向分包企业收取的管理费以及不能明确划分的施工活动所完成的产值。

①房屋构筑物修理产值：指房屋和构筑物的修理所完成的价值，但不包括被修理房屋构筑物的本身价值和生产设备的修理价值。

②非标准设备制造产值：指加工制造没有定型的非标准生产设备的加工费和原材料价值以及附属加工厂为本企业承建工程制作的非标准设备的价值。

建筑业增加值 是指建筑业企业在报告期内以货币表现的建筑业生产经营活动的最终成果。建筑业增加值有两种计算方法：一是生产法，即建筑业总产出减去建筑业中间消耗后的余额。二是分配法（收入法），即从收入的角度出发，根据生产要素在生产过程中应得到的收入份额计算，具体构成项目有固定资产折旧、劳动者报酬、生产税净额、营业盈余。目前，建筑业统计报表制度中采用分配法（收入法）计算建筑业增加值。

竣工产值 一般是以单位工程为对象，当该工程按照设计所规定的工程内容全部完成，达到了设计规定的交工条件，经有关部门检查验收鉴定合格的单位工程价值，即为竣工产值。

房屋施工面积 指在报告期内施过工的全部房屋建筑面积，它包括本期新开工的房屋面积、上期跨入本期继续施工的房屋面积、上期停缓建在本期恢复施工的房屋面积、本期竣工的房屋面积以及本期施工后又停缓建的房屋面积。

房屋竣工面积 指在报告期内房屋建筑按照设计要求已全部完工，达到了使用条件，经检查验收鉴定合格的房屋建筑面积。

工程结算收入 指本企业承包工程实现的工程价款结算收入以及向发包单位收取的除工程价款以外按规定列作

营业收入的各种款项，如临时设施费、劳动保险费、施工机构调迁费等以及向发包单位收取的各种索赔款。

工程结算利润 指已结算工程实现的利润。其计算公式为：

工程结算利润＝工程结算收入－工程结算成本－工程结算税金及附加

企业总收入 指与企业生产经营直接有关的各项收入，包括工程结算收入和其他业务收入，即：

企业总收入＝工程结算收入＋其他业务收入

运输邮电业

公路里程 指在一定时点上实际达到交通部规定的公路技术等级标准，并经公路主管部门正式验收交付使用的公路里程数。其计算单位为：km。它包括大中城市的郊区公路以及公路通过城镇（县城、集镇）街道的里程数，也包括桥梁、隧道长度和渡口宽度，但不包括大中城市的街道、厂矿、林区内部生产用道和农业生产用道的里程。两条或多条公路共同经由同一路段，只计算一次，不得重复计算里程长度。

货（客）运量 指在一定时期内运输业实际运送的货物（旅客）数量。货运按吨计算，客运按人计算。货物不论运输距离长短，货物类别，均按实际重量统计；旅客不论行程远近或票价多少，均按一人一次作为客运量统计。半价票、小孩票也按一人统计。

货(客)运密度 指在一定时期内某种运输方式运输线路的某一区段平均每公里线路通过的货物(旅客)运输周转量。计量单位是吨(人)公里 / 公里。计算公式为：

$$货(客)运密度=\frac{货物（旅客）周转量}{线路营业里程}$$

货物（旅客）周转量 指在一定时期内运输业实际运送的货物（旅客）数量与其相应运输距离的乘积之和。计量单位是吨（人）公里。

沿海主要港口货物吞吐量 指经由水运进出沿海主要港区范围，并经过装卸的货物数量，包括邮件及办理托运手续的行李、包裹以及补给运输船舶的燃、物料和淡水。其计量单位为吨。吞吐量可以分为进口、出口，又可以分为国内贸易和对外贸易。

邮电业务总量 指以货币表现的邮电部门为用户传递信息和提供其他邮电服务的总数量。它用各种邮电分类业务量，如函件件数、电报份数、长话次数、城市电话和乡村电话的年均户数、订销报刊累计份数等，分别乘以相应的平均单价（不变价），加总后再加上出租电路和设备的收入、代用户维护电话交换机和线路等设备的收入、其他业务收入求得。

城市电话用户 指按行政区划属于中央直辖市、省辖市、地级市、县级市的市区、市郊区及县城区范围内的电话用户数。包括分布在农村地区但以县团级以上建制的独立工矿区、林区、驻军的电话用户。N-ISDN 用户、无线接入（PHS）电话用户、智能网专用接入终端用户、集中用户交换机（Centrex）用户均按城市电话用户统计。计量单位为户。

乡村电话用户 指按行政区划属于城市范围以外的乡(镇)、村电话用户。计量单位为户。

移动电话用户 指在邮电部门登记，通过移动电话交换机进入移动电话网、占有移动电话号码的电话用户。用户数量以实际办理登记手续进入邮电部门移动电话网的户数进行计算，一部或一台移动电话统计为一户。

对外经济贸易和旅游

进出口总额 海关进出口总额指实际进出我国国境的货物总金额。包括对外贸易实际进出口货物，来料加工装配进出口货物，国家间、联合国及国际组织无偿援助物资和赠送品，华侨、港澳台同胞和外籍华人捐赠品，租赁期满归承租人所有的租赁货物，进料加工进出口货物，边境地方贸易及边境地区小额贸易进出口货物（边民互市贸易除外），中外合资经营企业、中外合作经营企业、外商独资经营企业进出口货物和公用物品，到、离岸价格在规定限额以上的进出口货样和广告品（无商业价值、无使用价值和免费提供出口的除外），从保税仓库提取在中国境内销售的进口货物，以及其他进出口货物。进出口总额用以观察一个国家在对外贸易方面的总规模。我国规定出口货物按离岸价格统计，进口货物按到岸价格统计。

利用外资 指我国各级政府、部门、企业和其他经济组织通过对外借款、吸收外商直接投资以及用其他方式筹措的境外现汇、设备、技术等。但不包括下列资金：(1)我国自有的外汇资金，如国家外汇、地方外汇、留成外汇、调剂外汇和中国银行等金融机构用自有资金发放的外汇贷款等；(2)各地方、各部门接受华侨、港澳同胞的捐赠资金，以及联合国和其他国际组织无偿赠送的资金和援建的项目；(3)租赁公司进出口设备转租赁的项目;(4)我国企业或其他组织在境外投资利润(股息)的收支；(5)国家进口计划中用国家外汇支付的外贸进口延期付款。利用外资的方式有：对外借款，外国(或港澳地区)企业和经济组织或个人在我国境内开办独资企业，与我国境内的企业或组织共同开办合资企业合作经营(企业)项目或合作开发资源，以及补偿贸易、国际租赁等。

实际利用外资额 是指根据投资协议（合同）实际执行的投资额。即贷款按实际提取数或拨交的使用数填列；

客商直接投资项目（合同）的实际投资额，按客商实际投入的现金、实物、工业产权及专有技术的计价投资额数；商品信贷按到货数计算。凡是本年内的实际投资，不论是执行本年签订的协议或是执行过去几年签订的协议均计算在内。

对外借款 指我国政府、部门、企业和中国银行等单位向国际金融组织、外国政府、企业等借用的长期、短期资本，到期需还本付息。借款按不同渠道分：(1)外国政府贷款；(2)国际金融组织贷款；(3)外国银行贷款；(4)出口信贷；(5)发行债券、股票。按借还方式分：(1)统借统还；(2)统借自还；(3)自借自还。

外商直接投资 指外国企业和经济组织或个人（包括华侨、港澳同胞以及我在境外注册的企业）按我国有关政策、法规，在我国境内开办外商独资企业，与我国境内的企业或经济组织共同举办中外合资企业、合作经营企业或合作开发资源的投资以及外商从企业得到收益的再投资。

从 2001 年开始，外商直接投资统计口径作了调整。“外商直接投资”中“企业投资总额内的境外借款”只包括“企业投资总额内直接投资者对企业的贷款，即外方股东贷款”。

“直接投资者提供担保的第三方对企业的贷款即外方股东担保贷款”和“其他方式的企业境外借款即其他境外借款”不计入直接投资统计。

国际租赁 指出租者用自用资金，或向银行借款购买资本设备租给承租者在约定的期限内使用，承租者依约按期付给出租者一定租金，在租赁期内设备的使用属于承租者，设备的所有权属于出租者，租期满后，出租者对设备具有支配权：收回、作价出卖或赠送企业。

旅游人数 指来我国参观、访问、旅行、探亲、访友、休养、考察、参加会议和从事经济、科技、文化、教育、体育、宗教等活动的外国人、华侨、港澳和台湾同胞的人数。不包括外国在我国的常住机构，如使领馆、通讯社、企业办事处的工作人员；来我国常驻的外国专家、留学生以及在岸逗留不过夜人员。

国际旅游（外汇）收入 指入境旅游的外国人、华侨、港澳台同胞在中国大陆旅游过程中发生的一切旅游支出，对于国家来说就是国际旅游（外汇）收入。

金融和保险

信贷资金 指金融机构以信用方式积聚和分配的货币资金，金融机构信贷资金的来源有各项存款、对国际金融机构负债、流通中货币、银行自有资金及当年结益等。信贷资金的运用有各项贷款、黄金占款、外汇占款、财政借款及在国际金融机构中的资产等。

存款 企业、机关、团体或居民把货币资金存入银行或其他信用机构保管并取得一定利息的一种信用活动形式。根据存款对象的不同可划分为企业存款、财政存款、机关团体存款、基本建设存款、城镇储蓄存款、农村存款等科目。它是银行信贷资金的主要来源。贷款 指银行或其他信用机构根据必须归还的原则，按一定利率，为企业、个人等提供资金的一种信用活动形式。我国银行贷款，分流动资金贷款、固定资产贷款、城乡个体工商户贷款以及农业贷款等科目。

国家储备 是一定时点上国家拥有的可直接对外支付的各种金融资产。包括黄金储备、外汇储备、特别提款权、在基金组织的储备头寸及对基金信贷的使用等。它是观察和衡量一个国家对外支付能力的主要指标。

货币供应量 指某一时点一国流通中的货币量。货币供应量可分为三个层次：

M0：流通中的现钞。

M1：M0＋企事业单位活期存款＋机关部队团体存款＋农村存款＋个人持有的信用卡类存款。

M2：M1＋企业单位定期存款＋储蓄存款＋外币存款＋信托类存款。

货币流通、货币流通量 货币在流通领域中不断地离开出发点，在不同所有者之间转手，完成商品交换的行为，叫货币流通。货币流通量指货币离开金库在市场上流通的货币数量。投放货币就增加了货币流通量，反之，回笼货币就减少了货币流通量。增加或减少货币流通量主要是适应经济和社会发展需要。货币流通量过少，不能满足商品交换的需要，就会影响经济发展；货币流通量过多，超出了商品交换的需要，就会出现通货膨胀，同样会影响经济的增长。

信用膨胀 是价值运动的特殊形式。信用的形式有商业信用、银行信用、国家信用和消费信用。商业信用指以延期付款方式出售商品，主要利用商业票据或采取赊帐的方式。消费信用指对个人消费者提供的信用。如农村信用社向农民提供生活贷款等。财政信用是国家以债务人身份向国内人民取得信用。如通过发行公债、集中闲散资金用于重点建设方面。银行信用指银行对企业提供的信用。在我国，国家运用银行信用，有计划地动员和分配国民经济中的闲置资金，以满足企业的资金需要。各种信用形式都是建立在相互依赖和客观需要的基础上，如果信用超出实际可能，就会出现信用膨胀。如银行事先对企业的经营状况不了解，发放的贷款因企业亏损难以收回，这样势必加大贷款规模，出现信用膨胀。

通货膨胀 是指一国经济中的纸币发行量超过商品流通所需而引起的货币贬值，物价普遍上涨的现象。通货膨胀按形成的原因一般可分为需求拉动型通货膨胀、成本推进型通货膨胀和结构性通货膨胀。需求拉动型通货膨胀是指由于总需求的增长而引起的商品平均价格的普遍上涨的现象。成本推进型通货膨胀是指因商品和劳务的生产者主动提高价格而引起的商品平均价格的普遍上涨的现象。结构性通货膨胀是指物价上涨是在总需求并不过多的情况下，而对某些部门的产品需求过多，造成部分产品的价格上涨的现象。在通货膨胀期间，需求、成本以及结构这三种因素同时起作用。

可保财产额 是指社会总财产额（包括固定资产和流动资金），剔除按保险公司财产保险条款规定不在保险范围内的财产额（如土地、货币等）和有自保能力不向保险公司投保单位的财产额后所余的财产额。可保财产额是财产保险业务的全部工作对象的价值指标。

承保额 又叫保险金额。它是保险人对被保险人负担损失补偿或约定给付的金额。它是保险合同上的最高责任额，也是计算保费的依据。

保费 又叫保险费。是保险人根据保险合同的有关规定，为被保险人取得因约定危险事故发生所造成的经济损失补偿（或给付）权利，付给保险人的代价。包括财产险和人身险储金收入。

赔款 保险事故发生后，经查证确属保险责任范围以内的保险标的损失，保险人根据保险合同的规定履行赔偿义务，给予被保险人的款项叫做赔款。赔款可分为已决赔款和未决赔款两种。

教育、科技和文化

普通高等学校 指按照国家规定的设置标准和审批程序批准举办，通过国家统一招生考试，招收高中毕业生为主要培养对象，实施高等教育的全日制大学、独立设置的学院和高等专科学校、短期职业大学。

成人高等学校 指按照国家有关规定审批，招收通过全国成人高教统一招生考试的具有高中毕业或同等学历的在职从业人员利用脱产、半脱产、业余或函授等多种形式对其实施高等学历教育，培养高等教育专科或本科毕业水平的专门人才，修业年限、课程设置和总学时数均按高等学历教育要求付诸实施的学校。包括广播电视大学、职工高等学校、农民高等学校、管理干部学院、教育学院、独立设置的函授学院等。

独立研究与开发机构 指有明确的任务和研究方向,有一定学术水平的业务骨干和一定数量的研究人员，具有研究、开发、开展学术工作的基本条件，主要进行科学研究与技术开发活动，并且在行政上有独立的组织形式，财务上独立核算盈亏，有权与其他单位签订合同，在银行有单独户头的单位。包括国务院各部门、中国科学院、中国社会科学院和各省、自治区、直辖市以及地（市）以上〔含地（市）〕各部门所属的国有独立的科学研究与技术开发机构。

独立研究与开发机构职工 指在科学研究与技术开发机构工作，并由其支付工资的各种人员。包括长期职工和临时职工，不包括编制以外的离休、退休人员和停薪留职人员，但包括招聘人员。

研究与发展经费支出 指报告期内用于研究与试验发展课题活动（基础研究、应用研究、试验发展）的全部实际支出。包括用于研究与发展课题活动的直接支出，还包括间接用于研究与发展活动的一切支出（院、所管理费、维持院、所正常运转的必需费用和与研究发展有关的基本建设支出）。

科学家和工程师 指具有大学本科及以上学历和不具备上述学历但有高、中级职称的人员。

其他科技人员 指大专、中专毕业和具有初级职称的从事科技活动人员。

专业技术人员 指已取得科学技术职称，或大学、中专的理、工、农、医科系毕业，以及国民经济各部门从工作实践中提拔，从事理、工、农、医等自然科学技术的研究、教学、生产的专业人员和在机关、企业、事业中从事科学技术业务管理工作的专业人员。

工程技术人员 指在国民经济各行业从事工程技术工作的自然科学技术专业人员，包括：高级工程师、工程师、助理工程师、技术员和未评定职称的技术人员。

农业技术人员 指在国民经济各行业从事农业技术工作的自然科学技术专业人员，包括：高级农艺师、农艺师、助理农艺师、技术员和未评定职称的技术人员。

卫生技术人员 指在国民经济各行业从事卫生医务工作的自然科学技术专业人员，包括：正副主任医师、主治医师、医师、医(护)士和未评定职称的技术人员。

科学研究人员 指在国民经济各行业从事科学技术活动的科学技术专业人员，包括：正副研究员、助理研究员、研究实习员、技术员和未评定职称的技术人员。

教学人员 指在国民经济各行业从事科学技术方面教学活动的专业人员，包括：正副教授、讲师、助教、教师和在中学从事科学技术方面教学活动的人员。

发明 专利法及其实施细则所称的发明是指对有关产品、方法或其改进所提出的新的技术方案。

实用新型 专利法及其实施细则所称的实用新型是指对产品的形状、构造或者其结合所提出的适于实用的新的技术方案。

外观设计 专利法及其实施细则所称的外观设计是指对产品的形状、图案、色彩或者其结合所作出的富有美感并适于工业上应用的新设计。

文化事业机构 指从事专业文化工作和为专业文化工作服务的独立建制的单独核算的单位。不包括这些单位另外举办独立核算的其他机构和各部门的业余文化组织。

艺术表演团体 指从事戏曲、音乐、舞蹈、杂技等专业艺术表演，有独立帐户，实行单独核算的团体。不包括半工半艺、半农半艺和民间职业剧团。

电影放映单位 指具有放映机器设备、固定或不固定的放映场所与专职或兼职的放映技术人员，经有关部门登记批准，经常为一定的观众对象放映电影的机构。包括经批准对外开放进行营业，并与电影发行放映管理机构分帐的专用放映单位和军委系统租片单位。

艺术表演观众人数（人次） 指售票、包场演出或民族地区免费演出的艺术表演观众人次数。不包括彩排审查和内部观摩演出的观看人次数。

体育、卫生、社会福利和其他

等级运动员人数 指经考核正式批准授予等级运动员称号的人数。运动员等级分为国际级运动健将、运动健将、一级运动员、二级运动员、三级运动员、少年级运动员。

等级裁判员人数 指经考核正式批准授予等级裁判员称号的人数。裁判员等级分为国际裁判、国家级裁判、一级裁判、二级裁判、三级裁判。

体育场 指有400米跑道（中心含足球场），有固定道牙，跑道6条以上，并有固定看台的室外田径场地。以看台容纳观众人数分：甲级25000人以上，乙级15000—25000人，丙级5000—15000人，丁级5000人以下。

体育馆 指有固定看台，可供篮球、排球、羽毛球、乒乓球、体操等项目训练比赛活动用的室内运动场地。以看台容纳观众人数分：甲级6000人以上，乙级4000—6000人，丙级2000—4000人，丁级2000人以下。

医院 指设有固定床位能收容病人住院并能为病人提供医疗、护理服务的医疗机构。包括县及县以上医院、农村乡卫生院、其他医院三部分。按所属性质分为卫生部门、工业及其他部门，集体经济单位三类。其中县及县以上医院按业务性质分为综合医院和专科医院。

卫生技术人员 指卫生事业机构支付工资的全部固定职工和合同制职工中现任职务为卫生技术工作的专业人员。包括中医师、西医师、中西医结合高级医师、护师、中药师、西药师、检验师、其他技师、中医士、西医士、护士、助产士、中药剂士、西药剂士、检验士、其他技士、其他中医、护理员、中药剂员、西药剂员、检验员，其他初级卫生技术人员。

医生 指经卫生部门审查合格，从事医疗工作的专业人员。分为中医医生和西医医生。包括卫生技术人员中的中医师、西医师、中西结合高级医师、中医士、西医士和其他中医。

社会福利事业单位 指集中收养社会孤老、残、幼的机构。包括由民政部门管理的社会福利院、儿童福利院、精神病人福利院和城镇集体办的福利院，以及农村集体举办的敬老院。

社会福利事业单位收养人数 包括民政部门管理的和城镇及农村集体举办的社会福利事业单位中收养的老人、少年儿童、缺乏生活自理能力的残疾人员和精神病人。

社会福利企业单位 指以安置城镇有一定劳动能力的盲、聋、哑和肢体残疾人员就业为目的，享受国家减免税待遇的国有或集体经济性质的企业。包括福利工厂、福利商业服务业、假肢厂和安置农场等单位。

离休、退休、退职人员 指正式办理了离休、退休、退职手续，并享受相应的离休、退休、退职待遇的人员。

保险福利费用 指企业、事业、机关单位在工资以外实际支付给职工和离休、退休、退职人员个人以及用于集体的劳动保险和福利费用。